5. 8. 57.

BREGENZER FESTSPIELE 1957
"ZAR UND ZIMMERMANN"

Valeska Lindtberg

Karl Pöbl

Bregenz, 3. Aug. 1959.

Karl Böhm

Franz Böhm

Edith Böhm

D1936018

Meinem Freund Werner
(Tschacki)

W. May

»Denk ich an ihn, gleich wird mir
Die Seele so weit wie sein lichter Spiegel.«

Eduard Mörike

Dagmar Stecher-Konsalik
Walter Lingenhöle

Hestia Verlag
Bayreuth

Musik auf

dem See – Verzaubertes Bregenz

mit dem Publikum

mit der Prominenz

mit Zaungästen

bei den Proben

mit der Stadt

mit dem See

Bregenzer Festspiele
23.7.–24.8.85
Herzlich willkommen
1985:
2000 JAHR

Die Zauberflöte
BREGENZER FESTSPIELE
23. Juli – 24. August 1985
Bregenzer
Festspiele
Die Zaub
Glück, Spaß
490,-

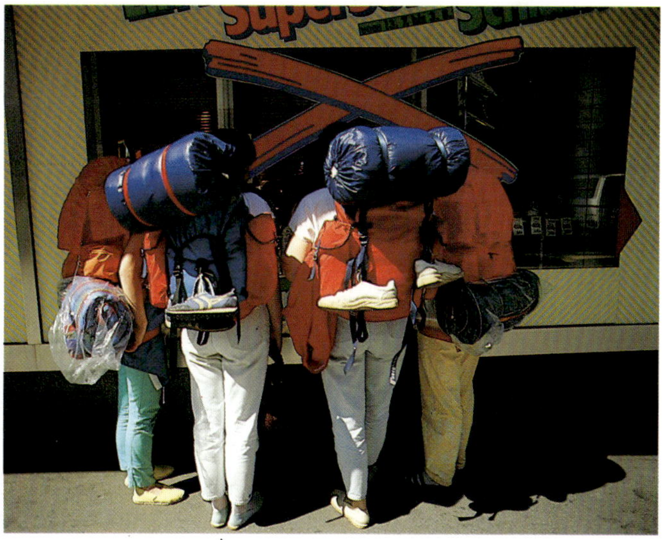

George Gershwin, Porgy and Bess, 1971. Seebühne.

Giacomo Puccini, Tosca, 1984.

Vincenzo Bellini, I Puritani, 1985.

Gaetano Donizetti, Anna Bolena, 1986.

Wolfgang Amadeus Mozart, Die Zauberflöte, 1986.

Abendstimmung am Bodensee.

Wolfgang Amadeus Mozart,
Die Entführung aus dem Serail, 1980. Seebühne.

Der Einfall und der Einklang

Bregenz 1946 und Bregenz 1986 – welch eine Wandlung!

Das Nachdenken über die Kultur und deren Niederschlag im Bewußtsein der Öffentlichkeit kommt nie zu spät. In den vergangenen 40 Jahren ist oftmals die Frage gestellt worden, wie es 1946 möglich war, in unserer Kleinstadt, die vielen nur als ein weißer Fleck auf der Kulturkarte Mitteleuropas galt, Festspiele zu veranstalten. Die Frage kann wohl nie erschöpfend beantwortet werden, weil dem einstigen Geschehen etwas Eruptives innewohnte, das gerade im Falle künstlerischer Neuschöpfungen weitgehend im Bereich des Irrationalen liegt. Dennoch sind die Wege und Möglichkeiten, die sich den Bregenzer Festspielen anfangs und später boten, nachzuzeichnen, und zwar als eine Realität, die von künstlerisch wie organisatorisch begabten Menschen mit dem Einsatz ihrer ganzen Persönlichkeit geschaffen wurde – die Realität *Bregenz und seine Festspiele.*

Man muß sich die lange Entwicklung der Festspiele als eine Abfolge kultureller Darbietungen mit Höhen und Tiefen, mit Stärken und Schwächen vorstellen. Was dann daraus wuchs, ist der Bregenzer Eigenstil mit dem pulsierenden Herzstück dieser Veranstaltung, dem ›Spiel auf dem See‹. Dieses bildete und bildet jenen Programmteil, von dem mit Sicherheit behauptet werden kann, daß er unnachahmbar und deshalb einzigartig ist. Andere Festspielstädte besitzen ihren Genius loci in der Gestalt eines einzigen Großen; Bregenz hingegen mußte sich den Genius mit dem Einfall von Landschaft und Kunst als bindend-glückvolle Einheit selber schaffen.

Diese Idee war zielführend, das ist hinlänglich bewiesen worden; sie bedarf aber steter Weiterentwicklung. Die Anforderungen, die eine ›Bühne im See‹ – das großartige Spiel unter freiem Himmel mit einmaliger Naturkulisse – an die künstlerischen Protagonisten stellt, erwiesen sich als durchaus wandelbar. Von Jahr zu Jahr gediehen die Aufführungen zu einem kulturellen und vor allem ästhetischen Anspruch, der in die Folgezeit wirkte. Aus diesem Spannungsprozeß erwuchs der ›innere‹ Erfolg von Bregenz, das Faszinosum dieses Ortes. Im abgelaufenen Zeitraum von 40 Jahren hat es über zwei Millionen Menschen erfaßt.

Es ist als ein Glücksfall zu bezeichnen, daß gerade im Jahr 1986, in dem die Bregenzer Festspiele mit Stolz auf ihr 40jähriges Bestehen verweisen können, in einer Dokumentationsreihe, die großen europäischen Festspielen gewidmet ist, dieses Werk erscheinen kann. Der Band zeugt von Niveau und von der Absicht, die Gesamtheit des Festspielgeschehens in objektivierender Darstellung wiederzugeben. Er hält sich fern von journalistischem Voyeurismus und jener Effekthascherei, die künstlerische Erfolge meist in falsche Perspektiven setzt. So betrachtet, bringt er die erste umfassende Dokumentation zum Thema. Selbstbewußt kann darin die ›Bühne Bregenz‹ ihre vielfältigen Vorhänge öffnen, damit der von Akteuren wie Organisatoren gestaltete ungemein farbige Prospekt aufs neue lebhaft wird, erinnerungswert und für viele auch kostbar.

Den Alemannen wird Eifer bei der Arbeit und Freude am Besitz nachgesagt. Die österreichischen Alemannen am Bodensee haben bestimmt ein gutes Maß an künstlerischer Arbeit geleistet und damit auf ihre individuelle Weise reichlich der Muse gedient. Ihre Freude am Besitz – am Erreichten – liegt darin, daß es ihnen mit den Bregenzer Festspielen gelungen ist, ihre eigene Mentalität mit den Großen der Musik und des Theaters in Einklang zu bringen.

Dipl.-Ing. Günter Rhomberg,
Präsident der Bregenzer Festspiele

Johann Strauß, Eine Nacht in Venedig, 1955. Seebühne.
Bühnenbildentwurf von Walter von Hoesslin.

HT IN VENEDIG"
REGENZ 1955

Richard Wagner, Der fliegende Holländer, 1973. Seebühne.
Bühnenbildentwurf von Toni Businger.

Henry Purcell, Die Feenkönigin, 1972. Seebühne. Bühnenbildentwurf von Toni Businger.

Figurinen von Michel Dussarrat.

Kunstschätze im Bodenseeraum: Faksimile aus dem Codex 302 der Kantonsbibliothek Vadiana, St. Gallen. Rudolf von Ems »Weltchronik« und der Stricker »Leben Karls des Großen«.

Vom Minnesänger zum Festival

Kleiner vorarlbergischer Musenspiegel

von Walter Lingenhöle

Dem ersten Blick zeigt sich die Landschaft – der Bodensee. Seine Fläche mag je nach der augenblicklichen Witterung unbewegt scheinen, windgekräuselt oder sturmbewegt sein, der Eindruck ist immer gewaltig. Von Glück kann reden, wer an einem klaren Sommerabend beim Schein der untergehenden Sonne diese Landschaft erleben darf. Es ist, als ob Erde und Wasser vor dem in den Horizont absinkenden Feuerball erzitterten.

Da eilen sie hin, die Besucher des ›Spiels auf dem See‹, befangen vom natürlichen Zauber einer solchen Abendstunde, die wie eine Vorgabe der Natur an die Kunst scheint. In der Luft liegt Spannung, Kunst und Künstler warten im Dämmerlicht hinter den Kulissen. Bald wird das Spiel dem Wasser entsteigen und Musik über den Wellen liegen.

Wo sonst wie hier verbinden sich Landschaft und Kunst so leicht und harmonisch? Schon ertönt die Festfanfare, die Gäste werden aus Lautsprechern begrüßt, dreisprachig, doch könnten es noch viel mehr Sprachen sein, denn das Publikum ist sehr international. Die Leute scheinen eher wortlos dahinzugehen, voll stiller Vorfreude. Wer von den unzähligen Besuchern hätte jemals daran gedacht, daß ein Dichter aus Bregenz schon vor sechshundert Jahren eine freudvolle Abenderwartung in Worte gefaßt hat? Es war Hugo von Montfort, 1357 hier geboren. Die folgenden zwei Zeilen bilden den Anfang eines Liebesgedichtes:

»Ich fröw mich gen des abends kunft
der nacht, wenn sie her slichen tuot ...

Ich freu' mich, wenn der Abend kommt,
Wenn heimlich fährt die Nacht einher ...«

Hugo berichtet im folgenden vom Besuch bei der Geliebten und vom traurigen Abschied am frühen Morgen. Das Gedicht, sicher im Aufbau und von zarter, durchsichtiger Erotik, gibt das Spiel aller Liebenden zu allen Zeiten wieder: Sehnsucht, Vereinigung, Glück, Trennung, Trauer. Es ist ein hübsches, ein wagemutiges Gedicht, verfaßt von einem Grafen in der zweiten Hälfte des 14. Jahrhunderts. Wie überall lag damals das Rittertum auch um den Bodensee in den letzten Zügen, und Hugo von Montfort zählt zu den letzten der dichtenden Ritter und Edelleute. Ihm dürfte auch bewußt gewesen sein, daß er nicht mehr ganz in der Manier des mittelalterlichen Minneliedes dichten konnte, sondern eine Spätform zu üben hatte, eine meist leidliche Sache für jene, die sie im Kunstbereich verwirklichen müssen. Hugo wurde deshalb von der Literaturkritik ziemlich falsch eingeschätzt und expressis verbis ein Epigone genannt.

Er war wie sein Vater Politiker, Kriegsmann und Verwalter der Familiengüter in Vorarlberg und in der Steiermark. Dreimal verheiratet und viel auf Reisen, so scheint sein Leben ziemlich bewegt; Dichtung betrieb er nebenbei. Doch hat er die Wortkunst mit viel Elan und innerer Freude betrieben, und in seinem Werk kommt der innerlich gespaltene Mensch des späten Mittelalters sehr deutlich zum Vorschein. Außerdem verbindet sich mit Hugos Liedern etwas Ungewöhnliches: sie wurden von einem Bregenzer Bürger vertont, von Bürk Mangolt, dem (vermutlich) ersten Komponisten aus dieser Stadt. Die Weisen sind volksliedhaft-eintönig, begleitbar durch Flöte oder Laute. Als Hugo 1423 fern seiner Heimat in der Steiermark starb, dürfte man diese Lieder noch auf Burgen oder in Schenken gesungen haben, dann aber verhallten sie bald in der anbrechenden Zeit der Raubritter und Bauernrevolten.

Gemeinhin gilt Hugo als der erste Dichter aus Bregenz. Dennoch sei die Frage erlaubt: Hatte er Vorgänger, Wort- oder Gedankenkünstler, die verschollen sind? Es ist zu vermuten, daß während der fast vierhundertjährigen römischen Epoche die Menschen in Bregenz-Brigantium nicht nur bildnerisch tätig waren, wie dies zahlreiche Funde beweisen, sondern auch in anderen musischen Bereichen. Eines der Terrakottafigürchen im Vorarlberger Landesmuseum stellt einen Mann in nachdenklicher Pose dar, den man den ›Philosophen aus Brigantium‹ nennen möchte. Wo befinden sich seine Schriften? Oder auch weniger Bedeutendes, etwa Gelegenheitsdichtung, die für die Spiele von Gauklern und Thespisjüngern geschrieben worden sind? Wäre uns ein solches Bregenzer Allerlei aus dem dritten oder vierten Jahrhundert erhalten geblieben, läge über der Literaturgeschichte dieser Stadt ein besonderer Reiz.

Bregenz ist so alt wie die römischen Kaiser oder, genauer, wie deren erster, der Caesar Augustus. Während seiner geschichtsträchtigen Regierungszeit gerieten die Länder und Völker im nördlichen Alpenbereich unter die Herrschaft Roms. Und so wurde im Verlauf des von den Stiefsöhnen des Kaisers, Tiberius und Drusus, geleiteten Alpenfeldzuges 15 v. Chr. auch die kleine keltische Siedlung Brigantia an der Ostbucht des Bodensees römisch, eine Militärstation, ein Castrum. Tiberius, der Nachfolger von Augustus, kannte also die Gegend. Ob er, nachdem er viel später auf Capri residiert hat, an den Bodensee zurückgedacht haben mag?

Die erste schriftliche Erwähnung von Bregenz ist vom griechischen Geographen Strabon um 20 n. Chr. verbürgt, als ›Stadt‹ wohlgemerkt, doch dürfte darunter kaum etwas anderes als eine lockere Siedlung von Lehmhütten mit Strohdächern vorzustellen sein, bewohnt von Bauern, Fischern und Handwerkern. Nach dem Unbill von Kampf und Besatzung bildete sich jedoch rasch die Civitas Brigantii aus, aus dem Militärlager wuchs die Garnisonsstadt, in die hohe Militärs und Beamte Wohlstand und verfeinerte Lebensformen brachten. Diese Römerstadt am Ölrain konnte seit den im vergangenen Jahrhundert angelaufenen Grabungen und Forschungen ziemlich genau rekonstruiert werden. Ein Großmodell anläßlich der Ausstellung ›Das römische Brigantium‹ im Jubiläumsjahr 1985 vergegenwärtigte Anlage und Umfang deutlich. Gewisse Großbauten stechen dabei hervor, wie Forum, Tempelbereich und Bäder, auch Kasernen und dazugehörige Stallungen. Neben kleinbürgerlich anmutenden Behausun-

Barockausstellung, 1963.
Selbstbildnis Angelika Kauffmann.

Barockausstellung 1963. Mathäus Zehender,
Das Urteil Salomonis.

gen sind einige aufwendige Villen ein Beweis für die starken sozialen Unterschiede innerhalb der Gesellschaft von einst. Lebhaft läßt sich das Treiben in einer solchen römischen Provinzstadt ausmachen: Verkaufsläden, Herbergen und Tavernen. Und irgendwo muß auch der Dichter oder Sänger gelebt haben, der leider unbekannt geblieben ist.

Bisher konnte auch kein Nachweis für ein Theater in Brigantium gefunden werden, jenes stufenweise ansteigende Halbrund, das überall im einstigen Römerreich die Lust der Menschen an Spiel und Feier bezeugt. Es wäre zu verlockend, Brigantium auch als eine Theaterstadt bestätigt zu finden, als einen Schauplatz für die so reichhaltige hellenistisch-römische Welt der Musen.

Als man in Bregenz 1985 die 2000-Jahr-Feier beging, griffen die Festspiele ehrenhalber auf ein römisches Stück zurück und führten gemeinsam mit dem Theater für Vorarlberg eine Komödie von Maccius Plautus in der Oberstadt auf. Und da stand in der dämmerigen Idylle des Martinsplatzes der römische Feldhauptmann, der ›Miles gloriosus‹ von zweifelhafter Gestalt, weil ein Held und ein Antiheld zugleich, so daß er im Verlauf des Spiels zum einfältigen Hasenfuß wird. Literaturgeschichtlich ist er zur Leitfigur aller Angeber und Aufschneider geworden; dem Bregenzer Publikum diente er einer örtlich motivierbaren Reminiszenz, mehr nicht. Denn hier können Zusammenhänge doch leicht gefunden werden: da die Geschichte von einem prahlerischen römischen Feldhauptmann, dort der einstige römische Kriegshafen, dessen eine Mole 1972 am Leutbühel entdeckt wurde.

Der römische Widerstand endete mit dem Sieg der einrückenden Alemannen anfangs des 5. Jahrhunderts. Brigantium wurde zerstört, und die alemannischen Siedler errichteten ihre Blockhäuser und Stallungen rund um die Ruinen. Der Hafen versandete, die Uferzeile kam weiter seewärts zu liegen, wiederum einige Jahrhunderte später wurde im Bereich der heutigen Oberstadt – wo vermutlich auch die erste Keltensiedlung gelegen – die mittelalterliche Stadt gegründet. Der Wandel der Zeiten vollzog sich auch hier unter dem Gesetz des ›Stirb und Werde‹.

Ein beliebtes Thema der Künste ist die Darstellung des Vergänglichen in allen seinen Arten und Formen. Die barocke Dichtkunst umwarb stark und leidenschaftlich das Paradigma ›Vanitas‹ und suchte, wenn auch aus tiefer subjektiver Blickrichtung, ein Weltgeheimnis zu lüften, das vielleicht gar keines war, denn sie selber erlag allzu häufig der Verletzbarkeit ihrer Gedanken. Aber das Spiel war reizvoll genug, um für sich selber wirksam zu sein.

Ziel der barocken Dichtung ist es, nicht nur die aus der christlichen Erlösungslehre abgeleitete Idee von der Fehlbarkeit menschlichen Handelns zu erweisen, sondern auch der ästhetischen Absicht jeder Kunstäußerung eine Richtung zum Irrationalen hin zu geben. Denn nur von dieser Sicht her scheint die Rettung aus aller Trübsal wie Selbstverschuldung möglich. Dieses poetische Programm unterliegt auch der Lyrik des aus Vorarlberg stammenden Laurentius von Schnifis, mit bürgerlichem Namen Johann Martin.

»O Gott! Wo bin ich doch?
Auf was für einer Erden?
O weh mir! Leb ich noch?
Ach! Ach! Wie will mir werden!
Ich bin ganz müd und schwach,
Erfüllt mit Ungemach
Und schmerzlichen Beschwerden.«

Die Lieder des Laurentius von Schnifis sind lebensnah, was ihren Inhalt, blumig und schnörkelhaft, was ihren Stil betrifft. Die barocke durchtriebene Katholizität spricht aus allen Versen und Zeilen. Der Dichter hatte das Auf und Ab des Daseins am eigenen Leib gespürt, erst als Bohemien, dann

Laurentius von Schnifis, Mirantisches Flötlein. Laurentius gehört zu den bedeutendsten Barockdichtern Vorarlbergs.

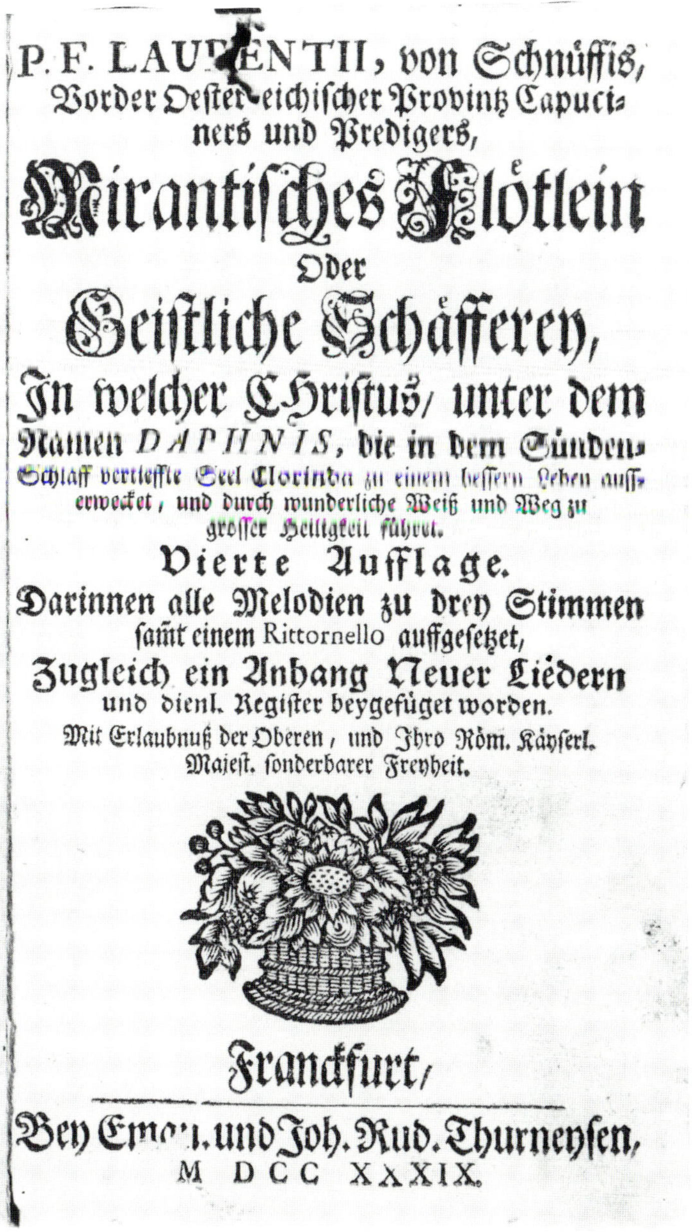
P. F. LAURENTII, von Schnüffis,
Vorder Oesterreichischer Provintz Capuciners und Predigers,
Mirantisches Flötlein
Oder
Geistliche Schäfferey,
In welcher Christus, unter dem Namen DAPHNIS, die in dem Sünden-Schlaff vertieffte Seel Clorinda zu einem bessern Leben auffserwecket, und durch wunderliche Weiß und Weg zu grosser Heiligkeit führet.
Vierte Aufflage.
Darinnen alle Melodien zu drey Stimmen samt einem Rittornello auffgesetzet,
Zugleich ein Anhang Neuer Liedern und dienl. Register beygefüget worden.
Mit Erlaubnuß der Oberen, und Jhro Röm. Käyserl. Majest. sonderbarer Freyheit.
Franckfurt,
Bey Em[illegible]l. und Joh. Rud. Thurneysen,
M DCC XXXIX.

als Mönch. Der Franziskanerorden nahm ihn als Bruder Laurentius auf, als solcher wollte er noch einen eigenen Dichternamen, den er sich aus seinem bürgerlichen ›Martin‹ ableitete – ›Mirant‹. Von 1665 an erschienen der Reihe nach die erfolgreichen Gedichtsammlungen, wie ›Mirantische Wald-Schallmey‹, ›Mirantisches Flötlein‹, ›Mirantische Mayen-Pfeiff‹, ›Mirantische Maul-Trummel‹ und ›Mirantisches Wunder-Spiel der Welt‹ – kein Zweifel: ihr Verfasser trug das Herz auf der Zunge.

Laurentius verstarb in seinem Konstanzer Kloster zu der Zeit, als überall im Bodenseeraum die barocke Baufreude einsetzte und all jene großartigen Kirchen und Klöster schuf, die zum verstärkten Glanz dieser Landschaft beigetragen haben. Während die Dichter und Sänger die Seele zum Himmel leiteten, führten die Baumeister die Augen dahin. Die Kraft bildnerischen Ausdrucks sollte in gleichem Maße Zeit und Welt überwinden, nicht allein zum Zweck einer gefühlsmäßigen Bewältigung des Religiösen, sondern auch zu einer intellektuellen Vereinnahmung alles Ästhetischen. Das Schöne durfte nur mehr dem Göttlichen allein dienen.

In Oberschwaben, am Bodensee und in der Ost- und Innerschweiz lagen zahlreiche wohlhabende Klöster, altfeudale Herrschaften, geführt von Reichsbischöfen, Erzäbten und Äbtissinnen. Sie riefen die Baumeister aus dem Bregenzerwald herbei, die den Sippen der Beer, Kuen, Thumb und Moosbrugger entstammten und sich schon gegen Ende des 17. Jahrhunderts in der werkkräftigen ›Auer Zunft‹ vereinigt hatten. Aus den Maurern und Polieren wurden auf einmal hochbegabte Architekten und Bauunternehmer, die nun sommersüber in fernen Städten oder an entlegenen Klosterstätten tätig waren und im Spätherbst zu den Ihren zurückkehrten. Solche außerhalb Vorarlbergs liegende Großbauten sind in Kempten, Obermarchtal, St. Katharinental, in Weingarten und Friedrichshafen, Birnau und St. Gallen, Luzern und Einsiedeln zu besichtigen. Im Programm der Vorarlberger lag eine typisch alemannische Bemessung barocker Formen, ihre Werke sind säuberlich und geordnet, als ob sie den Versuch wagten, hier auf Erden eine himmlische Ordnung zu zeigen. Vom bajuvarisch-österreichischen Barock setzt sich dieser Bodenseebarock verschiedentlich ab:

Die »Kornhalle« oder das »Kornhaus« im 19. Jahrhundert.

durch die Grundrisse, die architektonische Strenge und die dezente farbliche wie baudekorative Ausgestaltung.

Die Frage, warum die tüchtigen Bregenzerwälder Bauleute nicht im eigenen Land tätig waren, ist schnell zu beantworten: Vorarlberg war zu klein, es lebten hier keine wohlhabenden Mäzene, die Bewohner selber waren wenig begeistert. Ein einziger noch vorhandener Bau sticht hervor, die Stadtpfarrkirche St. Gallus in Bregenz. Ein weiterer herrlicher Barockbau, die Klosterkirche der Benediktiner in der Mehrerau, wurde im Zuge der Napoleonischen Kriege leider zerstört.

Seit dem Abgang des montfortischen Grafenhauses mangelte es im Land vor dem Arlberg an einem politischen Schwerpunkt, der auch kulturell hätte wirksam sein können. Nur in Ems, dem späteren Hohenems, hielt sich eine Zeitlang die Feudalmacht und mit ihr höfisch anmutendes Kunstschaffen. Es mangelte in Vorarlberg auch an einem klösterlichen Mittelpunkt; große geistliche Pflegestätten wie die Klöster von Reichenau und St. Gallen, später Konstanz und Weingarten, beherrschten das kulturelle Weichbild und dienten als Bildungsstätten für junge begabte Vorarlberger. Viele von ihnen suchten dann weitab ihrer Heimat den künstlerischen Erfolg, vor allem Bildkünstler, angefangen vom ›Meister der Donauschule‹, dem aus Feldkirch stammenden Wolf Huber, bis zur großen spätbarock-klassizistischen Künstlerin Angelika Kauffmann, deren Vater aus Schwarzenberg im Bregenzerwald stammte und die sich zeitlebens zu ihrer Väterheimat bekannt hat. Unter den musikalisch Tätigen sind es wenige, deren Erfolge nachweisbar sind; der 1680 in Bregenz zur Welt gekommene Hieronymus Bildstein ist einer von ihnen. Schon mit 24 Jahren holte ihn Fürstbischof Graf Fugger an den konstanzischen Hof als Domorganisten. Wenn auch die Laufbahn des jungen Bregenzers im einzelnen nicht verfolgbar ist, so beweisen seine Schöpfungen doch, daß er erfolgreich gewesen sein muß, denn seine fünf- bis achtstimmigen Motetten, die er seinem Herrn, dem Fürstbischof, gewidmet hatte, wurden noch im 18. Jahrhundert ob ihrer ›gefälligen Art‹ von einem französischen Kritiker gepriesen.

Über der Historie schwebt oft der Geist einer Verklärtheit, der eine objektivierende Einsicht in die Realität vergangenen Künstlertums vereitelt oder zumindest stark ein-

BREGENZ.

Mit hoch obrigkeitlicher Bewilligung
wird heute, am 4. September,
von einer Gesellschaft hierortiger Theaterfreunde aufgeführt:

Die kindliche Liebe
macht
Helden.

Ein Schauspiel mit Musik und Gesang, in drey Aufzügen
von B. J. Koller.

Personen:

Dormel, ein Maler, . . .	Hr. Hämmerle.
Sophie, seine Frau, . . .	Igfr. Zumtobel.
Gottlieb, } ihre Kinder, . . .	Ant. Kölbl.
Heinrich, } ihre Kinder, . .	Math. Sautterleite.
Fränzchen, } ihre Kinder, . . .	Franz v. Seltmann.
Baron Brandek, quittirter Oberst, .	Hr. Mangold.
Lorchen, seine Tochter, . .	Nanny Willam.
Dr. Lentner, Marktsphysikus, . .	Hr. Honstetter.
Brand, Bäckermeister und Rath bey dem Markts-Magistrate, . . .	Hr. Weiß.
Christoph, Brandeks Diener, . .	Hr. Hundertpfund.

Der Schauplatz ist im Stadt-Theater.

Da bey dieser Darstellung die Spielenden sämmtlich zum ersten Male, als Sänger und Akteurs, die Bühne betreten, so erwarten sie nicht unbillig eine nachsichtige und schonende Beurheilung.

Morgen, nach Mittag um 2 Uhr wird die Produktion dieses Schauspieles zur Verherrlichung der öffentlichen Preisevertheilung an unsere Schuljugend wiederholet. — Dabey wird nothwendig bemerket, daß der dritte Platz, die Gallerieen, den Schulkindern allein, als den eigentlichen Gästen bey dieser Feyerlichkeit, frey eingeräumet werden. Der erste und zweyte Platz zahlen das bestimmte Eintrittsgeld.

Preise der Platze:
Erster Platz 24 kr. Zweyter Platz 12 kr. Dritter Platz 6 kr.
Die Gesang-Texte sind bey der Theaterkasse für 6 kr. zu bekommen.
Der Anfang ist 6 Uhr Abends.

Aus der reichhaltigen Sammlung von Theaterzetteln des 19. Jahrhunderts im Bregenzer Stadtarchiv.

schränkt. Das Bildnis des ersten Dichters aus Vorarlberg, Rudolf von Ems, scheint solcher Verklärtheit anheimgefallen zu sein. Wenig ist von seinem Leben bekannt. Zwischen 1190 und 1200 in Ems geboren, nannte er sich einen ›dienestman ze Muntfort‹. Er machte sich nach einer Ausbildung in einer der nahe gelegenen Klosterschulen bald einmal ans Schreiben, war erfolgreich, kam aber ähnlich wie Hugo von Montfort ans Ende seiner Epoche zu stehen. Seine spähöfischen Romane sind immer noch köstlich zu lesen für all jene, die den seltenen Bildungsgrad besitzen, den Wertgehalt mittelalterlicher Dichtkunst zu ermessen. Rudolf suchte nach Neuem, das ist deutlich zu spüren. In seiner Erzählung DER GUTE GERHARD gelang ihm die Darstellung einer Zielfigur für Kommendes: bürgerliches Ethos. So wurde dieses Buch zum Beispiel einer neuen literarischen Motivation. Geschichtlich gesprochen scheint die darin vorgestellte Figur als eine Vorwegnahme jenes ›weisen‹ Kaufmanns, den fünfhundert Jahre später Gotthold Ephraim Lessing dargestellt hat und der wiederum zu einer Leitfigur geworden ist, diesmal des deutschen Idealismus.

Das erste Theater in Bregenz: 1819 wurde im oberen Stockwerk des Schlachthauses am Kornmarkt ein Theater errichtet. Blick auf den Kornmarkt und das Treiben der Händler.

Der letzte von Rudolfs Dienstgebern war kein Geringerer als der König selber, Konrad IV., der letzte der Staufer. Er gab dem Dichter aus Ems den Auftrag zu einer Weltchronik, die ein Mammutwerk werden sollte. Rudolf brachte es auf 35 000 Verse, das Werk blieb unvollendet. Den damaligen Weltvorstellungen entsprechend, hatte sich der Dichter einen großzügigen Plan zurechtgelegt, einen systematisch erarbeiteten Zeitplan von sechs Weltaltern. Das fünfte Weltalter sollte jene Epoche darstellen, in der Gott den Menschen Könige zu ihrer Regierung gegeben hat. Dabei spielte das Königtum der Juden eine vorherrschende Rolle in der inhaltlichen Ausbreitung durch Rudolf, es war das einzige, das die Quellen in nahezu ununterbrochener Reihenfolge nannten. Bis zur Ankunft Christi sollte dieses israelitische Königtum dauern, aber Rudolfs Darstellung endet schon beim König Salomon. Kurz nach 1250 verstarb der beflissene Dichter fern seiner Heimat, wie es heißt, in ›welschen landen‹.

Die WELTCHRONIK galt als eines der bedeutendsten Geschichtsbücher des Spätmittelalters und blieb deshalb in zahlreichen Handschriften erhalten, einige mit äußerst wertvollen Illustrationen; herrliche Beispiele aus der Buchmalerei des Spätmittelalters. Als Beweis für die hohe literarhistorische Einschätzung dieses Werkes aus Vorarlberg sei erwähnt, daß 1982 gleich zwei Faksimile-Ausgaben der WELTCHRONIK auf den Buchmarkt kamen.

Dem Triumph des katholischen Glaubens in der Gegenreformation verdankte man auch hierzulande manche geistig-geistliche Erneuerung, so das Schultheater in Feldkirch, geleitet von den Patres der Gesellschaft Jesu, die seit 1649 jährlich zumindest einmal Theater spielen ließen. Wohlgemerkt: Spiel nicht so sehr zum Gaudium der Bürger, sondern zu deren geistlich-moralischer Zucht. Weil aber das von den Jesuiten so intensiv gepflegte Latein die Bühnensprache war, mußte mittels langwieriger deutscher Zwischentexte den Zuschauern der Gang der Handlung erklärt werden. Zwischen 1649 und 1773 sind 117 Aufführungen bekannt; Stücke mit Inhalten aus dem Alten Testament, der antiken Mythologie mit christlichem Aufputz oder solche aus dem blumenreichen Repertoire des katholischen Heiligenhimmels. 1773 wurden die Jesuiten aus Österreich vertrieben und kamen 1856 zurück. Damals gründeten sie das in seinen Glanzzeiten europäisch berühmte Institut ›Stella Matutina‹.

Vielleicht war es der anmutig klingende Name ›Morgenstern‹, der Thomas Mann dazu verleitet hat, dem feldkirchisch-jesuitischen Geist in seinem Roman DER ZAUBERBERG eine subtil-zynisch gehaltene Reverenz zu erweisen. Im Kapitel ›Operationes spirituales‹ wird der Leser mit auf eine Anhöhe über der Stadt genommen und erfährt dort auf dem Margarethenkapf (im Text irrtümlich ›Margarethenkopf‹) die Geschichte des Leib Naphta. Der aufgeweckte und eifrige Zögling war einst als Kind israelitischer Zuwanderer nach Feldkirch gekommen und trotz seines anderen Glaubens unter die Obhut der Jesuiten genommen worden. Durch den ›Seelenfischer‹ Pater Unterpertinger wurde er zum Christen bekehrt, aus dem Leib wurde der Leo. Diesem ›Feldkircher‹ Leo Naphta begegnet man dann im späteren Verlauf der Romanhandlung im Schweizer Kurort Davos.

Thomas Mann beschrieb den »weiten und heiteren Ausblick über das Rheintal«, der vom Margarethenkapf aus zu genießen ist. An solch exquisiten Aussichtspunkten mangelt es in der Gegend nicht, rechts- wie linksrheinisch, ob österreichisch oder schweizerisch, weil in dieser so phantasiereich gegliederten Landschaft entlang des jungen Rheins immer wieder Höcker, Kuppen oder Felskanzeln bildstarke Eindrücke von Nähe und Weite, Höhe und Tiefe gewähren. Die Gegend besitzt etwas Monumentales, ja Heroisches, weil das Rheintal einen tiefen Einschnitt in die Alpen bildet, vom Alpenrand mit dem weit hingestreckten Bodensee bis hinauf in die Gebirge Graubündens und Glarus', bis zu den Alpenpässen, die seit Römerzeiten die wichtigen Nord-Süd-Routen möglich machten. Dem Gebiet mangelt es deshalb nicht an Schilderungen der verschiedensten Art die Jahrhunderte herauf. Mit Beginn der Romantik anfangs des letzten Jahrhunderts erhielten die Berichte weitgehend poetische Dichte und malerische Fülle.

Etwas vom Originellsten – wieder hundert Jahre später – verfaßte der Nachromantiker Hermann Hesse, dem es vergönnt war, zu Beginn seiner unfaßlichen Karriere das Rheintal im Zeppelin zu überfliegen – nachzulesen in der Reiseschilderung EINE SPAZIERFAHRT IN DER LUFT, welche 1911 erschienen ist. Seltsam entrückt nahm Hesse das Wirkliche wie aus dem Guckkasten erblickt wahr und gab es in der ihm so typischen Butzenscheibensprache wieder.

Mit seinem Gebhardsberg besitzt Bregenz unbestritten die herrlichste aller Aussichtswarten an der Ecke Rheintal–Bodensee. Dieser Felssporn an der Südschulter des Pfändermassivs trug einst die stolze Burg der Montforter Grafen und blieb nach deren Abgang von der Geschichte der Sitz der habsburgischen Vögte. 1647 wurde sie auf Befehl des schwedischen Generals Carl Gustav Wrangel in die Luft gejagt. In den verlassenen Trümmern nisteten sich anfangs des 18. Jahrhunderts Einsiedler ein und begründeten die Wallfahrt zum hl. Gebhard, dem aus Bregenz stammenden Bodenseeheiligen. Für die hundert Jahre später anbrechende Romantik bot das Kirchlein auf der Höhe, umgeben von altem Gemäuer und umrankt von wucherndem Gehölz, eine ideale Kulisse. Die nun in Scharen heraufpilgernden Besucher des Ortes bekamen neben dem Seelentrost noch den Augenschmaus: die betörende Weite des Sees und den aufregenden Anblick des Gebirges. Die Parabel der gemütstiefen Romantiker schien vollkommen: Landschaft als ein Spiegel der Seele.

Die poetische Grundstimmung schrieb 1822 der Wiener Dichter Ignaz Franz von Castelli nieder:

»Du glücklich Volk, das hier in diesen Gauen
Die ganze Welt in einem Punkt kann schauen!«

Wie meistens und allerorten hob auch hier die besuchende Prominenz den Ruf des Ortes, darunter hohe und höchste Herrschaften mit klingenden Namen, wie Hortense Beauharnais, die Exkönigin von Holland, die Kaiserin Alexandra von Rußland und die Königin von Württemberg; die beiden letzteren ließen sich schon im Dampfschiff über den Bodensee schaukeln, denn kurz vor ihrem Besuch, 1824, hatte das Zeitalter der Maschine am deutschen Ufer des Sees eingesetzt. Wer wie die beiden Damen von Bregenz aus eine Fahrt auf dem Dampfschiff unternehmen wollte, der mußte erst auf das Schiff aus Lindau warten, denn Österreich betrieb noch keine eigene Dampfschiffahrt.

Öfters besuchte der volkstümliche Erzherzog Johann den Gebhardsberg, letztmals 1845. Etliche seiner habsburgischen Verwandten waren gleich ihm von der Fernsicht entzückt, die für die Herren aus kaiserlichem Geblüt an diesem Ort freilich mehr als nur landschaftliches Ergötzen bot, nämlich eine politisch trächtige Reminiszenz. Denn hier lag für die Herrschaften aus Wien, Graz und Innsbruck der am weitesten gelegene Punkt des Riesenreiches, von dem aus ein Blick in die Schweiz möglich war, ins Land ihres Vor- und Urvaters, des ›alten Rudolf‹, wie Erzherzog Johann in seinem Tagebuch vermerkte. Nicht im Tagebuch vermerkt, doch einem Vertrauten gegenüber geäußert, hatte Erzherzog Johann die für ihn bitter empfundene Tatsache, daß man ihm von Wien aus untersagt hatte, in die Schweiz zu reisen, wo er »bekannt und nicht verhaßt zu sein« glaubte. Nur ein Bonmot aus dem Vormärz am Fuß des Gebhardsbergs? Die Annahme, daß fast jedes Zeitalter seine Eisernen Vorhänge besitze, scheint hier eher berechtigt.

Barockausstellung, 1963, J. M. Feuchtmayer, Madonna.

Auf einmal rückte Bregenz aus seinem biedermeierlichen Kleinstadttraum ins Rampenlicht mitteleuropäischer Politik. Schmetternde Fest- und Feiertagsstimmung überkam die Stadt bei der Nachricht, der Kaiser werde hier die Könige von Bayern und Württemberg zu einer Beratung in der preußischen Sache treffen. Die Fürstenzusammenkunft fand zwischen dem 10. und 15. Oktober 1850 statt; der junge Kaiser Franz Josef I. von Österreich, Maximilian II. von Bayern, der wie Franz Josef im Sturmjahr 1848 zur Regierung gekommen war, und der ›Soldat‹ König Wilhelm I. von

Württemberg toasteten sich in langen Diners auf gut treudeutsch zu. Den Bregenzern schien das Rundherum des Anlasses wichtiger als dessen politischer Zweck. Die Stadt befand sich in einem Festtaumel ohnegleichen, es gab Aufmärsche, Konzerte, Festbeleuchtungen, Triumphbögen, und kaum ein Begleittext zu diesem Ereignis vermittelt die Freude der Bürger so deutlich wie ein Vierzeiler, den der arme Handwerker Gebhard Weiss im heimischen Dialekt an seinem Haus angebracht hatte:

»Mi Hus hot blos a Schindeldach,
Im Sack do stand i grausig schwach,
Doch hüt vergiß i gär alls schier
Du lieba Kaiser blos weg dir!«

Daß selbst so bescheidenes Dichten damals von allerhöchster Stelle anerkannt wurde, beweist die Order Seiner Majestät, dem »Spengler und Naturdichter Gebhard Weiss einhundert Gulden zu behändigen« – aus der Privatkasse, versteht sich.

Die Formel von einer bestimmten Landschaft als Dichterheimat ging im 19. Jahrhundert, was den Bodensee betrifft, voll auf. Die Romantiker der schwäbischen Schule kamen nacheinander von Stuttgart, Tübingen und Cleversulzbach an den See. In der Kutsche fuhren sie erst durch das fruchtbare Oberschwaben mit den weiten Äckern und üppigen Hopfenfeldern, gelangten dann an die Ufer des Schwäbischen Meeres mit Weingärten und alten Schlössern. Von jenseits begrüßten die Ankömmlinge die meist schneebedeckten Schweizer und Vorarlberger Alpen. Dazu die geschichtsbeladene Uferlandschaft von (damals) fünf Ländern: Baden, Württemberg, Bayern, Österreich und der – ein noch weiterer Akzent – freien Schweiz.

Mit seinem Werk DER BODENSEE NEBST DEM RHEINTALE VON ST. LUZIENSTEIG BIS RHEINEGG hatte schon 1827 Gustav Schwab eine reichhaltige Beschreibung des Gebietes verfaßt, womit das reisefreudige Bürgertum, das damals schon weitgehend das Bildungsmonopol an sich gerissen hatte, einen erstklassigen Führer zu einer großartigen Kulturlandschaft in die Hand bekam. Zweimal besuchte Eduard Mörike die Gegend, 1840 legte er rasch auf den Skizzenblock eine Zeichnung vom Gebhardsberg, den er noch mit dem alten Namen ›Pfannenberg‹ festhielt. Ein paar Jahre hernach bestieg er mit seiner Frau Margarethe die Aussichtswarte und stand auf der seit 1841 angebauten Altane, die als touristische Attraktion erster Güte gepriesen wurde. Wie könnte es anders sein, als daß auch die Engländer sich einfanden, und Samuel James Capper erwähnt die Altane in seinem 1881 in London erschienenen Reisehandbuch über den Bodensee (»from the terrace of which one of the finest views on the Bodensee is seen«). Der Norddeutsche Wilhelm Raabe nannte den Gebhardsberg »einen Aussichtsberg von europäischer Berühmtheit« und hinterließ Bregenz und dem Bregenzerwald mit der Novelle DER MARSCH NACH HAUSE eine der herzhaften Erzählungen des deutschen historischen Realismus.

Im fernen Meersburg schrieb die 1797 in Münster in Westfalen geborene Annette von Droste-Hülshoff. Das Freifräulein hatte sich seit 1841 am Bodensee niedergelassen, eingeladen von seinem Schwager, dem Altertümersammler Joseph Freiherr von Laßberg. Im Schloß von Meersburg, das zu den ältesten in Deutschland zählt, erlebte Annette nicht nur die Heiterkeit der Landschaft, sondern auch die Trauer eines verwundeten Herzens. Aus dieser Spannung heraus kamen die herrlichsten Dichtungen der deutschen Frauenliteratur des letzten Jahrhunderts zustande, durchzogen von gespielter Fröhlichkeit und versteckter Schwermut. In der Psyche der Dichter überwiegt allenthalben das Leid die Freude, wie sonst hätte Rainer Maria Rilke sein Gedicht vom BODENSEE, das eine Idylle beschreibt, plötzlich zur Klage werden lassen?

»Die Dörfer sind wie im Garten.
In Türmen von seltsamen Arten
Klingen die Glocken wie weh …«

Die Vielfalt literarischer Erscheinungen am Bodensee im 19. Jahrhundert erweist sich auch im Flecken Bregenz. Nicht nur setzte von hier aus die durch Johann Peter Hebel im alemannischen Raum beförderte Dichtung in den heimischen Mundarten an und verbreitete sich in die Talschaften von ganz Vorarlberg, sondern die Stadt hatte auch eine Dichterwerkstatt, in der zwei überregional bedeutende Autoren tätig waren. Alfred Meißner und Robert Byr galten zu ihrer Zeit als vielgelesene Schriftsteller, sind heute jedoch ganz in Vergessenheit. Sie hatten sich beide nach einem aufregenden Berufsleben in anderen Kronländern der großen Monarchie als Ruheständler in Bregenz niedergelassen und verkörperten hier am äußersten Rand des Riesenreiches jenes geistig-literarische Fluidum, an dem Altösterreich so unendlich reich war. Meißner stammte aus Teplitz in Böhmen, wo er 1822 geboren wurde. Sein Roman SCHWARZGELB (1862) war eines der meistgelesenen Bücher der Zeit, gegeben durch den nahen tagespolitischen Bezug des Inhalts. Nach einer kurzen Freundschaft mit Heinrich Heine schrieb Meißner kurz nach dem Tod des großen deutsch-jüdischen Lyrikers und hervorragenden Jungdeutschen dessen erstes Lebensbildnis, HEINRICH HEINE. ERINNERUNGEN (1856).

Karl Robert Emanuel von Bayer war 1835 durch Zufall in Bregenz geboren; der Vater stammte aus Böhmen, die Mutter war eine Deutsche aus Ungarn. Nach einer wenig befriedigenden Laufbahn als k.k. Offizier drängte es Bayer an den Bodensee zurück, wo er sich nunmehr als freier Schriftsteller betätigte. Unter dem verkürzten Dichternamen ›Byr‹ veröffentlichte er eine Vielzahl von Büchern, denen verständlicherweise unterschiedlicher Erfolg zuteil war. Angetan von nie endenden historisierenden Themen schrieb Byr ›Geschichtsbilder‹ und ›Biographische Miniaturbilder‹, Bücher, die vom bildungsbeflissenen Bürgertum dankbar aufgenommen wurden. Auch der erste historische Roman aus Vorarlberg, ANNO NEUN UND DREIZEHN, stammt von Byr. Gemeint sind 1809 und 1813, also die Kriegsereignisse der napoleonischen Zeit. Als Dramatiker brachte Byr zwei seiner Stücke sogar ins Burgtheater, 1869 das Trauerspiel LADY GLOSTER und 1872 das Schauspiel DER WUNDE FLECK. Wenigstens auf diese Weise schuf er eine erste Verbindung zwischen Bregenz und dem Burgtheater in Wien.

Und das Theater in Bregenz selbst? Dieses begann kurioserweise anfangs des letzten Jahrhunderts im Schlachthaus der Stadt, das am Kornmarkt stand. Auf dem Platz davor wurde tagsüber das aus dem Schwäbischen hergefrachtete Getreide gescheffelt und gehandelt, drinnen wurden Schweine und Rinder geschlachtet, während im oberen Stockwerk Schauspieler und Dekorateure für die Abendvorstellung probten. Das Bild gibt kleinstädtische Buntheit äußerst lebhaft wieder. Der bescheiden zu nennende Theatersaal, der 1818 eröffnet wurde, soll zwar über 330 Sitzplätze verfügt haben, aber die Bühnenverhältnisse waren dürftig und müssen von den jeweils herkommenden Truppen heftig kritisiert worden sein, doch für jene, die der Stadt schon vor 1818 die Reverenz erwiesen hatten, war das ›Schlachthaustheater‹ doch eine merkliche Verbesserung, denn vorher mußte im alten Rathaus in der Oberstadt gespielt werden, in einem Theaterraum von äußerster Beengung. Es sind etliche Berichte über durchreisende Truppen schon im 18. Jahrhundert vorhanden, darunter ein offizielles Lob von Bürgermeister und Rat für die ›Schwerdtbergerische Schauspielergesellschaft‹, die ein siebenwöchiges Gastspiel gegeben hatte und – wie der Stadtrat feststellte – »durch ihre Produktionen sich besonders ausgezeichnet, folgsam denen Liebhabern volle Satisfaktion geleistet hätte«. Während der unruhigen Jahre der Napoleonischen Kriege dürften in Bregenz wie andernorts die Musen wieder einmal geschwiegen haben, doch mit dem Anbruch des Biedermeier und dessen Hang zu verfeinerten Lebensformen brach auch hier die Theaterfreude wieder los. Auffallend ist die Vorliebe für Opernaufführungen, wobei Mozart einen Vorrang genoß. 1833 wurde DIE ENTFÜHRUNG AUS DEM SERAIL gebracht, zwei Jahre danach DIE ZAUBERFLÖTE, und DON JUAN (so auf dem Theaterzettel für DON GIOVANNI) war 1838 und 1849 auf dem Spielplan.

Carl Maria von Webers DER FREISCHÜTZ ist in drei knapp aufeinander folgenden Jahren nachweisbar, 1845, 1846 und 1849, ebenso Albert Lortzings ZAR UND ZIMMERMANN, wovon Aufführungen in den Jahren 1845, 1846 und 1849 belegt sind. Bellini, Donizetti und Rossini stehen des öfteren auf den Bregenzer Theaterzetteln. Dazu kamen etliche konzertant dargebotene Opernrepertoires, meistens bei besonderen Festlichkeiten, wie jene am 12. Februar 1820 anläßlich der »Feyer des allerhöchsten Geburtsfestes seiner k.k. Majestät unseres allergnädigsten Kaisers und geliebtesten Landesfürsten Franz I«. Damals standen auf dem Programm Mozarts Ouvertüre zu FIGAROS HOCHZEIT und Ouvertüre sowie Rezitativ und Cavatine aus Rossinis TANCRED.

Lebhaft schon war die Theater- und Musikkritik, auch im persönlich-privaten Bereich. Den Tagebüchern des Kreishauptmanns Johann Ritter von Ebner (1836–1850/67) ist manches über die Bregenzer Theaterstimmung zu entnehmen, denn ihr Verfasser dürfte ein musischer Mensch gewesen sein und nicht wenige Aufführungen durch seinen persönlichen Einsatz gefördert haben. Daß der künstlerische Geschmack schon damals recht unterschiedlich war, beweist zum Beispiel, daß Ebner das Singspiel DAS DONAUWEIBCHEN von Ferdinand Kauer als ein »elendes Compositum« bezeichnet hat, während bei der Bevölkerung die älteren Wiener Singspiele bestens ankamen. Im Repertoire der Wandertruppen scheinen diese jedenfalls immer wieder auf.

Eine Glanzzeit des Sprechtheaters dürfte gegen Ende des letzten Jahrhunderts gewesen sein; 1884 wurden insgesamt 71 verschiedene Stücke aufgeführt, auch besaß die Stadt schon so etwas wie ein festes Ensemble. Es wurde gemeinsam mit den Nachbarn aus Lindau gespielt, auf Zetteln ist vom ›Vereinigten Stadttheater Lindau und Bregenz‹ zu lesen, Direktor war Herr J. Heydecker. Aufführungen wie DIE JUNGFRAU VON ORLEANS, VICOMTE VON LETORIÈRES, DER KAUFMANN VON VENEDIG, DER ALPENKÖNIG UND DER MENSCHENFEIND bezeugen ein gepflegtes Theaterniveau. Daneben gab es Stücke als Dutzendware und fürs lachbereite Publikum, und wie allerorten ergötzten sich auch hier die sonst sittsam wirkenden Bürger an Stücken wie DER PARISER TAUGENICHTS, DIE PLAUDERTASCHE oder ALMRAUSCH UND EDELWEISS. So oder so, das Publikum war dankbar, in den Circles der höheren Beamten, des Militärs und des Großbürgertums wurde das Theater zum nie enden wollenden Tagesgespräch. Auf einem Theaterzettel wurden diese »Freunde und Gönner der dramatischen Kunst« von der Souffleuse Elsa Reiter direkt angesprochen und bedankt. Es war eine heitere und unbeschwerte Zeit für alle jene, die sich Vergnügungen leisten konnten.

Zum Wohl! Zum Wöhlele! Bregenz hatte immer Betrieb, es war für den Fremdenverkehr von früh an gerüstet. 1878 zählte man nicht weniger als 64 (!) Gasthäuser und Hotels, dabei hatte die Stadt nur 4000 Einwohner. Jedes achte Haus war ein Wirtshaus! Der Bregenzer Engelbert Bernhard, der mit einigen anderen Gleichgesinnten 1871 einen Verein für gemeinnützige Zwecke ins Leben gerufen hatte, dürfte vom sicheren Instinkt geleitet gewesen sein, daß Bregenz keine unbekannte Zukunft vor sich hatte. Es wird in diesem Zusammenhang vom »ersten« Verkehrsverein in der gesamten k.k. Monarchie gesprochen, was für die Tüchtigkeit der österreichischen Alemannen am Bodensee spricht.

Die Neuerungen ergaben sich weitgehend aus der nun stark einsetzenden Technisierung, vor allem jener des allgemeinen Verkehrs. Ein Jahr nach der Gründung des Verkehrsvereins wurde die Vorarlbergbahn von Bregenz bis Bludenz eröffnet, dazu die internationalen Anschlüsse an das deutsche und Schweizer Eisenbahnnetz (Lindau und St. Margarethen). Es war sensationell, nun täglich einige Male die gewaltigen Rauchfahnen zu beobachten, die von den Lokomotiven aus – je nach Wind – gegen den See oder gegen die Stadt zu getrieben wurden. Nebenan lief die Bodenseeschiffahrt auf vollen Touren; seit 1842 hatte Bregenz einen neuen Hafen, den deutsche und Schweizer Dampfschiffe regelmäßig anliefen. Am österreichischen Ufer setzte die Dampfschiffahrt erst 1884 mit dem Stapellauf der ›Austria‹ und der ›Habsburg‹ ein. 1884 war überhaupt *das* Jahr des Verkehrs in Vorarlberg, denn mit der Eröffnung der Arlberglinie änderte sich hierzulande vieles, wenn nicht alles.

Nun setzte, wie man heute sagen würde, der erste Gästeboom ein. Bregenz wurde von Jahr zu Jahr mehr herausgeputzt, seit 1887 konnten die Gäste in den Seeanlagen lustwandeln, von 1889 an erklangen aus einem Musikpavillon die beim Publikum beliebten Promenadenkonzerte. Jahr für Jahr standen Darbietungen von Musik und Theater auf dem Bregenzer Sommerprogramm, Seenachtfeste, Sängertreffen, Illuminationen und Waldfeste – und überall dabei die Blasmusik – lösten einander ab. Eines dieser Feste, von denen noch lange die Rede war, fand 1896 auf der Nesseldohle oberhalb der Stadt statt, bestritten von der Bregenzer Stadtmusik, der Lindauer Bataillonsmusik, dem Cäcilienverein und dem Bregenzer Liederkranz, der bereits 1857 – als die erste Vereinigung dieser Art in Vorarlberg – gegründet worden war. Anläßlich des ›Deutsch-Österreichischen Städtetages‹, der 1905 in Bregenz veranstaltet wurde, erlebten die Besucher ein großes Park- und Seefest. Der Hang zum See

Besuch des Sultans von Marokko 1945 in Bregenz.
Im Vordergrund französische Besatzungstruppen. Aquarell von Alex Sturm.

zeigte sich allmählich. Ohne Zweifel lag damals schon so etwas wie ein Seefestspiel in der Luft und – am Wasser!?

Mit dem Abbruch des Schlachthaustheaters anfangs dieses Jahrhunderts endet die erste Epoche der Bregenzer Theatergeschichte. Anstelle des Theaters wurde das Vorarlberger Landesmuseum erbaut und 1903 eröffnet. Nebenan stand das Kornhaus, das seit dem Beginn der Eisenbahn mehr und mehr zweckentfremdet wurde. Der Gedanke, hier das Theater wieder erstehen zu lassen, lag nahe. Doch erst 1955 war es soweit. Zwei Kriege und eine notbeladene Zwischenkriegszeit vereitelten den Bau. Mit Beginn der ›Bregenzer Festspiele‹ im Jahre 1946 jedoch zeigte sich bald die Notwendigkeit eines Theaterbaus, wenn auch zunächst nur von mittlerer Größe. Mit großem Eifer betrieb Bürgermeister Karl Tizian das Projekt, nach dessen Verwirklichung auch das heimische stehende ›Theater für Vorarlberg‹ ein eigenes Haus bekam. Durch das ›Kornmarkttheater‹, das ein Vierteljahrhundert hindurch auch Heimstätte der Festspiele war, wurde Bregenz wiederum zum Mittelpunkt der Musik und des Theaters in Vorarlberg und im angrenzenden Bodenseeraum – wie einst vor hundert Jahren ...

Was früher Provinz war, ist es heute nicht mehr. Einstmals gültige Vorstellungen von einer besonderen Übereinstimmung von Kunst und Provinz oder von der Vorherrschaft sogenannter Kunstmetropolen sind weitgehend geschwunden. Wir leben nicht mehr in der Welt kultureller Randgebiete.

Die reproduzierenden Künste – Sprechtheater, Ballett, Musiktheater, Konzertmusik – sind wie einst in den Zeiten der Wanderbühnen wieder sehr beweglich geworden, nur kommen sie nicht mehr im Pferdewagen und im Eilgalopp, sondern sie ›jetten‹ von einem Aufführungsort zum anderen. Der Künstler steht heute in einem Wettbewerbsprozeß wie jeder andere, der Spitzenleistungen zu vollbringen hat. Die Kunst ist zum wirtschaftlichen Prozeß in ein Nahverhältnis getreten. Die beiden stehen in einer unentrinnbaren Wechselwirkung zueinander.

Zu den Zeiten der gewaltigen Schloßbauten von Versailles, Schönbrunn und Nymphenburg erlebten nur Privilegierte die Verbindung von Kunst und Landschaft. Mit dem Zeitalter der Demokratie wurde dieser Genuß zum allgemeinen Gut. Kaum irgendwo ist die Freude des Volkes am Kunstereignis so deutlich spürbar wie bei den Aufführungen der Bregenzer Festspiele im Freien, unter dem nächtlichen Himmel des Bodensees.

»Ich freu' mich, wenn der Abend kommt ...«

Verse sind oft nette Lebensbegleiter. Ein Lyriker, auch schon längst vergessen, schrieb in der zweiten Hälfte des letzten Jahrhunderts tiefe Neigungen seines Inneren nieder – Hermann von Gilm. Er verbrachte seine Jugend in Dornbirn und in Feldkirch und nahm sein lyrisches Talent aus der Landschaft am ›Jungen Rhein‹ mit in sein späteres Dichterleben. Einige seiner Gedichte hat Richard Strauss kongenial vertont. Und man wird sich auf den Abend freuen, wenn sie bei den Bregenzer Festspielen erstmals erklingen werden.

»Aus dem Walde tritt die Nacht,
An den Bäumen schleicht sie leise,
Schaut sich um im weiten Kreise –
Nun gib acht!«

Theater in der Natur
Freilichtbühne auf dem Bodensee

von Alfred Wopmann

Der historische Ursprung

Das Urtheater der frühgeschichtlichen Zeit vollzog sich unter freiem Himmel und hatte kultisch-rituellen Charakter. Dementsprechend war die Urform der Bühne der kreisförmige Tanzplatz mit dem Altar in der Mitte. In beschwörenden Tänzen wurde die als göttlich aufgefaßte Natur zum Mitspiel aufgefordert, um den Bestand der Gesellschaft durch Erntezauber, Fruchtbarkeitsrituale und sakrale Feste zu garantieren. Berge, Höhlen, Quellen, Flüsse und das Meer, aber auch Gestirne, das ›Himmelsfeuer‹, Mond und Sterne wurden in den Hochkulturen Mesopotamiens, Ägyptens und Griechenlands göttlich verehrt und bis in die Barockzeit zu ›mythologischen Mitspielern‹ der Menschen. Musik, Tanz, sakrale Masken, das Anlegen von Kostümen, festliche Gelage und die Darstellung sexueller Praktiken als Symbol der Befruchtung hatten ein gemeinsames Ziel: Beeinflussung der Natur und ›Einfangen‹ der übernatürlichen Kräfte zum Nutzen des Menschen.

Das kultische Fest als Vorläufer der Fest- und Freilichtspiele

Vorläufer der heutigen Festspiele sind die Dionysien der griechischen Vorzeit, ländliche Kelterfeste zu Ehren des griechischen Gottes Dionysos, des Gottes des Weines, des Wachstums und der zeugenden Lebenskraft.

Im ältesten Theater Athens ist der sakrale Hintergrund des kultischen Spieles noch deutlich erhalten: Im heiligen Bezirk des Gottes Dionysos hatten die Zuschauer den kreisrunden Tanzplatz mit dem Altar vor sich; hinter diesem Tanzplatz war der Tempel des Gottes. Mit der Errichtung des Bühnenhauses – der ersten sogenannten ›Skene‹ – vollzog sich der für die Baugeschichte des Theaters entscheidende Vorgang der Trennung der Bühne vom Altar.

Das Amphitheater als bestimmende Form des Freilichttheaters

Das Spiel richtete sich nurmehr gegen eine Seite, und das Publikum zog sich auf die Sitzreihen, die sich meist an einen Berghang lehnten, zurück. Die hufeisenartige Form des steinernen Amphitheaters, bei der sich Zuschauerraum und Bühne unter freiem Himmel befinden, ist die Urform des selbständig gewordenen Theaters. Sie war bestimmend für die Grundform des Freilichttheaters bis in die heutige Zeit. Entscheidend für die Theater von Delphi, Epidaurus, Syrakus, Pergamon und Delos war die Verbindung mit der Landschaft, denn der Zuschauer konnte von den Sitzreihen aus weit in die Bergwelt oder auf das Meer sehen. Die ›höchsten Plätze‹ in diesem kosmischen Theater nahmen die Götter ein, zu deren Ehre die Spiele veranstaltet wurden.

Die Naturstimmung – Wesenselement des Freilichttheaters

Die Einbettung des Theaters in die ursprünglich kultisch mitspielende Natur hat bis heute nicht an magischer Anziehungskraft verloren. Die Verbundenheit mit den Elementen – der Erde, dem Himmel und seinen Gestirnen, aber auch mit dem Wasser – geben dem heutigen Zuschauer ebenfalls, bewußt oder unbewußt, das Gefühl, den Göttern und, wenn er schon nicht an sie glaubt, dem Unendlichen des Kosmos näher zu sein. Von den mythischen Beziehungen zu dieser Natur handelt schließlich bis in die Barockzeit ein Großteil aller Theaterstücke. So machte sich auch Goethe die magische Wirkung von Naturstimmungen in seinem Singspiel DIE FISCHERIN, das er eigens für eine Freilichtaufführung im Park zu Tiefurt 1782 schrieb, zunutze. Zeitgenossen berichten begeistert von den tausend Wundern des nächtlichen Sommerhimmels am Ufer der Ilm und von der Atmosphäre, welche die Wirkung des Stückes im Ineinander von Wort und Musik, Licht und Landschaft steigerte.

Bühne auf dem Bodensee – Wechselwirkung von Kunst und Landschaft

Mit der Bühne auf dem Bodensee verfügt Bregenz über eines der originellsten Freilichttheater der Welt. Seine Grundlage ist die dramatische Qualität des Sees.

Martin Walser schreibt: »... Dieser im Süden des Nordens gelegene See besteht auf nichts. Wenn Junitage durch die Blätterkronen brausen und die Wasseroberfläche im Gefunkel zerspringt, tut der See mittelmeerisch. Von Spätherbst bis Vorfrühling führen ihn Stürme weißgrün vor; da spielt er Fjord. Dieser See spielt alles nur. Das Klimatheater, das auf der anpassungssüchtigen Seebühne seine pausenlose Unbeständigkeits- und Überraschungsdramaturgie betreibt, will, daß wir uns an nichts halten als an den Wechsel.«

Dieser fortwährende Szenenwechsel wird von oben ergänzt durch die farbigen ›Prospekte der Himmelslandschaft‹, so daß man ohne Eintrittskarte bereits mitten in einer Theateraufführung ist. Erst aus dieser engen Beziehung zwischen Landschaft und Kunst wird die Wirkung der größten Seefreilichtbühne Europas, erbaut nach dem Vorbild des alten Amphitheaters, verständlich. Eingebettet zwischen dem mächtigen Bergmassiv des Pfänders und der Weite des Sees, empfängt diese Bühne von dort her ihr letztes Licht – immer noch heller als alle elektrischen Sonnen zusammen –, und das Spiel auf den Brettern, welche die ›Welt‹ bedeuten, kann erst beginnen, wenn sich die Sonne zurückzieht. Blutrot in den See sinkend hinterläßt der Feuerball ein bizarres Gemälde, das noch lange am westlichen Abendhimmel strahlt. Tausendfach gebrochen durch die Spiegel des Wassers

Festspieldirektor Dr. Alfred Wopmann

bilden die letzten Nester dieser Glut das ›Einlaßlicht‹ zum ›Spiel auf dem See‹ und werden zu seiner eigentlichen Ouvertüre. Dieses ›Schauspiel‹, so alt wie die Natur selbst, war Vorbild für die Entstehung der alten Sonnenmythen:

Der Ursprung des Spieles auf dem Wasser
in den Nilspielen der alten Ägypter

In der Passion des Osiris, dem ältesten überlieferten Theaterspiel aus der 12. Dynastie des 2. vorchristlichen Jahrhunderts, feierten die Ägypter den Mythos des Gottes der Abendsonne, der von seinem Bruder Seth ermordet und zerstückelt wurde. Isis, seine Gattin, sammelte die Teile des Toten ein, und Osiris erstand von neuem in der Gestalt seines Sohnes Horus, des Gottes der Morgensonne.

In der Feier dieses ägyptischen Natur- und Sonnenmythos erkennen wir die älteste Form des Spieles auf dem Wasser.

In einer überlieferten Inschrift berichtet der ägyptische Beamte I-Kher-nefert, Leiter der Osiris-Mysterien, von prächtig geschmückten Barken auf dem Nil. Auf ihnen befanden sich Altäre, Abbilder von Göttern und Dämonen sowie eine sakrale Bildplastik des Osiris. In einer Schlacht wurde das Ende des Osiris gezeigt; es folgte eine Darstellung des Hinabsteigens des Gottes in sein Grab und seiner Wiedergeburt gemäß dem Auf- und Untergang der Sonne. Diese ersten Theaterschiffe fuhren, bemannt mit Musikern, Tänzern und Schauspielern, den Nil hinunter, ankerten an den Anlegeplätzen des Flusses, und das Volk strömte an die Ufer, um das Spiel vom Gotte Osiris zu erleben. Herodot, der griechische Historiker und Reiseschriftsteller, sah in diesen sakralen Spielen den Vorläufer der griechischen Spiele und wies auf die Verwandtschaft zwischen dem ägyptischen Gott Osiris und dem griechischen Gott Dionysos hin.

So ist das heutige Spiel auf dem See die Fortsetzung des Gedankens und der Praxis, Theater auf dem Wasser zu spielen, und hat seinen Ursprung in den Nilspielen der alten Ägypter.

Mit ihrem berühmten Naturschauspiel der untergehenden Sonne hat die Bühne auf dem Bodensee Bezug zum Sonnenmythos Ägyptens. Vollends bewußt wurde dieser mythologische Ursprung durch die Aufführung der ZAUBERFLÖTE auf dem See, als der Chor »Isis und Osiris« vom Wasser her zum Ufer tönte. In dieser Verbindung zwischen Mythologie, Kunst und Landschaft liegt eines der Geheimnisse des Freilichttheaters am Bodensee.

Die Barockzeit als Wegbereiterin
des europäischen Wassertheaters

Schuf Griechenland die allgemeinen Voraussetzungen für die Entwicklung unseres Theaters, so ging das Freilichttheater des Mittelalters auf seinen Marktplätzen und mit seinen geistlichen Spielen ebenso eigene Wege wie das Shakespearetheater der Elisabethanischen Zeit mit seinen Aufführungen in den Innenhöfen von Gasthäusern. Bezug zum Wasser schufen erst wieder die venezianischen Wassertrionfi der Renaissance mit großartigen Huldigungsinszenierungen am Canale Grande mit phantastisch geschmückten Schiffen, schwimmenden Nymphen und Tritonen. Eigentliche Wegbereiterin des europäischen Wassertheaters wurde aber erst die Zeit des Barock. Ein Zeitalter, welches die Oper und das Ballett hervorbrachte und über die berühmtesten Bühnenarchitekten verfügte, fand nichts Außergewöhnliches dabei, wenn der ›Bühnenboden‹ aus Wasser bestand und sich ganze Szenerien schwimmend verwandelten.

Feuerwerk und Wasserspiele standen nicht nur auf vielen Flüssen, wie etwa der Themse, auf der Händel seine berühmte FEUERWERKS- und WASSERMUSIK aufführte, im Mittelpunkt der szenischen Künste, sondern waren auch Mittelpunkt der Aufführungen auf den Schloßteichen von Buen Retiro, Aranjuez oder auch dem Schloßteich von Laxenburg.

Calderóns Wasserinszenierungen
als Höhepunkt und Vorbild

Als der große Calderón sein Stück EL MAYOR ENCANTO AMOR auf dem Schloßteich von Buen Retiro aufführte, wurden Inseln benützt, und ganze Szenerien konnten auf Flachkähnen verwandelt werden, so daß abwechselnd Berge, Schluchten, Wälder, Riffe und Wasserfälle erschienen. Von unsichtbaren Schaufelrädern bewegt, wogte das Wasser und ließ das Schiff des Ulysses im Sturm schwanken. Unter Donner und Blitz verschwanden die Berge, Circe erschien in einem prachtvollen Wasserfestzug, begleitet von Sirenen und Tritonen. Riesenfische tauchten aus dem Wasser auf und spieen Fontänen in die Höhe. Der standhafte Held Ulysses ließ den Zauberpalast der Circe im Wasser versinken, und an dessen Stelle erschien der flammenspeiende Vulkan Ätna.

Wie nahe den barocken Bühnenphantasien eines Calderón Schikaneder und Mozart ihre ZAUBERFLÖTE ansiedelten, zeigt ein Vergleich mit der Seeinszenierung der ZAUBERFLÖTE durch Jérôme Savary 1985:

Ähnlich wie Calderóns Ätna erschien unter Feuer und Rauch der glutrote Zauberflötenberg, öffnete sich magisch und ließ die Königin der Nacht im überlebensgroßen Sternenmantel in der Bergkuppel erscheinen. Ein Feuerwerk von Sternen begleitete unter Donner und Blitz ihren Abgang in die dunkle Nacht. Sarastro kam auf einem Riesenfisch, Tamino und Pamina verschwanden hinter einer Feuerwand und wurden im nächsten Augenblick von einem Wasserfall umschlossen. Berge fuhren lautlos auseinander und gaben eine Pyramide frei, hinter der ein Sonnenball im gleißenden Licht

Wolfgang Amadeus Mozart, Die Zauberflöte, 1985.

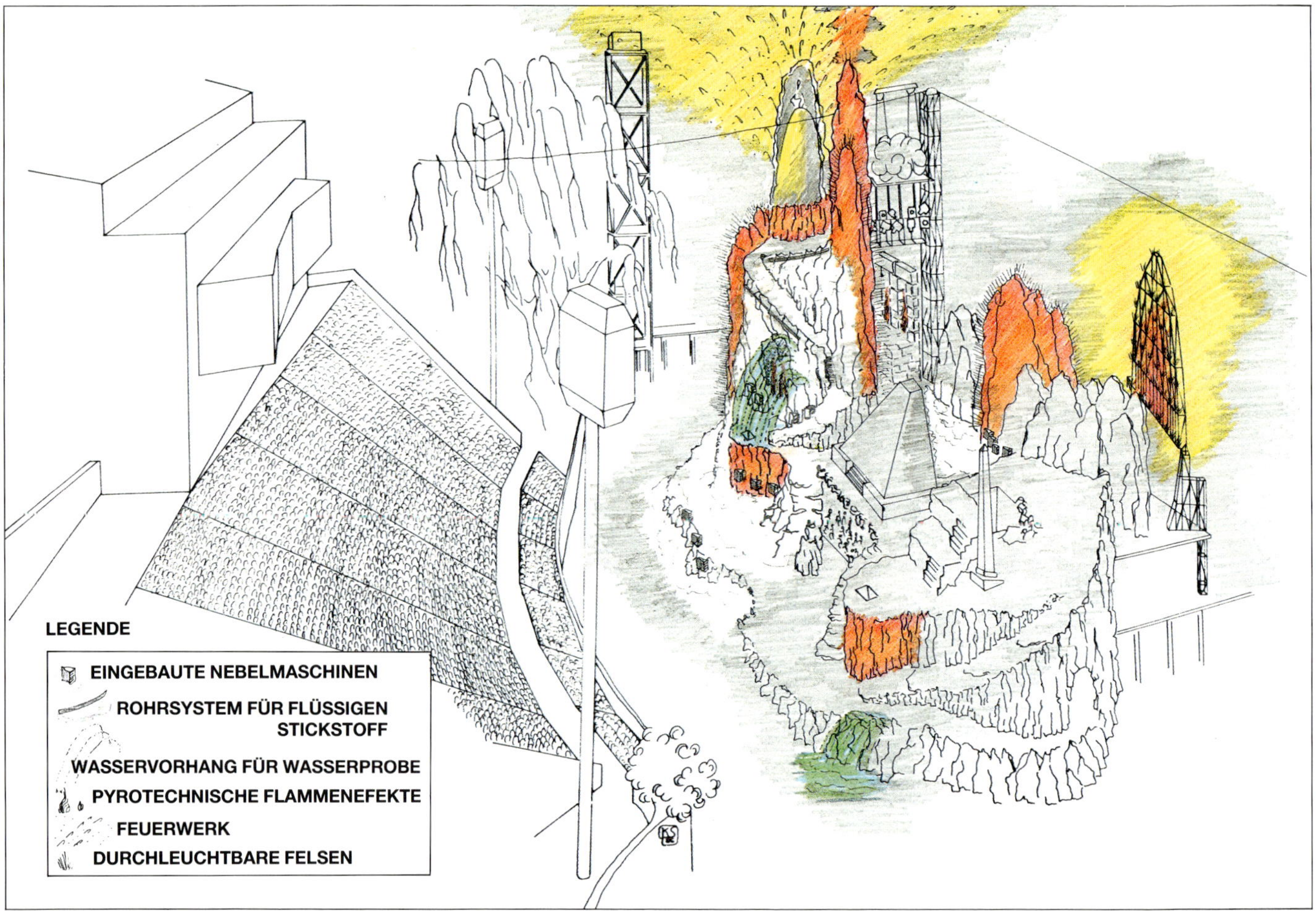

Die Technik der ›spektakulären Effekte‹.

eines Feuerwerkes aufging. Märchen oder Wirklichkeit? Hier verschwanden die Grenzen.

Bühnentechnische Voraussetzungen für das Freilichttheater auf dem See

Akustik: Die gute Akustik der griechischen und römischen Amphitheater ergab sich durch die Stufung der Zuhörerplätze und die Reflexion des Schalls durch das Skenengebäude. Sie wurde durch die Verwendung von Masken unterstützt, die durch einen zum Trichter geformten Mund eine schallverstärkende Wirkung erzielten. Die heutige Seebühne in Bregenz öffnet sich in die Weite des Sees und hat keinen Schallreflektor. Während die antike Bühne eine relativ geringe Entfernung zum Zuschauerraum hatte, liegt die Seebühne mit dem Orchester, getrennt durch eine Wasserstraße, ca. 20 m vom Ufer entfernt. Dabei ergeben sich zwischen Zuschauern und Bühne Distanzen bis zu über 100 m, die ohne elektroakustische Verstärkung niemals überbrückt werden könnten. Zur Verstärkung der Solisten werden 12 tragbare Funkmikrofone verwendet, darüber hinaus viele weitere in die Dekoration eingebaute Mikrofone und Speziallautsprecher. Zur Verbesserung der akustischen Bedingungen der Seebühne wurde 1984 erstmals über das Delta-Stereophonie-Verfahren das Richtungshören möglich. Diese Technik gestattet die Übereinstimmung der akustischen mit der optischen Wahrnehmung. Sprache, Gesang und Orchester können nunmehr lokalisiert werden.

Beleuchtung: Auch hier muß die enorme Entfernung vom Zuschauerraum zur Bühne durch eine entsprechende Lichttechnik überwunden werden. Voraussetzung dafür ist der Einbau spezieller, zum Teil wasserfester Scheinwerfer in die Dekoration, um die Abstände der Lichtquelle zu Dekorationsteilen und Darstellern zu verringern. Spezielle und sehr starke Halogenverfolger können große Entfernungen mühelos überwinden und Personen scharf konturieren.

Zur Verbesserung der optischen Tiefenwahrnehmung wurde 1985 zum erstenmal ein neuer Beleuchtungsturm mit seitlichem Einfallswinkel der Scheinwerfer auf die Dekoration benützt.

Zweck dieser Maßnahme war das Sichtbarmachen der Oberflächenstruktur des Bühnenbildes und seiner Tiefe, was nur durch Seitenlicht möglich ist. Erst dadurch werden die finanziellen Ausgaben für die teure Kaschur des Bildes gerechtfertigt.

Eine weitere Innovation ist die Anwendung der computergesteuerten automatischen Verfolgeranlage ›Telescan‹. Mit ihrer Hilfe ist es möglich, Apparate an schwer zugänglichen Stellen zu installieren und mit mehr als 200 automatischen Farbmischungsmöglichkeiten ferngesteuert einzusetzen; für Showeffekte ebenso wie für Grundlichtstimmungen.

Pyrotechnik: Zur Beleuchtung gehört aber auch das Arsenal von pyrotechnischen Effekten, z. B. der ›Sternenregen‹ beim Auftritt der ›Königin der Nacht‹ oder die brennende Sonne im Finale der ZAUBERFLÖTE, welche in geschlossenen Theaterräumen aus Sicherheitsgründen niemals zum Einsatz kommen könnte.

Darüber hinaus werden Boden-, Terrassen- und Hö-

Schemaskizze zu Akustik und Beleuchtung.

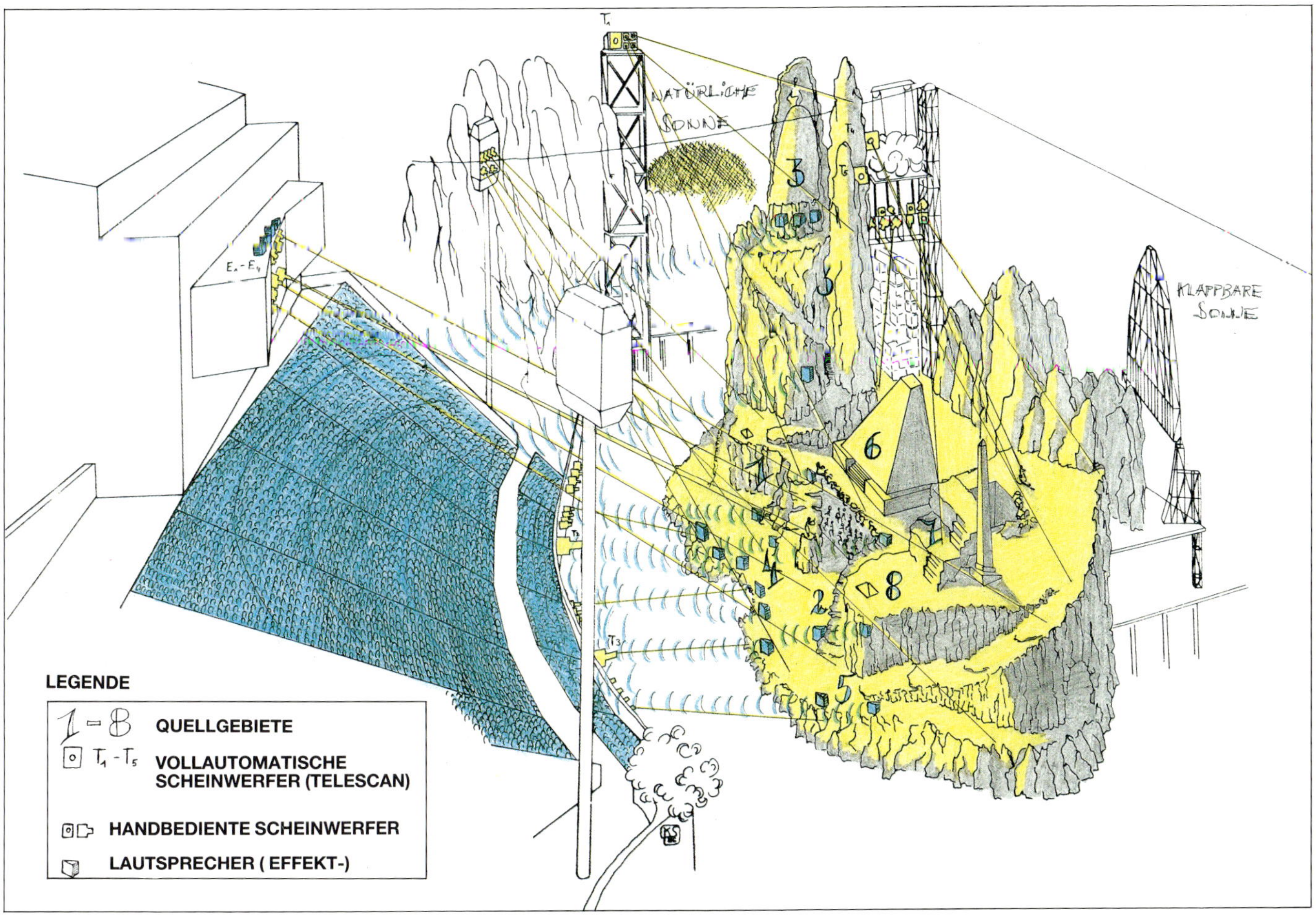

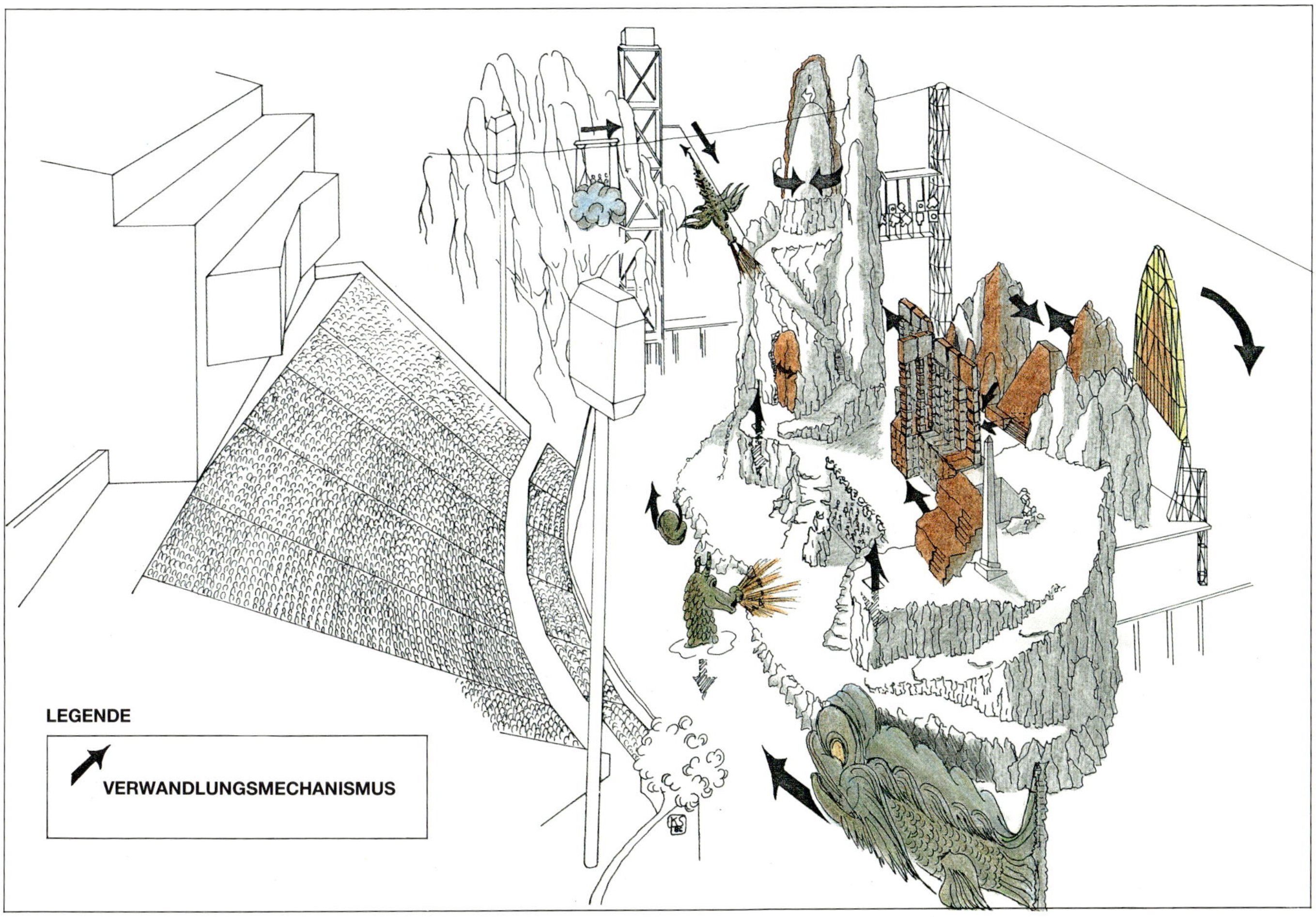

Schemaskizze zu den Bewegungsmechanismen.

henfeuerwerke, veranstaltet, wie etwa zu Händels FEUERWERKSMUSIK.

Nebel und Raucheffekte werden über eine Stickstoffanlage erzeugt. Sie können eine Dekoration in Verbindung mit entsprechender Beleuchtung in vollkommen neuem und magischem Licht erscheinen und teilweise wieder verschwinden lassen. Alle diese Effekte kamen erstmals 1985, in dramaturgischer Ergänzung der Lichtregie, bei der Inszenierung der ZAUBERFLÖTE zur Anwendung.

Dekoration: Die Dekoration der Seebühne wird jedes Jahr, entsprechend der Wahl des neuen Stückes, nach einem neuen Grundriß gebaut und reicht vom künstlichen Venedig bis zur magischen Zauberinsel. In diesem immer neuen ›Theateraufbau‹ in jeweils verschiedenen Proportionen zur umgebenden Natur liegt der Reiz des Neuen. Neu, weil die Schwerpunkte der Dekoration innerhalb eines offenen und weiten Bühnenraumes freier und kontrastreicher gesetzt werden können als innerhalb einer lediglich 16 m breiten und 12 m hohen Guckkastenöffnung.

Durch die Sprengung des Guckkastens der Theaterinnenarchitektur zugunsten einer großflächigen und tiefen Bühnenaußenwelt ergibt sich durch die Einbeziehung der Seelandschaft ein weitgefächerter und simultan nutzbarer Auftritts- und Handlungsraum.

Die Inszenierung bestimmt den Rahmen dieses Spielraumes und die Konzentration auf seine jeweils wichtigen Handlungselemente.

Verwandlung: Die Verwandlung ist eine Folge der sich verändernden Schauplätze, bedingt durch die Szenenanweisungen und die Phantasie des Regisseurs.

Die Verwandlung der Dekoration im Freilichttheater muß im Gegensatz zu Verwandlungen in geschlossenen Theaterräumen ohne Vorhang und sichtbar erfolgen. Alle Verwandlungsmechanismen müssen deshalb bühnenbildimmanent sein. Die entsprechenden Dekorationsteile befinden sich auf einer Drehbühne, einem Bühnenwagen, in Versenkungen oder an Seilvorrichtungen (z. B. die Wolke mit den drei Knaben in der ZAUBERFLÖTE), um im gewünschten Augenblick zu erscheinen. Für das Wassertheater ergeben sich darüber hinaus besondere Techniken: z. B. das Einschwimmen und Ausschwimmen von Inseln und Dekorationsteilen (TAUSENDUNDEINE NACHT). Die Erscheinung von ›Schiffen‹, z. B. des Gespensterschiffes im FLIEGENDEN HOLLÄNDER durch das plötzliche Aufklappen eines 24 m hohen Mastes. Die Erscheinung von realen Schiffen, etwa des Piratenschiffes im KORSAR, des Zarenschiffes in ZAR UND ZIMMERMANN oder des Herzogschiffes in EINE NACHT IN VENEDIG.

Der Wechsel von Dekorationselementen ist aber auch über ein System von ein- und ausschwimmbaren Elementen mit jeweils verschiedenen Dekorationsaufbauten möglich. Diese Art von schwimmendem Verwandlungstheater hat nicht nur den Vorteil, Bilder innerhalb eines Stückes kurzzeitig verwandeln zu können, sondern ermöglicht durch Vermeiden kostspieliger und zeitraubender Umbauten auch das Hintereinanderspielen verschiedener Stücke.

Dieses System befindet sich gegenwärtig im Entwicklungsstadium und könnte in Zukunft eine bessere Nutzung der Seebühne ermöglichen.

Die Festspieldirektoren Dipl.-Kfm. Franz Salzmann und Dr. Alfred Wopmann.

Wasserspiele: Eine besondere Dimension des Bildes ergibt sich durch die Verwendung von beleuchteten Wasserspielen und Wasservorhängen. Durch ein Pumpsystem lassen sich verschiedene Wasserfiguren, bis zu geschlossenen Wasserwänden, erzeugen. Auf diese Wände kann projiziert werden, wodurch sich Dekorationselemente erübrigen, z. B. bei der Wasserprobe in der ZAUBERFLÖTE.

Eine besondere Form der Wasserspiele ist das sogenannte ›Wasserballett‹. Es beinhaltet verschiedene Wasserfiguren, die durch entsprechende Form, Farbe und Rhythmus zu einer gleichzeitig gespielten Musik choreographisch in Beziehung gesetzt werden können. Überlegungen, dieses System auf Knopfdruck abrufbar und jederzeit wiederholbar zu machen, begannen vor einiger Zeit in Gesprächen mit André Heller.

Inszenierungstechnische Voraussetzungen für das Freilichttheater am See

Die Seedramaturgie: Sie wird immer wieder verlangt und kann doch selten 100%ig erfüllt werden. Denn mit diesem Fachausdruck verbindet sich der Anspruch auf ›seegerechte‹ Stücke in ›seegerechten‹ Inszenierungen.

Was ist ein ›seegerechtes‹ Stück? Wohl ein solches, dessen Schauplätze überwiegend am Wasser spielen und dessen Aktionen dramaturgisch mit dem Element Wasser in Verbindung stehen. Sofort fallen uns dazu Stücke wie DER FLIEGENDE HOLLÄNDER, EINE NACHT IN VENEDIG, SHOWBOAT oder SCHWANENSEE ein, womit wir bei den wahrscheinlich populärsten Vertretern im Fach Oper, Operette, Musical und Ballett wären. Aber warum nicht auch Stücke wie Dvořáks RUSALKA, Lortzings UNDINE, Sullivans PIRATEN VON PENZANCE oder seine GONDOLIERI, Adams KÖNIG FÜR EINE NACHT oder Offenbachs SEUFZERBRÜCKE? Sicherlich liegt es nicht an künstlerischen Gründen, wenn diese Werke nicht im Programm auftauchen, sondern an mangelnder Popularität und der sich daraus ergebenden Ungewißheit, ob eine 90%ige Auslastung der 4500 Sitzplätze für etwa 18 bis 20 Aufführungen erreicht werden kann. Wovon andere oft nur träumen, nämlich eine 90%ige Auslastung, hat für die Bregenzer Festspiele Realität zu sein: Diese wird von den Subventionsgebern dem Budget der Festspiele zugrunde gelegt. Da aber der Erfolg der Seeaufführrungen nicht nur in der Presse, sondern auch an der Kasse entschieden wird, bleibt für Experimente wenig Spielraum.

Vorrang haben daher Stücke, die folgende Kriterien erfüllen: künstlerische Wertigkeit, Popularität, Natur- und möglichst Wasserbezogenheit der Schauplätze, Situationen mit choreographischen Massenszenen (Chor, Ballett, Statisterie) und solche, welche die Möglichkeit bieten, wassertechnische, pyrotechnische und sonstige technische Spezialeffekte dramaturgisch sinnvoll anzuwenden. Für Werke, die a priori nicht am Wasser spielen, muß eine Adaption durch eine ›seegerechte‹ Inszenierung gefunden werden, was z. B. bei CARMEN, TURANDOT, der FLEDERMAUS, WIENER BLUT, bei WEST SIDE STORY oder bei KISS ME KATE versucht wurde.

Darstellungsform und Inszenierungsstil: Maske und Kothurn sind die Grundlage der optischen Überhöhung, deren sich die Darstellungsform und der Inszenierungsstil der antiken Tragödie bedient.

Die Erkennbarkeit des Ausdruckes über weite Entfernungen erforderte die typisierte Maske als Mittel der Antlitzübersteigerung und die Kothurne zur Überhöhung der Gestalt (davon macht in einer Weiterentwicklung auch der heutige Masken- und Kostümbildner Gebrauch). Der Zug zur Monumentalisierung kam überdies in den imponierenden Kostüm-›Aufbauten‹, den sogenannten ›Chitonen‹, mit Betonung der Vertikalen zum Ausdruck.

Der Inszenierungsstil der Antike bediente sich mittels pantomimischer Tänze einer flächigen Choreographie. Ihr Zweck war die Unterstützung der Wahrnehmung durch Betonung der rhythmisierten Bewegung.

Es war das große Verdienst des Schweizer Theatermannes Adolphe Appias, der Ende des 19. Jahrhunderts die Grundlagen des antiken Freilichttheaters wieder entdeckte, daß er Darstellungsform und Inszenierungsstil neu formulierte und für die Entwicklung des modernen Theaters fruchtbar machte.

Appia war maßgeblich an der Gestaltung der Schweizer Freilichtspiele zu Vevey und jener am Genfer See im Jahre 1914, LA FÊTE DE JUIN, beteiligt. Er wurde auch zum Wegbereiter des großen österreichischen Theatermannes Max Reinhardt, der mit dem Hofmannsthalschen JEDERMANN die Renaissance des modernen Freilichttheaters in Europa begann und diese später in Amerika mit dem ›New Greek Theatre‹ fortsetzte.

Gesetze des Freilichttheaters

Der Raumrhythmus: Um gegenüber der Natur bestehen zu können, benötigt eine Bühnendekoration nicht nur eine vergleichbare Größe, sondern auch mehrstufige Aufbauten, also neben der Horizontalen vor allem die Vertikale und die Schräge. Dadurch bietet die Dekoration dem Darsteller verschiedene Ebenen für sein Spiel. Die Vielfalt des Spieles ist somit abhängig von der Kontrastwirkung des Raumes. Bestes Beispiel für die Erfüllung dieser Forderungen war das Bühnenbild der ZAUBERFLÖTE von Michel Lebois mit der ›Bergtreppe‹ und einem Maximum an natürlichen Einzelschrägen zur Abstufung der verschiedenen Auftritte. ›Höhepunkt‹ war der Auftritt der ›Königin der Nacht‹ in einem Kostümaufbau in einer beweglichen Bergspitze. Ebenso wurden die Kostüme der ZAUBERFLÖTE erstmals nach den Gesetzen des Freilichttheaters entworfen; sie hoben sich durch Symbolfarben (z. B. ›Papageno‹, ›Papagena‹ und ›Kinder‹), Großflächigkeit (Priesterwelt) und Vertikalbetonung (z. B. die drei ›Damen‹ und die ›Königin der Nacht‹) von der sie umgebenden Dekoration und Natur ab.

Der Spielrhythmus: Der Spielrhythmus ergibt sich beim Freilichttheater ohne Pause aus dem organischen Wechsel von Intim- und Massenszenen und wird bestimmt vom Grundriß der Bühne.

Infolge der großen Dimensionen und Entfernungen gilt für die Verwandlungen und Auftritte im Freien das Gesetz der relativen Gleichzeitigkeit. Es findet Anwendung bei der Vorverlegung des Beginnes von Szenenanschlüssen: So ist z. B. ein Auftritt zu Wasser schon lange vorher sichtbar, ehe er szenenverändernd wirkt. Gerade deshalb müssen für den eigentlichen Beginn einer Szene eigene optische und technische Effekte gesucht werden, die den Wechsel und Neubeginn von Szene zu Szene stärker akzentuieren, als dies in Theaterinnenräumen notwendig ist.

Diese Tatsache, aber auch jene, daß größere Entfernungen zwischen Bühne und Zuschauerraum zu überbrücken sind, daß die akustischen und optischen Reize der Umgebung übertönt und überstrahlt werden müssen, führt in der Dramaturgie des Freilichttheaters zur Technik der sogenannten ›spektakulären Effekte‹. Der Sinn ihrer Anwendung liegt nicht im Kokettieren mit billigen Showeffekten, sondern ist in der Notwendigkeit begründet, daß Theaterspiel im Freien auffälliger und deutlicher sein muß als in geschlossenen Räumen. Form und Farbe, Ton und Bewegungsritual des Spieles müssen ebenso Signalcharakter gewinnen wie die biologischen Verhaltensmuster der Lebewesen in der Natur. Erst dann können sie, um mit Konrad Lorenz zu sprechen, Auslöser einer gewünschten Verhaltensreaktion beim Publikum werden.

Die ›Haare aufstellen‹ oder mit einer Gebärde seine Figur vergrößern, um imposant zu wirken, ist so alt wie der Mensch und sein Theater. Anlaß daher für Maskenbildner, Kostümbildner und Regisseure, darüber nachzudenken, welcher Ausdruck welche Wirkung ›augenscheinlich‹ und spontan zur Folge haben wird. Niemandem wird das spontane Lachen des Publikums entgangen sein, als der Vogelmensch ›Papageno‹ vor seiner ›Papagena‹ zu balzen begann und plötzlich mit seinen gelbgrünen Schwanzfedern ein Rad schlug.

Ein weiteres Mittel, den Spielrhythmus einer Szene zu beleben und zu überhöhen, ist die bereits in der Antike angewandte Form der rhythmisierten Bewegung, die von der Tatsache ausgeht, daß alle Darstellung im Grunde auf einer Art von Choreographie beruht. Diese Choreographie wird aber erst dann möglich, wenn sie für die bewegungsverstärkende Gruppe den Spielraum in der Tiefe, Höhe und Breite einer Szene erschließt.

In der Erfüllung dieser Forderung erwiesen sich der Regisseur Adolf Rott und der Bühnenbildner Walter von Hoesslin als Meister. Noch vor dem Bau der neuen Seebühne schufen beide mit einer zentralen und zwei seitlichen Inselbühnen den rhythmischen Raum in einer Dreiteilung, welche die Voraussetzung für den choreographischen Spielrhythmus der Massenregie mit Chor, Ballett und Statisterie (vgl. EINE NACHT IN VENEDIG, TAUSENDUNDEINE NACHT, BOCCACCIO, DIE IRRFAHRTEN DES ODYSSEUS, etc.) wurde.

Der Lichtrhythmus: Das bewegliche Licht muß zusammen mit dem Raum- und Spielrhythmus die Stimmung suggerieren, die Lichteffekte müssen die musikdramatische Stimmung unterstützen und steigern: Der ›zerhackte Lichtrhythmus‹ steigert z. B. die Nervosität der Szene vor dem Auftritt der ›Königin der Nacht‹. Die Durchleuchtung des Zauberflötenberges suggeriert einen glühenden Vulkan und läßt die Feuerprobe bedrohlich erscheinen. Ein starker Vakublitz täuscht z. B. eine Explosion vor, Bengallichter simulieren das Brennen der Szene. Lightdesign hat nichts mit dem bloßen Illuminieren einer Szene, sondern mit dem musikdramaturgischen Setzen optischer Akzente und dem Komponieren des Lichtrhythmus nach der Partitur zu tun. Stärke und Qualität aller Effekte zusammen bestimmen, ob sich eine Inszenierung durchsetzen kann vor der größten Kulisse, die es gibt: der Kulisse der Natur.

Der Lebensrhythmus: Das Theatererlebnis im Freien ist geprägt von der Einordnung des Raum-, Spiel- und Lichtrhythmus in den Lebensrhythmus der Natur.

Giacomo Puccini, Turandot, 1979. Seebühne. ▷

Vom »Zurück zu dieser Natur« sprach Rousseau, als er dem Volk wieder sein Theater unter freiem Himmel geben wollte, ein Theater für alle ohne Ansehen von Herkunft, Stand und Bildung. Theater der psychohygienischen Reinigung, Selbstfindung und Unterhaltung, wie schon einmal vor Jahrtausenden. Aktuell für den modernen Menschen, der trotz oder gerade wegen des technischen Fortschrittes wieder beginnt, die Natur zu suchen und das sakrale Fest wieder aus der Übereinstimmung des eigenen Lebens mit dem Lebensrhythmus der Natur zu begreifen. Kommt während einer Aufführung auf dem See der Moment, in dem ›Naturhandlung‹ und Spielhandlung einander ergänzen, die Natur im wahrsten Sinne des Wortes ›mitspielt‹, dann vermittelt sich durch diese Steigerung eine Spannung, die den Zuschauer die ursprüngliche Bedeutung der sogenannten »Sternstunden« ahnen läßt.

In diesen Augenblicken, selten genug, ist Theater wieder das, was es von Anbeginn war: Ritual, das den Dingen und Menschen das Maß des Überwirklichen gibt und der Seebühne die Dimension ihrer Einzigartigkeit.

Badende Kinder vor dem Bühnenaufbau von ›Carmen‹, 1974.

Gaetano Donizetti, Lucia di Lammermoor, 1982. Katia Ricciarelli (Lucia), José Carreras (Edgardo di Ravenswood).

Giuseppe Verdi, Falstaff, 1968. Giuseppe Taddei (Sir John Falstaff).

Benjamino Gigli 1953 bei seiner Ankunft in Bregenz.

Vincenzo Bellini, I Puritani, 1985. Edita Gruberova (Elvira).

Giuseppe Verdi, Othello, 1981. Placido Domingo (Othello).

Giuseppe Verdi, Falstaff, 1980. Rolando Panerai (Sir John Falstaff), Fedora Barbieri (Frau Quickly).

Vincenzo Bellini, Norma, 1970. Cristina Deutekom (Norma).

Peter Cornelius, Der Barbier von Bagdad, 1960. Anton Dermota (Nurredin).

Bühnenbild nach den Originalentwürfen für die Uraufführung der Oper von Alessandro Sanquirico.

Wandbrunnen »Goldregen« von Professor Edelbert Köb im Foyer des Casinos.

In den Festspielbezirk integriert: das neue Casino Bregenz. Blick in den Spielsaal.

Wolfgang Amadeus Mozart, Bastien und Bastienne, 1946. Gondelhafen. Entwurf von Maria Wanda Milliore-Stäger.

Wolfgang Amadeus Mozart, Die Entführung aus dem Serail, 1947. Strandbad.

Brot durch Spiele

von Walter Löwe

Zur Zeit der französischen Besetzung in Vorarlberg, genau am Sonntag, dem 4. August 1946, gegen 22 Uhr, gab ein Hauptmann in einer verdunkelten Halle, vor mehr als 1600 Personen, lautstark einen kurzen Befehl. Nur wenige, die gerade in der Nähe standen, leisteten diesem Folge. Die Masse blieb im Dunkeln sitzen – war aber gespannt, was nun passieren würde.

Ort des Geschehens war die neuerbaute ›Sporthalle‹ in Bregenz. Den Befehl gab ich, als ›Hauptmann der Leibwache‹ in der Dramatischen Dichtung DIE SIEBEN GEGEN THEBEN von Max Mell. Das war die erste Aufführung der ersten ›Bregenzer Festwoche‹. Der Theaterzettel nannte 20 Mitwirkende, darunter: Walther Reyer, Otto Bolesch, Erich Aberle – alle drei sind seit vielen Jahren am Burgtheater engagiert – Traute Foresti, Eva Orler, Richard Wegeler, Heinz Hostnig, Kurt Zips und – Walter Löwe. Kurt Kaiser, Intendant und Gründer der ›Vorarlberger Landesbühne‹, hatte inszeniert und das Bühnenbild geschaffen. An diesem Tag wurde seine Idee – Festspiele in Bregenz – Wirklichkeit. Kaiser wollte in diesem Rahmen aber auch musikalische Veranstaltungen darbieten. Dafür wurde ein besonderer Spielort gesucht und – im Gondelhafen gefunden.

Das ›Spiel auf dem See‹ war geboren.

Walter Löwe

Festabzeichen

Eugen Leissing, damals der jüngste Bundesrat Österreichs und zugleich Landesrat für Kultur der Vorarlberger Landesregierung, prüfte und billigte die kühnen Pläne Kaisers. Er machte die Gründung der ›Landesbühne‹ und der ›Festspiele‹ möglich, die nun 40 Jahre geworden sind. Vor Festspielbeginn gab Leissing der angesehenen ›Wochenpost‹ ein Interview: »Auf kulturellem Gebiet tut sich bei uns sehr viel. Wir haben bereits ein selbständiges Landestheater ins Leben gerufen, das überall sehr beliebt ist. Aber dies ist erst ein Anfang. Wir haben uns entschlossen, in Bregenz ein Theaterhaus zu bauen. Es wird am Kornmarktplatz stehen. Und zwischen 4. und 11. August werden wir zum ersten Mal die Vorarlberger Festspiele unter dem Motto ›Bregenzer Festwoche‹ veranstalten, wobei auch die Wiener Symphoniker mitwirken werden. Das Landestheater wird DIE SIEBEN GEGEN THEBEN aufführen. Ein Stafettenlauf von Arlberg bis zum Bodensee wird die Sportler begeistern. Wir erhoffen uns viele Gäste, die wir bestimmt alle unterbringen werden können, obwohl gerade in Bregenz der Wohnraummangel sehr groß ist. Selbstverständlich wollen wir die Festspielwoche alljährlich wiederholen.«

Dr. Hans Huebmer, der Pressechef der Vorarlberger Landesregierung, stellte bereits Mitte August fest, ›daß der Versuch, inmitten all der drängenden Sorgen der Gegenwart in Bregenz mit einer künstlerischen Festwoche zu beginnen, die nicht wie in Salzburg auf eine tragfähige Tradition hinweisen kann, geglückt ist‹.

Der Besuch hatte alle Erwartungen übertroffen. Enorm war die Teilnahme aus der Schweiz. Sonderzüge und Privatwagen hatten 30 000 Gäste aus diesem Nachbarland nach Vorarlberg gebracht.

Die Initiatoren, Bundesrat Leissing als künstlerischer und Stadtrat Salzmann als organisatorischer Leiter, die mit der ersten Festwoche eine große Verantwortung auf ihre Schultern genommen hatten, erkannten weitblickend: Eine Festwoche, die künftig zum künstlerischen Programm auch Unterkunft und Verpflegung, dazu noch Ausflüge in den Bregenzerwald, ins Montafon und auf den Arlberg bieten könnte, mußte also ein starker Magnet des Fremdenverkehrs sein, mit einer Anziehungskraft auf ganz Westeuropa.

Stadtrat Adolf Salzmann bewährte sich schon in der Vorbereitungszeit als Organisator. Erst führte er das ›Requirierungsbüro‹. Dessen Auftrag war, genau festzuhalten, wenn bewegliche Güter von der Besatzungsmacht angefordert wurden, von wem diese stammten und wohin sie gebracht wurden. Denn man ging von der Hoffnung aus, daß diese ›Leihgüter‹ später wieder den rechtmäßigen Eigentümern zurückgegeben werden könnten. Diese heikle Aufgabe löste Salzmann mit viel Geschick. Dann übernahm er das Amt für Fremdenverkehr der Landeshauptstadt Bregenz. Er war auch der Mann der Stunde, wenn es um Unterkunft und Verpflegung ging. Bekannte Künstler konnten damals für kleine Gagen, dafür aber für gutes, reichliches Essen verpflichtet werden. Das sprach sich vor allem in Wien herum. Es konnte gar nicht ausbleiben, daß Salzmann ab 1947 als Gesamtleiter der ›Bregenzer Festspiele‹ zeichnete. Als reisender Kaufmann hatte er vorher nie mit Kunst und Kultur zu tun gehabt. Über seine ›künstlerischen Aussprüche‹ gibt es eine Unzahl von Legenden. Auch wenn viele davon gut erfunden waren – sie hätten wahr sein können.

Die Mitglieder der ›Landesbühne‹ wirkten im ersten Jahr unentgeltlich bei der Festwoche mit. Die Aufführung

Bregenzer Festspielwochen 1948

Gegen Abgabe dieses Abschnittes wird ein

Abendessen

im Hotel „Krone" Leutbühl ohne Bezahlung abgegeben.

Dieser Abschnitt ist vom 17. 7. bis 8. 8. 1948 einlösbar und nur gültig mit dem Stempel: „Amt für Fremdenverkehr der Landeshauptstadt Bregenz".

Bregenzer Festspielwochen 1948

Gegen Abgabe dieses Abschnittes wird ein

Mittagessen

im Hotel „Krone" Leutbühl ohne Bezahlung abgegeben.

Dieser Abschnitt ist vom 17. 7. bis 8. 8. 1948 einlösbar und nur gültig mit dem Stempel: „Amt für Fremdenverkehr der Landeshauptstadt Bregenz".

Bregenzer Festspielwochen 1948

Gegen Abgabe dieses Abschnittes wird ein

Frühstück

im Hotel „Krone" Leutbühl ohne Bezahlung abgegeben.

Dieser Abschnitt ist vom 17. 7. bis 8. 8. 1948 einlösbar und nur gültig mit dem Stempel: „Amt für Fremdenverkehr der Landeshauptstadt Bregenz".

des Schauspiels in der ›Sporthalle‹ erfolgte für die Mitglieder im Rahmen der Theaterverpflichtung, das Verwaltungspersonal besorgte im Theaterbüro in der Inselstraße den Kartenverkauf, und das Werkstattpersonal half beim Bühnenaufbau. Salzmann wußte dies genau und war seither den Mitgliedern des ›Landestheaters‹ deutlich dankbar. Nur so war es möglich, daß der Stadtkämmerer – wie Eugen Leissing berichtete – die Abrechnung über die erste Festwoche mit einem Plus von öS 3767,73 vorlegen konnte. Ein Defizit hätte damals ganz sicher vorzeitig das endgültige Ende der ›Festspiele‹ bedeutet.

Im Sommer 1948 mußte das Landestheater unfreiwillig eine Pause von mehr als 4 Monaten durchstehen. Salzmann nahm alle Mitglieder auf und trug dadurch entscheidend zur Überbrückung, ja zum Überleben bei. Der für die Festspiele entscheidende Einsatz des ›Landestheaters‹ in den Gründungsjahren soll und muß unvergessen bleiben.

Neben meiner Tätigkeit als Schauspieler und Verwalter des ›Landestheaters‹ von 1945 bis 1962, war ich zur Festspielzeit bei den Bregenzer Festspielen tätig. Erst als Darsteller in kleineren Rollen, sowohl in Schauspielaufführungen als auch in Operetten, dann als Chef der Komparserie, als Regieassistent bei Prof. Rott. Ich organisierte den Ordnerdienst, als die Deuring-Tribüne beim Strandbad erbaut wurde, kümmerte mich um den auswärtigen Kartenverkauf und leitete später das Kartenbüro. In dieser langen Zeit konnte ich mir umfassende Kenntnisse auf dem Gebiet der Theater- und Festspielverwaltung erwerben, die mir dann als Verwaltungsdirektor des ›Salzburger Landestheaters‹ und bald darauf als Leiter des Kartenbüros der ›Salzburger Festspiele‹ ungemein wertvoll waren. Zumindest dadurch weiß ich, daß eine längere Tätigkeit in Vorarlberg überall als beste Empfehlung gilt.

So kenne ich also die Festspiele in Bregenz und in Salzburg ziemlich gut. Sie waren nie Konkurrenten. Das ›Spiel auf dem See‹ wird immer die besondere Attraktion in Bregenz bleiben – und das Ambiente von Salzburg ist nicht übertragbar. In Österreich ist Platz für beide.

Und doch scheint nun ein Vergleich mit Salzburg angebracht. Das Programm der ersten ›Bregenzer Festwoche‹ wies 24 Veranstaltungen auf – eine wohlabgestimmte Wahl österreichischer Kunst. Die Festschrift, mit einem Vorwort zum Programm von Walter Scheiner, enthielt einen viel beachteten Beitrag von Commandant Martial Joseph Bénité, dem Militärgouverneur von Bregenz. Er zitierte u. a. Alfred de Musset: »Ein Tor muß entweder offen oder geschlossen sein« und fügte hinzu: »Bregenz, das Tor Österreichs, erklärt sich für das Öffnen und einen freundlichen Empfang.« Das war das Permit der Franzosen für die Festspiele.

In Salzburg wurden die Festspiele 1920 mit JEDERMANN von Hofmannsthal eröffnet. Nur vier Vorstellungen standen auf dem Programm. Zwei weitere Aufführungen mußten wegen des großen Erfolges angesetzt werden. Sonst waren keine Aufführungen vorgesehen. Denn Salzburg sah im Zustrom der Gäste eine Gefahr für die Versorgung der Bewohner. Die Festspielhausverwaltung mußte sich verpflichten, keine Propaganda in anderen Städten für die Aufführungen zu machen. Die Salzburger Landesregierung hielt sogar die Einreisebeschränkungen für Fremde aufrecht.

Hans Liebstoeckl, Feuilletonist und Kritiker aus Wien, schildert seine Festspielfahrt 1920 nach Salzburg. »Nächtens tritt im Zugabteil bei Attnang ein wehrhafter Mann mit einer Laterne auf, weckt den Schläfer, der Salzburg entgegenträumt, und sagt ganz schroff und sogar ein bißchen drohend: ›Wie lange bleibt der Herr?‹ Man ist Gast im eigenen Vaterland, mit dreitägiger Erlaubnis von der hohen Landesregierung, ein Gast auf Widerruf, dem die Brotkarte höher gehängt wird. Und fügt hinzu: »Ward je in solcher Laun ein Festspiel gespielt?«

Bregenz hatte es da viel besser. Der Sprecher der Landesregierung wünschte, daß künftig Festspielkarten mit Unterkunft und Verpflegung vergeben werden. Und Bundesrat Leissing versprach schon 1946, alle Festspielgäste unterzubringen und zu verpflegen.

›Brot durch Spiele‹ war in Bregenz Leitgedanke.

Und abschließend möchte ich noch auf einen mysteriösen, fast unwahrscheinlich anmutenden Zufall aufmerksam machen: Die Salzburger Festspiele wollten 1921 das Programm erweitern. Fünf JEDERMANN-Vorstellungen waren vorgesehen – wieder mußten zwei weitere zusätzlich angesetzt werden.

Im Naturtheater im Mirabellgarten wollte man dreimal, am 20., 21. und 23. August, BASTIEN UND BASTIENNE von Mozart aufführen. Wegen technischer Schwierigkeiten mußte dieses Vorhaben kurzfristig – erst am 17. August – abgesagt werden.

Im Landestheater wurde damals das Schauspiel DER BARBIER VON BERRIAC von Max Mell gegeben ...

Und genau 25 Jahre später wurden die Bregenzer Festspiele mit einem Schauspiel von Max Mell und mit Mozarts BASTIEN UND BASTIENNE eröffnet ...

(v. l. n. r.) Adolf Salzmann, Karl Schmid-Bloss, Willi Fränzl und Korrepetitor Rektenwald, 1950.

Adolf Rott und Robert Kautsky, 1958. ▷

Erste Aufführung im Strandbad, 1946. Esther Réthy und Anton Paulik.

Maurice Blondel

Wien.
Bregenz Mai 1945 bis Dezember 1950.

»Die heutigen Festspiele sind zum entscheidenden Teil auch dem Verständnis und dem Interesse der französischen Militärregierung zu verdanken.«

»Kurt Kaiser war es, der eines Tages mit der Idee bei mir vorsprach, auf einer Bühne im Bodensee Vorstellungen zu geben. Ich war damals – von Mai 1945 bis Ende 1950 – als Attaché des Außenministeriums Sicherheitsoffizier bei der französischen Militärregierung für Vorarlberg und außerdem verantwortlicher Regierungskommissar in der Strafrechtsabteilung. In dieser Eigenschaft hatte ich auch die Mitglieder der Landesbühne politisch zu überprüfen und ihnen die erforderlichen Genehmigungen für die Überschreitung der Grenze auszustellen.

Ich residierte mit dem Militärgouverneur Oberst Jung auf Schloß Wolfurt; das eröffnete mir die Gelegenheit, die herrlichen Sonnenuntergänge am Bodensee zu erleben und zu genießen.

Diese großartige Kulisse sah ich plastisch vor mir, als mir Kurt Kaiser seinen Plan vortrug – und deshalb stellte ich auch sofort Unterstützung in Aussicht.

Zunächst sprach ich mit Major Bénité, Militärgouverneur des Bezirks Bregenz, einem sehr gebildeten und kulturell interessierten Kollegen. Er zeigte sich ebenfalls begeistert. Später übernahm er einen Teil der durch die Spiele anfallenden Verwaltungsarbeit.

Wenn ich zurückdenke, so war das erste Gespräch, das Kurt Kaiser und ich miteinander führten, die ›Grundsteinlegung‹ der Bregenzer Festspiele.«

»Viele Sitzungen folgten, in die als Vertreter der österreichischen Interessen Bürgermeister Dr. Wachter, Stadtrat Salzmann, Kulturreferent Max Haller, Bundesrat Eugen Leissing, Bezirkshauptmann Dr. Seeberger und Oberregierungsrat Hermann Salzmann eingeschaltet waren. Langsam gewann das ganze Objekt Gestalt. Und wir stellten fest, daß die Idee durchführbar sei. Zur entscheidenden Sitzung bei der Militärregierung brachte ich das Modell des Bühnenbildes zu BASTIEN UND BASTIENNE mit; noch heute höre ich meinen Vorgesetzten, Oberst Jung, erstaunt fragen: ›Was haben denn Sie mit einem Theatermodell zu tun?‹«

»Anfangs ging es hauptsächlich darum, die Sicherheitszonen zur Schweiz aufzuheben und den Gästen aus der Schweiz Passierscheine zu besorgen. Österreich war für Grenzabkommen damals noch nicht zuständig; die Grenzen wurden ausschließlich von uns kontrolliert. Die Teilnahme der Schweizer erwies sich als Voraussetzung für die wirtschaftliche Lebensfähigkeit der Spiele auf dem See. Wir verhandelten also, nachdem Oberst Jung seine endgültige Genehmigung gegeben hatte, mit den Schweizern und fanden schließlich auch bei ihnen Verständnis. Wenn dies nicht gelungen wäre, hätten die Veranstaltungen nie stattfinden können; der finanzielle Untergrund für alle Planungen hätte gefehlt. Die rasche Bewältigung der Verwaltungsarbeiten ist dem Sekretär der Sicherheitsabteilung, Attaché Schirtzinger, zu verdanken. So kann man begründet sagen, daß die heutigen Festspiele zum entscheidenden Teil auch dem Verständnis und dem Interesse der französischen Militärregierung zu verdanken sind.

Deutsche Gäste durften übrigens erst ab 1948 zu den Festspielen kommen.«

»Noch oft konnte ich meine Sympathie für die Festspiele unter Beweis stellen. Stadtrat Salzmann kam jedesmal zu mir, wenn wieder etwas fehlte.

Ich erinnere mich, einmal aus einer Eisenwarenhandlung in Lindau etwa 40 kg Nägel besorgt zu haben. Diese waren im ›Ländle‹ nicht zu bekommen – und ich durfte die Grenze ja überschreiten, sooft ich wollte. Später gab unsere

Das zerstörte Bregenz, 1945.

Wirtschaftsabteilung den Festspielen Bezugsscheine; es war ja alles kontingentiert.«

»1948 war Helge Rosvaenge verpflichtet worden. Einige Tage vor Beginn der Festspiele stellte sich plötzlich heraus, daß der berühmte Tenor infolge des in Wien verhängten Einreise- und Aufenthaltsverbotes für Österreich nicht nach Bregenz kommen durfte. Das war eine Aufregung. Ich sehe heute noch vor mir den Sicherheitsdirektor Dr. Hans Sternbach, wie er völlig verzweifelt zu meinem Chef, Kommissar Dabonville, kam und um sofortige Hilfe bat. Doch auf gesetzlichem Wege war da wenig zu machen. Mit Billigung meiner Vorgesetzten wurde das Problem so gelöst, daß Rosvaenge als mein Gast und unter meinem Schutz nach Bregenz kommen durfte. Ich habe ihn – nach entsprechender Information der Exekutive – mit meinem Wagen in St. Margarethen abgeholt; er konnte ungestört proben und auftreten. Nach der letzten Vorstellung von EINE NACHT IN VENEDIG brachte ich ihn wieder in die Schweiz zurück.«

»Schon bevor mir Kurt Kaiser seinen Plan vortrug, hatte ich unbewußt den Festspielen geholfen – wie sich später herausstellte.

Mitte 1945 saß ich mit unserem Truppenbefehlshaber zusammen, der die Idee hatte, Sportveranstaltungen organisieren zu lassen, um die Soldaten zu beschäftigen. Ich schlug Basketball vor und führte zusätzlich an, daß wir für den Winter eine Halle brauchen würden. Nach Rücksprache mit Oberst Jung wurde die Bewilligung erteilt und die Halle zum Bau in Auftrag gegeben. Maßgebend beteiligt war ein Pionier-Oberleutnant in Zusammenarbeit mit dem Landesbauamt und dem Stadtbauamt Bregenz. Sein Vorname war Bastien – und mit BASTIEN UND BASTIENNE eröffneten 1946 die Festwochen.

Im Frühjahr 1946 war die Halle – sie maß 32 m × 118 m, hatte ein freitragendes Dach und bot zwischen 1600 und 2000 Menschen Platz – fertig. Zu Sportzwecken ist sie nur sehr wenig benutzt worden – aber sie diente später den Festspielen bei schlechtem Wetter als Ausweichquartier. In ihr fanden Konzerte – auch Neujahrskonzerte, z. B. mit Clemens Krauss – statt.«

Interview: *Friedrich-W. Schwardtmann*

Wolfgang Amadeus Mozart, Bastien und Bastienne, 1946. Gondelhafen. Else Böttcher und Sebastian Hauser.

Kurt Kaiser

Laxenburg.
Direktor der ›Bregenzer Festwoche‹ 1946 und 1947.

»Das Gefühl, das uns 1946 erfüllte, ist heute kaum mehr nachzuempfinden.«

»Meine Idee, auf dem Bodensee eine Seebühne zu errichten, und auf dieser großes Barocktheater zu inszenieren, wäre fast vereitelt worden, da einigen Stadtvätern die Kosten dafür zu hoch schienen. Sie schlugen daher vor, die von mir für den See gedachten Veranstaltungen auf den Sportplatz zu verlegen. Daraufhin intervenierte ich energisch bei Bundesrat Eugen Leissing. Er verstand meine Überlegungen und fragte, ob mir für meine Pläne zwei Sandkähne nützlich sein könnten. Dies bejahte ich sofort. Die Kähne wurden dann aus Fußach herbeigeschafft – ein großer für die Bühne, ein kleiner für das Orchester.«

»Die Geschichte der Festspiele begann eigentlich bereits am 3. Dezember 1945. Damals hob sich im ›Forster-Saal‹ in Bregenz zum ersten Mal der Vorhang für eine Aufführung der von mir und der Kulturabteilung des Landes ins Leben gerufenen ›Vorarlberger Landesbühne‹. Die Premiere erfolgte mit Schönherrs ERDE.«

»Kurz vor Kriegsende war ich nach Bregenz gekommen, um meine Frau und meine Mutter zu Verwandten zu bringen. Bregenz sah nach dem Kriegsende trostlos aus. Die Stadt hatte kurz vor dem Einmarsch der Franzosen einen schweren Bombenangriff erleiden müssen. Doch der Wille, aus den Trümmern Neues, Zukunftsweisendes zu schaffen, war überall zu spüren – auch auf kulturellem Gebiet. Ich war damals einer von wenigen, der aufgrund seiner künstlerischen Laufbahn (Absolvent der Reichshochschule für Musik und Darstellende Kunst, Solotänzer an der Wiener Staatsoper und nach einem Berufsunfall erster Regieassistent von Hartmann, Müthel und Schuh im selben Haus) und seiner früheren Wirkungsstätte – die Wiener Staatsoper gilt ja bis heute als ein Zentrum des Musiktheaters – professionelle Kenntnisse in der Theaterarbeit besaß.«

»Ich wohnte ab April 1945 im Gasthaus ›Zum Schützen‹ in Kennelbach bei Bregenz. Und dort hatte ich zum ersten Male die Idee, am Bodensee ›Festspiele‹ zu veranstalten. Doch angesichts des überall sichtbaren Elends hütete ich mich, meine Idee den zuständigen Ämtern bekanntzugeben – man hätte mich damals vielleicht für verrückt gehalten.«

„Die Sieben gegen Theben"

Dramatische Dichtung von Max Mell

PERSONEN:

Harfnerin, als Prolog	Maria Car
Oedipus, früher König von Theben	Heinz Hostnig
Jokaste, früher Königin	Traute Foresti
Eteokles (der beiden Kinder)	Karl Köll
Polyneikes (der beiden Kinder)	Erich Aberle
Antigone (der beiden Kinder)	Gertrud Burgstaller
Ismene (der beiden Kinder)	Eva Orler
Kreon, Bruder der Jokaste	Friedl v. Stenitzer
Haimon (seine Söhne)	Walther Reyer
Menoikeus (seine Söhne)	Wolf Gruber
Haimons Waffenbruder	Gerhard Landen
Der Stadtrichter	Otto Bolesch
Der Feldhauptmann	Robert Falzari
Der Hauptmann der Leibwache	Walter Löwe
Der Hauptmann der Stadtwache	Egon Reschner
Der Haushofmeister	Franz Poschuster
Waffenmeister des Eteokles	Josef Theiner
Der Gärtner	Kurt Zips
Ein Fuhrknecht	Toni Staller
Teiresias	Richard Wegeler

Zwei Gehilfen des Stadtrichters
Gehilfe des Gärtners, Krieger, Priester, Männer von Theben
Wachen, Jünglinge, Diener, Dienerinnen

Schauplatz der Handlung: Königsschloß in Theben

Regie und Bühnenbild: Kurt Kaiser

Kostüme: Margarethe Heyny Musikalische Untermalung: Fritz Stärk
Rüstungen, Schmuck und Kaschierungen: Canaval Wien
Rüstungen und Waffen: Stegmüller Bregenz

»Mein Vater hatte 1936 die ›Österreichische Länderbühne‹ gegründet, deren Organisation und Propaganda er innegehabt hat. So ergaben sich für mich – als ich den Gedanken propagierte, zunächst einmal ein professionelles Theater aufzubauen – die ersten Kontakte mit den zuständigen Behörden.

Bald darauf kam es dann zur schon erwähnten Premiere von ERDE. Ich war Theaterdirektor, Regisseur und Bühnenbildner in einer Person. Und ich verfügte bereits über einen zwar kleinen, aber leistungsfähigen Apparat, sowohl in technischer als auch in organisatorischer Hinsicht. Die Aufführung von Schönherrs Drama wuchs sich zu einem großen künstlerischen Erfolg aus. Das Publikum und die Stadtväter zeigten steigendes Interesse am Theater. Das ermöglichte mir, meinen bisher geheimgehaltenen ›Festspielplan‹ zur Diskussion zu stellen. Die ersten, die davon erfuhren, waren Bundesrat Eugen Leissing, Bürgermeister Dr. Julius Wachter, Hofrat Dr. Arnulf Benzer, Vorstand der Kulturabteilung beim Amt der Vorarlberger Landesregierung und Stadtrat Adolf Salzmann. Diese Herren beauftragten mich daraufhin mit der Realisierung.

Mein nächster Weg führte zur französischen Militärregierung. Dort fand ich in Leutnant Maurice Blondel einen aufgeschlossenen Verantwortlichen. Ich mußte erreichen, daß unser Theater in die Schweiz und Schweizer Besucher zu uns reisen konnten. Nur unter dieser Voraussetzung war solch ein großes Vorhaben zu verwirklichen.

Was ich wollte, bedeutete damals fast eine ›Gesetzesänderung‹. Doch Blondel erreichte es – gemeinsam mit den Stadtvätern. Außerdem stellte er mir wenig später in Aussicht, daß wir die gerade in Bau befindliche ›Sporthalle‹ bei Schlechtwetter als Ausweichquartier benutzen könnten. Er ließ darin sogar noch eine 12 × 6 m große Bühne installieren.«

»Am 5. August 1946 gingen dann auf den beiden Sandkähnen Mozarts KLEINE NACHTMUSIK und seine Spieloper BASTIEN UND BASTIENNE über die Seebühne. Wanda Milliore hatte das Bühnenbild entworfen, von Odo Ruepp war die Inszenierung, Otmar Suitner leitete das Vorarlberger Rundfunkorchester, und ich hatte die Gesamtleitung.

Einen Tag vorher hatte die von mir geleitete ›Vorarlberger Landesbühne‹ in der Sporthalle das Schauspiel DIE SIEBEN GEGEN THEBEN von Max Mell gegeben.

Das Gefühl, das uns damals erfüllte, ist heute kaum mehr nachzuempfinden. Zum ersten Mal durften wieder Schweizer über die Grenze zu uns. Es kamen viele Menschen und Autos, die wir, die an den Folgen des Krieges noch bitter leidenden und verarmten Österreicher, nur ungläubig bestaunen konnten. Es war wie im Märchenland.

Wir hingegen konnten eigentlich nur unsere Kunst und Theaterfreudigkeit bieten. Unsere Gäste mußten auf einfachen Stühlen und Bänken sitzen, die wir mit Unterstützung der Bevölkerung aus den umliegenden Brauereien zusammengetragen hatten. Die rückwärtigen Sitzplätze waren Bretter, die lose auf Bierfässern lagen.

Doch diese erste ›Festwoche‹ wurde ein großer Erfolg. Unsere Investitionen beliefen sich auf öS 350 000,–. Der teuerste Platz kostete öS 12,–; wir hätten aber auch öS 50,– und mehr verlangen können, denn die Leute hungerten nach Kunst. Es gab ja sonst weit und breit nichts: keine Unterhaltung, kein Vergnügen und – noch kein Fernsehen.«

»Wenn ich heute nach Bregenz komme, so erinnere ich mich immer wieder an die Anfänge 1945, 1946 und 1947. Die Festspiele haben den Wiederaufbau und den wirtschaftlichen Aufschwung dieser liebenswerten Stadt außerordentlich gefördert. Sie haben kunstbegeisterte Gäste aus dem In- und Ausland gebracht, Gaststätten und gewerbliche Betriebe erfuhren neue Belebung, und für die Zukunft konnte an den Bau neuer Hotels gedacht werden. Heute ist Bregenz ein international anerkannter Festspielort mit bedeutenden künstlerischen Darbietungen auf der Seebühne, im neuen Festspielhaus und im Kornmarkttheater und kann bereits auf eine Tradition in dieser Hinsicht verweisen.

Ich bin sehr glücklich, daß meine Idee diese Entwicklung ermöglicht hat.«

Interview: *Friedrich-W. Schwardtmann*

Verweile doch, du bist so schön
Musikalische Höhepunkte in der Geschichte der Bregenzer Festspiele

von Erich Schneider

Auf dem Grundstein des Bregenzer Festspielhauses steht der Spruch ›Alemania cantat‹, provokant für eine Region, der man jahrzehntelang das Gegenteil nachsagte, nämlich ›Alemania non cantat‹. Es steckt wohl in bezug auf dieses nicht gerade freundliche Wort ein Körnchen Wahrheit dahinter, denn mangels eines höfischen oder geistlichen Musikzentrums entwickelte sich im Lande eine öffentliche Musik- und Gesangspflege erst verhältnismäßig spät, und in den Annalen der Landeshauptstadt Bregenz findet man vor dem Bestehen der Bregenzer Festspiele außer einem gediegenen Laienmusizieren kaum musikalische Höhepunkte. Vorarlberg war, was die Musikkultur anbelangt, absolute Provinz, angewiesen auf die musizierenden Amateure, auf gelegentliche Gastkonzerte, die aber nicht zu kostspielig sein durften, weshalb man keine Qualitätsansprüche stellen konnte. Die Stimmen der Vorarlberger Presse, die dafür in erster Linie als Quellen in Frage kommen, sind deutliche Beweise. Die lokale Berichterstattung – wie könnte es anders sein – spendet meist den heimischen Kräften höchstes Lob, gibt ihrer Freude über musikalische Aktivitäten Ausdruck, und die Rezensenten führen kaum sachliche oder fachliche Kriterien ins Treffen, weil den meisten von ihnen Vorkenntnisse und Kunstverständnis fehlen. Die einzige Ausnahme bildete ein Konzert der Wiener Philharmoniker unter Franz Schalk am 5. November 1924 im Bregenzer Blumenegg-Saal mit Anton Bruckners ROMANTISCHER und Ludwig van Beethovens EROICA. Dieses musikalische Ereignis kam durch Vermittlung des damaligen aus Vorarlberg stammenden Unterrichtsministers Dr. Emil Schneider zustande, der mit dem von einem Gastspiel aus Paris kommenden Orchester günstige Bedingungen aushandelte.

Die aus einer lokalen Festwoche entstandenen Bregenzer Festspiele änderten mit einem Schlag die Situation, weil durch sie die Kontakte mit der Musikstadt Wien und in der Folge auch mit anderen Musikzentren hergestellt wurden. Freilich kamen die musikalischen Kräfte aus Wien zunächst nicht aus Neigung zu den Vorarlbergern ins Land, sondern weil es bei uns mehr Kalorien gab, und weil in den Vorarlbergern, ja auch bei ihren Nachbarn im Bodenseeraum, nach den langen Kriegsjahren die Sehnsucht nach dem Schönen in

Vittorio Gui bei einer Probe in der Stadthalle, 1962.

Helge Rosvaenge, 1948.

Grundsteinlegung für das Festspiel- und Kongreßhaus. Bundespräsident Dr. Rudolf Kirchschläger, 22. Juli 1976.

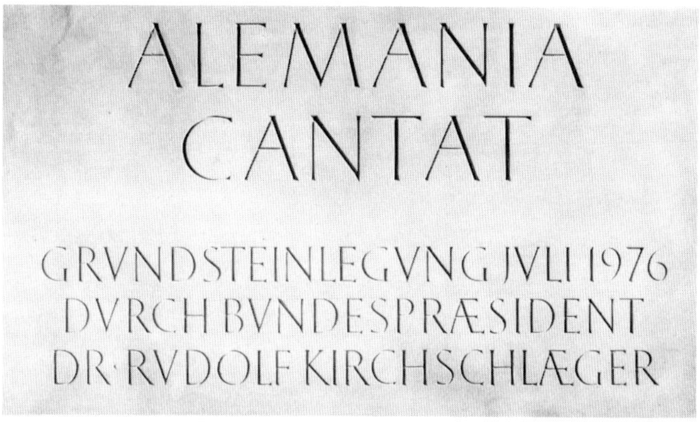

einem bisher nie gekannten Maß erwacht war. Es dürfen, ja es müssen hier vor allem die Wiener Symphoniker genannt werden, die seit 1946 den sich entwickelnden Festspielen künstlerische Glanzlichter aufgesetzt haben. Mit den Symphonikern kamen auch die ersten großen Dirigenten ins Land. Es begann 1946 mit Hans Swarowsky; schon 1947 folgte Clemens Krauss, der in den folgenden Jahren zwei bis drei Konzerte dirigierte. Es waren Konzerte mit buntscheckigen Programmen, deren Werke von Schubert über Richard Wagner, Tschaikowsky und Richard Strauss bis zum Walzerkönig Johann Strauß reichten, die aber für die Zuhörer aus der Region vielfach Novitäten waren und somit als musikalische Ereignisse empfunden wurden. Im Bodenseeraum bestand ein gewisser Nachholbedarf, denn manches bedeutende Werk war bis dahin dort noch nie erklungen. Inzwischen hat sich auch das Publikum gewandelt. Es wurde kritischer, und schließlich war ihm nur noch das Beste gut genug.

Im Festspielsommer 1948 hat Karl Böhm allein drei Symphoniekonzerte geleitet, unvergeßlich Beethovens VIOLINKONZERT mit Wolfgang Schneiderhan als Solisten, und Bruckners SIEBENTE, ein Werk, das damals zum ersten Male in Vorarlberg aufgeführt wurde und das eine Bruckner-Pflege einleitete, die von Eugen Jochum und Volkmar Andreae fortgesetzt wurde. Weder dem Dirigenten noch dem Orchester und schon gar nicht dem Publikum machte es in dieser Zeit etwas aus, daß die Konzerte in der ›Sporthalle‹ stattfanden. Im Volksmund später als ›Kulturscheune‹ bezeichnet, war der Raum akustisch gar nicht so schlecht, aber mit der Zeit wurde man anspruchsvoller, und die Mängel des Baus traten immer deutlicher hervor. In der Zwischenphase vor der Fertigstellung des Festspielhauses im Jahre 1980 wich man bei Konzerten mit großer Orchesterbesetzung in die Pfarrkirche Herz Jesu aus, einem akustisch unmöglichen Raum, weil das seit 1955 bestehende ›Theater am Kornmarkt‹ als Konzertsaal für große Aufführungen nicht geeignet war.

Mit der Aufführung von Beethovens NEUNTER unter Ferdinand Leitner bei den Festspielen 1954 fand erstmals auch ein großes Chorkonzert statt, bei dem der Bregenzer Festspielchor seine Bewährungsprobe bestand. Schließlich wurde aber doch der Singverein der Gesellschaft der Musikfreunde Wien, einer der besten Chöre, an die Bregenzer Festspiele gebunden, und es folgten Aufführungen großer Messen und Oratorien, die zwar in Vorarlberg zum Teil bereits von Amateuren gemacht worden waren, aber noch nie in einer solchen Perfektion gehört wurden, wie sie die Bregenzer Festspiele anboten. Man erinnere sich nur an die denkwürdige Aufführung des DEUTSCHEN REQUIEMS von Johannes Brahms unter Wolfgang Sawallisch im Jahre 1961, der damit als damaliger Chef der Wiener Symphoniker in Bregenz debütierte, und die unvergleichliche Wiedergabe von Giuseppe Verdis REQUIEM (1962) unter Maestro Vittorio Gui. Zwei Dirigenten, die in den folgenden Jahren dem Konzertpublikum zwar nicht immer Höhepunkte, aber doch eindrucksvolle Erlebnisse bescherten. Josef Krips hat als Chefdirigent der Wiener Symphoniker im Beethoven-Jahr 1970 einen Beethoven-Zyklus gestaltet, von dem durch die Ungunst der räumlichen Verhältnisse nur einzelne Teile als Ereignisse angesprochen werden dürfen, so das Festkonzert mit der LEONOREN-OUVERTÜRE Nr. 3, das VIOLINKONZERT mit Nathan Milstein als Solisten und die EROICA.

In den folgenden zehn Jahren bis zur Eröffnung des Festspielhauses gab es nur selten musikalische Höhepunkte. Einer war zweifellos das 1972 von Carlo Maria Giulini geleitete Konzert mit Werken von Schubert und Brahms, aber der Dirigent, obgleich stürmisch umjubelt, war mit der Akustik des Kornmarkttheaters nicht zufrieden und löste durch eine unglückliche Bemerkung eine Pressekampagne gegen Bregenz aus. Ereignisse waren auch die Orchesterkonzerte der Wiener Symphoniker unter Dmitrij Kitaenko mit Werken von Tschaikowsky, Prokofjew und Strawinsky. Im Neuen Festspielhaus interpretierte George Prêtre, der für den erkrankten Eugen Jochum einsprang, 1981 einen atemberaubenden Brahms und erntete 1983 mit Debussy und Berlioz einen ebenso grandiosen Erfolg. Zu unauslöschlichen Eindrücken zählen auch einzelne Höhepunkte in Orchesterkonzerten und bei Soloabenden, wenn weltberühmte Solisten in Bregenz auftraten, wie Claudio Arrau, Caspar Cassado, Ludwig Hoelscher, Leonid Kogan, Enrico Mainardi, Yehudi Menuhin, Elly Ney und Vasa Prihoda.

Das Sensationelle der Bregenzer Festspiele waren von Anfang an die Seeaufführungen, die das Publikum anzogen, den Produzenten aber Probleme zu lösen aufgaben, besonders in einer Zeit zunehmender Perfektionierung, wie sie nach dem Krieg auf musikalischem Gebiet vehement einsetzte. Aber man entdeckte damals am Bodensee das Wunder der guten Akustik, das Naturtheater am Schwäbischen Meer, das gewiß im inzwischen vergessenen barocken Wassertheater seine Vorläufer hat. Jedenfalls erwies sich die Wasseroberfläche zwischen Seebühne und Tribüne als ein unvergleichlicher Schallträger, der freilich von den herrschenden Windverhältnissen entscheidend beeinflußt wurde. Aber es reizte doch die großen Sänger, ihr Organ einmal in der Natur zu erproben,

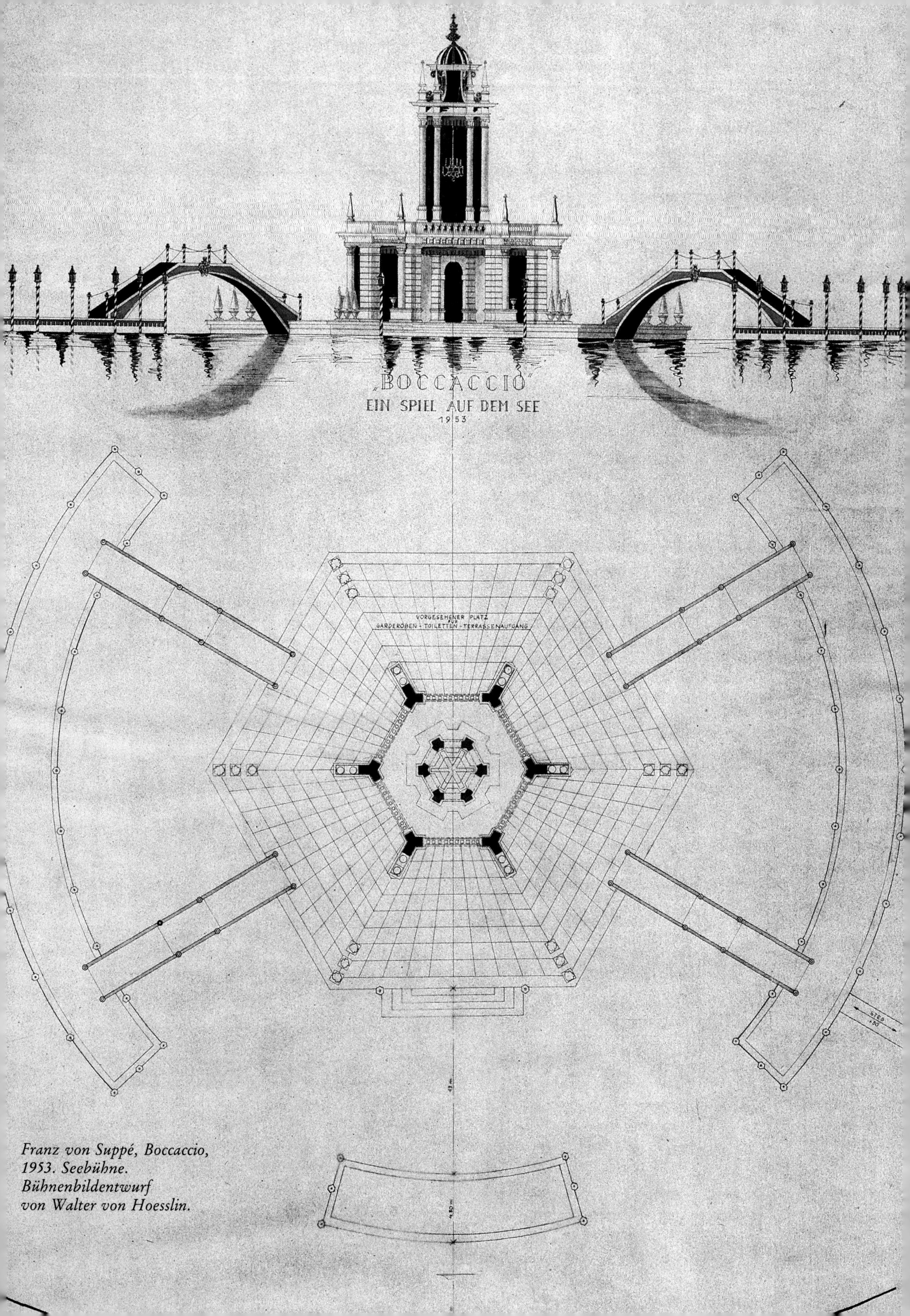

Franz von Suppé, Boccaccio, 1953. Seebühne. Bühnenbildentwurf von Walter von Hoesslin.

Berühmte Dirigenten in Bregenz

Ferdinand Leitner, 1958.

Josef Keilberth, 1957.

Eugen Jochum, 1978.

Josef Krips, 1968.

Horst Stein, 1980.

Georges Prêtre, 1983.

Heinrich Hollreiser, 1957.

Vittorio Gui, 1962.

Garcia Navarro, 1984.

Karl Böhm, 1980.

Clemens Krauss, 1947.

Wolfgang Amadeus Mozart, Bastien und Bastienne, 1946. Figurinen von Maria Wanda Milliore-Stäger.

und wenn man damals die Klarheit und Reinheit der über den See strömenden Stimmen vernahm, dann waren das Erlebnisse, die in der Erinnerung haften bleiben. Fast zehn Jahre beherrschte die klassische Operette das Programm, und Anton Paulik war als Dirigent der Seeadmiral, der in oft bewundernswerter Weise die Situationen meisterte.

In fünf Seeaufführungen schmetterte Helge Rosvaenge tonschön mit seinem Tenor ›con amore‹ am See, und ebenfalls fünfmal begeisterte dort die herrliche Sopranistin Esther Réthy mit ihrem prickelnden Charme. 1954 wurde sie von der Koloratursopranistin Wilma Lipp abgelöst, und in der Folge brachen Hilde Konetzni, Alfred Jerger, Anton Dermota, Waldemar Kmentt und Oskar Czerwenka aus der Guckkastenbühne ihres Opernhauses aus und prüften ihr Organ am Bodensee. Schon mehrmals hatte man mit Lautverstärkern experimentiert. Die Wende brachte dann das Jahr 1962; bei der Aufführung der Operette TRAUMINSEL von Robert Stolz kamen erstmals elektro-akustische Geräte zum Einsatz. Die beherrschende Technik siegte schließlich auf allen Linien. Wenn man heute ständige Festspielbesucher fragt, welche Seeaufführungen den stärksten Eindruck hinterlassen haben, dann werden fast immer drei genannt: PORGY AND BESS (1971), DER FLIEGENDE HOLLÄNDER (1973) und TURANDOT (1979).

In einer Region wie dem Bodenseeraum, der (St. Gallen teilweise ausgenommen) kein ständiges Musiktheater besitzt, hungert das Publikum nach Werken der Musikbühne, vor allem nach Opern. Sie wurden zwar seit 1955 im Theater am Kornmarkt geboten, allerdings konnte man alljährlich nur ein Werk hören, und das war wenig. Den Beginn machte damals Gioacchino Rossinis BARBIER VON SEVILLA unter der Regie von Marcello Cortis, der selbst den ›Figaro‹ sang, ein Theaterereignis, das erstmals wegen der Kunst des Belcantos aufhorchen ließ. 1956 folgten Otto Nicolais DIE LUSTIGEN WEIBER VON WINDSOR mit Otto Edelmann als ›Falstaff‹ und Wilma Lipp als ›Frau Fluth‹. 1960 hat dann – als ein seltener gespieltes Werk – DER BARBIER VON BAGDAD von Peter Cornelius mit Anton Dermota als ›Nureddin‹ und Oskar Czerwenka als ›Abdul Hassan‹ das Tor zu verborgenen Schätzen der Opernliteratur aufgerissen. Danach hat die gewiß einmalig dargebotene Uraufführung von Joseph Haydns Oper DAS BRENNENDE HAUS (1963) mit Oskar Czerwenka als ›Hanswurst‹ eine Pflege von unbekannten Haydn-Opern im Hof des Gräflichen Palastes in Hohenems ausgelöst, die zwar künstlerisch nicht immer Spitze waren, aber doch Raritäten darstellten. Die Pflege der seltenen Spieloper konzentrierte sich im Bregenzer Kornmarkttheater in der Folgezeit auf Werke des Belcanto, wobei neben Rossini, Cimarosa, Donizetti und Bellini bekannte und nördlich der Alpen unbekannte Werke aufgeführt wurden. Erst als das Bregenzer Festspielhaus neue Möglichkeiten bot, konnte man auch in Bregenz ›große Oper‹ inszenieren, wie 1980 Verdis FALSTAFF mit Giuseppe Taddei, 1981 Verdis OTHELLO mit Placido Domingo, 1982 Donizettis LUCIA DI LAMMERMOOR mit Katia Ricciarelli, 1984 Puccinis TOSCA und 1985 Bellinis I PURITANI mit Edita Gruberova.

Bis 1960 kam die Kammermusik bei den Bregenzer Festspielen zu kurz, weil dafür keine geeignete Aufführungsstätte vorhanden war. Damals erwies sich erstmals der Rittersaal des Gräflichen Palastes in Hohenems als ein geradezu ideal geeigneter Aufführungsort, der in Zukunft international anerkannte Ensembles aus aller Welt anzog und einem intimen Kreis von Zuhörern musikalische Höhepunkte der subtilsten Musiksparte bescherte. Schließlich hat auch Hermann Prey diesen idealen Ort für Kammerkonzerte erkannt und 1976 dort die erste Hohenemser Schubertiade durchgeführt.

Gewiß wird jeder, der seit vierzig Jahren die Bregenzer Festspiele miterlebt hat, persönliche Eindrücke und Erinnerungen haben, die individuell verschieden sind, und nicht jeder wird voll und ganz das anerkennen, was hier würdigend hervorgehoben wurde. Mancher wird vielleicht anders empfunden haben, und einige werden Erlebnisse, die ihnen viel bedeuten, vermissen. Doch hier sollte grundsätzlich Wesentliches ausgesagt oder dokumentiert werden, was die Gäste und die Vorarlberger den Bregenzer Festspielen zu verdanken haben. Zählt man zusammen, so ergibt sich eine beachtenswerte Summe einmaliger, unwiederholbarer musikalischer Ereignisse. Sie allein beweisen schon die Daseinsberechtigung der Bregenzer Festspiele. Doch auch das sei betont: Höhepunkte können keineswegs – auch bei Festspielen nicht – die Regel sein. Vieles muß zusammenwirken, muß zusammenstimmen, um das Unvergleichliche, das natürlich jeder Besucher erwartet, zu bewirken. Dann allerdings möchte man sagen: »Verweile doch, du bist so schön ...«

Die gesamte Welt des Geistes

Sprechstücke als Uraufführungen in Bregenz

von Arnulf Benzer

Das archaische Wort ›Ur‹ war den Ideenträgern der Bregenzer Festspiele sicher nicht geläufig. Tatsächlich aber hatten sie in einem Anflug kühnen Unternehmertums unvorarlbergischer Art in Richtung ur-künstlerischer Erlebnisse gedacht. Denn dem Spiel auf dem See muß man ›Urigkeit‹ zugestehen. Die Landschaft tut das Ihrige dazu. Schön, wie die Ostbucht des Bodensees ist, provoziert sie geradezu ein Spiel auf dem Wasser. Es wurde zum Kernstück dieser Festspiele. Das Schauspiel aber geriet in Gefahr, lediglich ›Ergänzung‹, ›Abrundung‹ des Programmes zu sein. Das entgegensteuernde Bestreben, es seiner Bedeutung voll gerecht werden zu lassen, führte in die Tendenz und zu einer Überreaktion, zu einer ungewöhnlichen Intensität an Uraufführungen. Und dies in einer nicht kulturellen Zentrale. Rolf Liebermann sagte 1968 im benachbarten St. Gallen: »Die Geringschätzung, die dem Begriff des Provinziellen anhaftet, resultiert aus der Verbindung mit der Vorstellung von geographischer Abseitigkeit.« Ihm sekundierte 100 Jahre früher der berühmte Heinrich Laube mit dem Ausspruch: »Ein grundsätzlich gepflegtes Schauspiel macht auch eine mittlere Stadt zur Hauptstadt.«

Aus vertiefenden Gedanken wächst die Erkenntnis, daß nicht das einzelne, wie groß und spektakulär es sein möge, sondern die Zusammensetzung des Programmes Wert und Kraft des Ganzen bestimmt. In einer solchen Gesamtsicht muß das Schauspiel einen mächtigen Platz einnehmen. Denn erstens lebt in ihm die explizierte Sprache unseres Kulturkreises, und zweitens gehört der dramatischen Kunst die gesamte Welt des Geistes.

Unter den verschiedenen Wellenbewegungen, die abwechselnd Ballette, Kammermusik, Konzerte, Opern usw. in Höhen und Tiefen hoben, hatte auch das Schauspiel zu leiden. Dabei standen im Mittelpunkt aller anfänglichen Überlegungen sogar ausschließlich Theateraufführungen in einem Steinbruch am Pfänderhang.

Um 1950 erkannte man erneut die stärkere Berücksichtigung des Theaters als dringend; man wunderte sich selbst, daß das Schauspiel von der musikalischen Komponente des Festspielprogrammes so in den Hintergrund gedrängt worden war. Die Wende trat ein aufgrund der Kontakte mit dem Wiener Burgtheater, d. h. mit dessen Direktor Adolf Rott. Er erkannte die Chancen zuerst auf dem See und dann im Haus. Die Zusammenarbeit war intensiv, und sie steigerte sich von normalen Übernahmen über Erst- und Neuinszenierungen bis zu den Uraufführungen durch das Burgtheater in den Jahren 1956 bis 1966.

Den Auftakt gab ein großangelegter internationaler Schauspielwettbewerb. Eine ebenso internationale Jury hatte dabei 478 Einreichungen aus 25 Ländern in 15 Sprachen zu beurteilen. Den ersten Preis erhielt Reinhold Schneiders DER GROSSE VERZICHT; als Papstdrama ein gedankengewaltiges Opus. Wie könnte es bei diesem Dichter anders sein? Anhand eines einmaligen kirchengeschichtlichen Ereignisses wurde das Problem von Macht und Gnade auf der Bühne abgehandelt: Der Geist kann nicht gesund sein, wenn die Macht krank ist. Weil er sich in diese Gefahr verstrickt sah, verzichtete der Mönch Peter von Murrone als Papst Cölestin V. nach 161 Tagen Regierung auf die Macht. Das Dramatische lag in der Konzeption und in der Entwicklung der Ideen, nicht im Stück selbst. Die Regie führte Josef Gielen. Die Hauptrollen, die beiden Päpste, spielten Ewald Balser und Ernst Deutsch. Der Autor war anwesend. Daneben führte das Burgtheater WEH DEM, DER LÜGT von Grillparzer und MARIA STUART von Schiller auf. Das war 1958, im dritten Jahr des Schauspielneubeginns.

Der Reigen der Uraufführungen hatte 1956 mit JEANNE D'ARC von Max Mell begonnen. Der steirische Dichter, der mit seinem ›Apostelspiel‹ nach wie vor religiöse Gefühle zu wecken vermag, griff das bekannte historische Thema von der dichterischen Seite auf. Er schuf darin die interessante Figur des Peter Manuel. Ein feines erotisches Fluidum schwebt zwischen ihm und der Heldin. Manuel läßt die Neuzeit ahnen. Mell ist ein Dichter der Innerlichkeit. Leider fühlte er sich mit seinem Werk vom Burgtheater zu wenig verstanden. Für die Regie verantwortlich war Josef Gielen. Die Rolle der Jeanne d'Arc spielte hinreißend Inge Langen.

Der Autor der Uraufführung 1957, Hans Hömberg, hatte vorher mit seinem Stück KIRSCHEN AUS ROM besonderen Erfolg gehabt. Er konnte ihn mit DIE CHINESISCHE WITWE, einem Thema aus der griechischen Antike, aber chinesisch »lackiert« – wie ein Kritiker charakterisierte –, nicht fortsetzen. Es fehlte die Bühnenwirksamkeit. Die Regie führte Hans Thimig. DAS KONZERT von Bahr und DON CARLOS von Schiller waren die weiteren Aufführungen des Burgtheaters in diesem Jahr.

Gleichfalls einen griechischen Stoff nahm sich der türkische Bühnenschriftsteller Selahattin Batu mit HELENA BLEIBT IN TROJA vor. Die dramatische Bearbeitung Berndt von Heiselers ins Deutsche erlebte 1959 die Uraufführung. Thema: Der Sieg führt nie zur innermenschlichen Veredelung, sondern zur Berauschung an der Macht. Das Recht wird mißachtet. Es bleibt deshalb unsere Pflicht, in Troja zu bleiben – an der Seite der Besiegten, um für Duldung und Gewaltlosigkeit einzustehen. Die Regie führte Arnulf Schröder. Käthe Gold verkörperte die Helena.

Im Dramenwettbewerb von 1956 hatte FRANZISKUS von Max Zweig den zweiten Preis bekommen. Die Uraufführung – sechs Jahre später – ließ erkennen, er hätte den ersten verdient. Der jüdische Autor, im österreichischen Mähren geboren, bewies volles Einfühlungsvermögen in die katholisch-mittelalterliche Welt und besonders in die des hl. Franziskus. Der Wesenskonflikt besteht im Gehorsamsanspruch der Kirche in Rom gegenüber den Minderbrüdern (Minoriten), die ihrer Regel gemäß leben, d. h. in reinem Dasein dienen wollen. Genau diese Botschaft will Franziskus an unsere materialistische Gesellschaft weitergeben. Paul Hoff-

Berühmte Schauspieler in Bregenz I

Felix Braun, Orpheus, 1961.
Albin Skoda (Bacchus).

Anton Tschechow, Onkel Wanja, 1978.
Ingrid Andree, Nicole Heesters.

Friedrich Schiller, Die Jungfrau von Orleans, 1955. A. Skoda, W. Krauß.

R. Schneider, Der große Verzicht, 1958.
Ernst Deutsch (Benedetto Gaetani).

William Shakespeare, Hamlet. Liselotte Schreiner (Gertrude), Hilde Mikulicz (Ophelia), Hermann Thimig (Polonius).

A. Strindberg, Fräulein Julie, 1974.
Ulla Jacobsson, Sieghardt Rupp.

Friedrich Schiller, Maria Stuart, 1958.
Paula Wessely (Maria Stuart).

F. Raimund, Der Bauer als Millionär, 1955. R. Eybner (Bustorius).

Johann Nestroy, Der Zerrissene, 1959. Christiane Hörbiger (Kathi).

Jean-Baptiste Molière, Tartuffe, 1979. Gaby Dohm (Dorine).

Hermann Bahr, Das Konzert, 1957. Attila Hörbiger, Alma Seidler.

Johann Nestroy, Der Talisman, 1962. Gusti Wolf (Flora Baumscheer).

Carlo Goldoni, Mirandolina, 1975. Johanna von Koczian (Mirandolina).

Henrik Ibsen, Hedda Gabler, 1978. Erika Pluhar (Hedda Gabler).

Franz Grillparzer, Medea, 1949. Heinz Moog (Kreon).

Franz Grillparzer, Medea, 1949. Fred Liewehr (Jason).

Friedrich Schiller, Kabale und Liebe, 1955. J. Holzmeister (Lady Milford).

Edward Albee, Wer hat Angst vor Virginia Woolf?, 1985. Theater am Kornmarkt. August Everding bei den Proben.

mann dachte bei der Inszenierung an eine Mysterienbühne. Die Überzeugungskraft, die vom Stück ausging, bestätigte Josef Meinrad. Die Kritiker waren sich einig: Hier gab es deckungsgleich einen jener großen Augenblicke der Schauspielkunst, wo Darsteller und Rolle zusammenwachsen.

Josef Meinrad war 1965 neuerlich Mittelpunkt im TAG DES ZORNS vom polnischen Dramatiker Roman Brandstaetter. Er spielte den Juden Emanuel Blatt, der vom Prior eines Klosters, dessen schwierige Rolle Heinz Moog darstellte, auf der Flucht verborgen wird. Der NS-Terror im Gouvernement Polen sowie die Verfolgung und Vernichtung der Juden veranlaßten den Autor, über die Ungeheuerlichkeiten des menschlichen Abfalls, aber auch über die Möglichkeiten seiner Größe, wenn er sich dem christlichen Gebot der Nächstenliebe unterordnet, ›dramatisch‹ nachzudenken. Brandstaetter wollte mit dem Stück auf die apokalyptische Situation unserer Zeit aufmerksam machen. Wolfgang Liebeneiner war als Regisseur darauf bedacht, das Wirkungsvolle der Mahnung, deren Befolgung zugleich Bewältigung sein könnte, herauszuarbeiten.

Felix Braun, in Wien lebend, war in seiner feinsinnigen Art sprachlich und gedanklich dem humanistischen Ideal verpflichtet. Die Gestalt des ›Orpheus‹ – so hieß auch das Stück – kam ihm von der lyrischen Seite entgegen. Die wahre Zauberkraft des Orpheus liegt deshalb im Gesang und kommt am besten in der Oper zum Tragen. Den ›Orpheus‹ des Felix Braun spielte höchst sensibel, wie es der Dichter wahrscheinlich wünschte, Oskar Werner; doch: »Der große Magier der antiken Sage war er nicht«, schrieb ein Kritiker. Die Uraufführung 1961 inszenierte Josef Gielen.

Der österreichische Dichter Frank Zwillinger, der in Paris lebte, wollte mit der Dramatisierung des GALILEO GALILEI-Stoffes einem fundamentalen Anliegen Ausdruck geben. Man könnte es in Anlehnung an DON CARLOS so ausdrücken: Eminenz, geben Sie Forschungsfreiheit! Verstärkt wird der hochdramatische Konflikt noch durch das aktuelle Wort des Dichters: »Wissenschaft ohne Gewissen ist der Untergang der Seele.« Vielleicht hatte Zwillinger an Montaigne gedacht, der schon viel früher sagte: »Wissenschaft ohne Gewissen richtet nur die Seele zugrunde.« In der Uraufführung 1960 spielte Attila Hörbiger die Rolle des ›Galileo Galilei‹. Der Direktor des Burgtheaters, Adolf Rott, inszenierte. Er führte gleichfalls Regie in PRINZ FRIEDRICH VON HOMBURG von Kleist. Gleichfalls eine Übernahme von Wien war DER VERSCHWENDER von Raimund. Die beiden Stücke begleiteten sozusagen die Uraufführung.

Aktualität kam damals (1962) und kommt noch heute dem Stück DIE STUNDE DER ENTSCHEIDUNG von dem Schweizer Hermann Ferdinand Schell zu. Schauplatz ist eine Insel, auf der die USA einen Atombombenversuch starten wollen. Die Einwohner werden mittels Geld weggelockt oder weggewiesen. Der Atomschlag findet statt, aber die Insel versinkt nicht im Meer; die Natur ist stärker. Jedoch ›Insula‹ (Heidi Fischer), das Mädchen, das mit seiner Heimat innigst verwachsen war, stirbt darüber. Dem echten Konfliktstoff fehlte trotz der Bühnenerfahrung des Autors die theaterwirksame Gestaltung. Er war mit zu vielen sonstigen ›Menschheitsfragen‹ befrachtet. Die Uraufführung fand im Rahmen des internationalen Theaterseminars statt, das die Bregenzer Festspiele gemeinsam mit dem Theaterwissenschaftlichen Institut der Universität Wien einige Jahre hindurch veranstalteten. In derselben Festspielzeit führte das Burgtheater in Bregenz EGMONT von Goethe, WAS IHR WOLLT von Shakespeare und DER TALISMAN von Nestroy auf.

In fünf Akten wickelte der Ungar Julius Hay eine Tragödie ab, die er ATTILAS NÄCHTE nannte. Als Mittelpunkt dieser Uraufführung im Jahre 1966 konnte die Begegnung der großen Heerführer Attila und Aetius vor der Schlacht auf den Katalaunischen Feldern bezeichnet werden. Ein müde gewordener Attila sucht nach einer Weltordnung, die er mit einem noch ungeborenen Sohn verwirklichen möchte. »Man könnte aus dem Themenkreis leicht drei Dramen machen, soviel an brauchbarem Stoff ist in die Bilder gepackt«, schrieb die Kritik. Dem Regisseur Adolf Rott stand der erstklassige Heinz Moog als Gestalter der Titelrolle zur Verfügung.

Ein Wiederaufleben von Uraufführungen im Sprechtheater gab es in den Jahren 1974, 1975 und 1978 mit den Stücken DER ROTE BRÄUTIGAM (von der Wienerin Lotte Ingrisch), JULIUS DIDIANUS UND DIE VERSTEIGERUNG DES RÖMISCHEN REICHES (von dem Schweizer Alfred Bruggmann) und DER HERR FLORIDUS (wieder von Lotte Ingrisch). Die Stücke gingen als Freilichtinszenierungen des Landestheaters in der reizvollen Bregenzer Oberstadt über die Bühne. Ihr Inhalt war ironisch-komisch-unterhaltend.

Charakterisiert man die aufgezeigte Reihe der Uraufführungen, dann wird deutlich, daß es sich durchwegs um Problemstücke und Zeitdramen handelt. Einige davon waren ausgesprochen christlich motiviert. Warum sie kaum gespielt wurden – außer im Repertoire des Burgtheaters –, dürfte verschiedene Gründe haben. In Bregenz bewirkten die Vorstellungen jedenfalls eine Bereicherung des geistig-betonten Programmangebots mit Werken zeitgenössischer Dichtung. Und sie dokumentierten, daß die Verantwortlichen den notwendigen Mut aufbrachten, dem Sprechtheater im Rahmen der Festspiele den ihm gebührenden wichtigen Platz einzuräumen.

Der Gedanke an Uraufführungen im Bereich des Schauspiels ist nicht verlorengegangen. Bei aller Aufmerksamkeit für zugkräftige Neuinszenierungen auf dem See zeichnen sich verheißungsvolle Vorhaben im Bereich des Sprechtheaters, aber eher auf regionaler Ebene, ab.

Gaetano Donizetti, Der Liebestrank, 1969. Theater am Kornmarkt.

Gaetano Donizetti. Die Regimentstochter, 1971. Theater am Kornmarkt. Bühnenbild von Franco Zeffirelli.

◁ *Adolphe Adam, Der Korsar, 1975. Seebühne.*

Franz Léhar, Das Land des Lächelns, 1975. Seebühne.

Jacques Offenbach, Die schöne Helena, 1966. Seebühne.

Gaetano Donizetti, Anna Bolena, 1986. Festspielhaus. Bühnenbildentwurf von Ferruccio Villagrossi.

Berühmte Regisseure in Bregenz

Josef Gielen, 1957.

Leopold Lindtberg, 1954.

Wolfgang Liebeneiner, 1965.

Axel von Ambesser, 1968.

Boy Gobert, 1962.

Paul Vasil und Toni Businger, 1974.

Ernst Haeusserman, 1981.

Peter Palitzsch und Maresa Hörbiger, 1982.

Klaus Maria Brandauer, 1980.

Joseph Haydn, Die Welt auf dem Monde, 1974. Hohenems.

Joseph Haydn, Die Fischerinnen, 1973. Hohenems.

Felix Braun, Orpheus, 1961.
Oskar Werner, Annemarie Düringer.

William Shakespeare, Wie es euch gefällt, 1967. Paul Hörbiger, Johanna Matz.

Ferdinand Raimund, Der Verschwender, 1976. Josef Meinrad (Valentin).

Richard Dehmel

Eintrag ins Konstanzer Dichterbuch

Tief unter Brücken schweigt
die Wasserfee,
Hoch über Türmen schweigt
der Alpenschnee,
schweigt Stern bei Stern,
schweigt wie seit je ...

Rainer Maria Rilke

Die Dörfer sind wie im Garten.
In Türmen von seltsamen Arten
klingen die Glocken wie Weh.
Uferschlösser warten
und schauen durch schwarze Scharten
müd auf den Mittagssee.

Und schwellende Wellen spielen.
Und goldene Dampfer kielen
leise den lichten Lauf;
und hinter den Uferzielen
tauchen die vielen, vielen
Silberberge auf.

Verschwender, Menschenfeinde und Päpste
Vierzig Jahre Schauspiel in Bregenz

von Günter Salzmann

Sprechtheater bei den Bregenzer Festspielen. Das umspannt Höhepunkte, berühmte Namen, große Ensembles und vier Aufführungsstätten im Laufe der Jahre. Erinnerungen werden lebendig, persönlich und bruchstückhaft: Sternstunden und Abstürze, Menschen auf der Bühne des Lebens. Werner Krauß, ›Philipp II.‹, in der Weinstube. Richard Eybner, ›Bustorius‹, im Strandbad. Josef Meinrad, ›Theodor‹, im Maleratelier. Verschwender, Alpenkönige, Menschenfeinde, Bauern und Millionäre; Tartüffe, Schwierige, Mohren, Könige, Päpste, alte Griechen und wilde Germanen. Ernst Bär als nimmermüder Kämpfer für das große Schauspiel und die hohe Kunst der Bühnensprache. Das ist die Vergangenheit.

1986 ist ein Jubiläumsjahr. Vor vierzig Jahren begannen sie in Bregenz, im Sommer Theater zu spielen. Im Jubiläumsjahr ist die Existenz dieses Sommertheaters gefährdet. Auf der Seebühne zauberflötet zwar ›Tamino‹, im Festspielhaus, in der italienischen Oper, stirbt ›Anna Bolena‹, auch die Wiener Symphoniker spielen dort, wie gewohnt, ihre Orchesterkonzerte. Für die Theateraufführungen aber sind die Mittel zu knapp geworden. In den Schreibtischen der Direktoren Wopmann und Salzmann liegen Berechnungen und Pläne bereit, welche die Bregenzer Schauspielszene von neuem beleben sollen, sobald die Subventionsgeber tiefer in die Tasche greifen werden. Das wäre die Zukunft.

1958 war mit drei Produktionen des Wiener ›Burgtheaters‹ ein guter Theatersommer. Reinhold Schneiders GROSSER VERZICHT wurde uraufgeführt, mit Ewald Balser als ›Papst Cölestin V.‹, Ernst Deutsch als ›Benedetto Gaetani‹ und vielen anderen. Hehre Sprachkunst und noble Würde beherrschten die Bühne. Ich trug als Statist Ewald Balser, den Papst, auf seiner Sänfte hin und her. Ob er wohl zu schwer sei für uns Burschen, fragte Balser besorgt. Natürlich nicht. Balser war ein menschlicher ›Papst‹.

In Grillparzers WEH DEM, DER LÜGT! schlüpfte ich in das zerlumpte Gewand eines Germanen am Hofe des Grafen Kattwald. Heinz Woester spielte aufrecht und sprachschön den ›Bischof von Chalons‹. Für seine Predigt notierte er: »Dein Wort soll aber sein: ja, ja; nein, nein. Denn, was die menschliche Natur auch Böses kennt, Verkehrtes, Schlimmes, Abscheuwürdiges, das schlimmste ist das falsche Wort, die Lüge.«

Der Küchenjunge ›Leon‹, vom jungen Peter Brogle mit frechem Übermut dargestellt, nimmt es so ernst nicht mit der Wahrheit. Trotzdem darf er am Ende die hübsche Edrita (Aglaja Schmid) in die Arme schließen. In den Pausen reden der Bischof und der Küchenjunge schwyzerdütsch miteinander.

Im dritten Stück des Sommers treffen in Schillers MARIA STUART Liselotte Schreiner und Paula Wessely aufeinander. Fred Liewehr, Heinz Moog, Albin Skoda sind weitere Stars im Ensemble. Leopold Lindtberg führt Regie. Ein Kritiker dazu: »Da geht vom Dichter nichts verloren, er leuchtet auf in einer letztmöglichen Summe von ewiger menschlicher Verstricktheit und dem Ruf in die Zeit, in der wir leben.«

Ein Konzept ist sichtbar: Neben einer Uraufführung werden zwei große Schauspiele aufgeführt, eines davon ›österreichisch‹. Als Österreicher wird in erster Linie Grillparzer gepflegt: seine MEDEA ist 1949 der erste Beitrag des ›Burgtheaters‹ bei den Bregenzer Festspielen. 1956 folgt KÖNIG OTTOKARS GLÜCK UND ENDE; es ist die Inszenierung Adolf Rotts, mit der im Herbst davor das wiederaufgebaute Burgtheater festlich eröffnet wurde. Dann: WEH DEM, DER LÜGT! (1958), DAS GOLDENE VLIES (1961), DES MEERES UND DER LIEBE WELLEN (1963), EIN BRUDERZWIST IN HABSBURG (1964), SAPPHO (1965), DER TRAUM EIN LEBEN (1966), LIBUSSA (1967). Mit dem TREUEN DIENER SEINES HERRN endete 1972 die Grillparzer-Pflege in Bregenz. Die Unrast der siebziger Jahre hatte begonnen.

Nestroy und Raimund bringen Wiener Humor und Wiener Zauber an die Gestade des Bodensees. 1959 zum ersten Mal. Der unvergleichliche Josef Meinrad spielt den ›Lips‹ im ZERRISSENEN. Es folgen: DER TALISMAN (1962), EIN MÄDL AUS DER VORSTADT (1965), UNVERHOFFT (1973), DAS GEWÜRZKRÄMERKLEEBLATT (1977) und EINEN JUX WILL ER SICH MACHEN (1980). Das ist die erste große Schauspielpremiere im Festspielhaus. Die Regie liegt in den bewährten Händen von Leopold Lindtberg; er hat den Bregenzern am längsten zur Verfügung gestanden.

Raimund ist mit seinem BAUER ALS MILLIONÄR (1955) vertreten, mit dem VERSCHWENDER (1960 und 1976), dem ALPENKÖNIG UND MENSCHENFEIND (1961) und dem BAROMETERMACHER AUF DER ZAUBERINSEL (1968).

Wienerisches kommt auch mit Schnitzler, Hofmannsthal, Molnár und Bahr nach Bregenz. Auch Hochwälder, Horváth, Krendlesberger und Lotte Ingrisch vertreten die österreichische Note im äußersten Westen Österreichs. Shakespeare, Goethe, Schiller, Goldoni, Molière, Ibsen, Tschechow, Lessing, Shaw, Strindberg, Williams, Albee und andere tragen zur internationalen Atmosphäre des Bregenzer Theatersommers bei.

Die Namen der Autoren summieren sich im Laufe der Jahre. Auch die der Großen und Bekannten des Wiener Burgtheaters, die alle nach Bregenz kommen. Alle! Neben den schon erwähnten u. a.: Attila Hörbiger, Raoul Aslan, Judith Holzmeister, Lotte Medelsky, Erika Pluhar, Peter Weck, Erich Auer, Käthe Gold, Heinrich Schweiger, Hilde Mikulicz, Johanna Matz, Annemarie Düringer, Alma Seidler, Hans und Hermann Thimig, Inge Konradi, Rolf Lindner, Christiane Hörbiger, Walther Reyer ... Später auch andere: Fritz Muliar, Rudolf Buczolich. Von anderen Bühnen: Maria Bill, Karlheinz Böhm, Boy Gobert, Martin Benrath, Nicole Heesters, Sabine Sinjen.

Frank Zwillinger, Galileo Galilei, 1960. Theater am Kornmarkt. Jürgen Wilke als Piccolomini und Attila Hörbiger als Galilei.

Als Regisseure prägten Adolf Rott, Josef Gielen und Leopold Lindtberg den Bregenzer Stil. Als Ensembles kamen neben dem ›Burgtheater‹, das lange Zeit das Schauspielprogramm allein bestritt, auch das ›Theater in der Josefstadt‹ und das ›Volkstheater‹ aus Wien nach Bregenz. Aus dem Ausland reisten an: das ›Bayerische Staatsschauspiel‹, die ›Berliner Schillerbühne‹ und das Hamburger ›Thalia Theater‹ mit dem sensationellen Erfolg von ONKEL WANJA (1978).

Auch Eigenproduktionen der Festspiele gab es. Eine davon ist Schnitzlers EINSAMER WEG in Brandauers hochgelobter Regie. Die Pläne, Brandauer für längere Zeit mit großen Dramen – für den Anfang war HAMLET vorgesehen – an Bregenz zu binden, sind fehlgeschlagen.

Die Absichten, mit einem großen Schauspiel, das in Zusammenarbeit mit dem Fernsehen produziert wird, das Festspielhaus zu füllen, sind aus der Entwicklung, welche die Bregenzer Festspiele genommen haben, verständlich. Anfangs stand als Aufführungsort ausschließlich die dürftig-nüchterne ›Sporthalle‹ zur Verfügung.

Der damalige Bürgermeister Dr. Wachter erinnerte sich: »Wir eröffneten die Sporthalle am 4. August um 14 Uhr. Der französische Bezirksgouverneur Joseph Bénité und ich hielten kurze Ansprachen. Auch die Marseillaise wurde abgespielt. Am Abend fand dann die erste Theateraufführung statt, bei der eine feierliche Stimmung des Aufbruchs und der Begeisterung herrschte. Die Bregenzer Festspiele haben lange von dieser anfänglichen Stimmung, die von der ganzen Bevölkerung getragen wurde, profitiert.« 1949 traten dort in MEDEA drei Kammerschauspieler auf. Sie sind im Programmheft liebevoll mit einem Sternchen versehen. ›Medea‹ spricht in die Halle, in der sonst Boxkämpfe stattfinden: »Die Nacht bricht ein, die Sterne steigen auf, mit mildem, sanftem Licht herunterscheinend.«

1955 konnte dann endlich das ›Kornmarkttheater‹ eröffnet werden. 692 Plüschsessel, festliche Kristalleuchter und ein hohes Bühnenhaus hatten das alte Kornhaus zum intimen Theater gewandelt, in welchem bis 1980 auch die riesigen Produktionen des Burgtheaters Platz finden mußten.

Seit 1972 bespielt das ›Theater für Vorarlberg‹ den pittoresken Martinsplatz in der mittelalterlichen Altstadt. Goldoni ist hier in stimmungsvollen Aufführungen zu Gast, außerdem Alfred Bruggmann, Lotte Ingrisch und – im letzten Jahr anläßlich der Bregenzer 2000-Jahr-Feiern – der Römer Plautus mit seinem MILES GLORIOSUS. Die Stücke auf dem Martinsplatz leben stark von der ›Atmosphäre‹.

Im August 1980 spielte – wie schon kurz erwähnt – das ›Burgtheater‹ zum ersten Mal im Festspielhaus. Gemütliche Biedermeieridylle macht sich auf der Bühne breit. Lichteffekte, welche die auf der Bühne verspannten Leinentücher fast transparent erscheinen lassen, bewirken zusätzliches Wohlbehagen. Die Kulissen stehen nicht als Wände da, sondern als heitere Vor-Wände für ein turbulentes Spiel. Josef Meinrad sitzt im Publikum, eilt während des Schlußapplauses auf die Bühne und umarmt ›Weinberl‹ Buczolich.

Das Festspielhaus faßt 1129 Besucher. Obwohl die Akustik gelobt wird, erscheinen manchem die Distanzen für das Sprechtheater zu groß. Peter Palitzsch bringt 1982 in aufwendigem Regietheater Goethes EGMONT. Und da zeigt

△ *Hugo von Hofmannsthal, Der Schwierige, 1983. Karlheinz Böhm (Hans Karl Bühl), Susanne von Almassy (Crescence).*

◁ *Tennessee Williams, Die Glasmenagerie, 1969. Käthe Gold (Amanda Wingfield).*

Johann Nestroy, Das Mädl aus der Vorstadt, 1965. Johanna Matz (Thekla). ▷

William Shakespeare, Was ihr wollt, 1962. Jürgen Wilke (Orsino), Annemarie Düringer (Viola). ▷▷

Gotthold Ephraim Lessing, Nathan der Weise, 1979. Romuald Pekny (Nathan), Kurt Heintel (Saladin).

William Shakespeare, Wie es euch gefällt, 1967. Theater am Kornmarkt. Paul Hörbiger als Corinnus und Erich Aberle als Probstein.

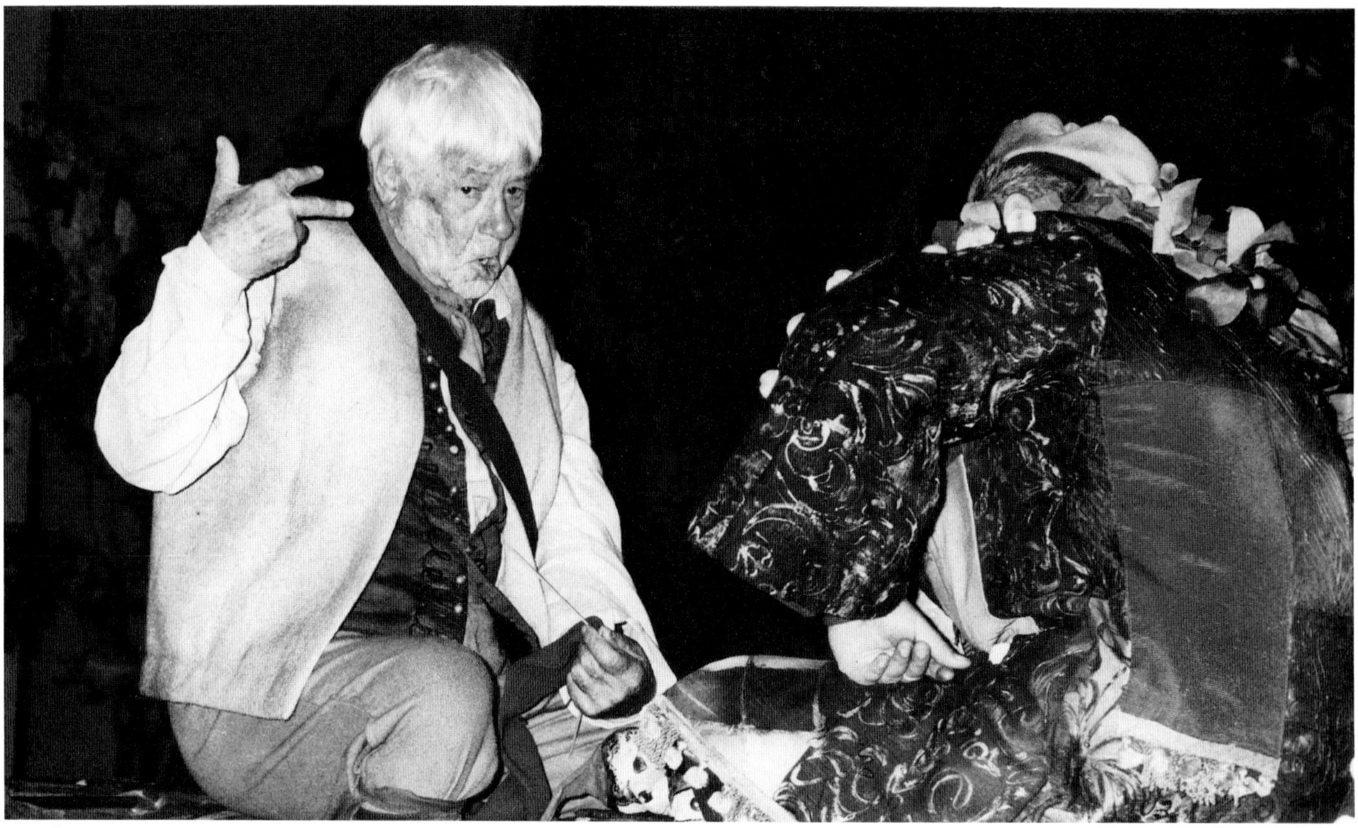

sich: Das Klassikerverständnis hat sich gewandelt. Zwischen dem EGMONT des Jahres 1962 mit Fred Liewehr als hehrem Helden der Freiheit und dem EGMONT des Jahres 1982 mit einem ruhig unheldischen Wolfgang Hübsch, liegen nicht nur Jahre, sondern auch Welten. Es hat sich in den siebziger Jahren auf dem Theater überhaupt viel verändert. Auch die Bregenzer Festspiele sind davon betroffen, zumal Erfolg und Mißerfolg in einem kurzen Sommermonat Ergebnis oft kaum vorhersehbarer Stimmungsumschwünge sein können.

Das Schauspiel bei den Bregenzer Festspielen hat sich dann – nach Hofmannsthals DER SCHWIERIGE (1983) mit dem ›Theater in der Josefstadt‹ unter der Regie von Ernst Haeusserman – schon 1984 wieder in das kleinere ›Theater am Kornmarkt‹ zurückgezogen. Mit Ibsens FRAU VOM MEER und Albees WER HAT ANGST VOR VIRGINIA WOOLF? kamen das Berliner ›Schillertheater‹ und das ›Bayerische Staatsschauspiel‹ nach Bregenz. Der Aufwand um das Wort ist geringer geworden.

Leopold Lindtberg hat sich Gedanken gemacht über ein Theater der Zukunft: »Die Probleme wurden nicht einfacher, sondern täglich unübersichtlicher, und heute, da wir alle Scheußlichkeiten des Lebens auf dem Theater durchexerziert haben und ohne Andeutung einer eschatologischen Hoffnung nur mehr Endzeit-Festspiele veranstalten, fragen wir uns ganz sachlich, ob es in absehbarer Zeit noch Bewohner dieses Planeten geben wird, für die der Begriff Kultur einen Sinn hat.«

Die Bregenzer Festspiele haben den Trend zu »allen Scheußlichkeiten« nicht mitgemacht. Aufgrund ihrer großen Theatertradition und der ortsimmanenten Dynamik könnten sie in der Lage sein, dem deutschsprachigen Theater in neuen Entwicklungen Impulse zu geben oder aber den Impulsen eine Aufführungsstätte, die in vierzig Jahren – gerade auch im Sprechtheater – Geschichte gemacht hat.

Am Bodensee

Schwelle die Segel, günstiger Wind!
Trage mein Schiff an das Ufer der Ferne –
Scheiden muß ich, so scheid' ich gerne,
Schwelle die Segel, günstiger Wind!

Schwelle die Segel, günstiger Wind!
Daß ich den Boden, den heimischen, schaue –
Fahre du wohl, Helvetiens Aue,
Schwelle die Segel, günstiger Wind!

Schwelle die Segel, günstiger Wind!
Wenn ich auch hier im Entzücken verweile,
Drüben knüpfen mich liebende Seile –
Schwelle die Segel, günstiger Wind.

August Graf von Platen

Johann Wolfgang von Goethe, Egmont, 1982. Festspielhaus.
Maresa Hörbiger als Klärchen und Wolfgang Hübsch als Egmont.

Alfred Bruggmann, Julius Didianus und die Versteigerung des Römischen Reiches, 1975. Martinsplatz.

Johann Strauß, Eine Nacht in Venedig, 1975. Seebühne.

Pjotr Iljitsch Tschaikowsky, Schwanensee, 1973.

Einklang von Geographie und Choreographie
Ballett in Bregenz
von Alfred Oberzaucher

Ein Blick auf die Statistik beweist es: der Tanz ist integrierender Bestandteil der Bregenzer Festspiele. Nicht weniger als siebzehn verschiedene Ballettensembles waren bisher am Festspielgeschehen beteiligt, sieben davon bestritten sowohl Auftritte in Opern und Operetten als auch eigene Ballettabende, sechs Ensembles wurden eigens für Tanzdarbietungen engagiert, die restlichen vier traten ausschließlich in Aufführungen des Musiktheaters vor das Publikum. Bei flüchtiger Betrachtung verleitet diese Aufstellung zu der Annahme, Ballettabende hätten im Festspielprogramm nur den Zweck erfüllt, den Tänzern das oft als Fron betrachtete Bestreiten von Balletteinlagen mit Aufführungen zu vergelten, in denen sie allein im Mittelpunkt stehen. Diese oft geübte Praxis scheint aber für die Bregenzer Festspiele keine Gültigkeit zu haben, geben doch die Zahlen der Statistik Zeugnis für das Interesse der Bregenzer Festspieldirektion am Tanz als eigenständiger Kunstgattung: sechsundvierzig Opern-, Operetten- und Musicalproduktionen mit Tanzeinlagen steht die stattliche Anzahl von fünfundvierzig verschiedenen Ballettprogrammen gegenüber.

Vertritt man allerdings die Ansicht, das Besondere und Einmalige an den Bregenzer Festspielen seien die Aufführungen auf dem See, sie allein seien es, die diesem Festival seine eigene, unverwechselbare Note geben, so führen die Zahlen zu einem für Terpsichore nicht ganz so zufriedenstellenden Ergebnis. Nur in vierzehn von bisher vierzig Festspielsommern waren Tanzdarbietungen für Aufführungen auf dem See eingerichtet, alle übrigen Ballettvorstellungen fanden in dem unvergleichlich nüchterneren Ambiente der Stadthalle oder des Theaters am Kornmarkt statt. Ein würdigerer Rahmen für repräsentative Ballettaufführungen ist erst seit der Erbauung des Festspielhauses gegeben, doch wäre es verdienstvoll und im Interesse der Ballettfreunde wünschenswert, die Seebühne erneut dem Tanz zu erschließen.

Ein Blick in die Theatergeschichte zeigt uns die wichtige Rolle des Wassers als theatralisches Element, seine Bedeutung für szenische Aufführungen im Italien der Renaissance, in einer Epoche, in der wir in den ›Trionfi‹ auch die Ursprünge des Balletts finden. In diesen Festzügen kam den Wasserspielen große Bedeutung zu. Beschreibungen der phantastisch geschmückten Schiffe am Canale Grande beim venezianischen Wassertrionfo des Jahres 1491 sind uns ebenso überliefert wie die Schilderung der Darstellung des Adriatischen und des Tyrrhenischen Meeres beim florentinischen Festzug 1579 am Arno. In Frankreich wurden derartige Festzüge ›Entrées Solennelles‹ genannt. Beim Einzug Heinrichs II. in Rouen (1550) fand ein Teil des Festes auf der Seine statt, wo man eine ›naumachie‹ mit Segelschiffen, Neptunswagen und Meeresungeheuern, auf denen Götter einherritten, veranstaltete. Auf flämischen Wandteppichen ist jenes ›jeu nautique‹ festgehalten, das zu Ehren Heinrichs II. und Katharina von Medicis in Fontainebleau stattfand. Mit den Wasserspielen gelangte auch das Ballett von den italienischen Fürstenhöfen nach Frankreich. Im ›Ballet Comique de la Reine‹ des Jahres 1581 spielte das Wasser eine wichtige Rolle: Springbrunnen und übereinanderliegende Bassins beherrschten die Szenerie, in der Beaujoyeux seine Inszenierung entfaltete. Berühmt sind auch die unter Ludwig XIV. 1664 in Versailles von Beauchamp in den ›Plaisirs de l'Isle enchantée‹ aufgeführten Wasserballette. Aber auch im Wien der Barockzeit frönte man dem nassen Element. So erfreuten sich im Rahmen der Wasserspiele auf den Schloßteichen der Favorita gerade die Wasserballette größter Beliebtheit.

Verringerten sich – durch die Verlagerung des theatralischen Geschehens von den Freilichtfesten zu Aufführungen in geschlossenen Theatern – auch die Möglichkeiten zu aufwendigen Wasserspielen, so konnte man sich dennoch nie ganz der Faszination des Wassers als theatralischem Mittel entziehen. Bekannt ist etwa, daß im Londoner Sadler's Wells Theatre bis in die Mitte des 19. Jahrhunderts die Möglichkeit gegeben war, die Bühne kurzerhand unter Wasser zu setzen, sie als Schauplatz für ›nautical dramas‹ zu nutzen. Doch sollte es unserem Jahrhundert und Bregenz mit seinen Festspielaufführungen vorbehalten bleiben, an die große Zeit des Wassertheaters anzuknüpfen, den Geist des Barock heraufzubeschwören, die Lust an Spiel und Tanz im Freien wiederzuerwecken.

Als gutes Omen für den Tanz in Bregenz mag angesehen werden, daß einer der Initiatoren der Festspiele ein Tänzer war. Kurt Kaiser, ehemaliger Solotänzer der Wiener Staatsoper, stand 1946 Pate, als das erste Spiel auf dem See abgehalten wurde. Neben Mozarts BASTIEN UND BASTIENNE stand ein Auftreten der Tanzgruppe Grete Wiesenthal auf dem Programm. Man ließ sich bezaubern von der anmutigen Gestaltung der Mozartschen KLEINEN NACHTMUSIK und von einer Folge von Tänzen zu Musik von Gluck, Schubert, Lanner und den Brüdern Strauß.

Nach diesem für den Tanz so verheißungsvollen Beginn sollte es jedoch mehr als ein Jahrzehnt dauern, ehe sich das Ballett mit eigenen Aufführungen den See als Spielstätte zurückerobern konnte. Freilich darf nicht übersehen werden, daß in der Zwischenzeit die Mitwirkung namhafter Ballettensembles die Qualität der Operettenaufführungen auf dem See entscheidend mitbestimmte. Nicht selten waren es die großangelegten Balletteinlagen, die den optischen Höhepunkt dieser Aufführungen bildeten.

Der zweite Bregenzer Festspielsommer brachte erstmals die Mitwirkung des Wiener Staatsopernballetts, das während der nächsten zwei Jahrzehnte das tänzerische Geschehen der Festspiele dominieren sollte. Beschränkten sich auch die Darbietungen in den ersten beiden Jahren auf bunt zusammengestellte Divertissements, so ist doch erwähnenswert, daß sich darunter die Kurzfassung eines Werkes befand, das Jahre später zu einem der erfolgreichsten Ballette auf dem See werden sollte: Tschaikowskys SCHWANENSEE, 1948 in einer Fassung von Zwonimir Pintar mit Julia Drapal als Schwanenkönigin.

Mit den in den folgenden Jahren in der Stadthalle

Léo Delibes, Coppelia, 1967. Stadthalle.

aufgeführten Ballettprogrammen steigerte das Staatsopernballett das Interesse des Publikums am Tanz und bereitete auf diese Weise den Boden für die späteren Ballettaufführungen auf dem See. So tanzte man 1950 in Erika Hankas Choreographie Delibes' COPPÉLIA, dazu gab man Margarethe Wallmanns ÖSTERREICHISCHE BAUERNHOCHZEIT zur Musik Salmhofers. Im Jahr darauf standen DER ZAUBERLADEN (Musik: Rossini-Respighi) in der choreographischen Fassung Hankas und Willy Fränzls Wiederbelebung von Oscar Straus' DIE PRINZESSIN VON TRAGANT auf dem Programm. Nachdem 1952 Harald Kreutzberg mit einem Soloabend den tänzerischen Anteil am Festspielprogramm bestritten hatte, kehrte das Staatsopernballett 1953 mit einem Divertissement und Hankas TITUS FEUERFUCHS zur Musik von Johann Strauß (Sohn) zu den Festspielen zurück. Es war dies das vorläufige Ende der Mitwirkung des Wiener Ensembles bei den Bregenzer Festspielen.

1954 verpflichtete man Janine Charrat als Choreographin, die mit ihrem Ensemble – darunter so bekannte Tänzer wie Hélène Trailine, Maria Fris und Peter van Dyk – einen Ballettabend in der Stadthalle gestaltete. Auch im Jahr 1955 bereicherte eine Ballettaufführung in Charrats Choreographie das Festspielprogramm: Egks ABRAXAS, getanzt vom Ballett der Städtischen Oper Berlin. Im folgenden Jahr waren die Berliner mit Tschaikowskys DORNRÖSCHEN in der Choreographie von Tatjana Gsovsky zu Gast. Das Jahr 1957 brachte die Wiederkehr des Wiener Staatsopernballetts mit zwei Choreographien Hankas: DAS RONDO VOM GOLDENEN KALB (Musik: von Einem) und DER MOHR VON VENEDIG (Musik: Blacher) mit Christl Zimmerl und Willy Dirtl in den Hauptpartien.

Der Beginn eines neuen Kapitels in der Geschichte des Balletts in Bregenz fällt in das Jahr 1958. Erstmals sollte die Seebühne Schauplatz einer Ballettaufführung sein. Hanka beabsichtigte, Delibes' SYLVIA für die Erfordernisse einer Aufführung auf dem See einzurichten, ihr plötzlicher Tod knapp vor Beginn der Festspiele erzwang jedoch eine Änderung des Programms. Rasch wurde Gordon Hamiltons Wiener Inszenierung von Adams GISELLE auf die Seebühne transferiert; die Möglichkeiten des neuen Spielortes konnten daher nicht voll ausgeschöpft werden. Einzig durch den Auftritt der Königin der Wilis, der per Schiff erfolgte, wurde dem Raumtheater auf dem See Rechnung getragen. Parallel dazu fanden in der Stadthalle Aufführungen von Tschaikowskys NUSSKNACKERSUITE in Hamiltons Einstudierung und von Hankas HOTEL SACHER (Musik: Hellmesberger-Schönherr) statt. 1959 begnügte man sich wieder mit einem Programm im Hause, diesmal wurden von Einems MEDUSA und Glucks DON JUAN in Hankas Choreographien geboten.

Ein Jahr später glückte der Versuch, Ballett auf dem See heimisch zu machen. Mit SCHWANENSEE hatte man das ideale ›Seeballett‹ gefunden, Dimitrije Parlić, Wiens neuer Ballettchef, richtete seine Inszenierung speziell für die Monumentalbühne ein; optischer Höhepunkt der Bühnenlösung war ein zehn Meter tief herabfallender Wasserfall, über dem, aus der Dunkelheit des Sees herausgeleuchtet, in der Apotheose die Protagonisten der Aufführung, Edeltraud Brexner und Willy Dirtl, schwebten.

Parlić war auch der Choreograph von Prokofjews Ballett ROMEO UND JULIA, das 1961 auf dem See zur Aufführung gelangte. Imponierende Fechtszenen und der Todessturz Tybalts, waghalsig ausgeführt von Willy Dirtl, hinterließen ebenso starken Eindruck wie die Darstellung des Liebespaares durch Edeltraud Brexner und Karl Musil. Mit ihren illuminierten Wasserspielen brachte 1962 die Produktion von NUSSKNACKER in Victor Gsovskys Choreographie echte Märchenstimmung auf die Seebühne. 1963 gelang den Festspielen mit der Realisierung des damals kaum mehr aufgeführten Balletts SYLVIA ein großer künstlerischer Erfolg, der durch Erich Walters geschmackvolle, auf äußerliche Effekte verzichtende Choreographie bestimmt war. Ganz anders als Walter faßte im nächsten Jahr Wazlaw Orlikowsky seine Aufgabe auf, ein seegerechtes Ballett zu gestalten. Seine Inszenierung von DORNRÖSCHEN war bestimmt von visueller Opulenz, er nützte die Dimensionen der Seebühne voll aus und bezog sogar das Seeufer neben der Zuschauertribüne als zusätzlichen Schauplatz mit ein.

Das Jahr 1965 brachte die als vorläufigen Höhepunkt der Ballette auf dem See angesehene Uraufführung von Helmut Eders DIE IRRFAHRTEN DES ODYSSEUS. Einem Gerücht zufolge soll sich hinter dem Librettisten Othmar Abt ein Mann verborgen haben, der wie kein anderer wußte, mit welchen Effekten auf der Seebühne ein Optimum an Wirkung zu erzielen ist: Festspieldirektor Ernst Bär. Wieder konnte Erich Walter als Choreograph gewonnen werden. Walter Gerhardt zeichnete für die Inszenierung verantwortlich, deren eindrucksvollste Szene die Eroberung und das In-Brand-Setzen der Stadt Troja war. Als Odysseus konnte Willy Dirtl einen großen Erfolg für sich buchen. Daneben gab es in der Stadthalle Aufführungen von GISELLE.

1966 vertraute man erneut auf die Wirksamkeit des Balletts SCHWANENSEE, für dessen Choreographie wiederum Parlić verantwortlich war. Zusätzlich wurde Václav Kašlik als Regisseur verpflichtet. Mit dieser erfolgreichen Aufführung verabschiedete sich das Wiener Staatsopernballett von der Seebühne. Nur noch zweimal sollte es in den kommenden Jahren in Bregenz zum Einsatz kommen, beide Male jedoch nur im Theater am Kornmarkt: 1968 mit George Balanchines SERENADE (Musik: Tschaikowsky) und DIE VIER TEMPERAMENTE (Musik: Hindemith) sowie mit Parlićs Version von Bartóks DER WUNDERBARE MANDARIN. 1970 bildete das letztgenannte Ballett gemeinsam mit Antony Tudors PILLAR OF FIRE (Musik: Schönberg) und Parlićs LE COMBAT (Musik: de Banfield) ein Programm.

Nachfolger des Wiener Staatsopernballetts bei den Bregenzer Festspielen war 1967 das Ballett des Prager National-

Adolphe Adam, Giselle, 1958. Seebühne.

Gale M. Hoffmann, Medusa, 1959. Stadthalle.
(v. l. n. r.) Lucia Bräuer als Euryale, Willy Dirtl als Perseus, Christl Zimmerl als Medusa und Gerlinde Dill als Stheino.

Helmut Eder, Die Irrfahrten des Odysseus, 1965. Seebühne.

theaters, das auf der Seebühne Rimskij-Korsakows SCHEHERAZADE und Borodins POLOWETZER TÄNZE in Choreographie und Inszenierung von Jiří Němeček und Václav Kašlik zur Aufführung brachte. In der Stadthalle tanzten die Prager COPPELIA in Němečeks Choreographie, Marta Drottnerová war die Swanilda. Als österreichische Erstaufführung präsentierte das Prager Ensemble 1969 auf der Seebühne Jan Hanuš' OTHELLO in Němečeks Choreographie, im Mittelpunkt eines Abends im Theater am Kornmarkt stand Michail Fokines Ballett LES SYLPHIDES zur Musik von Chopin.

In den drei folgenden Sommern war das Ballett auf dem See als Programmpunkt der Festspiele gestrichen. Gastspiele im Hause – des Balletts ARABESQUE des Staatstheaters Sofia und wiederum des Balletts des Prager Nationaltheaters mit Assafjews FONTÄNE VON BACHTSCHISSARAJ in Emerich Gabzdyls Choreographie – halfen die Zeit zu überbrücken, bis 1973 den Festspielen mit dem Engagement des Balletts des Permer Akademischen Theaters ein international aufsehenerregendes Gastspiel gelang. Die Russen tanzten auf der Seebühne SCHWANENSEE in Nikolai Bojartschikows Inszenierung und ein Divertissement im Theater am Kornmarkt. Die Kompanie, eine der führenden ihres Landes, trumpfte mit Ballerinen wie Ljubow Kunakowa, Nadjeschda Pawlowa und Olga Tschentschikowa auf.

Nach dem ›ballettlosen‹ Jahr 1974 kehrte Orlikowsky als Choreograph nach Bregenz zurück. Mit seiner für das Ballett des Kroatischen Nationaltheaters Zagreb erarbeiteten Fassung von Adams DER KORSAR erwies er sich als der wahre Meister der Seebühne. Geographie und Choreographie seien hier, so meinte der international renommierte Kritiker Horst Koegler, erstmals miteinander in Übereinstimmung gebracht worden. Nur als Intermezzo konnte im Jahr darauf das Gastspiel des Polnischen Tanztheaters Posen angesehen werden. Das für lange Zeit letzte bedeutende Ballettereignis in Bregenz war 1977 das zweite Gastspiel des Permer Balletts, das diesmal mit dem von Bojartschikow eingerichteten DORNRÖSCHEN auf der Seebühne und mit einem Divertissement im Theater am Kornmarkt auftrat.

Damit schließt vorläufig das Kapitel ›Ballett auf dem See‹. Nach langen Jahren völliger Ballettabstinenz – sieht man vom Auftreten des Staatlichen Lieder- und Tanzensembles aus Prag ab – wurden erst vom neuen Intendanten Alfred Wopmann Anstrengungen unternommen, das Ballett wieder ins Programm der Festspiele einzugliedern. 1984 stellt sich erstmals in Bregenz das Ballett der Staatsoper Budapest mit Antal Fodors Rockballett DIE PROBE und mit einem Galaabend, der unter anderem Choreographien von László Seregi und Jiři Kylián brachte, vor. Bei den Festspielen des Jahres 1985 gastierte das Ballet National de Marseille, das – gleichsam als Operettenersatz – Roland Petits originelle Ballettversion der Straußschen FLEDERMAUS bot.

Anläßlich dieser sehr erfolgreichen Gastspiele, die beide im Festspielhaus über die Bühne gingen, wurde aber einmal mehr klar, wo die Zukunft des Balletts in Bregenz liegt. Nicht das geschlossene Theater, sondern die Bühne auf dem See sollte die wesentlichste Spielstätte für das Ballett sein. Da aber bestehende Produktionen, wenn sie auf die Seebühne kommen, wegen der großen Distanz zum Zuschauer stark und wahrnehmbar an Wirkung verlieren, gilt es, neue Konzepte zu erarbeiten, welche die Eigenart und die Möglichkeiten dieses wunderbaren Raumes von vornherein einbeziehen. Der Beaujoyeux oder Beauchamp unserer Tage und der Seebühne muß gefunden werden!

Werner Egk, Abraxas, 1955. Stadthalle.
Dorle Müller als Schlange.

FESTWOCHE
BREGENZ
4.-11. AUGUST 1946

Die Kiestribüne, 1951.

Abbrucharbeiten auf der Seebühne, 1975.

Das Glück kommt vom Sänger
Große Stimmen in Bregenz

von Renate Wagner

Als im Festspielsommer 1985 alle Aufführungen von Vincenzo Bellinis Oper I PURITANI restlos ausverkauft waren, ja, die Nachfrage – wie bei den großen Vorstellungen der Salzburger oder der Bayreuther Festspiele – das Kartenangebot um ein Vielfaches übertraf, erlebte die Pflege der italienischen Oper in Bregenz einen weiteren Höhepunkt. Mehr als zwanzig Vorhänge nach der Vorstellung zeugten vom Publikumsjubel für Edita Gruberova, der Koloraturprimadonna unserer Tage. Das Auftreten der Gruberova war aber nur ein erneuter Beweis dafür, daß das Bregenzer Festival seinen Besuchern absolute Weltspitze am Sängerhimmel bot und bietet: Namen wie Katia Ricciarelli oder Montserrat Caballé, Placido Domingo oder José Carreras, Piero Cappuccilli oder Leo Nucci – um nur wenige zu nennen – legen dafür Zeugnis ab.

Aber die Verpflichtung großer Sänger war nicht erst seit 1980, dem Jahr der Eröffnung des Festspielhauses, ›Konzept‹ des Festspielgedankens, sondern von allem Anfang an. Und dies gilt für Operette, Oper und Konzert gleichermaßen. Diese Behauptung läßt sich leicht belegen.

Wagner-Heroen singen Operette

Zwei Jahre lang, 1946 und 1947, hatten die Bregenzer Festspiele im Rahmen bescheidener, aber ambitionierter Nachkriegsanfänge nach einer Identität gesucht und zunächst einmal Mozart gespielt (zu dem man später mit triumphalem Erfolg zurückkehren sollte); aber schon 1948 entdeckte man, daß es das ganze Genre der Wiener Operette war, das mit der Bregenz-eigenen Spezialität, der Seebühne, die schlechthin vollkommene Paarung darstellte. Die auf szenischem Gebiet idealen ›Seezauberer‹ in den Personen des Regisseurs Adolf Rott und des Bühnenbildners Walter von Hoesslin fanden sich erst ab 1953, die ideale Besetzung jedoch stand auf Anhieb auf der Bühne: Helge Rosvaenge und Esther Réthy, eine Operettendiva ohnegleichen, besiegelten den Triumph der NACHT IN VENEDIG von Johann Strauß und wiederholten ihn im Jahr darauf mit TAUSENDUNDEINE NACHT.

Die Seebühne forderte vor allem in den frühen Jahren der Festspiele, als noch keine technische Hilfe zu erwarten war, die ›große‹ Stimme. Daher verwundert es nicht, daß dort so viele Wagner-Sänger auftraten und – zum eigenen Vergnügen und dem des Publikums – Operette sangen. Auf Rosvaenge, der in Bayreuth ein Star gewesen war, folgten Hilde Konetzni (mit ihren berühmt-leuchtenden Wagner- und Strauss-Tönen), Willi Domgraf-Fassbaender (einer der führenden deutschen Baritone seiner Zeit) und Karl Dönch (lange Jahre berühmtester ›Beckmesser‹ in Europa und Amerika). Sie bildeten 1950 das strahlende Dreigestirn in GASPARONE. Alfred Jerger, einst Richard Strauss' erster ›Mandryka‹, oder Hans Beirer, ein ›schwerer‹ Wagner-Held schlechthin, fanden sich ebenso ein wie Ljuba Welitsch, die ›Salome‹ einer Generation. Sie alle sangen in den fünfziger Jahren Operette auf dem See, auch Wilma Lipp, die damals berühmteste ›Königin der Nacht‹, und Marta Rohs, eine gefeierte Altistin der Opernbühne.

Man kann mit Fug und Recht sagen, daß Bregenz vielen Sängern ein neues Fach eröffnet und eine reizvolle Erweiterung ihrer künstlerischen Möglichkeiten geboten hat. Wilma Lipp hat des öfteren darauf hingewiesen, daß Operette um nichts leichter zu singen sei als Oper; das unterstreicht, welchen Gewinn und welche Qualitätssteigerung die Stimmfülle und die Kultur der Opernsänger für die See-Operetten darstellten.

Von Beethoven bis Mahler

Seit 1954 begannen die Bregenzer Festspiele mit einer Erweiterung ihres Konzertangebots. Man begnügte sich nicht mehr damit, die vorhandenen Künstler zu Operettenkonzerten zu versammeln, sondern setzte höchst anspruchsvolle Werke auf das Programm, die erfahrene Vokalsolisten erforderten. Man begann mit Beethovens NEUNTER (1954 in der Besetzung: Esther Réthy, Marta Rohs, Helge Rosvaenge und Alois Pernerstorfer, dem dämonischen Bassisten der Wiener Staatsoper), gab in der Folge immer wieder Beethovens MISSA SOLEMNIS, von Haydn DIE SCHÖPFUNG und DIE JAHRESZEITEN, Verdis MESSA DA REQUIEM, Gustav Mahlers DAS LIED VON DER ERDE und DAS DEUTSCHE REQUIEM von Johann Brahms, zahlreiche Messen von Mozart und Schubert sowie viele weitere Vokalwerke, die das Angebot einer internationalen Sängerelite in Bregenz noch vergrößerten.

Als 1956 – für eine Aufführung von Otto Nicolais DIE LUSTIGEN WEIBER VON WINDSOR im Kornmarkttheater – Otto Edelmann als ›Sir John Falstaff‹ in Bregenz weilte, nützte man die Gelegenheit, diesen großen Wagner-Sänger gemeinsam mit Martha Mödl, Bayreuths gefeierter Brünnhilde, in einem Wagner-Konzert brillieren zu lassen, ihn als ›Wotan‹ und ›Sachs‹, sie mit den ›Starken Scheiten‹ aus der GÖTTERDÄMMERUNG. Und im selben Jahr sang kein Geringerer als Paul Schöffler (strenggenommen Edelmanns Konkurrent im Wagner-Fach) in einem Konzert große Arien aus seinem russischen Opernrepertoire. Und als, ebenfalls 1956, eine konzertante Aufführung von Hector Berlioz' Oper FAUSTS VERDAMMUNG auf dem Programm stand, war Schöffler der ›Mephisto‹.

Spielopern und Lieder

Mitte der fünfziger Jahre expandierten die Bregenzer Festspiele ihr musikalisches Programm weiter, denn es hatte sich gezeigt, daß das Publikum nicht ausschließlich für Operetten auf dem See Interesse zeigte. Außerdem stand von da ab das neuerbaute Kornmarkttheater als zusätzliche Spielstätte zur Verfügung. 1955 begann mit einer italienisch gesungenen Aufführung von Rossinis DER BARBIER VON SEVILLA (mit dem italienischen Bariton Marcello Cortis) die parallele

Gaetano Donizetti, Das Debut der Mamma Agata, 1976. Theater am Kornmarkt. Giuseppe Taddei als Agata.

Pflege der Spieloper, wobei deutsche, italienische und französische Werke abwechselten. Wieder fanden auf diese Art neue große Stimmen den Weg nach Bregenz – oder es eröffnete sich manchem, der bisher auf der Seebühne gesungen hatte, eine neue Möglichkeit. Ein Beispiel dafür ist Eberhard Wächter, lange Jahre der geschätzte ›Kavaliersbariton‹ der Wiener Staatsoper.

Als man dann 1957 und 1958 mit volkstümlichen Opern auf den See ging (und die damals noch unverzichtbare Operette ins Kornmarkttheater schickte), war Wächter der ›Zar‹ in ZAR UND ZIMMERMANN von Lortzing, neben Oskar Czerwenkas köstlichem ›Van Bett‹ und der bekannten Mozart- und Strauss-Sängerin Emmy Loose als ›Marie‹. In der VERKAUFTEN BRAUT sang im Jahr darauf neben dem für Bregenz neuen Tenor Waldemar Kmentt und wiederum Czerwenka (diesmal als ›Kezal‹) die deutsche Sopranistin Traute Richter.

Auch andere berühmte Sängerinnen waren in dieser Zeit in Bregenz zu hören: Drei Jahre lang, von 1957 bis 1959, gab die amerikanische Sopranistin Teresa Stich-Randall, übrigens eine der Lieblingssängerinnen von Arturo Toscanini, in Bregenz Gastspiele; sie sang im Konzertsaal Beethoven, Haydn, Puccini und Bruckner. Zwei andere großartige Sängerinnen, deren Weltrang als Mozart- und Strauss-Interpretinnen unbestritten war, gaben Liederabende: Lisa Della Casa (1959 und 1964) und Irmgard Seefried (1960).

Hilde Zadek, in jenen Jahren eines der wichtigsten Ensemblemitglieder der Wiener Staatsoper, war 1960 die Titelrollenträgerin einer konzertanten Aufführung von Beethovens LEONORE. Ihr ›Florestan‹ hatte sich in Bregenz schon seit Jahren in allen Sparten bewährt: der großartige Anton Dermota trumpfte sowohl als tenoraler Operettenheld (1959 in TAUSENDUNDEINE NACHT), als wunderbarer Spielopernsänger (1960 in DER BARBIER VON BAGDAD von Peter Cornelius) und schon seit 1957 auch in den verschiedensten Konzertpartien auf.

Zahlreiche Opern- und Konzertaufgaben fielen in jenen Jahren auch Hanny Steffek zu. Neue große Stimmen, die zu Beginn der sechziger Jahre auftauchten, gehörten Walter Berry (1961 im DEUTSCHEN REQUIEM), der berühmten Altistin Jean Madeira, der Parade-›Carmen‹ ihrer Zeit (sie gab 1961 einen Arienabend) sowie Hermann Prey, der den Festspielen seit seinem ersten Liederabend (1961 in Feldkirch) treu blieb.

Die nächste See-Generation

Mittlerweile wuchs wiederum eine neue Generation großer Sänger am See heran. Hatte 1960 in WIENER BLUT neben der perfekten Diva Gerda Scheyrer der Schwede Per Grundèn als tenoraler Stimmenfänger reüssiert, so gewann man Jean Cox 1961 gleich für zwei große Rollen. Dieser Sänger, in den verschiedensten großen Wagner-Partien jahrelang ein Stolz Bayreuths, sang am See im ZIGEUNERBARON und im Kornmarkttheater den ›Fra Diavolo‹ von Auber; in den folgenden Jahren holte man ihn für die TRAUMINSEL und die BANDITENSTREICHE am See. Danach wechselten die Tenöre jährlich – es kamen u. a. der Italiener Giuseppe Campora, der Österreicher Rudolf Christ, der Ungar Robert Ilosfalvy. Ihnen allen war Gerda Scheyrer von der Wiener Staatsoper die kongeniale Partnerin, während Helga Dernesch, die mit Jean Cox nicht nur die BANDITENSTREICHE, sondern 1963 auch in einem Wagner-Konzert sang, nach diesem Bregenzer Beginn bei Herbert von Karajans Osterfestspielen zum Star wurde. Viele Künstler, die am Bodensee auftraten, waren mit dem sicheren Instinkt für die bevorstehende ganz große Karriere engagiert worden.

Die Italiener kommen

1964 fiel ein programmatischer Entschluß, der auch auf die Entwicklung der ›großen Stimmen‹ in Bregenz Einfluß hatte: Das bunte Programm der verschiedenartigsten Spielopern im Kornmarkttheater (bis dahin hatten Rossini, Nicolai, Donizetti, Cornelius, Auber, wieder Rossini und Haydn auf dem Programm gestanden) konzentrierte sich in der Folge auf italienische Werke. In diesem Rahmen blieb man bis 1969 dem heiteren Fach treu. NORMA brach 1970 mit dieser Regel; in der Folge wurden abwechselnd ernste und heitere Opern gespielt, die bis 1979 im Kornmarkttheater ihre Heimstätte hatten.

Damit zogen die italienischen Sänger, die bisher neben den heimischen, den deutschen, skandinavischen und amerikanischen doch eher im Hintergrund geblieben waren, in Bregenz ein und eroberten das Publikum im Sturm. Künstler der ersten Jahre waren die Altistin Oralia Dominguez, der Tenor Juan Oncina und der Bassist Raffaele Arié. Zusammen mit der berühmten Sopranistin Ilva Ligabue begeisterten sie schon 1962 im Verdi-REQUIEM.

1964 und 1965 regierte die Mezzosopranistin Biancamaria Casoni als ›Cenerentola‹ und als ›Rosina‹ im BARBIER

Gioacchino Rossini, Der Türke in Italien, 1966. Theater am Kornmarkt.

VON SEVILLA, um später immer wieder für Konzertaufgaben und Mezzopartien in Opern wiederzukehren. Ab 1966 etablierte sich eine italienische Koloratursopranistin in Bregenz, die für lange Jahre die Primadonna assoluta des Festivals wurde: Margherita Rinaldi. Ihr kontinuierliches Mitwirken repräsentierte auch eine Art von Ensemble, das im Dienste der italienischen Oper am Bodensee zusammenwuchs. Die Rinaldi debütierte als ›Fiorilla‹ in DER TÜRKE IN ITALIEN, war im Jahr darauf die ›Carolina‹ in der HEIMLICHEN EHE, 1968 die ›Alice Ford‹ im FALSTAFF, 1969 die ›Adina‹ im LIEBESTRANK, 1971 die ›Regimentstochter‹, 1972 die ›Nachtwandlerin‹, 1974 die ›Marchesa‹ in IL FINTO STANISLAO. Wenige Sängerinnen erfreuten sich so kontinuierlich der Gunst des Publikums, und es war nur selbstverständlich, daß sie 1980 – als das Festspielhaus mit FALSTAFF eröffnet wurde – wieder die ›Alice Ford‹ sang.

Alternierend mit der Rinaldi hörten die Bregenzer Festspielbesucher Cristina Deutekom und die bestbewährte Biancamaria Casoni, sobald in der italienischen Oper andere Stimmlagen als der lyrische Koloratursopran verlangt wurden. Die Deutekom, eine holländische Primadonna, hatte bereits Amerika und Italien im Sturm erobert, bevor sie 1970 nach Bregenz kam, um die mörderische Partie von Bellinis NORMA zu singen, wobei ihr die Casoni als ›Adalgisa‹ und der Tenor Aldo Bottion assistierten. 1973 war sie wieder da, um Rossinis hochdramatische ›Armida‹ zu interpretieren.

Biancamaria Casoni sang 1977 die Titelrolle in Donizettis LA FAVORITA, 1978 wieder ihre Glanzrolle, die ›Cenerentola‹, 1979 in Donizettis Einakter IL CAMPANELLO. Auch sie war, wie die Rinaldi, vielleicht keiner der Weltstars, wie sie vorher und vor allem nachher in Bregenz zu Gast waren, aber sie prägte durch ihre Arbeit den Stil italienischer Opernpflege am Bodensee mit. Und dieser fand nicht nur bei Einheimischen, sondern auch in Italien großes Interesse.

Publikumsliebling Taddei

Tenor- und Baritonpartner von Margherita Rinaldi waren der wunderbare lyrische spanische Sänger Luigi Alva und der Uritaliener Giuseppe Taddei, der als Erzkomödiant einer ganzen Ära seinen Stempel aufdrückte. Viele kamen, um ihn zu sehen: seinen unwiderstehlich-verschmitzten ›Falstaff‹, seinen bauernschlauen ›Doktor Dulcamara‹ im LIEBESTRANK, seinen die Regimentstochter liebevoll behütenden ›Sulpiz‹, den köstlichen ›Baron Kelbar‹ im FINTO STANISLAO, seinen gloriosen ›Don Pasquale‹.

Ein zwerchfellerschütternder Höhepunkt war, wenn er als ›Mamma Agata‹ in Frauenkleider schlüpfte; unvergessen bleibt er auch als ›Don Magnifico‹ in der CENERENTOLA, als Cimarosas MAESTRO DI CAPPELLA an einem Abend mit dem ›Don Pistacchio‹ im CAMPANELLO. Schließlich alternierte er zur Eröffnung des Bregenzer Festspielhauses mit Rolando Panerai nochmals als ›Falstaff‹ (jene Rolle, die er dann in den Sommern 1981 und 1982 auch für Herbert von Karajan bei den Salzburger Festspielen sang). Taddei, der Weltstar, der Bregenz die Treue hielt, war mehr als ein Jahrzehnt lang Liebling der Stadt.

Oper auf dem See

Auf der Seebühne traten nach wie vor die großen Opernstars in Operettenerfolgen auf, auch wenn sie anders-

Ludwig van Beethoven, Missa Solemnis, 1970. Herz-Jesu-Kirche.
Wilma Lipp, Margarita Lilowa, Peter Schreier und Walter Berry. Dirigent: Josef Krips.

wo, wie Evelyn Lear (die berühmte ›Lulu‹), Renate Holm, Lotte Rysanek oder auch Mirjana Irosch, erfolgreich Oper sangen. Die Ausnahmen waren selten; so sang beispielsweise Raymond Wolansky 1967 die Titelrolle von ZAR UND ZIMMERMANN. Der erste Versuch, vom Operetten-, bestenfalls Spielopernschema abzuweichen, das sich nun seit Jahrzehnten bewährt hatte, geriet 1971 (mit George Gershwins PORGY AND BESS) zum Sensationserfolg, wohl auch, weil man mit William Warfield eine geradezu klassische Besetzung für die Rolle des ›Porgy‹ anbieten konnte.

1973 wagte man das bis dahin tollkühnste Unternehmen: eine Wagner-Oper auf dem See. DER FLIEGENDE HOLLÄNDER war mit Leif Roar in der Titelrolle besetzt, als Senta alternierten die Wagner-Heroinen Ute Vinzig und Roberta Knie. Der erneute Erfolg (trotz eines verregneten Sommers) machte Mut zu einer CARMEN (1974), zu HOFFMANNS ERZÄHLUNGEN (1976), OBERON (1977) und schließlich Puccinis TURANDOT (1979). Man hielt der im letzteren Fall unmittelbaren Konkurrenz mit Verona durch die Besetzungen der Titelrolle mühelos stand; die Jugoslawin Radmila Bakocevic und vor allem die Bulgarin Galina Savova, die wenig später raketenhaft Karriere machte, waren ideale Hochdramatische. Alida Ferrarini, die eine Besetzung der ›Liu‹ dieser Aufführung, kannte man in Bregenz bereits seit einigen Jahren, sie war schon in der FAVORITA zu hören gewesen und kam im folgenden Jahr als reizende ›Nanetta‹ im FALSTAFF wieder.

Weltstars im Konzertsaal

Im Lauf der Jahre gab es am Bodensee immer wieder Gelegenheit, Sänger allerersten Ranges im Konzertsaal zu hören, so etwa Peter Schreier, Rita Streich oder, schon 1971, Edita Gruberova. Zwei Hochdramatische, die Ungarin Sylvia Sass und die Deutsche Sabine Hass, waren ebenso zu Gast wie Deutschlands Liederkönigin Elisabeth Schwarzkopf und Rußlands Primadonna Galina Wischnewskaja, die bei ihrem Liederabend 1976 von keinem Geringeren als ihrem Gatten Mstislaw Rostropowitsch am Klavier begleitet wurde. Als anderer Star des Bolschoi-Theaters hatte sich auch der Heldenbariton Juri Masurok in Bregenz vorgestellt.

Ein großartiges Erlebnis war es, als einer der ersten Belcantotenöre Italiens, Carlo Bergonzi, 1977 für einen Arienabend bei den Festspielen Station machte (er wiederholte das Ereignis im Jahr darauf). 1978 gab auch Anneliese Rothenberger einen Liederabend, und 1979 erlebten Wagner-Fans die Erfüllung eines höchsten Wunsches: Birgit Nilsson, die zu diesem Zeitpunkt nur noch selten auftrat, gab ein Konzert mit ›Brünnhildes‹ und ›Salomes‹ Schlußgesang. Stimmfetischisten, ob sie nun für italienischen Belcanto oder Wagner-Dramatik schwärmten, kamen also in Bregenz nie zu kurz.

Vielfalt auf dem See

In den achtziger Jahren hat das Programm des Spiels auf dem See eine Spannweite gefunden, in der Oper und in der Folge Musical gleichwertig neben der bewährten Operette stehen. Mozart kam 1980 und 1985 zu Wort. 1980 standen mit der Amerikanerin Barbara Carter und Zdzislawa Donat

Berühmte Stimmen in Bregenz II

Johann Strauß, Eine Nacht in Venedig, 1955. Wilma Lipp (Annina).

Karl Millöcker, Gasparone, 1950. Hilde Konetzni (Carlotta).

Irmgard Seefried und Erik Werba, 1960.

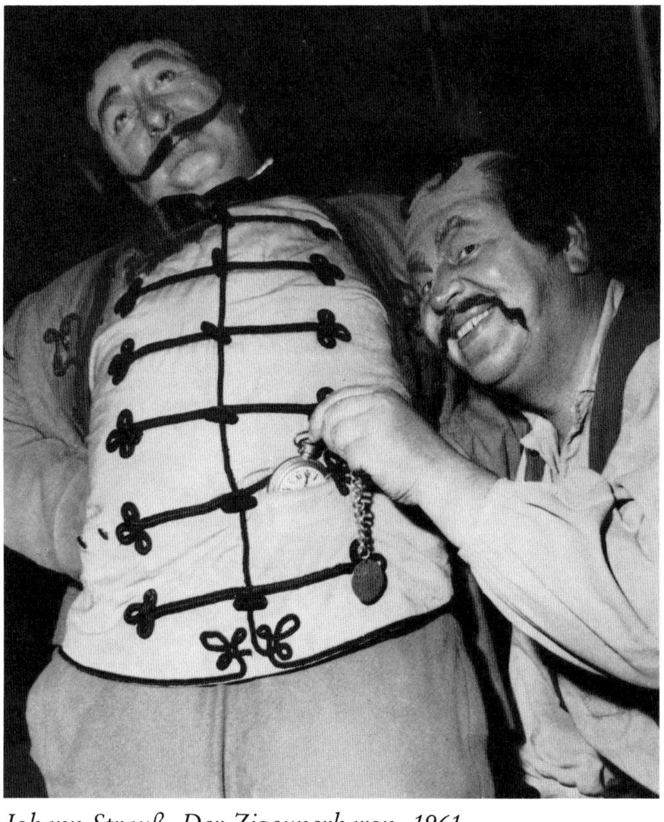

Johann Strauß, Der Zigeunerbaron, 1961. Karl Dönch (Zsupân), Friedrich Nidetzky (Pali).

Johann Strauß, Der Zigeunerbaron, 1961. Hilde Rössel-Majdan (Czipra), Jean Cox (Barinkay).

Robert Stolz, Die Hochzeit am Bodensee, 1969. Lotte Rysanek (Gretl), Frans van Daalen (Harry Hell).

Johann Strauß, Die Fledermaus, 1970. (v. l. n. r.) Claudio Nicolai (Dr. Falke), Harald Serafin (Gabriel von Eisenstein), Erich Kunz (Frank).

Vincenzo Bellini, Die Nachtwandlerin, 1972. Luigi Alva (Elvino), Margherita Rinaldi (Amina).

Georges Bizet, Carmen, 1974. Debria Brown (Carmen), Anton de Ridder (Don José).

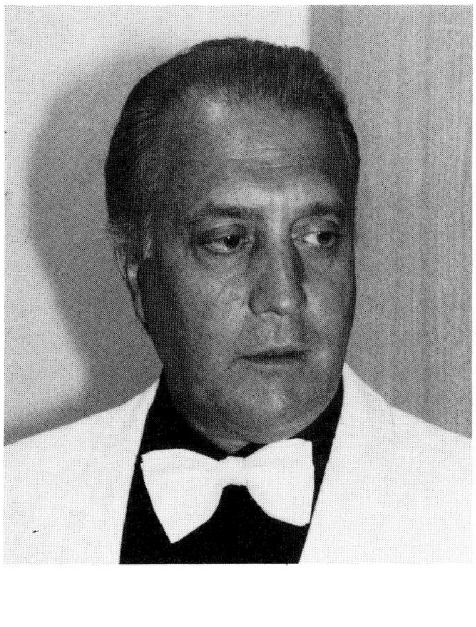

Piero Cappucilli in der Garderobe des Festspielhauses, 1982.

Johann Strauß, Der Zigeunerbaron, 1961. Seebühne.

als ›Constanze‹ in der ENTFÜHRUNG AUS DEM SERAIL zwei glanzvolle Koloratursopranistinnen zur Verfügung, mit Gösta Winbergh ein Mozart-Tenor von Weltruf, mit Jeanette Perry eine Sopranistin, die wenig später gleichfalls bei Karajan Karriere machen sollte, während 1985 bei der ZAUBERFLÖTE kein Sänger, sondern Regisseur Jérôme Savary der Star war.

1981 hatte man die WEST SIDE STORY von Leonard Bernstein mit vielen jungen Sängern, teilweise aus Amerika, besetzt, während man 1983 die erfolgreichen Damen einer Wiener Volksopern-Produktion für KISS ME KATE verpflichtete, nämlich Dagmar Koller und Melanie Holliday. Die Zusammenarbeit mit der Volksoper und deren Künstlern hat in Bregenz überhaupt Tradition, vor allem auf dem Gebiet der Operette. Diese bewährte sich auch 1984 bei Zellers VOGELHÄNDLER, in dem Adolf Dallapozza, nicht zum ersten Mal hier zu hören, und die reizende Elisabeth Kales glänzten.

Im Festspielhaus ist nichts zu teuer

Mit der Eröffnung des Festspielhauses 1980 begann eine neue Ära der Bregenzer Festspiele, eine, die für Opernaufführungen in diesem neuen, großartigen Saal (dem zweitgrößten Österreichs übrigens) nur noch nach den weltbesten Besetzungen fragte. Das galt natürlich auch für das Eröffnungskonzert, bei dem der greise Karl Böhm Beethovens NEUNTE mit Pilar Lorengar, der großartigen, Bayreuthbewährten Altistin Hanna Schwarz, dem Tenor Horst Laubenthal und dem Baß Peter Wimberger interpretierte.

In diesem festlichen Jahr gaben drei Sänger Liederabende: Hermann Prey, Montserrat Caballé und Theo Adam, wobei die Caballé, eine der Primadonnen des italienischen Fachs, eine Sängerin von stupendem Stilgefühl und höchster gesanglicher Raffinesse, und Theo Adam, ›Wotan‹ und ›Sachs‹ in einer neuen Generation, ihr Bregenzdebüt feierten.

Auch im Jahr darauf, 1981, lernte man im Konzertsaal Sänger kennen, die bisher nur von Platten oder Fernsehschirmen ein Begriff waren: Bregenz verliebte sich auf Anhieb in den schlanken, romantischen José Carreras, einen der großen ›Drei‹ aus der tenoralen Weltspitze. Er brachte mit Mara Zampieri eine Kollegin mit, deren Stern als ›Lady Macbeth‹ bereits an den großen Opernhäusern erstrahlte. Beide sollten in den nächsten Jahren für Opernaufführungen wiederkommen. Bartóks aufregende Oper HERZOG BLAUBARTS BURG wurde konzertant von Dunja Vejzovich, einer Karajan-Entdeckung, und Siegmund Nimsgern, dem Bayreuth-›Wotan‹ des Peter-Hall-RINGS, interpretiert.

Die Stunde der Tenöre

Aber das alles wurde von der Tatsache überstrahlt, daß es 1981 gelang, neben der weltweit hochgeschätzten bulgarischen Sopranistin Anna Tomowa-Sintow als ›Desdemona‹ und Silvano Carrolli als ›Jago‹ mit Placido Domingo als ›Othello‹ den wahrscheinlich berühmtesten Tenor dieser Zeit zu gewinnen, einen Sänger zudem, der gerade in dieser Partie noch heute als weltbester Interpret gilt.

Kaum glaublich, aber dieser Höhepunkt – gleicherweise in bezug auf die Prominenz wie auf die Güte der

Besetzung – wurde gehalten, als 1982 LUCIA DI LAMMERMOOR mit José Carreras und Katia Ricciarelli auf dem Programm stand. Und wenn letztere auch nicht alle Koloraturen sang, die traditionell in der Wahnsinnsarie vorgesehen sind, so war sie doch eine mitreißend-ergreifende Interpretin der Rolle. Für den Koloraturenglanz sorgte dann ihre Alternativbesetzung Mariella Devia, die schon 1979 (damals als Partnerin Taddeis in IL CAMPANELLO) aufgefallen war.

Auch Leo Nucci in der Baritonpartie war den Bregenzern nicht neu, nur hatte er sich mittlerweile jenen Weltruhm erarbeitet, den er in seinen Bregenzer Anfängen (1976) noch versprochen hatte. Wer für Baritone schwärmte, wurde übrigens 1982 bestens bedient, denn Piero Cappuccilli, der damals einen Arienabend gab, galt als deren ungekrönter König im italienischen Fach.

Deutsches Zwischenspiel

Ein FREISCHÜTZ im Jahre 1983, deutsches Intermezzo zwischen den großen italienischen Werken, brachte die Wagner-Sänger zurück – die Bayreuth-Recken Robert Schunk und, vor allem, den großen Karl Ridderbusch, dazu Mechthild Gessendorf und die zauberhafte Sona Ghazarian.

Helen Donath, die mit Hermann Prey im selben Jahr das DEUTSCHE REQUIEM sang, präsentierte eine der schönsten Konzertstimmen dieser Tage, und Wolfgang Schöne (mit Mahlers LIEDERN EINES FAHRENDEN GESELLEN) gab ein Exempel für jenen deutschen ›Kavaliersbariton‹, für den auch Hermann Prey repräsentativ ist, der wieder einmal einen seiner geschätzten Liederabende sang.

Hochburg des Belcanto

1984 sang die großartige Mara Zampieri die ›Tosca‹. Sie hatte zwei weltberühmte Partner, die sich in Bregenz vorstellten: den spanischen Tenor Giacomo Aragall und den schwedischen Bariton Ingvar Wixell. Grace Bumbry, die ihre Karriere einst als ›schwarze Venus‹ von Bayreuth begonnen hatte und nun als hochdramatischer Sopran gefragt war, präsentierte sich dem Publikum mit Gershwin. Kenneth Riegel und Doris Soffel waren edle Solisten in Mahlers LIED VON DER ERDE, und Edita Gruberova versprach mit einem Liederabend, was sie 1985 hielt: ihre Rückkehr nach Bregenz mit einer großen, dramatischen Koloraturpartie.

An der Seite des imposant höhensicheren Salvatore Fisichella und des in Bregenz bestbekannten Baritons Giorgio Zancanaro sang sie die ›Elvira‹ in Bellinis I PURITANI, eine Rolle, die ihr der Komponist in die Kehle geschrieben zu haben schien. Mit ihrer sensationellen Leistung bewies sie erneut, was Bregenzer Festspielbesucher seit Jahrzehnten wissen, was große Kollegen zweier, dreier Generationen dem Publikum klargemacht hatten: daß das Glück in der Oper, in der Operette und im Konzertsaal bei Vokalwerken zwar nicht ausschließlich, aber doch in sehr, sehr hohem Maße vom Sänger kommt, von der Persönlichkeit des großen Interpreten und vom Wunder der menschlichen Stimme.

Die Wiener Symphoniker in Bregenz

von Lutz Lüdemann

»Das Gastspiel war ein Ereignis für sich.« Die ›Ehe‹ zwischen Bregenz und den Wiener Symphonikern, die nun vierzig Jahre gehalten hat, begann eigentlich mit einem Zufallskonzert. Das Orchester hatte sich gerade wieder formiert und gab im Rahmen seiner ersten Reise in den Westen Österreichs auch ein Gastspiel bei der neuen ›Bregenzer Festspielwoche‹. Hans Swarowsky dirigierte das Konzert am 10. August 1946; Solist – Haydns KLAVIERKONZERT – war der junge Dirigent Otmar Suitner, der am darauffolgenden Tag das programmgleiche Konzert auch leitete.

Das erste ›Spiel auf dem See‹, BASTIEN UND BASTIENNE, wurde vom damaligen Vorarlberger Rundfunkorchester begleitet. Erst die erklärte Absicht »im nächsten Jahr wieder« führte die Symphoniker – die ja eigentlich ein Konzertorchester sind – 1947 in den Orchestergraben zur ›Entführung‹, oder besser: auf das Gerüst, das im Schwimmbad auf dem für die französische Armee reservierten Gelände errichtet worden war. Die ›Sporthalle‹, ein aus vorgefertigten Holzteilen errichteter Bau, der in jedem amerikanischen Kriegsgefangenenlager anzutreffen war, wurde die Heimstätte bedeutender Musikereignisse. Dennoch und trotz alledem – muß man hinzufügen und dies den heute Verwöhnten vorhalten. Die Akustik war gar nicht so schlecht, aber es fehlten Garderoben und Toiletten. An heißen Sommertagen mußte die Feuerwehr das Dach mit Wasser bespritzen, damit es abkühlte. Vom Schlachthof tönten die Todesschreie der Tiere, vom Bahnhof die Geräusche der Eisenbahn, und die Maggifabrik sandte bei einer bestimmten Windrichtung ihre Duftwolken über das Seeufer.

Aber es wurde mit Begeisterung und Hingabe Musik gemacht – 1947 waren es in einer Woche drei Konzerte und eine Matinee.

Derartige Programme probentechnisch zu bewältigen, wäre heute in der dichten Datenfolge unmöglich; sie sind rückblickend so zu erklären, daß man damals offensichtlich in Wien genügend Zeit zur Voreinstudierung fand.

Die Symphoniker spielten in jenen Jahren für drei Festspiele der drei Besatzungszonen, zuerst in Wien, dann in Graz, danach in Bregenz. Die Philharmoniker waren von den Amerikanern nach Salzburg geholt worden. Die Fahrt vom äußersten Osten an die westliche Grenze hatte den Charakter einer Weltreise. Zonengrenzen waren zu passieren, von denen die Ennsbrücke die berühmteste war. Während die Symphoniker heute mit dem privaten Pkw oder per Autoreisezug ihren ›Dienstort‹ Bregenz erreichen, wo sie ihre Quartiere vorbestellt finden – die Familien kennen sich schon –, artete das alles um die fünfziger Jahre zu wahren Abenteuern aus. Zu den Reisebeschwernissen kamen improvisierte Gegebenheiten am Ort selbst. Unterkunft fanden die meisten im Stift St. Gallus, eine Gemeinschaftsküche in der ›Krone‹ sorgte für die Verköstigung. Aber das lockte. Denn im Gegensatz zu Wien gab es in Bregenz zu essen; die Franzosen stellten Sonderrationen bereit. Und: Die Schweizer Grenze war nah; der Blick über den See ging weit in den Westen.

Der Platz der Wiener Symphoniker in Bregenz, 1986.

Um wieder von Kunst zu reden: 1948 kam das Orchester erneut an den Bodensee, diesmal mit Karl Böhm, und der Kritiker der ›Vorarlberger Nachrichten‹, Ernst Bär, schrieb am 24. Juli 1948: »Das Orchester der Wiener Symphoniker ist bereits seit dem ersten Jahr untrennbar mit dem Begriff der ›Bregenzer Festspielwochen‹ verbunden; es ist das Bregenzer Festspielorchester geworden.« Mehr noch, es wurde im Laufe der Jahre zur Klammer zwischen Wien und Vorarlberg als Symbol der Zusammengehörigkeit. Aber dies ging nicht ganz ohne Krisen, ohne Geburtswehen, die aber immer – und das werden wir später deutlicher sehen – zu Lösungen führten, die sowohl das Orchester als auch die Festspiele weiterbrachten. Hauptzündstoff war zumeist der See. Typisch und unabänderlich für die Bodenseestadt, führte das ›Spiel auf dem See‹ das Orchester in Kälte und Feuchtigkeit, in Witterungsbedingungen also, welche die Fingerfertigkeit lähmen und den kostbaren Instrumenten schaden. Der Anstellungsvertrag verpflichtete die Orchestermitglieder für Konzerte, nicht für den Dienst im Orchestergraben; der Vertrag mit den Bregenzern verpflichtete sie, selbst noch bei 16 Grad – gemessen einen Meter über dem Seespiegel – zu musizieren. Unzufriedenheit kam auf, Unzufriedenheit mit einer nicht zu erfüllenden künstlerischen Aufgabe der Operettenbegleitung, während zugleich anderswo große Festspiele lockten. Andere wollten ihren Familienurlaub nicht ausschließlich Vorarlberg opfern. Diese Unruhe formulierte sich deutlicher in den siebziger Jahren, als es Butter auch wieder in Wien zu kaufen gab.

Carlo Maria Giulini, der neue Chefdirigent, äußerte bei seinem Antritt Zweifel an der Vertretbarkeit der Bregenzer Aufgaben. »Werde nicht mehr in Bregenz dirigieren«, war in den ›Vorarlberger Nachrichten‹ vom 12. Februar 1973 zu lesen. Und weiter: »Die Wiener Spende, die die Symphoniker an das Bundesland Vorarlberg darstellen, werde überhaupt aufhören, wenn es nicht bald einen akzeptablen Raum für Konzertveranstaltungen gibt.«

Wie stets brachte auch dieser Skandal für Bregenz und für die Symphoniker Gutes. Mit Genugtuung läßt sich auf das erste Konzert im neuen Festspielhaus unter der Leitung von Giulini verweisen.

»Hätten wir gewußt, wie sehr sich die Tätigkeit des Orchesters in Bregenz festigt, jeder Symphoniker hätte heute dort seine Eigentumswohnung!« – Dieser Ausspruch eines Orchestermitgliedes, das seit Beginn 33mal den Festspielen diente, verdeutlicht mehr als viele Worte: Die Symphoniker und Bregenz haben immer in Unsicherheit und Ungewißheit gelebt.

Einmal waren die Wiener in ihrer Existenz bedroht, weil die Stadt glaubte, sich die hohen Kosten nicht mehr leisten zu können, ein andermal war es das Festival, das starken Spannungen ausgesetzt war. Doch jede Krise festigte den Status des Orchesters als den Garanten der Qualität und brachte die Festspiele einen Schritt weiter. Vom Gondelhafen zum Festspielhaus sind es nur wenige Schritte zu gehen – aber in der Festspielrealität liegen dazwischen viele Jahre, viele Stolpersteine, viele Rückschläge, jedoch auch viele einmalige Stunden.

Um das Verhältnis ›Wiener Symphoniker – Bregenzer Festspiele‹ aus seinem Kern heraus zu verdeutlichen, braucht man nicht auf den Arlberg zu verweisen, der die Alemannen von den östlichen Österreichern trennt, man muß nicht landsmannschaftliche Unterschiede bemühen, es reicht, die Ursprünge beider Partner aufmerksam zu betrachten. Beide gehören seit Anbeginn zusammen, beide stehen heute fester denn je zu den gemeinsamen Aufgaben. Es verging kein Jahr, in dem die Symphoniker nicht ihr Bestes zu geben bereit waren.

Aber da ist eine Stadt, deren Namen sie führen. Eine Weltstadt mit einer Tradition, um die sie beneidet wird. Die Stadt Wien hatte sich dazu durchgerungen, dem Orchester materielle Sicherheit zu geben. Ich zitiere den Wiener ›Kurier‹ vom 5. November 1946: »Die materielle Sicherstellung der Wiener Symphoniker hat die Stadt Wien übernommen. Bürgermeister General a. D. Dr. Theodor Körner ist selbst Protektor des Orchesters.«

Die Stadt Wien hat sich als Protektor der Wiener Symphoniker bis heute über die Maßen verdient gemacht. Auch wenn sie nicht einmal 0,1 Prozent ihres Jahresbudgets zur Erhaltung des Orchesters aufwendet, so sind dies doch Millionen und, gemessen an dem Beitrag des Bundes, mehr als Zweidrittel des nötigen Subventionsaufwandes. Folglich hat jeder Stadtrat es schwer, vor der steuerzahlenden Wiener Bevölkerung die Millionen zu verantworten, wenn sie nicht zum Ruhme der Stadt ausgegeben werden. Und damit sind wir (wieder) bei einem heiklen Thema.

Zwar spielen die Symphoniker in Bregenz etwas ein, was mehr bedeutet als die entstehenden Unkosten für Diäten, Fahrt, Instrumententransport, Versicherung, Frackgelder. Doch reicht der ›Erlös‹ nicht aus, um eine kaufmännisch exakte Vollkostendeckung zu erzielen. Darum fragt sich ein Wiener zu Recht: »Wie komme ich dazu, den Bregenzern ein Festspielorchester zu bezahlen?« Allerdings muß man den Wienern entgegnen, daß das Orchester zu dieser Ferienzeit nirgendwo so viel verdienen kann.

Dieses ›Einerseits, Andererseits‹ zieht sich durch die 40jährige Verbindung, eskalierte manchmal, führte immer mal wieder zu Drohungen, dem folgten Beschwichtigungen und schließlich Bekenntnisse. Man kann dies – heute mit gelassenen Gefühlen – in den jeweiligen Eröffnungsreden nachlesen.

Bei dieser Gelegenheit ein Wort an die sparsam denkenden Alemannen: Haben Sie schon einmal daran gedacht, daß die Symphoniker den größten Teil des Geldes, das sie in Bregenz erhalten, auch in Bregenz wieder ausgeben? Damit soll dieses leidige Thema abgeschlossen sein.

Die Wiener Symphoniker auf Reisen.

Ein weiterer, schon verständlicherer Konfliktstoff ergab sich daraus, daß das Orchester schon immer weiter wollte, als es die Festspiele konnten. Die Verantwortlichen brauchten und nutzten gern den Rat eines international erfahrenen Orchesters, vergaßen aber oft, daß das auch Ansprüche an den Saal, an die Seebühne, an die Unterbringung, an die Dirigenten, an die Programme, an die Proben und an die Technik nach sich ziehen mußte.

So wurden die Wiener Symphoniker zum hartnäckigsten Mahner in bezug auf ein Festspielhaus.

Am 3. Februar 1980 war es dann soweit: Das Orchester lud die Bregenzer, ja die Vorarlberger, zu einem Symphoniker-Tag ins endlich eröffnungsbereite Festspielhaus. Kaum ein Tag hat größere Bedeutung für die jüngere Geschichte des Orchesters. Erstmals gab Bregenz etwas zurück.

Ein solcher ›musikalischer Supermarkt‹ war bis dahin noch nirgendwo veranstaltet worden. Dieses Modell hat viele Nachahmungen in aller Welt – auch von den Symphonikern selbst veranstaltet – gefunden. Die Mitglieder haben die Art dieses ›24-Stunden-Wandel-Konzertes‹ nach Wien und später z. B. nach Buenos Aires, Bologna oder Köln getragen. Doch was wichtiger war: der Geist dieses 3. Februar 1980 lebt bis heute.

Denn erstmals hörten auch die strengsten Kritiker, die Kollegen selbst, welch bewundernswerte Musiker in diesem Orchester arbeiten und welche Qualitäten bisher unentdeckt schlummerten.

Ich sehe noch Carlo Maria Giulini kurz vor der Probe verwundert durch das tönende Haus gehen. Er kam oben von der Foyerseite in den großen Saal, hörte das für den festlichen Anlaß extra gebildete Ensemble der zwölf Cellisten, erstarrte und war bis ins tiefste gerührt. Diese Ergriffenheit erlebt man auch immer wieder bei den Musikern selbst, gepaart mit dem Stolz, einem solchen Orchester anzugehören.

Dies hat Bregenz uns gegeben.

Zu diesem Bewußtsein hat Bregenz uns verholfen. Der Grundstein dafür sind – bis heute – 120 Konzerte, 200 Opernvorstellungen und 600 Aufführungen auf dem See.

Heute – im Zusammenwirken verständiger Musiker, einsichtsvoller Betriebsräte, cleverer Geschäftsführer, geschulter Manager, gewiefter Direktoren – existieren all die Schwierigkeiten der vergangenen Jahrzehnte nicht mehr. Es gibt sichere Verträge und vernünftige Absprachen. Doch die Kämpfe, die Wirren, das Auf und Ab der gemeinsam überstandenen und durchgestandenen vierzig Jahre sollten nicht ganz der Vergessenheit anheimfallen. Denn sie haben Bregenz geformt, und sie haben uns den eigenen Wert erkennen lassen.

Schon Konfuzius sagte: Erzähle mir die Vergangenheit, und ich werde die Zukunft erkennen.

So betrachtet, muß man wohl anerkennen, daß die Situation der Wiener Symphoniker in Bregenz noch niemals so zukunftsweisend war wie heute im Jubiläumsjahr.

Idylle vom Bodensee

Still war alles umher,
und im Sternenscheine verbreitet
Rührte der See sich kaum …
Jenseits aber die Berge,
die ewig schimmernden im Schneelicht,
Schon empfingen sie höheren Glanz,
und leise des Mondes
Aufgang zeigten sie an,
eh' die lieblichen Ufer ihn schauten.
Hoch vor andern im Nachtblau
glänzte die Stirne des Alpsteins
Einer himmlischen Wolke vergleichbar …

Eduard Mörike

Stadt am See (Konstanz)

Schon fern, in dämmernder Verschönung,
Die ernste Linie einer deutschen Stadt,
Geschmiegt in Wolken von so zarter Tönung,
Wie sie allein der Juniabend hat.
Im Uferpark Musik aus dunklen Lauben,
Ein Lied: kennst du das alte Lied nicht mehr?
So lieb, so trüb wie Saft aus schweren Trauben
Ganz langsam quillt das Lied die Wellen her.
Da klingt das Herz, als ob es Heimweh hätte,
Und steht doch diese Stadt zum erstenmal,
Zum erstenmal die dunkle Silhouette,
Die schleiernd träut im fahlen Mondenstrahl.

Stefan Zweig

Konzert mit den Wiener Symphonikern im Festspielhaus, 1984.

Der liebenswürdige Kontrapunkt
Aufführungen in Hohenems – Geschichte und Aufgabe

von Fritz Jurmann

Bereits Mitte der fünfziger Jahre, als die Bregenzer Festspiele nach turbulenten Gründungsjahren ihr eigenständiges Programmprofil gefunden hatten und sich im Reigen der europäischen Festivals langsam zu etablieren begannen, wurden Bestrebungen deutlich, einen Teil der Aufführungen in Orte außerhalb Bregenz zu verlegen. Man erhoffte sich dadurch die Erschließung neuer heimischer Publikumsschichten – andererseits steckte dahinter zweifellos auch die kulturpolitische Absicht, die noch jungen Bregenzer Festspiele verstärkt zu einer Angelegenheit nicht nur der Bregenzer Bürger, sondern des ganzen Landes Vorarlberg zu machen und damit Rückhalt und Unterstützung in breiten Bevölkerungskreisen zu finden.

Diese Absicht konnte damals zumindest teilweise verwirklicht werden; das Konzept einer zunächst ungestümen, später aus finanziellen Gründen eher vorsichtigen Dezentralisierung des Festspielgeschehens ist im Prinzip bis heute beibehalten worden. Zum erstenmal fanden 1955 Veranstaltungen der Bregenzer Festspiele außerhalb von Bregenz statt – es waren drei Konzerte in Feldkirch mit dem Kammerorchester der Wiener Symphoniker und dem Vorarlberger Funkorchester (beide im Festsaal der Arbeiterkammer) sowie mit dem Barylli-Quartett (auf der Schattenburg). Feldkirch blieb auch in den folgenden Jahren eine regelmäßige, zunächst allerdings die einzige, ›Außenstelle‹ der Bregenzer Festspiele.

1962 ist dann zum erstenmal Hohenems Schauplatz eines Festspielabends. Im prächtigen, damals für kulturelle Zwecke neu adaptierten Rittersaal des Gräflichen Palastes gastierte im ersten ›Schloßkonzert‹ der Festspiele am 28. Juli das Vorarlberger Kammerorchester. Diesem durchaus erfolgreich verlaufenen Versuch folgten in Hohenems zwischen 1964 und 1969 jährliche Solisten- und Kammerkonzerte mit Künstlerprominenz wie dem Cellisten Ludwig Hoelscher, mit Ludwig Streicher, Kontrabaß, Günther Fetz, Cembalo, dem Weller-Quartett, dem Kölner Kammerorchester und anderen. Der Vollständigkeit halber ist zu ergänzen, daß ab 1967 weitere Festspiel-Spielorte wie Bludenz, Höchst und später sogar ausländische Plätze in der Nachbarschaft wie Rorschacher Berg, Meersburg und Scheidegg hinzukamen.

In Hohenems selbst hatte sich bis 1969 alles im rein konzertanten Rahmen des Rittersaales abgespielt. Erst ein Zufall lenkte damals die Aufmerksamkeit auf den darunterliegenden, herrlichen Arkadenhof als Spielstätte für szenische Aufführungen. Dieser ›Zufall‹ kam in der Person des Musik-Hauptabteilungsleiters vom ORF-Fernsehen Wien, Prof. Wilfried Scheib, der gemeinsam mit der damaligen Festspieldirektion nach Möglichkeiten suchte, in exemplarischen Aufführungen, als Coproduktion zwischen dem ORF und den Bregenzer Festspielen, unbekannte und selten gespielte Haydn-Opern zu inszenieren.

Die Keimzelle dieser Aktivitäten lag jedoch zunächst nicht etwa, wie man vermuten möchte, im Schloß Esterháza im heutigen Ungarn, wo Joseph Haydn als Opernkapellmeister zu seiner Zeit erfolgreich gewirkt hatte, sondern ausschließlich bei den Bregenzer Festspielen. Diese brachten nämlich 1963 – allerdings noch im ›Theater am Kornmarkt‹ als damals einziger Bühne des Festspielgeschehens – Haydns lange verschollen geglaubte Oper DAS BRENNENDE HAUS oder DIE FEUERSBRUNST (eine Mischung aus Rokokosingspiel für die Marionettenbühne und Hanswurstiade) rund 200 Jahre nach ihrer Entstehung zur Wiedererweckung in einer Art posthumer Uraufführung.

Dies fand – als »Glücksfall für Bregenz« apostrophiert – enorme internationale Resonanz, nicht zuletzt auch durch die damals schon funktionierende Zusammenarbeit mit dem (noch schwarzweißen) österreichischen Fernsehen. Auf der Basis dieses Ereignisses wollte man dann sieben Jahre später aufbauen, und zwar in einer stimmigeren Umgebung als dem kleinen Kornmarkttheater: eben im Schloßhof von Hohenems. Zugleich war man bestrebt, eine österreichische Kulturtat zu vollbringen: Joseph Haydn, der Meister des Streichquartetts, der großen Symphonie und des Oratoriums, sollte endlich auch als Opernkomponist ins rechte Licht gerückt werden und die ihm zustehende Wertung und Würdigung der Fachleute erhalten.

Als Kapellmeister des Fürsten Esterházy, den man gerne den ›Prachtliebenden‹ nannte, hatte Haydn viele Jahre lang tagtäglich mit dem Opernbetrieb zu tun gehabt. Das ungarische Adelsgeschlecht hatte sein Schloß Esterháza zu einer fürstlichen Residenz ausgebaut und dort auch ein Schloßtheater errichtet. Mit Ausnahme der Wintermonate Dezember und Januar, in denen sich der Hof in Eisenstadt aufhielt, wurde in Esterháza der Opernbetrieb aufrecht erhalten.

Eine Broschüre aus dem Jahre 1784 berichtet darüber: »Es wird täglich wechselweise Oper und Komödie gespielt, denen der Fürst immer beywohnt. Es ist unbeschreiblich, wie sehr hier Augen und Ohren ergötzet werden. Die rührendste Delikatesse und die hefftigste Gewalt der Instrumente durchdringt die Seele – denn der große Tonkünstler, Herr Haydn, dirigiret dieselben.«

Professor Gilbert Klien, der als Leiter der Musikabteilung im ORF-Landesstudio Vorarlberg gemeinsam mit tontechnischen Teams für die Übertragung der Haydn-Opern im Hörfunk (mit internationalen Übernahmen) und für den Fernsehton verantwortlich war, schreibt dazu in der Festschrift 1970 der Bregenzer Festspiele: »Wenn man bedenkt, daß allein im Jahre 1786 insgesamt 88 Opern neu einstudiert und aufgeführt wurden, kann man ermessen, welche Kenntnis der Opernkunst Haydn dabei erworben hat. Er leitete Opern seiner berühmten Zeitgenossen, schrieb aber auch eigene und recht erfolgreiche Werke. Das war der große Stolz des Fürsten, führte aber dazu, daß die Partituren sorgsam gehütet wurden und kein fremdes Opernhaus die für Esterháza geschriebenen Werke aufführen konnte. So blieb einem

Fritz Hochwälder, Donadieu, 1976. Hohenems. (v. l. n. r.) Karl Maldek (Tiefenbach), Fritz Stein (Nicolas), Heinz Frölich (Berthelien) und Klaus Behrendt (Escambarlat).

Teil aus Haydns Schaffen, dem er seine besten Mannesjahre gewidmet hat, der Nachruhm versagt.«

Tatsächlich erscheint heute in landläufigen Opernführern der Name Haydns nur mit dem APOTHEKER und der WELT AUF DEM MONDE. Dabei hatte im September 1773 eine seiner heute kaum bekannten Kammeropern – anläßlich der Uraufführung in Esterháza – Kaiserin Maria Theresia höchstpersönlich so sehr beeindruckt, daß sie später immer wieder sagte: »Wenn ich gute Opera hören will, muß ich nach Esterháza gehen.« Es war: UNTREUE LOHNT SICH NICHT, im Original L'INFEDELTÀ DELUSA.

Gerade diese launige Haydn-Oper setzte man 1970, zum 25jährigen Bestehen der Bregenzer Festspiele, erstmals im Schloß Hohenems in Szene. Der unbestrittene Erfolg ließ die Partner noch enger zusammenwachsen: UNTREUE LOHNT SICH NICHT war der Beginn einer mehrjährigen, sehr engen Partnerschaft zwischen Festspielen und ORF, in deren Verlauf die Haydn-Opern DER APOTHEKER (1971), LIST UND LIEBE (1972), DIE FISCHERINNEN (1973), DIE WELT AUF DEM MONDE (1974) und – nach längerer Pause – UNVERHOFFTES BEGEGNEN (1981) aufgenommen wurden. Außerdem produzierte man gemeinsam das Schauspiel DONADIEU von Fritz Hochwälder (1976) und – 1977 – Telemanns PIMPINONE.

Die Opern im Renaissancehof, denen die Fernsehübertragungen zu einem hohen Bekanntheitsgrad im deutschsprachigen Raum, in Holland und Belgien verhalfen, lösten auch international eine spürbare Renaissance des großen österreichischen Klassikers Haydn auf dem Opernsektor aus. Und Hohenems war mit diesen durchwegs heiteren Spielopern, mit seinem Schloß und seiner damals noch sehr ländlich-dörflichen Ortsidylle der alljährliche liebenswürdige Kontrapunkt zur ›Zentrale‹ Bregenz geworden, wo die große italienische Oper längst eine Heimstatt gefunden hatte.

Natürlich wurde dabei auch immer wieder die sicher naheliegende Frage aufgeworfen: Warum Haydn-Pflege gerade in Hohenems, in Vorarlberg, einem Landstrich, dessen Boden Haydn selber niemals betreten hat? Warum nicht besser etwa im Burgenland? Die Initiatoren sahen diese Aktivitäten stets im Sinne einer ›übergeordneten gesamtösterreichischen Aufgabe‹. Außerdem habe, so Professor Scheib, das Schloß Hohenems äußerlich große Ähnlichkeiten mit dem Originalschauplatz Schloß Esterháza aufzuweisen.

Zu dieser architektonischen Parallele kommt noch die in Hohenems vorhandene Kulturtradition – allerdings ganz anderer Art als die in Esterháza. Immerhin wurde aus dem Geschlecht der Herren von »Embs«, das 1170 erstmals urkundlich aufscheint, auf der mächtigen Burg Altems oberhalb von Hohenems um etwa 1200 der Minnesänger Rudolf von Ems geboren. Er ist mit seiner berühmten WELTCHRONIK und den Werken WILHELM VON ORLEANS, BAARLAM UND JOSAPHAT und DER GUTE GERHARD in die Literaturgeschichte eingegangen.

Dem Geschlecht der Grafen von Ems entstammte auch der spätere Kardinal Mark Sittich (Marcus Sitticus), Bischof von Konstanz. Er erteilte 1562 dem Mailänder Baumeister Martino Longo den Auftrag zum Bau eines ›Palazzo‹ im italienischen Stil am Fuße des Hohenemser Schloßberges. Baubeginn war 1563, vollendet wurde das Projekt nach rund 50jähriger Bauzeit erst 1610. Ab diesem Zeitpunkt konnte

O.Galehr GOLD u. SILBERSCHMIED

Fahrplan 84/85
Pfänder

Joseph Haydn, Untreue lohnt sich nicht, 1970. Hohenems. (v. l. n. r.) Artur Korn (Nanni), Arleen Auger (Sandrina), Ferry Gruber (Filippo), Hanny Steffek (Vespina), Frédéric Mayer (Nencio).

sich das Hohenemser Hofleben im neuen Palast richtig entfalten. Es ist nachgewiesen, daß die Grafen von Ems in ihrer Residenz durch Jahrhunderte höfische Musik und Literatur pflegten – wenn sie im Grunde genommen auch ein Geschlecht mit starken kriegerischen Ambitionen waren. Nicht zuletzt sind, als weiterer Beweis der kulturgeschichtlichen Vergangenheit des Hohenemser Palastes, dort Mitte des 18. Jahrhunderts auch zwei Handschriften des NIBELUNGENLIEDES gefunden worden; wohlverwahrt im Palast hatten sie die Stürme der Zeit überdauert.

Und es gibt bis auf den heutigen Tag noch einen leibhaftigen Grafen samt kinderreicher Familie auf Schloß Hohenems, Franz Josef Graf von Waldburg-Zeil, aus dem Geschlechte der Habsburger, der sich von Anfang an als intensiver und verständiger Förderer des Haydn-Projektes erwies und jede nur mögliche Unterstützung gewährte. Diese war anfangs auch dringend vonnöten, wie sich Professor Scheib erinnert: »Es fehlten natürlich zunächst jegliche Garderobenräume, unsere Sänger haben sich in einem Kohlenkeller umgezogen und geschminkt, oft probten wir bei Regen und Kälte – aber das alles wurde aufgewogen durch die Freude und die Begeisterung, mit der alle in einer fast familiären Atmosphäre bei diesem Unternehmen mitgemacht haben.«

Da waren etwa die Regisseure Hermann Lanske in den ersten vier Jahren und später Wolfgang Glück, die es verstanden, dem quadratischen Innenhof mit einem Minimum an zusätzlichen Dekorationen, nur auf die Wirkung von Kostümen und Requisiten bedacht, immer neue Spielmöglichkeiten abzugewinnen: Einmal war die Bühne an der Stirnseite, dann wieder unter den Arkaden, dann seitlich an einer Ecke angebracht. Bei der WELT AUF DEM MONDE spielte schließlich fast das gesamte Schloß mit. Lichter und Figuren erschienen in den Fenstern und Stockwerken – ein unvergeßliches Erlebnis für alle, die dabei waren.

Da war aber auch der bekannte amerikanische Haydn-Forscher H. C. Robbins Landon, der schon beim BRENNENDEN HAUS und all die späteren Jahre hindurch bei der schwierigen Materialbeschaffung seine Verbindungen und Kenntnisse zur Verfügung gestellt hatte. Diese Vorlagen, von Haydn zumeist nach venezianischen und neapolitanischen Vorbildern als Opera buffa konzipiert, mußten nun unter Wahrung größtmöglicher Werktreue auf die Bedürfnisse und Anforderungen einer fernsehgerechten Inszenierung hin adaptiert werden. In Einzelfällen war sogar eine Übertragung oder Überarbeitung der Texte ins Deutsche notwendig, denn in Esterháza hatte Haydn nach damaliger Gepflogenheit natürlich italienisch singen lassen.

Außerdem: Da waren die spielfreudigen, qualifizierten Sänger wie Ernst Gutstein, Vicki Hall, Arleen Auger, Krisztina Laki, Barbara Carter oder Hans Helm. Für manche von ihnen wurde Hohenems durch die TV-Ausstrahlung zum Sprungbrett für größere Aufgaben.

Und da waren schließlich namhafte Dirigenten, wie Bruno Amaducci, Miltiades Caridis, Ernst Märzendorfer oder Reinhard Schwarz, die zusammen mit dem ORF-Symphonieorchester und den Solisten Haydns glänzende musikalische Charakterisierungskunst, den Witz und die Laune dieser verzwickten Opernlibretti auf eine unmittelbar ansprechende Art lebendig zu machen wußten.

Und da war schlußendlich noch ein wichtiger Nebeneffekt, den diese Haydn-Pflege in Hohenems bewirkt und ausgelöst hatte: Die schon lange zuvor geplante, aber äußerst kostspielige Renovierung des Arkadenhofes im Schloß wurde aufgrund der jährlichen Opernproduktionen und der Präsenz des Fernsehens als ›dringendes Erfordernis‹ nun wesentlich rascher vorangetrieben, als es schwerfällige österreichische Bürokratie zunächst geplant hatte und ermöglicht hätte. In der Rekordzeit von fünf Jahren waren, unter tätiger Mithilfe des Bundesdenkmalamtes, die vier Wände trockengelegt, die Stukkaturen ausgebessert, die Verzierungen nachgezogen.

Joseph Haydn hat also, um es etwas salopp zu formulieren, ein wichtiges Vorarlberger Kulturdenkmal vor dem Verfall gerettet. Franz Schubert dagegen blieb es vorbehalten, dem ganzen auch noch ein Dach über den Kopf zu geben – das vieldiskutierte Faltdach, das die 1976 an diesem Ort eingekehrte ›Schubertiade‹ ein Jahr später über dem Hof als Regenschutz für ihre Aufführungen errichten ließ.

Und wer weiß – vielleicht war es nicht zuletzt der Erfolg der Haydn-Opern im Schloß Hohenems, der damals Hermann Prey bewogen hat, gerade diesen Ort als Domizil für seine ›Schubertiade‹ zu wählen? Denn was Joseph Haydn recht war, mochte Franz Schubert mehr als billig sein ...

Georg Friedrich Händel, Xerxes, 1978. Hohenems.

Der Graf von Hohenems und Vicki Hall, 1977.

Gioacchino Rossini, Der Türke in Italien, 1966. Theater am Kornmarkt. Bühnenbildentwurf: Gottfried Neumann-Spallart.

Jacques Offenbach, Die schöne Helena, 1966. Seebühne.

Esther Réthy

Kammersängerin, Wien.
Bregenz 1948–1957.

»Wenn das Publikum will, werden wir halt in Gottes Namen weitersingen!«

»Mein Weg zu der Operette und damit auch nach Bregenz war nicht ganz gradlinig vorgezeichnet. Nach meiner Gesangsausbildung in Budapest und seit meinem Engagement an der Wiener Staatsoper habe ich jahrelang eigentlich nur Opernpartien, Oratorien und Lieder gesungen. Eines Tages, nach einer Aufführung, kam Franz Lehár persönlich zu mir und fragte mich, ob ich bei einem Konzert mitwirken würde, das er gerade vorbereitete. Ich sagte zu, denn irgendwie liegt ja jedem Ungarn die Operette im Blut. Wir veranstalteten dann unter seiner Leitung im Großen Musikvereinssaal einen wunderschönen Operettenabend. Bald folgte auch eine Schallplattenaufnahme mit den Wiener Philharmonikern. Und in der Staatsoper EINE NACHT IN VENEDIG, da sang ich aber noch nicht die ›Annina‹, das war Maria Reining, sondern die ›Barbara‹. Ich hatte eine schöne Arie mit hohem C, auf einem Balkon, und ein Duett. Fertig, das war meine ganze Rolle. Die nächste war schon etwas umfangreicher: die Rosalinde in der FLEDERMAUS. Immerhin: ich übernahm sie nach solchen Koryphäen wie Frau Konetzni und Frau Reining. Dann kam DER ZIGEUNERBARON unter Karl Böhm und – bereits nach dem Krieg – WIENER BLUT. So stimmte ich mich, ohne es zu wissen, operettenmäßig bereits auf Bregenz ein.«

»Im Ländle debütierte ich 1948 in EINE NACHT IN VENEDIG, und zwar als ›Annina‹. Die Seebühne war damals natürlich viel kleiner als in den späteren Jahren; alles wirkte intimer, wenn man das von einem Freilichtspiel überhaupt sagen kann; wir Mitwirkenden haben es jedenfalls so empfunden. Wie ich damals hörte, hatte aber auch das Publikum diesen Eindruck, und das war ja das Wichtigste. Noch Jahre nachher wurde ich darauf angesprochen, die Leute erinnerten sich gern dieser Aufführungen.

Von Mikrofonen war noch keine Rede, wir mußten ohne jede elektro-akustische Hilfe singen, einfach mit unseren Stimmen, wie in einem Theater. Das war oft recht problematisch, denn an windigen Abenden wurde der Ton weggetragen; man hat uns dann vielleicht irgendwo anders viel besser gehört als auf der Zuschauertribüne. So machten wir unsere ersten Erfahrungen mit dieser Seebühne; ideal war die Akustik bei bedecktem Himmel und bei Windstille, da war schon jedes Pianissimo wunderbar zu hören.«

»Die Verpflichtung der Mitwirkenden fiel damals in die Kompetenz des Kapellmeisters Prof. Anton Paulik. Er dirigierte an der Volksoper und auch an der Staatsoper, kannte alle Sänger sehr genau und schlug sie je nach Fach und Eignung für das Bregenzer Festspiel-Ensemble vor.

Dazu fällt mir eine lustige Geschichte ein. Leiter der Festspiele, führender Kopf oder wie man ihn nennen will – ich weiß gar nicht, welchen offiziellen Titel er hatte –, war Herr Salzmann. Ein kleiner Kerl mit sehr viel Temperament und großem Organisationstalent. Nur: vom rein Künstlerischen verstand er weniger. Mein Engagement akzeptierte er auf Pauliks Empfehlung hin sofort. Ausgerechnet bei Helge Rosvaenge, der den Herzog singen sollte, hatte er seine Bedenken. Offenbar war *ihm* dieser Tenor von Weltrang bloß ein vager Begriff. Paulik konnte es gar nicht fassen, daß jemand nicht gleich mit einem Jubelruf zupackte, wenn Rosvaenge zu haben war. Doch Salzmann erklärte: ›Zuerst muß ich ihn hören.‹ Nun, wir kamen nach Bregenz; die Proben fanden in einer Sporthalle statt. Solisten, Chor, Orchester – alles war versammelt. Auch Rosvaenge war da. Salzmann ging auf ihn zu und sagte: ›Bitte singen Sie mir etwas vor, damit ich beurteilen kann, ob Ihre Stimme wirklich noch so schön ist.‹ Freundlich lächelnd antwortete Rosvaenge: ›Gern!‹, stellte sich hin und schmetterte eine seiner Bravourarien – ich glaube es war das Auftrittslied des Herzogs aus EINE NACHT IN VENEDIG – mit seinem strahlenden hohen C. Daraufhin war Salzmann zufrieden und von den gesanglichen Qualitäten des ›Kandidaten‹ überzeugt.

Rosvaenge hatte eben viel Humor und Selbstsicherheit, kann sein, daß es ihm sogar Spaß machte, in dieser Farce mitzuspielen und wie ein Anfänger zum Vorsingen anzutreten. Ein anderer Gesangsstar hätte auf ein solches Verlangen wahrscheinlich mit einem Krach reagiert und wäre abgerauscht. Aber Helge war halt nicht nur ein herrlicher, gottbegnadeter Sänger, sondern auch ein wunderbarer Mensch.«

»1949 spielten wir TAUSENDUNDEINE NACHT, Adolf Rott hatte die Regie, und die Spielfläche bestand aus Flößen, lauter Flößen. Da lernte ich, wie später noch oft, die Tücken der Seebühne kennen oder, besser gesagt, die Tücken des Bodensees.

Auf dem einen Floß stand Rosvaenge als ›Sultan‹, auf einem anderen ich als ›Leila‹, in der Mitte war der Chor aufgestellt, und wieder auf einem anderen Floß musizierte das Orchester unter Anton Paulik. Bei normalem Wasserstand mußten diese Flöße elegant zusammenkommen, ganz sacht gleitend; dann konnte mein Partner zu mir herübergehen oder ich zu ihm hinüber, und alles war Wonne und Wohllaut, wie sich's für die Operette gehört. Immer hatten wir viel Wasser und leichten Wind; aber was passierte da während einer Aufführung? Weder genug Wasser noch Wind, immer weniger Wasser und nicht das leiseste Lüftchen. Wie zum Trotz! Wir sind glatt steckengeblieben. Das muß man sich ausmalen: Wir haben Vorstellung, wir singen ein Duett, der Chor singt auch, aber wir kommen einfach nicht zusammen. Paulik dirigiert schon mit einem weißen Taschentuch, dirigiert mit Händen und Füßen, Rosvaenge gibt mir über die Distanz hinweg Zeichen: ›Was jetzt? Ich kann nicht zu dir hinüber? . . .‹ Irgendwie haben wir uns dann halbwegs aus der mißlichen Affäre gezogen; doch damals ist mir klargeworden, daß Wasser tatsächlich keine Balken hat und am allerwenigsten die bewußten Bretter, welche die Welt bedeuten.«

Richard Heuberger, Der Opernball, 1957. Esther Réthy als Angèle und Norbert Ecker als Georges Duménil.

Gelsenbekämpfung auf der Seebühne.

»Man konnte überhaupt so manches erleben, woran man in einem abgeschlossenen Bühnenraum nicht im entferntesten gedacht hätte. Dort ist man vor Unbill geschützt, wie es so schön heißt, wenn einem nicht gerade irgendein Ding vom Schnürboden herab auf den Kopf fällt, was zum Glück aber fast nie vorkommt. Doch auf dem See – da gibt's z. B. die Stechmücken, die Gelsen. Diese Biester haben in der Bregenzer Bucht ihr angestammtes Heimatrecht, wie an jeder Wasserfläche. Sie schwärmen aus und suchen sich ihre Opfer, und vor allem dann, wenn Scheinwerfer eingeschaltet werden. Einmal, als wir gerade ein Terzett sangen, wimmelte es um uns im Licht nur so von Gelsen. Beim Einatmen hab ich doch glatt eine verschluckt. Statt weiterzusingen, hab ich krampfhaft gehustet, mir war, als müßte ich ersticken. Danach hatte ich regiegemäß in einem Kahn wegzufahren, den ruderte ein alter Mann, einer von den Bregenzern, die als Komparsen mitmachten. Der hatte sich für eventuelle Samariterdienste mit Schnaps ausgerüstet, einem hochprozentigen Schnaps. Er bot mir einen Schluck an, großzügig eingeschenkt. ›Erste Hilfe‹ eben. Wir Ungarn sind ja nicht zimperlich, wir haben auch unsere scharfen Spirituosen; aber als ich, auf den wohlmeinenden Rat vertrauend, diesen Klaren kippte, bekam ich zunächst überhaupt keine Luft mehr. Doch – siehe da – als wir anlegten, hatte ich mich wirklich von dem scheußlichen Hustenanfall erholt und war für meinen nächsten Auftritt wieder in Form.«

»Auch mit den Kostümen gab es manchmal Probleme. Schulterfrei, tief ausgeschnitten – wunderschön und verführerisch wirkten wir als Damen der Operetten-Renaissance. Aber während der Hauptproben war es auf der Seebühne sehr kalt, und prompt habe ich mich verkühlt, bekam Fieber und fühlte mich ziemlich elend. Die Generalprobe bewältigte ich gerade noch – unter Aufgebot aller meiner reduzierten Kräfte. Doch bei dem offiziellen Empfang, der anschließend in dem Hotel stattfand, wo wir alle wohnten, mußte ich mich entschuldigen lassen. Ich blieb auf meinem Zimmer, versuchte mich auszuruhen und mich mit allen möglichen und unmöglichen Hausmitteln zu kurieren. Mich quälte unablässig die eine Frage: Um Gottes willen, werde ich morgen bei der Premiere singen können? Ich konnte an nichts anderes denken, und ich glaube, den Herren der Festspielleitung, dem Bürgermeister und allen, die irgendwie als Veranstalter fungierten, war beim Feiern auch nicht ganz wohl zumute. Denn wenn eine Hauptdarstellerin so kurz vor der Premiere erkrankt ...

Und dann habe ich doch gesungen! Die Aufregung, die seelische und nervliche Anspannung, hat die Erkältung glatt vertrieben. Ich hatte überhaupt keine Beschwerden mehr. Wir haben ja schon im Krieg erlebt, was der Mensch alles aushält und überwindet. Da kann man nur staunen – und dankbar sein.«

»Als Sänger muß man vielseitig sein. Den Regisseuren fällt ja soviel ein. Oskar Walleck wollte beispielsweise, daß ich im letzten Akt des ZIGEUNERBARON – ich spielte die Saffi – auf einem Schimmel über eine Wiese und eine Brücke einreite. Ich trug ein Prachtkostüm, hatte einen roten Tschako auf dem Kopf. Das Pferd wartete außerhalb der Szene, von einem Wärter gehalten. Ich saß auf und hatte schon im Sattel zu singen, nur ein paar Takte, aber doch. Nun sollte das Pferd langsam, im Schritt, auf die Bühne kommen, auf seinem Rücken ich, im langen Kleid auch richtig ›angeschirrt‹. Über die Wiese zu reiten, war ja nicht schwierig – aber die Brücke. Links und rechts unter uns nur Wasser.

Für das Publikum war es sicher ein wunderschönes Bild, sehr effektvoll, doch ich habe jedesmal gezittert. Man weiß ja nicht, so ein Tier kann durch die Musik und das Licht nervös werden, und wenn es auf der Brücke nur zwei, drei Schritte seitwärts abgewichen wäre, dann wären wir beide ins Wasser gestürzt. Zum Glück ging der Schimmel immer brav und ruhig seine Strecke, ohne etwas von meiner Angst zu spüren. Das war also wahrhaftig mein ›Ritt über den Bodensee‹.«

»An den Aufführungstagen ging Herr Salzmann sowohl am frühen Morgen als auch um fünf Uhr nachmittags zum See, um die Wetterlage und den Wasserspiegel zu beobachten. Es blieb, zumal die Vorstellungen eigentlich immer ausverkauft waren und das Publikum von weither kam, nämlich immer ein Glücksspiel mit dem Wettergott.

Eine verregnete Vorstellung ist mir lebhaft im Gedächtnis geblieben, weil wir alle, Mitwirkende wie Publikum, geglaubt haben, wir könnten ›Petrus‹ doch noch umstimmen oder zumindest überlisten. Es begann ganz fein zu regnen. Das machte uns nichts aus; wenn es ein bisserl nieselt, zergeht ja keiner. Aber dann ist allmählich, sozusagen im Crescendo, der Regen immer stärker und dichter geworden; dennoch haben wir unverdrossen so getan, als wäre nichts. Schließlich saßen die Leute unter einem Wald aus Schirmen auf der Tribüne, und uns rann das Wasser schon von den nassen Kostümen. Was tun? Kurze Unterbrechung und Beratung. Dann trat Helge Rosvaenge an die Rampe und sagte, wenn das Publikum will, werden wir halt in Gottes Namen weitersingen. Dabei war der Boden schon so glitschig, daß wir fast ausglitten. Die Zuschauer tobten vor Begeisterung, sie applaudierten, wollten unbedingt ausharren. Alle hofften, daß der Regen vielleicht doch aufhören würde. Leider täuschten wir uns in dieser Hoffnung. Das Orchester blies zuerst zum Rückzug, die Musiker fürchteten sehr begreiflich für ihre Instrumente. Irgend jemand kam auf die Idee, die Aufführung mit Klavierbegleitung fortzusetzen; das hätte freilich wie auf der Probe geklungen, aber was versucht man nicht alles, um eine gute Vorstellung zu retten. Leider gelang auch diese Notlösung nicht. Im strömenden Regen mußte die Aufführung abgebrochen werden. Aber ich darf wohl sagen: es war eine ehrenvolle Kapitulation vor den Naturgewalten. Und an Rosvaenges Ausspruch mußte ich noch oft denken, weil darin ein tieferer Sinn liegt, für jeden, der auf der Bühne steht: Wenn das Publikum will, werden wir halt in Gottes Namen weitersingen.«

»1953 wirkte ich auf der Seebühne als ›Fiametta‹ in BOCCACCIO mit und 1957 zum ersten- und einzigenmal in einer Inszenierung, die im ›Theater am Kornmarkt‹ gespielt wurde: DER OPERNBALL, dieses Stück hätte nicht aufs Wasser gepaßt.«

»Besonders gern erinnere ich mich an mein Privatleben während der ersten Bregenzer Festspiele. Heute setzt man sich ins Auto oder in den Zug und ist in ein paar Stunden am Bodensee. Aber damals, in der Nachkriegszeit, war Vorarlberg für uns, die wir in Wien wohnten, wirklich der Ferne Westen. Man mußte durch drei Besatzungszonen und über eine Demarkationslinie fahren, die an der Enns mitten durch die Strecke verlief. Wehe, man hätte seine Ausweise zu Hause vergessen! Ich glaube, Bregenz lag damals viel weiter von Wien entfernt als heute. Wirklich ganz weit weg – irgendwo hinter dem Arlberg. Dafür aber um so näher dem gelobten Land, wo es in Hülle und Fülle alles gab, was bei uns noch Mangelware war. In jenen Sommern reiste ich immer en famille nach Bregenz, mit meinem Mann und unseren Kindern, die damals noch klein waren. Die meisten Mitglieder des Festspielensembles wohnten im selben Hotel, so waren wir nicht nur auf der Bühne, sondern auch privat zusammen und fühlten uns wie eine große Familie. Wir fanden neue Freunde, denen wir auch später herzlich verbunden blieben; Gäste kamen aus der Schweiz, wir wurden über die Grenze eingeladen. Von solchen Ausflügen kehrten wir immer wie eine Karawane zurück, beladen mit Paketen voller Dinge, die man in Österreich noch entbehren mußte. Es herrschte eine positive, optimistische Stimmung. Diese Bregenzer Sommer waren voller Hoffnung und Erfüllung zugleich. Man wußte: es geht wieder aufwärts mit uns.

(v. l. n. r.) Anton Paulik, Esther Réthy, Hilde Langauer und Adolf Rott, 1949.

Besonders schön war ein Abend im Kollegen- und Freundeskreis bei Helge Rosvaenge. Er hatte sein Festspieldomizil drüben am bayerischen Ufer, bei Lindau. Natürlich war ein Klavier vorhanden, und nach dem Essen improvisierten wir einen Querschnitt aus allen möglichen Opernarien, auch den gesanglich schwierigsten, wie sie uns gerade in den Sinn kamen, ohne Stichworte und ohne Einsatzzeichen eines Dirigenten. So wurde aus dem zwanglosen Treffen eine zauberhafte Soiree.«

»Ich finde es sehr gut, daß man auf der Seebühne auch Opern aufführt. Vor Jahren, als die Idee geboren wurde, in Bregenz den FLIEGENDEN HOLLÄNDER zu inszenieren, war uns, die wir die Verhältnisse kannten, völlig klar, daß sich der Regie phantastische Möglichkeiten boten, wie sie in keinem Opernhaus gegeben sind. Der Bodensee bringt eine Vorahnung vom Meer, das Element ist da, mit seinen Wogen, man kann das Schiff des ›Holländers‹ wirklich aus der Nacht heranfahren lassen. Aber, so fragten wir uns: Wie werden die Sänger das bewältigen?

Mittlerweile hat sich sehr vieles verändert, vor allem hinsichtlich der technischen Perfektion. Die Bühne ist sehr viel größer geworden, und in den Aufführungen der ZAUBERFLÖTE wurde bewiesen, was man mit dem inzwischen gewachsenen und erfahrenen Apparat künstlerisch und musikalisch alles erreichen kann. Das Publikum bekam unendlich viel zu sehen und zu bestaunen. Dennoch glaube ich, daß als sommerliches Spiel im Freien, das sein ganz eigenes Fluidum hat, auf der Seebühne in erster Linie Operetten gegeben werden sollten. Die großen klassischen Operetten, die in Bregenz bereits Tradition haben. Und in manchen Jahren eine von den Opern, die am besten auf dem See zur Wirkung kommen. Welche? Jedenfalls eine, die diese ›Wasserprobe‹ besteht ...«

Interview: *Gunther Martin*

Walter von Hoesslin

Bühnenbildner, Wien.
Bregenz 1951–1970.

»Hauptdarsteller ist und bleibt der See selbst – für mich bedeutet Bregenz ein Theater zwischen Himmel und Wasser, vielleicht auch zwischen Himmel und Hölle. Jedenfalls ein Theater zwischen den Naturgewalten und von ihnen abhängig.«

Professor Walter von Hoesslin, 1959.

»Meine erste Verpflichtung durch die ›Bregenzer Festspiele‹ erfolgte 1951. Ich fand als ›Seebühne‹ eine Plattform vor, auf dieser standen Kulissen. Man hatte versucht, die Gesetze der Guckkastenbühne auf die Wasserfläche zu übertragen, und das konnte nicht gut ausgehen. Der See diktiert völlig andere Bedingungen als ein in sich abgeschlossenes Theater. Er verlangt nach der Raumbühne, nach der Ausweitung, nicht nach enger Abgrenzung. Für mich bedeutete Bregenz vom ersten Moment an ein Theater zwischen Himmel und Wasser, vielleicht auch zwischen Himmel und Hölle. Jedenfalls ein Theater zwischen den Naturgewalten und – von ihnen abhängig. Ein Theater mit unendlichen Möglichkeiten. Eigentlich könnte ja der Gedanke, auf dem See zu spielen, zwischen Feuer und Wasser, Himmel und Erde, inmitten der Elemente und losgelöst vom Herkömmlichen, eine Idee Max Reinhardts sein. Er war stets bestrebt, den gegebenen Rahmen zu erweitern, zu sprengen. Und solch eine Erweiterung ins Monumentale ist die Seebühne in Bregenz. Ich sage immer: Von einer Seeschlacht aufwärts müßte man dort Theater spielen!«

Johann Strauß, Die Fledermaus, 1954. Durch einen Sturm wurde die rechte Bühneninsel fortgerissen.

———

»Eines Nachts, während der Vorbereitungszeit, fegte ein Sturm die Aufbauten einfach hinweg. Für mich war das ein Zeichen: Der Herrgott will hier die Raumbühne und nicht eine aufs Wasser versetzte Guckkastenbühne. Damals begann die ›Ära Adolf Rotts‹ mit all ihren Phantasien, ihren Ausweitungen nach allen Richtungen.

Die erste Produktion, bei der ich als Bühnenbildner mitarbeitete, war DER ZIGEUNERBARON, und da habe ich die totale Abkehr vom Guckkasten vollzogen. Ich habe aus ganzen Waggonladungen von Tiroler Holz eine große Wasserlandschaft gebaut, ein Stück Theiss-Ebene, mit Strohdächern und Pferdeschädeln, mit Knüppeldämmen und Stegen, auf denen die Zigeuner dahinfahren und dahinreiten konnten.

Die Bregenzer waren anfangs sehr skeptisch. Sie fragten sich, ob man so überhaupt ›Operette‹ machen könnte. Denn ›Operette‹ hatte nach ihren Begriffen eine Aura aus Gold, Samt und Brokat wie die Hofloge eines Residenztheaters, das mußte schön sein, mußte glitzern und schimmern. Aber daß man den Schauplatz für eine Operette nur aus Holzteilen und Stroh anlegt, das wollte ihnen nicht recht einleuchten. Täglich kamen Leute ans Ufer, auch bei Regen, ich sehe sie noch; da standen sie unter ihren Schirmen und staunten über das, was wir aufbauten. Aber die Aufführungen waren dann sehr erfolgreich, und die Bühnengestaltung wurde sogar zum Motiv einer Jubiläumsmarke der österreichischen Post.«

———

»In jenen Jahren leisteten wir Pionierarbeit. Schon zu Ostern fuhren wir nach Bregenz, um die jeweiligen Verhältnisse zu rekognoszieren und Prognosen zu stellen. Vor allem visierten wir die Berge in Richtung Liechtenstein an. Waren die Gipfel stark beschneit, dann wußte man: es wird viel Schmelzwasser herunterkommen und den Wasserstand des Sees heben, weil der Abfluß in Konstanz zu klein war. Dieser Bodensee kann sehr schön und mild sein, er kann aber auch sehr böse werden und bis zu drei Meter im Niveau steigen. Diese mögliche Differenz brachte enorme Schwierigkeiten, immer wieder gab es Diskussionen und Mutmaßungen über die Frage: wie wird der Wasserstand im Frühsommer sein, wenn geprobt und gespielt werden soll? Für BOCCACCIO z. B. mußten wir die Bühne mehrmals etwas aufstocken, weil sich der Wasserspiegel laufend hob.

Was ich nun verrate, klingt wie eine Schnurre, eine Phantasterei, aber ich kann bezeugen, es ist die Wahrheit, die reine Wahrheit. Unsere beste, zuverlässigste Helferin bei der äußerst diffizilen Aufgabe, ins Blaue oder weniger Blaue hinein zu planen, war eine – alte Zigeunerin, die wir in Bregenz ausfindig gemacht hatten. Jahraus, jahrein, bis zu ihrem Tod, sagte uns diese Frau die Schönwetterperioden voraus. Unfehlbar. Auf das Datum genau. Nach ihren Prophezeiungen, die immer zutrafen, wurde der Premierentermin festgesetzt. Der ganze Vorgang entzieht sich rationaler Erklärung, aber – es funktionierte! Und paßt die geheimnisvolle Weissagung einer Zigeunerin nicht wunderbar in die Welt der Operettenromantik?«

»Für jede Inszenierung mußten wir damals, in den fünfziger Jahren, buchstäblich von Grund auf neu beginnen. Wenn wir an den See kamen, hatten wir nichts als Wasser vor uns. Wir konnten die Spielfläche nicht ›aus dem Boden stampfen‹, sondern mußten genau das Gegenteil tun, nämlich Träger in den Boden schlagen. In den Seegrund. Piloten. Auf denen wuchs dann immer eine neue Wasserlandschaft empor. Manchmal hatten wir mit hohem Wellengang zu kämpfen, Piloten wurden umgerissen, schließlich mußte eine bleibende Basis gelegt und stabilisiert werden. Leider – möchte ich hinzufügen, denn am schönsten war es, alles immer wieder neu aus dem unberührten See hervorzuzaubern, nur mit Flößen, Licht und Wasser zu arbeiten, noch unbegrenzter, noch phantasievoller und ungehemmter als im vorigen Sommer. Das war eine Erfüllung für Regisseure wie den vor Energie und Dynamik sprühenden Adolf Rott und natürlich nicht weniger für mich, den Bühnenbildner. Aber auf die Dauer war diese Methode eben nicht anzuwenden, zumal sich die rein manuelle Arbeit stetig verteuerte. Also baute man einen fixen Kern, bei dem das Orchester in der Mitte placiert wurde.

Bei uns, in der Ära der ›drei Seebären‹ – so nannten die Leute in Bregenz Adolf Rott, den Dirigenten Anton Paulik und mich –, wechselte der Standort des Orchesters, er lag links oder rechts. Das hing mit den Windverhältnissen zusammen; denn kam der Wind vom Arlberg her, dann hörte man die Musik drüben in Lindau besser als am Bregenzer Seeufer. Die Erkenntnis daraus: Das Orchester mußte seinen Platz links haben, da dann der Wind von Lindau her den Klang zum Publikum trug. So sind die Musiker in den ersten Festspieljahren ›gewandert‹. Teilte man sie vorne ein, dann wurde die Distanz zu den hinteren Bühnenzonen zu groß. Das Orchester mußte unbedingt nahe bei den Sängern sein. Wir machten unsere Erfahrungen direkt in der Praxis und verwerteten sie. Es war eben eine Pionierzeit.

Eigentlich ist der heutige feste Bau der Seebühne im Verlauf von Jahren und Jahrzehnten entstanden, gleichsam gewachsen, und wird nun vom Kernstück her jeweils erweitert. Der einzige Nachteil: Die Mittelpartie wurde durch die Einfügung des Orchesterraumes und der Garderoben deutlich erhöht. Und je höher, desto schlechter ist die Akustik. Unsere alte Seebühne befand sich ganz knapp über dem Wasserspiegel, denn dieser trägt den Ton auch über größere Entfernungen. Deshalb konnte damals ohne Mikrophone gesungen werden, was jetzt, unter weitgehend veränderten Verhältnissen, nicht mehr möglich ist.«

»Für EINE NACHT IN VENEDIG hatten wir die Idee, den Herzog auf einem Schiff von weit draußen heranfahren zu lassen. Im Theater, auf einer Guckkastenbühne, beträgt die längste Auftrittsstrecke etwa zwanzig Meter, aber ein Auftritt über einen Kilometer, das ist schon etwas Besonderes für einen Sänger oder Schauspieler. Wir dachten uns aus: Der Herzog taucht aus dem Dunkel auf, unter einem Segel, das größer ist als jenes der Caravelle des Columbus, er legt bei der Piazza von Venedig an, geht an Land, verbringt die Nacht mit Abenteuern, die nicht ganz so verlaufen, wie er es sich erhofft, und fährt schließlich wieder zurück, entschwindet im Dunkel als ein ewiger ›Don Juan‹ der Meere oder wenn man will – ohne ein Sakrileg im Sinn zu haben –, als eine Art ›Fliegender Holländer‹ der Operette. Schon während das Schiff die Seebühne ansteuerte, sollte der Sänger der Partie, unser lieber, großer Helge Rosvaenge, mit der berühmten Arie einsetzen, die Erich Wolfgang Korngold seinerzeit für die Neufassung hinzukomponierte: ›Sei mir gegrüßt, du holdes Venezia.‹

Prompt begannen die Schwierigkeiten mit der Akustik. Das Orchester war vorne und Rosvaenge intonierte drüben, vor dem Lochauer Ufer. Na, diese Differenz im Ton! Begleitung und Stimme wirkten nicht mehr synchron. Da war es Kapellmeister Anton Paulik, der eine annehmbare Lösung fand. Er kommandierte ein Mandolinenensemble an Bord des Schiffes ab. Und als der Auftritt des Herzogs kam, treffender gesagt seine Anfahrt, machte das Orchester Generalpause, und von weit her über das Wasser hörte man plötzlich die Mandolinen, zuerst fast unwirklich, mit dem Zauber eines ›fernen Klanges‹.«

»Vieles an Wirkungen mußten wir uns erobern. So habe ich für den Hintergrund der Seebühne einen riesigen Wasservorhang oder Wasserprospekt entwickelt und diesen erstmals bei der TRAUMINSEL von Robert Stolz verwendet. Wir arbeiteten mit großen Garvens-Pumpen; ließen aus Hunderten von Düsen Fontänen aufsteigen, jede etwa dreißig Meter hoch. Auf diesen Schleier aus Wasserstrahlen wurden aus einer Entfernung von etwa drei Kilometer farbige Bilder projiziert. Auch die Sonne, ein rotgoldener Ball, war nichts als eine Fata Morgana aus Wasser und Licht – und das alles spiegelte sich auf dem See, langhin wie ein ausgebreiteter bunter Teppich. Im Grund genommen ist der Wasserspiegel ja ein Zauberspiegel ...

Aber dieses Spiel mit der Magie blieb nicht ohne prosaische Begleiterscheinungen. Ich mußte die Pumpen probeweise laufen lassen, meist um die Mittagszeit, und prompt hatte ich es mit erbosten Bregenzern zu tun, die zum See gelaufen kamen. Warum? Diese starken Geräte brauchten sehr viel Strom, und immer, wenn ich sie in Gang setzte, wurde die Energieversorgung der Stadt erheblich beeinträchtigt, das spürte man vor allem in den Küchen der Restaurants und Hotels. Ausgerechnet dann, wenn in den Lokalen Hochbetrieb herrscht, muß dieser Hoesslin unten auf dem See seine Pumpen ausprobieren, hieß es. Dann kam knapp vor der Premiere die Schreckensnachricht: Pumpe 1 ausgefallen; kurz darauf: auch Pumpe 5 gestört. Eine nach der anderen versagte. Was war geschehen? Wir holten a tempo Taucher aus Lindau, und die stellten fest, daß Hunderte von Fischen angesaugt worden waren und die Pumpen verstopft hatten.«

»In der allerersten, allerschwierigsten Nachkriegszeit hatten wir uns in der ›Wiener Volksoper‹ die Maxime gesetzt: Es geht alles, weil es gehen muß. Das galt dann auch in Bregenz. Und es herrschte ja auch eine so positive Stimmung; jeder, der mitmachte, war voll und ganz bei der Sache. Nur eines: Die lokalen Arbeitskräfte für die Technik waren nicht gewohnt, daß ein Stück probiert werden mußte. Wenn wir sagten: ›In vierzehn Tagen ist Premiere‹, war die Anwort: ›Na, da haben wir ja genügend Zeit.‹ Wie oft haben Rott und ich die Leute beschworen: ›Kinder, baut das doch fertig. Wir müssen morgen probieren!‹ Dieses Wort ›probieren‹ fiel im-

(v.l.n.r.) Alfred Rott, Walter v. Hoesslin, Anton Paulik, 1956.

mer wieder, und eines Tages machte ich eine merkwürdige Entdeckung. Da kamen nämlich ein paar Handwerker und erklärten: ›Jetzt haben wir genug von diesem ewigen Probieren. Wir Vorarlberger möchten was schaffen und nicht nur probieren.‹ In diesem Moment durchschaute ich das Mißverständnis. Professionisten, die vorher nichts mit dem Theater zu tun hatten, ist der Ausdruck ›probieren‹ nicht geläufig. Sie sind der an sich richtigen Ansicht, wer sein Handwerk versteht, muß schon alles können, was von ihm erwartet wird. Daß es in unserem Beruf eben anders ist und ohne Proben nicht abgeht, haben erst wir ihnen beigebracht.«

»Ich kann es nicht oft genug betonen: es war eine Pionierzeit. Auch hinsichtlich der Finanzgebarung. Bei der Inszenierung von BOCCACCIO z. B. waren, nach dem Regiekonzept von Adolf Rott und meinem Entwurf des Bühnenbildes, um einen zentralen Turm vier Brücken vorgesehen, ein halb historisches und halb erfundenes Renaissance-Florenz. Über diese Brücken sollte sich unter Glockengeläut der große Hochzeitszug bewegen, ein ungeheurer optischer Effekt. Doch nach der Pressekonferenz trat ein Herr des Bregenzer Magistrats auf mich zu und sagte: ›Herr Professor, wir haben uns das ausgerechnet, solche Bauten kosten viel Geld. Können Sie nicht eine Brücke weglassen?‹

Man bot mir sogar eine Sondergage für die Änderung der Bühnengestaltung an. Das wäre immer noch billiger gekommen als der komplette Bau. Doch wir haben dann Mittel und Wege gefunden, alles zu realisieren, wie wir es geplant hatten.

Man stand ja noch ziemlich am Anfang und konnte sich keine Verluste leisten. Das Geld mußte in der Kasse bleiben. Auch wenn das Wetter nicht mitspielte. Das war das Abenteuerlichste, der Wettlauf mit einer Schlechtwetterfront. Nach dem Theatergesetz brauchen die Eintrittsgelder nicht rückerstattet zu werden, wenn der 1. Akt bereits gespielt war. Für kritische Fälle war entsprechend vorgesorgt und zwar durch eine eigene ›Katastrophenfassung‹. Da war dann der 1. Akt dramaturgisch sehr geschickt gerafft, um ihn möglichst kurz zu halten. Dazu gehörte auch, daß die Aufführung auf die Minute pünktlich begann, denn oft ging es beim Finale wirklich um Sekunden. Und gleichzeitig trat eine Art Krisenstab in Aktion, mit einem gut funktionierenden technischen Apparat. Hinter dem Regisseur und dem Inspizienten postierten sich Herren des Hauptausschusses der Festspielgemeinde, und sie waren es, die von da an das Kommando übernahmen. Es gab ›heiße Drähte‹, gleich vier; Telefonverbindungen zu den Meteorologen der Flughäfen in München-Riem, Stuttgart und Zürich-Kloten und eine Leitung nach Konstanz. So wurden wir ständig über die Entwicklung der Großwetterlage informiert und konnten uns danach richten. Aber für den Regisseur war es schon aufregend und auch schmerzlich, wenn etwa eine schöne Szene mit Solisten und Chor, an der er stunden-, ja tagelang geprobt hatte, ad hoc übersprungen werden mußte. Betonen möchte ich, daß es auch bei diesen Katastrophenfassungen sehr fair zuging, gestrichene Zugnummern des 1. Aktes wurden bei ungestörtem weiterem Ablauf dem Publikum nicht vorenthalten, sondern in den folgenden Akten ›nachserviert‹.«

»1970 wurde DIE FLEDERMAUS inszeniert, die Bregenzer hatten sich das Werk gewünscht – aber es war keine glückliche Wahl. Denn diese Operette braucht nicht das Wasser und die Weiträumigkeit, sondern Interieurs und die Stilmittel der Komödie. Wir haben versucht, aus dem Bodensee Champagner zu erzeugen, das ist nicht gelungen. Na, glücklich ist, wer vergißt ...

Hauptdarsteller ist und bleibt der See selbst. Er verlangt die große Dimension, deshalb tendiert jede Inszenierung dort zur Show, zum großen Schaugepränge, das kann nach den Gegebenheiten gar nicht anders sein. Die Bregenzer Seebühne ist heute sicherlich die größte Raumbühne der Welt; 40 000 Quadratmeter, auf denen man Theater spielen kann. Und jede Aufführung war – und ist – ein Abenteuer. Heute zauberhafter Sonnenuntergang und ruhiger Wasserspiegel, morgen Wolken und Wind, einmal Sterne, dann wieder Gewitterhimmel – es ist ein stetiges Messen zwischen Natur und menschlicher Kunst, darin liegt aber der Reiz: in diesem Unberechenbaren, das nicht aus der strikten Planung, sondern aus der freien Landschaft kommt. Das ist das Abenteuer von Bregenz, das unwahrscheinliche, gewaltige Abenteuer. So haben wir ›Pioniere‹ es schon von Anfang an empfunden. Wir haben uns spontan in den See verliebt. Deshalb freut es mich so, daß unsere Ideen von damals nicht verlorengegangen sind, sondern nachwirken, und von anderen Künstlern weiterentwickelt werden. Wie 1985 von Jérôme Savary mit seiner ZAUBERFLÖTE. Für mich ist das eine Erfüllung meiner alten Wünsche, eben in einer weiten Wasserlandschaft zu spielen. Ich freue mich aufrichtig, fast egoistisch über Savarys Erfolg. Er hat auf diesem Zauberspiegel für das ›große Märchen der Menschlichkeit‹ ein Felsmassiv emporwachsen lassen: einen Zauberberg.«

Interview: *Gunther Martin*

Karl Dönch

Kammersänger, Hofrat, Direktor der Wiener Volksoper, Wien. Bregenz 1950–1984.

»Das Wasser, dieses Bodenseewasser, tut uns Sängern gut. Ich glaube, da wirkt eine fast magische Kraft.«

Richard Heuberger, Der Opernball, 1957. Lilly Stepanek (Madame Beaubuisson), Karl Dönch (Beaubuisson).

»1946 war ich Mitglied des ›Salzburger Landestheaters‹ und der ›Dünne Vetter‹ in der ersten Festspielinszenierung des JEDERMANN nach dem Krieg. Außerdem sang ich in DANTONS TOD und den ›Masetto‹ in DON GIOVANNI. Der Sprung vom Landestheater zu den Festspielen war nicht leicht; ich verdanke ihn Herbert von Karajan, er verwendete sich dafür, daß ich engagiert wurde. Das hatte Folgen: man wurde auch in Wien auf mich aufmerksam, und so kam ich 1947 auf Empfehlung von Oskar Fritz Schuh und Gottfried von Einem an die Staatsoper. Von dort wurde ich 1950 zum erstenmal nach Bregenz verpflichtet, für GASPARONE.

Daran erinnere ich mich deshalb sehr genau, weil die Begleitumstände die damaligen allgemeinen Verhältnisse spiegeln. Kurt Preger – der ja heute noch ein Begriff ist: ein Gesangskomödiant großen Formats – und ich, wir waren die einzigen im Ensemble, die Autos besaßen! In denen fuhren wir also los, der Preger in einem riesengroßen Ford, auf den ersten Blick sehr eindrucksvoll, aber schon ein alter Kübel, und dahinter ich in einer noch älteren Kiste, einem kleinen DKW, Baujahr 1936. Auf der ganzen Strecke sah man mich zumeist am Straßenrand hockend Zündkerzen putzen. Es war abenteuerlich. Etwa um acht Uhr morgens waren wir in Wien gestartet, und als wir in Bregenz eintrafen, war es drei Uhr früh. Mit allen Verzögerungen, Unterbrechungen und Zwischenstationen hatte unsere Fahrt also rund neunzehn Stunden gedauert.

Dabei hätten wir schon um fünf Uhr nachmittags die erste Probe gehabt. Aber das kurioseste an dieser Odyssee zwischen Wien und Bregenz: damals gab es einen sehr originellen Festspieldirektor, der hieß Salzmann. Er erwartete uns schon – mitten in der Nacht stand er da! Zur Begrüßung brüllte er uns gleich an, wir seien vertragsbrüchig und könnten uns auf Abzüge von der Gage gefaßt machen. Das war mein Entree in Bregenz!

Dieser Krach blieb allerdings ohne schlimme Folgen. Salzmann legte einfach ganz bewußt eine Szene hin, mit Schimpforgie und Theaterdonner. Er war eben ein Original, vom Theater an sich hatte er herzlich wenig Ahnung, aber er war besessen von der Idee, Festspiele zu veranstalten. Rückblickend muß ich heute sagen: Wahrscheinlich war er damals der richtige Mann für den leitenden Posten. Nein, ich bin überzeugt, daß er der Richtige war. Zu dieser Zeit brauchte man für eine solche Tätigkeit gar nicht so viel vom reinen Theaterbetrieb zu verstehen, denn es ging um wesentlich andere Dinge. Es kam vor allem auf das Organisationstalent an, und das besaß er in hohem Maß. Außerdem hatte er in Wahrheit ein offenes Herz für die Künstler. Nur zeigte er das nicht immer.«

»Dann wurde Salzmann abgelöst. Von da an datierte meine Bekanntschaft und spätere Freundschaft mit seinem Nachfolger Ernst Bär. Während der vielen Jahre, in denen ich mit ihm zu verhandeln hatte, lernte ich auch ihn als einen hervorragenden Organisator kennen. Es ist ja nicht so einfach, einerseits die Intentionen einer Festspielleitung durchzusetzen und andererseits die Wünsche der Künstler zu bremsen. Bär ist dieser Drahtseilakt gelungen. Und daß es heute in Bregenz ein Festspielhaus gibt, ist in erster Linie ein Verdienst seines Willens, seiner unbeirrbaren Energie und seines Glaubens an die Sache.«

»Und da war Adolf Rott. Als Regisseur der großen Operetten auf der Seebühne ein Besessener, ein rechter ›Schinderhannes‹ – zu unserem Besten. Wenn der einen echten Komödianten vor sich hatte, dann – ich meine das keineswegs negativ – nützte er diese Bereitschaft zum vollen Einsatz schauspielerischer Mittel restlos aus. Bis zur Schamlosigkeit. 1956, in der Inszenierung von Millöckers DER BETTELSTUDENT, war ich der ›Oberst Ollendorf‹. Für meinen ersten Auftritt – und da soll man noch galant sein! – hatte Rott die Idee, mich vorher achtzig oder hundert Meter rennen zu lassen, damit ich wirklich ganz echauffiert auf die Bühne kam. Der Effekt, den er so erzielte, gab ihm recht. Er verlangte nicht nur künstlerisch, sondern auch physisch ungeheuer viel, bequem oder wehleidig durfte man bei ihm nicht sein. Und ein Probentiger, das war er weiß Gott.

Wegen der Hitze um die Mittagszeit schlug ich vor, die Probentermine früher anzusetzen als sonst üblich. Diese

Anregung wurde akzeptiert. Wir begannen schon um acht Uhr morgens und hörten etwa um elf Uhr auf. Natürlich mußte man auch jeden Abend nützen, und der konnte schon ins unendliche gehen; manchmal probte Rott bis nach Mitternacht. Es gab einen Probenraum, den wir alle sehr haßten: die Sporthalle. Fürchterlich! Und das schlimmste war, daß wir darin auch Aufführungen geben mußten. Als Ausweichmöglichkeit bei Schlechtwetter. Das konnte man nur eine Improvisation nennen und eine höchst fragwürdige noch dazu.«

»Man nannte uns ›die Sänger des Sees‹, denn das ewige Problem mit der Akustik erforderte eine besondere Diktion. Meine Kollegen und ich, wir sangen alle ohne Mikrophone, und ich habe keinen getroffen, der gesagt hätte: Herr Dönch, ich habe Sie nicht gehört. Zuletzt wirkte ich 1984 als ›Baron Weps‹ im VOGELHÄNDLER mit, ich kenne also die Bedingungen der alten und der neuen Seebühne, und ich muß sagen: Befreunden kann ich mich mit diesen Anhängseln, den Mikrophonen, noch immer nicht, die verzerren ja den Ton. Dieses Problem der Akustik ist noch nicht gelöst, weder in Bregenz noch anderswo.

Dennoch haben wir uns dem See verbunden gefühlt. Wir waren mit dem See – verwandt, ja, so möchte ich es nennen. Es kam nie vor, daß ich für eine Aufführung hätte absagen müssen. Ich glaube nämlich eines: das Wasser, dieses Bodenseewasser, tut uns Sängern gut. Trotz Sturm und hohem Wellengang, denn der See hat ja auch etwas Teuflisches. Wenn der zu brodeln beginnt, kriegt man schon Angst, das wird unheimlich. Natürlich ist man einmal besser und einmal weniger gut disponiert, das gibts auch, wenn man in Opernhäusern auftritt, aber die Gefahr, daß man merkt: heute oder morgen kann ich nicht singen, die bestand für mich niemals. Und ich weiß mich auch nur ganz weniger Krankheitsfälle in unserem Ensemble zu erinnern. Ich glaube, da wirkte eine fast magische Kraft.«

»Oft habe ich mir vorgenommen, den Sommer über auszuspannen, und – dann war ich doch wieder in Bregenz. Weil ich mich dort immer wohl fühle und weil mich die Idee dieser Seespiele, die im Lauf der Zeiten gewachsen sind, einfach fasziniert. Auch was das Publikum betrifft; die Anziehungskraft hat ja einen unglaublichen Radius gewonnen. Da reisen die Leute eigens an, aus dem Rheinland, dem Ruhrgebiet und aus Holland – von so weit kommen die her. Und dieses Bewußtsein ist auch für das Ensemble verpflichtend. Ich habe erlebt, daß wir im strömenden Regen weiterspielten, einen ganz Akt lang. Wir waren schon durchnäßt, aber kein einziger der Zuschauer ist ins Trockene geflüchtet. Die blieben alle eisern sitzen, teils mit Schirmen, teils ohne Schirme. Es ist ja verständlich, wenn jemand so eine lange Reise auf sich genommen hat, dann ist ihm lieber, er sieht die Aufführung bei Unwetter als gar nicht. In solchen Fällen darf auch ein Sänger nicht zimperlich sein.

Diese verdammte Entscheidung treffen zu müssen: spielen wir oder spielen wir nicht. Ich habe das immer wieder miterlebt und miterlitten. Es passierten ja die verrücktesten Geschichten. Eine Vorstellung auf der Seebühne wurde wegen einer drohenden Regenfront vorsorglich ins Ausweichquartier verlegt, und eineinhalb Stunden später war herrlichstes Wetter. Man konnte es den Verantwortlichen nicht verübeln, sie hielten sich an die Wetterberichte aus Zürich, Stuttgart und München, aber da gabs bei den kurzfristigen Prognosen mitunter eben Fehleinschätzungen. Der See scheint sich den Einordnungen ins Vorhersehbare zu entziehen. Ist das auch Teil seiner Magie? Ich halte es für möglich.«

»Eine Aufführung werde ich nie vergessen, weil ich mir damals so ähnlich vorkam wie ein armer verurteilter Sklave, der in der Arena des Kaisers Nero allen Gefahren und Verhängnissen preisgegeben wurde. Noch heute kann ich nur mit Schaudern daran denken. Es war die Premiere der SCHÖNEN HELENA im Sommer 1966. Ich spielte den ›Menelaus‹, wurde zu einer Insel der Szenerie gefahren, und da Schlechtwetter angesagt war, hatte ich einen riesengroßen roten Regenschirm mitgenommen, im klassischen Altertum à la Offenbach war der ja nicht stilwidrig. Tatsächlich entlud sich bald ein schweres Gewitter. Ich stand da, ganz allein auf dem stürmischen Bodensee, niemand konnte mich holen oder mir zu Hilfe kommen. Dazu muß ich bemerken: ich kann nämlich nicht schwimmen. Und jetzt kommt das Sonderbare, fast ein wenig Makabre an der Geschichte: Für die Zuschauer war es so spannend zu beobachten, ob ich nicht vielleicht doch samt meiner kleinen Insel in den Fluten versinken würde, daß trotz des starken Regens keiner fortging. Es war wie im Zirkus bei der Trapeznummer ohne Netz. Das Unwetter dauerte in dieser Heftigkeit etwa eine halbe Stunde, mir in meiner Todesangst schien diese wie eine Ewigkeit. Dabei mußte ich doch die ganze Zeit diesen komischen Naivling spielen. Und schließlich: donnernder Applaus! Hatte ich in meiner Rolle so gut gefallen oder beklatschte man mein Durchhaltevermögen und die Gunst des Schicksals? Genau weiß ich es bis heute nicht. Eines ist sicher: das war ein Stück von jenem großen Abenteuer, das wir Theater nennen.«

»Es gab noch andere Situationen, die mir, so lange post festum, fast unglaublich vorkommen, so daß ich mich frage, wie das damals eigentlich klappen konnte; aber irgendwie ging es eben doch. Ich denke dabei an mein zeitweiliges Pendlerleben, das nur mit einer privaten ›Luftbrücke‹ zu bewältigen war.

Das war so: Seit 1960 sang ich den ›Don Alfonso‹ in Günther Rennerts legendärer Salzburger Festspiel-Inszenierung von COSI FAN TUTTE. Es waren grandiose Aufführungen mit Elisabeth Schwarzkopf, Christa Ludwig, Graziella Sciutti, Hermann Prey und Waldemar Kmentt; am Dirigentenpult stand Karl Böhm – ein Idealfall der Mozart-Pflege, damit wurde Operngeschichte gemacht.

Plötzlich erhielt ich 1961 aus Bregenz das Angebot für den ›Zsupán‹ im ZIGEUNERBARON. Großes Dilemma. COSI wollte ich unter keinen Umständen aufgeben, das wäre auch gar nicht möglich gewesen, weil die Besetzung ›stand‹. Andererseits reizte mich natürlich auch der ›Zsupán‹. Den Ausweg bot das generöse Entgegenkommen der Salzburger Festspielleitung, insbesondere das Verständnis Herbert v. Karajans. Man stellte mir eine Cessna zur Verfügung, in der hatte ich mein großes Flugerlebnis, denn die Überquerung der Alpen in so einer kleinen Propellermaschine – das ist ein ungeheurer Eindruck.

Morgens wurde ich zu den Proben für COSI nach Salzburg geflogen, mittags, etwa um zwei Uhr, ging's wieder zurück nach Bregenz, und abends sang ich dort den ›Zsupán‹. Dieser ›Individualverkehr‹ durch die Luft lief etwa vierzehn

Tage. Ein Husarenstück. Aber vielleicht paßte es gerade deshalb zum ZIGEUNERBARON, das ist ja eine Operette der kühnen Husaren!«

»Mir wurden in Bregenz fast immer Partien angeboten, die mir a priori Spaß machten, auch wenn sie eigentlich etwas außerhalb meines Faches lagen. So z. B. der ›Herr Fluth‹ in der Komischen Oper DIE LUSTIGEN WEIBER VON WINDSOR; sie wurde 1956 im ›Theater am Kornmarkt‹ gegeben. Es waren reizende Aufführungen. Meine Lieblingsrolle war der ›Ollendorf‹, gefolgt von ›Zsupán‹ und ›Menelaus‹ – letzterer trotz meiner Seenot, von der ich schon erzählte. Es gibt Partien, die tragen den Sänger. Wenn einer als ›Zsupán‹ oder als ›Ollendorf‹ schlecht ist, dann hat er beim Theater eigentlich nichts verloren und soll umsatteln.

Aber da gibt es eben auch die ›Bäume‹, die undankbaren Rollen, die nicht viel bringen. So eine ist der ›Delacqua‹ in EINE NACHT IN VENEDIG. Den mochte ich gar nicht. Man mußte mich überreden ihn zu spielen, und zwar, weil ich mich so dagegen sträubte, unter geschickter Anwendung eines Lockmittels. Unser Dirigent Anton Paulik versprach mir: ›Hör zu, ich putz dir den ›Delacqua‹ mit einem Couplet für den 2. Akt auf.‹ Und Paulik war ein Meister in solchen Dingen, im Paraphrasieren und Bearbeiten, der konnte Einfügungen und Überleitungen schreiben, die klangen, als wären sie von Johann Strauß persönlich. Also schrieb er das Couplet, um mir die Figur dieses blöden Kerls schmackhafter zu machen. Ich kann mich erinnern, einmal zitierte er, als kleinen musikalischen Scherz, sogar Richard Strauss, den ›Ochs von Lerchenau‹. Ich hatte zu singen: Ohne mich, ohne mich – ist sie heute ausgegangen. Falls mir heute jemand erneut den ›Delacqua‹ anböte, würde ich zunächst prompt fragen: Wo ist das Couplet? Wenn ich schwache Rollen hatte, und die bekommt man halt auch ab und zu, dann packte mich der Ehrgeiz, dann wollte ich auch damit Erfolg haben.

Ähnlich war es im ZIGEUNERBARON. In der Inszenierung des Sommers 1982 wechselte ich vom ›Zsupán‹ zu dem von mir gar nicht besonders geliebten ›Conte Carnero‹ über, das ist der theresianische Sittenkommissär. Er hat ein Couplet über die Moral, es wird aber häufig gestrichen, weil es flau ist. Eingedenk meiner Erfahrungen mit dem ›Delacqua‹ stellte ich die Bedingung, daß die Rolle um ein musikalisch gutes Couplet mit witzigem Text erweitert wird. Sonst ist mit diesem Burschen nichts anzufangen. Wenn man ihn schon spielt, dann braucht man zumindest so ein ›Federl am Hut‹, damit man neben einer Bombenrolle wie dem ›Zsupán‹ bestehen kann.

Sehr gern hätte ich eine der Lieblingspartien aus meinem Gesamtrepertoire auch in Bregenz gesungen: den ›Schulmeister Baculus‹ in Albert Lortzings WILDSCHÜTZ. Vor Jahren war geplant, diese Oper im ›Theater am Kornmarkt‹ zu inszenieren. Aber es kam nie dazu. Leider.«

»Die Zahl der ideal für das Spiel auf dem See geeigneten Werke ist sehr gering. Natürlich sollte der Bodensee selbst immer der Hauptdarsteller sein, das ist jetzt nicht ganz so, weil die Bauten der Seebühne nicht mehr diese enge, direkte Beziehung zum Wasserspiegel hatten wie früher. *Ein* Stück gibt es, das ist wie für Bregenz geschrieben: EINE NACHT IN VENEDIG. Nicht ohne Grund wurde es im Lauf der Zeiten schon mehrmals inszeniert. Als Praktiker des Theaterbetriebs fragte ich übrigens bereits vor Jahren: ›Wenn man schon eine wunderbar in die Landschaft passende und erfolgreiche Produktion auf dem Programm hat, warum spielt man sie dann nicht zwei Sommer lang? Damit würde man immerhin auch eine Menge Geld einsparen.‹ Aber die Antwort lautete stets: ›Nein, wir haben ein Stammpublikum, das kommt alljährlich wieder und will jeweils ein anderes Stück sehen.‹ Das glaubte ich gar nie. Da gibt es doch einen Wechsel, eine Fluktuation So oder so gehört, wie ich als Bregenzer ›Festspiel-Veteran‹ meine, auf die Seebühne ausschließlich die Operette großen Stils. DIE ZAUBERFLÖTE war die Ausnahme. Und Savarys Inszenierung wird ja 1986 – auch als Ausnahme – im zweiten Sommer gespielt.«

Interview: *Gunther Martin*

Frank Hoffmann

Schauspieler, Wien.
Bregenz 1972 und 1978.

»Ich glaube, die Chance für Bregenz liegt darin, ein junges Publikum zu gewinnen.«

Henrik Ibsen, Hedda Gabler, 1978. Ernst Jacobi (Eljert Lövborg), Frank Hoffmann (Assessor Brack).

»Aufgrund der Tradition, Inszenierungen des Burgtheaters und des Akademietheaters im Rahmen der Bregenzer Festspiele teils erstmals aufzuführen, teils zu übernehmen, führten mich zwei Stücke im Ensemble an den Bodensee. Das erste war Grillparzers Drama EIN TREUER DIENER SEINES HERRN unter der Regie von Leopold Lindtberg. Als ›Bancbanus‹ trat damals, 1972, noch Ewald Balser auf, Walther Reyer spielte den ›König‹, und ich selbst war der leichtsinnige junge ›Otto von Meran‹, der dem treuen Diener so viel zu schaffen macht. Zum zweitenmal kam ich 1978; wir gaben HEDDA GABLER von Ibsen, inszeniert hatte Peter Palitzsch, die ›Hedda‹ war Erika Pluhar. Die Aufführungen fanden im Kornmarkttheater statt, nach ein paar Einrichtungsproben, bei denen wir uns auf dieser Bühne orientierten. Für mich bedeuten die Bregenzer Festspiele bis heute also lediglich Gastspiele mit einer bereits fertigen Produktion.«

»HEDDA GABLER bleibt mir besonders in Erinnerung, weil diese Verpflichtung mich in eine mißliche Situation brachte. Bei den Vertragsverhandlungen, die mit jedem einzelnen Interpreten geführt werden mußten, hatte ich darauf hingewiesen, daß ich bereits an die ›Salzburger Festspiele‹ gebunden sei, wo ich den ›Guten Gesellen‹ in JEDERMANN spielen sollte. Ich könne demnach in Bregenz nur mitwirken, wenn die Termine nicht mit meinen Salzburger Verpflichtungen kollidieren. Somit wurde festgelegt, Herr Hoffmann sei an Sonntagen für die ›Salzburger Festspiele‹ freizustellen. Damals wußte ich noch nicht, daß JEDERMANN auch zu Mariae Himmelfahrt, also an einem Feiertag, auf dem Programm steht – und für denselben Termin war auch in Bregenz eine Aufführung angesetzt. Die Verantwortlichen fielen fast in Ohnmacht – da rechnete ein Schlauer die Abfolge der Auftritte in Salzburg und Bregenz nach. Und die dann schnell gefundene Lösung sah so aus: Nachmittags spielte ich den ›Guten Gesellen‹ im JEDERMANN und abends den ›Assessor Brack‹ in HEDDA GABLER. Dazwischen hatte mich ein Charterflugzeug von Salzburg nach Bregenz gebracht.«

»Im stillen habe ich immer gehofft, daß sich wieder einmal ein Kontakt und eine Verpflichtung ergeben würde; denn obwohl meine bisherigen Aufenthalte nicht sehr ausgedehnt waren, habe ich mich in Bregenz doch sehr gut eingelebt; diese Stadt hat an Landschaft und Fremdenverkehrsstruktur ja alles, was man sich nur wünschen kann. Nicht zuletzt deshalb habe ich mit großem Bedauern vernommen, daß die notwendigen Einsparungsmaßnahmen zu Lasten des Schauspiels gehen werden. Ich käme auch schon deshalb gern wieder nach Bregenz, weil mich mit dem jetzigen Festspielpräsidenten Günter Rhomberg eine alte Freundschaft verbindet; wir kennen einander seit rund fünfundzwanzig Jahren. Damals waren wir beide in Graz, er als Student, ich als junger Schauspieler, er hat meine Anfängerzeit beim Theater miterlebt. Unter seiner Ägide würde ich sehr gern in Bregenz auftreten. Und ich meine – oder besser gesagt ich hoffe –, daß eine Maßnahme, die aus finanziellen Erwägungen für die nächste Zeit notwendig ist, nicht unbedingt auf längere Sicht Geltung haben muß.«

»Oft ist von der besonderen Aura einer Festspielstadt die Rede, und manche Leute stellen die Frage: Hat Bregenz solch eine Atmosphäre? Ich finde, ein Festspiel schafft sich eine Aura selbst. Wenn ein interessantes Programm geboten wird, wenn außerordentliche kulturelle Ereignisse stattfinden, dann herrscht eben für ein paar Sommerwochen Festspielstimmung, mit allem, was dazugehört – bis hin zum regen Leben in der ganzen Stadt. Gewiß, Salzburg ist das führende Festival in Österreich, wenn nicht sogar in ganz Europa. Bayreuth möchte ich in diesen Vergleich nicht einbeziehen, denn das hat seinen absoluten Sonderstatus. Wenn Bregenz nicht a priori zweiter, sondern eben der andere Festspielschwerpunkt sein will, dann muß es seine Eigenständigkeit haben, seinen eigenen Charakter.

Bei der Erstellung eines Spielplanes ergeben sich wie selbstverständlich für Bregenz und für Salzburg ganz ähnliche oder die gleichen Probleme. Da ist eine entsprechende Verständigung erforderlich, eine sinnvolle Abstimmung, damit nicht gleichzeitig im Bregenzer Festspielhaus und im Großen Festspielhaus in Salzburg dasselbe Werk gespielt wird. Ich rede jetzt von der Oper. Auf dem Sektor des

Schauspiels wären unter bestimmten Voraussetzungen Parallelen ohne weiteres denkbar, ja sogar interessant. Es käme ganz auf die Interpretation an, auf die individuelle Auffassung des Regisseurs. Ich könnte mir keine größeren Unterschiede vorstellen, als wenn in Bregenz z. B. Dieter Dorn inszenierte und in Salzburg Klaus Peymann. Oder umgekehrt. Dann würde man in einem Festspielzeitraum zwei grundverschiedene Aufführungen ein und desselben Stückes sehen.«

»Bregenz hat, soweit ich das beurteilen konnte, ein sehr aufgeschlossenes, ich möchte sagen, ein ›normales‹ Publikum. Weder so auf High Society und gesellschaftliche Folie orientiert wie in Salzburg, noch so vif und sprungbereit wie etwa in Berlin. Vor einem Publikum wie den Berlinern spürt man auch mit verbundenen Augen sofort, wo man ist, und bei den Salzburger Festspielen genügt ein kurzer Blick; man sieht Abendtoiletten, Schmuck, Pelzstolen und Smokings und ist ebenfalls sogleich im Bild.

Von Deutschland ausgehend, hat sich aber mittlerweile herumgesprochen, daß ein Publikum in Blue Jeans um nichts schlechter ist als eines, das sich in Samt und Seide hüllt. Natürlich muß man nicht unbedingt die Jeans anziehen, wenn man ins Theater geht, tut's einer aber doch, dann sollte er nicht allein deshalb als ein Zuschauer minderer Kategorie betrachtet werden. Und diese Offenheit, diese Unvoreingenommenheit gibt's, glaube ich, in Bregenz sehr wohl.«

»Irgendwann werden die Leute der technischen ›Konserven‹ müde werden und verstärkt das Bedürfnis fühlen, wieder nach den lebendigen Wurzeln zu suchen. Diese Tendenz macht sich ja allenthalben bemerkbar. Das Pendel wird dorthin zurückschwingen, wo nach der Überwindung extremer Formen wieder ›normales Theater‹ gespielt wird, wie es in Deutschland ja bereits geschieht. Und es gibt auch eine Reihe von Regisseuren, die für die Jugend attraktiv sind. Solche Regisseure sollte man für Bregenz gewinnen, dann wird auch junges Publikum in die heiligen Hallen Einzug halten. Ich hege meine Zweifel, ob sich in Salzburg so schnell etwas ändern wird, aber ich glaube, die Chance für Bregenz liegt darin, Festspiele zu veranstalten, die nicht die Zielgruppe ›Nerz und Brillanten‹ haben, sondern die sich an interessierte junge Leute wenden. Daraus ergibt sich eine reale Möglichkeit, auch in der Sparte Schauspiel wieder ohne gefährliches Risiko zu produzieren. Eine der Attraktionen Salzburgs ist ja, daß ein bestimmtes Publikum unter sich bleibt – ganz ähnlich wie beim Wiener Opernball –, während Bregenz, so meine ich jedenfalls, trotz Wahrung der gesellschaftlichen Note solche Einschränkungen nicht kennt. Im Vordergrund steht dort das künstlerische Ereignis.

Man sollte versuchen, sich ganz deutlich von Salzburg abzusetzen und Regisseure einzuladen, die für junge Menschen ein besonderes Charisma haben und voller Kühnheit an ihre Vorhaben herangehen. Ich möchte sagen: Ein Theater-Woodstock am Bodensee wäre wünschenswert und auch durchaus denkbar.«

Interview: *Gunther Martin*

Peter Cornelius, Der Barbier von Bagdad, 1960. Oskar Czerwenka (Abdul Hassan). ▷

Oskar Czerwenka

Kammersänger, Wien. Bregenz 1957–1960, 1963, 1965.

»Salzburg war immer so todernst, das war Bregenz nie.«

»Am Anfang war Bregenz wirklich eine Herausforderung. Es hat keine Mikrofone gegeben; wir mußten gegen Wind und Wetter ansingen. Mein erster Auftritt war 1957 in ZAR UND ZIMMERMANN, das war wohl eine der gelungensten Operninszenierungen am See; man war noch sehr jung, im Sturm und Drang sozusagen. Eigenartigerweise ist auch nie jemand ernstlich krank geworden, obwohl man sonst bei jeder Gelegenheit und bei jedem Lüfterl heiser wird. In Bregenz habe ich nie absagen müssen.

Ein Jahr später haben wir dann die VERKAUFTE BRAUT gemacht, die bedeutend weniger gut auf den See paßt. Eberhard Wächter hat den ›Zar‹ gesungen, im nächsten Jahr war Waldemar Kmentt mit von der Partie – alles gute Freunde von mir. Bregenz assoziiere ich überhaupt mit guten Freunden: mit jenen, mit denen man eine Produktion gemacht hat, dann kam der alte Präsident Rhomberg dazu, der meinen Vater gut gekannt hat, und jetzt bin ich mit dem Günter Rhomberg sehr befreundet. Bregenz war für mich immer mehr künstlerischer Ferienaufenthalt als Verpflichtung.

Ich war ja auch einige Male in Salzburg und konnte dort schöne Partien singen, aber Salzburg war immer so todernst, das war Bregenz nie. Bregenz hat eine familiäre Atmosphäre gehabt, was man als junger Sänger besonders schätzt. Ich war viele Jahre in Graz, dort waren wir auch eine große Familie. Dann bin ich an die Wiener Staatsoper gekommen, und da gab es nicht mehr diese große Familie, das wirkte mehr wie ein Sanatorium. Ähnlich hat sich Bregenz zu Salzburg verhalten.«

»In Bregenz habe ich zum ersten Mal in meinem Leben den BARBIER VON BAGDAD gesungen; das ist ein Anliegen für jeden, der die nötigen Mittel mitbringt, um die Rolle überhaupt zu bewältigen. Es ist eine außerordentlich schwere Partie, schwer aufführbar, weil viel vom Wortwitz kommt. Der BARBIER ist eine Super-Oper, nur leidet sie darunter, daß der gute Cornelius einerseits ein Wagnerianer, auf der anderen Seite sehr witzig war, was nicht leicht rüberkommt, weil man die Wortwitze zu wenig versteht. Die Partie ist schwer zu singen, und dazu kommt ein Riesenorchester. Aber es war eine schöne Produktion, sie ist dann auch von der Wiener Volksoper übernommen worden, dort war sie gar kein Erfolg – in Bregenz waren wir gefeiert worden.«

»Am Bodensee habe ich auch einige Liederabende gegeben und dort auch eine Form gefunden, die meine Konzerte danach immer wieder gehabt haben. Ich wollte einen Liederabend machen, der auch das Publikum fesselt, das eigentlich nur zufällig hineinverschlagen wird. Das hat sich möglicherweise im Eingang geirrt, und kann nun, weil es aus lauter taktvollen Menschen besteht, nicht sagen, das war doch wirklich das Fadeste, was ich in meinem Leben erlebt habe. Ich wollte also immer einen roten Faden durch einen lila Abend ziehen, und das ist mir erstmals in Bregenz gelungen. Ich habe dort beispielsweise einen Liederabend mit TRAUER UND TROST von Peter Cornelius, mit den ZIGEUNERLIEDERN von Dvořák und mit Balladen von Löwe gestaltet, einen anderen Abend nur mit Heine – im ersten Teil die DICHTERLIEBE und im zweiten Teil Lieder vom verstorbenen Staatsoperndirektor Salmhofer, mit dem ich einen sehr engen Kontakt hatte. Salmhofer hat mir einen ganzen Liederabendteil komponiert.«

»Einer der Höhepunkte meines Lebens war DAS BRENNENDE HAUS von Haydn. Als ich den Klavierauszug durchstudiert hatte, meinte ich, das sei nichts für mich. Meine Frau, die immer viel gescheiter ist als ich, hat mir aber zugeredet: ›Mach das, das wird ein Erfolg.‹ Und es wurde ein Riesenerfolg.«

»Vorher noch – wenn ich mich richtig erinnere – erfolgte mein einziger Ausstieg aus der Oper und der Einstieg in die Operette. Ich sang in Bregenz den ›Ollendorf‹ im BETTELSTUDENT. Allerdings nur dreimal, damals ist gerade meine Mutter gestorben, mit 93 Jahren, und da hat es mir die Stimme verlegt. Ich konnte von heute auf morgen nicht mehr singen.«

»Inzwischen bin ich ein begeisterter Besucher der Bregenzer Festspiele. Ich finde den Weg, den man dort jetzt eingeschlagen hat, den einzig möglichen. Ich bin schon sehr neugierig, was den Herren für die nächsten Festspiele einfällt, denn man muß ja – das ist meine Ansicht – auch in Bregenz an das Kommen des Jahres 2000 denken, man darf sich keine Sackgassen bauen. Wenn man immer wieder WIENER BLUT spielt, wird das gutmütigste Publikum überdrüssig. Aber wenn man jedes Jahr irgendeine Ausgrabung macht, mit irgendeinem fabelhaften Tenor oder einer stimmgewaltigen Sopranistin, dann wird das sicher ziehen.«

»Für uns war es am Anfang eine sportliche Herausforderung, ›rüberzukommen‹ ohne Mikrofon. In Bregenz zu singen, das war irgendwie ein Gütestempel. Erstens mußte man sich auf einer sehr großen Bühne behaupten, und zweitens mußte man gegen Wind und Wetter ankämpfen.

In ZAR UND ZIMMERMANN sang ich mit Peter Klein unser Duett, und ich seh', schön langsam kräuselt sich der Bodensee, es kommt ein kräftiger Südwind auf, wir sind chancenlos. Ich habe nicht mehr gesungen; da sagt mein Kollege Klein auf einmal: ›Ist dir schlecht?‹ ›Nein, halt den Mund‹, habe ich geantwortet, ›es gibt Landwind, da kommt kein Ton rüber, vielleicht hören sie uns in Lindau.‹«

»Ein Phänomen war die Hilde Konetzni, eine der größten Stimmen, die ich erlebt habe. Wenn die gesungen hat – da war sie aber schon sechzig –, hat man sie am Pfänder oben gehört; die Leute sind 660 Meter hoch im Freien gesessen und haben gesagt, aha, jetzt kommt die Konetzni. Sie war die einzige, die man vernommen hat, das Orchester nicht und die anderen Sänger auch nicht.«

»Abgesehen von allem hat sich Bregenz jetzt auch zu einer kulinarischen Hochburg entwickelt, was für mich unerhört viel bedeutet, weil das eine meiner stärksten Seiten ist; davon versteh' ich wirklich etwas – nicht vom Kochen, aber vom Essen.«

»Früher gab es immer dieses Zittern um die erste Vorstellung, die über die Garantie geht. In der ZAR UND ZIMMERMANN-Zeit hat es am Tag der ersten Vorstellung gegossen; wir sind alle in der Kanzlei gesessen und haben die Wetterberichte abgehört; Kloten – schlecht, Friedrichshafen – schlecht, Frankfurt – schlecht, überall Regen, Regen, Regen. Da haben wir uns zum Mittagessen ins Wirtshaus begeben und haben wahrscheinlich alle viel zuviel gegessen und vor allem auch zu viel getrunken. Dann sind wir heim, und – ich kann mich gut erinnern – ich bin plötzlich aufgewacht durch einen Sonnenstrahl, der mich auf der Nase gekitzelt hat. Ich mußte niesen und dachte, das ist wenigstens ein schöner Morgen. Mitnichten, es war sieben Uhr dreißig abends, die Sonne war herausgekommen. Um halb neun sollte die Vorstellung anfangen. Ich wohnte damals noch in Dornbirn, also setzte ich mich eilends in mein altes Auto und fuhr zur Seebühne. Es war alles so rutschig, daß man kaum gehen konnte. Ich bin mit meinem alten Wagen über den Steg auf die Seebühne gefahren; mein Wagen hatte keine Bremse, ich mußte mit dem Retourgang stoppen. Langsam bin ich zum Stehen gekommen, doch da gab es eine Schräge. Plötzlich rutschte der Kübel weiter – alle Kollegen eilten herbei, um den Wagen anzuhalten, und es ist ihnen endlich auch gelungen – einen Meter vor dem See.«

Interview: *Paul Kruntorad*

Eberhard Wächter

Intendant, Kammersänger, Wien.
Bregenz 1954–1955, 1957, 1968.

»In Respekt vor dem Publikum fühlten wir uns stets zu Höchstleistungen verpflichtet – auch wenn das Wetter gegen uns spielte.«

Johann Strauß, Eine Nacht in Venedig, 1955.
Eberhard Wächter (Caramello).

»Ich zähle mal die Stücke auf, in denen ich mitgewirkt habe: FLEDERMAUS, NACHT IN VENEDIG, LUSTIGE WITWE, ZAR UND ZIMMERMANN. Und dann habe ich 1984, genau am 30. Jahrestag meines ersten Auftrittes in Bregenz, ein Abschiedskonzert im Rahmen der Festspiele gegeben.

Ich werde eine Begebenheit nie vergessen. Stets galt eine Vorstellung als erfüllt, wenn der erste Akt gespielt war; das heißt, das Publikum hat dann das Eintrittsgeld nicht mehr zurückbekommen und wir haben unsere Gage erhalten. Daran waren wir – welcher Sänger kann schon auf Geld verzichten? – natürlich sehr interessiert. Bei der FLEDERMAUS wütete nun ein derartiger Sturm, daß immer der, der gerade nicht gesungen hat, schnell nach hinten springen und die Kulissen halten mußte, damit sie nicht umfielen. So brachten wir die Vorstellung über die notwendigen Runden.«

»Es war wirklich eine sehr schöne Zeit in Bregenz, auch wenn Schwierigkeiten uns Sängern oft das Leben schwergemacht haben. Vor allem die Tatsache, daß wir vom Wetter abhängig waren, setzte uns zu. Es schien ja so, als wäre es nicht allzu wichtig, ob wir sehr gut oder nur halb gut singen. Das hätte zum Mogeln verleiten können. Doch wir fühlten uns – in Respekt vor dem Publikum – stets zu Höchstleistungen verpflichtet; keiner hat geschlampt. Außerdem war es ja damals eine Sensation, daß man als junger Tenor überhaupt bei Festspielen singen konnte. Ich finde, daß auch die Produktionen wunderbar waren, in denen ich in Bregenz aufgetreten bin. Für einen unbekannten Sänger war es außerdem auch deshalb eine wichtige Sache, wenn er bei solchen Festspielen mitwirken durfte, weil er sich schneller einen Namen schaffte. Es gab eine internationale Presseresonanz, und das hat die Karriere sehr gefördert.

Auch als Besucher war ich oft in Bregenz, weil ich die Seebühne sehr schön finde. Es gab auch wunderbare Aufführungen im ›Kornmarkttheater‹; ich habe einen FALSTAFF gesehen, mit Taddei, das war ein reines Vergnügen.«

»In der Zeit, in der ich in Bregenz gesungen habe, hat man auf dem See eigentlich nur Operette gespielt, erst später hat man auch mit der großen Oper begonnen. Doch diese scheint mir für die Seebühne eher ungeeignet, weil es bei der Oper vor allem auf die Qualität der Stimmen ankommt. Wenn dann der Wind aus der falschen Richtung kommt ... Allerdings wird das heute mittels Mikrofon und Lautsprecher verbessert – aber ich bin noch von der alten Garde: wir haben ohne Verstärkung gesungen, und das finde ich auch natürlich auf einer Naturbühne.«

Interview: *Paul Kruntorad*

Kurt Pscherer

Staatsintendant a. D., München. Bregenz 1972, 1976, 1978, 1983.

»Bei der Regiearbeit tauchen auf dieser wunderschönen großen Seebühne immer wieder Schwierigkeiten auf, die einen aber auch fordern. Und das ist für mich der besondere Reiz, in Bregenz zu arbeiten.«

»Die Bregenzer Festspiele zählen, wie auch Verona und Salzburg, mit zu den berühmtesten, international bekanntesten Festivals. Ich habe dort immer sehr gerne gearbeitet, denn ich liebte die Atmosphäre, die einmalig ist, weil so viel Natur mitspielt. Das hatte Einfluß selbst auf die Darsteller; auch sie gaben sich wesentlich natürlicher. Doch wenn man schon von Darstellern spricht, muß man unbedingt die beiden größten Stars dieser Festspiele hervorheben, auf die man als Regisseur auch gebührend Rücksicht zu nehmen hat: Der erste Star ist das Wetter, der zweite Star ist der See.«

»Mir persönlich – und nicht nur mir – hat die alte Seebühne besser gefallen. Sie ging auf den See hinaus, ermöglichte den Blick aufs Wasser. Ein vordringlich zu lösendes Problem ist ja, daß man auf einer Seebühne immer irgendwie das Wasser mit in das Spiel bringen muß. Es ist deshalb nicht gut, wenn – beispielsweise durch das Bühnenbild – der Blick auf den See behindert wird. Es sind ja Seefestspiele. Früher war die Einbeziehung des Sees leichter zu bewerkstelligen. Jetzt liegt die Seebühne mehr in Richtung Bregenz, und man hört leider manchmal auch die Züge vorbeifahren. Wenn man Glück hat, kommt der Wind vom See her zum Publikum. Wenn man Pech hat, beginnen die akustischen Probleme. Natürlich gibt es Lautsprecher, aber wenn der Wind alle Töne zum See hinausweht, gibt es auch mit Verstärkern kritische Situationen. Wie schon betont: Der erste Star ist das Wetter. Derjenige, der dort in Bregenz die Verantwortung trägt, bekommt im Laufe der Zeit ein steifes Genick. Er muß ja immer zum Himmel hinaufschauen.«

»Ich habe während meiner Regiearbeiten in Bregenz leider nicht sehr viel vom ›Ländle‹ gesehen. Praktisch hätte ich nur nach der Generalprobe, am Tag vor der Premiere, etwas unternehmen können. An allen anderen Tagen prüfte ich morgens zunächst kritisch den Himmel und versuchte zu ergründen, ob es regnen würde oder nicht. Dann konnte ich die Arbeit entweder in der Halle oder auf der Seebühne beginnen. Wenn man in Bregenz arbeitet, kann man sich nicht auf seine Bühnenerfahrung allein verlassen. Regie auf der Seebühne unterscheidet sich in gravierender Weise. Es wird u. a. eine sehr intensive Vorbereitungszeit – vor den eigentlichen Proben – benötigt, in deren Verlauf sich drei Leute unbedingt einig werden müssen: der Dirigent, der Bühnenbildner und der Regisseur. Gegebenenfalls kommt der Choreograph als vierter im Bunde dazu. Es ist unmöglich, während der tatsächlichen Probezeit ein Entwicklungsstadium einzuplanen, wie das bei Bühnen im geschlossenen Raum mit kleineren Verhältnissen üblich ist. Auf dieser Bühne auf dem See gibt es so irrsinnige Entfernungen und

Kurt Pscherer bei Proben, 1976.

damit ungewöhnlich lange Wege, die zu bewältigen sind. So hat der Komponist in den meisten Fällen für die Auf- und Abtritte eine bestimmte Anzahl von Musik-Takten vorgesehen; diese sind aber für die normale Bühne berechnet. Auf der Seebühne kommt man mit diesen Takten zumeist nicht aus. Es muß also ein Teil der Musik – vor und/oder nach den Auftritten – verändert werden. Man muß neu timen. Und es gibt viele Auftritte, die dieserart umgestaltet werden müssen.«

»Auch das Wasser soll ja mitspielen. Mit Schiffen, mit Kähnen. Das paßt aufgrund des Handlungsaufbaus nicht immer von vornherein. Man muß dafür Möglichkeiten ersinnen. In KISS ME KATE (1983) habe ich beispielsweise zwei Ganoven mit dem Ruderboot anrudern lassen.«

»Zu jeder See-Aufführung gehören nach dem ungeschriebenen Bregenzer Gesetz Feuerwerk und Wasserspiele. Auch da ist es nicht immer einfach, so etwas passend einzubauen. Bei Barockopern wie DIE FEENKÖNIGIN (1972) läßt sich das leicht und stimmend integrieren. DIE FEENKÖNIGIN war übrigens meine schönste Arbeit, weil das Werk von Purcell eine der wenigen ›dreisprachigen‹ Opern ist. Diese Vertonung von Shakespeares SOMMERNACHTSTRAUM ist ein Gesamtkunstwerk aus Schauspiel, großem Ballett und bietet herrliche, opernhafte Gesangspartien. Alexander Grill

Jacques Offenbach, Hoffmanns Erzählungen, 1976. Toni Businger mit seinem Bühnenbildmodell.

spielte den ›Puck‹. Er machte Überschläge und weiß der Teufel was. Es war inszeniert, daß der Puck beim Suchen nach der Blume zuerst ins Wasser springt, dann an einer anderen Stelle der Seebühne wieder auftaucht, erneut untertaucht, an wieder einer anderen Stelle nochmals auftaucht, usw. Wir hatten Doubles dafür, und man bekam als Zuschauer den Eindruck, als ob der ›Puck‹ in Windeseile die gesamte Seebühne umrannt und umschwommen hätte. Nun gab es aber auch kühle Tage, ich bot deshalb Alexander Grill an, daß er nicht ins Wasser springen müsse, wenn dieses zu kalt sei. Aber der ließ sich nicht um sein Vergnügen bringen, der ist reingesprungen – ins eiskalte Wasser, da kannte er nichts. Er ist ein liebenswerter Verrückter, eben ein Theaterbesessener.«

»Es gibt die Vorschrift, nach zwanzig oder dreißig Minuten einen Einschnitt im Stück zu schaffen. Ob es paßt oder nicht. Das ist oft schwierig; als Regisseur muß man diesen Einschnitt unbedingt zusammen mit dem Dirigenten finden. Aber man braucht diese Zäsur rein technisch-rechtlich, denn wenn am Abend über diesen Einschnitt hinaus gespielt wird und danach schlechtes Wetter – Regen – einsetzt, gilt die Vorstellung als gespielt. Der Dirigent, der auf der Seebühne eine Aufführung leitet, hat eine Riesenaufgabe. Denn der notwendige Kontakt des Orchesters zum Sänger ist oft kaum herzustellen, da sich zumindest ein Teil des Orchesters unter der Bühne befindet. Die Sänger kann man ja nicht immer nur an die Rampe stellen, man muß sie auch auf der Bühne und in der Bühnentiefe agieren lassen. Und das bei diesen irrsinnig langen Wegen und den großen, die Sicht behindernden Bühnenaufbauten.«

»Ein sich öffnendes Fenster kann in einem ›normalen‹ Bühnenraum sehr schön wirken. Aber nicht mehr hier, denn hier ist es einfach gar nicht mehr da. Die Bühne verschlingt ›normale‹ Dimensionen. Man muß alles sehr groß machen. Wenn ein Mensch auf dieser riesigen Bühne alleine dasteht – und das nicht gewohnt ist –, dann fühlt er sich schon sehr verloren. Intimitäten sind äußerst schwer zu erreichen. Man versucht eigentlich auch gar nicht erst, sie zu erzielen. Wenn ich ansonsten sehr gegen große Gesten und gewaltige Bewegungen bin, muß ich auf dieser Bühne sogar darauf bestehen. Es muß in jeder Weise überartikuliert und -gestikuliert werden. Es muß ›darübergesprochen‹ werden. Die Gänge sind anders anzulegen. Man kann da nicht ›normal‹ gehen.«

»Zu Beginn einer Abendvorstellung habe ich stets das gesamte Ensemble gemeinsam auf die Bühne ziehen lassen. Ein Zug der Komödianten. Das hat etwas Eindeutiges, beinhaltet eine Aussage: ›Jetzt fangen wir an! Wir Komödianten spielen euch ein Stück vor!‹ Das ist besser, als wenn jeder einzelne Darsteller da hinaufgeht und vom Zuschauerraum aus gesehen wird. Das nimmt auch Konzentration.«

»Dann gab es auch noch die Vorschrift, daß die Spieldauer von zweieinhalb Stunden nicht überschritten werden durfte. Das nötigte oft zu Kürzungen. Aber weil keine Pause stattfand, konnte auch wieder Zeit hereingeholt werden. 1976 habe ich HOFFMANNS ERZÄHLUNGEN gemacht, und da ging es glatt durch. Wir brauchten nichts zu streichen. Ebenso war es 1978 bei TAUSENDUNDEINE NACHT. Zu HOFFMANNS ERZÄHLUNGEN fällt mir eine amüsante Geschichte ein: Vor einer Aufführung hatte es intensiv geregnet. Aber die Vorstellung konnte stattfinden, denn rechtzeitig waren die Wolken weggezogen. Von den Zuschauersitzen sowie auf der Bühne waren die Wasserrestbestände entfernt worden, alles schien mehr oder weniger trockengelegt. Ursula Koszut – sie sang alle weiblichen Hauptpartien, also die ›Olympia‹, die ›Giulietta‹, die ›Antonia‹ und die ›Stella‹ – hatte als ›Giulietta‹ ein wunderschönes Samtkleid an, das wuchtig wirkte und entsprechend schwer war. Zu Beginn ihrer großen Arie lag sie auf einem Sofa. Und da muß noch Wasser gewesen sein. Jedenfalls sog sich das Kleid mit Wasser voll; als Frau Koszut aufstehen wollte, gelang ihr dies nicht. Sie versuchte es mehrmals, aber immer wieder zwang sie der schwere, feuchte Samt auf das Sofa zurück. Ähnliches passierte bei der FEENKÖNIGIN. Ich hatte Wasserspiele eingefügt – doch während einer Vorstellung kam Wind auf. Alle Darsteller, die an den Wasserspielen vorbei mußten, wurden naß bis patschnaß. Und das bei den sowieso bereits lastigen Kostümen. Von da an hatten die Künstler Schwerstarbeit zu leisten, ihre Gewänder treppauf und treppab zu wuchten.«

»Bei der Regiearbeit tauchen auf dieser wunderschönen großen Seebühne immer wieder Schwierigkeiten auf, die einen aber auch fordern. Und das ist für mich der besondere Reiz, in Bregenz zu arbeiten. Es müssen jedesmal völlig neue Lösungen gefunden werden, die man an sogenannten normalen Bühnen nicht verwirklichen könnte. Für KISS ME KATE haben wir einen Schnitt durch ein ganzes Theater gemacht. Vom Pförtner angefangen bis zur Bühne konnte das Publikum ein Theater im Querschnitt sehen. Man verfolgte die Künstler, wie sie auf die Bühne gehen, und man durfte beobachten, wie sie sich benehmen, wenn sie noch nicht aufgetreten sind. Da raucht einer noch eine Zigarette und unterhält sich mit einem Kollegen, dann fällt sein Stichwort und er tritt in seiner Rolle – also als ein anderer – auf. Dieses Bühnenbild hatte Rolf Langenfass entworfen. Sonst arbeitete ich immer mit Toni Businger. Er war auf die Seebühne fast spezialisiert. Mit ihr sind nicht alle fertig geworden. Es ist ein Fundament vorhanden, das man erweitern – verändern – kann. Aber dies muß geschehen, ohne den Blick auf den See total zu verbauen, denn er muß ja mitspielen.

Inzwischen sind die Bühnenbilder sehr stabil geworden. Witterungseinflüsse können da kaum noch Schäden anrichten – ganz im Gegensatz zu früher. Ich erinnere mich, daß 1972 neben der FEENKÖNIGIN auch DER BETTELSTUDENT gespielt wurde. Das erforderte, daß der Grundriß für beide Bühnenbilder so gestaltet werden mußte, daß der Umbau von einem auf das andere Bühnenbild leicht und schnell vonstatten gehen konnte. Toni Businger hat diese schwierige Aufgabe damals beeindruckend bewältigt.«

»Die Generalprobe für DIE FEENKÖNIGIN habe ich wegen des schlechten Wetters in der Halle abhalten müssen. Das gab ein Gedränge: Das gesamte Orchester, dazu rund einhundert Leute vom Prager Ballett, die Solisten, die Schauspieler – und noch dazu mußten sich alle Akteure zehn- bis fünfzehnmal umziehen – sie trugen wunderschöne, aber auch ausladende Kostüme. Das alles habe ich in Kauf genommen, damit die Premiere nicht gefährdet wurde. Die Arbeitsbedingungen in der doch eher primitiven Halle waren wahrlich nicht einfach. Deswegen war die Erbauung des Festspielhauses mehr oder weniger eine Überlebensfrage. Jetzt bekommt bei Regen zumindest ein Teil des Publikums eine vollständige Aufführung zu sehen.

Bei der Premiere von KISS ME KATE fing es an zu regnen; die Verantwortlichen wollten sofort das Spiel auf dem See absagen und ins Festspielhaus übersiedeln. Daran denkend, daß so nur etwa die Hälfte des Publikums die Premiere erleben würde, habe ich das Mikrophon in die Hand genommen und durchgesagt: ›Meine Damen und Herren, haben Sie bitte noch fünf Minuten Geduld, dann ist der Regen vorbei, und wir spielen auf jeden Fall.‹ Die haben alle gesagt: der Pscherer ist verrückt geworden. Aber nach fünf Minuten hat der Regen tatsächlich aufgehört, und es gelang eine wunderbare Aufführung. Trotzdem kann man nur dankbar sein, daß das Festspielhaus steht. Wenn ich allein an das frühere Toilettenproblem denke ... Es sind ja doch immerhin einige tausend Menschen, die sich hier versammeln.«

»Aus meiner Sicht ging die Entwicklung der Bregenzer Festspiele beständig steil nach oben. Placido Domingo war da. Es wurden große Opern gespielt. Mozartopern wie DIE ENTFÜHRUNG AUS DEM SERAIL sogar mit überwältigendem Erfolg. Und es gab das Schauspiel mit großartigen Aufführungen – immer eine kleine Oase, doch kontrapunktisch wichtig. Wenn das Schauspiel in Bregenz nicht mehr wäre, würde – das ist meine feste Überzeugung – etwas sehr Wesentliches fehlen. Nicht nur das Musiktheater ist völkerverbindend. Ich erinnere an das ›Burgtheater‹, das in Warschau mit großem Erfolg gastiert hat. Und wie gerne werden im Westen Gastspiele aus Moskau gesehen. Auch Bühnen wie die ›Royal Shakespeare Company‹ oder die ›Comédie Française‹ haben im jeweiligen Ausland bemerkenswerte Erfolge. Also ist es sicherlich ein Irrtum, anzunehmen, daß allein Musiktheater den Anspruch erheben kann, völkerverbindend zu wirken. Deswegen bin ich überzeugt, daß Schauspiele aus dem Programm der Bregenzer Festspiele nicht herausgelöst werden dürfen.«

»Ich bin übrigens oft angeeckt, weil ich zu Festspielen eine eigene – von den landläufigen Einschätzungen abweichende – Einstellung habe. Ich würde die Qualifikation ›echte‹ Festspiele dann vergeben, wenn der Bürger einmal im Jahr für ein oder zwei Wochen die Möglichkeit erhält, die ganz großen Stars in besonders herausragenden Produktionen zu erleben – und das zu einem soliden Preis, den sich jeder leisten kann. Das wären für mich ›echte‹ Festspiele, denn der Bürger – sprich: Steuerzahler – finanziert mit seinen Mitteln ohnehin das ganze Jahr alle jene großen Theaterbetriebe, in denen man Starbesetzungen nur zu horrenden Preisen zu sehen und zu hören bekommt.«

Interview: *Friedrich-W. Schwardtmann*

Josef Meinrad

Schauspieler und Regisseur, Großgmain.
Bregenz von 1954 an, zuletzt 1976.
Träger des Ehrenringes der Festspielgemeinde Bregenz.

»Mein ›Faust‹ ist DER MANN VON LA MANCHA – in Bregenz leider nie aufgeführt.«

Peter Luke, Hadrian VII., 1972.
Josef Meinrad (Frederick William Rolfe).

»Meine ersten Auftritte bei Festspielen standen unter dem Zeichen der, wenn man so will, magischen Zahl Sieben. In der Nachkriegszeit war ich an der Wiener ›Insel‹ engagiert, einer kleinen, aber wunderschönen Bühne, deren Zuschauerraum einer Mahagonischatulle ähnelte. Dort sah mich Raoul Aslan, eine der Größen des damaligen Burgtheaters, und er empfahl mich an Helene Thimig, die gerade das Ensemble für ihre Inszenierung des JEDERMANN bildete. So kam ich als ›Guter Gesell‹ nach Salzburg. Das war 1947.

Sieben Jahre später, 1954, spielte ich zum erstenmal in Bregenz. Damals war ich bereits selbst Mitglied des Burgtheaters; wir brachten Bernard Shaws Komödie DER KAISER VON AMERIKA, die Ernst Lothar im Herbst zuvor neu inszeniert hatte, mit Raoul Aslan, der zauberhaften Grande Dame Rosa Albach-Retty, Hermann Thimig, Erna Mangold und Helene Thimig in den Hauptrollen. Mir fiel dabei, wie in Wien, der Part des Handelsministers ›Boanerges‹ zu.

1959 übernahm Bregenz aus dem Burgtheater den ZERRISSENEN in der Regie von Rudolf Steinboeck. Da war ich als ›Herr von Lips‹ schon ganz in meinem Nestroy-Element. Wenn ich mich meiner damaligen Partner erinnere, wird solche Reminiszenz zum Gedenken an mittlerweile Verstorbene: die schlichte und dabei so enorm komödiantische Alma Seidler, der Franz Böheim, dieses köstliche Springinkerl, Hugo Gottschlich, der schauspielerisch und menschlich auf seine Art immer ein ›guter Gesell‹ war ...«

»Ein Wiedersehen mit dem Bregenzer Festspielpublikum ergab sich erst nach mehreren Jahren. 1963 spielten wir FRANZISKUS von Max Zweig, einem Altösterreicher, der nach Israel auswanderte, übrigens mit dem berühmteren Stefan Zweig nicht nahe verwandt. Es war wohl eine der merkwürdigsten Produktionen, in denen ich im ›Theater am Kornmarkt‹ aufgetreten bin. Ein junger, sehr ambitionierter Regisseur hatte seinen Auftrag bald zurückgegeben und diesen Schritt damit begründet, daß er in Anbetracht der verordneten kurzen – für ein so schwieriges Stück zu kurzen – Probenzeit nicht guten Gewissens verantwortlich zeichnen könne. Daraufhin übernahm Paul Hoffmann die Regie. Er faßte FRANZISKUS als ein gesprochenes Oratorium auf.

Ich glaube und hoffe, mir lag die Titelrolle schon deshalb, weil ich eine große Liebe zu den Tieren hege und deshalb diesen Heiligen, den Freund und Beschützer aller Kreatur, besonders ins Herz geschlossen habe. Die Inszenierung war bewußt karg gehalten, ohne alle Äußerlichkeiten, es gab kein Bühnenbild, wir saßen in drei Gruppen auf Kirchenbänken, und den jeweils Sprechenden hob das Scheinwerferlicht hervor. Es waren eindrucksvolle Aufführungen, obwohl sich die Kritik mit dem Stück selbst nicht ganz einverstanden zeigte. Manche Rezensenten fanden es undramatisch, aber meine Interpretation wurde gelobt. Ein Kritiker schrieb, sinngemäß, es sei doch seltsam, da kenne man den Meinrad als einen Kasperl von Nestroyscher Brillanz und nun überrasche er durch die tiefe Demut eines heiligmäßigen Menschen. Ein anderer urteilte wörtlich: ›... Josef Meinrad, der den ›Franziskus‹ ganz entsüßlichte und darum erst besonders verehrungswürdig machte.‹ Das war ein Erfolg, über den ich mich um so mehr freute, als ich ihn ›trotzdem‹ erringen mußte.«

»Und dann kam 1965 eine Bregenzer Uraufführung, die nachher ins Burgtheater übersiedelte, also den umgekehrten Weg nahm als sonst üblich: DER TAG DES ZORNS von Roman Brandstaetter in der Inszenierung Wolfgang Liebeneiners.

Um sehr schwerwiegende Probleme, nämlich die der Berufung zur Priesterschaft, ging es auch in dem Drama HADRIAN VII., das an vielen deutschen Theatern gespielt wurde. Die Grundlage für die Bühnenfassung des Engländers Peter Luke bildete ein Schlüsselroman des skandalumwitterten totalen Außenseiters Frederick Rolfe. Ich hatte diesen Exzentriker zu spielen, der sich im Verlauf der Handlung mit der Gestalt des fiktiven Papstes identifiziert. Am Burgtheater hatte Dietrich Haugk Regie geführt, danach habe ich selbst die Inszenierung für Bregenz eingerichtet.

Ähnlich verhielt es sich zwei Sommer später bei Hofmannsthals UNBESTECHLICHEM, auch da hatte ich eine ›Doppelfunktion‹. Als Darsteller der Titelfigur, des Herrschaftsdieners ›Leopold‹, und als Betreuer am Regiepult mußte ich zweifach der ruhende Pol des Ganzen sein. Außerdem spielte ich in diesen beiden Jahren bei den Salzburger Festspielen den ›Malvolio‹ in WAS IHR WOLLT. Das waren arbeitsreiche Juli- und Augustwochen mit sorgfältig abgestimmtem Terminplan. Denke ich heute an die ganz verschiedenen, ja kontrastierenden Gestalten zurück, die ich in Bregenz verkörperte, dann formt sich eine recht bunte schauspielerische Palette. Kräftigster Farbtupfer darauf ist wohl der ›Valentin‹ in Raimunds VERSCHWENDER. In dieser Lindtberg-Inszenierung habe ich mich 1976 von Bregenz verabschiedet. Vor genau zehn Jahren ...«

»Ich bin eigentlich ein richtiger Binnenländer. Eine Landschaft, in der ein See das beherrschende Element ist, so eine große Wasserfläche bis zum Horizont, ein kleines Meer fast – das war mir anfangs ungewohnt, aber ich fand es bald außergewöhnlich reizvoll. Meine Frau und ich interessieren uns sehr für Malerei, und so suchten wir auch in Bregenz – unsere Aufenthalte dauerten ja nie sehr lange – Kontakte mit dort ansässigen Künstlern. Ich erinnere mich der Begegnungen und Gespräche mit den Malern Leopold Fetz und Fritz Krcal, letzterer schuf in der Stadt eine Reihe von Fresken. Und ich brauche daheim, in meinem Haus in Großgmain bei Salzburg, nur dieses oder jenes Bild anzusehen, um mir die alten Verbindungen wieder ins Gedächtnis zu rufen.«

»Natürlich freut sich der Schauspieler über einen Theaterabend, an dem das Publikum voll Animo mitgeht und begeistert applaudiert. Aber es gibt auch Aufführungen, die künstlerisch von innen her befriedigen, weil man nämlich selbst das Gefühl hat: da waren gewisse Widerstände zu überwinden, da war eine Aufgabe zu bewältigen; die Rolle an sich war eigentlich, wie man sagt, eher undankbar, man mußte sich um sie sehr bemühen, damit auch eine plastische, glaubhafte Figur entstand. Das trifft z. B. auf den ›Franziskus‹ zu. Hingegen ist ein vom Dichter so lebensvoll und liebenswert hingestellter Mensch wie der ›Valentin‹ im VERSCHWENDER die Erfüllung für einen Wiener Komödianten. Wenn man diese treue Seele spielen darf ...

Was mich immer besonders freute: das Bregenzer Festspielpublikum hat den Sinn für die wienerische Phantasiewelt Raimunds und Nestroys, besitzt das Ohr für diese Melodik des Wortes und des Wesens.

Mein persönlicher ›Faust‹ ist, ich sage es offen, ›DER MANN VON LA MANCHA‹ – in Bregenz ist er leider nie aufgeführt worden.«

»Im Sommer 1980 wurde mir der ›Ehrenring der Festspielgemeinde Bregenz‹ verliehen. Auf der Bühne des im selben Jahr eröffneten Festspielhauses. Ich war kein Mitwirkender mehr, sondern Gast, Zuschauer. Der Akt der Verleihung folgte dem Schlußakt einer Aufführung. Die Kollegen hatten Nestroy gespielt: EINEN JUX WILL ER SICH MACHEN. Darin rumort der ›Musjeh Weinberl‹, eine meiner alten Lieblingsrollen. Und da waren die Freunde, da waren die Erinnerungen. Ich war daheim.«

Interview: *Gunther Martin*

(v. l. n. r.) Prof. Herbert Wegricht, Frau Traudl Rhomberg, Frau Wegricht, Walter Rhomberg, Dagmar Koller, Dr. Helmut Zilk und Dr. Lutz Lüdemann, 1979.

Erika Pluhar

Burgschauspielerin, Wien.
Bregenz 1960, 1963–1964, 1966, 1968, 1971, 1978.

»Kein Publikum weiß wirklich, wie sehr es an der Wirkung einer Aufführung beteiligt ist.«

Henrik Ibsen, Hedda Gabler, 1978.
Erika Pluhar (Hedda).

»Ich kann mich an das Bregenz von früher noch sehr gut erinnern; 1960 war ich das erste Mal dort, als junge ›Franziskanerin‹ in Frank Zwillingers GALILEO GALILEI. Als ich dort begonnen habe zu spielen, war es noch eine stille kleine Stadt, ich konnte in der Stadt wohnen. Es gab ein Strandbad, alt und hölzern, das hatte ich ganz gern. Doch letztendlich habe ich eigentlich die Zeit am Bodensee immer irgendwie hinter mich gebracht. In den letzten Jahren waren es ausschließlich Gastspiele, die sind dann schnell vorübergegangen.

Damals, in meiner Jugend, da summierten sich Probenzeiten und Spielzeit, und so lange in Bregenz zu sein, das war, rückblickend betrachtet, schon ziemlich öd. Der lange Aufenthalt in so einem Städtchen, mit dem einen wenig verbindet, hat mich bedrückt – die viele Zeit, die ich außerhalb der Arbeit und außerhalb der Vorstellungen verleben mußte. Aber das laste ich nicht allein Bregenz an. Ich bin ja deswegen so selten vom Burgtheater weggegangen, weil ich es nicht aushalte, längere Tätigkeiten, die viel freie Zeit einschließen, anderswo als in Wien zu verbringen. Wenn ich woanders schufte, ist alles in Ordnung, aber wenn ich durch Straßen gehe, die mir nichts sagen, dann werde ich stets trübselig. Wenn es in Bregenz geregnet hat, war es überhaupt aus, dann haben wir Schauspieler uns irgendwo in Caféhäusern getroffen und uns gelangweilt. Später war ich mit meinen Konzertabenden in Bregenz und auch mit meiner GEBROCHENEN FRAU. Die SCHWÄRMER haben wir in Bregenz gespielt, aber das waren Gastspiele außerhalb der Festspielwochen.«

»Ich muß sagen, daß ich – mittlerweile – überhaupt, prinzipiell, Festspielsommer nicht leiden kann. Ich möchte auch nicht nach Salzburg, im Sommer. Ich bin ein absoluter Gegner von Theaterfestspielen geworden. Ich finde immer, daß sie ungesund sind. Da wird alles mögliche zusammengeschaufelt; Theater muß gemacht werden, immer wieder gemacht werden, das ist dann einmal schlecht und einmal gut. Festspiele haben für mich keinen Humus. Das habe ich zu Beginn meiner Tätigkeit nicht so sicher gewußt, und da ich in allen Belangen ziemlich amorph war, habe ich halt überall mitgemacht.«

»Das Gastspiel mit den SCHWÄRMERN im Festspielhaus, das war einer meiner schönsten Eindrücke. Auch das Publikum hat sehr schön reagiert – also das kam gut an. Mein Eindruck war nicht, daß wir in diesem großen Haus irgendwie verloren wären; dieser Schupfen am See muß ganz gut gebaut sein.«

»Ich bin ein absoluter Vertreter der Theaterpraxis. Theater muß man erst einmal machen, und dann kann man urteilen: ist es etwas oder nicht. Am liebsten habe ich ein Theater, das sich in einer möglichst großen Stadt befindet und möglichst lebendig ist, wobei ich unter Lebendigsein verstehe, daß es sich verschiedensten Einflüssen offenhält und daß da Menschen arbeiten, die eine große Aufgeschlossenheit besitzen. Wenn ich von unserem Burgtheater rede, das ich letztendlich doch tief ins Herz geschlossen habe, dann ist es nur zum Teil lebendig. Natürlich wäre – als Wunschvorstellung – ein kleineres Theater idealer, wo sich alle auch wirklich zusammentun können. In den letzten Jahren habe ich diese ›Erfüllung‹ jedoch lediglich innerhalb einer einzelnen Arbeit gefunden.«

»Ich kann das Theater nicht von meinem Leben trennen, es muß etwas mit meinem Leben zu tun haben. Es darf nicht so werden, daß ich kein eigenes Leben habe und dem Theater nachlaufen muß. Das, was sich jetzt im deutschen Theaterraum so tut, daß Schauspieler überwiegend mit dem Flugzeug unterwegs sind, von einer Bühne zur anderen, das ist eigentlich etwas Abstruses. So etwas habe ich kürzlich in Stuttgart erlebt, wo ich Noréns DÄMONEN spielte – kein Regieassistent, der nicht mit dem Flugplan in der Hand herumgeht; mit dem Textbuch, mit dem Probenplan und mit dem Flugplan, damit er weiß, wann wer ankommen kann. Das habe ich nicht so gern – jedenfalls nicht für mich.«

»Ich glaube, das deutsche Theater hat in den letzten Jahren eine ziemlich bedenkliche Tendenz bekommen. Es läuft Gefahr, das Styling wichtiger zu nehmen als das Bewegende. Das, was uns bewegt, ist jedoch der Kern des Ganzen. Es wird sehr viel Wert auf die Art und Weise gelegt, wie Inszenierungen verpackt werden, und was man für einen tollen optischen Dreh findet. Das sind Dinge, die sicher auch wichtig sind, aber nicht zum Angelpunkt werden sollten. Da jedoch das Theater immer auch ein Spiegel der Zeit ist, mußte in unserer blöd gestylten Welt solches Theater entstehen. Ich sehe es also als ganz folgerichtig und keineswegs verwunderlich an, daß Theater heute zum Teil entsetzlich oberflächlich ist; vor allem die erfolgreichen Sachen finde ich oft so bedrükkend oberflächlich. Doch sie sind erfolgreich, weil sie so plakativ wirken.

Es ist so selten, daß ein Atem entsteht, oben und unten, auf der Bühne und im Zuschauerraum. Kein Publikum weiß wirklich, wie sehr es an der Wirkung einer Aufführung beteiligt ist.«

Interview: *Paul Kruntorad*

Michael Heltau

Burgschauspieler, Wien.
Bregenz 1969, 1979.

»Der große Trumpf von Bregenz ist nun einmal die Seebühne, und sie hat Bregenz zu dem gemacht, was es heute ist. Nur ein Spielverderber, der weder das Publikum noch das Theater respektiert, kann darüber die Nase rümpfen.«

Franz Molnár, Der Leibgardist, 1979.
Michael Heltau in der Titelrolle.

»1969 habe ich am Bodensee unter Leopold Lindtberg den ›Tom‹ in der GLASMENAGERIE von Tennessee Williams gespielt und zehn Jahre später Molnárs LEIBGARDISTEN in einer Eigeninszenierung der Bregenzer Festspiele. Loek Huisman hat inszeniert, von Carl Toms stammte die Ausstattung. Dem ging eine wirklich komische Geschichte voraus. Ich probte mit Peter Wood am Burgtheater TRAVESTIES von Tom Stoppard, und Peter sagte zu mir: ›Michael, do you know a play by Molnár THE HORSE-GUARDMAN, it would be lovely for you.‹ Das haben sie damals gerade am National Theatre gespielt. Ein Molnár, das wäre etwas für uns, habe ich gesagt, und so kam dieses Stück über London zuerst nach Bregenz und dann nach Wien.«

»Mir hat Bregenz als Atmosphäre gefallen, als Alternative zu Salzburg, zu einem Festival, das Luxus bietet; einen Luxus der Namen, von den Leuten ausgehend, die im Zuschauerraum sitzen, bis zu den Leuten, die auf der Bühne stehen.

Ich habe mir das, was jetzt in Bregenz mit der ZAUBERFLÖTE geglückt ist, schon immer auch für das Schauspiel gewünscht. Bregenz war stets eine mit mehr oder weniger Glück gesegnete Dependance der Wiener Theater. Früher gab es ja ausschließlich Gastspiele des Burgtheaters. Ich fand es – von Wien aus gesehen – immer ein bißchen einfallslos, was in puncto Theater in diesem Dreiländereck geschah. Als ich dann jedoch dort spielte, habe ich auch einen praktischen, sehr plausiblen Grund für das Wie und Was gesehen und eine echte Motivation verspürt. Es geschieht alles für ein Publikum, das nicht nach Wien fährt bzw. fahren kann. Und so gesehen hat es eine Berechtigung.

Ich habe immer wieder gehört, daß die Vorarlberger nicht besonders mit Wien sympathisieren. Doch was das Theater anbelangt, hat während der Festspiele die Achse Wien–Bregenz gut funktioniert. Ich hatte beide Male das Gefühl, daß sich das Publikum in Bregenz mit den Schauspielern, die aus der Bundeshauptstadt kommen, identifiziert. Und das Publikum aus der Bundesrepublik und aus der Schweiz, das ja das Hauptkontingent stellt, war ebenfalls zufrieden. Daß allerdings Vorstellungen nur maximal sechsmal gezeigt werden, das ist ein dummer Luxus, den sich ein Theater nicht leisten dürfte. Wenn Theater gut ist, dann soll man es so lang spielen, solange dafür Karten verkauft werden können.«

»Das Haupt-Atout, der große Trumpf von Bregenz, ist nun einmal die Seebühne, und sie hat Bregenz zu dem gemacht, was es heute ist. Nur ein Spielverderber, der weder das Publikum noch das Theater respektiert, kann darüber die Nase rümpfen. Da ist ein legitimer Anspruch.«

»Ich habe lange Jahre am Domplatz in Salzburg meinen Beruf ausgeübt, und es war mir immer ganz klar, daß man gegen Taubenscharen und Glocken machtlos ist. Da hört dann der Beruf auf.

Wenn die Tischgesellschaft, beim Obst- und beim Apfelsaft, auf einmal von Bienen überfallen wird, und man wirklich furchtbar Angst hat, weit den Mund aufzumachen – weil es das letzte Mal sein könnte, daß man den Mund aufgemacht hat –, dann ist es nicht ganz das, was mich als Schauspieler interessiert. Das sind eben die Gefahren der Freilichtaufführungen.

Auf der anderen Seite reizen mich die besonderen Bedingungen einer Festspielsituation. Das fängt damit an, daß das Publikum zu Festspielen mit einer anderen Erwartung geht als normal üblich, mit einer besonderen Bereitschaft. Ich könnte mir vorstellen, daß man in Bregenz für das Sprechtheater ein Äquivalent zum See erfindet; ich plädiere auch aus Tourismusgründen für das österreichische Theater. Vor allem seit ich sehe, wie attraktiv Österreichisches in England, in Frankreich und nicht zuletzt in der Bundesrepublik ist.

In Salzburg heißt es ›Salzburger Festspiele‹, und das ist ein sehr teures Etikett. In Bregenz könnte das Etikett möglicherweise ja ›Wiener Theater‹ heißen.«

Interview: *Paul Kruntorad*

Dagmar Koller

Sängerin, Wien.
Bregenz 1969, 1981 und 1983.

»Wenn es die für mich richtige Rolle wäre, würde ich sofort wieder in Bregenz spielen.«

»In Bregenz trat ich erstmals 1969 auf – in der Uraufführung der HOCHZEIT AM BODENSEE von Robert Stolz. Adolf Rott war der Regisseur, und eigentlich war so ziemlich das gesamte Ensemble der Wiener Volksoper engagiert. Ich hatte gerade zum ersten Mal in Wien im MANN VON LA MANCHA gesungen, doch darüber hinaus war ich damals fast ausschließlich in der Schweiz und in der Bundesrepublik tätig. Deshalb freute ich mich riesig über die Gelegenheit, in ein Ensemble zu kommen, das ich gut kannte; ich war ja viele Jahre Ballettänzerin an der Wiener Volksoper gewesen.«

»Auf der alten Seebühne existierten sehr schlechte akustische Verhältnisse. Adolf Rott gab deshalb die grundsätzliche Parole aus, rasch zu den Mikrofonen zu laufen und dort zu spielen. Aus dieser Anweisung entstand natürlich ein ›Kampf der Gladiatoren‹: Wer einen Satz zu sprechen hatte, rannte um sein Leben zum nächsten Mikrofon. Ich war immer schneller als Fritz Muliar, der mich daraufhin warnte: ›Ich hab schon so manche Soubrette ins Wasser geworfen.‹ Leider spielte in dieser Saison das Wetter nicht mit; viele Vorstellungen waren verregnet. Ich hatte meinen großen Auftritt erst im zweiten Akt, aber im Vertrag stand, daß die Gage ausbezahlt wird, wenn bis zum soundsovielten Bild gespielt wurde. Zum Ärger meiner Kollegen wurde nun manchmal eine Vorstellung abgebrochen, bevor ich überhaupt einen Ton gesungen hatte, doch ich bekam trotzdem meine Gage. Zum Ausgleich und damit nicht alle so bös sind auf mich, habe ich mich stets schon um sechs Uhr eintrainiert und geschminkt, selbst wenn ich gesehen habe, daß Regenwolken aufziehen.«

»Dann habe ich lange nichts mehr aus Bregenz gehört. Erst elf Jahre später – ich stand damals in Zürich in MY FAIR LADY auf der Bühne – hat sich Intendant Bär bei mir gemeldet. Er wollte die WEST SIDE STORY auf der Seebühne machen, und aufgrund meines Zürcher Erfolgs dachte er, er sollte im Ensemble, das vorwiegend amerikanisch war, auch einen in dem Länderdreieck bekannten Namen haben. So trug er mir die Rolle der ›Anita‹ an, eine Traumrolle, die bis dahin aber immer von Puertoricanerinnen oder jedenfalls dunkelhäutigen Amerikanerinnen gespielt wurde. Ich war glücklich über dieses Angebot und sagte zu; doch einige Wochen später hörte ich, daß es in Wien einen Aufruhr wegen dieser Verpflichtung gegeben hatte. Doch Professor Bär bestand auf seiner Idee. Er hat zu mir gesagt: ›Wissen Sie, Frau Koller, das ist mein letztes Jahr in Bregenz, und ich laß mich von den Wienern nicht erpressen.‹ Kurze Zeit später lernte ich bei einem Konzert durch Zufall Leonard Bernstein kennen und informierte ihn: ›You know, I am going to do Anita this summer in Bregenz.‹ Lenny hat es gerissen, er hat mich angeschaut und erwidert: ›You are my first blond to do this part.‹ Dann hat er mich gefragt: ›Können Sie tanzen?‹ ›Tanzen ist kein Problem‹, habe ich geantwortet, ›aber die Hautfarbe.‹ Da hat er gelacht: ›You will do it well.‹ Und damit hat er mir das Gefühl gegeben, daß ich es schaffen werde.«

Robert Stolz, Die Hochzeit am Bodensee, 1969. Frans van Daalen (Harry Hell), Dagmar Koller (Ilonka Vorös).

»Bei der Hauptprobe habe ich dann gespürt, daß es ein Erfolg wird. Bis dahin hatte ich trotz Bernsteins Zuspruch noch manchmal an mir gezweifelt; ich konnt' mich beim Zähneputzen nicht mehr im Spiegel anschauen, ich habe mich immer als blondes Wesen gesehen und hab' mich gefragt: Warum tust du dir das noch an? Es war sowieso meine schwerste Probezeit; bei ›I want to be in America‹ bin ich auf der riesigen Seebühne von einer Ecke zur anderen gelaufen; jeder normale Sterbliche kommt allein dadurch schon außer Atem, ich mußte zusätzlich noch tanzen und singen. Dann war das ganze Ensemble so geschminkt wie ich, was mich auch wieder geärgert hat, weil ich mir gedacht habe, von weitem schauen wir alle gleich aus. Und so war es dann auch.«

»Nach der Bregenzer WEST SIDE STORY habe ich mich getraut, wieder nach Wien zurückzukehren. Bis dahin hatte

Leonard Bernstein, West Side Story, 1981.
Dagmar Koller (Anita) mit den Jets.

ich mir stets gesagt, nein, ich bleib nur mit einem halben Fuß in Wien. Aber die Presse zu Bregenz war so gut, daß ich den Mut hatte, von nun an mit beiden Füßen in Wien zu stehen. Auf mich kam in Wien KISS ME KATE zu; ich habe 1983 die ›Kate‹ dann auch in Bregenz gespielt – unter Pscherer. Mit ihm gab es sehr viele Auseinandersetzungen, weil ich von der Rolle eine bestimmte Vorstellung hatte und mich nicht in ein Korsett pressen lassen wollte. Pscherer ist ein Regisseur, der hervorragend ist, aber allem und jedem seinen Stempel aufdrücken möchte. Ich aber wollte diese Rolle nach meinen eigenen Vorstellungen gestalten, und so hat es gekracht. Der neue Festspielpräsident und der neue Intendant Wopmann haben es nicht leicht gehabt, die mußten eine Woche lang nur vermitteln. Dann haben Pscherer und ich uns kollegial ausgesprochen. Doch ich hatte trotzdem nicht so viel Freude an dieser Aufführung, denn KISS ME KATE ist ein Stück, das auch sehr von der Mimik lebt, vom Gesicht, und das sieht man auf der Seebühne nicht. Das Liebesspiel kann man dort nur mit großen Gesten machen, dabei gehen die Wut und das Pantomimische verloren. Ich habe gemerkt, das Publikum wartet ausschließlich auf die Massenszenen, alle Einzelszenen fallen buchstäblich ins Wasser. Auf der früheren – kleineren – Seebühne war alles viel persönlicher, aber die neue große bietet halt weite Möglichkeiten. Trotzdem bzw. gerade deshalb: auch die Komik der Gangster ist total verlorengegangen. Und außerdem mußten wir zwei Fassungen herstellen, die zweite für das Festspielhaus. Es ist furchtbar deprimierend, wenn man abbrechen und umziehen muß, und außerdem weiß, daß nur noch ein Teil der Zuschauer mit übersiedeln kann.«

»Ich hätte den Mut, die gesamte Seebühne vorzuziehen und die Gegebenheiten der hinteren Bühne voll auszunützen. In Bregenz dominiert das Urlaubspublikum, die Touristen, die gern einmal ein Spektakel erleben; das ist ein dankbares Publikum. Deshalb finde ich es richtig, wenn man ihm ein möglichst reichhaltiges, nur ja kein sparsames Spektakel bietet. Wenn es die für mich richtige Rolle wäre, würde ich sofort wieder in Bregenz auftreten. Aber für mich wird es ja jetzt immer schwieriger: es gibt nicht so viele gute Musicals, die man auf einer so großen Bühne machen könnte. Ich könnte mir SOUTH PACIFIC oder DER KÖNIG UND ICH vorstellen.«

Interview: *Paul Kruntorad*

Nicole Heesters

Schauspielerin, Wien.
Bregenz 1978 und 1985.

»Es ist wunderschön, wenn Savary zaubert.«

»Nach Bregenz kam ich zum ersten Mal ›auf Tournee‹, und zwar mit Dieter Giesings Inszenierung von Tschechows ONKEL WANJA. Nach nur zwei Vorstellungen hatte ich allerdings wenig Eindruck von der Stadt und vom Publikum. Das Premierenpublikum, noch dazu bei Festspielen, ist überall das gleiche: geladene Prominenz und die herumreisenden Kritiker, die sich ein bekanntes Stück teils mit Freude, teils mit wenig Lust wieder einmal anschauen müssen.«

»ONKEL WANJA war eine sehr stille, sehr langsame und sehr ruhige Aufführung. WER HAT ANGST VOR VIRGINIA WOOLF? (1985) war gerade das Gegenteil. Ich hatte den Eindruck, daß das Publikum verschreckt war oder vielleicht böse oder auch schockiert, was ich persönlich ganz gut fand.«

Nicole Heesters und Johannes Heesters, 1978.

»In Bregenz war die Aufführung von WER HAT ANGST VOR VIRGINIA WOOLF? noch sehr hart, auch humorlos; wir haben zu sehr gekämpft, um das Ziel zu erreichen, das einem jetzt – nach der Übernahme der Inszenierung ins Münchner Residenztheater – viel selbstverständlicher erscheint. Wir waren vielleicht auch noch zu laut, was ja sehr oft passiert.«

»Everding war ein außerordentlich vorbereiteter Regisseur. Man muß sich ja als Schauspielerin notgedrungen, mehr oder weniger, mit der darzustellenden Person identifizieren. Die ›Martha‹ ist eine Rolle, die genau in mein Alter paßt. Ich wollte das abgründige Herz, die Seelenwünsche dieser Frau vorzeigen, wie schrecklich man wird, wenn man auf Liebe verzichtet, und wie notwendig es ist, Lebenslügen aus dem Weg zu räumen, um vielleicht neu anfangen zu können. Das ist ein so trauriges Schicksal, ich hoffe, daß ich das nicht in mir drin habe. Weder bin ich Alkoholikerin, noch bin ich eine

Edward Albee, Wer hat Angst vor Virginia Woolf?, 1985. Nicole Heesters (Martha).

sadistische Frau, noch habe ich diese wahnsinnige Liebe zu meinem Vater. Aber ich habe großes Verständnis für den Mut dieser Frau.«

»Man versucht ja immer, eine Rolle konsequent aufzubauen. Beim ersten Lesen dachte ich: komisch, ich als Frau würde mir ein anderes Kind vorstellen als das, das Martha und George gemeinsam für sich erfinden. Dann sind wir bei den Proben plötzlich draufgekommen, daß dieses imaginäre Kind das Idol von zwei Männern ist. Everding hat uns anfangs erläutert, daß er sich das Konzept zurechtgelegt hat, und da wir nicht viel Zeit hatten zu diskutieren, sollten wir die Linie, die er sich ausgedacht hat, erst einmal verfolgen. Es gäbe viele Leute, die urteilten, es sei ein hartes, gefühlloses Stück, man müsse sich anschauen, wie sich auf der Bühne vier Menschen die Gedärme aus dem Kopf ziehen. Doch im letzten Akt begreift man dann warum. Es dürfe nur nicht gleich von Anfang an verraten werden, daß es sich eigentlich um eine Liebesgeschichte handle.«

Anton Tschechow, Onkel Wanja, 1978.
Nicole Heesters (Jelena Andrejewna).

»Von Bregenz selbst wußte ich nur: Da ist der See, und die Bühne im See ist das Zentrum. Auf der Seebühne funktioniert alles bestens; es ist ja auch wunderschön, wenn Savary zaubert. In Bregenz dreht sich alles um das Wasser und um das Wetter. Darüber hinaus fällt mir zum Stichwort ›Festspiele‹ stets nur ein: der Trubel, der Tourismus, sehr hohe Preise und ganz zuletzt erst das Theater. Ich finde die Arbeit bei Festspielen immer etwas – ich hasse das Wort, aber es gibt keinen anderen passenden Ausdruck – gestreßt. Es ist kein ruhiges Arbeiten, jedenfalls habe ich noch nie entspannte, durch und durch konzentrierte Proben bei Festspielen erlebt.

Jetzt erinnere ich mich: In Bregenz bin ich 1985 sogar krank geworden. Wir wohnten in Lustenau, da gibt es ein schönes großes Schwimmbecken, ich bin jeden Tag schwimmen gegangen, auch im Regen, und das hatte Folgen. Aber dadurch habe ich dann auch tatsächlich wenigstens einen Bregenzer näher kennengelernt; einen wunderbaren Menschen – einen Arzt.«

Interview: *Paul Kruntorad*

Martin Benrath

Schauspieler, Berlin. Bregenz 1985.

»Es gibt heute keine Schauspieler mehr, es gibt nur Regiestars. Ich bin der Ansicht, daß sich das wieder ändern muß.«

Edward Albee, Wer hat Angst vor Virginia Woolf?, 1985. Martin Benrath (George), August Everding (Regisseur), Nicole Heesters (Martha).

»Es ist sicher zehn Jahre her, damals habe ich am Bodensee in einem Stück von Simon Grey, es hieß BUTLEY, gespielt; das war meine erste Bregenz-Erfahrung. Vorher hatten wir BUTLEY mehrere Wochen lang in Berlin aufgeführt, unter Lietzau; dann begannen wir damit in Bregenz eine Tournee, die uns in so ungefähr hundert deutsche Städte führte. Bregenz war die erste Station, wir haben die letzten Probentage dort verbracht und danach die ersten fünf oder sechs Spieltage.«

»WER HAT ANGST VOR VIRGINIA WOOLF? wurde in München vorprobiert, etwa vier bis fünf Wochen, die Endproben hatten wir dann in Bregenz. Ein schönes Städtchen, es liegt ja wunderbar, ich war gerne dort.

Das Albee-Stück habe ich 1962 gelesen, als es herauskam, und es empört in eine Ecke geschmissen. Ich hab' mir gesagt, deswegen bin ich nicht zum Theater gegangen, um mir diese zerstörerischen, destruktiven Gedanken zu eigen zu machen. Ich habe das Stück selbst auch nie auf einer Bühne gesehen, jedoch den berühmten Film mit Elisabeth Taylor und Richard Burton. Eines Tages, so vor zwei Jahren, sprach mich Kurt Meisel an; er wollte dieses Stück mit mir noch unter seiner Regie und Intendanz am Münchner Residenztheater machen. Doch mir paßte dieses und jenes nicht so; dann kam Everding mit demselben Vorschlag. Wieder zögerte ich lange, weil ich natürlich mit meiner ursprünglichen Abneigung an die Sache heranging. Ich habe aber dann das Buch erneut gelesen, fand die Handlung eigentlich unverändert wenig erbaulich, sagte mir dann aber, daß die Rolle des ›George‹ einfach zu gut ist. Sie hat vor allem eine gehörige Portion Geheimnis, die speziell reizte mich. Ich nahm mir vor, meinen Part mit Kälte und mit dem Kopf zu verkörpern. Ich wollte keine Gefühle unterbringen. So bin ich doch noch zu VIRGINIA WOOLF gekommen, nach wie vor eher mit einer abwehrenden, skeptischen Haltung«.

»Eigentlich hat sich diese Abwehrstellung bis heute nicht gelockert. Aber ich bin, glaube ich wenigstens, ein Profi, und wenn ich etwas mache, dann mache ich es mit vollem Einsatz. Das ändert nichts an meiner Grundeinstellung, daß ich gerade diese verdammte Etüde nicht so sehr mag. Es gibt andere Rollen, die einem lieber sind. Aber man ist, wie gesagt, ein Praktiker. Man muß – einem Pianisten geht es ähnlich – auch Stücke spielen, die einem weniger liegen, weil sie eben zum Repertoire gehören. Es wird auch vom Publikum erwartet, daß man das macht. Ich bin Preuße, preußisch erzogen, also mit strengster Disziplin; man kann nicht alles mit den Füßen treten, was einem anerzogen ist.«

»Wir waren schon sehr gespannt auf die Reaktionen – und dann erstaunt, wie sich zwar nicht das Stück gewandelt hat, aber die Aufnahme desselben. Ich spürte, das Erschrekken war damals, vor fast fünfundzwanzig Jahren, größer; inzwischen ist man so starken Tobak einfach gewöhnt, durch das Fernsehen und durch bestimmte Berichterstattung in den Zeitungen etc. Die Leute zeigen sich nicht mehr so schokkiert, wie sie es vor einem Vierteljahrhundert waren, als das Stück neu war. Damals hat man noch scharenweise das Theater verlassen, weil man sagte, das ist ja unglaublich. So wie ich früher reagiert habe, hat ja auch das Publikum reagiert. Es gibt zwar noch heute Leute, die empört herausgehen, aber sie sind in einer verschwindenden Minderheit.«

»Es war meine dritte Arbeit mit Everding. Zuerst habe ich mit ihm eine Komödie gemacht, sie hieß REVANCHE, ein Zweipersonenstück; Wolfgang Reichmann war mein Partner. Danach den LIEBESTRANK von Wedekind. Dadurch, daß Everding mich für die Rolle des ›George‹ wollte, war schon viel vorgegeben. Die vier Rollen in WER HAT ANGST ... sind von dem Moment an, an dem die Besetzung feststeht, bereits fest umrissen; da ist dann nicht mehr viel zu machen, da kann man nur noch helfen und man kann anregen, aber die Grundstruktur ist durch die Besetzung vorgegeben. Ich kann mit Everding prinzipiell sehr gut zusammenarbeiten, weil ich ihn schnell verstehe; er ist selber schnell, ich bin Berliner, also ich weiß sofort, was er will, und dann ist es nur noch eine Sache der Verabredung. Er strotzt nur so vor Einfällen, da muß man auch aufpassen.«

»In Bregenz haben wir eine etwas spontanere Reaktion gehabt als später in München, das hängt auch mit der Größe des jeweiligen Hauses zusammen. Das ›Kornmarkttheater‹ hat – wenn ich mich recht erinnere – an die 640 Plätze, das ›Residenztheater‹ doppelt soviel. Das heißt, man kann im ›Resi‹ nicht so schnell und so locker spielen, man muß schon ein bißchen schieben. Die Zweit-Premiere und die ersten Vorstellungen waren hervorragend, aber dann merkt man natürlich selbst in München, daß die Leute, die von woanders herkommen, ein bißchen betroffen sind und deshalb zögernder reagieren. Kästner hat einmal richtig festgestellt, man sollte das Berliner Publikum auf Tournee mitnehmen.«

»Ich sehe zu wenig andere Aufführungen, um mir wirklich ein Urteil erlauben zu können, aber eines glaube ich doch zu bemerken, daß die Welle des großen Regie-Theaters, die ja die Theaterlandschaft enorm verändert hat, abebbt. Es gibt ja heute keine Schauspielerstars mehr, es gibt nur noch Regiestars. Und ich bin der Ansicht, daß sich das wieder ändern muß; denn es ist auch eine unzulässige Bevormundung der Autoren, wenn jeder Regisseur mit deren Stücken nach eigenem Gusto umgeht. Das Publikum hat sich in dieser Beziehung einiges gefallen lassen müssen, und es ist inzwischen einiges gewöhnt, aber es kommt glücklicherweise doch immer wieder die Empörung zum Vorschein, wenn etwas nicht Hand und Fuß hat, sondern nur nach äußerlichen, oberflächlichen Wirkungen zielt – oder schielt. Ich höre immer wieder vom Publikum: das wollen wir nicht, da gehen wir nicht hin. Wenn etwas wirklich gut gemacht ist und wenn man einer Vorstellung die Idee und den geistigen roten Faden anmerkt, dann ist das Publikum so dankbar wie eh und je. Die Unterhaltung, die intelligente Unterhaltung ist also nach wie vor gesucht und gefragt. Ich baue auch darauf, es bleibt meine einzige Hoffnung.«

Interview: *Paul Kruntorad*

Edward Albee, Wer hat Angst vor Virginia Woolf?, 1985. Martin Benrath (George).

Edward Albee, Wer hat Angst vor Virginia Woolf?, 1985. Martin Benrath (George) und Nicole Heesters (Martha).

Giuseppe Patané

Dirigent, Monte Carlo. Bregenz 1986.

»Das Wichtigste ist, gute Musik muß perfekt sein – dann kommt der Regisseur, der die Worte in Bilder umsetzt.«

»Es gibt gleich zwei gewichtige Gründe, die mich veranlaßt haben, in Bregenz die ANNA BOLENA zu dirigieren.

Erstens: Ich habe vor Jahren aus diversen Gründen mit dieser Oper schlechte Erfahrungen gemacht, die ich nicht näher erläutern möchte. Da aber ANNA BOLENA im internationalen Opernrepertoire so gut wie nicht vorhanden ist, habe ich erst jetzt wieder eine Möglichkeit, mich mit diesem Frühwerk Donizettis zu beschäftigen.

Der andere Grund ist, daß der Intendant der Bregenzer Festspiele ein guter Freund von mir ist; ich möchte auch deshalb zu der Weiterentwicklung der Bregenzer Festspiele beitragen. U. a. wird es ja auch einen Konzertabend mit den Wiener Symphonikern geben, worauf ich mich sehr freue. Bregenz hat im Stellenwert der internationalen Festspiellandschaft noch nicht die Gewichtigkeit, die es erreichen kann. Sicher haben die Salzburger Festspiele mit ihrem hohen Niveau in dieser Hinsicht zu Ungunsten von Bregenz gewirkt. Bregenz hat jedoch durchaus die Chance – nicht von heute auf morgen natürlich, so etwas bedarf einer Entwicklung von Jahren –, mitzuziehen bzw. stark aufzuholen.«

»ANNA BOLENA ist sicher nicht gerade das wichigste Stück von Donizetti, was nicht heißen soll, daß es ihm an Qualität mangelt, es ist ein Frühwerk und z. B. nicht zu vergleichen mit LUCIA DI LAMMERMOOR, DON PASQUALE oder LIEBESTRANK. Aber auch deshalb ist es besonders reizvoll, sich damit auseinanderzusetzen. Denn daß das Werk so selten aufgeführt wird, liegt in der Tatsache begründet, daß es sehr schwierig zu singen ist und es dafür kaum noch Sänger gibt. Die Musik stellt außerordentliche stimmliche Ansprüche, weil sehr viel im reinen Belcanto gesungen werden muß.

Es gibt heute viele Sänger mit wunderschönen Stimmen, hochmusikalische Künstler, aber die Kunst des Belcanto fehlt. Italienisches Belcanto ist eine Sache der Vergangenheit. Vor etwa 100 bis 150 Jahren gab es noch Sänger, die dies perfekt singen konnten. Heute haben Belcanto-Opern ein schweres Schicksal; sie sind praktisch unaufführbar geworden, weil kaum Sänger existieren, die diese spezielle Gesangskunst optimal beherrschen. Ich hoffe nicht, daß bei den Bregenzer Festspielen die letzte Möglichkeit für Jahrzehnte gegeben sein wird, diese Oper aufzuführen. MARIA STUARDA ist übrigens ein Parallelfall.«

»Eine Schuld trifft in erster Linie nicht die Sänger selbst, sondern die Gesangsausbildung und deren Weiterentwicklung bzw. Anwendung in der Praxis. Als musikalischer Leiter hat man heutzutage wenig Chancen, in Ruhe mit den Sängern zu arbeiten, wichtige Details herauszufiltern. Alles *geht zu schnell,* ganz eilig, ganz knapp, geschieht unter Zeitdruck; die Probenzeiten sind knapp bemessen. In der Regel beanspruchen und erhalten die Regisseure den Löwenanteil an der gesamten Probenzeit.

Giuseppe Patané

Ein guter Regisseur hilft mit, diese Problematik zu verringern, und nicht zuletzt deshalb freue ich mich auf die Zusammenarbeit mit Giancarlo del Monaco. Manche Regisseure kennen oftmals die Musik nicht richtig, manche wollen selbst erst noch lernen, ausprobieren, experimentieren, sind mehr an sich selbst und an der Wirkung ihrer eigenen Arbeit interessiert als am Gesamten, wollen Karriere machen um jeden Preis. Ist dies der Fall, ist es nicht Arbeit für die Kunst, sondern ein Job, um Geld zu verdienen. Eine ganz schlechte Grundeinstellung, die der Musik schadet. Das Wichtigste ist, gute Musik zu machen. Eine Oper – das ist: Worte in Musik. Die Musik muß perfekt sein – dann kommt der Regisseur, der die Worte in Bilder umsetzt.«

»Von musikalischen Freilichtaufführungen distanziere ich mich im allgemeinen. In Bregenz verlockt der See als idealer Spielplatz natürlich dazu. Ich bin der Meinung, daß es eine wirklich gute Akustik unter freiem Himmel leider gar nicht geben kann.

Der Klang kommt relativ simpel zurück. Man hört keine Unterschiede zwischen Piano oder Crescendo. Es ist regelmäßig Mezzoforte. Das ist kein Nährboden für gute Musik. Und daher reizt es mich nicht mehr. Früher habe ich auch bei Freilichtfestivals dirigiert – so in Verona z. B. Ich habe dann aber sehr schnell gemerkt, daß alles auch auf Kosten der Sänger geht und im wesentlichen mehr Herausforderung für die Regisseure bietet. Es ist natürlich trotzdem eine gute Sache vor allem für junge Dirigenten. Sie lernen Tempo zu schlagen, sich vor Publikum zu profilieren, vor einer breiteren Öffentlichkeit zu stehen.«

»Operette zu dirigieren ist nicht mein Wirkungskreis. Ich höre Operetten gerne und schau sie mir auch gerne an. Für Bregenz wäre die Operette natürlich prädestiniert, weil dieses Genre eine große Tradition in Österreich hat. Aber es ist eine ganz andere Welt. Ich verstehe auch zu wenig davon. Die einzige operettenartige Sache, die ich gerne mache, ist DIE FLEDERMAUS von Johann Strauß. Aber das ist bekanntlich auch mehr eine Oper, sie wird ja fast ausschließlich in den großen Opernhäusern gespielt.«

»Festspiele als Idee an sich finde ich im Prinzip sehr gut. Die einzelnen Vorstellungen sind in der Regel besser als bei normalen Repertoire-Aufführungen an Opernhäusern oder Theatern, weil innerhalb eines kurzen Zeitraums wenige Stücke intensiv gemacht werden. Die Arbeitsbedingungen mit den Künstlern sind besser, weil komprimierter und vieles auch konzentrierter geprobt werden kann; Details können intensiver erarbeitet werden. Man hat auch immer dasselbe Orchester. Das ist in einem normalen Opernhaus keineswegs der Fall. Dort hat man beispielsweise während der Proben einen anderen Soloklarinettisten als hinterher in der Vorstellung. Obwohl ich persönlich immer verlange, daß ich bei der Premiere dieselbe Orchesterbesetzung bekomme wie bei den Proben.

Wenn sich aber für ein und dieselbe Oper ständig andere Leute aufeinander einstellen müssen, wenn diese neu zusammengeführt werden müssen, dann mündet das in eine musikalische Katastrophe. Das geht auf Kosten der Dynamik, der Nuancierungen. Gute Arbeit abzuliefern wird dadurch praktisch unmöglich.

Mit den Wiener Symphonikern wird das bei den Bregenzer Festspielen ja anders sein. Das ist, wie ich schon sagte, einer der Vorteile von Festspielen. Man hat im wesentlichen immer die gleichen Musiker zur Verfügung. Außerdem sind die Wiener Symphoniker natürlich ein ausgezeichnetes Orchester. Nur unter solchen Gegebenheiten kann man auch etwas Besonderes schaffen.«

Interview: *Dagmar Stecher-Konsalik*

Gaetano Donizetti, Anna Bolena, 1986.
Figurine Heinrich VIII. von Maria-Luise Walek.

Sonja Gräfin Bernadotte

Mainau.

»In Kunst und Kultur sehe ich eine ideale Möglichkeit der Völkerverbindung und -verständigung.«

»Meine persönlichen Erinnerungen, die sich mit den Bregenzer Festspielen verbinden, reichen bis in die Kindheit zurück. Mit meinen Eltern besuchte ich schon als junges Mädchen mehrere Aufführungen.

Heute erachte ich die Veranstaltungen nicht nur für regional bedeutsam, sondern auch für international anerkannt und für unsere Region als außerordentlich wichtig.«

»Eine besondere Erinnerung habe ich an eine Sendung des österreichischen Fernsehens, die live von der Seebühne aus den Kulissen des VOGELHÄNDLERS (1984) übertragen wurde. Dort war ich als Gast geladen, um mit vielen anderen ›Bodenseeanrainern‹ über die Vierländerregion Auskunft zu geben. Es war ein interessantes Erlebnis, in der Bühnendekoration zu sitzen und sich fast als Darsteller zu fühlen.«

»Die Bregenzer Festspiele nehmen innerhalb der großen Palette kultureller Veranstaltungen in der Bodenseeregion eine herausragende Rolle ein. Wer, wie wir von der Mainau, in der ganzen Welt herumkommt, um auch für den Bodensee zu werben, ist immer wieder beeindruckt, welchen Bekanntheitsgrad dieses Festival heute erreicht hat. In Übersee wird man ebenso darauf angesprochen wie in Fernost. Es ist tatsächlich eine international beachtete Veranstaltung. Außerdem sehe ich in Kunst und Kultur eine ideale Möglichkeit der Völkerverbindung und -verständigung.«

»Lassen Sie mich in diesem Zusammenhang auf Ausführungen verweisen, die mein Mann, Graf Lennart Bernadotte, 1961 für das Programmheft der Bregenzer Festspiele geschrieben hat. Diese Ansichten geben unser beider Denken und Fühlen wieder, deshalb darf ich sie hier auch in unser beider Namen zitieren. Mein Mann bezog sich eingangs auf eine von ihm durchgeführte Goodwill-Tour bei Reisebüros in Schweden: ›Die erste Frage meiner Gesprächspartner war stereotyp: Ja, was gibt es außer der Insel Mainau am Bodensee denn noch? Ich konnte nicht nur darauf hinweisen, daß drei Nationalstaaten sich den Bodensee teilen, daß die Bevölkerung einem Kulturkreis angehört, dessen Schöpfungen von abendländischer Bedeutung waren und daß dieser durch Naturschönheiten besonders ausgezeichnete Raum gerade deshalb zur Reiselandschaft prädestiniert ist; es war für diese Schweden auch von größtem Interesse, zu erfahren, daß es einen Bodensee-Kultursommer gibt, als dessen Hauptereignis die Bregenzer Festspiele zu werten sind.

Fasziniert waren die Leute damals von meiner Mitteilung, daß dieses Bregenzer Festival in erster Linie von Wiener Künstlern bestritten wird. Und hier war es vor allem die Erwähnung der Teilnahme des Wiener Staatsopernballetts, das die Informationen besonders wertvoll machte. Die künstlerische Ausstrahlungskraft des Wiener Theater- und Musikbetriebes wird natürlich in Stockholm ebenso empfunden wie anderswo in der Welt. Man war in den Reisebüros jedoch davon entzückt, daß auch im Rahmen einer Ferienreise an den Bodensee durch die Bregenzer Veranstaltungen das Erleben österreichischer Musik, weltberühmter Bühnenkunst und Wiener Charmes geboten wird.

Wir vom Bodensee können nur dankbar sein, wenn hier z. B. diese geistig erbauenden Ausstellungen in St. Gallens Stiftsbibliothek und Seelenapotheke, die Internationalen Musiktage der Stadt Konstanz, die einmalige fürstliche Gemäldesammlung in Vaduz und die Bregenzer Festspiele unser Kulturleben bereichern. Würdigen wir auch den glücklichen Umstand, daß wir Männer haben, die weitsichtig genug sind und sich verpflichtet fühlen, aus dem großen, gemeinsamen kulturellen Erbe unserer Landschaft schöpfend, mit unermüdlicher Energie eine lebendig-blutvolle Gegenwart mitzugestalten. Damit der fortlaufenden Entleerung des bisherigen Menschentums entgegenzuwirken und Mittel und Wege zu finden, den erholungsuchenden Menschen zur Selbstbesinnung zu bringen, ist doch eine der schönsten Aufgaben, die sich ein Ferienland stellen kann.

Wer solches bietet, dessen Werbung hat nicht nur eine Moral, sondern gerade deshalb auch besten Erfolg. Beides verbindet mich mit Bregenz und mit allen denen am See, die sich das Lebendigerhalten unserer alten Kulturlandschaft zur Aufgabe gemacht haben. Wir dürfen stolz sein, wenn aufgrund unserer Bemühungen die naturgegebene Einheit des Bodenseeraumes auch als eine geistig-kulturelle empfunden und begriffen wird.

In einem so harmonischen Lebensraum wird man gern seine Ferien verbringen wollen und das Zusammenwirken von Eindruck und Wissen um Land und Leute voll genießen. Diese echte Wirkung unserer Landschaft bedeutet natürlich ebenso eine Attraktion des Fremdenverkehrs wie sie ihrerseits die Bregenzer Festspiele, ohne dafür geschaffen zu sein, bilden, und deren Stern ihr künstlerisches Niveau sein muß. Sie haben uns die Werbung für den Bodensee wesentlich erleichtert, nachdem sie eine so weltweite Publizität erreicht haben. Ja, sie können überhaupt zum Anlaß einer Fremdenwerbung für das Bodenseegebiet genommen werden und ihr mit so großem Erfolg dienen, wie andererseits das Reich der Exoten und das Blumenparadies der Mainau dem Ruf unserer gesegneten Ufer dienlich sind.‹«

»Die den Bregenzer Festspielen von Anfang an innewohnende Idee, Landschaft und Kunst zu verbinden, findet natürlich gerade bei uns auf der Mainau großen Anklang. Die geglückte Symbiose zwischen Kunst und Landschaft und deren Gestaltung zeigt sich in der Entwicklung der europäischen Parks und Gärten. Vielleicht ist es eines Tages realisierbar, eine Aufführung aus dem Kulturprogramm der Bregenzer Festspiele auf der Insel Mainau stattfinden zu lassen. Grundsätzlich steht die Mainau ja allen neuen und vielversprechenden Anregungen positiv gegenüber.«

Interview: *Walter Lingenhöle*

Kurt Waldheim

Dr., Bundespräsident
der Republik Österreich.
Wien.
Bregenz 1984, 1985 und 1986.

»Wenn ich alles in Betracht ziehe, dann glaube ich, daß das Steuergeld, das man für die Bregenzer Festspiele ausgibt, gut angelegt ist.«

»Wirklich besuchen konnte ich die Festspiele erst in den letzten Jahren. Vorher war ich um die Festspielzeit meist im Ausland, als Diplomat oder zehn Jahre lang als Generalsekretär der Vereinten Nationen. Aber natürlich habe ich schon in den ersten Jahren davon gehört, daß im äußersten Westen Österreichs etwas ganz Neues, ein Festival eigener Art geschaffen wurde. Vorarlberg und Tirol gehörten ja in den Jahren nach dem Zweiten Weltkrieg zur französischen Besatzungszone Österreichs. Da ich damals als Legationssekretär an der Botschaft in Paris tätig war, konnte ich von dort aus die Entwicklung der Festspiele besonders eingehend verfolgen. Wieweit sich die Franzosen damals eingeschaltet, ob sie kulturpolitische Interessen verfolgt haben, kann ich nicht beurteilen. Jedenfalls haben sie die Festspiele gefördert.«

»Ich habe dann Österreich aus noch größerer Entfernung gesehen – als Gesandter bei den Vereinten Nationen und in Kanada. Da erhält man aufschlußreiche und bedenkenswerte Einblicke, was wir Österreicher der Welt bieten können. Ich wurde gerade in Amerika wiederholt auf die Bregenzer Festspiele angesprochen, bei gesellschaftlichen Anlässen, in Freundeskreisen, auch in Diplomatenkreisen. Daraus konnte ich entnehmen, wie positiv sie sich entwickelt hatten. Natürlich wurde vor allem immer wieder die Seebühne erwähnt, sie ist ja auch das Auffallende, das Besondere, von dem man zuerst spricht, wenn die Rede auf Bregenz kommt. Sie ist ja einzigartig – das spürte ich aus dem Presseecho.«

»So wurde ich auf Bregenz sehr neugierig gemacht und wollte die Spiele am Bodensee endlich auch selbst erleben. 1984 ergab sich erstmals die Gelegenheit. Ich hatte mir viel erwartet – aber ich wurde noch überrascht. Beeindruckend waren die grün bewachsene Seebühne im VOGELHÄNDLER und – ein Jahr später – erst recht die Felsenlandschaft, in der die ZAUBERFLÖTE gespielt wurde. Es ist wirklich frappierend, in welch glücklicher Weise, mit wieviel Umsicht und Geschmack der See in das Bühnengeschehen einbezogen wird. So etwas habe ich nirgendwo anders gesehen. Auch im Festspielhaus habe ich inzwischen einige Aufführungen erlebt, zuletzt I PURITANI von Vincenzo Bellini mit Edita Gruberova. Diese Oper ist ja auf die weibliche Hauptrolle zugeschnitten, und diese war großartig besetzt. Eine einfache, eine karge Inszenierung, aber dadurch kamen die Stimmen, vor allem die der Gruberova, besonders zur Geltung. Ich hatte nachher beim Abendessen Gelegenheit, mit Frau Gruberova zu sprechen. Eine sehr sympathische Frau.«

»Ich freue mich, daß sich neben dem eigentlichen Festspielgeschehen auch ein Rahmenprogramm entwickelt, zum Beispiel für die Jugend, oder auch die Ausstellungen, die Einblicke in den Bereich der bildenden Kunst geben. Ein so abgerundetes Angebot hat sich ja auch in anderen Festspielzentren bewährt. Bregenz ist, besonders seit es das Festspielhaus gibt, wirklich zu einem Kulturzentrum für den ganzen Bodenseeraum geworden, nicht nur in den festlichen Sommerwochen. Man spürt ja, selbst wenn man nur wenige Tage dort verbringt, die enge Nachbarschaft mit der Schweiz, mit Bayern. Zugleich ist es auch eine Selbstdarstellung der Vorarlberger Eigenart. Das merkt man schon bei der Eröffnungsfeier. Man kann bei solchen Gelegenheiten viele wichtige und interessante Persönlichkeiten sprechen. Es kommen ja Politiker und Wirtschaftsexponenten aus den Nachbarländern: aus der Schweiz, aus Bayern und Baden-Württemberg. Man sollte auch die Kontakte zu Liechtenstein nicht unterschätzen, das zwar ein kleines Land, aber ein wichtiger Finanzplatz ist.

Festspiele bieten nicht selten Gelegenheit zu persönlichen menschlichen Kontakten in einer unaufdringlichen, inoffiziellen Weise. Das ist in Salzburg ähnlich. Da wie dort helfen die Natur, die Umgebung und das Ambiente, eine zwanglose Atmosphäre für gute Gespräche zu schaffen. Die Menschen sollen ja von ihren Sorgen, von ihrer Alltagswelt ein wenig abgelenkt werden und aufgeschlossen sein für die Anliegen ihrer Gesprächspartner. In Bregenz und Salzburg verbünden sich gewissermaßen Natur und Kunst.«

»Bei Unterhaltungen mit Vorarlberger Landespolitikern oder mit dem Präsidenten der Festspiele wurden unvermeidlich auch die finanziellen Probleme angesprochen und erörtert. Wenn ich alles in Betracht ziehe: die Attraktion dieses einzigartigen Festivals für den Fremdenverkehr, die Bedeutung für das internationale Ansehen unseres Landes und die Möglichkeit zu internationalen Gesprächen am Rande, dann glaube ich, daß das Steuergeld, das man für diese Festspiele ausgibt, gut angelegt ist.«

Interview: *Lothar Sträter*

Yvonne (Einzi) Stolz

Wien.
Bregenz 1962 und 1969.

»Ich kenne viele Festspiele auf dieser Welt. In Bregenz scheinen mir die Menschen gelöster als in den anderen Städten.«

»Robert Stolz war Ende der 50er, Anfang der 60er Jahre auf dem Gipfel seiner Karriere. Es gab nicht einen einzigen Tag im Jahr, an dem nicht irgendwo auf der Welt mindestens ein Werk von ihm über die Bühne ging. Deshalb war es nur allzu verständlich, daß man sich an ihn wandte, als im Kuratorium der ›Bregenzer Festspiele‹ die Überlegung auftauchte, speziell für die Seebühne eine Operette schreiben zu lassen und damit eine Welturaufführung präsentieren zu können. Robert, das hat sich ja inzwischen bestätigt, war der letzte Komponist des ›silbernen Zeitalters der klassischen Wiener Operette‹.«

»Ernst Bär kam also zu uns und fragte, ob Robert nicht eine Operette für Bregenz schreiben würde, eine Operette, die sich für die Seebühne eignet.

Robert hatte zu diesem Zeitpunkt eine Operette in Arbeit, die in Mexiko spielen sollte. Als Direktor Bär das vernahm, sagte er – ich habe das noch heute im Ohr: Aber Mexiko liegt doch am Wasser – das ist genau das Richtige für uns! Robert machte dieses ebenso spontane wie unwiderlegbare Argument sprachlos, und er sagte, ganz gegen seine sonstige Gewohnheit, sofort zu.

Robert Gilbert und Per Schwenzen haben dann aber doch das Libretto speziell auf die Seebühne zugeschnitten: die Operette spielte zwar immer noch in Mexiko, jedoch auf einer Trauminsel bei Titipec am mexikanischen Isthmus. Und TRAUMINSEL hieß sie dann auch, wie die Bregenzer Seebühne, die ja selbst eine ›Trauminsel‹ ist. Burgtheaterdirektor Hofrat Adolf Rott hat Regie geführt, Professor Hoesslin das Bühnenbild entworfen. Die Ausstattung konnte nicht überboten werden, die Besetzung mit Hedi Klug, Claudio Nicolai, Jean Cox, Hilde Konetzni, Hetty Plümacher und Fritz Hoppe war erstklassig, die Chöre sind phantastisch mitgegangen, die Wiener Symphoniker haben himmlisch gespielt – die Premiere wurde ein rauschender Erfolg.«

»Robert hat persönlich dirigiert. Er war damals bereits 82 Jahre alt; ich mußte auf seine Gesundheit achten. Denn während des Tages war es sehr heiß, aber abends, noch dazu auf dem Wasser, wurde es schnell sehr kalt. Deshalb hat sich Robert ›untendrunter‹ sehr warm angezogen. Darüber trug er den eleganten weißen Smoking – schon damit ihn die Wiener Symphoniker sehen konnten. Und so hat er jede Vorstellung phantastisch geleitet und vom Pult aus inspiriert. Wenn ich mich recht erinnere, war nur eine einzige Vorstellung verregnet.«

»Der Erfolg war so triumphal, daß er auch Neider hervorgerufen hat. Ich will hier keine Namen nennen. Denn was zählte waren ja die Kritiken, die noch heute zitierbar sind. So hat beispielsweise das angesehene New Yorker Fachblatt ›Variety‹ geschrieben: ›With a superb production of Robert Stolz's latest musical TRAUMINSEL (Dream Island), the Bregenz festival in its 16th year sets a milestone. It has discarded the tradition of presenting classical works only. The enthusiastic reception of its world premiere as well as the immense international interest, are sufficient proof that Bregenz will profit financially and artistically. The perfect blending of Robert Stolz's fetching melodies with paprika Mexican rhythm give this show an impact and exciting atmosphere. All the elements of this gigantic production have been fused masterly by Adolf Rott, whose direction is superb!‹

Die Operette hat von Bregenz aus – nachdem Robert und Robert Gilbert die Theaterversion erstellt hatten – die Bühnen der Welt erobert. Sie wurde in viele Sprachen übersetzt. Es gibt von ILE DE RÊVE auch französische Plattenauf-

(v. l. n. r.) Einzi Stolz, Robert Stolz und Dagmar Koller, 1969.

Vorarlberger Tracht.

nahmen. Nur die deutschen Theater blieben ihr bis auf wenige Ausnahmen verschlossen. Der Grund war, daß damals gerade die Musical-Welle aus den USA nach Deutschland und Österreich kam. Überall wurden Musicals gespielt; für die Operette gab es anscheinend keinen Platz mehr. Das hat sich ja, wie die vielen Besucherzahlen beweisen, in der Zwischenzeit wieder geändert.«

»Der Erfolg der TRAUMINSEL hat dann die Festspielleitung bewogen, für 1969 wieder eine Robert-Stolz-Operette einzuplanen. Doch Robert hatte in diesen Jahren kein Libretto, das zu vertonen sich gelohnt hätte. Professor Rott hatte dann die Idee, auf die HIMMELBLAUEN TRÄUME zurückzugreifen, eine Operette, deren Uraufführung er in Berlin 1935 inszeniert hatte. Diese Operette war nach dem Krieg nicht mehr so häufig gespielt worden. Obwohl ihre Melodien inzwischen zu Evergreens geworden waren: ›An so einem Tag wie heute‹, ›Servus-Servus‹, ›Du sollst der Kaiser meiner Seele sein‹, ›Jedes kleine Mädel hat eine kleine Lieblingsmelodie‹, ›Auf der Heide blühn die letzten Rosen‹, und ›Himmelblaue Träume‹.

Die Aufgabe, die Operette für die Seebühne ›zurechtzuschneidern‹, wurde Robert Gilbert und Hugo Wiener übertragen. Robert Gilbert hatte auch schon das Originallibretto geschrieben – allerdings unter einem Pseudonym. Denn er war ja Jude und durfte im Dritten Reich nicht arbeiten. Da hat Robert damals – er half ja allen seinen Freunden, die in Not waren – einfach angegeben, daß das Buch von einem Tiroler namens Rudolf Bertram geschrieben sei. Die neue Fassung, in die auch ein gleichnamiges Lied eingearbeitet wurde, bekam den Titel HOCHZEIT AM BODENSEE (für die Bregenzer Festspiele).

Und da machte die Direktion einen entscheidenden Fehler. Sie gab das Opus, gegen den Willen von Robert, als ›Erstaufführung‹ aus. Sie glaubte, an die Operette von 1935 würde sich niemand mehr erinnern. Doch die Kritiker erinnerten sich daran, und das Publikum erkannte seine Evergreens wieder. Auszubaden hatte diese Irreführung der Komponist. Das machte böses Blut und brachte entsprechende Bosheiten in die Kritiken. Aber es zeigte sich, daß dem Publikum die Musik wichtiger war. Auch diese Seebühnen-Produktion – mit Dagmar Koller, Fritz Muliar und Cissy Kraner – wurde ein rauschender Erfolg.«

»Wir haben in Schloß Hofen gewohnt, zwanzig Minuten von Bregenz entfernt. Ein wahres Paradies. Das waren herrliche Wochen, die wir dort verbracht haben. Robert hat zwar alle Proben geleitet – aber dennoch hatten wir Zeit, uns auch die Gegend anzusehen. Wir machten Ausflüge nach Lustenau (Robert hat darüber sogar ein Lied geschrieben) und auf die Insel Mainau zu Graf und Gräfin Bernadotte. Und sonntags fuhren wir zum Gottesdienst nach Feldkirch. Besonders begeistert haben mich immer die Bregenzer Trachten mit ihren goldbestickten Häubchen; das sind die allerschönsten, die ich je gesehen habe.«

»Auch haben wir im Hotel Montafon in Schruns logiert. Das war das Eleganteste und Vornehmste, was man sich zu dieser Zeit denken konnte. Dort hielten sich viele Künstler und Dirigenten auf. Die haben das Angenehme mit dem Nützlichen verbunden und gleich eine Kur gemacht.«

»Jeder, der damals mit den Festspielen zu tun hatte, bis hin zum letzten Bühnenarbeiter, fühlte sich einer großen Familie verbunden. Es war ein Teamgeist, wie er wohl heute kaum mehr herzustellen ist. Diese reibungslose Zusammenarbeit, alle auf das eine Ziel, höchste künstlerische Leistung zu schaffen, ausgerichtet. Es sind unvergeßliche Zeiten. Prof. Bär war wie ein Vater – zu den Künstlern, zu den Journalisten, zu den Musikern. Und dann erinnere ich mich besonders gern an Hofrat Benzer; er war die Kompetenz in Person und zugleich die gute Seele der Festspiele. Und Bürgermeister Dr. Tizian. Auch er ein Mensch, wie man ihn heute kaum noch trifft, erfüllt mit Idealismus, ohne persönliche Ambitionen.«

»Ich kenne viele Festspiele auf dieser Welt. In Bregenz scheinen mir die Menschen gelöster als in den anderen Städten, sie sind alle durchwegs stolz auf ihre Heimat, auf die Stadt und auf die Spiele auf dem See. Da ist das Zusammengehörigkeitsgefühl noch ungebrochen, da hat sich das Natürliche bewahrt. Außerdem muß jeder sich glücklich fühlen, wenn er den ganzen Tag am See verbringen kann, bevor er am Abend in die Vorstellung geht.

Und dann erlebt er dieses einmalige Schauspiel: Die Sonne geht über der Seebühne unter, die Dämmerung bricht herein, langsam gewinnt das nächtliche Dunkel die Oberhand – doch je dunkler es wird, desto festlicher erstrahlt die Bühne, desto klarer und wunderschöner erklingt die Musik. Dieses Erlebnis ist einmalig, faszinierend, unvergeßlich!«

Interview: *Reinhold G. Stecher*

(v. l. n. r.) Julius Wachter, Einzi Stolz und Robert Stolz, 1969.

Robert Stolz, Die Trauminsel, 1962. Bühnenbildentwurf.

Tirso de Molina, Don Gil von den grünen Hosen, 1969. Theater am Kornmarkt.

Wolfgang Amadeus Mozart, Die Zauberflöte, 1985. Festspielhaus. Bühnenbild von Jérôme Savary.

Carl Zeller, Der Vogelhändler, 1984. Seebühne.

Johann Strauß, Der Zigeunerbaron, 1961. Seebühne.

Albert Moser

Professor, Präsident der Salzburger Festspiele, Wien. Bregenz seit 1956.

»Ich wünsche mir, daß man in Bregenz nie vergißt, wirklich große Wiener Operette zu spielen.«

Hanny Steffek und Albert Moser, 1984.

»Seit 30 Jahren bin ich nun jeden Sommer zur Eröffnung der Bregenzer Festspiele gekommen – halb privat, halb dienstlich –, dafür bekam ich von Bürgermeister Mayer als Auszeichnung einen Abguß des Stadtwappens. Vielleicht aber auch, weil ich in meiner Eigenschaft als Operndirektor viel dafür getan habe, daß in Bregenz der Vorhang hochgehen konnte: Scheinwerfer und alle möglichen Requisiten – das ist auch heute noch so – haben wir den Bregenzern geliehen und dadurch mitgeholfen, daß dort Theater gespielt werden konnte.

Mein erster Besuch hatte jedoch rein privaten Charakter. 1956 gab man im 1955 eröffneten Kornmarkttheater DIE LUSTIGEN WEIBER VON WINDSOR; und da meine Frau, Hanny Steffek, das ›Ännchen‹ spielte, war es nur selbstverständlich, daß ich zum ersten Mal nach Bregenz kam. Das wiederholte sich dann, als sie auch für TAUSENDUNDEINE NACHT verpflichtet wurde. Daraus wurde dann eine dreißigjährige Gewohnheit, die ich nicht mehr missen möchte.«

»Ich sehe es als gut und richtig an, daß man vor der Eröffnung der Salzburger Festspiele nach Bregenz fährt; die dortigen Festspiele sind – über die Grenzen hinweg – ein Dokument des österreichischen Kulturlebens. Und deshalb ist meine Auffassung, daß dorthin, im äußersten Westen unseres Landes, auch der Präsident der Salzburger Festspiele gehört; ich habe nicht vor, diese Tradition zu ändern. Außerdem gefällt mir Bregenz und seine Umgebung; ich bin dort sehr gerne und habe im Laufe der Jahre dort auch viele Freunde gewonnen.«

»Zwischen Salzburg und Bregenz besteht nicht die geringste Rivalität. Außerdem haben wir ein kollegiales Abkommen, das eine kollektivvertragliche Übereinstimmung vorsieht. Es gibt alljährlich eine Konferenz – während der Festspiele –, meistens kommen die Bregenzer zu uns nach Salzburg, da besprechen wir die gegenseitig relevanten Themen. Vor allem resultieren diese aus Verhandlungen mit der Gewerkschaft. Denn da – ausschließlich für die Festspielzeit – viele Fachkräfte aus den Theatern der Bundesländer oder Wiens nach Salzburg und nach Bregenz gehen, entstehen Parallelprobleme.

Leider ist es bisher nicht gelungen, die beiden Eröffnungszeremonien zeitlich etwas mehr zu trennen, damit man in Ruhe von einem Ort zum anderen fahren kann. Das liegt aber auch mit daran, daß beide Festspieleröffnungen der Bundespräsident vornehmen will und der soll unmittelbar von Bregenz zum zweiten Festival nach Salzburg kommen. Das hat sich eben so aus dem Protokoll ergeben.«

»Im Konzert der Festspiele spielt Bregenz ein individuelles Instrument, für das es kaum einen Vergleich gibt. In Bregenz – überhaupt in Vorarlberg – gab's vor dem Krieg kein Theater, überhaupt keine Möglichkeit, theatralische Ereignisse zu erleben; es war ein kulturelles Niemandsland. Und dann sagten sich im Jahr 1945/46 einige Vorausblickende: Warum sollte das eigentlich so bleiben? Und auf einem ansonsten mit Kies beladenen Kahn, der am Ufer vertäut wurde, ist dann BASTIEN UND BASTIENNE entstanden, die erste Oper, die man dort gemacht hat und die mit Meer oder mit Wasser zu tun hatte.

Der Weg, den die Bregenzer Festspiele in den Folgejahren eingeschlagen haben, ging immer wieder im Zickzack. Man hat nie so recht gewußt, soll man sich jetzt mehr in Richtung Operette bewegen oder in Richtung Oper bzw. Spieloper. Direktor Bär erwarb sich große Verdienste um das ganze Unternehmen, weil nämlich er mit seiner südtirolerischen Hartnäckigkeit die für Bregenz lebensnotwendige Idee des Festspielhauses gegen Tod und Teufel immer wieder von neuem angefacht hat. Und eines Tages konnte das Festspielhaus eingeweiht werden. Daneben entstand gleichzeitig ein Hotel; ein Segen, denn eigentlich konnte man als Festspielgast in Bregenz gar nicht wohnen. Es ist eben eine Mischung aus künstlerischem Engagement und reiner Touristik, derentwegen man am See gängigste Stücke macht (zum Teil haben sie auch weniger gängige gemacht), aber im Grunde genommen muß man ja sehen, daß man diese 4000 Plätze füllt, die jetzt die Tribüne faßt. So hat man jetzt in Bregenz ein wirkliches Theater, eine große Opernbühne. Dazu entwickelt man die Programmkonzeption, die unbekannte italienische Oper oder die italienische Spieloper zu pflegen. Ich finde, das war eine richtige Entscheidung, weil das weite Feld der italienischen Oper effektiv ein Stiefkind ist, sogar bis zu den Bundestheatern hin. Wir in Salzburg können so was auch nicht machen, wir müssen Rücksicht auf unsere Tradition nehmen, die sich von Mozart und Strauss ableitet.«

»Das Schauspiel hat in Bregenz immer einen beachtlichen Stellenwert gehabt. Man hat zum Teil fertige Produktionen eingekauft oder man hat andere Bundestheater in Bregenz Produktionen herausbringen lassen und diese für Nachaufführungen am Sitz des betreffenden Theaters freigegeben. Ähnliches machen wir auch in Salzburg.

Die Regisseure wollen zunehmend ausgedehntere Probenzeiten haben; diese Probenzeiten kann ein Festival nicht bieten, weil das zu teuer käme. So müssen wir ein Theater suchen, an dem die Stücke vorprobiert und auch nachgespielt werden können. Solche Gemeinschaftsproduktionen wirken für beide Theater kostensenkend. Das geschieht in Salzburg mit dem ZERBROCHENEN KRUG (Zusammenarbeit mit den Münchner Kammerspielen) und es geschah anläßlich der Uraufführung der Penderecki-Oper (Zusammenarbeit mit der Wiener Staatsoper). Und in Bregenz haben sie mit der Josefstadt und dem Burgtheater gemeinsam produziert. Nur so wurde es möglich, im Ländle im Rahmen der Festspiele Aufführungen zu zeigen, für die sonst nie die notwendigen Mittel zu beschaffen gewesen wären.«

»Einige der Experimente, die in Bregenz gewagt wurden, verleiteten ursprünglich zu Skepsis. Als ich noch Direktor der Wiener Volksoper war, gab man in Bregenz auf der Seebühne PORGY AND BESS. Anfangs dachte ich damals wirklich, das kann nicht gutgehen; es wurde dann aber eine erstaunlich gute Produktion. 1955 begeisterte mich die NACHT IN VENEDIG; das war ein ideales Stück für das Spiel auf dem See. Das waren auch noch die Zeiten, wo man in Bregenz mit Staatsopernsängern der ersten Garde gearbeitet hat. Es war die legendäre ›Rott-Hoesslin-Ära‹. Die beiden haben immer wieder was Neues erfunden: den Lichtvorhang und den Wasservorhang, all das, was später als selbstverständlich übernommen wurde. Das waren Theaterzauberer. Kein Zuschauer bemerkte, daß die äußeren Umstände eigentlich gar nicht geeignet waren; denn es gab viel zuwenig technische Einrichtungen, es gab viel zuwenig Scheinwerfer usw. Das wurde alles erst im Laufe der Jahre auf einen modernen Stand gebracht. Die Mehrzahl der Operetten hatten mit Wasser ursprünglich nichts zu tun; also wurde irgendwo ein Kahn eingesetzt, der herumgefahren ist, oder es sind zwei Leute ins Wasser gehüpft bzw. wurden sie hineingestoßen. Es war halt lustige Operettenseligkeit – zur Freude des Publikums. Ein paar sehr gute italienische Opern, die man sonst selten hört, sind mir noch in Erinnerung. Die SOMNAMBULA fand ich sehr geglückt, in den nachgemachten alten Dekorationen.«

»Ich habe zum Beispiel auch nicht an Savarys ZAUBERFLÖTE geglaubt. Ich dachte, das kann nicht gehen. Gerade deshalb freue ich mich besonders, daß es solch ein Erfolg geworden ist. Zu so einer Fehlmeinung stehe ich gerne. Es war ein Wurf. Er kann in diesem Jahr – ein Novum in der Geschichte der Bregenzer Festspiele – sogar wiederholt werden.

Das hindert einen eigentlich, irgendwelche Wünsche zu äußern, weil manche dieser Wünsche vielleicht eh schon in der Schublade bereitliegen. Ausgefallenes traut man sich sowieso gar nicht zu wünschen. Aber das wünsche ich mir trotzdem – und das ist angesichts meiner Stellung, meiner Tätigkeit, ein wohl überraschender Wunsch: Daß man in Bregenz nicht vergißt, wirklich große Wiener Operette zu spielen, die großen Operetten erstklassig aufzuführen.«

Interview: *Paul Kruntorad*

Hanny Steffek, 1983.

»Ich habe nur einmal auf der Seebühne gesungen, 1959 in TAUSENDUNDEINE NACHT mit Anton Dermota. Der Dirigent war Heinrich Hollreiser. Danach bin ich nicht mehr auf den See gegangen, obwohl man mich mehrmals sehr darum gebeten hat. Aber ich hatte Bedenken wegen meiner Stimme. Auch der schönste Abend ist auf der Seebühne sehr kalt; man mußte sich stets warm anziehen. Unter den Kostümen trugen wir alle wollene Unterwäsche, oft zweifach.

Lieber bin ich deshalb im Kornmarkttheater und vor allem auf dem schönen Schloß Hohenems aufgetreten, wo man die Haydn-Opern aufführte. Oft mußte ich mich nach den Vorstellungen ins Auto setzen und die halbe Nacht zurück nach München fahren. Denn als Mitglied des Ensembles des Nationaltheaters hatte ich auch bei den gleichzeitig stattfindenden Münchner Festspielen Verpflichtungen.

In Erinnerung blieb mir die unglaubliche Gastfreundschaft der Vorarlberger. Oft hatten wir bis zu drei Esseneinladungen nacheinander zu absolvieren. Auch das Publikum war aufgeschlossen, nett und dankbar. Nicht zuletzt deshalb kam ich immer wieder gerne nach Bregenz zurück – in den letzten Jahren allerdings nur für Konzerte.«

Hanny Steffek-Moser

›Nachwuchs‹ bei den Bregenzer Festspielen. Serenade auf dem Martinsplatz, 1981. ▷

Das Mädchen im Campari-Glas war einer der vielen Einfälle in Jérôme Savarys ›Zauberflöte‹-Inszenierung.

Martinsgasse
2

Ernst Wolfram Marboe

Intendant des ORF, Wien.
Bregenz 1957 und 1965.

»In Bregenz hat sich auch ein speziell Österreich betreffendes interessantes Kapitel der Geistesgeschichte vollzogen.«

»Mit dem Stichwort Bregenzer Festspiele verbinden mich sehr persönliche Erinnerungen. Die erste und wichtigste: Mein Vater, Leiter der Bundestheaterverwaltung, hat mich 1957 – es war sein Maturageschenk an mich – zu den Bregenzer Festspielen mitgenommen; der Bürgermeister von Bregenz war sein Freund, dieser hat uns eingeladen und beherbergt. Damals waren die Volksoper und die Technik der Bundestheater bei den Bregenzer Festspielen sehr involviert. Ich fuhr also als Neunzehnjähriger mit meinem Vater nach Bregenz und erlebte dort ZAR UND ZIMMERMANN. Wenige Wochen später war mein Vater tot, daher ist mir diese Fahrt in so besonderer Erinnerung. Es war eine Reise, die mich auch zum ersten Mal auf die Silvretta-Hochalpenstraße geführt hat.

Bregenz hatte damals den engagierten Direktor Bär, außerdem Adolf Rott und Prof. von Hoesslin, die beide eine große Nummer in Bregenz waren. Wir haben oft gemeinsam über den Bau des neuen Festspielhauses meditiert. Es hat sich durch das Seminar von Professor Kindermann in Bregenz auch ein speziell Österreich betreffendes interessantes Kapitel der Geistesgeschichte vollzogen. Schon damals boten die Festspiele nicht ausschließlich Fremdenverkehrsattraktion, man machte verdienstvolle Versuche, z. B. mit Reinhold Schneiders Stück DER GROSSE VERZICHT.«

»Bregenz ist aus sehr einfachen Verhältnissen entstanden, mit ein paar Flößen auf dem See, und ich bedauere heute noch, daß man das alles zubetoniert hat. Man sieht alles, nur nicht den See, der doch der Hauptdarsteller dieser Festspiele ist. Ich halte auch das neue Festspielhaus – nicht von innen, aber von außen – für einen Atommeiler; man müßte sofort einem Hundertwasser oder Brauer den Auftrag geben, diese Betonflächen, die dort die Landschaft verunstalten, wenigstens mit einem Mosaik oder einem Fresko aufzulockern. Man sollte für das Geld, das die Festspielempfänge kosten, einen entsprechenden Wettbewerb veranstalten.«

»Als ich am Reinhardt-Seminar und im theaterwissenschaftlichen Institut war, hat mir Adolf Rott einen Brief geschrieben: ›Lieber junger Freund, es wird an der Zeit, daß Sie auch die Praxis kennenlernen; Sie haben gerade das Studententheater gegründet, und ich lade Sie ein, als zweiter Assistent bei den Bregenzer Festspielen mitzuarbeiten.‹

Ich wohnte in Untermiete zwischen Dornbirn und Bregenz, in Schwarzach; mit meinen damaligen Vermietern bin ich noch heute befreundet. Er ist beim Zoll tätig und singt im Vogelweider Chor. Jahre später war ich noch ein zweites Mal in Bregenz als Abendspielleiter und erster Assistent bei Rott. Wir spielten EINE NACHT IN VENEDIG. An dem Tag, an dem mein erstes Kind, ein Sohn, geboren wurde, war ich bei meinen Vermietern und daher ist mir alles in so bleibender Erinnerung.«

»Ich habe die Stadt, das Ländle von vielen Aspekten her kennengelernt. In der VERKAUFTEN BRAUT hat damals Oskar Czerwenka gesungen, der hat die Nächte in der Kronenbar zugebracht und kam zumeist in einem etwas strapazierten, aber äußerst heiteren Zustand zur Vormittagsprobe.

Als Assistent war ich für die linke Seite verantwortlich. Es gab einen Steg, der auf die Bühne führte, und über den Steg hatte ein Ochsenwagen zu fahren. Der Ochse hat jedesmal genau an derselben Stelle seine Notdurft verrichtet, was dazu führte, daß ein eigener Mann – natürlich mit Bühnenvertrag – angestellt werden mußte, der laufend alles wegzuwischen hatte, weil sonst Hundertschaften von Statisten darübergetrampelt wären, mit sehr unlustigen Nebeneffekten.«

»Die zweite große Aufgabe, die mir übertragen war, betraf das Feuerwerk, das auch bei der VERKAUFTEN BRAUT den großen Abschluß bildete. Der Feuerwerker war damals ein Tischlermeister, ein reizender Mann. Er zündete das Feuerwerk, das ungefähr in folgender Weise angeordnet war: Zuerst startete die linke, dann die rechte Insel und zuletzt hinten im See noch eine dritte, auf Piloten errichtete Insel. Wenn der Vorgang einmal in Gang gesetzt war, konnte er nicht mehr gestoppt werden. Gezündet wurde das ganze technisch mit einer alten Flachbatterie, der Tischlermeister hielt die blanken Kontakte, schloß sie mit einem Draht kurz, und dann ist alles nacheinander in die Luft gegangen. Das Zeichen dafür gab die Regie oben beim Adolf Rott, und zwar mit einem altbewährten Theatersignal: zuerst leuchtet eine Lampe auf, das Signal für Achtung, und wenn sie ausgeht – Start. Bei der Generalprobe stand ich also da, den Blick starr auf die Tribüne gerichtet, ich kannte auch die Stelle in der Partitur, und auf der Bühne stand der Tischlermeister, den einen Finger am Draht und den anderen auf der Batterie. Dann kam die erwartete Stelle – eine Fermate kurz vor dem Finale. Ich schau hinauf auf das noch immer leuchtende Zeichen, und – auf einmal geht es los: erste Rakete, zweite Rakete, dritte Rakete, mitten in die lyrische Arie von Hans und Marie. Rott tobte: ›Marboe, Sie sind entlassen!‹ Wir haben nach dieser Generalprobe noch einmal darüber gesprochen, und ich erklärte Adolf Rott, daß dieser liebenswerte Tischlermeister so aufgeregt war, daß er unwillkürlich mit dem Draht die Batterie kurzgeschlossen hat.

Vor der Premiere habe ich den guten Mann beiseitegenommen und ihn nochmals ermahnt: ›Halten Sie Draht und Batterie weit auseinander!‹ Die Premiere geht dem Ende zu, ich wende meinen Blick zur Tribüne, das rote Licht leuchtet auf, brennt eine Weile – löscht aus. Ich sage: ›Jetzt!‹ Der Tischlermeister nimmt den Draht, hält ihn an die Batterie, und – es geschieht nichts, absolut nichts. Der Rott schreit: ›Marboe!‹, aber es passiert weiterhin nichts, jedenfalls kein Feuerwerk. Und da hat der Mann etwas Todesmutiges getan, für das ihm nie gedankt wurde. Er hat aus seiner Tasche – was lebensgefährlich war – ein Streichholz genommen, hat sich den fast meterhohen Säulen von Raketen genähert und hat sie von Hand gezündet, in Todesangst, in Furcht, mit zu verbrennen; allerdings geschah dies alles wirklich eine Ewigkeit nach der Fermate.

Der Mann, der damals die rechte Hälfte der Bühne betreute, heißt übrigens Wopmann und ist heute künstlerischer Direktor der Bregenzer Festspiele.«

Interview: *Paul Kruntorad*

FESTSPIELWOCHE
KERSTEN
DER LANDESHAUPTSTADT
BREGENZ
2.-10. AUGUST 1947

Es lächelt der See, er ladet zum Spiele
Anfang, Aufbau, Kontinuität
Die Festspielgemeinde

von Walter Lingenhöle

Auf der Suche nach Zeugnissen zur Gründung der Bregenzer Festspiele findet der Chronist wenig. Keiner der Männer des Jahres 1946, die das Bregenzer Novum ›Festspiele‹ schufen, hatte den Einfall, so etwas wie eine programmatische Erklärung abzufassen, und so blieb dieser kulturelle Schöpfungsakt zunächst ohne Dokumentation. Der nur scheinbar zu bedauernde Mangel erklärt sich nach knapper Durchleuchtung der Geschehnisse von selbst: in jener unmittelbaren Nachkriegszeit verband sich einzelnes Wollen mit öffentlicher Absicht zu einer eigentümlichen Mischung von Kunst und Politik mit dem einen Ziel, den noch ziemlich düster aussehenden Frieden durch Theater und Musik zu verschönen. Der homo ludens erwachte. Angereichert durch die Einsicht, die landschaftlichen Vorzüge von Bregenz, der Stadt zwischen Berg und See, nicht nur als touristischen Anziehungspunkt zu nützen, sondern auch als Schauplatz sommerlicher Freilichtaufführungen, flossen wirtschaftliches Überlegen und künstlerisches Wünschen ineinander. Es sollte die Dreiländerecke ihre Türen so rasch wie möglich öffnen, um alte Nachbarschaften wieder aufleben zu lassen. Schweizer, Liechtensteiner und Schwaben sollten schon im Sommer 1946, spätestens aber im darauffolgenden, die Gäste der österreichischen Stadt am Bodensee sein können.

In der 38. Sitzung der Provisorischen Stadtvertretung am 18. Juni 1946 wurde deshalb von Stadtrat Adolf Salzmann eine ›Kultur- und Sportwoche‹ in der Zeit vom 4. bis 11. August beantragt und einstimmig beschlossen. Dieser als die Geburtsstunde der Bregenzer Festspiele zu nennende Beschluß entbehrt nicht einer gewissen Komik, denn der von Salzmann eingebrachte Punkt der Tagesordnung wurde unter »Allfälliges« behandelt. Man hatte 1946 in Bregenz eben doch andere als kulturelle Sorgen.

Ein ungeheures Wagnis! Bregenz galt weder am Bodensee noch in Westösterreich als der kulturelle Nabel dieser Regionen, doch, so argumentierten die Idealisten der ersten Stunde, wo, wenn nicht hier, sollte die neue geistig-künstlerische Befreiung Wurzeln schlagen? Teile der Stadt waren in den letzten Kriegstagen noch arg zerstört worden; die Ruinen forderten nicht nur eine materielle, sondern auch eine geistige Erneuerung, und aus solcher Spannung zwischen zeitlicher Notwendigkeit und kulturellem Aufbruch ergab sich die Wegweisung zu neuen Ufern.

Ufern? Was lag hier näher, als daß man von der Stadt her einige Schritte seewärts tat, um dort den geeigneten Ort für eine Freilichtaufführung – etwa gar mit einer Bühne auf dem See – zu finden?

Die ersten Projektierungen zu einem solchen Unternehmen waren jedoch anderswo plaziert, nicht seewärts, eher bergwärts, etwa in einer der parkähnlichen Anlagen oberhalb der Stadt, wo üppig umgrünte Plätze eine prachtvolle Naturkulisse gewährt hätten, oder im wildromantischen ›Steinbruch‹ oder vor dem idyllisch gelegenen neobarocken Palais des einst aus dem Polnischen hergekommenen Grafen Raczynski, das nach dessen Hinscheiden ein Damenstift geworden war. Die ehrwürdige Oberin jedoch gab dem anfragenden Stadtrat ein deutlich hörbares »Bitte nein« zur Antwort, denn eben erst waren die Schwestern nach jahrelangem erzwungenem Fernsein ihres Besitzes wieder habhaft geworden. Verständlich, wenn man sich dort Ruhe wünschte.

Die komplexe Entwicklung der künstlerischen wie organisatorischen Vorbereitung zur ersten Festwoche ist mangels dokumentarischer Zeugnisse chronologisch kaum mehr faßbar. Mündliche Quellen, so sie noch ansprechbar sind, unterliegen einer subjektiven Betrachtungsweise gleich wie dem schon lückenhaften Erinnerungsvermögen. Einen gewissen Anfang setzte der aus Wien stammende Kurt Kaiser, den es in den Wirren des Jahres 1945 wie so manche aus dem Osten nach Vorarlberg verschlagen hatte. Er war zuvor Solotänzer und Regieassistent an der Staatsoper gewesen, im Bregenz der Stunde Null war er als ein erfahrener Theaterfachmann willkommen. In kurzer Zeit schuf er ein Berufstheater, die ›Vorarlberger Landesbühne‹, und stellte diese am 3. Dezember 1945 mit Karl Schönherrs Drama ERDE im Forstersaal vor. Diese Aufführung, ein erster Einzug der Muse nach grausigen Kriegsjahren, sollte ein Ansatz zu weiterem Theaterleben sein. Kaiser und seine Gefolgsleute, besonders die Bühnenbildnerin Maria Wanda Milliore und deren Gatte, der damals als Schauspieler agierende, spätere Fotoreporter Alf Stäger, besprachen sich nächtelang über Möglichkeiten zu weiteren kulturellen Darbietungen. Sie wurden von einem gleich regsamen Kreis junger Bregenzer Musensöhne unter der Wortführung des Medizinstudenten Ivo Fischer unterstützt. Aus diesen beiden Gruppen kamen wertvolle Anregungen zur ersten ›Festwoche‹ 1946.

Die Behörden standen zwar nicht beiseite, doch in gewissem Abstand. Auch hier besaß man Vorstellungen über dieses und jenes, um so mehr, als seitens der französischen Besatzungsmacht kulturelle Unternehmungen gefordert und unterstützt wurden. Auf dieser Ebene sollten die ersten Annäherungen zwischen Befreiern und Befreiten stattfinden. Die österreichischen Partner waren zur Stelle in den Personen von Bürgermeister Julius Wachter, den Stadträten Eugen Leissing und Adolf Salzmann.

Auf Schloß Wolfurt bei Bregenz residierte der französische Militärgouverneur in Vorarlberg, Colonel Henri Jung, ein Mann von strikter militärischer Observanz. Ihm zur Seite stand der eher musisch veranlagte Sicherheitsoffizier Maurice Blondel, der sich gern daran erinnert, von der Schloßterrasse aus die stimmungsreichen Sonnenuntergänge am Bodensee erlebt zu haben. Zwar mag er damals noch nicht an die Möglichkeit von Freilichtaufführungen am See gedacht haben, doch als ihm später diesbezüglich Vorschläge gemacht

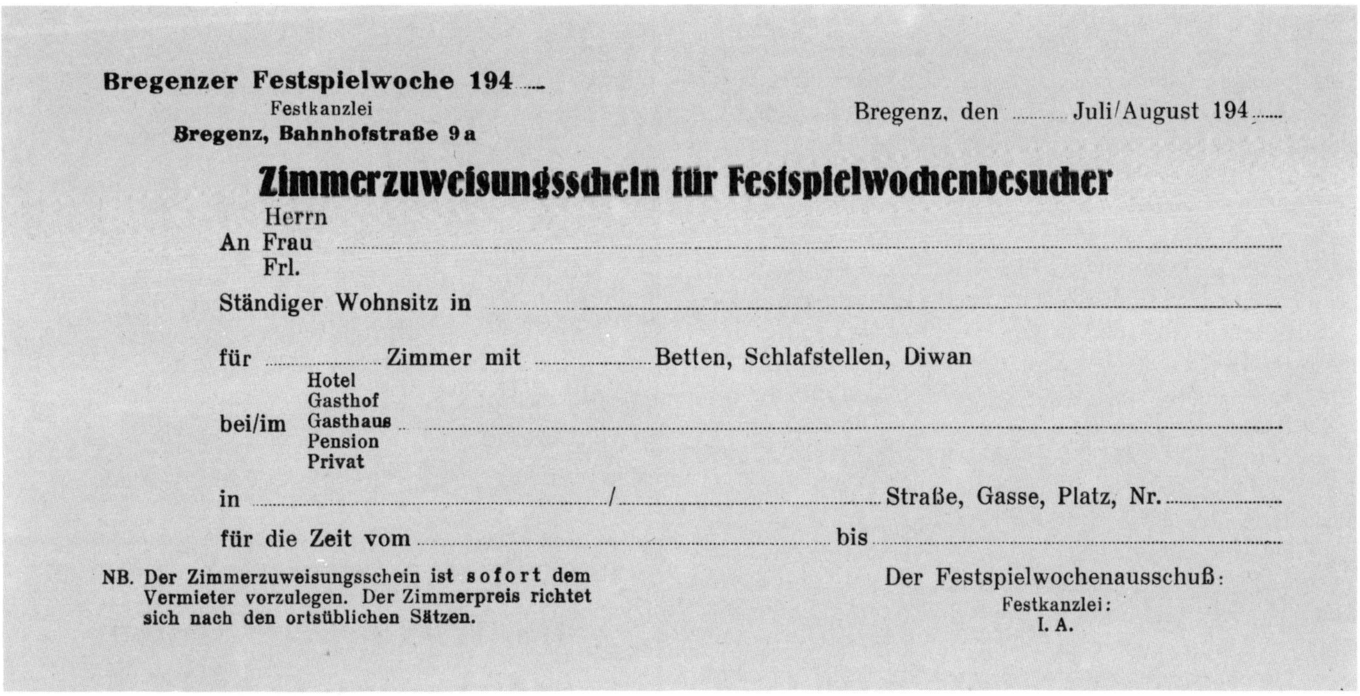
Bregenzer Festspielwoche 194...
Festkanzlei
Bregenz, Bahnhofstraße 9a

Bregenz, den .... Juli/August 194....

Zimmerzuweisungsschein für Festspielwochenbesucher

Herrn
An Frau ....
Frl.

Ständiger Wohnsitz in ....

für .... Zimmer mit .... Betten, Schlafstellen, Diwan

bei/im Hotel / Gasthof / Gasthaus / Pension / Privat ....

in .... / .... Straße, Gasse, Platz, Nr. ....

für die Zeit vom .... bis ....

NB. Der Zimmerzuweisungsschein ist sofort dem Vermieter vorzulegen. Der Zimmerpreis richtet sich nach den ortsüblichen Sätzen.

Der Festspielwochenausschuß:
Festkanzlei:
I. A.

FESTWOCHE BREGENZ 1946
Eintrittskarte
Konzert d. Wiener Symphoniker
in der Sporthalle am See
Donnerstag, den 8. August 1946 - Beginn: 21.00 Uhr
IV. PLATZ Preis: S 6.–
Saal Seite 2. – 5. Sitzreihe rechts Mitteltreppe bis Ende
Ohne Kontrollabschnitt ungültig!
Kontrolle

wurden, war er voller Begeisterung für die Sache. Mit Major Martial Joseph Bénité, dem Bezirksgouverneur von Bregenz, ließ er im unmittelbaren Seeuferbereich eine ›Sporthalle‹ errichten, zunächst für die sportlichen Aktivitäten der Mannschaft, doch bald sollte sich die Halle als der Musentempel der Festspiele erweisen. In ihr fanden denn auch weit weniger Basketballspiele und Boxkämpfe statt, als herrliche Konzerte und grandiose Theaterabende. Zwar ein ›Geschenk‹ der Franzosen an die Österreicher, die sie erbaut hatten, wurde die Sporthalle dennoch zum Zeichen der Fraternisierung in einer Frühstufe der gegenseitigen Beziehungen und beispielgebend für ganz Österreich.

Je nach Bestuhlung faßte die Halle 1600 bis 2000 Besucher; sie war bereits im Frühjahr 1946 betriebsbereit. Ihre offizielle Eröffnung fand am Sonntag, dem 4. August 1946, im Rahmen der ersten ›Bregenzer Festwoche‹ statt. Den Teilnehmern zeigte sich ein buntgemischtes Bild: hochdekorierte französische Offiziere mit den schon vornehm gekleideten Damen, dazu die eher bescheiden auftretenden österreichischen Offiziellen, die Trachtenpaare, Mädchen mit wundervollen Goldhauben und bauschigen Taftkleidern, die Burschen in grünen oder roten Jacketts und schwarzen Hosen, weißen Strümpfen und übergroßen grauen Zylinderhüten. Das Fest hatte begonnen, das erste nach dem Kriege.

In der knappen Zeit von zwei Monaten und nach Überwindung von heute kaum mehr vorstellbaren Hindernissen wurde die erste Festwoche in Szene gesetzt. Lange war man sich über den Aufführungsort unschlüssig gewesen; bereits im Winter 1945/46 hatten Kurt Kaiser und sein Kreis mit dem Seeufer geliebäugelt und eine Stückwahl schon ins Auge gefaßt. Es sollte ein personenarmes Stück sein und (schon damals) ein ›seegerechtes‹. Die Wahl fiel auf Mozarts BASTIEN UND BASTIENNE, um so mehr, als dieses Singspiel des jungen Genies dem Stoffe nach auf Frankreichs Literatur verwies. Von Alf Stäger angeregt, zeichnete Maria Wanda Milliore eine Bühnenbildskizze auf ein Stück Karton, deren spätere Ausführung dem Entwurf sehr nahekam.

Im darauffolgenden Mai, als sich die Stadtväter nach einem möglichen Aufführungsort umsahen und Stadtrat Eugen Leissing seinerseits auf den See verwies, kam es zu fruchtbaren Absprachen zwischen Künstlern und Organisatoren. Das erste ›Spiel auf dem See‹ schien geboren, denn der genius loci war gefunden.

Die Premiere von BASTIEN UND BASTIENNE im Gondelhafen fand am 5. August 1946 um 21 Uhr bei prachtvollem Wetter statt. Die Bühne bildeten zwei verankerte Kiesfrachter. Alle, die diesen Abend miterlebt haben, werden ihn ihr Leben lang nicht vergessen. Otmar Suitner dirigierte das Rundfunkorchester, Toni Birkmeyer und Lisl Temple von der Wiener Staatsoper tanzten zuerst zur KLEINEN NACHTMUSIK, dann sangen Else Böttcher, Anton Ruepp und Sebastian Hauser in BASTIEN UND BASTIENNE. Eine »feenhafte Illumination« umrahmte – wie die Presse zu berichten wußte – das Spektakel. Aufs höchste begeistert und entzückt waren die Zuschauer aus nah und fern. Und wem es vergönnt war, sowohl jene Mozart-Aufführung des Sommers 1946 als auch die der ZAUBERFLÖTE des Jahres 1985 zu erleben, der kann selbst den gewaltigen Bogen ermessen, den Bregenz mit seinen Seeaufführungen in die Geschichte der Bühnenkunst und des Freilichttheaters gespannt hat.

Stellvertretend für die zahlreichen heimischen Kräfte, die an der ersten Festwoche mitgewirkt haben, sei der musikalisch stets eifrige Dirigent und Chorleiter Odo Polzer genannt, der mit einer Aufführung von Mozarts KRÖNUNGSMESSE in der Stadtpfarrkirche St. Gallus einen Glanzpunkt des Programms geboten hat. Die Messe, die

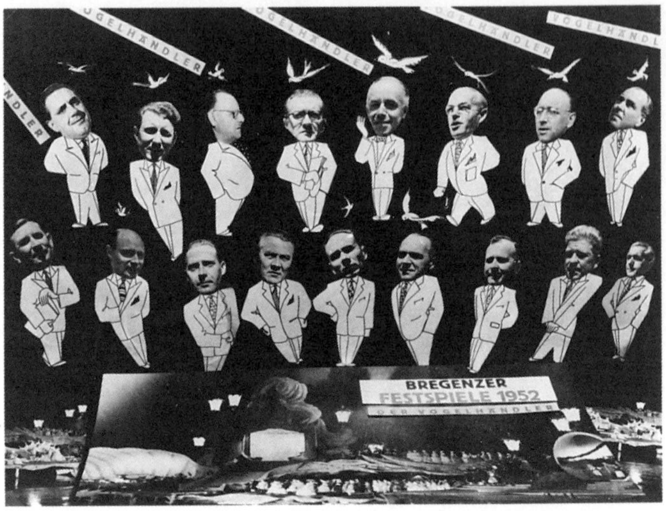

FESTSPIELGEMEINDE BREGENZ

Der Welt größter Sänger

Benjamino GIGLI

singt am Mittwoch, 25. November 1953, 20.15 Uhr
in der Stadthalle Bregenz
seine schönsten Lieder und Arien
Kartenbestellungen Gebr. Weiß, Lindau/B., Tel. 2712
Karten nur mehr zu DM 20.— und DM 25.—

Konzerte und die Aufführung von Max Mells SIEBEN GEGEN THEBEN, das alles weckte in den Menschen ein neues Empfinden für die wiedergewonnenen höheren Werte des Daseins. Leichter konnten sie sich jetzt von den Kümmernissen lösen, die ihre Herzen jahrelang bedrückt hatten.

1947. Das Folgejahr. Richard Beitl, der Vorarlberger Schriftsteller, bezeichnete in der ›Festschrift‹ diese zweite Festwoche als ein »Symbol der Auferstehung aus dem Grauen und der Vernichtung, als den Ausdruck österreichischer Lebenszuversicht und alemannischen Kulturwillens«. Die Leitidee wurde fortgeführt, das Programm schon sichtlich erweitert. Bereits 1947 wurde der Schauplatz für das Spiel auf dem See gewechselt, man war vom Gondelhafen zum Strandbad hinübergezogen; eine erfolgreiche Aufführung von Johann Strauß' EINE NACHT IN VENEDIG drängte dann 1948 das Seespiel so stark ins Bewußtsein von Veranstaltern wie Besuchern, daß von nun an das, was bisher als Experiment gegolten hatte, zum jährlichen Credo wurde. Bregenz hatte seine ›Festspiele‹ und würde sie weiterhin besitzen. Selbst die Kleingläubigen und Zweifler von nah und fern mußten einsehen, daß der eingeschlagene Weg der richtige war.

Dennoch, es gab Schwierigkeiten. Kurz vor der schon legendär zu nennenden Seeaufführung von EINE NACHT IN VENEDIG waren die Festspiele in eine Krise geschlittert, unversehens, mehr aus plötzlich aufkommenden Problemen als aus tieferliegenden Motiven. Doch die Optimisten, unter ihnen der unbeugsame Adolf Salzmann, der weitblickende Julius Wachter, der zielstrebige Eugen Leissing, der Musenfreund und Redakteur Walter Scheiner und auch schon Ernst Bär, der von 1952 bis 1982 verdienstvolle Direktor der Festspiele, retteten die Sache in buchstäblich letzter Stunde. Daß nämlich gehobene Kunstdarbietung auch des Geldes bedarf, das begann fast irrlichternd in den Köpfen der Bregenzer Stadtväter zu rumoren. Seitens der Stadt war man nicht mehr bereit, das Risiko eines so umfänglichen Kulturereignisses allein zu übernehmen. Eine neue Trägerschaft mußte gefunden werden; unter der Führung von Julius Wachter wurde ein vorbereitender Ausschuß zur Bildung einer ›Festspielgemeinde‹ gegründet. Ein Verein also, dessen Mitglieder sich verpflichten würden, im Falle eines Defizits eine sogenannte ›Ausfallhaftung‹ zu übernehmen. Dieser Vorschlag wurde von einem beträchtlichen Teil der Bregenzer begeistert aufgenommen. Es war die erste Bürgerinitiative hierzulande. Daß sie für Kultur eintrat, stellt Bregenz und Vorarlberg bestimmt kein schlechtes Zeugnis aus.

Die Gründungsversammlung der ›Festspielgemeinde‹ am 15. Februar 1949 dauerte fünf Stunden; sie fand im altrenommierten Hotel KRONE statt. An die hundert Personen waren erschienen, um das zu schaffen, was die Stunde verlangte: ein Gremium, unabhängig von den Einflüssen der Tagespolitik, dazu eine wirtschaftlich solide Grundlage für die Festspiele. Aus den Satzungen ist zu entnehmen: »Ziel der Festspielgemeinde ist die Vorbereitung und Durchführung der Festspiele.« Die innere Zusammensetzung der neuen Organisation war so klug und wirkungsvoll angelegt, daß sie – mit nur geringen Änderungen – bis zum heutigen Tag dieselbe geblieben ist. Ihre pluralistische Aufgliederung in Generalversammlung, Hauptausschuß, Präsidium und Direktion (zuerst schlug man »Kanzlei« vor) erwies sich als eine äußerst funktionelle. Die alles entscheidende Spitze des Vereins sollte der Hauptausschuß sein, das alte erfolgreiche Prinzip oligarchischer Führung zeigte sich wieder einmal als zielführend. Bei der Gründungsversammlung wurden die folgenden Herren in den Hauptausschuß gewählt: Julius Wachter, Adolf Salzmann, Ferdinand Weiss, Hermann Rhomberg, Manfred Duffner, Anton Lieger, Rudolf Amor, Eugen Leissing und Max Haller. Außer Hermann Rhomberg waren es alle Bregenzer. Daß sich ein Dornbirner unter den ersten der Bregenzer Festspiele befand, darf als gutes Omen gewertet werden. Bald danach rief Hermann Rhomberg die ›Export- und Mustermesse‹ ins Leben und gründete damit eine auch für die Festspiele wirkungsvolle Parallelveranstaltung in unmittelbarer Nachbarschaft zu Bregenz.

Man kalkulierte mit einer Ausfallhaftung in Höhe von 300 000 Schilling; 200 000 Schilling sollten die Mitglieder zeichnen, und bereits anläßlich der Gründungsversammlung konnte Adolf Salzmann berichten, daß 165 000 Schilling eingebracht wurden. Weitere 100 000 Schilling übernahm die Stadt Bregenz. Die Rechnung war am ersten Tag aufgegangen.

Der Elan, der nun von der neugegründeten Festspielgemeinde ausging, ist schriftlich schwer nachholbar. Dutzende von Protokollen, auch jene der eifrig arbeitenden Unterausschüsse, zeugen davon. Programmausschuß, Bauausschuß, Propaganda- und Kontrollausschuß. Idealismus und Eifer, Einfallsreichtum und Akkuratesse waren die Triebfedern, die zum Gelingen der Festspiele des Jahres 1949 führten, den ersten von der ›Gemeinde‹ durchgeführten. Die äußere Sensation dieses Jahres war die von Karl Deuring in hochherziger Weise finanzierte Riesentribüne aus Holz, die 6400 Besuchern Platz bot. Mit der Operette TAUSENDUNDEINE NACHT von Johann Strauß unter Anton Paulik und erstmals in

◁ *Der Festspielausschuß von 1952.*
Obere Reihe (v. l. n. r.):
Ernst Elsäßer
Walter Rhomberg
Karl Deuring
Julius Wachter
Fritz Klingenbeck
Paul Kuner
Anton Lieger
Untere Reihe (v. l. n. r.):
Manfred Dufner
Ernst Bär
Josef Michelbauer
Engelbert Jarnek
Anton Loser
Josef Sautter
Arnulf Benzer
Karl Kafka
Josef Hinteregger

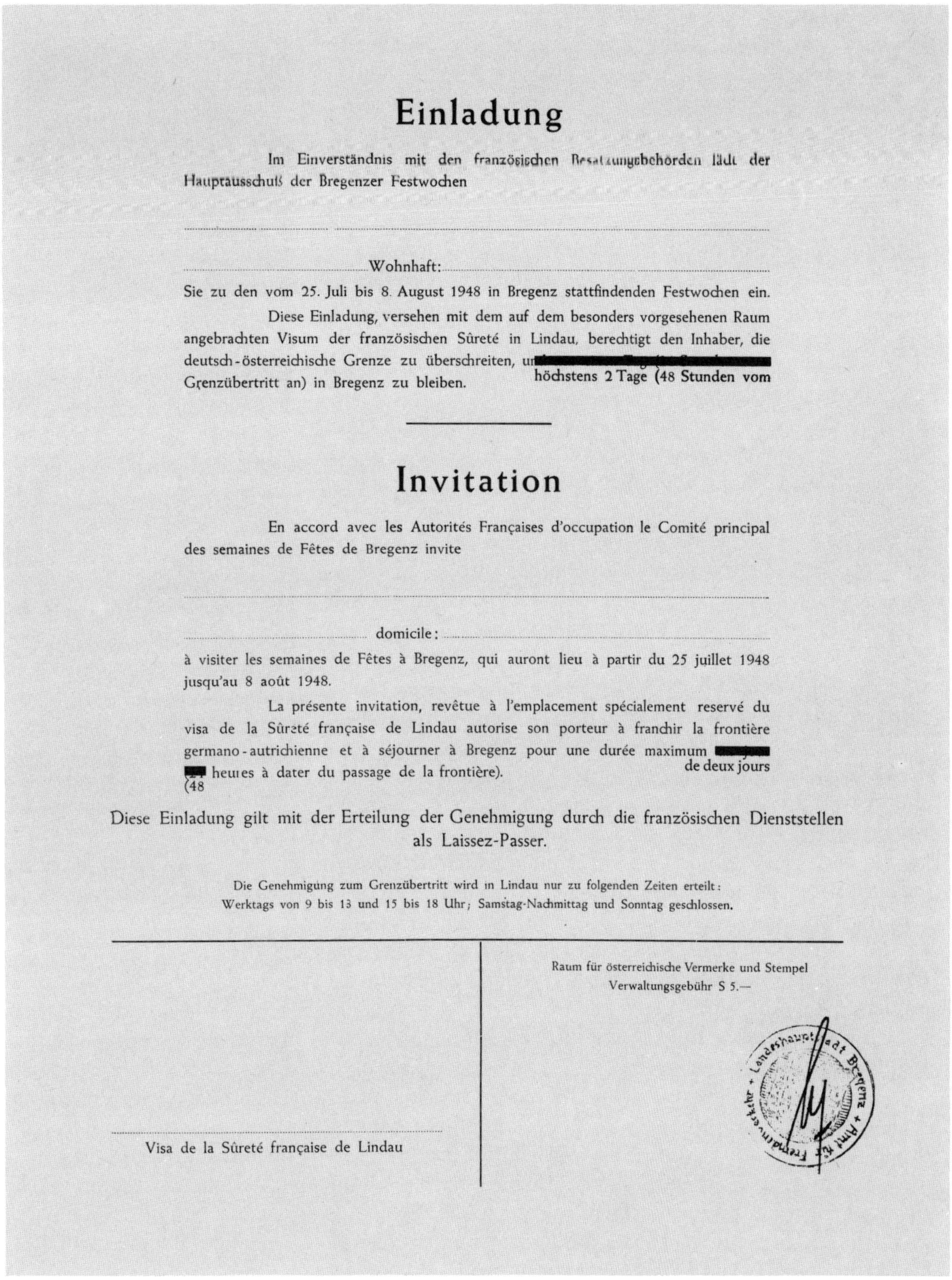

Einladung

Im Einverständnis mit den französischen Besatzungsbehörden lädt der Hauptausschuß der Bregenzer Festwochen

....

..........................Wohnhaft:..........................

Sie zu den vom 25. Juli bis 8. August 1948 in Bregenz stattfindenden Festwochen ein.

Diese Einladung, versehen mit dem auf dem besonders vorgesehenen Raum angebrachten Visum der französischen Sûreté in Lindau, berechtigt den Inhaber, die deutsch-österreichische Grenze zu überschreiten, u[redacted] höchstens 2 Tage (48 Stunden vom Grenzübertritt an) in Bregenz zu bleiben.

Invitation

En accord avec les Autorités Françaises d'occupation le Comité principal des semaines de Fêtes de Bregenz invite

....

..........................domicile: ....

à visiter les semaines de Fêtes à Bregenz, qui auront lieu à partir du 25 juillet 1948 jusqu'au 8 août 1948.

La présente invitation, revêtue à l'emplacement spécialement reservé du visa de la Sûreté française de Lindau autorise son porteur à franchir la frontière germano-autrichienne et à séjourner à Bregenz pour une durée maximum [redacted] de deux jours [redacted] (48 heures à dater du passage de la frontière).

Diese Einladung gilt mit der Erteilung der Genehmigung durch die französischen Dienststellen als Laissez-Passer.

Die Genehmigung zum Grenzübertritt wird in Lindau nur zu folgenden Zeiten erteilt:
Werktags von 9 bis 13 und 15 bis 18 Uhr; Samstag-Nachmittag und Sonntag geschlossen.

Visa de la Sûreté française de Lindau

Raum für österreichische Vermerke und Stempel
Verwaltungsgebühr S 5.—

der Regie von Adolf Rott, der von nun an in äußerst erfolgreicher Zusammenarbeit mit dem Bühnenbildner Walter von Hoesslin zum guten Geist vieler erfolgreicher Seeaufführungen werden sollte, erlebte man in Bregenz den vierten Festspielsommer als einen Erfolg nach allen Seiten. Denn es kam – unvergeßlich – der Auftritt des Burgtheaters hinzu, gleichfalls in der Regie von Adolf Rott und mit Franz Grillparzers MEDEA, eine Aufführung, die für immer in die Augen stach.

Die weitere Geschichte der ›Festspielgemeinde‹ ist zugleich die Geschichte der sie prägenden Persönlichkeiten wie die der äußeren Erfolge der Festspiele. Der Bogen reicht von den eben im Detail geschilderten Anfängen über die herrlich operettenhaften Sommer der fünfziger und sechziger Jahre bis zu einer Zäsur, die 1971 gesetzt wurde, als George Gershwins Negeroper PORGY AND BESS gleich schrill wie melancholisch in der Nacht über dem Bodensee verhallte. 1973 wagte man sich an eine Wagner-Oper. Noch nie war Wagners grandioses Rezitativ so machtvoll aufgeklungen wie im FLIEGENDEN HOLLÄNDER der Bregenzer Seeaufführung. Gleich im Jahr darauf rollte das gewaltige Musikdrama CARMEN von George Bizet über die nächtlichen Fluten, voll blutiger Farben und ergreifender Töne. Man erinnert sich der jährlichen Eröffnungszeremonien. Sie galten – gewiß – dem äußerlichen, nun einmal notwendigen Erscheinungsbild, wurden aber immer zu einem politischen und gesellschaftlichen Anlaß, wie es ihn zuvor in Vorarlberg nie gegeben hatte. Es erschien der Herr Bundespräsident, Minister und hohe Beamte weilten für ein paar Tage im »Äußersten Westen«, wie man in Wien – immer noch zentralistisch im Denken – sagte. Kurz, in Bregenz lagen sich Politik, Gesellschaft und Kunst für einige Zeit in den Armen. Die Damen leuchteten in ihren Sommerkleidern, die örtlichen Honoratioren sonnten sich im Gefühl der Unentbehrlichkeit, die Künstler in dem ihrer Einzigartigkeit. Seine Durchlaucht, der Fürst von Liechtenstein, nickte huldvoll zum schönen Spiel, so wie es einst sein naher Verwandter, der Kaiser, getan hätte. Und neben ihm verrieten sich schwäbische Landräte und schweizerische Bundesräte rasch durch ihr breites alemannisches Schmunzeln.

Die Präsidenten der Festspielgemeinde hatten sich schnell mit ihrer Rolle vertraut gemacht. Aus Kleinstadtbürgern waren sie zu Jongleuren des Festivals geworden, wortreich, gewitzigt und zugleich auch überzeugend. Von 1946 bis 1962 »regierte« Julius Wachter, ein Mann der ihn stets beherrschenden Tat. Ihm folgte 1963 Walter Rhomberg nach, dessen Stärke Beflissenheit und gesellschaftlicher Gestus waren. 1968 übernahm Albert Fuchs die Präsidentschaft; in ihm lebte der musische Mensch, dem er das Kleid des Arztes geliehen hatte, voll auf. Zwischen 1968 und 1980 beherrschten »Fuchs und Bär« (so oftmals die Zeitungen) das Geschehen um die Festspiele. Weit stärker als zuvor wurde nun die Oper gepflegt, lauter glänzende Aufführungen, getragen meistens von italienischen Stimmen, geführt von italienischen Dirigenten und Regisseuren mit großen Namen. 1955 erhielten die Festspiele mit dem ›Theater am Kornmarkt‹, das durch den tatkräftigen Einsatz von Bürgermeister Karl Tizian erbaut worden war, eine erste würdige Aufführungsstätte. Das Theater jedoch faßte bei weitem nicht so viele Menschen wie die Sporthalle, so daß zunehmend wirtschaftliche Überlegungen die Festspielleitung bedrängten. Der Ruf nach einem großen Festspielhaus am See wurde hörbar, ein erstes Projekt erarbeitet. Seine Verwirklichung wurde dann zur Geduldsprobe par excellence, denn es dauerte fast dreißig Jahre, bis das Haus stand. Stellvertretend für die vielen, die den Bau vehement förderten, seien Direktor Ernst Bär, als der Wortführer der Festspiele, und Architekt Willi Braun, als der Planer von Anfang an, genannt. Mit den Jahren wurde die Problematik um dieses Projekt eine solche der Festspiele, zur Frage von Sein oder Nichtsein.

Die Grundsteinlegung nahm Bundespräsident Rudolf Kirchschläger am 22. Juli 1976 vor. Nach vier Jahren Bauzeit konnte das Haus am 17. Juli 1980 feierlich eröffnet werden. Am darauffolgenden Abend brillierte noch einmal der schon sehr gealterte Karl Böhm mit Beethovens NEUNTER SYMPHONIE. Die in Schillers Textierung so eindringlich formulierte Huldigung an die Freude gelangte an jenem Abend zu voller Verklärung.

Mit der Eröffnung des Festspielhauses ergaben sich für die ›Festspielgemeinde‹ als Veranstalter neue Dimensionen in organisatorischer, programmlicher und finanzieller Hinsicht. Während der fünf seither verflossenen Sommer wurden jährlich große Opern erfolgreich aufgeführt, Sängerinnen und Sänger von Weltruf kamen nach Bregenz, aufgenommen nun von den Fernsehkameras, so daß der Ruf der Bregenzer Festspiele wie jener der längst etablierten Festspielstädte in alle Welt drang. Aus dem kleinen ›Spiel am See‹ des Jahres 1946 war das große Seefestival geworden.

Bedingt durch äußere Umstände, durch notwendig gewordene Veränderungen innerhalb der Direktion wie der Festspielgemeinde erfolgte in den Jahren 1981 und 1982 der unabänderliche Generationenwechsel. Rasch profilierten sich einige zur neuen Führungsspitze: Günter Rhomberg wurde 1981 Präsident der Festspielgemeinde, seit 1983 ist

Modell des Theaters am Kornmarkt.

April 1963. Der scheidende und der neue Festspielpräsident. Dr. Julius Wachter und Walter Rhomberg.

Alfred Wopmann künstlerischer und Franz Salzmann kaufmännischer Direktor. Der Elan wie die Umsicht, mit denen eine gezielte Programmgestaltung, verwirklicht wurde, schlug sich bald in Erfolgen nieder. Es waren große Opernaufführungen, die Bregenz aufs neue und in noch erweitertem Umkreis bekannt machten: 1983 Carl Maria von Webers FREISCHÜTZ, 1984 Giacomo Puccinis TOSCA und 1985 Vincenzo Bellinis I PURITANI. Den Rekord aber schlug Jérôme Savarys sensationelle Seeaufführung von Mozarts DIE ZAUBERFLÖTE im Sommer 1985. Mit ihr hat sich Bregenz ein neues Festspielkleid übergestreift.

Eine Laudatio auf die Festspielgemeinde hielt Präsident Günter Rhomberg anläßlich der Eröffnung der Festspiele im Jahre 1983. Darin klang auf, daß hierzulande die eigene Tatkraft immer noch am meisten zählt und daß die Bürger dieses Landes gewillt sind, ihre Unabhängigkeit auch in Sachen Kunst zu verteidigen und zu wahren. Denn »Kunst«, so Rhomberg, »kann sich erfahrungsgemäß nur in vollen freien Räumen entwickeln«. Mit einer solchen Aussage stützt Zuversicht die Zukunft der Bregenzer Festspiele.

Fritz Klingenbeck

Professor, Intendant a. D.,
Wien.
Bregenz 1950–1952.

»Die raumgreifende Darstellung von Ballett ist meines Erachtens für die große Bühne auf dem See eine Kunstart, die dem Publikum dort immer wieder dargeboten werden sollte.«

»In meinen sieben Vorarlberger Jahren hat mir das Schicksal einen – vielleicht etwas merkwürdig klingenden – Herzenswunsch wunderbar erfüllt: Als ich als letzter deutscher Intendant der Städtischen Bühnen in Brünn alles zur Verfügung hatte, was sich ein Theaterleiter nur wünschen kann, packte mich eines Tages die große Sehnsucht nach einem Theater, das noch nicht existiert. Daß mir in Vorarlberg dieser Wunsch in Erfüllung gegangen ist, dafür werde ich allen Leuten, die ich kennenlernen durfte und die mir geholfen haben, immer von Herzen dankbar sein.«

»Ein sehr, sehr nettes Mädchen hat mich nach Vorarlberg geholt. Es war die begabte junge Bühnen- und Kostümbildnerin Maria Wanda Milliore, die ja 1946 auch das erste Bühnenbild für die Bregenzer Festwochen entworfen hat. Ich hatte sie 1942 als Anfängerin an die Städtischen Bühnen in Brünn engagiert. Und nun war sie seit der ersten Theater- und der Festspielgründung in Bregenz tätig. Als die kurz nach Kriegsende ins Leben gerufene Vorarlberger Landesbühne nach dreijährigem – künstlerisch erfolgreichem – Wirken infolge der allgemeinen wirtschaftlichen Krise die Bespielung des Landes einstellen mußte, ergriff Milliore die Initiative, mich nach Bregenz zu Hilfe zu rufen. Ich erfand den Namen ›Theater für Vorarlberg‹ und erklärte mich zur ›Übernahme des Alleinrisikos‹ bereit. In einer leerstehenden Baracke hinter dem Kolpinghaus richtete ich eine Probebühne und ein winziges Büro ein. Für die Verwaltung und die Organisation fand ich zwei besonders tüchtige Mitarbeiter: Walter Löwe und Friedemann Held. Beide hatten Spaß daran, gelegentlich auch mal zu schauspielern; viele Jahre wirkten sie danach im Direktorium der Salzburger Festspiele.«

»1951 kam man dann auf mich zu und forderte mich auf, zusätzlich die Direktion der Bregenzer Festspiele zu übernehmen. In diesem Jahr sollte DER ZIGEUNERBARON aufgeführt werden. Ich hab' es machen müssen, da gab es für mich kein großes Überlegen. Ich bin sofort auf Reisen gegangen, um die Verpflichtungen vorzunehmen. Ich engagierte Walter von Hoesslin, mit dem ich sehr gut befreundet war, für die Bühnengestaltung; mit ihm zusammenzuarbeiten war eine einzige Freude. Ebenso mit dem sehr netten Anton Paulik, der die musikalische Leitung übernommen hatte. Inszeniert wurde die Strauß-Operette von Oskar Walleck, der aber mit dieser überdimensionalen Bühne doch große Schwierigkeiten hatte, so daß letztlich ich die Inszenierung selbst spielreif machen mußte.«

»Der Erfolg dieser Regiearbeit machte mir dann Mut, im darauffolgenden Jahr den VOGELHÄNDLER von Anfang an selbst zu inszenieren. Und wieder hatte ich Anton Paulik als musikalischen Leiter an meiner Seite.

Diese typisch österreichische Operette von West und Held mit der Musik von Carl Zeller erfüllte einige Bedingungen, welche sie für den weiten Raum des Bregenzer Seetheaters geeignet erscheinen ließen. Die Handlung ist einfach und leicht verständlich, und die Musik ist in allen Phasen tragfähig. Meine Inszenierungsidee entsprang dem Wunsch und der Erkenntnis, der Bühne einen dem Wasser organisch verbundenen Charakter zu geben. Und deshalb war der erste Gedanke, das Orchester in einer leicht geöffneten Muschel unterzubringen. Diese Muschel gab auch den Musikern und deren kostbaren Instrumenten Schutz gegen erste Regentropfen.

An die Idee mit der Muschel fügte sich dann der Einfall, die gesamte Bühne aus Elementen zusammenzufügen, die im Wasser ›zu Hause‹ sind. So entstand ein riesiger Rokoko-Sandsteinbrunnen, der in das große Wasserbecken ›Bodenseebucht‹ gestellt war, eingefaßt von überlebensgroßem Schilf, von einem Kranz romantischer Rokoko-Lampen umstellt und belebt von plätschernden Wasserspielen. Um nun in diese stilisierte Bühnensituation das naturalistische Spiel des VOGELHÄNDLERS stellen zu können, war es notwendig, den verschiedenen Gebilden, aus denen sich die Bühne zusammensetzte, bestimmte Bedeutungen zu geben. Das große Wappen oberhalb der Muschel wurde – wenn es sich öffnete oder von innen her beleuchtet wurde – zum kurfürstlichen Pavillon, und der auf der anderen Bühneninsel umgestürzt liegende Krug erschloß sich als ›leibhaftiges‹ Wirtshaus zum Krug. Wir hatten dann noch im Brunnen liegende wasserspeiende Fische, ein von zwei schwimmenden Tritonengruppen gezogenes Bühnenfloß, das die beiden Bühneninseln zeitweise zu einer einzigen großen Bühne verband, einen beweglichen Fächer als Hintergrund für einen Solopart des Balletts und schließlich eine sich entblätternde Wasserrose, in welcher die Kurfürstin sichtbar wurde und ihre Arie sang.

Das alles waren zusätzliche Spielsituationen zur Belebung der Gesamtbühne und der Inszenierung dieses ›Spiels auf dem See‹, zu dessen Beginn vom Land her Fanfaren, Pauken- und Trommelwirbel riefen und vom See her eine gegen den Himmel steigende Fächerrakete das Signal gab.«

»Mit Ideen, wie den erwähnten und realisierten, sind aber die Möglichkeiten der Seebühne sicherlich nicht erschöpft. Man stelle sich beispielsweise vor, die Inszenierung eines entsprechend geeigneten Werkes mit einem spiegelglatten See zu beginnen. Dann die Bühne selbst auftreten zu lassen. Die Spielsituationen zunächst vor dem Zuschauer aufzubauen, indem Bühnenteile von weit draußen vom See heranschwimmen und/oder aus der Tiefe des Sees auftauchen, miteinander verbunden werden; zum Schluß des Spiels verschwinden sie wie traumhaft wieder in der Ferne. Oder sie versinken auf dem Grund des Sees. Man stelle sich auch die gigantische Wirkung eines lediglich aus dem Wasser heraufgekurbelten riesigen Tores vor, den beeindruckenden Durchblick, der auf diese Weise zustande kommt. Um die Seitenteile gruppieren sich dann die herangeholten Spielflächen. So gibt es der Möglichkeiten und Wirkungen noch viele, die von zukünftigen Inszenierungen in das Spiel auf dem See organisch und zugleich spezifisch einbezogen werden können.«

»Das Spiel auf dem See ist die tragende Idee der Bregenzer Festspiele, von der sie ihren Ausgang genommen haben und in der auch die berechtigte Hoffnung auf Bestand und auf noch große Entwicklungsmöglichkeiten des Bregenzer Festspielgedankens begründet liegt.«

»Von 1926 bis 1929 war ich Schüler und später persönlicher Mitarbeiter des berühmten Tänzers Rudolf von Laban. Ich war später auch Lehrer an einigen Wiener Tanzschulen und entwickelte eine Tanzschrift. Daher kann ich, was das Thema Ballett anbelangt, auf eine gewisse Vorbildung verweisen. Aber nicht nur deshalb bin ich der Meinung, daß das Ballett bei dem Spiel auf dem See immer eine große und dankbare Aufgabe zu erfüllen hatte und weiterhin haben wird. Die raumgreifende Darstellung von Ballett ist meines Erachtens für die große Bühne auf dem See eine Kunstart, die dem Publikum dort immer wieder dargeboten werden sollte.«

»Während meiner Direktionszeit in Bregenz hatte ich viel Glück. Ich habe alles gemacht – und es ist mir alles gelungen. Die Materialbesorgungen für die Festspiele, die anfangs noch auf fast unüberwindliche Probleme gestoßen waren, hatten sich normalisiert, zumal ich mir im Verlauf meiner Direktionszeit bei dem ›Theater für Vorarlberg‹ viele Verbindungen geschaffen hatte, die ich nützlich einbringen konnte. Ich legte stets größten Wert auf Disziplin. Die Vorstellungen mußten auf die Minute pünktlich anfangen. Es war außerdem immer mein Bestreben, mit dem Etat möglichst sparsam umzugehen.

Man muß aber betonen, daß Subventionen für Festspiele wohl immer gebraucht werden. Besonders, wenn man Qualität halten will. Die Kunst des Theaters bedurfte seit urdenklichen Zeiten der Mäzene: Schon im 5. Jahrhundert vor Christus wurde zum Beispiel im glanzvollen Athen für eine einzige ›Spielperiode‹ – die etwa unserer heutigen Sommerfestspielzeit entspricht – eine Summe, die einem Sechstel der Baukosten der gesamten damaligen griechischen Seeflotte entsprach, an ›Subventionen‹ gezahlt. Aber auch zu allen anderen Zeiten kann die ›Subventionsbedürftigkeit‹, die mit ›Subventionswürdigkeit‹ gleichzusetzen ist, nachgewiesen werden. Abgesehen davon, daß man auch ein Theater – genauso wie jedes andere Unternehmen – billiger oder teurer führen kann, gilt auch heute noch der alte Theatergrundsatz: ›Je mehr Geld man – beim Theater – zum Fenster hinauswirft, desto mehr kommt bei der Türe wieder herein.‹ Schließlich wirken sich Festspiele ja auch überaus wirtschaftsbelebend aus.«

»In diesem Zusammenhang möchte ich noch von einer Versuchung erzählen, die überraschend auf mich zukam und meine Laufbahn sicher stark verändert hätte: Ein theaterfreundlicher Schweizer Großunternehmer namens Willy Enk versuchte mich zu überzeugen, daß Berufstheater in Vorarlberg nicht lebensfähig sein könne und bot mir das Siebenfache (!) meiner damaligen Monatsgage, wenn ich die mir angebotene Position in seinem Unternehmen annähme. Ich blieb jedoch ›fest‹, widmete mich meinem Theater und begnügte mich mit gelegentlicher Betriebsberatung bei Enk, die er zum Nutzen des Theaters honorierte.«

»Lassen Sie mich bitte – aus Freude oder nennen Sie es Eitelkeit – statt eines Epilogs einige Sätze zitieren, die mir Hofrat Arnulf Benzer gewidmet hat: ›Die Verhältnisse, die Fritz Klingenbeck im Jahre 1948 in Vorarlberg mit der Absicht antraf, ein Berufstheater neuen Typs sozusagen aus dem Nichts aufzubauen, verlangten von ihm ein außerordentliches Quantum an Wagemut. Er besaß ihn. Dazu gesellten sich genaues Wissen von dem, was ein Theater wirtschaftlich benötigt, und zwar – ansonsten auf diesem Gebiet selten – nach dem Grundsatz der Sparsamkeit, sowie eingehende Kenntnis des Landes. Besonders wichtig war aber stets der ›gute Geist‹, der Leitung und Ensemble des Theaters beseelt.‹«

Interview: *Friedrich-W. Schwardtmann*

Vorarlberger Trachten.

Bürgermädchen und ein Schiffer zu Bregenz am Bodensee.

Anton Dermota

Professor, Kammersänger, Wien.
Bregenz 1957–1961.

»Bregenz hat seine eigene Festspielatmosphäre, die ich wohltuend empfand.«

Hilde Berger-Weyerwald und Anton Dermota bei einem Liederabend im Theater am Kornmarkt, 1958.

»Mehrere Sommer sang ich auch bei den Bregenzer Festspielen, wo ich auf der riesigen Seebühne als Sultan Suleiman in Johann Strauß' TAUSENDUNDEINE NACHT gegen Wind und Wetter anzukämpfen hatte. Kam der Wind von der falschen Seite, dann wurde die Stimme hoffnungslos nach Lindau verweht, und man mußte sich sehr anstrengen, um die Zuhörer nicht völlig zu enttäuschen. Begann es zu regnen – und das passierte öfter –, mußte die Vorstellung abgebrochen werden, und der ganze Zauber fiel regelrecht ins Wasser.

Es war trotzdem eine interessante Aufgabe und – nach dem ›Alfred‹ in der FLEDERMAUS und dem ›Herzog‹ in der NACHT IN VENEDIG, die ich im Haus am Ring gesungen hatte – meine dritte Begegnung mit Johann Strauß, die mir, ich bekenne es gerne, Freude gemacht hat. Meine Partnerin als verführerische ›Leila‹ war die charmante Hanny Steffek mit ihrem silbrigen Sopran.«

»Ein Jahr darauf sang ich im intimen Bregenzer Kornmarkttheater unter der musikalischen Leitung Heinrich Hollreisers den schmachtenden Liebhaber ›Nureddin‹ in Peter Cornelius' liebenswertem BARBIER VON BAGDAD und trat damit die Nachfolge meines hochgeschätzten Kollegen Georg Maikl an, der in dieser Partie in der alten Staatsoper brilliert hatte. Der Barbier selbst, einst eine Leibrolle des großen Richard Mayr, war in Bregenz bei Oskar Czerwenka in besten Händen.«

»Auch als Konzertsänger wirkte ich bei den Bregenzer Festspielen mehrmals mit. So erinnere ich mich an eine sehr schöne SCHÖPFUNG unter Joseph Keilberth und an die konzertante Urfassung von Beethovens FIDELIO unter Ferdinand Leitner, an das BUCH MIT SIEBEN SIEGELN unter Josef Krips sowie an mehrere Liederabende gemeinsam mit meiner Frau, bei denen wir unter anderem die Zyklen DIE SCHÖNE MÜLLERIN und DICHTERLIEBE brachten.«

»Mit Bregenz ist auch eine kleine heitere Begebenheit verbunden. Auf Anregung und unter der Führung des Akademischen Malers Alfred Birkle, den wir von Salzburg her kannten, fuhren wir mit den Kindern in legerer sommerlicher Adjustierung – ich in kurzer Lederhose – nach Überlingen und besichtigten dort die schöne Basilika. In meiner Begeisterung über die sakralen Kunstschätze, die es da zu bewundern gab, überstieg ich das Absperrseil vor dem Altar, um eine der herrlichen Holzplastiken besser zu sehen. Da trat eine geistliche Schwester, die mich offenbar im Verborgenen beobachtet hatte, auf mich zu und sagte sanft: ›Das ist verboten. Sie dürfen nicht den abgesperrten Altarraum betreten!‹

Ehe ich etwas erwidern konnte, nahm unser Freund die Schwester beiseite und flüsterte ihr etwas ins Ohr, worauf sie eine ehrfürchtige Haltung annahm und mich gewähren ließ. ›Was haben Sie ihr denn gesagt?‹ fragte ich leise. ›Daß Sie ein Bischof in Zivil sind‹, raunte er mir belustigt zu. Inzwischen hatte die geistliche Schwester meine Frau und meine Kinder bemerkt. Sie wandte sich daher im Zweifel neuerdings mit gedämpfter Stimme an unseren Maler. Der aber war um die Antwort nicht verlegen. ›Er ist natürlich evangelisch‹, klärte er sie auf. Damit gab sich die Gute zufrieden und zog sich achtungsvoll zurück. Als wir die Kirche verließen, standen Buben und Mädchen am Straßenrand Spalier. Das hatte die liebe geistliche Schwester arrangiert, der ich hiermit Abbitte leiste für den kleinen Schwindel.«

»Bregenz hat seine eigene Festspielatmosphäre, die ich wohltuend empfand. Gemütlichkeit herrscht vor, die Turbulenz von Salzburg fehlt. Sind einmal die Proben vorbei, genießt man als Sänger so etwas wie einen erholsamen Urlaub.«

Entnommen aus:
Anton Dermota, TAUSENDUNDEIN ABEND – MEIN SÄNGERLEBEN,
Paul Neff Verlag, Wien 1978.

Franz Wipper

Leiter des Festspielchores 1950–1984, Bregenz. Bregenz seit 1946.

»Der Bregenzer Festspielchor ist zum deutlichen Ausdruck des künstlerischen Mitlebens ganz Vorarlbergs wie auch des Bodenseegebietes an den Festspielereignissen geworden.«

»Von früher Jugend an habe ich meine ganze Freizeit der Musik und dem Gesang gewidmet, und ein Rückblick zeigt, daß ich 50 Jahre Orchestermusiker (Cellist) und 60 Jahre Chorsänger war. So zogen mich die Bregenzer Festspiele vom Tage ihrer Gründung in ihren Bann, und ich freue mich, daß ich schon 1946 mitwirken, nämlich bei einer Serenade im ›Thurn-und-Taxis-Vorhof‹ im Orchester mitspielen konnte.

Die künstlerische und bauliche Entwicklung dieser kulturellen Großveranstaltung fand ich so faszinierend, daß mir die Mitwirkung zur Lebensaufgabe wurde.«

»Als die Vorarbeiten für die Seeaufführung 1948 EINE NACHT IN VENEDIG liefen, ergab sich die Notwendigkeit, einen Chor aufzustellen, der mit der wachsenden Ausdehnung der Seebühne Schritt halten konnte. Es war Karl Fuchs, der 1. Vorsitzende des traditionsreichen Bregenzer Männerchores, der die Initiative ergriff und unter Hinzuziehung eines Damenchores den ›Bregenzer Festspielchor‹ gründete, um einen künstlerischen Beitrag seitens der einheimischen Bevölkerung leisten zu können.

Der Festspielchor wirkte in den ersten Jahren nach seiner Gründung nur in klassischen Operetten am See mit, doch später wurde er auch für die großen Konzerte und in der Oper herangezogen. Mit den wachsenden Aufgaben und der steigenden Leistung des Festspielchores ist dieser aber nicht nur zum Symbol der Bregenzer Anteilnahme an den Festspielen geworden, sondern er wurde auch immer deutlicher der Ausdruck des künstlerischen Mitlebens ganz Vorarlbergs wie auch des Bodenseegebietes.

Nach dem plötzlichen Tode des Gründers Karl Fuchs im Januar 1950 fiel mir, da ich sein Stellvertreter war, die Aufgabe zu, die Führung des Festspielchores zu übernehmen. Ich setzte mich als organisatorischer Leiter sofort für die Belange des Festspielchores ein und wirkte auch zwölf Jahre hindurch als aktiver Sänger bei den Festspielen mit.

Anfangs hatten wir 60 Mitglieder. Innerhalb von drei Jahren verdoppelte sich diese Zahl und erreichte im Jahre 1964 den Höchststand von 150. Danach kam der Chor immer mit 60 bis 70 Mitgliedern zum Einsatz, weil zusätzlich ein Chor, der sich aus Mitgliedern der Wiener Staatsoper und der Volksoper zusammensetzte, verpflichtet wurde.

1986 ist der Bregenzer Festspielchor erneut mit 70 Sängerinnen und Sängern dabei, geteilt in zwei Chorgruppen, nämlich 46 für die Seeaufführung und 24 für die Oper im Hause. Die Chormitglieder kommen hauptsächlich aus Bregenz und Umgebung; eine beachtliche Zahl stellt jedoch auch unsere Nachbarstadt Lindau; diese Verbindung besteht schon seit 30 Jahren.

Bei den Mitwirkenden handelt es sich zum Großteil um Mitglieder anderer Chorvereinigungen, wobei der Bregenzer

»25 Jahre Bregenzer Festspielchor«, 1973. In der Bildmitte Franz Wipper.

Männerchor eine besondere Rolle spielt. In jüngster Zeit gibt es erfreulicherweise Nachwuchs aus Konservatorium, Musikschule und Marianum.«

»Die Zusammenarbeit mit den Regisseuren verlief durchweg harmonisch. Nur manchmal gab es Schwierigkeiten, wenn der Regisseur zeitweise Sänger als Statisten agieren ließ. Ein Sänger will eben das, was er einstudiert hat, auch singen.

Einer der großen Regisseure des Spiels auf dem See war Adolf Rott, der im Laufe seiner langjährigen Tätigkeit scherzhaft den Titel ›Bodenseeadmiral‹ erhielt.

Sehr beliebt war auch der für die FREISCHÜTZ-Inszenierung verantwortliche Otto Schenk. Allseits Achtung und Anerkennung erwarb sich 1985 Jérôme Savary, der die sicher ungewöhnlichste, spektakulärste, aber auch zauberhafteste ZAUBERFLÖTE auf die Bühne gestellt hat.«

»Unsere Proben beginnen unter der Verantwortung des jeweiligen Chorleiters schon im Januar/Februar; ab Anfang Juli sind dann jeden Tag Regieproben. Für 1986 wurden zwei Chorleiter eingesetzt, weil dies eine bessere Probeneinteilung für die zwei von einander unabhängigen Chorgruppen ermöglicht.

Mit Beginn der Regieproben übernimmt dann die Gesamtleitung der Chöre Prof. Helmuth Froschauer aus Wien, der diese Funktion bereits seit 1973 ausübt.

Das Einverständnis zwischen mir und den Chorleitern einerseits und den Chorleitern und den Sängern andererseits war immer gut. Es gab nie Schwierigkeiten, weil sich alle Beteiligten ihrer Aufgaben bewußt waren und sie bestens erfüllt haben.«

»Wenn ich auch anläßlich der vielen Festspielaufführungen, bei denen der Chor mitwirkte, nicht im Rampenlicht stand, so hat mir doch die Festspielgemeinde Bregenz höchste Auszeichnungen zukommen lassen: im Jahre 1973 erhielt ich den Ehrenring und zur Feier ›40 Jahre Bregenzer Festspiele‹ wurde mir die Ehrenmitgliedschaft verliehen.

Nach 33jähriger Tätigkeit als organisatorischer Leiter – ich war Vorsitzender, Schriftführer, Kassier und Notenwart in einer Person – fand ich es an der Zeit, an die Zukunft zu denken und den Bregenzer Festspielchor als Verein mit Satzungen in das Vereinsregister eintragen zu lassen.

Die konstituierende Hauptversammlung fand am 11. Oktober 1982 statt. Bei der Wahl des Hauptausschusses nahm ich für 2 Jahre nochmals die Position des 1. Vorsitzenden an. In der Hauptversammlung 1984 wurde dann auf meinen Vorschlag hin Emil Zabrodsky, ein Chormitglied und Sänger des Bregenzer Männerchores, zum 1. Vorsitzenden gewählt; ich zog mich – um beratend beizustehen – auf die Stelle des 2. Vorsitzenden zurück. So kam zeitgerecht die Führung in jüngere Hände; solche nahtlosen Übergänge wünsche ich dem Verein auch für alle Zukunft.

Nach wie vor sind die Chormitglieder mit Sangesfreude und Idealismus bei der Sache; sie sind sich wohl mehr denn je der Tatsache bewußt, daß der Bregenzer Festspielchor ein wertvolles Bindeglied zwischen der einheimischen Bevölkerung und den Festspielen darstellt.«

Interview: *Walter Lingenhöle*

Giuseppe Verdi, Othello, 1981. Seebühne.
Placido Domingo und Anna Tomowa-Sintow.

Oper in Vollendung

»29 Minuten Applaus für den OTHELLO von Placido Domingo. Das hat es in den 35 Jahren Bregenzer Festspielgeschichte noch niemals gegeben. Die Saison 1981 hat besonders im Vorarlberger Publikum einen Meinungswandel bewirkt. Jetzt wissen wir erst, was Oper ist. Dieses Thema beherrschte die Gespräche im Pausenfoyer.

Oper total läßt die Kassen klingeln: die 5400 Karten für die drei Vorstellungen mit Othello-Domingo waren schon im Herbst des vorigen Jahres vergriffen. Für die drei Aufführungen in zweiter Besetzung waren zu Beginn der Festspiele noch 37 Prozent der Karten unverkauft.

1980, im Jahr der Eröffnung des neuen Hauses, war die Bilanz im ganzen bescheidener. Nur 43,7 Prozent der FALSTAFF-Karten konnten zum vollen Preis verkauft werden.

Über die möglichen Ursachen dieser mit einem Jahr Verspätung einsetzenden Opern-Euphorie sprachen wir mit Placido Domingo.

Es ist sehr viel junges Publikum hier, und durch das neue Haus hat eine neue Ära begonnen. Wenn Sie – kaum jemand hat so viel Erfahrung – ein Programm für die Bregenzer Festspiele machen müßten, für ein neues, für ein junges, für ein unerfahrenes Publikum, wie würde das aussehen?

Ich denke, daß es für ein neues Publikum wichtig ist, die bekannteren, bühnenwirksameren Opern zu spielen. Wenn ein Heranwachsender das erste Mal in eine Oper geht, dann sollte er eher eine BOHEME, CARMEN, TOSCA ansehen. Aber ich denke auch, daß OTHELLO in dieser Konzeption, wenn es wirklich gutes Theater ist, für ein neues Publikum die Möglichkeit sein kann, die Oper lieben zu lernen.

Meinen Sie, daß es für jemanden, der sich erst an die Oper herantasten muß, wichtig ist, daß ein Star wie Sie, ein großer international bekannter Sänger, auf der Bühne steht? Daß der gleich da ist, daß die Oper in Vollendung vorgeführt wird.

Ich denke ja. Das Beste in der Musik ist eine hervorragende Opernaufführung. Das Schlimmste in der Musik ist eine schlechte Opernaufführung. Wenn es nicht gut ist, dann ist es eine falsche Einführung. Wenn es nicht der richtige Sänger ist, nicht die richtige Inszenierung, so wird es nicht möglich sein, jemanden an die Oper heranzuführen. Das wäre das Allerschlechteste.

Nun ist hier in Bregenz bislang – es gibt 35 Jahre Festspiele, wie Sie wissen – im kleinen Kornmarkttheater gespielt worden. Es hat nur 600 Plätze und die Bühne ist nur ein Viertel so groß wie im Festspielhaus. Halten Sie es für möglich, in so kleinem Rahmen eine allererstklassige Produktion von Regie, Dirigent und Orchester und vom Sängerischen her zu machen? Halten Sie das für durchführbar?

Selbstverständlich. Das hängt nur von der Werkwahl ab. Wenn Sie einen BARBIER VON SEVILLA, eine HEIMLICHE EHE, eine CENERENTOLA, eine kleine Oper von Donizetti, wie LA SERVA PADRONA, machen. Ich denke, das ist möglich. Aber man darf natürlich nicht eine ›Große Oper‹ in einem kleinen Haus spielen.

In Vorarlberg wurde die Meinung laut, daß man für die Oper ein großes Haus braucht. Meinen Sie – denn es sind nun einmal Festspiele –, daß auch im kleineren Rahmen vom Stimmlichen, von der Gesamtinterpretation her, allererstklassige Aufführungen machbar sein müssen?

Ja natürlich. Das hängt davon ab, wie es gemacht wird. Wenn das sehr gut gemacht wird, kann es wunderbar sein.

Werden Sie wiederkommen? Zu den Bregenzer Festspielen?

Ja. Wenn wir den OTHELLO noch einmal machen. Ich denke, dieses Haus hier in Bregenz hat die Möglichkeiten für sehr gute Produktionen. Ich denke, dieses Festival könnte ein großes Festival sein, nach und nach. Ich glaube, mit diesem OTHELLO hat Bregenz bewiesen – wenn die Unterstützung und die finanzielle Hilfe, denn es ist sehr teuer, erhalten bleibt –, daß es durchaus ein erstklassiges Festival sein kann. Wenn es auf diesem Level bleibt.

In der zweiten Vorstellung hatten Sie eine halbe Stunde lang Applaus. So etwas hat es in den 35 Jahren Bregenzer Festspiele überhaupt noch nie gegeben.

Ja, das ist phantastisch für einen Sänger, einen so langen Applaus vom Publikum zu bekommen. Das ist ein guter Rekord.«

Entnommen aus: LIECHTENSTEINER VATERLAND, Vaduz, 31. 7. 1981.

Harald Serafin

Sänger, Wien.
Bregenz 1970.

»Bregenz ist meiner Meinung nach ein guter Abhärtungskurs – auch für das Selbstbewußtsein eines Sängers.«

»Als ich am Opernhaus in Zürich engagiert war, habe ich Bregenz sehr oft besucht und mir dort die Vorstellungen angesehen. Nachdem ich von Zürich nach Wien zurückgekommen war, hat man mich nach Bregenz geholt – offensichtlich weil es über Wien näher ist. Ich habe die FLEDERMAUS gemacht, ich war der ›Eisenstein‹, Wilma Lipp die ›Rosalinde‹, und Renate Holm meine ›Adele‹. Ich sollte noch in der TRAUMINSEL von Robert Stolz singen, aber da bekam ich nicht frei.

Ich werde ein Erlebnis nie vergessen: Renate Holm singt mich an: ›Mein Herr Marquis‹, und in diesem Moment kommt vom Säntis her so eine ganz dicke Wolke, in der nächsten Sekunde stürmt es schon. Friedrich Nidetzky von der Wiener Volksoper, der ›Dr. Blind‹, springt nach hinten und hält die Kulisse fest; es gilt, ja nicht zu unterbrechen. Renate Holm packt mich beim Rockschoß, zerrt mich zum Mikrofon, ich liege so halb am Boden – aber ich singe. Ich glaube, das ist in Bregenz fast jedem einmal passiert.«

»Mirjana Irosch war damals die alternative Besetzung für Wilma Lipp. Wir waren gerade frisch verheiratet – der brave Direktor Bär hatte also daran gedacht, daß der arme Harald Serafin die acht Wochen nicht allein ist.«

»Ich liebte Bregenz – es wird zwar gesagt, es sei ein bißchen provinziell –, weil es uns Künstlern eine sehr angenehme Zeit für die Entwicklung einer Rolle bot. Den ganzen Tag waren wir in der frischen Luft; man hat uns ständig gewarnt, paß auf, daß du dich nicht verkühlst. Aber es wurde keiner krank, eben weil wir wochenlang an der frischen Luft geprobt haben. Bregenz ist meiner Meinung nach ein guter Abhärtungskurs, auch für das Selbstbewußtsein eines Sängers.

Und dann gab es – gibt es wohl heute noch – in Bregenz einen großen deutschen Publikumsanteil; man hätte schon mehrere Vorstellungen in Bayreuth singen müssen, um von so viel Deutschen gehört zu werden.«

»Vor meiner Verpflichtung hatte ich den ZIGEUNERBARON gesehen, mit den großen Aufmärschen, und lernte dabei Adolf Rott kennen, der dann die FLEDERMAUS mit mir machen sollte. Ich habe ja in vielen ›Fledermäusen‹ mitgewirkt – die in Bregenz war stürmischer und windiger als alle anderen zusammengenommen. Sonst sind sie alle gleich: überall tritt der ›Eisenstein‹ in der Mitte auf. Allerdings verlangte die Seebühne eine gewisse Technik von uns, denn das Orchester befand sich unter der Bühne, nur der Kapellmeister schaute heraus. Man mußte sehr aufpassen. Es war ja meine erste Erfahrung mit einer Seebühne, überhaupt mit einer Freilichtbühne, die doch spezielle Anforderungen stellt, vielleicht vergleichbar einer Synchronisation. Ich bin auch im Fernsehen ein guter Synchronisierer, ich habe von Haus aus ein gutes Feeling dafür – also lernte ich schnell, daß man ein bißchen früher einsetzen muß als der Dirigent gerade schlägt; dann kommen Orchesterklang und Sängerstimme auf der Tribüne gleichzeitig an. Es gibt ja eine Zeitverschiebung im Ton um eine Zehntelsekunde, manchmal sogar um eine halbe Sekunde.«

»Damals waren die Bregenzer noch nicht so fixiert auf den Fremdenverkehr; sie waren als Publikum offener, wir bekamen viel mehr Einladungen als jetzt, es war spürbar gemütlicher. Ich hatte mit meiner Frau in Bregenz eine Wohnung mieten müssen, in einem Haus, und das ganze Haus hat sich um uns gekümmert, weil man wußte, uns fehlt alles. Ich glaube, das Publikum hing damals sehr an den Künstlern. Übrigens: Der ›Alfred‹ in der FLEDERMAUS, Giuseppe Zampieri, war ein großer Spaghetti-Koch; er hat uns ununterbrochen zum Spaghetti-Essen eingeladen, seine Partie, das war mein Eindruck, hat ihn gar nicht interessiert – ihn interessierten ausschließlich die Spaghetti. Er hat sich dafür extra einen großen Topf aus Deutschland geholt.«

»Ich finde die Festspiel-Idee grundsätzlich großartig; schon deshalb, weil sie uns armen Sängern im Sommer was zu tun bringt, dadurch kommen wir um den hochbezahlten Urlaub herum, und zweitens beschert sie uns einen großen Werbeeffekt, z. B. wenn das Fernsehen überträgt.«

Interview: *Paul Kruntorad*

Erich Kunz

Professor, Kammersänger, Wien.
Bregenz 1970.

»Man muß ja irgend etwas mit dem See machen, das seh' ich ein.«

»An Bregenz selbst, an die Stadt, kann ich mich nur schwach erinnern, ich war ja lediglich einmal dort. Aber eine Aufführungs-Episode ist mir in Erinnerung geblieben. In Adolf Rotts Inszenierung der FLEDERMAUS habe ich den ›Frank‹ gesungen. Der Regisseur hatte die Idee, daß ich mit einem Boot komme, den ›Eisenstein‹ verhafte und mit dem Boot ins Gefängnis bringe. Man muß ja irgend etwas mit dem See machen, das seh' ich ein. Aber es war – wie sich herausstellte – eine selbstmörderische Idee. Ein diensthabender Gefängniswärter hat das Boot gerudert, das richtig vergittert und versperrt war. Der Kahn wurde natürlich erst zur Premiere fertig. Wir rudern zu ›Eisenstein‹, es kommt plötzlich ein wahnsinniger Sturm auf, wir wären beinah gekentert, alles erwies sich als sehr labil. Drei Kreuze haben wir geschlagen, als wir dann doch irgendwie landeten.«

»Wilma Lipp war die ›Rosalinde‹; wir stiegen aus und ich sehe eine Dame, deren Frisur nicht nach hinten gekämmt ist, sondern senkrecht nach vorn wegsteht, so stark war der Sturm. Laut Libretto habe ich zu sagen: ›Erschrecken Sie nicht, gnädige Frau, ich bin der Gefängniswärter Frank und kann mir das Vergnügen nicht versagen, Ihren renitenten Herrn Gemahl persönlich in sein Stilleben zu geleiten.‹ Und nach diesem Satz habe ich noch hinzugeschwindelt: ›Aber bevor wir uns über das Ganze unterhalten, würde ich Sie bitten, machen Sie die Fenster zu, es zieht nämlich wahnsinnig in Ihrer Wohnung.‹ Das war ein guter Gag, die Zuschauer haben stets gelacht, denn Wilma hat versucht, ihr Haar zurückzustreichen und es ist aber sofort wieder nach vorn geweht worden. Dann gab es eine Art Plastikbecher, aus denen Wein getrunken wurde. Rosalinde hat mit ihrem Alfred das Souper beendet, und kaum hatten sie aus diesen Plastikgläsern getrunken und diese leer zurückgestellt, hat sie der Wind auch schon in den See geweht.«

»Die Regel war, daß man die Gage bekommen hat, wenn wenigstens bis zur Halbzeit gespielt wurde. Der Dirigent, Henry Krips, Bruder von Joseph Krips, hat jeweils vor der Vorstellung nach St. Gallen telefoniert, von dort kam der Wetterdienst. Wenn eine Regenfront gemeldet wurde, hat Krips schneller dirigiert, und wir haben auf diese Weise sofort gewußt, daß ein Sturm aufzieht.«

Interview: *Paul Kruntorad*

Johann Strauß, Die Fledermaus, 1970. Erich Kunz (Frank).

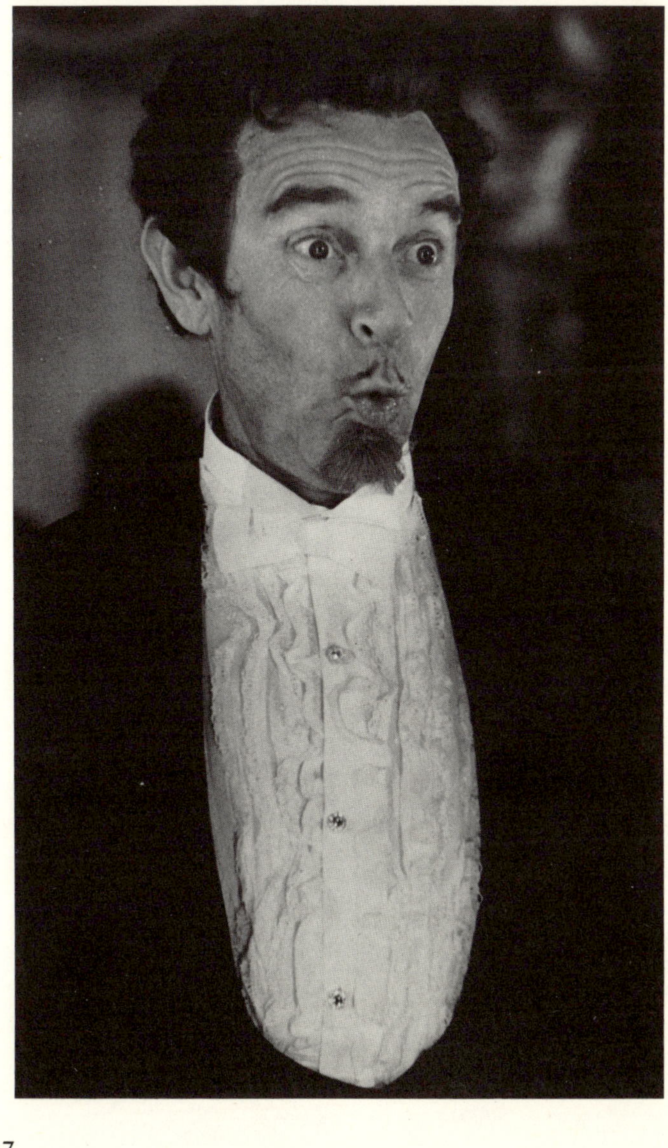

Der Ruf, der nie verhallte
Die Bregenzer Seebühnen und das Festspielhaus

von Walter Rhomberg

Entscheidung für die Aufführungsstätte am See und die erste Seebühne im Bregenzer Gondelhafen

Als im Frühjahr 1946 die Entscheidung gefallen war, in der österreichischen Bodenseestadt Bregenz Festspiele ins Leben zu rufen, war es den Initiatoren bewußt, daß die herrliche Landschaft zwischen Berg und See stark in die Festspielgestaltung einbezogen werden muß. Eine erste Überlegung, Freilichtaufführungen entweder im romantischen Milieu der Bregenzer Oberstadt oder am Gebhardsberg zu gestalten, wurde bald verworfen; man entschied sich für eine Aufführungsstätte am See und dort zunächst für den Gondelhafen. Mit ausschlaggebend für diesen Entschluß waren wohl die wirtschaftliche Beengtheit nach dem Krieg und das Bestreben, den ausstattungsmäßigen Rahmen der Spielstätte in Grenzen zu halten. Aber auch für diesen bewußt eng gewählten Rahmen fehlte Erfahrung. Schließlich entschied man sich dafür, die nötige Seebühne in der Art zu gestalten, daß man vorhandene Kiestransportschiffe mietete, sie im Gondelhafen verankerte und mit einem aufgebauten Holzplateau eine ebene Aufführungsfläche schuf. Außerdem wählte man ein Stück, das nicht zu viel Ausstattung erforderte. Letztgenannte Voraussetzung sah man in Mozarts BASTIEN UND BASTIENNE gegeben. Die Größenordnung und Form des Gondelhafens waren für die Zuschauerplacierung ideal, denn die Stühle und Bänke, teils vom Verkehrsverein gestellt und teils von Gaststätten ausgeliehen, konnten in vier Reihen an den drei Seiten des Ufers aufgestellt werden, so war die Sicht zur schwimmenden Spielinsel in der Mitte des kleinen Hafens überall gut.

Die begeisterte Aufnahme durch Publikum, Presse und Rundfunk war die Bestätigung dafür, daß mit dieser Idee auch für die Zukunft eine Richtlinie für Festspielaufführungen in Bregenz gegeben wurde.

Fortentwicklung und neue Spielstätten

Die Festspielverantwortlichen von 1946 bis 1948, nämlich die Repräsentanten der Stadt Bregenz, erkannten nach der ersten Aufführung im Gondelhafen, daß diese Aufführungsstätte zwar ihre Bewährungsprobe bestanden hatte, daß sie jedoch für eine Fortentwicklung und die Aufführung eines größeren Repertoires zu klein war. Auch hatte man in vielerlei Hinsicht wertvolle neue Erfahrungen gesammelt.

Man mußte also eine größere Spielstätte finden, in die auch der herrlich weite Bodensee und seine hübschen Ufergestaltungen landschaftlich wirkungsvoller mit einbezogen werden und wo auch mehr Zuschauerplätze geschaffen werden konnten. Diese Entscheidung beinhaltete aber auch die Disposition, den schützenden, geschützten Hafen zu verlassen und sich auf den freien, oft stürmischen See zu begeben. Dort schien allerdings eine schwimmende Bühne vorerst kaum denkbar.

Das Gelände des damaligen Strandbades bot sich als neuer Bühnenort an, denn hier war zwischen zwei kleinen Halbinseln ein größenordnungsmäßig passender Badestrand. Da konnte man am Ufer eine Holztribüne für 2500 Zuschauer als jährlich neu aufzubauendes Provisorium erstellen, und im See ließ sich eine zauberhafte Bühneninsel schaffen, die natürlich auf Holzpiloten mit Bühnenboden ruhte. Sie trug die je nach der Stückwahl wechselnden Kulissenaufbauten. Ein großer Vorteil dieser Placierung der Seebühne war, daß sich die Umkleidekabinen des Strandbades und der nahegelegenen damaligen Sporthalle für die Unterbringung der Mitwirkenden – von den Solisten bis zum Orchester, dem Chor und der Statisterie – verwenden ließen. So gelang es bereits im zweiten Festspielsommer 1947 und auch 1948, die begeistert aufgenommenen Aufführungen von ENTFÜHRUNG AUS DEM SERAIL und NACHT IN VENEDIG einem internationalen Publikum eindrucksvoll darzubieten.

Der Publikumszustrom zu diesen Seeaufführungen der Festspiele nahm so gewaltig zu und die Ideen von Regisseuren, Bühnenbildnern und Dirigenten erwiesen sich als so animierend, daß man bald den Entschluß fassen mußte, eine bedeutend größere Aufführungsstätte am See zu suchen und

(v. l. n. r.) Paula Wessely, Josef Sautter, Walter Rhomberg, Anton Lieger und Adolf Salzmann, 1950.

(v. l. n. r.) Walter Rhomberg, Julius Wachter, Clemens Holzmeister und Anton Lieger, 1956.

Kartenverkauf für die ersten Festspiele in Bregenz.

zu erstellen. Man wünschte einerseits eine vergrößerte Seebühne, andererseits eine Zuschauertribüne mit einem Fassungsvermögen von 6000 bis 7000 Personen, die bleibend erstellt werden sollte. Es ist dem großen Festspielfreund und Hauptausschußmitglied der 1949 gegründeten Bregenzer Festspielgemeinde, Herrn Kommerzienrat Karl Deuring, zu verdanken, daß dieses Anliegen bereits im selben Jahr durch die Erstellung einer neuen, etwa 6500 Personen fassenden Holztribüne in Erfüllung ging. Als Standort stellte die Stadt Bregenz einen südwestlich an das Strandbad anschließenden Platz am Ufer des Sees zur Verfügung. Dieser am Ufer erbauten Tribüne wurde eine neue – wieder auf Piloten im See aufgebaute – Seebühne mit einer Gesamtspielbreite von rund 100 m vorgelagert. Wer die Seebühnenbilder vergleicht, erkennt, daß alljährlich dem gespielten Stück entsprechend, sowohl die Pilotenanordnung, als auch die Bühnenaufbauten verändert wurden. Die Entfernung zwischen der Vorderseite der Seebühne und dem Beginn der Tribüne betrug 20 bis 25 m, so daß eine richtige Bühneninsel entstand, auf die auch Auftritte von Schiffen aus erfolgen konnten.

Vielerlei Überlegungen wurden über die richtige Placierung des Orchesters – seit 1946 unsere Wiener Symphoniker – angestellt, wobei sowohl optische wie auch akustische Gesichtspunkte in die Diskussion einflossen.

Auch der Standort des Dirigenten, der neben dem Orchester auch die Solisten und den Chor auf Distanzen von bis zu 80 m ›beherrschen‹ mußte, war für das Gelingen der Vorstellungen mit ausschlaggebend, aber schwer festzulegen.

Regiebesprechung (v. l. n. r.): Rhomberg, Salzmann, Paulik, Schmid-Bloss, Röthlisberger, 1950.

Zur Freude der Organisatoren der Festspielgemeinde und des Publikums gelang die neue große Anlage sehr zufriedenstellend, und sie wurde als wichtiger weiterer Meilenstein in der Entwicklung der Bregenzer Seefestspiele gewertet.

Die große Holztribüne hielt jedoch leider den Wind- und Wettereinflüssen nur vier Jahre stand, sie zeigte zuletzt so starke Fäulnisanzeichen, daß die Baubehörde zu einer Erneuerung drängte. Entgegenkommenderweise übernahm die Stadt Bregenz die Neuerstellung einer stabilen Zuschauertribüne mit ebenfalls gut 6000 Personen Fassungsvermögen am selben Platz. Nach Abbruch der ›Deuring-Tribüne‹ wurde mit Schwimmbaggern aus dem Seevorgelände – der Seehalde – Kies gebaggert und am Seeufer aufgeschüttet, so daß ein später begrünter Kieshügel mit einer Gesamthöhe von 11 m entstand, auf dessen zur See gerichteten Seite die treppenförmig angelegten Zuschauersitze angeordnet wurden. Auf der höchsten Höhe dieser Kiestribüne wurde ein sogenannter ›Regiestand‹ errichtet, von dem aus, teilweise mittels einer Telefonanlage und teils per Funk, die nötigen Regieanweisungen zu den einzelnen Bühnenteilen und Garderoben erfolgten.

Im Obergeschoß des Regiestandes waren eine große Scheinwerferanlage und die Technik für die allmählich notwendig gewordene Akustikanlage untergebracht.

Die Festspielgemeinde war glücklich, nun auf weite Sicht eine modern ausgestattete Seebühnen- und Tribünenanlage zur Verfügung gestellt bekommen zu haben. Waren damit die Festspiele der Sorge um die Spielstätte enthoben, so entstanden in einer anderen Richtung Probleme. Der Wettergott hatte nicht an jedem Aufführungsabend ein Einsehen; Regen erzwang oft entweder die völlige Absage oder den vorzeitigen Abbruch von Aufführungen. Dies zog für die Veranstalter wirtschaftliche und imagemäßige Probleme und für die Mitwirkenden und Zuschauer unangenehme Situationen nach sich. Von den – bei ausverkauften Aufführungen – über 6000 Personen konnten nur etwa 1000, die Ausweichkarten gekauft hatten, in der nebenan liegenden, optisch unzulänglichen Sporthalle – auch ›Stadthalle‹ genannt – eine Fortsetzung der Vorstellung oder eine Ersatzaufführung erleben; der restliche – überwiegende – Besucherteil aus nah und fern mußte ohne den erhofften Kunstgenuß nach Hause geschickt werden.

Der Ruf nach einem Festspielhaus, bei dessen Planung eine zweckmäßige Kombination zwischen See- und Hausaufführungen gefunden werden sollte, wurde von Jahr zu Jahr lauter.

Blick auf die Zuschauertribüne mit den Holzbänken.

Vorbesprechung zum Vogelhändler, 1952.
(v. l. n. r.) Walter Rhomberg, Professor Anton Paulik und Fritz Klingenbeck.

Die Seebühnengestaltungen und ihre Versionen

Die Seebühne wurde von Beginn der Festspiele an jährlich neu erstellt, und zwar entsprechend den Ideen der jeweils beauftragten Bühnenbildner und Regisseure, die sich an dem gewählten Stück orientierten.

Dabei mußten die Bühnenbilder manchmal sowohl für eine Oper oder Operette geeignet sein, als auch für Ballettaufführungen, die in einigen Festspieljahren ebenfalls als Freilichtaufführung mit ins Programm aufgenommen wurden. Aus Wirtschaftlichkeitsgründen achtete man darauf, stets den Bühnengrundbau des Vorjahres soweit als möglich zu übernehmen, um nicht eine totale Umpilotierung durchführen zu müssen. Für manche Gestaltungen mußte aber doch ein Großteil der Pilotierungen und Bühnenplateaus der Vorjahresbühne wieder entfernt werden. So wollten Bühnenbildner beispielsweise den Wunsch realisieren, nicht nur stabile, pilotierte Bühneninseln zu haben, sondern dazwischen auch schwimmende Bühnenteile, die mit Unterwasserseilzügen bewegt wurden. Diese Gestaltungsidee ist besonders gut bei einer Aufführung der Johann-Strauß-Operette TAUSENDUNDEINE NACHT im Jahre 1949 gelungen und wurde damals als sensationelle Neuentwicklung gewertet. Die auf diese Weise erreichten Effekte verleiteten sogar dazu, bei den Aufführungen der Operette GASPARONE im Jahre 1950 eine auf Pontons schwimmende Drehbühne zu erstellen, die über 30 m Durchmesser hatte und allseitig durch fest verankerte Bühnenteile ergänzt wurde.

Schwimmende Bühnenelemente mit derartigen Dimensionen waren natürlich nicht so seetüchtig wie die stabilen und boten Stürmen und Windböen, auch infolge ihrer – ansonsten sehr wirkungsvollen – niederen Einbettung in den See, viele Angriffsmöglichkeiten. So ging beispielsweise die Drehbühne des Jahres 1950 wenige Tage vor der Premiere im wahrsten Sinne des Wortes, anläßlich eines starken Bodenseesturmes, unter und mußte von Fachleuten innerhalb kurzer Zeit wieder gehoben und bespielbar gemacht werden. Auch andere Bühnengestaltungen wurden gelegentlich bei außerordentlich starken Sturmsituationen in den Randteilen, aber auch in Teilen der Aufbauten zerstört, was dazu führte, daß die statischen Konstruktionen von Jahr zu Jahr widerstandsfähiger geplant wurden. Glück mußten die Erbauer der Seebühnen stets auch mit der Ansetzung der Bühnenhöhe über dem See haben, nachdem sich der Seestand witterungsbedingt jeweils sehr stark verändert.

In architektonischer Hinsicht sind jene Bühnengestaltungen vom Publikum und den Medien am besten aufgenommen worden, die möglichst naturverbunden in den Bodensee eingebettet wurden und den See mit seiner einmaligen Naturkulisse vielfältig in das Spiel einbezogen haben. Aber auch der laufende Ausbau der beleuchtungsmäßigen Effekte, der fall-

Die Pilotierung der Seebühne.

Die Holzbänke der alten Seetribüne.

Modell des Festspielhauses, 1960.

weise Einbezug von Wasserspielen in das Bühnenbild und nicht zuletzt pyrotechnische Einfälle, steigerten die Attraktivität der Seeaufführungen. Wesentlich war aber auch das stete Bemühen um eine Verbesserung der akustischen Verhältnisse. War es bei den ersten verhältnismäßig noch kleinen Seebühnen möglich, den natürlichen Ton der Sprache und des Gesanges wirken zu lassen, wurde dies bei den dimensionalen Vergrößerungen immer unmöglicher, insbesondere bei Gegenwindsituationen. Nach vielen jahrelangen Versuchen mit modernen technischen Zusatzausstattungen gelang es, auch dieses Problem zu lösen.

Die Festspieldirektion und der Bauausschuß der Festspiele befaßten sich unter Heranziehung von Experten über viele Jahre hinweg mit der Erarbeitung von Variantenentwürfen für eine witterungsunabhängige Gestaltung der Seeaufführungen. Dies hätte jedoch bedeutet, daß nicht nur die mächtige Zuschauertribüne hätte überdeckt werden müssen, sondern auch die gesamte Spielfläche der Seebühne. Denn um bei Schlechtwetter spielen zu können, müssen ja nicht nur die Zuschauer sondern auch die Mitwirkenden vor Regen, Sturm und Kälte geschützt werden. Alle diesbezüglichen Pläne und Überlegungen, auch die an und für sich bestechende Idee einer Glaskuppelüberdachung, mußten schließlich fallengelassen werden; sie erwiesen sich sämtlich als undurchführbar.

Man muß und soll wohl dem Grundsatz treu bleiben, daß eine Seebühnenaufführung eine Einmaligkeit in sich hat, die eine Hausbühne in dieser Art niemals bieten kann. Dafür muß die Abhängigkeit von der Witterung in Kauf genommen werden.

Der Weg zum Festspielhaus

Die aufgezeigten Veränderungen der Spielstätten bis zum Jahre 1980, aber auch die stete Niveausteigerung und die zunehmenden Größenverhältnisse auch anderer Festspieldarbietungen (Opern, Schauspiele, Konzerte und Balletts) zwangen zunehmend zu Überlegungen, ein Festspielhaus zu errichten, in dem einerseits bei Schlechtwetter ein größerer Besucherteil der Seeaufführungen hochstehende Ersatzaufführungen sehen oder hören kann, das andererseits aber auch ganz allgemein den Festspielen zur Verfügung stehen sollte. So war von Anfang an an Aufführungen großer Opern ge-

Ein Entwurf für das Festspielhaus mit Seetribüne, 1971.

dacht, was natürlich eine entsprechende Bühnengröße und -technik sowie ein großes Sitzplatzangebot voraussetzte.

Der Verfasser dieser Ausführungen hat bereits im Jahre 1955 als Baureferent im Hauptausschuß ein Papier über die Notwendigkeit eines Festspielhauses vorgelegt, und Präsidium und Direktion der Festspiele bemühten sich schon damals, in Verhandlungen mit der Vorarlberger Landesregierung, der Landeshauptstadt Bregenz sowie den Kammern, aber auch dem zuständigen Bundesministerium für Unterricht die allseitige Zustimmung zu einem solchen Projekt zu erreichen. Im Herbst 1955 faßte dann der Hauptausschuß der Festspielgemeinde den Beschluß, einen Entwurfswettbewerb für die Gestaltung eines Bregenzer Festspielhauses auszuschreiben. Den sich an diesem Wettbewerb beteiligenden Architekten wurde die Aufgabe gestellt, einen Entwurf vorzulegen, der die Räumlichkeiten für Hausaufführungen in einer Größenordnung von 1200 und 1800 Zuschauern aufweist und der in einer sinnvollen Kombination seeseitig eine Tribüne für Seeaufführungen mit einem Fassungsvermögen von 4500 Personen in einem Baukörper vereint.

Die Jury, die unter dem Vorsitz des vor allem durch seine baulichen Gestaltungen der Salzburger Festspiele berühmt gewordenen Architekten Prof. Dr. Clemens Holzmeister am 7. und 8. Januar 1956 in Bregenz tagte, und über 28 eingereichte Projekte zu entscheiden hatte, vergab den ersten Preis dieser Ausschreibung an das Projekt des Bregenzer Architekten Baurat Dipl.-Ing. Wilhelm Braun. Diese in der Folge mehrfach umgearbeitete Planung wurde dann endlich, nach Überwindung vieler Hindernisse, in einer Sitzung im Wiener Bundeskanzleramt am 16. Februar 1971 genehmigt und verabschiedet, nachdem sich die Subventionsgeber Bund, Land Vorarlberg und Stadt Bregenz, nach einem festgelegten prozentuellen Aufteilungsschlüssel zur Übernahme der Erstellungskosten entschlossen hatten.

Allerdings bedurfte es nochmals einer längeren Zeitspanne, bis Bundespräsident Dr. Rudolf Kirchschläger am 22. Juli 1976 die Grundsteinlegung für das neue Bregenzer Festspielhaus in feierlicher Form vornehmen konnte. Um den niedrigen Wasserstand auszunutzen, hatte man allerdings schon am 17. Dezember 1975 mit dem Bau des seeseitigen Tribünenteiles begonnen. Die Fertigstellung erfolgte im Jahre 1980 und die feierliche Eröffnung, gleichzeitig mit der Eröffnung der Bregenzer Festspiele, am 17. Juli 1980.

Das Festspielhaus steht im Bereich der Bregenzer Seeanlagen und ist wirkungsvoll in die gesamte neue Seeufergestaltung der Stadt Bregenz eingebettet. Nach insgesamt 25 Jahren steter Bemühungen der Festspielinitiatoren haben die Bregenzer Festspiele schließlich doch die ersehnte moderne große Aufführungsstätte erhalten und damit auch die größte und bestausgestattete Seebühne, die es weltweit gibt.

Vermittler zwischen Traum und Realität
Die Technik der Seebühne

von Karl Heinz Miltner

Es waren echte Pionierjahre, geprägt von einer echten Begeisterung für das, was hier aus dem Nichts – nach den zerstörerischen Kriegsereignissen – geschaffen worden ist.

Freude, Begeisterung und der gesunde Ehrgeiz, es immer besser, immer niveauvoller zu machen – das waren die Triebfedern, aus denen das Ereignis ›Bregenzer Festspiele‹ erwuchs. Und stets, wenn Freude, Begeisterung und Ehrgeiz die Könner und ›Liebhaber‹ ergriffen hatten, kamen Sternstunden von traumhafter Verzauberung zustande. Und wenn auch noch Petrus gnädig gesinnt war, dann verschworen sich alle guten Theatergeister mit denen der Natur – und Tausende erlebten unvergeßliche, atemlose Stunden angesichts des Märchens ›Seebühne‹.

Weil aber diese beschwingten, leichten, gekonnten Abenteuer der Operetten, Singspiele, Opern und Ballette sehr viele reale Wurzeln haben müssen, weil alle diese Märchen ausgearbeitet, gebaut und betrieben werden müssen und dies alles noch dazu Geld kostet, braucht man einige Vermittler zwischen Traum und Realität – die Theatertechniker, in Bregenz die Seebühnentechniker.

Als ich 1957 mit den Festspielen Bekanntschaft machte, wurden diese von insgesamt 5 Angestellten betrieben – und das blieb eigentlich bis heute eine der Besonderheiten: eine kleine Mannschaft arbeitet intensiv viele Monate zuerst an der Vorbereitung und später dem Abschluß der jeweiligen Sommersaison. Dann allerdings erfolgt mit Probenbeginn eine sprunghafte Ausweitung auf 500 bis 600 Mitwirkende. Allein das war schon immer ein Organisationswunder. Die leider recht weitverbreitete Meinung, die Festspielleute halten einige Monate Winterschlaf und haben nur im Sommer etwas zu tun und dazu holen sie sich noch viele Helfer, diese Ansicht ist grundfalsch, was alle diejenigen bestätigen können, die einmal bei uns und mit uns gearbeitet haben – die ein Stück des Weges mit uns gingen.

Dieser Weg war weit, mühsam und – begeisternd. Dieser Weg, ausgehend von den Pionierjahren, über viele große und kleine Erfolge, über einige Rückschläge und Anlässe voller Trauer bis hin zur Inbetriebnahme einer neuen Seebühne und bis zur Eröffnung und Bewährung des heißumkämpften, langersehnten Festspielhauses. Viele Stationen hatte dieser Weg – unmöglich können alle hier beschrieben und gewürdigt werden, auch können nicht alle Zusammenhänge und Wirkungen offengelegt, die Geheimnisse von Erfolg und Mißerfolg am Theater, auf der Seebühne gelüftet werden. Nur Schlaglichter sind möglich.

Eine Vorbemerkung: Das Theater hat bestimmte Gesetze, jedes Haus hat zusätzlich seine speziellen; ein Freilichttheater unterliegt wieder anderen Gesetzen, aber bei einer Seebühne summieren sich die grundsätzlichen und speziellen Gesetze zu einem Katalog. Keines dieser Gesetze zu verletzen, ist eine große Aufgabe, die Wissen und Verantwortung bedingt. Der Wasserstand kann z. B. innerhalb einer Spielzeit um 2 Meter differieren, die zu berücksichtigenden Wellenbewegungen setzen sich aus mehreren, oft gegenströmenden Bewegungen zusammen, der Wind kann Geschwindigkeiten von rund 130 km pro Stunde erreichen – und, und, und ...

Der Unterbau bildet die Basis, die Grundlage für eine stabile und den Erfordernissen entsprechende Seebühne. Ursprünglich ein instabiles, weil schaukelndes Schiff – sehr bald der Pfahlbau mit aufgelegten Eisenbahnschienen und darauf montierten Holzbalken und -belägen. Zunächst wurde das Holz gemietet, später gekauft. Der Vorteil, den Grundbau jährlich neu gestalten zu können, wurde damit eingeschränkt, auch das Holz blieb manchmal länger liegen, als ihm zuträglich war. Der erhoffte Einsparungseffekt wurde sehr bald von notwendigen Sanierungskosten zunichte gemacht. Ständige Kostensteigerungen und wachsende Sicherheitsrisiken zwangen dazu, nach Lösungen zu suchen, um den Unterbau zweckmäßig und preisgünstig zugleich zu gestalten. Man stellte sich auf seiten der Verantwortlichen selbst fünf Bedingungen: die Sicherheit für Bauten und Menschen mußte gewährleistet sein. Mobilität wurde gebraucht; Umbauten und Ergänzungen sollten – wenn auch nicht unbegrenzt – möglich sein. Die Erhaltung sollte kostengünstig erfolgen können. Weiter wünschte man sich einen Unterbau, der sich an See und Landschaft und auch einem wechselnden Wasserstand anpaßte. Und last but not least sollte er eine vernünftige Betriebs- und Theaterausstattung aufweisen. Viele Projekte wurden entworfen, geprüft, deren Kosten festgestellt und – wieder verworfen. Dafür waren die verschiedensten Gründe ausschlaggebend. Allen war klar, daß Kompromisse nötig sein würden; man wollte aber so viele Wünsche und Erfahrungen wie nur möglich in das neue Projekt einfließen lassen. Da gab es die interessantesten Vorschläge, z. B. ein Stahlgestell auf 7 hydraulischen Stempeln; so hätte man den Unterbau stets dem Wasserstand anpassen können. Leider waren die Kosten nicht angepaßt. Dann sollte es ein Betonklotz im Wasser mit einer schwimmenden Stahlhaube sein. Ein anderer Vorschlag empfahl auf Schienen verfahrbare Blöcke, heb- und senkbar. Zwei Betonplatten übereinander (Garderobenebene und Spielfläche) wurden ebenfalls nicht als der Weisheit letzter Schluß angesehen.

Zunächst wurde ein Stahlträgersystem verwirklicht, da es am mobilsten erschien; man konnte es – falls erforderlich – leicht abbrechen, transportieren und wieder aufbauen. Es war in sich variabel und ersparte einige Jahre den – später leider unvermeidlichen – mittleren Betonklotz. Außerdem ermöglichte es, noch leichtere und durchsichtigere Bilder zu bauen.

Aber noch vorher trat ein Ereignis ein, das allen damals Verantwortlichen noch heute Schauder über den Rücken jagt, das aber die Notwendigkeit einer neuen Bühnenkonstruktion auch dem letzten Zweifler sichtbar machte: Am 17. Juni 1965 erreichte der Hochwasserstand eine bedrohliche Marke. Nachts brach zusätzlich ein Sturm los, der urgewaltige Wel-

Stahlkonstruktionen für den Felsaufbau der ›Zauberflöte‹ von 1985. ▷

len verursachte. Und um 4 Uhr früh bot sich mir das traurige Bild einer völlig zerstörten Seebühne. Das fast fertige Bühnenbild war bis auf jämmerliche Reste nicht dem Erdboden, sondern dem Seespiegel gleichgemacht – und das 14 Tage vor Probenbeginn.

Überall las und hörte man in den folgenden Tagen: »Bregenzer Seebühne zerstört. Werden die Aufführungen abgesagt?« – Sie wurden nicht. In drei Arbeitsschichten konnten die Trümmer mit Seilwinden an Land gezogen, die Aufbauten neu erstellt und alle Einrichtungen rechtzeitig installiert werden – es war ein heißes Rennen mit der Zeit. Trotzdem konnte die oben erwähnte neue Unterbaulösung erst 4 Jahre später realisiert werden.

Lange Zeit konnten die Dekorationen nicht zuverlässig am Unterbau verankert werden, viele Beschädigungen waren die Folge. Geschichte wurde – nach einem nächtlichen Sturm – ein Telefonanruf aus dem gegenüberliegenden Lindau: Ob wir nicht einige Dekorationsteile vermissen würden? Wir könnten die angeschwemmten Kostbarkeiten abholen.

Als logische Fortsetzung meines Baukastensystems beim Unterbau kristallisierte sich dann auch beim Oberbau – als Grundlage für die Dekorationen – ein Baukastensystem aus Stahlrohren heraus. Zunächst wurde es zwar vielfach angezweifelt und angegriffen, doch später anerkannte man seine Anwendungsmöglichkeiten und seine Ökonomie.

Die genormten Teile, die leicht und filigran, aber doch stabil sind, ermöglichen Zusammenbau und Demontage, die schnell auch von Hilfskräften erlernt werden konnten. Es sind Hinzufügungen und Änderungen möglich, es gibt keinen Abfall, und die Lagerung läßt sich rationell vornehmen. Anschaffungen und Ergänzungen sind, je nach Finanzlage, in größeren oder kleineren Mengen möglich. Vor allem aber war jetzt eine solide Verankerung im soliden Grundbau gewährleistet. Seit der Einführung des Rohrsystems konnten alle Wünsche der Bühnenbildner erfüllt werden, außer in der Entwicklungsphase, in der noch nicht genügend Teile vorhanden waren, und bei Vorhaben, die einfach zu groß dimensioniert wurden, z. B. beim Schiffsmast des FLIEGENDEN HOLLÄNDERS, von dem später erzählt wird.

Die eigentlichen ›Kulissen‹, also die Verkleidungen als Häuser, Felsen, Paläste, Gärten usw., können ebenfalls leicht und rationell auf die fertigen Rohrgerüste aufgebracht und noch schneller demontiert werden. Die ersten vorsichtigen Versuche begannen 1967, 1968 und 1969.

Jährlich sind neue Versuche gemacht worden: bei Farbgebung und Imprägnierung, bei der Materialwahl und bei den äußerst wichtigen Boden- und Tanzbelägen. Alles muß ja nicht nur wasserfest, sondern auch temperaturbeständig sein. Der Boden muß speziell beim Spitzenballett rutschfest sein, aber doch zum Tanzen geeignet. Einen dominierenden Platz

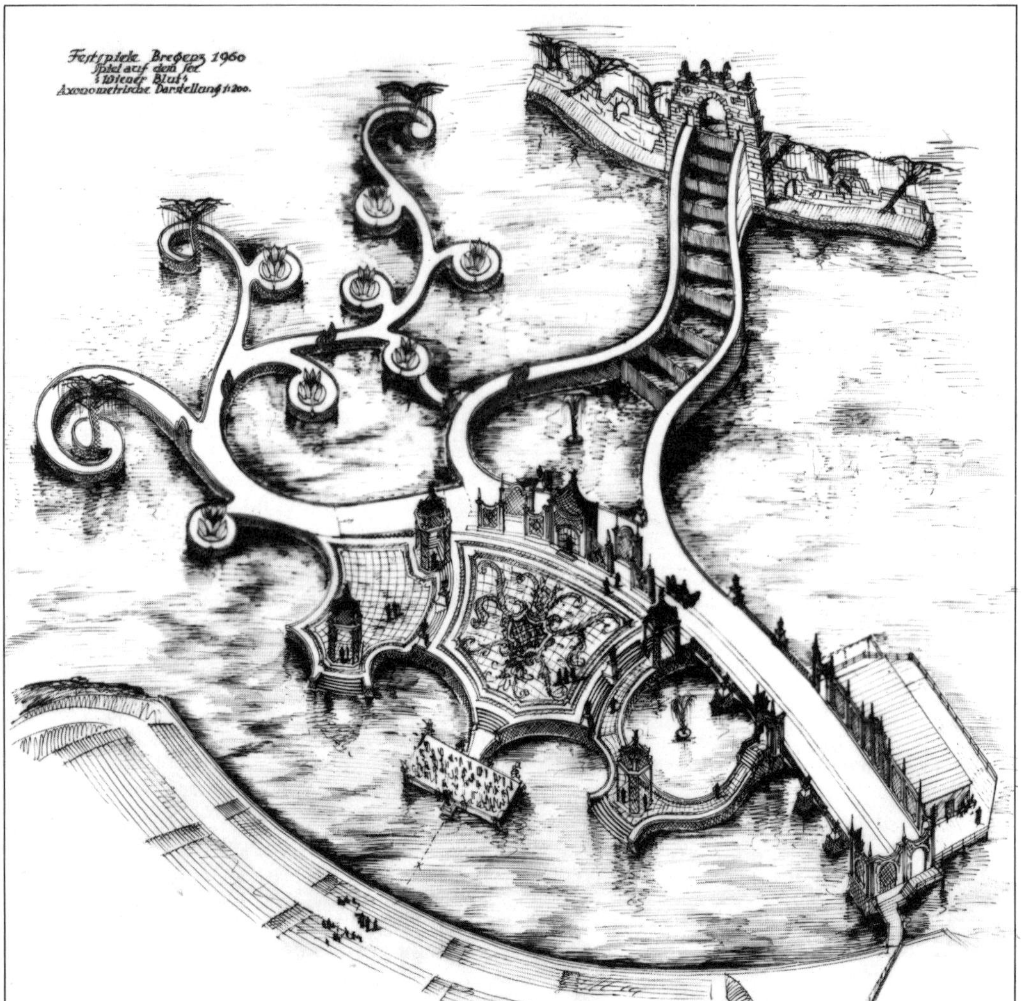

Johann Strauß, Wiener Blut, 1960. Bühnenbild von Fritz Judtmann.

nehmen stets – wie auf jeder Bühne, so auch auf der Seebühne – die sogenannten Verwandlungen (kleinere Veränderungen der Szene) und die Umbauten (große Umstellungen, meist zwischen den Akten) ein. Alle im Theater gebräuchlichen und noch dazu seegerechten Zaubereien sind von uns im Laufe der 40 Jahre angewandt worden. Wir bauten feste und schwimmende Drehbühnen, an Seilzügen geführte oder frei fahrende Schiffe, Pontons oder Flöße wurden bewegt. Große Dekorationsblöcke fuhren auf Feldbahngleisen, so z. B. 1957 bei ZAR UND ZIMMERMANN die Hafentore, bei WIENER BLUT (1960) ein großer Pavillon, beim Ballett ROMEO UND JULIA die gesamte 30 Meter breite Treppenanlage. Verblüffende Effekte erzielten wir durch Aufklappen oder Umlegen von Dekorationsstücken, so beim ZIGEUNERBARON (1961). Hier wurde in den beiden ungarischen Akten zuerst die pannonische Tiefebene dargestellt, im 3. Akt wurde dann davor eine Silhouette der Stadt Wien aufgeklappt, die beiden Ruinentürme drehten sich und zwei große Obelisken wurden hochgestellt – und schon zeigte sich dem Publikum ein völlig verwandeltes Bild.

Bei der grandiosen Inszenierung von PORGY AND BESS (1971) falteten wir ein gesamtes Haus samt Dach zusammen und fuhren mit den Wänden tiefer und zur Seite, um so die Sturmszene – hoch oben – freizulegen.

Erfindungsreichtum war immer notwendig: Es sollte über der Bühne ein 30 Meter hoher Baldachin errichtet werden. Wir füllten einen Ballon mit Wasserstoff, und der Baldachin stieg auf. Zusätzlich war aber gedacht, kurz vor der Ballonaktion ein großes Feuerwerk abzubrennen; dadurch geriet der Ballon in höchste Explosionsgefahr. Unsere Lösung: Ein Motorboot schleppte den gefüllten Ballon in den See, also aus der Gefahrenzone; das Feuerwerk brillierte und schon rauschte der Ballon wieder heran, kurz darauf erhob sich der Baldachin über dem Liebespaar. Die bisher spektakulärste Verwandlung aber erzielten wir 1973 beim FLIEGENDEN HOLLÄNDER. Viele unserer Technikerkollegen wollten wissen, wie wir das Holländerschiff auftauchen und versinken lassen würden? Wir haben bis zur Premiere nichts verraten und dann mit einer scheinbar einfachen Lösung aufgewartet. Nicht nur der technische Teil, sondern auch der finanzielle Aspekt mußte hier nämlich berücksichtigt werden. Die für derartige Konstruktionen zuständige Großfirma, die selbstverständlich über das Können und Potential verfügte, verlangte mehr als das Sechsfache der Summe, mit der ein kleines ambitioniertes Unternehmen angeboten hatte, das allerdings weder Theater- noch Seebühnenerfahrung nachweisen konnte. Eine sehr schwere Wahl. Wir entschieden uns, auch aus Termingründen, für die kleine Firma, die folgende Lösung auch zufriedenstellend und termingerecht fertigstellte: der Schiffsmast – dreiteilig, mit 23 Meter Länge – lag flach auf der Hinterbühne, gelagert in einem kräftigen Bock mit Drehachse. Mit einem Gegengewicht von 16 Tonnen Beton war die Konstruktion im Gleichgewicht und wurde innerhalb von Sekunden aufgerichtet bzw. niedergeholt. Ein hochgefahrener Bug mit dem Darsteller des ›Holländer‹ vervollständigte mit Hilfe einer raffinierten Beleuchtung den geisterhaften Überraschungseffekt. Natürlich haben wir – den Windmesser in der Hand – bis zur letzten Vorstellung gezittert, denn bei Wind hatten die 120 Quadratmeter Angriffsfläche einen enormen Druck auszuhalten. Es war eines der größten und schönsten ›Seeabenteuer‹.

Walter von Hoesslin und Karl Heinz Miltner.

Ein wichtiges Gestaltungselement jeglichen Theaters ist die Beleuchtung. Auch hier hat die rasante Entwicklung der Technik in den letzten Jahrzehnten eine Vielzahl an neuen und besseren Apparaten und Steuerungen gebracht; es war aber zwingend, sich technisch und künstlerisch intensiv mit diesen Einrichtungen zu beschäftigen, um die sinnvollen Formen und Einsatzmöglichkeiten zu finden. Noch immer muß hinter der Maschine der Mensch stehen; das wird gerade beim Theater so bleiben. Das Licht dient dazu, das ›Schöne‹ sichtbar und noch schöner zu machen – zur Verzauberung des Zuschauers. Es gibt viele Einsatzarten der Beleuchtung: Vorderlicht, Seiten- und Gegenlicht. Reflektiertes, gefiltertes, polarisiertes, gestreutes oder gerichtetes Licht. Man verwendet Anleuchtungen, Ausleuchtungen und Durchleuchtungen; Schattenwurf und Projektionen. Scheinwerfer aller Art, andere Lichtquellen, wie pyrotechnisches Licht, natürliches Feuer in Feuerstellen, Fackeln und Kerzen – vom größten Projektor bis hin zum kleinsten Öllämpchen – fast alles ist bei uns schon eingesetzt gewesen.

Auf diesem Gebiet ist jedoch der Einfluß des Wetters besonders spürbar. Einerseits müssen besondere Schutzvorschriften berücksichtigt werden, andererseits leiden diese Geräte besonders unter Feuchtigkeit und Temperaturwechsel. Manchmal mußten wir Ballen von Mücken und Spinnen entfernen, die in den warmen Scheinwerfern natürlich besonders gerne nisten. Und der wunderschöne Effekt einer Wasserdurchleuchtung geht buchstäblich baden, wenn das Wasser – vor allem nach Sturmböen – trübe wird.

Zum Glück wird das Licht wenigstens nicht vom Wind weggetragen – diesen Nachteil mußten wir jedoch beim Ton

Die Riesentribüne im Bau, 1949.

berücksichtigen. Während das Licht schneller ist und gradlinig ›ausstrahlt‹, breitet sich der Ton kegelförmig und langsamer aus. Er ist daher den Windeinflüssen ausgesetzt, er wird abgelenkt, verfälscht, mit Echo angereichert und er hat Laufzeitunterschiede, die gerade auf längeren Strecken störend bemerkbar werden.

Vom ersten Versuch mit drei Mikrofonen, über ein ›Elfkanalsystem‹ zur Erzielung der Richtungstreue, bis zur heutigen modernsten Anlage war es unser Bemühen, dem Publikum zum optischen Ereignis der Seebühne auch ein bestmögliches Klangbild zu geben. Daß sich die einzelnen technischen Sachgebiete ständig überschneiden und ergänzen müssen, ist selbstverständlich, sie sind mit vielen Überlegungen, Versuchen und Proben zu dem notwendigen Zusammenspiel zu bringen.

Der Akustik eng benachbart ist das Teilgebiet der Kommunikation bzw. der Nachrichtenübermittlung. Auf der riesigen Seebühne sind die Räume weiter, die Flächen größer und die Wege länger als bei anderen Bühnen. Um so exakter müssen Einsatzzeichen und Kommandos ankommen, gleichgültig, welche äußeren Bedingungen herrschen. Sehr oft können Entscheidungen – die sich meist sehr kurzfristig ergeben – nur nach Rücksprache mit mehreren Stellen getroffen und weitergegeben werden. Exakt, deutlich und zuverlässig müssen die Weitergaben verlangt werden; manche Kommunikationswege müssen doppelt und dreifach abgesichert sein, denn das Versagen eines Telefonapparates darf nicht den Stillstand oder die Störung der Vorstellung mit sich bringen. Wir arbeiten mit den bewährten Mitteln der Akustik: Mithörlautsprecher, Wechselsprech-, Telefon- und Funkanlagen. Auch die Optik wird einbezogen: Lichtsignale, Handzeichen, Einsatz auf Sicht. Unablässig versuchen wir, das Problem der ›Nervenstränge‹ noch besser in den Griff zu bekommen.

Ein unerschöpfliches Thema sind die Wasser- und Feuerkünste, die hier am Bodensee eine Renaissance erlebten. In diesem Bereich sind die echten modernen Abenteuer angesiedelt, hier können sich Begeisterung und künstlerische Experimentierlust besonders bewähren. Wie schwer oft die Verwirklichung der kühnen (Regie-)Ideen ist, ahnt kaum einer, der vor diesen zauberhaften Ereignissen sitzt und staunt.

Ein Beispiel mag dies erläutern: Es war 1964, wir probten für LAND DES LÄCHELNS. Zwischen den beiden äußeren Wasserinseln, die mit orientalischen, von Wasserspielen umrahmten Emblemen versehen waren, sollte eine große Buddhastatue zur Bühne heranfahren. Wir mieteten einen 90 Tonnen schweren, ehemaligen Schwimmbagger, bauten die Dekoration und brachten alles Notwendige an Bord: Pumpen, Rohre, Schläuche und Düsen für die Wasserspiele, Scheinwerfer, Kabel, Verteiler und Abdeckungen für die Beleuchtung. Wir legten ein dickes Unterwasserkabel von der Trafostation bis zu einer der Wasserinseln, schlossen die Verteiler an und fuhren mit Schleppkabeln zum Schiff. Dort wurden die Pumpen, die Winde zur Fortbewegung und die Scheinwerfer angeschlossen. Erste Probefahrt: Majestätisch glitt der Buddha immer näher zur Bühne, funkelnd und von einer großen Wassergloriole umgeben ... Aufgeregte Rufe: »Sofort Wasserspiel abstellen, wir versenken uns selbst!« Das Wasser der Gloriole fiel in den nicht mehr dichten alten

Der Brand der Seebühne, 1967.

Eisenkahn und drohte ihn zu füllen. Nachdem diese Gefahr durch Einbau von Lenzpumpen gebannt war, brach eine Trockenperiode aus. Der Wasserstand des Bodensees fiel auf einen seiner tiefsten Pegel. Bald fuhr der Buddha über eine Sandbank und verbog die Welle einer der Pumpen total. Nach Einbau einer neuen Pumpe zerriß ein Sturm zwei der vier Ankerseile, das Schiff trieb ab und eines der Ankerseile zersägte buchstäblich das Unterwasserkabel: Stromausfall – also kein Licht, kein Wasser, kein Antrieb. Aber sonst tauchten nur wenige Probleme auf, und es wurde ein großer Erfolg.

Von Jahr zu Jahr hat uns das Problem der Wetterabhängigkeit begleitet. Unzählige Debatten und Diskussionen wurden darüber geführt. Und nach einer besonders regenreichen Saison wurde sogar überlegt, die Festspiele überhaupt einzustellen.

Nicht nur Fachleute brachten Lösungsvorschläge, auch viele Festspielbegeisterte wollten helfen. Der Ruf nach einem Festspielhaus wurde immer lauter, denn die vielen Einfälle – zurollende Dächer, Riesenschirme, übergestülpte Glaskuppel – konnten nicht gleichzeitig ein Dach *und* eine Naturbühne bieten. Langsam wuchs die Erkenntnis, daß nur ein Festspielhaus *und* eine naturbelassene Seebühne die Lösung aller Probleme darstellen könne. Über 20 Jahre lang haben die Festspiele mit unendlich viel Geduld und immer neuen Vorstößen um das Haus gekämpft, geplant, gebettelt. Sie haben die große Bandbreite der Nutzungsmöglichkeiten, nicht nur für die Festspiele allein, aufgezeigt und sie haben ihre jahrzehntelangen Erfahrungen in die Planung eingebracht.

Das Haus steht, es hat sich bewährt, obwohl nicht alle Wünsche erfüllt werden konnten. Ich glaube, daß ich darauf verweisen darf, zur Seebühne wie auch zum Festspielhaus einiges beigetragen zu haben. Vor allem ist meine Idee der Zusammenlegung von Festspielhaus und Seebühne gegen frühere massive Widerstände letztendlich doch realisiert worden. Wohl niemand könnte sich heute den Betrieb anders vorstellen.

Ich gebe heute ebensowenig wie früher die Hoffnung auf, eine weitere Idee realisiert zu sehen, von der ich mir eine sehr segensreiche Entwicklung verspreche, weil sie seegerecht ist und eine weitestgehende, stets gewünschte Mobilität bringt: die Idee, schwimmende Bühnenteile zu verwenden, die jedoch durch ausfahrbare Füße ruhiggestellt werden können und deshalb nicht wie Schiffe schwanken.

Noch viel Neues wird entwickelt und erarbeitet werden und wird, in Verbindung mit den Erfahrungen aus der Vergangenheit, eine echte und positive Weiterentwicklung gewährleisten.

Das Publikum verzaubern
Dimensionen und Aufgaben der Bühnentechnik in Bregenz

von Gerd Alfons

Zuschauer sind leicht geneigt zu glauben, eine Oper oder Operette bestehe aus den Sängern und Schauspielern, die sie sehen, aus dem Orchester und noch aus der Dekoration sowie der Beleuchtung, von denen sie sich bezaubern lassen. Aber sie denken selten daran, daß im Durchschnitt 70 bis 80 Techniker dafür sorgen, daß Umbauten, Verwandlungen, Lichtwechsel, Effekte und der elektro-akustische Bereich wie von Geisterhand funktionieren. Viele Monate, meist über ein Jahr vor den Regieproben – die zumeist erst in der letzten Juniwoche anfangen –, beginnt die Technik, eine Produktion zu bearbeiten.

Speziell im Fall der Seebühne bedarf es solch intensiver Erarbeitung. Noch mehr: Es ist ein ausgefeiltes Logistiksystem der Technik unter Einbindung aller Mitwirkenden aufzubauen, damit ohne Vorhang und ohne Pause große Bühnenveränderungen – und die dafür notwendigen Proben – stattfinden können. ›Technik‹ ist hier gemeint als System aus Mitarbeitern und Realgütern wie Scheinwerfer, Bauten, fahrbare Dekorationen, schwimmende Objekte, Maschinen, Lautsprecher, Pyrotechnik, Pumpen etc.

Die organisatorische und die derzeitige materielle Dimension der Technik sind wohl am deutlichsten und eingängigsten anhand der Erfordernisse, die im Zusammenhang mit der ZAUBERFLÖTE-Inszenierung notwendig wurden, zu erklären.

Zur Unterstützung und Realisierung der jeweiligen künstlerischen Ideen will die Technik entsprechende Möglichkeiten schaffen. Besser gesagt: sie hat sie zu schaffen. Dabei ist zu bedenken, daß der Begriff ›Festspiele‹ im Vergleich zum Repertoirebetrieb, einen größeren Rahmen von Proben in kurzer Zeit und erweiterte Möglichkeiten aller Art beinhaltet. Um alle diese Anforderungen erfüllen zu können, muß die Bereitschaft zur Flexibilität vorhanden sein und immer wieder hergestellt werden. In gegenseitig befruchtender Zusammenarbeit mit den Künstlern müssen für bislang kaum denkbare Dinge Wege – und nicht zu kostspielige Wege – der Realisierung gefunden werden.

Der technische Bereich verfügt über 19 festangestellte Mitarbeiter; diese haben die programmbezogenen Arbeiten für die Bregenzer Festspiele umzusetzen sowie die gesamten Anlagen der Seebühne, des Festspiel- und Kongreßhauses und die Veranstaltungen der Festspiel- und Kongreßhaus Ges.m.b.H. zu betreuen. Für die Herstellung von Produktionen und für die Durchführung der Vorstellungen werden in hohem Maß zusätzlich spezialisierte Fremdfirmen herangezogen.

Außerdem wird – jeweils den Anforderungen entsprechend – die geringe Zahl der durchgehend beschäftigten Mitarbeiter des Bereiches Technik durch eine große Gruppe auf Zeit verpflichteter Fachkräfte ergänzt. Die personelle Erweiterung erfolgt – Anfang März beginnend – schrittweise; in der Fertigstellungs- und Schlußprobenzeit wird (Fremdfirmen nicht mitgerechnet) für alle Spielstätten ein Personalstand von ca. 125 Mitarbeitern erreicht. Danach erfolgt eine schrittweise Zurücknahme bis Anfang November. Durch die in der Praxis nötige intensive Überwachung und Betreuung der Fremdfirmen und ihrer Mitarbeiter – diese sind ja sinnvoll in die außergewöhnliche Herstellungssituation einzubinden – ist de facto eine noch größere Mitarbeiterzahl vorhanden.

Für das Gelingen der Festspiele sind schlußendlich noch einige Spezialisten notwendig, die uns durch unterstützende Tips jeder Art helfen, die ›Zaubereien‹ zu ermöglichen.

Nur durch diese in alle Richtungen offene Organisationsform, die sich an der Frage »Make or buy« orientieren muß, ist es möglich, alle nur denkbaren und rasch wechselnden Anforderungen zu erfüllen. Die Realisierung mit vielen Fremdfirmen und zeitverpflichtetem Personal ist bei Festspielen derzeit leichter durchzuführen als bei Ganzjahresbetrieben ähnlicher Art.

Neben der Seebühne, unserer wichtigsten Aufführungsstätte, sind bei der Betrachtung der organisatorischen Dimension der Technik auch die anderen Spielstätten – wie das Festspielhaus, das Kornmarkttheater usw. – zu berücksichtigen. In der Praxis stehen diese Spielstätten miteinander in einem sehr engen Zusammenhang. Bei auftretendem Schlechtwetter ist es für einen Teil des Publikums möglich, die Aufführung auf der Hausbühne zu Ende zu sehen. Der Wechsel vom See ins Haus beansprucht nur 30 Minuten. In dieser kurzen Zeit passiert folgendes: die wichtigsten Großrequisiten – wie z. B. der Landdrache oder die Früchte aus der ZAUBERFLÖTE –, die normalen Requisiten, die Kostüme und die Instrumente des Orchesters werden, möglichst regengeschützt, über den Steg, den Werkstättenhof bis auf die Hausbühne transportiert. Die gleiche ausgeschilderte und teilweise auf mehrere Wege aufgeteilte Strecke haben im selben Zeitraum auch die Mitwirkenden zurückzulegen.

Die vom Regen in Mitleidenschaft gezogenen Darsteller werden auf der Bühne, in den Garderoben und überall da, wo auf den Gängen noch Platz ist, ›trockengelegt‹, neu geschminkt und frisiert. Um ein ›Verkehrschaos‹ zu vermeiden, wird dieser Umzug vom See ins Haus teilweise bereits in der Probenzeit geprobt; er ist bei jeder Seevorstellung eingeplant. Die speziell für das Festspielhaus entworfene Dekoration wird auf der Bühne, immer dem jeweiligen Handlungsstand der Seeaufführung entsprechend, mitverändert, damit beim notwendigen Wechsel ins Haus alles ›up to date‹ ist. Diese Verquickung erfordert teilweise doppeltes Personal, und zusätzlich ist es auch notwendig, daß auf der Seebühne die notwendigen Sicherungsarbeiten zu erfolgen haben, während im Haus die Vorstellung weitergespielt wird.

Die Bühne des Festspielhauses hat Ausmaße wie nur wenige große Opernbühnen. Auf dieser Bühne wird unter anderem pro Festspielzeit eine Oper eingerichtet, die in einem nur 24stündigen Abstand zur Seepremiere ihre Premiere hat. Mit der Hausfassung der Seeproduktion, die ja am selben Tag wie die Seefassung fertig sein muß, der Seevorstellung und der Oper sind also 3 große Premieren in 24 Stunden zu bewältigen.

Die Technik hat dadurch eine große Menge an Umbauten zu realisieren, um kurzfristig genügend Proben, größtenteils in den Originaldekorationen, zu ermöglichen. Speziell an Regentagen treten dann erhebliche Zeit- und Platzprobleme auf, weil die Seebühne als Probenplatz entfällt. Außerdem wird alles viel aufwendiger, denn mehr Umbauten kosten auch mehr Geld.

Es bedarf der Kenntnis vieler Details und des kooperativen Denkens jedes einzelnen Mitwirkenden in und außerhalb der Technik, um die Planung und Abwicklung des Betriebes in der Schlußproben- und Premierenzeit – also in den fünf Wochen der Spitzenbelastung – abzuwickeln. Einerseits sind durch das schrittweise Aufblähen auf ein Vielfaches des Winterbetriebes und durch den zeitweisen Aufbau von zusätzlichen Organisationsstrukturen heikle Fragen zu bewältigen, andererseits spielen, wie in jedem Theaterbetrieb, die vielen verschiedenen Ruhezeitregelungen von Chor, Orchester, Technik etc., neben anderen engen Verzahnungen, eine entscheidende Rolle. Information in alle Richtungen und Flexibilität sind dabei großgeschrieben.

DIE ZAUBERFLÖTE kam auf der Seebühne mit 60 Meter Bühnenbreite und 40 Meter Bühnentiefe zur Aufführung. Von der Grundrißfläche her entspricht das etwas der Größe eines halben Spielfeldes in einem Fußballstadion. Die bei der ZAUBERFLÖTE 14 Meter breite Orchesteröffnung liegt in einem ca. 20 Meter breiten Betonkern, während der Rest der Bühne auf Holzpfählen (Piloten) steht.

Die beiden 8 Meter hohen und in geschlossenem Zustand insgesamt 16 Meter breiten Berge in der Mitte des Bühnenbildes können von Hand auseinandergeschoben werden. Hinter diesen Bergen ist die Pyramide geparkt. Die Pyramide fährt im Finale der ZAUBERFLÖTE auf Schienen über die schräge Bühne – 3 Prozent Gefälle –, mit 87 Personen belastet, von selbst geräuschlos in Richtung Bühnenvorderkante. Die 14,5 Tonnen Gesamtgewicht werden beim Vorfahren gebremst; nach der Vorstellung wird die Pyramide mit Hilfe einer Elektrowinde zurückgezogen.

Was die ›Erscheinungen‹ aus dem Bühnenboden betrifft: die linke Versenkung wird von Hand betrieben; die rechte Versenkung ist mit einem adaptierten Hubstapler ausgerüstet, denn allein das vielbestaunte Campariglas mit dem Mädchen darin wiegt 400 Kilo.

Die zwei fahrbaren Säulenhallen und der verschiebbare Geländeteil auf der rechten Seite der Bühne sind schienengeführt. Diese Schienen und die Schienen der Pyramide lassen – von oben gesehen – die Bühne wie einen Rangierbahnhof aussehen.

Der über 20 Meter lange Sarastrofisch ist auf unser motorbetriebenes Kiesschiff ›Jokl‹ aufgebaut.

Zum Bau der Seilbahn für die drei Knaben waren notwendig: Taucher für die Montage der Seeabspannungen, ein Turm hinter dem Berg, eine Stütze auf der Zuschauertribüne und eine Abspannung mit Gegengewichten beim Spielcasino. Die dabei bewältigten Distanzen lassen sich sehr schön auf einer Luftaufnahme unserer ganzen Anlage ersehen.

Zusammen mit den vielfältigen Möglichkeiten der Beleuchtung und den Effekten durch Pyrotechnik, Nebel, Feuer und Wasser ergaben sich auf diese Weise für den Zuschauer trotz des Simultanschauplatzes viele optische Veränderungen. Bei der Feuer- und Wasserprobe konnte mit echtem Feuer und echtem Wasser gearbeitet werden, wodurch sich die Spannung erhöhte. Vor dem großen Berg und dem vorgelagerten Gelände kam es zu Verzauberungen durch Nebel aus Trockeneis bzw. teilweise aus Stickstoff. In der zweiteiligen Säulenhalle – sie ist hinter dem Berg geparkt und fährt zur Bühnenmitte – schossen zwischen den Säulen pyrotechnisch erzeugte Stichflammen hervor.

Wenn die ›Königin der Nacht‹ in der Bergspitze auftrat – diese öffnete sich dafür in den obersten 6 Metern, die Sängerin stand dabei 16 Meter über dem Bühnenboden –, strahlte das 4 Meter hohe blaue Kleid durch die vielen aufgenähten Leuchtdioden.

Der neue zusätzliche 20 Meter hohe Beleuchtungsturm ließ aufgrund seines Standortes die Dekoration naturgetreu plastisch erscheinen. Bei einer Beleuchtung, die nur von vorne erfolgt, wird nämlich alles plastisch Gebaute ›flach geleuchtet‹. Der Betrachter kennt das aus der Natur, wo je nach Sonnenstand die Berge oder die Bäume plastisch oder flach erscheinen. Auch wenn innerhalb der Dekoration Scheinwerfer für Seitenlichter montiert werden können, ist das in den meisten Fällen zu wenig; auch dann erscheint die plastische Dekoration noch als zu flach.

Die Felskaschur der ZAUBERFLÖTE wurde durchscheinend hergestellt. Dadurch konnte mittels Anstrahlung von der Innenseite her der Verzauberungseffekt des lavaglühenden Berges erzielt werden. Ferngesteuerte Scheinwerfer bewiesen bei der ZAUBERFLÖTE, daß sich für sie in der Zukunft Einsatzmöglichkeiten mit innovatorischem Charakter ergeben werden. Bei derartigen Scheinwerfern ist die Größe des auftreffenden Lichtkreises mittels Fernbedienung veränderbar. Zusätzlich kann fernbedient eingestellt werden, wo die Scheinwerfer hinleuchten sollen und wie hell, mit welchen Farben und wie scharf abgegrenzt das auftreffende Licht sein soll. Ein zugehöriger Computer wiederholt die probierten und programmfixierten Einstellungen oder Bewegungen mehrerer Scheinwerfer präzise und fehlerlos. Die Scheinwerfer können – auch während der Vorstellung – in dunklem oder in leuchtendem Zustand verändert werden. Das Mitgehen des Lichtes mit dem sich auf der Bühne bewegenden Darsteller muß aber weiterhin von Hand erfolgen, denn kein Schauspieler oder Sänger vermag Vorstellung für Vorstellung millimetergenau dieselbe Strecke zu gehen. Auf nicht programmierbare Veränderungen kann aber nur der ›Handverfolger‹ reagieren. Es gibt viele Punkte auf der Seebühne, wo nur einer oder wenige Scheinwerfer montierbar sind. An diesen Stellen ersetzen die ferngesteuerten Scheinwerfer durch ihre programmierbare Einstellungsmöglichkeit für den gesamten Verlauf der Vorstellung weitere Scheinwerfer und schaffen dadurch zusätzliche Beleuchtungseffekte. Es ist auch zu bedenken, daß während einer Vorstellung an vielen Positionen der Bühne keiner unserer Beleuchter, ohne gesehen zu werden, hinkommt und daß es weiters ohne geschlossenen Vorhang bei laufender Aufführung von Hand aus nicht möglich ist, Scheinwerfer neu einzustellen und damit ein zweites Mal zu verwenden.

Die Akustikunterstützungsanlage, nach dem Prinzip der Delta-Stereophonie, ist seit dem Sommer 1985 als rich-

Wolfgang Amadeus Mozart, Die Zauberflöte, 1985. Bühnenbildentwurf von Michel Lebois.

Giuseppe Verdi, Othello, 1981. Bühnenbildentwurf von Carlo Tommasi.

tungweisend zu bezeichnen. Trotz der extremen Bühnen- und Tribünenmaße erhalten die über 4000 Zuschauer ein zufriedenstellendes Klangbild. Die Hörererwartung, die aufgrund des optischen Eindruckes hinsichtlich der Distanzen bzw. der Richtungen entsteht, wird erfüllt. Kurz gesagt: in Bregenz ist Richtungshören möglich, wobei Optik und Klang für jeden Zuschauer völlig zusammenpassen. (Zur Delta-Stereophonie enthält dieses Buch einen gesonderten Beitrag, Seite 175–177.)

Wie stellen wir uns die Zukunft vor? – Bewegungsmöglichkeiten in allen Dimensionen, Ausbau des Beleuchtungsbereiches, Weiterentwicklung der Akustik, weitere Effekte aller Art, große Wasserspielgeräte, bessere Vorbereitungsmöglichkeiten durch neue Räume wie Malersaal, Kascheurwerkstätte, Probenbühne, Ballettsaal und Lagerplätze für Dekorationen sowie die Bereitschaft, immer der Situation entsprechende Organisationsformen neu zu erstellen. Jeder von uns ›Technikern‹ freut sich schon darauf, auch das Publikum der nächsten Vorstellung zu verzaubern – und außerdem erwarten wir mit Spannung, welche neuen, interessanten und herausfordernden Anforderungen die nächste Inszenierung an uns stellen wird.

Konkurrenz zur Natur

Aspekte der Ausstattung – am Vergleich zwischen Theaterinnen- und Theateraußendekoration

von Karl Schnabel

Jérôme Savary hat in Bregenz für Mozarts ZAUBERFLÖTE zwei Inszenierungen erarbeitet. Dies war notwendig, da je nach Wetterlage entweder im Freien oder im Hause – also auf zwei völlig konträren Bühnen – gespielt werden muß.

In den vergangenen Jahren wurde immer wieder der Versuch unternommen, die Außendekoration auf der wesentlich kleineren Bühne im Hause nachzubauen, um dem Zuschauer bei durch Regen notwendig gewordenem Umzug ins Festspielhaus einen kontinuierlichen übergangslosen optischen Anschluß zu ermöglichen.

Diese Bestrebungen konnten nie zu Erfolg führen, weil neben den Größenunterschieden beider Bühnen noch eine Vielzahl anderer Parameter die unterschiedlichen Gesetzmäßigkeiten von See- und Hausbühne prägen.

Im ersten Vergleich fällt der enorme Dimensionsunterschied der bespielten Bühnenflächen auf, dem bei der Gestaltung der Dekoration in erster Linie Rechnung getragen werden muß: Seebühne 2400 m^2 bespielte Fläche; dagegen Hausbühne nur 400 m^2.

Im Innenraum muß z. B. die Ausstattung durch äußerst raffinierte Anwendung von verschiedenartigsten Theaterhilfsmitteln – wie speziellen Stoffen, Folien, farbiger Beleuchtung – das Gefühl Himmel erst erzeugen. Während eines Theaterabends kann dieses auf bestimmte Weise dargestellte Firmament entsprechend den Ausstattungswünschen in Helligkeit und Stimmungen etc. verändert werden und es ist stets reproduzierbar. Denn einmal festgelegt, werden Effekte im Laufe einer Aufführungsserie auf der Hausbühne nicht mehr geändert.

Ganz anders verhält es sich auf der Seebühne. Hier gibt es wirkliche Sterne, wirkliche Wolken, echten Wind, echte Wellen usw.

Solche Wettersituationen sind an verschiedenen Aufführungstagen nie identisch; sie müssen demnach als lebendiges, sich stets veränderndes Naturelement bewußt ins Bühnenbildkonzept miteinbezogen werden.

Die bildliche Proportionswirkung entsteht auf der Hausbühne nur im direkten Verhältnis zwischen Dekoration und Akteur, auf der Seebühne hingegen im Vergleich von Dekorationsbauten und echter Natur. Zur linken Hand befindet sich eine etwa 20 Meter hohe, ausladende Weide, im Hintergrund kann das nächtlich beleuchtete Lindau zum Größenvergleich herangezogen werden und im Blickfeld zur Rechten erhebt sich recht gewaltig aufragend das Pfändermassiv. Auch an Wolken- und Sternengrößen sowie deren Entfernung läßt sich nichts verändern. Dies alles sind unabdingbare, vorgegebene Größen. Das hat zur Folge, daß z. B. ein Dekorationsteil ›Haus‹ auch die realen Maße eines Hauses haben muß, damit, im direkten Vergleich mit der umgebenden Natur, die Proportionen übereinstimmen. Damit wird zugleich auch verständlich, warum bei der ZAUBERFLÖTEN-Dekoration der große Berg solch enorme Ausmaße haben muß: damit er auch als mächtiger Berg empfunden werden kann.

Die Proportionsproblematik zwischen Dekoration und Natur ist auf der Seebühne durch entsprechende Wahl der Dekorationsgröße technisch noch relativ leicht zu bewältigen.

Eine auf künstlerischer Ebene viel heiklere Thematik entsteht dadurch, daß die gesamte Dekoration ungewollt in Konkurrenz zur Natur tritt. Diese auf der Seebühne immanente Sachlage darf nicht dazu führen, daß blindlings versucht wird, Natur nachzubilden. Denn in jedem Fall wird eine versuchte Naturnachbildung zwangsweise in einer angenäherten Naturimitation steckenbleiben.

Nur eine eigenständige künstlerische Formensprache kann dem Vergleich mit der umgebenden Natur standhalten.

Will man im Hause dem Zuschauer das Gefühl der Entfernung vermitteln, dann wird – mangels effektiver räumlicher Tiefe – die Dekoration in den hinteren Bühnenzonen, entsprechend der perspektivischen Gesetze, kleiner als vorne an der Rampe gestaltet. Im Gegensatz dazu muß im Freien keine Entfernung vorgetäuscht werden. Sie ist stets vorhanden, muß lediglich ins Dekorationskonzept mit einkalkuliert werden.

Ein sehr bestimmender optischer Parameter manifestiert sich auf der Seebühne durch das Fehlen der Guckkastensituation.

Im Haus begrenzt das Bühnenportal ganz eindeutig das Bild; oft entsteht im Zuschauer das vom Bühnenbildner beabsichtigte Gefühl, die Szenerie setze sich hinter dem Portal links und rechts, nach oben und unten weiter fort. Auf einer Guckkastenbühne wird dem Zuschauer stets ein vom Bühnenbildner ausgewählter Bildausschnitt präsentiert.

Am See hingegen muß sich das Bühnenbild selbst begrenzen. Der Zuschauer, vor allem in den oberen Rängen, hat stets die gesamte Dekoration im Auge und kann seine Aufmerksamkeit selbsttätig auf gewünschte, ihm interessant erscheinende Spielzentren richten. Der Zuschauer in den vordersten Rängen hat jedoch die Bühnendekoration in ihrer Gesamtheit nicht mehr gleichzeitig im Blickfeld. Er ist vielmehr gezwungen, den Bildausschnitt, den das Portal im Haus ihm zwangsläufig vorgibt, auf der Seebühne selbst zu wählen.

Die Dekoration auf der Hausbühne kann – grob gesprochen – aufgrund des Portalrahmens lediglich von vorne betrachtet werden. Am See, wo keine seitlichen Sichtbegrenzungen existieren, müssen alle Dekorationsteile plastisch gebaut werden, da auch von den Seiten Einsicht besteht. Lediglich die Gestaltung der Rückseite kann vernachlässigt werden.

Die Arbeiten an dem Bühnenaufbau der ›Zauberflöte‹, 1985.

Ganz bestimmt ist ein wesentlicher Anreiz, einer Aufführung am See beizuwohnen, im Erleben des ungewohnten Stimmungsbildes zu suchen. Alles ist etwas lauter, alleine schon durch die natürlichen Umweltgeräusche wie Wind, Wellenschlag, Schnattern der Enten usw. Die Zuschauer fühlen sich irgendwie befreiter, die sommerliche Stimmung, das fehlende drückende Dach tragen bestimmt zur gelösteren Atmosphäre des Publikums bei. Es läßt sich bei den Schaulustigen die Erwartung auf ein extrovertiertes Bühnenspektakel kaum leugnen.

Im Haus kann sich die Technik mannigfaltiger fest eingebauter Hilfsmittel bedienen, die auf der Seebühne – die nicht von einem Gebäude umgeben ist – fehlen. Auch der Schutz eines geschlossenen Vorhanges, hinter dem – für das Publikum unsichtbar – umgebaut werden kann, ist nicht vorhanden. Damit in graue Kittel und Tennisschuhe gekleidete Bühnentechniker im Zuschauer die aufgebaute Illusion nicht zerstören, ist es notwendig, aufwendige Antriebs- und Bewegungsmittel so zu konstruieren, daß sie einerseits den Spielfluß nicht hemmen und andererseits magische, wie von unsichtbarer Hand ausgeführte Verwandlungen ermöglichen.

Auf der Seebühne muß der Dekorationsbau speziellen Bedingungen entsprechen. Das bedeutet, daß z. B. die Farben wasserfest sein müssen, ebenso sämtliche Klebematerialien. Der Farbauftrag darf auch durch intensive Sonneneinwirkung keine Veränderung erfahren, deshalb sind teurere lichtechte Farben notwendig; die jährlich auftretenden Sommerstürme verlangen entsprechend schwere und stabile Dekorationsausführungen, was zu einem erhöhten technischen und somit kostenmäßigen Aufwand führt.

Die Ausstattungselemente am See

Die Kaschur: Das wohl dominanteste Ausstattungselement der ZAUBERFLÖTEN-Dekoration war zweifelsohne die sogenannte Kaschur. Nahezu die gesamte Oberfläche der Dekoration wurde von Hand künstlerisch-plastisch geformt. Diese theaterspezifische Tätigkeit der Oberflächengestaltung nennt man, egal welcher Technik man sich hierzu bedient, kaschieren.

Die allseits bewunderten und bestaunten Berg- und Felsenkaschuren hat ein Team von zeitweise bis zu 20 Personen in 3 Monaten unter der Leitung eines italienischen Künstlers erstellt.

Nach langen Diskussionen über die transparente Felsgestaltung fand man zur klassischen Kaschurtechnik mit Jute zurück.

Die gesamte Kaschur-Unterkonstruktion besteht aus 11 000 Meter Baustahl von 6 mm Stärke, das den Felsformen, die das im Maßstab 1 : 100 erbaute Bühnenbildmodell aufwies, in den charakteristischen Linien nachgebildet wurde. Allein um die Baustahlkonstruktion zu fertigen, wurden rund 3 Millionen Schweißpunkte gesetzt.

Die Strukturdetails wurden mit feuerverzinktem Drahtgeflecht gestaltet, das unter Beachtung größtmöglicher Stabilität (Sommerstürme) stückweise an die Betoneisenkonstruktion angedrahtet wurde.

Erst jetzt begann die eigentliche Oberflächengestaltung: auf das Drahtgeflecht wurde grobmaschigste Jute geklebt. Das gewährleistete die Transparenz beziehungsweise die Durchleuchtbarkeit von innen. Im letzten Arbeitsgang wurden beim Farbauftrag gleichzeitig Holzspäne mitverarbeitet, um der noch glatten Oberfläche auch in der Tiefe Struktur zu verleihen.

Die Verkleidung (= Kaschur) des Berges wurde nicht sogleich an der Grundkonstruktion des Berges selbst gearbeitet, sondern in Stücken am Boden liegend und erst nach Fertigstellung der einzelnen Teile stückweise an den Berg angehängt (lediglich in wenigen Ausnahmen erfolgte die Kaschierung direkt am Berg).

Kleine Teile – wie z. B. der Boden im Palmenhain, umherliegende Gesteinsbrocken, Unebenheiten im Vorbühnenbereich – wurden aus Styroporblöcken geschnitzt. Anschließend wurde auch hier Jute aufgeklebt und diese abschließend farblich gestaltet.

Lightdesign: All diese Bemühungen wären zum Teil erfolglos beziehungsweise blieben unsichtbar, würde man bei der Beleuchtung der Dekoration geringe Sorgfalt walten lassen.

Eine kreative Theaterbeleuchtung darf sich nicht im Nur-sichtbar-Machen der Dekoration erschöpfen. Deshalb wird es einer sensiblen künstlerischen Person bedürfen, die imstande ist, all die psychischen Elemente, die dem aufzuführenden Werk eigen sind, zu erkennen und diese dann lichttechnisch, auch für das Publikum verständlich, umzusetzen.

Im Haus wird in der Regel jede Dekoration mittels eines Samtvorhanges – um Einsichten auf die theatertechnischen Einrichtungen und Fremdlichteinwirkungen zu verhindern – in eine ›black box‹ gestellt. Hierin läßt sich ohne größere Schwierigkeiten jede gewünschte Lichtstimmung einstellen, die auch jederzeit reproduzierbar ist.

Am See hingegen muß der Lightdesigner die vielen Fremdlichteinflüsse – z. B. Zuschauerbeleuchtung, Lichtreflexe des Wassers, im Hintergrund die nächtliche Skyline von Lindau – nicht notgedrungen hinnehmen, sondern sie bewußt in sein Beleuchtungskonzept miteinbauen, um so den ansonst vielleicht störenden Lichteinfluß ins Positive zu kehren.

Pyrotechnik: Eine der Beleuchtung ähnliche Kategorie ist die sogenannte Pyrotechnik, die letztlich im wesentlichen nichts anderes als spezielle Lichterscheinungen darstellt.

An dieser Stelle sei stellvertretend für all die anderen pyrotechnischen Effekte die Sonne erwähnt. Zum Schluß der ZAUBERFLÖTE muß gemäß Schikaneders Regieanweisung die ganze Bühne in eine Sonne verwandelt werden.

Hinter der Dekoration verborgen, wartete die umgeklappte halbkreisförmige Sonne, aus einem Rohrgerüst gebildet, auf ihren Einsatz. Die Oberfläche der Sonne (Radius = 7,5 Meter) war mit einem Gartenzaundraht bespannt, auf den man als Reflektoren etliche hundert silberne Joghurtdeckel – um Winddurchlässigkeit zu erzielen in bestimmten Abständen – geklebt hatte. Vor dem Reflektorschirm wurden sogenannte Aluminiumbränder angebracht, die in Verbindung mit dem Reflektor ein dermaßen grelles Licht erzeugten, daß ein ›In-die-Sonne-Schauen‹ unmöglich wurde.

Natürlich gehorcht die Pyrotechnik ihren artspezifischen Gesetzen; es bedarf deshalb eines Spezialisten, um sie optimal einzusetzen. Diese Fachkraft muß nicht nur das künstlerische Konzept des Regisseurs und Bühnenbildners verstehen, sondern sie muß sich darüber hinaus in Zusammenarbeit mit dem Dirigenten auch dessen musikalische Interpretation des Werkes aneignen. Vielfach wird der Pyrotechniker anhand der Partitur seine eigene ›Zündungsdramaturgie‹ zu entwickeln haben.

Nebeleffekte: In der 40jährigen Geschichte der Bregenzer Festspiele kamen bei allen Aufführungen am See immer in irgendeiner Form die verschiedenartigsten Feuerwerke, kleine und größere Wasserfontänen, Rauch- und Nebeleffekte zur Anwendung; meist, und das ist wichtig zu erkennen, ›lediglich‹ als dekorationsverbessernde Elemente, und nicht als selbständiges Ausstattungselement, das unter Umständen eine Dekoration sogar auflösen können muß.

Für die Rauch- und Nebeleffekte bei Mozarts ZAUBERFLÖTE wurden 14 theaterübliche Nebelmaschinen und flüssiger Stickstoff eingesetzt.

Unter der Verkleidung des gesamten Berges liegt ein Rohrsystem verborgen, durch das flüssiger Stickstoff von einem Vorratstank am Fuße des Berges geleitet wird. Gleichzeitig wird in dafür speziell konstruierten Blechwannen Wasser aufgeheizt, das bei Durchmischung mit dem flüssigen Stickstoff, der eine Temperatur von −196 °C aufweist, mit einer heftigen Nebelentwicklung reagiert. Der auf diese Weise produzierte ›Nebel‹ ist schwerer als Luft und sinkt deshalb über das Bergmassiv hinab. Daß aber dennoch immer wieder Nebelschwaden aufsteigen, liegt in der spezifischen Thermik am großen Berg begründet; dies macht den Nebeleffekt ebenso unberechenbar wie auch interessant.

Wassereffekte: Ein dem Feuer gegensätzliches und für die Seebühne genuines Dekorationselement muß am Ende des kurzen Abrisses über Ausstattungselemente noch Erwähnung finden: das Wasser und die damit verbundenen Wasserspiele.

Im Haus kann ein angeblich von weither kommendes Schiff lediglich verbal angekündigt werden. Am See läßt sich das in realiter zeigen und vollziehen: Während, lange vor der tatsächlichen Ankunft des Schiffes, die vorbereitende Handlung noch abläuft, kann der Zuschauer schon von weitem die Lichter des herannahenden Schiffes erkennen. Die so erlebbare Gleichzeitigkeit von Aktionen an weit voneinander getrennten Orten stellt für das Publikum am See ein besonderes Theatererlebnis dar.

Seit 1952 wurde immer wieder der Versuch unternommen, sich des Mediums Wasser als Dekorationselement in Form von Springbrunnen und Fontänen zu bedienen. Bei der ZAUBERFLÖTE sei an die Wasserprobe erinnert, während der sich in der Grotte – mittels dreier Feuerwehrschläuche und durch entsprechend gewählte Beleuchtung – ein Wasserinferno in Szene setzte.

Die neue Entwicklung auf der Seebühne in Bregenz verfolgt den dramaturgischen Einsatz von Wasserwänden mit gleichzeitiger Projektion als neues Ausdrucksmittel der Bühnengestaltung.

Dieser und noch einige andere Aspekte der Ausstattung, die sich gerade in der Diskussionsphase befinden, werden die Bregenzer Festspiele auch noch in Zukunft im internationalen Gespräch halten.

Beschallungsqualität – ein hörbarer Begriff
Elektroakustische Pionierarbeit in Bregenz

von Wolfgang Fritz

Ein Hauptaugenmerk des künstlerischen Direktors der Festspiele, Dr. Wopmann, war es, neue Wege zu einer generellen Verbesserung des Beschallungskomforts in Verbindung mit Richtungshören zu erreichen.

Nach intensiven Beratungen wurde das Institut für Kulturbauten in Ost-Berlin beauftragt, eine Lizenzdokumentation zum Delta-Stereophonie-Beschallungsverfahren, abgestimmt auf die besonderen Erfordernisse der Seebühne, zu erarbeiten. Dr. Ing. Wolfgang Ahnert war der Beauftragte des Institutes; er hielt sich zur Erprobung und Umsetzung des Know-how 1983 und 1984 in Bregenz auf.

Die für dieses Beschallungssystem zusätzlich erforderlichen Geräte wurden von uns geplant und von österreichischen Firmen entwickelt und gebaut. Die grundsätzlichen Forderungen an das Beschallungssystem waren:

erstens: ausreichende Schallverstärkung ohne akustische Rückkopplungsgefahr;

zweitens: gleichmäßige Schallpegelverteilung im gesamten Zuschauerbereich;

drittens: hohe Klangqualität im Sinne natürlicher Klangfarbe (Erhaltung der typischen Klangfarbencharakteristik), hoher Deutlichkeit bzw. Durchsichtigkeit (Sprachverständlichkeit).

Unbedingt sollte durch eine richtungsbezogene Beschallung eine Übereinstimmung zwischen optisch wahrgenommener Schallquelle auf der Bühne und akustischer Lokalisation des elektroakustisch übertragenen Schallbildes erreicht werden. Das bedeutet: Ein Sänger, der links auf der Bühne agiert, darf von allen Plätzen im Zuschauerraum auch *nur* von *links* gehört werden; seine Stimme darf durch die Verstärkung akustisch nicht in der Richtung verschoben werden. Der optische und akustische Gleichklang hat gleichermaßen für Quellen im hinteren Bühnenbereich (Tiefeneindruck) als auch für sich bewegende Tonquellen zu gelten.

Alle im Bühnenbereich montierten Mikrofone waren, um ein Richtungshören zu ermöglichen, früher nur den jeweils am nächsten liegenden Lautsprechern direkt zugeordnet. Die erreichbare Lautstärke und Ortungsmöglichkeit erwies sich dadurch als sehr abhängig vom Bühnenbild; die Beschallungsqualität der verschiedenen Hörerplätze auf der Zuschauertribüne war zu unterschiedlich.

Dem neuen Beschallungssystem liegt nun der Effekt zugrunde, daß der Mensch Geräusche in jener Richtung ortet, aus der sie zuerst sein Ohr erreichen. Beim selben Geräusch, das etwas später aus anderer Richtung beim Hörer eintrifft, wird die Richtung nicht wahrgenommen.

Wesentlich für die Richtungsbestimmung ist also die *erste* Schallwellenfront eines Schallereignisses, die beim Zuhörer ankommt.

Durch den Einsatz von Zeitverzögerungsgeräten können die Schallwellenfronten in der Zeitfolge gesteuert werden, so daß das gewünschte Ziel der richtungsgebundenen Verstärkung weitgehend erreicht wird und somit der Hörererwartung entspricht.

Bei KISS ME KATE und VOGELHÄNDLER wurde schrittweise die notwendige Technik (Zeitverzögerungsgeräte und Mischmatrix) in die bestehende Tonregieanlage eingebaut und das Know-how des Delta-Stereophonie-Beschallungsverfahrens versuchsweise umgesetzt.

Die Bühne, die in ihrer Form und in ihren geometrischen Abmessungen beliebig variiert werden kann, wird in eine Anzahl von abgegrenzten Segmenten unterteilt (Quellbereiche), innerhalb derer keine zusätzliche Differenzierung der Richtungslokalisation mehr erfolgt. Die Aufteilung der Quellgebiete muß Regie und Bühnenbild angepaßt werden. Mit der gegenwärtigen akustischen Anlage auf der Seebühne ist es möglich, bis zu zwölf solcher Gebiete einzuplanen.

Innerhalb jedes einzelnen Quellbereiches wird der jeweilige Originalschall (Instrumentalgruppe, Chor, Sänger, Sprecher usw.) in herkömmlicher Weise mittels eines oder mehrerer fest angeschlossener oder auch drahtloser Mikrofone aufgenommen. Die erhaltenen Signale werden über das Tonmischpult in der Tonregie im Zuschauerraum verstärkt, bearbeitet (filtern, verhallen usw.) und so gemischt, daß für jeden Quellbereich ein resultierendes Teilsummensignal entsteht. Diese bis zu zwölf Teilsummensignale werden danach je einer Verzögerungseinrichtung zugeführt und in mehreren Stufen mit einer exakt und differenziert bestimmten Zeit verzögert (bis zu 62 Stufen und 60 Zeiten wählbar).

Die verzögerten Teilsummensignale des betrachteten Quellbereiches werden schließlich in einer Mischmatrix mit den entsprechenden Signalen der übrigen Quellbereiche summiert und den Lautsprechergruppen im Bühnenbereich – jeweils getrennt – zugeordnet.

Die Verzögerungszeiten werden dabei so bemessen, daß an allen Zuhörerplätzen die Schallsignalfolge von derjenigen Lautsprechergruppe, die den geringsten Abstand von der Verbindungslinie zwischen Hörerort und dem auslösenden Quellbereich besitzt, *früher* eintrifft als der Schall aller übrigen Lautsprechergruppen, jedoch *später* als der betreffende Originalschall.

Die Berechnung der Verzögerungszeiten ist über ein Computerprogramm, das speziell für die Erfordernisse der Seebühne erarbeitet wurde, möglich.

Durch die der räumlichen Zuordnung entsprechende Verzögerung wird sichergestellt, daß, gemäß dem Gesetz der ersten Wellenfront, die Originalschallquelle lokalisiert werden kann und daß auf diese Weise für den Zuschauer neben der Richtungsverteilung auch die natürliche Tiefenstaffelung – der Entfernungseindruck – erhalten bleibt. Auf allen Zuhörerplätzen entsteht somit ein ausgewogenes Lautstärkegleichgewicht der beteiligten Quellsignale.

Die ZAUBERFLÖTE setzte neue Maßstäbe, da die Mikroportanlage auf zwölf Sender und Empfänger in Diversitybetrieb erweitert werden mußte. Außerdem stellte sich heraus, daß ein akustisches Nachführen der Sänger mit Funkmikrofonen zu den verschiedenen Quellgebieten über Aufschalttasten und Panoramaregler von Hand nicht mehr zu bewerkstelligen war.

Also mußte eine Quellgebietsstellanlage mit Mikrocomputersteuerung für zwölf Funkmikrofone und zwölf Ausgangsverstärker – bezogen auf zwölf Quellgebiete – entwickelt und gebaut werden.

Diese modernste Anlage besteht aus einem Personalcomputer, einer Bedienungstastatur, einem Matrixeinschub und den Summenverstärkern. Der Computer beinhaltet eine Diskettenstation, eine Eingabetastatur und zwei Bildschirme.

Am Bedienungspult besitzt jeder der zwölf Funkmikrofoneingänge zwölf Quellgebietstasten und eine Stummschaltungstaste. Verschiedene Bedientasten ermöglichen die Eingabe von Schrittnummern und das Weiterschalten der Sequenzen im Vorstellungsmodus. Die Überblendzeit kann zwischen den einzelnen Sequenzen von 0 bis 9 Sekunden gewählt werden. Ein Stummschalten der Ausgangskanäle der Quellgebiete und des Orchesters ist über den Computer ebenfalls möglich.

Ein direktes Eingreifen in die vom Computer gespeicherten Daten (Richtungsgebiete, Überblendzeiten) sowie das Einschieben ganzer Sequenzen ist jederzeit – auch während der Vorstellung – möglich, um auch Unvorhergesehenes – beim Theater immer möglich – richtig zu übertragen.

Um die Orchestermischung effizienter gestalten zu können, wurde zusätzlich ein Orchestermischpult mit 24 Eingängen in die Tonregieanlage eingebunden.

Große Probleme bewirkten die Lautsprecher. Die vorhandenen Apparate waren an Richtcharakteristik, Klangfarbe und Frequenzverhalten in sich so unterschiedlich, daß auch Filterungen und umfangreiche akustische Einpegelungen keinen Gleichklang brachten. Der Präzedenzeffekt (für das Beschallungsverfahren sehr wichtig) war dadurch überhaupt nicht mehr oder nur bedingt wirksam.

In Zusammenarbeit mit der Tontechnik der Wiener Staatsoper entwickelten und testeten wir neue Lautsprecherboxen, bei denen vorhandene Systeme teilweise Verwendung finden, die Boxen jedoch höheren Schalldruck erzeugen und von der Gehäuseart den Verhältnissen im Freien besser angepaßt sind.

Es wurden Drei- und Vierweglautsprecherboxen zusammengestellt, die teilweise aktiv (Bi-Amplifikation) betrieben werden. Die Membranen sind wasserabstoßend imprägniert, die Gehäuse aus 3,8 cm starkem, mehrfach verleimtem Spezialholz gefertigt; zusätzlich wurden Wasserschutzgitter eingebaut.

Das Kraftverstärkerzentrum mit 32 neuen leistungsstärkeren Endstufen ist in den Bühnenbereich verlegt worden. Die Verstärker geben 320 W an 8 Ohm, 480 W an 4 Ohm und 960 W an 8 Ohm in Brückenschaltung.

Über Ausgangsretourleitungen zu Aussteuerungsmessern kann die Funktion jeder Endstufe kontrolliert werden – und dies auch im Tonregieraum auf der Zuschauertribüne.

Bei den Vorstellungen regelt und überwacht der Cheftonmeister Klangintensität und Klangcharakteristik. Ein Tonmeister überprüft ständig die Orchestermischung und steuert das Richtungsmischpult. Ein anderer Tontechniker ist für die Zuspielung der Effekte von den Tonbändern zuständig. Ein vierter Kollege überprüft und kontrolliert ständig alle ankommenden Funksignale und gibt über Sprechverbindungen zur Bühne Anweisungen für oft notwendige blitzartige Aktionen, wie Sender- oder Mikrotausch, Batteriewechsel usw., an das Bühnenakustikpersonal. Ein Techniker im Mithör-, Verteiler- und Verstärkerraum, der sich im Regieturm befindet, kontrolliert während der Aufführungen alle Monitor- und Sprecheinrichtungen und ist einsatzbereit, sollten irgendwelche technischen Mängel auftreten und zu beheben sein.

Abschließend soll die für einen elektroakustischen Laien sicher etwas verwirrende und kompliziert wirkende Methodik des Zusammenwirkens aller Komponenten noch einmal vereinfacht dargestellt werden – und zwar aus der Sicht einer Schallwelle:

Als kleine Schallwelle, geformt in Hals und Mund einer schönen Sängerin, treffe ich auf die Membran eines kleinen Mikrofons, das, weich gebettet am Busen, mich in elektrische Wellen umwandelt und mich über ein dünnes Kabel dem Sender zuführt, der in einem Spezialsackerl nahe der Hüfte befestigt ist. Ich würde so gerne verweilen. Doch vom Sender auf eine Frequenz von 680 MHz angehoben, werde ich über ein kurzes Antennenstück in den Äther abgestrahlt.

Zwei große Antennen oberhalb der Zuschauertribüne empfangen mich. Über ein dickes Koaxkabel komme ich zum Empfänger, der mich, nachdem ich in einem Tuner auf 50 MHz umgearbeitet wurde, dann wieder auf NF-Spannung bringt.

Jetzt fühle ich mich schon wohler.

Einmal vom linken, einmal vom rechten Empfänger, je nach Signalstärke, werde ich danach zu einem Kompander weitergeleitet. Dort verliere ich meine Spitzen und wandere anschließend weiter in den Tonregietisch. Dort werde ich bearbeitet: mein Frequenzgefüge wird verschoben und laufend in der Intensität verändert.

Meine Wege führen mich nun einerseits zu Monitoreinrichtungen, andererseits zum Hallgerät und über den Direktausgang zum computergesteuerten Richtungsmischpult.

Dort – über eine Matrix von 2 × 12 dauernd, einmal schnell, einmal langsamer, hin und her geblendet – werde ich mit anderen Signalen gemischt und über den Quellgebietssummensteller zum Zeitverzögerungsgerät geschickt.

Oh, welch Schmerz! Ein A-D-Wandler verändert mich total – digital. Ich werde bis auf sieben Ausgangsmodule verteilt und verschieden lang gespeichert, in analoge Signale zurückverwandelt, in eine Mischmatrix geschickt und auf verschiedene der 18 Ausgänge aufgeschaltet. Mit anderen ›Leidensgenossen‹ gemischt, eile ich über eine Kreuzschiene und über Triax-Stecker durch 135 m lange Kabel – die sich anfangs im Aufzugschacht des Festspielhauses befinden, später unterhalb der Tribüne ins Wasser hineinführen – bis zum Akustikverteiler unterhalb der Seebühne.

Jetzt tanke ich Kraft.

Durch die Kraftverstärker auf bis zu über 40 V und einigen Ampère gestärkt, werde ich, jeweils um mehrere

Millisekunden versetzt, über 4-mm²-Leitungen den Lautsprechern zugeführt.

Dort angekommen, von Tonmeister und Elektronik hoffentlich gut behandelt und nicht verunstaltet, zerlegt man mich mittels Weichen in verschiedene Frequenzen und – dann endlich werde ich von Tweetern, Hörnern, Mittel und Baß tönern als Schallwelle abgestrahlt. Nun bin ich zwar wieder etwa eine millionmal langsamer als zuvor (ich meine damit mein Zwischendasein als elektrische Welle), aber dafür können mich nun alle Zuschauer auf der Tribüne hören – und deren Ohren vermitteln das individuelle Gefühl, ich käme direkt aus dem Mund der schönen Sängerin.

Festlich und funktionsgerecht
Geschichte und Bau des Festspielhauses

von Willi Braun

Es war ein langer Weg von der Ausschreibung eines Wettbewerbes zur Erlangung von Ideen für ein Festspielhaus im Jahre 1955 bis zum Baubeginn 1977. Das architektonische Konzept mußte in diesem Zeitraum aufgrund der sich aus dem Programm ergebenden Erfahrungen mehrmals verändert werden.

Schließlich reifte bei allen Beteiligten die Auffassung, daß eine Einheit von Festspielhaus und Seetribüne die optimale Lösung darstellen würde. Das Haus sollte zusätzlich aber auch für Kongresse und andere Veranstaltungen Verwendung finden können, um dadurch dessen Auslastung auch während des Jahres zu ermöglichen.

Zuerst wurde mein 1955 mit dem 1. Preis ausgezeichnetes Projekt vorgestellt. Es sah ein Haus für 2400 Besucher vor, geplant ausschließlich für einen Betrieb während des Festspielsommers.

Das Ringen um das Festspielhaus setzte ein; mit verschiedenen Änderungen wurde bis 1960 eine baureife Eingabe ausgearbeitet, doch zum Glück für alle kam es nicht zu einem Baubeginn, denn bereits zu diesem Zeitpunkt hatte sich die Einsicht durchgesetzt, daß das Haus auch den Winter über benutzbar sein mußte.

Das zweite 1960 als baureif vorgelegte Projekt berücksichtigte den inzwischen als erforderlich beschlossenen Kongreßsaal mit einem Gastbetrieb (Bild 1, S. 161). Doch auch dieses Projekt wurde ad acta gelegt, vor allem aus Kostengründen.

1971 wurde ein weiterer Entwurf erarbeitet, für welchen zwei neue Ideen grundlegend waren:

Erstens die Erfüllung der Forderung einer Mehrzweckverwendung durch Schaffung eines Kongreßsaales ohne Kubaturerhöhung.

Zweitens die Verbindung von Festspielhaus und Seetribüne.

Die erstgenannte Forderung wurde dadurch erreicht, daß auf einen festen Rang für ungefähr 550 Plätze, der ausschließlich für die Ausweichvorstellungen des ›Spiels auf dem See‹ bei Schlechtwetter Verwendung finden sollte, verzichtet wurde.

Anstelle dieses Ranges wurde ein Saal geplant, in dem – wenn eine Ausweichvorstellung notwendig wird – eine mobile Tribüne errichtet wird. Außerhalb der Festspielzeit aber steht mit dieser Fläche ein Kongreßsaal für 600 Personen zur Verfügung, der auch abteilbar ist, benützbar also für kleine wie große Veranstaltungen. Gegen den Zuschauerraum des eigentlichen Theaterraumes wird dieser Saal durch eine mobile Trennwand abgeschlossen. So konnte der seit langem gewünschte Stadtsaal ohne Mehrkosten geschaffen werden.

Zur zweiten Forderung: Festspielhaus und Seetribüne waren bis zu diesem Zeitpunkt stets getrennt angeordnet gewesen. Über einen gedeckten Zugang von der Seetribüne zum Haus waren Vorschläge vorhanden.

Bei getrennter Anordnung der beiden Baukörper hätte jedoch ein ›Umzug‹ bei Schlechtwetter bis zu zwei Stunden erfordert. Durch die direkte Verbindung des Hauses mit der Seetribüne wurde das Verlegen einer Vorstellung im Zeitraum von höchstens einer halben Stunde möglich gemacht.

Zugleich wurden durch dieses neue Projekt weitere entscheidende Vorteile erzielt. So standen Teile der technischen Einrichtung sowohl für die See- als auch für die Hausveranstaltung gemeinsam zur Verfügung, gleichfalls die Künstlergarderoben des Hauses. Kassen, Besuchergarderoben, Sanitäranlagen und die Foyers konnten für beide Veranstaltungsschemata benützt werden.

Die Außengestaltung dieses Projektes (Bild 2, S. 162) scheiterte an den Kostengründen, denn von den Finanzgebern waren zu diesem Zeitpunkt die Gesamtkosten mit 100 Millionen Schilling festgeschrieben worden.

Meine Kostenberechnung, die all diesen Wünschen gerecht wurde, wurde vom Stadtbauamt wiederholt angezweifelt. Aber durch die jahrelange Beschäftigung mit der Planung für das Festspielhaus und durch Besichtigung der meisten großen Theaterbauten neueren Datums im europäischen Raum war ich zur Überzeugung gekommen, daß bei einem Theaterbau vieles investiert wird, was sich im praktischen Einsatz nicht unbedingt als notwendig erweist. Ich war der festen Ansicht, daß – bei einer Konzentration auf das Notwendige – die Ausführung des Bauvorhabens mit den gegebenen Mitteln möglich sein müßte. Und die wiederholten Überprüfungen meiner Berechnungen bestätigten schließlich die Richtigkeit meiner Annahme.

Ich erhielt den Auftrag zur Planung unter der Bedingung, die Gesamtsumme von 100 Millionen Schilling (Stand 1970) einzuhalten. Diese Bedingung konnte nur erfüllt werden, indem auf sämtliche kostenintensive Gestaltungselemente verzichtet wurde. Von nun an mußte eine anspruchsvolle Außenarchitektur zugunsten der Gestaltung der Zuschauerbereiche wie der innerbetrieblichen Funktionalität zurücktreten. Als Architekt war ich mir bewußt, daß nur auf diese Weise die Verwirklichung des von der Festspielgemeinde als existenziell erkannten Bauvorhabens zu erreichen war.

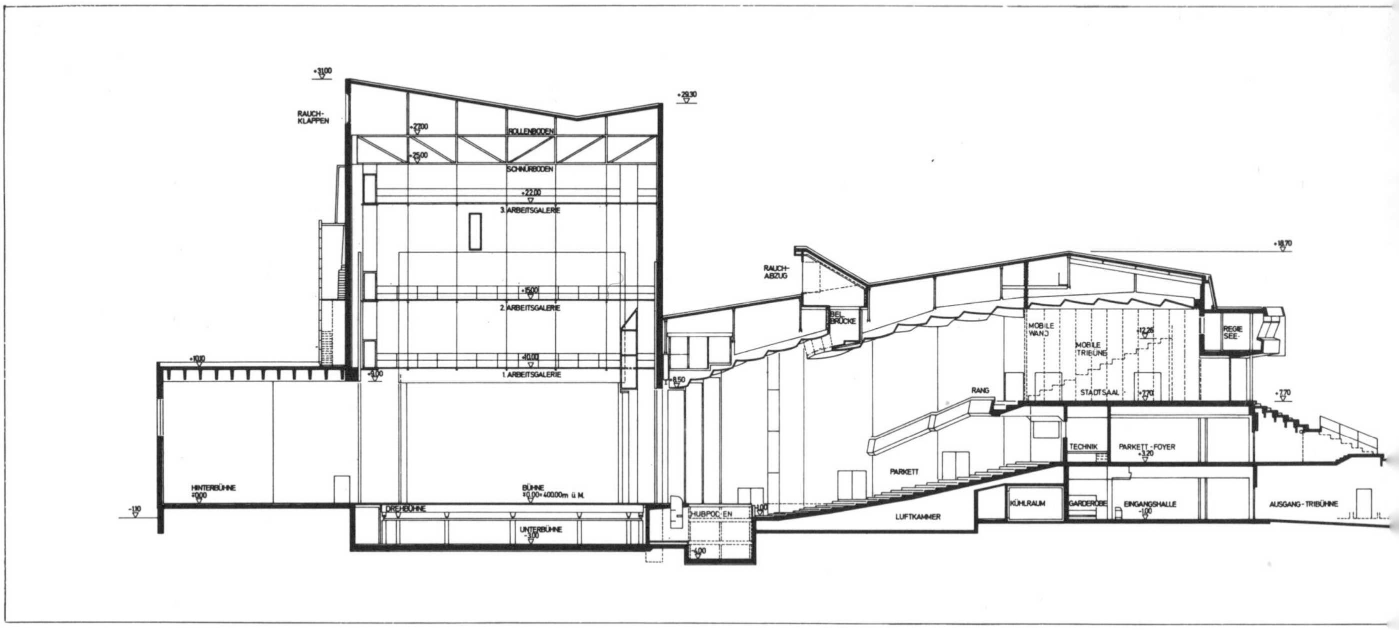

RAUCH-
KLAPPEN
ROLLENBODEN
SCHNÜRBODEN
3. ARBEITSGALERIE
2. ARBEITSGALERIE
1. ARBEITSGALERIE
HINTERBÜHNE
±0.00
BÜHNE
±0.00=400.00m ü. M.
DREHBÜHNE
UNTERBÜHNE
HUBPODIEN
RAUCH-
ABZUG
BELEUCHT.
BRÜCKE
MOBILE
WAND
MOBILE
TRIBÜNE
REGIE
SEE-
STADTSAAL
RANG
PARKETT
TECHNIK
PARKETT-FOYER
KÜHLRAUM
GARDEROBE
EINGANGSHALLE
AUSGANG-TRIBÜHNE
LUFTKAMMER

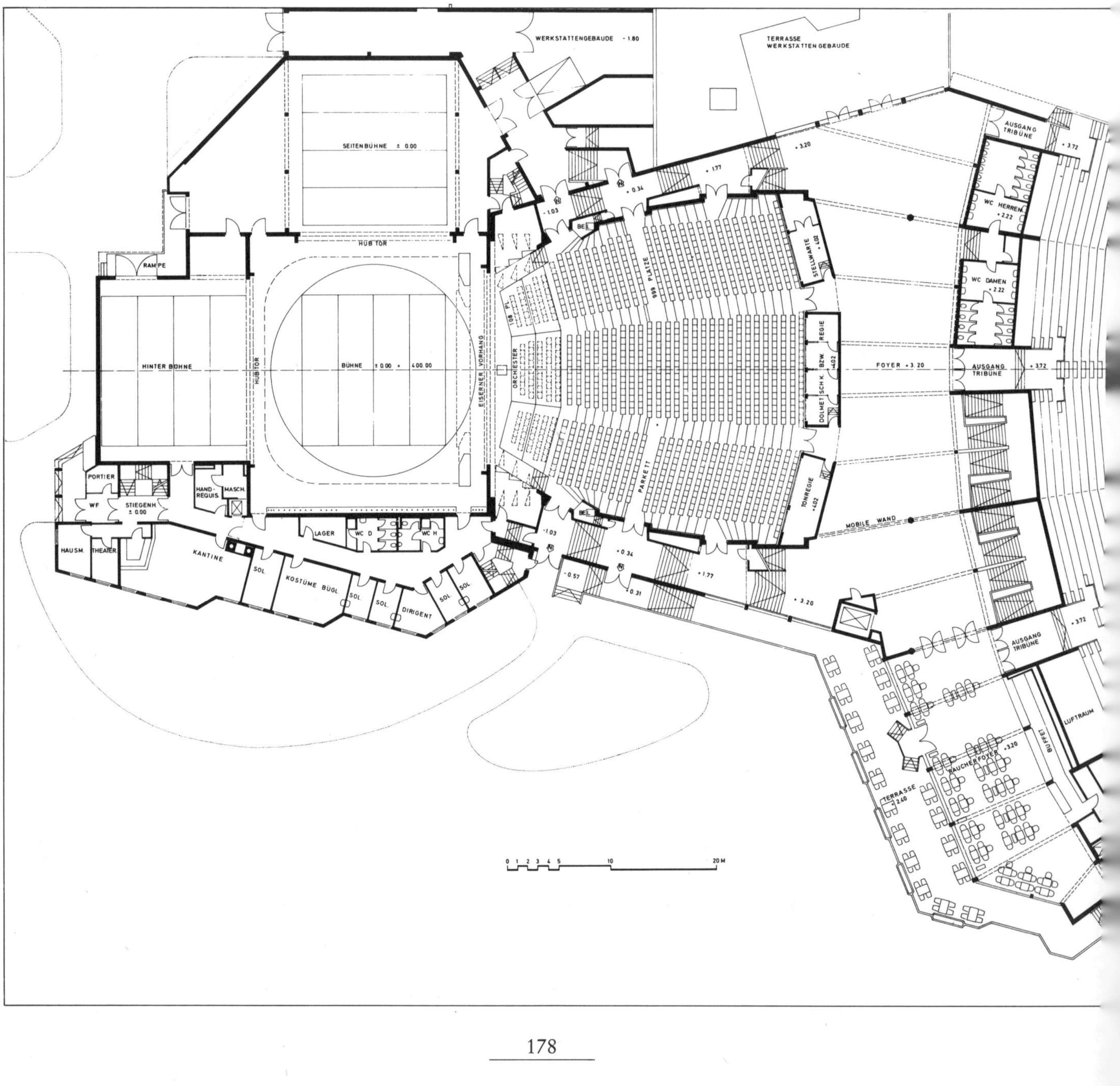

WERKSTATTENGEBÄUDE -1.80
TERRASSE
WERKSTÄTTENGEBÄUDE
SEITENBÜHNE ± 0.00
HUBTOR
RAMPE
HINTER BÜHNE
BÜHNE ± 0.00 = 400.00
EISERNER VORHANG
ORCHESTER
108 PL.
999 PLÄTZE
PARKETT
STELLWARTE
REGIE
BZW.
DOLMETSCH K.
TONREGIE
FOYER + 3.20
MOBILE WAND
AUSGANG
TRIBÜNE
WC HERREN
WC DAMEN
PORTIER
WF
STIEGENH
± 0.00
HAND-
REQUIS.
MASCH.
LAGER
WC D
WC H
HAUSM.
THEATER
KANTINE
SOL.
KOSTÜME BÜGL.
DIRIGENT
LUFTRAUM
BUFFET
RAUCHERFOYER
TERRASSE
0 1 2 3 4 5 10 20 M

Schnitt-Plan Festspielhaus und Seetribüne.

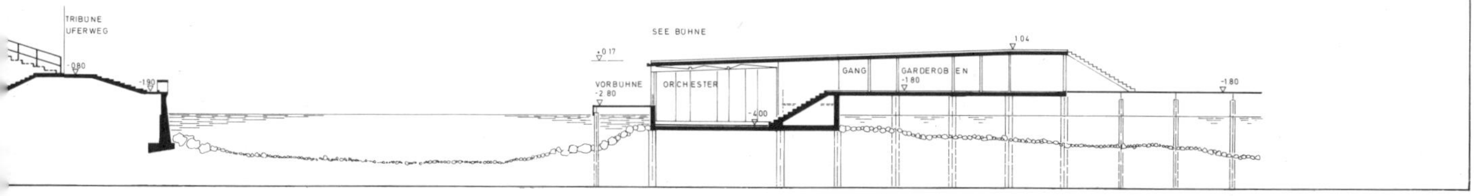

Grundriß-Plan des Festpielhauses.

Technische Angaben zur Planung und Durchführung:

Dem Planungsteam gehörten an:
Entwurf und Planung:
Architekt Baurat h. c. Dipl.-Ing. Willi Braun
Statik und Konstruktion:
Dipl.-Ing. Albert Plankel
Dipl.-Ing. Ernst Mader
Bühnentechnik, Bühnenbeleuchtung:
Prof. Ing. Hans Felkel
Akustik:
Prof. Dr.-Ing. Werner Gabler
Elektrotechnik:
Ing. Franz Göstl
Die Verwendungsmöglichkeiten des Festspiel- und Kongreßhauses:

1 *Aufführung von Oper, Operette, Ballett, Schauspiel und Konzert. Hierfür stehen zur Verfügung:*

1.1 Der große Saal mit 1250 Plätzen
Dieser Saal ist gegen den auf Ranghöhe liegenden Stadtsaal durch eine mobile Wand getrennt. Die Trennwand besitzt eine reflektierende und eine schallschluckende Verkleidung. Durch entsprechende Drehung der Elemente kann die Nachschallzeit im Zuschauerraum verändert werden (Musik, Sprache).
In der Vorbühnenzone ist die Orchestergrube für 120 Musiker eingebaut. Sechs voneinander unabhängige Podien können bis zum Bühnenniveau gefahren werden. Seitlich des Bühnenportals sind fahrbare Lamellen vorgesehen, die einen kontinuierlichen Übergang der Wände des Zuschauerraumes auch zu einer verkleinerten Portalöffnung bewirken. Außerdem ermöglichen an den Lamellen befestigte Dekorationsteile eine optisch wirksame Einbeziehung des Zuschauerraumes in die Bühne.

1.2 Der Rang mit 550 Plätzen.
Durch Öffnen der oben erwähnten Trennwand und durch den Aufbau einer mobilen Tribüne im Stadtsaal können 550 Rangplätze und 1250 Saalplätze zur Verfügung gestellt werden, so daß insgesamt 1800 Plätze benutzbar sind.

1.3 Die Bühne, bestehend aus der
Hauptbühne mit 600 m²
Seitenbühne mit 270 m²
Hinterbühne mit 240 m²
Die Portalöffnung beträgt 18/8,5 m. Sie kann in Höhe und Breite verkleinert werden.
Die Ausmaße der Bühne wie des Portals gestatten die Verwendung von Originaldekorationen der Wiener Staatstheater.
Eine Drehscheibe mit 20 m Durchmesser ist eingebaut. Die Arbeitsgalerien sind vorgesehen, die oberste in 22 m über dem Bühnenboden.
Portaltürme und Portalbrücke sind verfahrbar.

2 *Durchführung von Kongressen. Hierzu stehen zur Verfügung:*

2.1 Der große Saal wie unter 1.1 erwähnt.
2.2 Der Stadtsaal mit 600 Plätzen, teilbar in zwei Säle mit je 250 Plätzen.
2.3 Ein Kongreßraum für 40 bis 60 Personen.
2.4 Tagungsbüros in den Solistengarderoben.
2.5 Entsprechende Einrichtungen für Simultanübersetzungen u. ä.

3 *Durchführung von Ausstellungen, Empfängen und gesellschaftlichen Veranstaltungen. Hierzu stehen zur Verfügung:*

3.1 Der Stadtsaal.
3.2 Das Eingangs- und das Parkettfoyer mit 1600 m² Fläche. Über eine Außenrampe ist die Zufahrt zum Parkettfoyer für Personenkraftwagen und kleine Lieferwagen (z. B. für einen Autosalon) gegeben.
3.3 Die Bühnenräume mit einer Gesamtfläche von 1200 m².
3.4 Das Raucherfoyer, welches im Sommer auch als Tagescafé geführt wird, mit 100 Plätzen (Tischanordnung) oder 150 Plätzen (Bestuhlung).
3.5 Eine Küche zur Bewirtschaftung des Stadtsaales mit kleinen Gerichten für gesellschaftliche Veranstaltungen und bei Kongressen für Bankettverpflegung bis 400 Personen.

(v.l.n.r.) Julius Wachter, Karl Tizian, Theodor Körner, 1954.

Trotz dieser – von mir bitter empfundenen – Beschränkung bedeutete es eine einmalig herausfordernde Aufgabe, nach 20jährigem zunächst unerfülltem Bemühen endlich ein festliches und funktionsgerechtes Haus zu schaffen. Außerdem war der Bau das größte Hochbauunternehmen seit Jahren in einem weit umgrenzten örtlichen Bereich.

Die neugewonnene Idee ›Haus-Tribüne‹ veränderte das einstige Grundkonzept stark. So ging der ursprünglich gewollte Blick vom Eingangs- und Parkett-Foyer zum See durch die vorgelagerte Tribüne verloren. Foyers und Treppenhäuser wurden unter der Tribüne angeordnet, um die Kubatur optimal zu nützen. Eine Verschiebung der Tribünenachse zur Hausachse erbrachte eine gewünschte Asymmetrie, wodurch ein Platz mit Vorfahrtsmöglichkeit entstand.

Die Verkleidung der das ganze Haus überspannenden Stahlkonstruktion wurde in wabenförmigen Eternittafeln ausgeführt. In die Verkleidung wurde ein Teil des Bühnenturmes einbezogen, und zwar aus zwei Gründen: Erstens konnte durch die teilweise Verkleidung des Bühnenturms die Höhe optisch gedrückt werden. Und zweitens wurde es möglich, in die Verkleidung die Fluchttreppen von den Arbeitsgalerien der Bühne unterzubringen, wodurch eine Vergrößerung der Betonkubatur vermieden werden konnte.

Das endgültige Vorprojekt wurde 1972 von der Landeshauptstadt Bregenz und 1974 vom Land Vorarlberg sowie der zuständigen Bundesbehörde genehmigt (Pläne). Am 17. Dezember 1975 erfolgte der erste Spatenstich für die Errichtung der Ufermauer (im Seebereich mußte während der Winterzeit gearbeitet werden, weil in diesen Monaten der niedrigste Wasserstand vorherrscht). Dann ruhte die Bautätigkeit über den folgenden Sommer und Herbst. Erst anfangs 1977 setzten die Bauarbeiten für die Seebühne, die Seetribüne sowie für Parkett- und Raucherfoyer ein. Nach gut zwei Jahren war dieser ›Vorderteil‹ des Gesamtprojektes vollendet. Die erste Seeaufführung fand dann am 20. Juli 1979 statt.

Inzwischen wurde eifrig am und im Haus selbst gebaut. Denn termingerechte Fertigstellung darf als eine bautechnische und organisatorische Leistung erster Ordnung bezeichnet werden, zieht man die verhältnismäßig kurze Bauzeit von nur zwei Jahren in Betracht. Am 17. Juli 1980 war es endlich soweit: das Bregenzer Festspielhaus wurde feierlich eröffnet!

Rückblickend ist festzustellen, daß der bewilligte Kostenrahmen eingehalten wurde, was nicht zuletzt der Bereitschaft des gesamten Planungsteams zu verdanken ist, keine Wunschvorstellungen, sondern nur die zur einwandfreien Funktion des Hauses nötigen Konstruktionen und Ausstattungen zu vertreten.

In dem seit der Eröffnung abgelaufenen Zeitraum von sechs Jahren hat sich die Funktionalität sowohl des Festspielhauses als auch der Seetribüne und der Seebühne ohne Einschränkungen bewährt. Haus und Freilichtareal sind den an sie gestellten, oft komplizierten Ansprüchen voll gerecht geworden. Von Anfang an bot sich im Haus eine hervorragende, höchste Ansprüche zufriedenstellende Akustik, die inzwischen auch von Dirigenten und Sängern – darunter solchen der Weltklasse – gelobt und anerkannt wurde. Schließlich zeigte die Aufführung von Mozarts ZAUBERFLÖTE in der Inszenierung von Jérôme Savary, daß bei ingeniöser Verwendung der Seebühne die Bregenzer Festspiele in der Lage sind, die wohl gewaltigste Opernszenerie darzubieten, die es in der Welt geben kann. Das ›Spiel auf dem See‹ ist dadurch zum ›Spectaculum‹ – im besten Sinn dieses Begriffes – geworden.

Kunstschöpfung ist Wertschöpfung
Die Bregenzer Festspiele als Faktor für Fremdenverkehr und Wirtschaft

von Franz Salzmann

Obwohl Kultursubventionen nur einen verhältnismäßig kleinen Teil der öffentlichen Haushalte beanspruchen, gab es schon in guten, erst recht aber in unseren heutigen schwierigen Zeiten der Abschwächung des Wirtschaftswachstums meist doch heftige Diskussionen um die Verteilung des »kreativen« Geldes. Die Theater mußten sich mit Argumenten aufrüsten, um den Politikern auch den wirtschaftlichen Stellenwert der Kunst nachzuweisen und diese gegen konkurrenzierende Interessen im Subventionswettbewerb zu verteidigen. So entstanden vielerorts Umwegrentabilitätsstudien, die mit den unterschiedlichsten Methoden alle zu diesem Ergebnis kamen: daß Kultursubventionen keinen Einbahnverkehr vom Staat zum Theater darstellen, sondern notwendige Vorleistungen sind, um neben dem kulturellen auch einen ökonomischen Prozeß in Gang zu setzen, der zu einem positiven Steuerrückfluß für die öffentliche Hand führt.

Das Unternehmen Bregenzer Festspiele

Mit insgesamt 7200 Theaterplätzen verfügen die Bregenzer Festspiele über die größte Theaterakkumulation im Dreiländereck am Bodensee. Über 100 000 Gäste besuchen jährlich an die 30 verschiedene Veranstaltungen, vor allem im Bereich des Musiktheaters. Im Spieljahr 1985 standen den Ausgaben von öS 97,6 Mio. – dank eines für Kulturunternehmen beachtlichen Eigendeckungsgrades von 58% (Bundestheater 23%) – Einnahmen in Höhe von öS 56,3 Mio. gegenüber. Die Differenz wurde über Subventionen – öS 28,9 Mio. für den Spielbetrieb und öS 12,4 Mio. zur Deckung der Betriebskosten des Festspielhauses – von der österreichischen Bundesregierung, dem Land Vorarlberg und der Stadt Bregenz, im Verhältnis 40 : 35 : 25 gedeckt. Trotz einer 1981 durch die herbe Kritik des Rechnungshofes provozierten restriktiven Subventionspolitik konnte gerade in den folgenden Jahren unter der neuen Führung das künstlerische und wirtschaftliche Profil der Festspiele deutlich verbessert werden: Seit 1979 haben sich Budgetsumme und Besucherzahl verdoppelt, die Eigeneinnahmen vervierfacht, während die Subventionen für den Spielbetrieb um nur 15% gestiegen sind.

Die Bedeutung der Festspiele für den Vorarlberger Sommertourismus

Seit Jahren leidet der Vorarlberger Sommertourismus unter strukturellen Problemen, die sich speziell im alpinen Bereich in stark rückläufigen Übernachtungszahlen ausdrükken. Gerade die Sommertouristen sind anspruchsvoller geworden. Freizeitverhalten ist heute geprägt durch einen Wandel, der von Erholungsorientierung weg und hin zur Erlebnisorientierung führt. Folge ist, daß im äußersten Westen Österreichs immer seltener der Haupturlaub, jedoch immer häufiger der Zweit- oder Zwischendurchurlaub verbracht werden, aber diese auch nur dann, wenn intensive Erlebnisinhalte angeboten werden können. Seelenbaden ist wichtiger geworden als sonnenbaden.

Das kulturelle Angebot der Bregenzer Festspiele kann diesem Wandel im Freizeitverhalten voll gerecht werden; es ist in geradezu idealer Weise in der Lage, den neuen Urlaubertypus anzusprechen. Die Festspiele wirken also stabilisierend gegen einen allgemeinen strukturellen Abwärtstrend. Dies kann durch einige Zahlen belegt werden: Während in den letzten Sommerhalbjahren die Übernachtungen in den alpinen Regionen deutlich zurückgegangen sind (Brandnertal ./. 26%, Montafon ./. 25%, Arlberg ./. 22%), wurden in den Hauptregionen der Bregenzer Festspiele – Bodensee-Rheintal und Oberland – nur 3% bzw. 4% Rückgang, im Bregenzerwald 11% Rückgang registriert.

Die Gästebefragung des Landesfremdenverkehrsverbandes 1982 zeigt deutlich, daß die Bregenzer Festspiele nicht nur für Bregenz und die Region Bodensee-Rheintal, sondern auch für alle anderen Regionen große Bedeutung haben. Nachstehend einige Auszüge aus dieser Studie:

8,1% der Gesamturlauber des Sommerhalbjahres besuchten die Bregenzer Festspiele. Das sind 58 240 Gäste, von denen sich 53% im Bereich Bodensee-Rheintal und Oberland aufhalten.

2,7% der Sommerurlauber – 19 400 Gäste – geben den Festspielbesuch als Hauptmotiv für ihre Urlaubsreise an. In den Regionen Bodensee-Rheintal und Oberland sind es jeweils mehr als 10%.

53% bzw. 51% der Gesamtbesucher des Sommerhalbjahres der Regionen Bodensee-Rheintal und Oberland werden in den Festspielmonaten Juli und August registriert.

Diese Zahlen zeigen deutlich sowohl die wirtschaftliche als auch die kulturpolitische Bedeutung der Bregenzer Festspiele für ganz Vorarlberg. Es ist anzunehmen, daß seit 1982 der Strukturwandel im Sommerreiseverhalten noch deutlicher zum Ausdruck kommt und die starke Besuchersteigerung bei den Bregenzer Festspielen in den Jahren 1984 und 1985 eine zusätzlich stimulierende Wirkung auf den Sommertourismus des Landes ausgeübt hat.

Die wirtschaftliche Dimension

Ein Unternehmen von der Größenordnung der Bregenzer Festspiele ist auf vielfältige Art und Weise im nationalen und internationalen Wirtschaftsgefüge verankert. Zur nachfolgenden Quantifizierung dieser ökonomischen Effekte wurden – neben den einschlägigen und speziellen Untersuchungen – im wesentlichen die Ansätze und Parameter der 1984 erschienenen wissenschaftlichen Studie »Die Bundestheater in der österreichischen Wirtschaft« von Hanns Abele und Hannes Bauer herangezogen:

Direkte Effekte:

Durch die Tätigkeit der Bregenzer Festspiele entstehen zunächst zahlreiche, direkt für die Wirtschaft wirksam werdende Produktionseffekte.

Ausgaben für Güter und Dienste:

Im Produktionsjahr 1985 haben die Festspiele Aufträge für Güter und Leistungsbezüge in Höhe von öS 32,7 Mio. an die unterschiedlichsten Branchen der Wirtschaft vergeben.

Konsumausgaben des auswärtigen Festspielpersonals:

Die auswärtigen Mitwirkenden der Festspiele (Orchester, Chor, Solisten, Technik usw.) halten sich, zum Großteil mit der ganzen Familie, durchschnittlich 35 Tage im Lande auf. Für insgesamt 75 Personen wurde eine Tagesausgabe für Unterkunft, Verpflegung und sonstige Leistungen in Höhe von je öS 700,– angenommen. Die Ausgaben der im Lande ansässigen saisonalen Mitarbeiter wurden vernachlässigt. Trotzdem ergeben sich Konsumausgaben in Höhe von öS 18,4 Millionen.

Konsumausgaben der ständig Beschäftigten:

Rechnet man 30% des Einkommens als Konsumausgaben, so ergibt dies für die ständigen Mitarbeiter der Bregenzer Festspiele und der über das Festspielbudget getragenen Mitarbeiter der Kongreßhausgesellschaft Konsumausgaben in Höhe von öS 3,5 Millionen.

Ausgaben der auswärtigen Besucher:

Nach den genannten Studien besuchen 8,1% der Sommerurlauber Vorarlbergs (719 000 Ankünfte) die Bregenzer Festspiele. Für 2,7% dieser Gäste bilden die Festspiele das Hauptmotiv für die Urlaubsreise. Die durchschnittliche Aufenthaltsdauer beträgt 3,5 Tage. 69% der Besucher kommen aus dem Ausland. Als durchschnittliche Tagesausgaben für Unterkunft, Verpflegung und sonstige Dienstleistungen werden öS 1100,– angenommen (eine Züricher Studie kommt sogar auf öS 2800,–). Legt man nun lediglich die mit Hauptmotiv ›Festspiele‹ angereisten 19 400 Gäste zugrunde, so errechnen sich mit der durchschnittlichen Aufenthaltsdauer insgesamt 67 900 Tage. Das ergibt zusammen Konsumausgaben in Höhe von öS 74,7 Millionen.

Nebenausgaben der Besucher aus der Region (Tagesausflügler):

Für die unter 1.4 nicht erfaßten 80 000 Besucher werden Nebenausgaben im Zusammenhang mit dem Festspielbesuch (Kleidung, Restaurant, Friseur, Transporte etc.), in Höhe von öS 150,– gerechnet, das sind öS 12 Mio.

Entwicklung der Besucherzahlen 1965–1985	
1965	81 800
1975	70 700
1979 (neue Seebühne)	49 400
1980 (neues Festspielhaus)	79 700
1981	81 400
1982	96 200
1983	86 700
1984	104 800
1985	115 600

Induzierte Effekte:

Die von den Festspielen induzierten Umsätze in der Fremdenverkehrswirtschaft, in Handel, Gewerbe und Industrie veranlassen die betroffenen Firmen, weitere Leistungen von vorgelagerten Betrieben zu beanspruchen, wodurch in einem kumulativen Prozeß neue Umsätze und damit Einkommen entstehen. Die ökonomische Theorie nennt diesen Prozeß den Multiplikatoreffekt. Nach der in der Bundestheaterstudie verwendeten, zurückhaltenden Annahme belaufen sich die durch die direkten Produktionseffekte induzierten indirekten Effekte auf weitere öS 80,5 Millionen.

Gesamte Produktionseffekte	Angaben in Tausend öS
1. Direkte Effekte	
1.1 Ausgaben für Güter und Dienste	32 700
1.2 Konsumausgaben des auswärtigen Festspielpersonals	18 375
1.3 Konsumausgaben der ständig Beschäftigten	3 510
1.4 Ausgaben der auswärtigen Besucher	74 690
1.5 Nebenausgaben der Besucher aus der Region (Tagesausflügler)	12 000
	141 275
2. Induzierte Effekte	80 520
3. Gesamte Produktionseffekte	221 795

(Vergleich ›Salzburger Studie‹: 900 000)

Durch das Bestehen des Festspielhauses werden außerhalb der Festspielzeit weitere Veranstaltungen der Kongreßhausgesellschaft mit über 100 000 Besuchern ermöglicht. Die daraus resultierenden Produktionseffekte sind in obiger Aufstellung nicht enthalten.

Die Steuerleistung

Im Wirtschaftsjahr 1985 haben die Bregenzer Festspiele und die Kongreßhausgesellschaft (soweit diese über das Festspielbudget abgerechnet wird) folgende direkten Steuern und Abgaben an Bund, Land und Stadt geleistet, damit also quasi Subventionen zurückgezahlt:

	Angaben in Tausend öS
Mehrwertsteuer	4 200
Lohnsteuer	12 600
Ausländersteuer/sonstige Steuern	500
Kriegsopferabgabe	1 500
Sozialversicherungsbeiträge	5 500
Direkte Steuern und Abgaben gesamt	24 300

Die Sozialversicherungsbeiträge können mitgerechnet werden, da den Beiträgen nahezu keine Leistung gegenübersteht. Allein diese direkten Steuern decken 82% der Subventionen für den Spielbetrieb in Höhe von öS 29,7 Millionen.

Eine zusätzliche, indirekte Steuerleistung resultiert aus den bereits erwähnten Produktionseffekten. Dabei handelt es sich um die in den profitierenden Betrieben anfallenden Steuern, wie Mehrwertsteuer, Lohn- und Einkommensteuer, Gewerbesteuer, Körperschaftssteuer, Getränke-, Mineralöl-, Tabaksteuer, Alkoholabgabe, etc.

Die Bundestheaterstudie geht von 30% Steueranfall vom Volumen der Produktionseffekte aus, das sind zusätzliche Steuern in Höhe von öS 66,5 Millionen.

Durch die Tätigkeit der Bregenzer Festspiele entstehende Gesamtsteuerleistung:

Direkte Steuern der Bregenzer Festspiele	öS 24,3 Mio.
Durch Bregenzer Festspiele induzierte Steuern	öS 66,5 Mio.
Gesamtsteuerleistung	öS 90,8 Mio.

Die Steuerleistung der Bregenzer Festspiele Verhältnis zu Subventionen, Stand 1985, in Millionen

Subvention für Betriebskosten Festspielhaus		Subvention für Spielbetrieb	Direkte und induzierte Steuern	
Stadt 25%	12,4	28,9	Indu. Steuern 66,5	90,8
Land 35%			Direkte Steuern und Abgaben 24,3	
Bund 40%				

Die Gesamtsubventionen für den Spielbetrieb und die Betriebskosten des Festspiel- und Kongreßhauses sind nach dieser vorsichtigen Rechnung also 2,2fach durch Steuereinnahmen der öffentlichen Hand gedeckt.

Entwicklung des Gesamtbudgets 1965–1985 in Millionen

Eigendeckungsgrad		Subventionen Spielbetrieb und Betriebskosten
1965	43%	18,1
1975	45%	31,9
1979	32% (neue Seebühne)	41,4
1980	45% (neues Festspielhaus)	54,7
1981	51%	64,7
1982	53%	69,2
1983	53%	70,0
1984	51%	76,8
1985	58%	97,6

Der Arbeitsmarkteffekt

Als unmittelbarer arbeitsmarktpolitischer Effekt gelten zunächst 26 Ganzjahresarbeitsplätze des Festspielpersonals und der für die Festspiele tätigen Mitarbeiter der Kongreßhausgesellschaft. Rechnet man die Saisonmitarbeiter auf Jahresarbeitszeit, so ergibt dies insgesamt über 100 Jahresarbeitsplätze allein bei den Bregenzer Festspielen. Zusätzliche Beschäftigung entsteht in den Wirtschaftszweigen, denen die Produktionseffekte von öS 222 Mio. zugute kommen. Wenn auch nicht nachgewiesen werden kann, ob und wieviele Arbeitsplätze auf diese Weise neugeschaffen werden, so steht

Festspieldirektor Dipl. Kfm. Franz Salzmann

doch außer Frage, daß zumindest die bestehenden Arbeitsplätze in diesen Unternehmen durch die zusätzlichen Einnahmen abgesichert werden. Ursächlich läßt sich ein solcher Beschäftigungseffekt am Beispiel des 1985 neben dem Festspielhaus eröffneten Hotels ›Mercure‹ darstellen, das bestimmt nicht errichtet worden wäre, wenn die Finanzträger nicht auf die 100prozentige Bettenauslastung während der jährlichen Festspiele hätten ›bauen‹ können. Allein dieses Hotel beschäftigt heute 86 Mitarbeiter. Ähnliches gilt für das im Frühjahr 1986 eröffnete neue Spielcasino unmittelbar neben dem Festspielhaus.

Die Bregenzer Festspiele als Imagekomponente

Wie wichtig die Bregenzer Festspiele als Imagekomponente für die Stadt Bregenz und das Land Vorarlberg sind, zeigt die Gästeanalyse 1983. Auf die Frage, welche Vorstellungen sich mit Bregenz verbinden, lauteten die meisten Antworten: »Die Festspiele«; diese rangierten damit deutlich vor den Begriffen ›Stadt‹, ›Landschaft‹ und ›Pfänder‹. Diesen Stellenwert verdanken die Festspiele einer überwältigenden Zahl von Berichten in Presse, Rundfunk und Fernsehen. Über eine einzige Festspielsaison erscheinen in über 500 Tages-, Wochen- und Kulturzeitungen rund 2000 Berichte in der ganzen Welt. Rundfunk und Fernsehen sorgen mit aktuellen Reportagen und mit Übertragungen von Festspielproduktionen weltweit für die akustische und optische Präsenz von Bregenz, Vorarlberg und Österreich. Die auf diesem Weg erreichte Publizität durch Kontakte mit über 100 Millionen Menschen wäre auf dem Anzeigenwege nicht finanzierbar; sie stellt somit eine enorm wertvolle Ergänzung zur Fremdenverkehrswerbung dar.

Abschließend sei jedoch deutlich darauf hingewiesen, daß sich die Bregenzer Festspiele keineswegs als kultureller Unterbau der Fremdenverkehrswirtschaft verstehen. Die angeführten Fakten haben aber sicher verdeutlicht, daß die Festspiele neben der primären kultur- und gesellschaftspolitischen Bedeutung auch eine beachtliche ökonomische Dimension erreichen, daß Kunstschöpfung auch Wertschöpfung sein kann und daß Kultursubventionen eine unleugbare Investition auf Gewinn darstellen.

Bregenz – ein Paradies für Schauspieler!
Peter Weck erinnert sich

von Hademar Bankhofer

Sein Name ist im gesamten deutschsprachigen Raum ein Begriff, und obendrein ist er aus der Wiener Kulturszene nicht wegzudenken: Peter Weck, geboren 1930 in der österreichischen Donaumetropole, jahrelang Bühnen- und Filmschauspieler sowie Regisseur, heute erfolgreicher Chef am ›Theater an der Wien‹, der dem Musical CATS auf dem europäischen Festland zu ungeahnten Triumphen verholfen hat. Er brach damit alle Theaterrekorde im deutschsprachigen Raum. Vom Bundesministerium für Unterricht und Kunst wurde er 1980 für seine kulturelle Arbeit mit dem Titel ›Professor‹ geehrt. Den begehrten ›Bambi‹ und die ›Goldene Kamera‹ erhielt er für Regie und Hauptrolle in der Fernsehserie ICH HEIRATE EINE FAMILIE.

Sein Terminkalender ist randvoll. Man kann sich gar nicht vorstellen, daß sich dieser agile, ideenreiche Mann bei der Fülle von erlebten und erbrachten Leistungen an Kleinigkeiten, Stationen und Episoden in seinem Leben spontan erinnert. Doch er tut es.

Er lächelt: »An alles, was schön war, erinnert man sich gern!« Und so ist es auch, wenn der Name Bregenz fällt. Da geht in Peter Weck eine faszinierende Wandlung vor. Er lehnt sich plötzlich entspannt in seinem Direktorensessel im Büro seines Theaters in Wien zurück und strahlt übers ganze Gesicht. »Bregenz«, sinniert er und nickt. »Das war eine kurze, aber besonders schöne Zeit in meiner Schauspielerlaufbahn am Theater.« Er war im Jahr 1963 da. Er gastierte den Sommer über zur Zeit der Bregenzer Festspiele am Landestheater.

»Ich spielte natürlich wieder den ›Stani‹ in Hofmannsthals DER SCHWIERIGE. Das war ja sozusagen meine Paraderolle. Damals begleitete mich bereits die Bezeichnung eines bekannten Wiener Kritikers. Er erhob mich zum ›Weltmeister der Stanis‹.«

Das war auch der Grund, warum man sich in Bregenz für die Sommersaison 1963 Peter Weck als ›Stani‹ wünschte. Zuvor hatte er mit dieser Rolle bereits am Theater am Kurfürstendamm in Berlin, an den Münchner Kammerspielen, im Schauspielhaus Hamburg, am Burgtheater in Wien, im Schauspielhaus Zürich sowie in Salzburg brilliert. In Salzburg übrigens mit O. W. Fischer als Partner.

»Für mich«, sinniert Peter Weck, »stellt sich Bregenz mit seiner wundervollen Umgebung und dem herrlichen See als Paradies für einen Schauspieler dar. Ich habe es jedenfalls so empfunden. Es war prächtiges Wetter in diesem Sommer 1963, und ich hatte tagsüber verhältnismäßig viel Freizeit. So konnte ich mich also neben meinen Bühnenverpflichtungen wunderbar erholen. Für mich ist meine Arbeit in Bregenz wie die Erinnerung an einen wunderbaren Urlaub . . .!«

Auch eine fröhliche Episode ist dem Künstler noch deutlich in Erinnerung, die er – wenn er an Bregenz denkt – immer wieder vor sich sieht: »Wir hatten damals in unserem Ensemble einen sehr lieben und populären Kollegen. Er ist inzwischen leider verstorben. Er hatte allerdings neben seiner großartigen Schauspielergabe einen Fehler. Er war sehr eitel. Vor allem, wenn ihn Damen umgaben. Eines Tages waren wir alle zu einem Jachtausflug auf dem Bodensee eingeladen. An Bord befanden sich viele junge, hübsche Mädchen und interessante Frauen. Der betreffende Kollege war selbstverständlich mit von der Partie. Und um eine besonders gute Figur zu machen, zog er ununterbrochen seinen Bauch ein, ich merkte das allerdings erst später – dann, als mir auffiel, daß er nicht aß und trank, sondern immer nur ganz auf seine Figur bedacht dastand. Mit der Zeit aber fiel ihm das Atmen schwer. Doch er wollte – von Damen ersichtlich – um nichts auf der Welt den Bauch herausstrecken. Daher schlug er vor: ›Kinder, ich bin dafür, wir gehen jetzt alle schwimmen!‹ – Wir anderen wußten sofort, warum er das sagte, und plädierten gehässigerweise eifrig dagegen. Wir waren fürs Weiterfahren mit der Jacht. Und wir behielten die Oberhand. Wir haben den Armen damals ganz schön in Atemschwierigkeiten gebracht . . .«

Hugo von Hofmannsthal, Der Schwierige, 1963. Peter Weck (Stani).

Der ›Stani‹ in Bregenz war – das Publikum stimmte ab – ein Bombenerfolg.

Und dieser Bregenz-Aufenthalt war für Peter Weck nicht nur – wie er sagt – eine Art paradiesischer Urlaub.

Er formuliert es so: »Bregenz war damals für mich der Anfang meiner langjährigen Tätigkeit in Zürich. Ich habe das nahe Zürich von Bregenz aus mehrmals besucht und während der Festspiele wichtige Kontakte geschlossen, die dann drei Jahre später realisiert wurden. Und so sind aus einem Ausflug von Bregenz nach Zürich schließlich ganze siebzehn Jahre am Schauspielhaus Zürich geworden, wo ich Regie führte und spielte.«

Während der intensiven Tätigkeit in Zürich war wiederum Bregenz das Ziel vieler Fahrten und Privatausflüge. Es zog Peter Weck immer wieder an den Bodensee.

Und so ist es auch heute noch.

Für Bregenz – egal ob zur Festspielzeit oder zu einem anderen Termin – nimmt sich Prof. Weck, der Vielgefragte, Überbelastete, immer Zeit. Mit dieser Stadt hat es wohl irgend etwas Besonderes im Leben des Peter Weck auf sich: »Ich hab' nur einmal dort gespielt, war nur einmal bei den Festspielen mit dabei. Und dennoch hat dieses Bregenz einen besonderen Stellenwert in meiner Laufbahn.«

»Bregenz ist unbelastet von Tradition«

Maresa Hörbiger
im Gespräch mit Norbert Ely

Henrik Ibsen, Hedda Gabler, 1978.
Maresa Hörbiger (Frau Elvsted).

Gewiß: Die Szene kam nicht recht an. Der ganze EGMONT kam nicht an, damals im Sommer 1982. Wer will bei einem Sommerfestspiel auch so ohne weiteres jemanden sehen, der von sich selbst sagen muß: »Jener Egmont ist ein verdrießlicher, steifer, kalter Egmont.« Und von dem der Autor Goethe resümierte: »Im EGMONT waren es festgegründete Zustände, die sich vor strenger, gut berechneter Despotie nicht halten können.« Ein Königreich für einen ›Götz‹, für einen ›Tell‹, für all die saft- und kraftstrotzenden Helden!

Und doch: Wer die beiden sah, die beiden Liebenden Klärchen und Egmont, und hörte, wie Egmont sagte: »Ich verstehe dich! liebes Mädchen! du darfst die Augen aufschlagen«, und wie Klärchen antwortete: »Laß mich schweigen! Laß mich dich halten. Laß mich dir in die Augen sehen; alles drin finden, Trost und Hoffnung und Freude und Kummer ...« – wer diese Szene sah, wird sie nicht mehr vergessen können. Beide waren, entgegen des Autors Vorstellung und ganz im Sinne des Regisseurs Peter Palitzsch, völlig nackt. Aber die Nacktheit hatte einen anderen Sinn: Ausgesetztsein. Ausweglosigkeit. Beziehungslosigkeit. Eine seltsame Kälte war darin, und das, obwohl die Schauspielerin des Klärchens eher der Gegentyp dazu war; eine junge Frau, von der man weiß, daß sie temperamentvoll ist, rasch reagierend, von einer hellen, kritisch registrierenden Vernunft. Eine, die mit einem Seitenblick mehr sagen kann als andere mit ganzen Sätzen: Maresa Hörbiger. Das alles war in dieser einen, unvergeßlich kalten Szene zurückgedrängt und signalisierte so erst recht das Hoffnungslose der Situation, den Untergang der ›festgegründeten Zustände‹. Und dann brach es doch heraus, auf der nächtlichen Straße: »Und ich habe nicht Arme, nicht Mark wie ihr; doch hab ich, was euch allen eben fehlt, Mut und Verachtung der Gefahr. Könnt' euch mein Atem doch entzünden! Könnt' ich an meinen Busen drückend euch erwärmen und beleben!« Das war der große Ausbruch der Maresa Hörbiger, eine Szene voll von der Erinnerung auch an die Fanale der 68er Revolte, aussichtslos freilich auch sie; der Regisseur Peter Palitzsch hatte mit dieser Bregenzer EGMONT-Inszenierung resignierend Bilanz gezogen.

Wenn einem dann Marie Theres Hörbiger – so der längst vergessene Taufname – in aller Natürlichkeit gegenübersitzt und, frei von aller Notwendigkeit, Kunstfiguren zu schaffen, über die Bregenzer Erfahrungen Auskunft gibt, kommt das impulsive Temperament sofort durch, erteilt das Auge schon Antwort, bevor die Sätze präzise formuliert sind – schließlich wollte sie ja ursprünglich einmal Journalistin werden, bevor es auch sie als die dritte der Hörbiger-Töchter auf die Bühne verschlug.

»Also zunächst einmal muß ich, glaub' ich, von dem Festspielhaus selbst sprechen. Das ist fast ein Opernhaus. Und wir haben das Glück gehabt, darin einen Klassiker spielen zu können. Dadurch waren wir nicht ganz so verloren. Ich kann mir vorstellen, daß das bei anderen Stücken etwas schwieriger ist. Außerdem haben wir in einem großen Haus vorprobiert, im Burgtheater. Wir gingen also von einem großen Theater in ein großes Haus. Wir waren die Dimensionen schon gewohnt ...«

Aber wie ergeht es dann einem Burgschauspieler in Bregenz? Wird der gleich auf der Straße angesprochen, so wie in Wien etwa?

»Ja, ein bißchen. Das Festspielhaus liegt doch nahe am See, und da tummeln sich viele Touristen und darunter natürlich auch Wiener und Leute, die einen schon mal im Theater gesehen haben. Ich muß sagen: Das war immer sehr gemütlich. Wir sind in den Pausen während der Proben hinausgegangen an den See, um ein bissel Luft zu schnappen, und da ist es richtig ein bißchen familiär. Da schauen einen die Leute an, und sie sprechen einen auch an. Das ist alles sehr unkompliziert.«

Wie sie das so sagt, liegt natürlich der Vergleich mit Salzburg auf der Hand. Wie empfindet man als Schauspieler den Unterschied zwischen den beiden Festspielen?

»Ich empfand an Bregenz als sehr angenehm, daß das so unbelastet war von Traditionen ... Also in Salzburg muß man doch immer sehen, daß man irgendwer ist, als irgendwer erscheint. Daß man ein Star ist und die Berechtigung hat, in Salzburg dabeisein zu können. Das bringt dann oftmals eine gewisse Unnatürlichkeit mit sich. In Bregenz ist es viel volkstümlicher, einfacher.«

Hat der Schauspieler am Ende zwei Seelen in der Brust, den Kothurn und den Hanswurst, die hohe Kunst und das Brettl? Läßt man in Bregenz eher mal den Mimen heraus?

»Wenn ich ein und dasselbe Stück in beiden Städten spielen müßte, würde ich es genau gleich spielen. Wie das Publikum darauf reagieren würde, weiß ich nicht. Aber dem Publikum Zucker zu geben – das dacht' ich früher mal, daß das gut sei. Jetzt weiß ich, daß das ganz schlecht ist. Man müßte komödiantisch herrlich sein in Salzburg und komödiantisch herrlich in Bregenz ...«

Palitzschs EGMONT-Inszenierung 1982 war freilich Regie-Theater par excellence. Kopf-Theater des Regisseurs, bei dem im Hintergrund mögliche Identifikationen zwischen Egmont einerseits, Ho-Tschi-Minh und Lech Walesa, Allende und Arafat andererseits sichtbar werden sollten. Der Tonfall war extrem: Kammerspiel-Raunen einerseits, andererseits hinausgeschrienes Elend der Unterdrückten. Und das auf einer Bühne, die ohnehin an den Schauspieler, an seine Sprechtechnik, spezifische Anforderungen stellt:

»Ich kann mich noch gut daran erinnern: Schon in der Probenzeit am Burgtheater wurden wir ein wenig auf die Tücken aufmerksam gemacht; das Haus war ja damals ganz neu. Also daß es zum Beispiel an den Seiten akustische Schwierigkeiten gibt und so weiter. Dadurch nun, daß wir den EGMONT vorprobiert hatten, waren wir mit dem Atem, mit der Stimme schon auf einer gewissen Höhe und hatten dann tatsächlich keine so großen Schwierigkeiten mehr.«

Und: »Wenn man als Schauspieler genau weiß, was man spricht, wenn man vorbereitet ist und etwas *meint* auf der Bühne, dann kommt es an, kommt es bis nach hinten. Das ist ganz eigenartig. Dann können Sie selbst im Festspielhaus leise sprechen ... Wunderschön war diese Marktszene im EGMONT. Das ist eine Schrei-Szene. Und da war ich sicher: Ich kann gar nicht laut *genug* sein, wenn ich den Kampf des Klärchens spiele. In anderen Häusern hat man das Gefühl: Um Gottes willen, du mußt dich zurückhalten!«

Liebt die Schauspielerin Maresa Hörbiger den großen Ausbruch?

»Je nachdem, ob man sich dabei gut fühlt oder nicht. Diese Marktszene hat mir einfach gelegen, dieser Kampf um die Liebe und um einen Menschen. Das herauszuschreien und andere aufzufordern mitzumachen – das hab' ich gern gemacht, weil ich gewußt hab', was ich damit meine!«

In solchen Augenblicken kommt – und das machte auch ein gut Teil Glaubwürdigkeit der Szene aus – bei der Schauspielerin Maresa Hörbiger ein Engagement durch, das eben nicht nur der Schauspielkunst gilt, sondern in viel stärkerem Maß dem Menschlichen, das im Schauspiel ausgebreitet wird. Nicht zuletzt dieses Engagement für bestimmte komplizierte Charaktere und deren ausschnitthaften Schicksale mag es ihr ermöglicht haben, innerhalb der Dynastie der Hörbigers eine besondere Identität zu finden. In Berlin, wo sie seit kurzem dem Ensemble der Staatlichen Schauspielbühnen angehört, kennt man sie ausschließlich in modernen Rollen, deren Vielschichtigkeit sie mit einer oszillierenden Energie von Impulsivität und Selbstbefragung realisiert.

Dem zeitgenössischen Regie-Theater steht Maresa Hörbiger durchaus kritisch gegenüber – obwohl sie gleichzeitig mit einem Regisseur, ihrem Lebensgefährten Fred Berndt, beinahe verheiratet ist. Sie glaubt, daß wir das reine Regie-Theater »ein bißchen hinter uns haben«; daß auch die Besetzung nach Typ statt nach Können der Vergangenheit angehört. Dennoch, sie verdankt dem Regie-Theater nicht wenig:

»Bei EGMONT hat Palitzsch oft gesagt: ›Ach, ich brauch' dich nur noch anzuschauen, du weißt es schon!‹ Das kann natürlich mit der Zeit auch unproduktiv machen. Aber wir haben grad die Zeit erwischt, wo es noch produktiv war.«

Man möchte resümieren: Hier hat Maresa Hörbiger mindestens zwei Seelen in der Brust.

Regie-Theater am Bodensee – vielleicht war es insgesamt nicht die glücklichste Fügung der Musen, Palitzsch und Bregenz aufeinanderprallen zu lassen. Das 1982er Klärchen, von dem die ›Neue Zürcher Zeitung‹ etwas respektlos schrieb, es sei »mehr mit kurtisanenhafter Brunst als mit mädchenhafter Inbrunst« aufgetreten, hat gleichwohl seine Seitenblicke für den genius loci übrig gehabt. Maresa Hörbiger schwärmt tatsächlich für die Seebühne:

»Wo gibt es das sonst? Das ist wirklich schön; auch daß dafür Geld ausgegeben wird, daß das luxuriös gemacht ist.« In diesem Punkt ist sie, so scheint es, denn doch ganz Wienerin; ist sie das temperamentvolle Theaterkind, dem letztlich die Vitalität und Lebensfreude der Bühne über alles geht. Auf die Bemerkung, die Bregenzer Seebühne sei eigentlich etwas, was es gar nicht geben dürfte, wobei wir alle glücklich seien, daß es sie gebe – auf diese Bemerkung antwortet sie mit ihrem strahlendsten Lachen:

»Sehen Sie: zwei Seelen in der Brust! So ist es. Und man freut sich. Ich bin immer ganz stolz, daß man so viel investiert in so eine Gefühlsangelegenheit!« Investieren in eine Gefühlsangelegenheit – ein fruchtbarerer Gegensatz läßt sich in einer Zeit, die Gefühl und Investition säuberlich von einander trennen möchte, kaum formulieren.

Carl Zeller, Der Vogelhändler, 1952. Bühnenbild von Ferry Windberger.

Randspiele.

Kurt Pahlen bei einer Probe zum Kindermusical Pinocchio, 1983.

Die Entfesselung der Phantasie
Jérôme Savarys Theater der Befreiung

von Paul Kruntorad

Die eigenen Revuen, Offenbachs Operetten, Molières Komödien hat Jérôme Savary auf allen möglichen Plattformen inszeniert, vom Guckkasten bis zur Arena. Doch eine ganze, einer Tribüne mit einem Fassungsvermögen von mehreren Tausend Zuschauern vorgelagerte Insel zu gestalten, ist ein Novum in einer Theaterbiographie, die im Sommer 1959 an den Stränden und in den Häfen der Côte d'Azur beginnt.

Savary, 1942 in Buenos Aires geboren, kehrt nach dem Krieg mit seiner Mutter nach Frankreich zurück und inskribiert sechzehnjährig an der Pariser Kunsthochschule. Er spielt Trompete in einer Musikband, die in den Pariser Straßen auftritt, und macht mit Freunden Straßentheater. Er flieht vor dem französischen Militärdienst nach New York und später nach Argentinien, wo ihn die Wehrpflicht einholt. Zurück in Paris, gründet er 1965 eine eigene Truppe, wird von Fernando Arrabal entdeckt und geht drei Jahre später mit dessen Stück LABYRINTH nach England. Er nimmt nur vier Schauspieler seiner eigenen Truppe mit, das übrige Ensemble ergänzt er vor Ort. In London wird Ellen Stewart vom New Yorker ›La Mama‹-Theater auf ihn aufmerksam und lädt ihn zu einem Gastspiel in die USA ein. Der ›Grand Magic Circus‹ wird geboren, geht mit TARZAN und VON MOSES ZU MAO auf europäische Tournee.

Savary hat sich eine eigene, unverwechselbare Theatersprache geschaffen, die er in der Folge auch auf die Realisierung von Vorlagen überträgt, die nicht von ihm selbst stammen. Nach und nach übernimmt er eine Doppel- und, seit ihm Jack Lang die Leitung des ›Nouveau Théâtre Populaire de la Mediterranée‹ in Montpellier übertragen hat, eine Tripel-Funktion: Prinzipal, Programmgestalter und Akteur des ›Grand Magic Circus‹, umworbener und hochbezahlter Regisseur an deutschen und italienischen Bühnen und drittens Intendant, neuerdings in Lyon.

Savarys Weg vom Straßentheater über die eigene Gruppe in die Staatsschauspiele und Spitzenopernhäuser scheint auf den ersten Blick die Folgerichtigkeit einer planmäßigen Karriere zu haben. Man fängt außerhalb des etablierten Theaters an, läßt sich dann später doch auf dessen Bedingungen ein. Man erprobt als Außenseiter die eigene Aggressivität im ›épater le bourgeois‹; doch wenn man die Bürger genügend geschreckt hat, begibt man sich mit ihnen auf den Boden der Klassiker: Büchner und Molière.

Ende der sechziger Jahre suchte man mit verschiedenen Mitteln das Theater von den Fesseln der Literatur zu befreien: Julian Becks ›living theater‹, Robert Wilsons Minimalismus, Jerzy Grotowskis Ritualisierung, Dario Fos Rückgriff auf pure Komödiantik als Mittel politischer Animation, Peter Brooks Erforschung der Ur-Materialien des Theaters, Richard Foremans Bewußtseinserweiterung, Ellen Stewarts ›La Mama‹-Spontaneität, die Masken des Bread & Puppet-Theaters, Robert Ludlams ›Theatre of the Ridiculous‹ und – der polyglotte ›Grand Magic Circus‹, der Akrobatik, Varieté-Kleinkunst, Commedia dell'arte, Kabarett, Bettleroper in ein fröhlich-sentimentales Arena-Spektakel integrierte, nicht ohne zeitweise die blanke Klinge der Sozialkritik aufblitzen zu lassen. Savary stattete Victor Barcias denkwürdige Pariser Inszenierung des UBU ROI aus und spielte selbst die Hauptrolle; eine Erfahrung mit dem Großmeister der dadaistischen Hyperbole und gleichzeitig mit einem genau berechnenden Vollprofi des Regietheaters, der die lateinamerikanische Freude an der Körpersprache für Schlüsseltexte der Moderne mobilisiert. Das Londoner Gastspiel mit einer vor Ort rekrutierten Laiengruppe, in der vier französische Mitglieder der ›Compagnie Jérôme Savary‹, sekundiert von englischsprechenden Amateuren, Arrabals skatologische, sadomasochistische Phantasien vermitteln, muß wohl in Savary die Erfahrung verankert haben, daß sich Theaterinhalte vielsprachig transportieren lassen.

Der ›Grand Magic Circus‹ produziert als erste Show die Geschichte ZARTAN, TARZANS UNGELIEBTER BRUDER und gastiert damit in Toronto und in New York. Nach dieser antikolonialistischen ›tropischen Oper‹ folgen ROBINSON CRUSOES LETZTE TAGE DER EINSAMKEIT, VON MOSES BIS MAO (mit dem Untertitel ›5000 Jahre Abenteuer und Liebe‹), LES MELODIES DU MALHEUR und BY BY SHOW BIZ, sowie in Zusammenarbeit mit dem Hamburger Schauspielhaus, WEIHNACHTEN AN DER FRONT. Die letztgenannten drei Revuen existieren zusammen mit einer Bearbeitung von Jules Vernes IN 80 TAGEN UM DIE WELT auch als Texte mit Musik, die von anderen Theatern nachgespielt werden können und wurden. Diese Episodenfolgen haben eine festere dramaturgische Struktur als ZARTAN, ROBINSON CRUSOE und VON MOSES BIS MAO, gleichzeitig aber auch eine engere thematische Reichweite. In den ersten drei Produktionen greift Savary gewisse populäre Mythen auf, fügt sie zu epischen Gebilden zusammen und demoliert gleichzeitig den ihnen innewohnenden mythischen Anspruch. Er zeigt die unerschütterliche Macht der Sexualität, der Besitzgier, der Ausbeutung des Menschen durch den Menschen als die Konstanten der Geschichte und die Trivialität ihrer Erscheinungsformen als Kehrseite jener erhabenen Gefühle, die den Helden des tragischen bürgerlichen Theaters zugeschrieben werden.

Die ständigen Gruppenmitglieder beherrschen mehrere Instrumente, die Kunst der Pantomime, sind Jongleure und Akrobaten. Savary selbst tritt als Akteur und als Conférencier auf, liefert in gebrochenem Englisch, von einigen deutschen Brocken ergänzt, die Grundinformationen für das Verständnis der einzelnen Episoden. Die Pointen sind optisch und musikalisch; es ist ein Theater der Befreiung des Clowns aus seiner wesentlichen Einsamkeit, der Commedia dell'arte aus ihren Stereotypen, des Artisten aus seiner narzi-

stischen Selbstbezogenheit auf seine Kunststücke. Die Mitwirkenden, die am jeweiligen Ort der Vorstellung rekrutiert werden, werden auch in die große Lebensgemeinschaft des ›Grand Magic Circus‹ aufgenommen. Tabus des sogenannten religiösen und sittlichen Empfindens – vor anderthalb Jahrzehnten weit stärker ausgeprägt als heute – werden nicht kraß und aggressiv attackiert, sondern spielerisch. Sex ist nicht nur Trieb, sondern auch Zärtlichkeit. Im Zirkuszelt bestaunt man Kunststücke der Dressur an Mensch und Tier. In der Arena des ›Grand Magic Circus‹ erlebt man im Grund sich selbst, befreit von den Fesseln des Ungelenken, des Ungeschicks, der Schwerfälligkeit. Wer würde nicht davon träumen, ein Instrument perfekt zu spielen, mit Solodarbietungen ein Publikum zu begeistern, sich zu lösen von dem Verbot, das im Alltag für den Exhibitionismus gilt.

»Was der ›Grand Magic Circus‹ kann, könnt ihr auch machen«, behauptet Savary. Klamauk und Grand Guignol, das Melodram und die Music Hall, Pop Art und Comic Strip fließen in eine Theaterarbeit ein, deren erstes Prinzip Unterhaltung ist, die jedoch immer auch die gesellschaftlichen und die ideellen Bedingungen mitreflektiert, unter denen Unterhaltung überhaupt möglich ist. Damit ist Savarys Theater, wie er selbst sagt, dem Purismus eines Julian Beck und Jerzy Grotowski diametral entgegengesetzt. Sobald er, mit der eigenen Gruppe oder mit dem Ensemble eines etablierten Theaters, eine literarische Vorlage aufgreift, einen ›Klassiker‹ also (und in diesem Sinn sind auch Offenbachs Operetten ›Klassiker‹), läßt er sich auf den Text ohne Vorbehalte ein, aber auch ohne, im Sinn des Regietheaters, vorgefaßte Konzepte. Molières BÜRGER ALS EDELMANN nimmt er ins Repertoire der eigenen Gruppe auf (die freilich nicht als festes Ensemble existiert, sondern nur als Kern von ständigen Mitarbeitern und Angehörigen einer ›Großfamilie‹), die Satire auf den Neureichen, der sich aristokratische Lebensformen zulegen will, erhält ihre frische Wirkung aus dem Gegensatz der trivialen und der erhabenen Kunstformen. Offenbachs PARISER LEBEN inszeniert er mit Stars des Operettengenres, denen er ihre Eigenart beläßt, und mit konzentrierter Aufmerksamkeit für die Statisten, denen er beibringt, wie man ohne professionelle Ausbildung das Rüstzeug des Show-Biz erwirbt.

Auch als Regisseur geht er noch Unternehmerrisiko ein, indem er sich am Einspielergebnis beteiligen läßt, in der Gewißheit, daß das Publikum – nicht die Kritik – seine Arbeit akklamiert. Die Regiearbeit im etablierten Theater, mit seinem Team – Michel Lebois für die Ausstattung und Michel Dussarrat für die Kostüme – unternommen, bedeutet freilich auch die Einschränkung durch die Guckkastenbühne, auf der sich alles auf die Rampe bezieht, auf jene ominöse Barriere zwischen Zuschauern und Akteuren, die zu überspringen eine besondere Technik erfordert. In der Arena können die Akteure zwanglos, scheinbar unbeabsichtigt, beiläufig den Kontakt mit dem Publikum aufnehmen; von der Guckkastenbühne herunter müssen sie Tricks anwenden, die zuweilen nur um Haaresbreite die Schmiere verfehlen.

Natürlich hat Savary keine Berührungsängste, was die einschmeichelnde, um die Gunst des Publikums buhlende Komponente des Stadttheaters betrifft. Doch die Effekte der Auftritte aus dem Zuschauerraum auf die Bühne, der Ausflüge der Schauspieler ins Parterre und in die Ränge, mit denen

Jérôme Savary, 1985. *Die Seebühne mit den Aufbauten für die ›Zauberflöte‹ als winterliche Landschaft.* ▷

das etablierte Theater die Rampe beseitigen will, sind Savarys Sache nicht, es geht ihm nicht um die gewaltsame Anbiederung beim Publikum. Im Guckkastentheater überspringt er die Rampe durch die Leichtigkeit der Improvisation, hinter der sich zwar viel harte Arbeit verbirgt, die aber nie Dressur enthält. Der Dompteur Savary arbeitet nur mit dem Zuckerbrot des totalen Theaters.

Bei den Bregenzer Seespielen gibt es eine besonders breite Rampe zu überwinden – akustisch wie optisch. Mozarts ZAUBERFLÖTE, ein Märchen über den Kampf von Gut und Böse, kommt natürlich Savarys Talent und Neigung besonders entgegen. ›Sarastro‹, ›Papageno‹ und ›Papagena‹, ›Tamino‹ und ›Pamina‹, die ›Königin der Nacht‹, Drachen, das Ballett der Tiere, Sklaven und Diener tummeln sich auf der romantisch zerklüfteten Insel wie in einem absolutistischen Reich der Phantasie, dessen Herr die Elemente des Feuers, der Erde und des Wassers gleichermaßen beherrscht. Es ist, als hätte Mozart seine Oper im Vorausblick, ja in der Erwartung eines Regisseurs geschrieben, dem es nicht um die Bändigung der Phantasie geht, sondern um deren Entfesselung.

Effekte und Erscheinungen
DIE ZAUBERFLÖTE auf der Seebühne aus der Sicht eines Darstellers

von Georg Tichy

Als mir der Intendant der Bregenzer Festspiele zum erstenmal seine Idee verriet, die ZAUBERFLÖTE auf der Seebühne in einer Inszenierung von Jérôme Savary zu produzieren, durchzuckten mich Freude und Schreck zugleich. Allerdings – das möchte ich betonen – überwog die neugierige Freude.

Nur zu bekannt ist ja die grundsätzliche Idee der geistigen Väter des Werkes – Schikaneder und Mozart, nach uraltem Vorbild ganz absichtlich in dieser Reihenfolge angeführt –, eine der Entstehungszeit typische Maschinenkomödie im Rahmen eines volkstümlichen Zauberstückes zu bringen.

Würde also gerade ein französisches Team imstande sein, den diffizilen Wiener Volksstückton, der speziell den Darsteller des ›Papageno‹ interessiert, auf der Riesenbühne treffen zu können?

Die Frage hat sich dann spätestens bei der Premiere erledigt: Die Herren Savary und Lebois projizierten mit ihrem genialen Konzept den Charakter der Zauberposse und der Maschinenkomödie rundum überzeugend auf dem riesigen Schauplatz, und zwar in einer Einfachheit, die den oft überintellektualisierten Auffassungen unserer Zeit unerreichbar ist.

Ich finde, dieses Volksstückhafte wurde gerade in meiner Partie deutlich.

Die Rolle des ›Papageno‹ besteht zu 50 Prozent aus gesprochenem und zu 50 Prozent aus gesungenem Text. Vom Darsteller werden also – und das hat Mozart gewollt – im gesteigerten Maße sowohl schauspielerisches Stilgefühl als auch technisches musikalisches Können gefordert. Für einen Opernsänger eine sehr vielschichtige Aufgabe.

Wie würde es möglich sein, auf der riesigen Seebühne neben Laufen, Herumkugeln und sogar Trampolinspringen die musikalische Prägnanz zu erreichen, die bei diesem Werk das Publikum von Anfang an überzeugen und begeistern muß?

Die Antwort erwies sich als sehr einfach: Fünf Wochen lang bis zu zehn Stunden am Tag proben. Ich habe mit dieser Partie schon vielfach und vielerorts Erfahrungen sammeln können; ich spielte sie auf kleinen Bühnen vor 500 Zuschauern und in großen Häusern mit 3000 Plätzen. Auf kurzer Distanz war das Publikum natürlich immer am leichtesten in den Griff zu bekommen. Ein ›Papageno‹ kann nämlich nur reüssieren, wenn die 50 Prozent Sprechtext mit größter Intensität an-kommen. Und für mich setzt sich die Intensität eines Akteurs rein technisch aus Sprache, Mimik und schließlich auch Bewegung zusammen.

Um zu erklären, welche Distanz-, also Übertragungsprobleme, sich für einen Darsteller auf der Seebühne ergeben, muß ich einige Entfernungen aufzählen: Der große Berg ist 18 Meter hoch, die Bühne 60 Meter breit; meine größte Entfernung zum Dirigenten beträgt etwa 33 Meter, die Entfernung von den Zuschauern zwischen 35 und 70 Meter. Aus diesen enormen Abständen ergab sich als ganz natürliche Folgerung, daß ich mich auf die Sprache und auf die komplette Bewegung, also die Körpersprache, konzentrieren mußte. Und ich glaube, gerade was die Auflösung von Gefühlen in körperliche Reaktionen betraf, konnte Herr Savary mit besonders guten Einfällen aufwarten.

Die Wirkung auf den Zuschauer ergibt sich durch die weite Distanz oft nur mit Verzögerung. Man muß sich schon bei der Probenarbeit darauf entsprechend einstellen und die Mimik in Richtung Pantomime verlagern. Durch die sehr wirksame elektronische Verstärkeranlage darf die Sprache nicht mit zuviel Pathos ausgestattet werden, was aber dem volkstümlichen Charakter des Stückes nur zugute kam.

Kommen wir zurück zum Stichwort ›Maschinenkomödie‹. Der Verbund der zwei Bühnen am Bodensee – Seebühne und Festspielhaus – ist zwar ein gewaltiger Aufbau, der sich aber meiner Ansicht nach harmonisch in die Landschaft und die Bucht einfügt.

Verblüfft war jedoch das ehemalige Mitglied einer maschinenbaulichen Abteilung für Theatertechnik in mir, als ich feststellte, daß es die im simpelsten Theaterbau seit Jahrzehnten durchaus üblichen Einrichtungen, wie Versenkungen und Hubeinrichtungen, von Drehbühnen und Beleuchterbrücken ganz zu schweigen, auf der Seebühne nicht gibt. Dieses Manko hat in Bregenz nun weder etwas mit Schlamperei noch mit übertriebener Sparsamkeit zu tun; es verdeutlicht einfach die Tatsache, daß eine versenkbare Bühne, so sie existierte, im Bodensee oder bestenfalls im Orchestergraben verschwinden müßte. Umgekehrt können Hubeinrichtungen, bedingt durch die wechselnden Aufbauten, nicht zu technischen Einrichtungen auf der Bühne fixiert werden.

Um so erstaunlicher waren für mich die gelungenen technischen Effekte der Truppe um Savary: Vom Drachen zu Wasser und zu Lande bis hin zum sternenumglitzerten Auftritt der ›Königin der Nacht‹; alle hatten – bezogen auf die optischen Gegebenheiten der kolossalen Bühne – mächtig und gewaltig zu sein. Als eine der überzeugendsten Szenen empfand ich die echte Feuer-Wasser-Probe.

Diese vielen grundsätzlichen Neuerungen im Zauberland Seebühne bewirkten natürlich einen enormen Verschleiß an Probenzeiten. Nur ein bezeichnendes Beispiel: Um die verschiebbare Säulenhalle im Reich Sarastros zu bewegen, waren ungefähr 40 Leute erforderlich. Ich schwankte in diesem Zusammenhang, ob ich mich in die Zeit Mozarts und Schikaneders zurückversetzt glauben mußte, oder ob sich das Rätsel um die Entstehung der Pyramiden erneut stellte.

Davon abgesehen war es für uns Akteure natürlich reizvoll, sich in einer erfrischenden, pointensicheren, in der Wahl der Mittel das heutige Publikum ansprechenden und doch auch für die jüngsten Opernbesucher verständlichen

Wolfgang Amadeus Mozart, Die Zauberflöte, 1985. Inszenierung: Jérôme Savary.

Aufbereitung der Schikanederschen Zauberwelt zu bewegen. Daß sich in dieser wirkungsvoll naturalistischen Kulisse, in der sich magische Effekte und Erscheinungen besonders überraschend präsentierten, auch für die Künstler einige vollkommen ungeplante Überraschungen bereithielten, möchte ich aus meinen Erinnerungen nicht ausklammern: Abgesehen von einem Baum, der mich knapp verfehlte, als er umfiel (statt mir zu ermöglichen, mich an ihm zu entleiben), zählte ich pro Abend bis zu vier beim Einatmen verschluckte Gelsen. Durch Regen und Nebel wurde der Holzboden zu einer gefährlichen Rutschbahn. Einen Mikrofonausfall überbrückten wir so perfekt mit dem Gerät des anwesenden Bühnenpartners, daß die Techniker sich weigerten, das Gerät auszutauschen.

Immer wieder faszinierte mich die Beweglichkeit von Maestro Guschlbauer, der sich stechender Gelsen energisch entledigte, ohne auch nur eine Sekunde die Kontinuität seiner ›musikalischen Einsatzgebung‹ zu vernachlässigen.

Durch die Güte des Wettergottes konnten wir – mit einiger Beharrlichkeit unsererseits – alle Aufführungen ohne den Totalausfall einer Vorstellung durchziehen, obwohl ›Papageno‹ eines Abends in der Umsteigpause mit zwei Haarfönen ›trockengelegt‹ werden mußte.

Doch für alles, was eine Naturaufführung für uns Künstler auch an widrigen ›Natürlichkeiten‹ bereithielt, entschädigten uns der Erfolg der Inszenierung und die Begeisterung des Publikums. Die ungebrochene Aktualität dieses Werkes, das manchmal als abwegig frauenfeindlich, oft als unlogisch verkannt und überwiegend zum finsteren Freimaurerepos verballhornt wird, hatte sich nach zwei Monaten Seebühne eindeutig erwiesen.

Das Experiment, eine Zauberposse, die ursprünglich für eine – noch dazu kleine – Guckkastenbühne geschrieben worden war, auf die monumentale Seebühne zu übertragen und sie zusätzlich in Konkurrenz zu der umgebenden Natur treten zu lassen, wandelte sich aufgrund des unvorherbelasteten, verständigen und verständlichen Konzepts des Theaterzauberers Savary in eine überzeugende Wiederentdeckung des Grundgehaltes.

Die Festspiele in Rundfunk und Fernsehen
Dokumentation einer Wechselbeziehung

von Fritz Jurmann

Die Beziehung zwischen den Bregenzer Festspielen und dem heutigen ORF ist – wie wohl die meisten Kontakte zwischen großen Festivals und den für sie zuständigen elektronischen Medien – auf Gegenseitigkeit ausgerichtet; es handelt sich also um eine partnerschaftliche Wechselbeziehung zu beiderseitigem Vorteil.

Der ORF profitiert in seinem Programmangebot – Hörfunk und Fernsehen – zweifellos von künstlerischen Hoch- und Höchstleistungen, wie sie zwar nicht immer, aber doch im Normalfall bei Festspielen sich einstellen und zu erwarten sind. Die Festspiele ihrerseits verdanken dem elektronischen Medium eine Publizität, wie sie Printmedien in dieser Summierung von visuellen künstlerischen, musikalischen und informativen Eindrücken dem Konsumenten nicht oder nur zum Teil zu vermitteln imstande sind. Zudem sorgt der ORF sowohl im Hörfunk wie im Fernsehen für die internationale Verbreitung der Festspielaufzeichnungen und ist somit auch überregional, ja international ein geradezu idealer Werbeträger für den Festspielgedanken.

Verständlich also, daß schon sehr früh – lange vor Installierung eines eigenen Fernsehprogramms in Österreich – zwischen Radio Vorarlberg als damaligem Teil der ›Sendergruppe Rot-Weiß-Rot‹ und des späteren ›Österreichischen Rundfunks‹ bzw. des heutigen ORF einerseits und den Bregenzer Festspielen andererseits eine Art ›Zweckehe‹ eingegangen wurde. Neben der aktuellen Berichterstattung, die seit den Pionierjahren der Festspiele und des Rundfunks in Vorarlberg ein fixer Programmbestandteil war und später stetig und intensiv auf den heutigen hohen Standard ausgebaut wurde, kam es bereits 1955 auch zu einer ersten Aufzeichnung und zeitversetzten Ausstrahlung einer Festspielproduktion im Rundfunkprogramm. Aus dem ›Theater am Kornmarkt‹ in Bregenz wurde Rossinis Oper DER BARBIER VON SEVILLA übertragen. Mühevolle Einzelverhandlungen mit den Mitwirkenden und dem Orchester über die Höhe der finanziellen Abgeltung der Senderechte waren diesem rundfunkgeschichtlichen Ereignis vorangegangen – lange vor Abschluß der später allgemein üblichen Pauschalverträge.

In den folgenden Jahren stand jedoch nicht, wie heute wieder üblich, die Premiere einer italienischen Operninszenierung, sondern eine jeweils mit Spannung erwartete Schauspiel-Uraufführung eines zeitgenössischen Dramatikers als Eröffnung am Beginn jeder Festspielsaison. Diese Werke waren aus einem Wettbewerb der Festspiele hervorgegangen und bildeten im Programm einen kulturpolitisch wichtigen Aspekt. Der Rundfunk unterstrich die Bedeutung dieses Anliegens und stellte sich ab 1956 mit jährlichen Direktübertragungen dieser Uraufführungen aus dem ›Kornmarkttheater‹ ein. Das bedeutete unter den damaligen Umständen ein absolutes radiophones Abenteuer für die beteiligten Techniker und Programmleute.

Auf diese Weise erlangten u. a. JEANNE D'ARC von Max Mell (1956), DIE CHINESISCHE WITWE von Hans Hömberg (1957), DER GROSSE VERZICHT von Reinhold Schneider (1958), HELENA BLEIBT IN TROJA von Batu/von Heiseler (1959), GALILEO GALILEI von Frank Zwillinger (1960) und ORPHEUS von Felix Braun (1961) Verbreitung und Beachtung auch über das Radio.

Die beiden großen Festspielproduktionen auf dem Opern- und Schauspielsektor waren also damals bereits Fixpunkte jährlicher Rundfunkproduktionen mit zunehmend internationaler Verbreitung. 1958 kamen auf dem Musiksektor zwei der vier Orchesterkonzerte der Wiener Symphoniker hinzu sowie ein Liederabend Anton Dermotas mit Schuberts DIE SCHÖNE MÜLLERIN.

Im selben Jahr begann man auch das ›Spiel auf dem See‹, das längst zur eigentlichen Hauptattraktion der Bregenzer Festspiele avanciert war, für das Medium Radio zu entdekken. Und da – aufgrund begrenzter technischer Möglichkeiten, der vielen zu erwartenden Nebengeräusche aus der Natur und der allgemeinen Unzulänglichkeiten einer Freilichtaufführung – eine brauchbare Live-Aufnahme an Ort und Stelle nicht denkbar war, spielte man an aufführungsfreien Tagen mit den in Bregenz anwesenden Solisten, dem Dirigenten und dem Orchester der Wiener Symphoniker diese Produktion gesondert für den Hörfunk ein. Aufnahmeort war die akustisch durchaus akzeptable hölzerne Bregenzer ›Sporthalle‹ neben der früheren Seebühne. So entstanden zur Freude der Radiohörer, sozusagen ›zum Nachhören‹, denkwürdige Seeproduktionen in österreichweiten Sendungen; etwa Smetanas VERKAUFTE BRAUT (1958), WIENER BLUT von Johann Strauß (1960) oder DIE TRAUMINSEL von Robert Stolz (1962). Eine Fortsetzung dieser jährlichen Radioproduktionen scheiterte ab 1968 an eminent gestiegenen Forderungen der Mitwirkenden für die Abgeltung der Senderechte.

Von da an bis heute ist es allerdings selbstverständlich geblieben, daß der ORF zumindest alle wichtigen musikalischen Aufführungen der Festspiele, also die große Oper (seit 1980 im Festspielhaus), die Orchesterkonzerte der Wiener Symphoniker, Solistenkonzerte, Kammermusik usw., im Hörfunk in inzwischen hochwertiger Stereoqualität aufzeichnet bzw. live überträgt. Das Interesse ausländischer Radiostationen an der direkten oder zeitversetzten Übernahme dieser Produktionen ist nach wie vor groß. Zum Beispiel übertrugen in den letzten Jahren oft bis zu siebzehn Sender zwischen Japan, Israel und den USA größere und kleinere Konzerte der Bregenzer Festspiele.

Problematischer, weil mit ungleich höherem Aufwand verbunden, war die Wiedergabe der Aufführungen und Konzerte im Fernsehen. Dennoch wagte man bereits 1960 – also fünf Jahre nachdem am 1. August 1955 das Fernsehversuchsprogramm in Österreich eingeführt worden war – eine erste Aufzeichnung aus Bregenz; schwarzweiß zwar, aber immerhin als Freilichtproduktion von der Bregenzer Seebühne. Es war das Tschaikowsky-Ballett SCHWANENSEE, das als ›Bal-

Schloß Hohenems, 1976. Einrichtung für die Fernsehaufnahme von ›Donadieu‹.

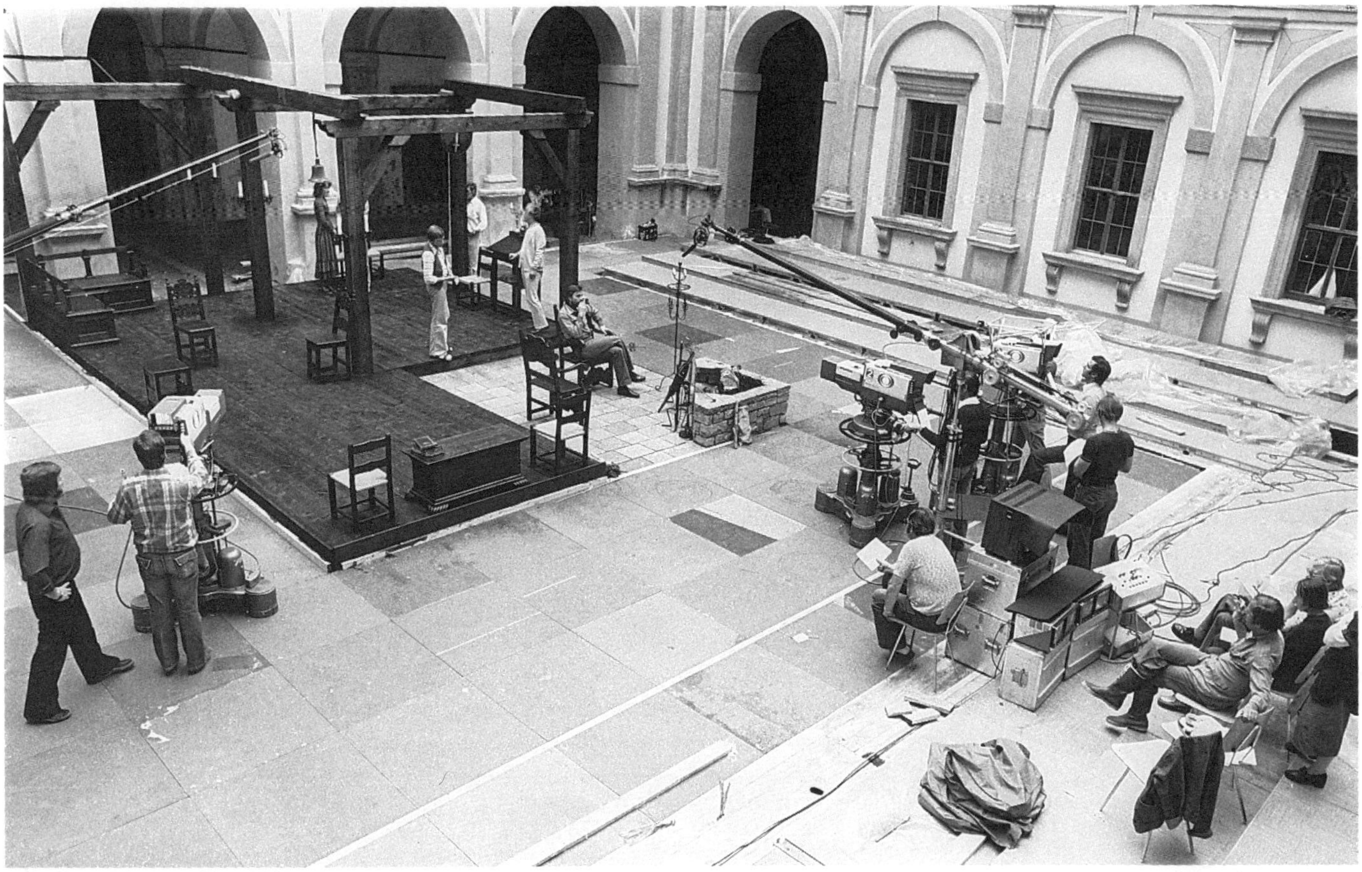

Café Central, 1984. (v.l.n.r.) Leonhard Paulmichl, Ernst-Wolfram Marboe, Franz Josef Graf Waldburg-Zeil, Sonja Gräfin Bernadotte, Garcia Navarro.

lett auf dem See‹ in der Wiedergabe durch das Wiener Staatsopernballett nun auch für die Fernsehzuschauer in Österreich zu einem unvergeßlichen Erlebnis wurde.

Wie ernst die TV-Pioniere damals ihre Aufgabe im Zusammenhang mit den Bregenzer Festspielen sahen, zeigt die folgende Aufstellung von Fernsehübertragungen: DIE ITALIENERIN IN ALGIER, Oper von Rossini (Kornmarkt, 1962) – DAS BRENNENDE HAUS, Oper von Haydn (Kornmarkt, 1963) – SYLVIA, Ballett von Delibes (Seebühne, 1963) – CENERENTOLA, Oper von Rossini (Kornmarkt, 1964) – DER BARBIER VON SEVILLA, Oper von Rossini (Kornmarkt, 1965) – DIE IRRFAHRTEN DES ODYSSEUS, Seeballett von Helmut Eder (Uraufführung, 1965) – DER TÜRKE IN ITALIEN, Oper von Rossini (Kornmarkt, 1966) – ZAR UND ZIMMERMANN, Komische Oper von Lortzing (Seebühne, 1967) – DIE LUSTIGE WITWE, Operette von Lehár (Seebühne, 1968) – HOCHZEIT AM BODENSEE, Operette von Stolz (Seebühne, 1969).

Danach war am See lange Zeit Pause für das österreichische Fernsehen. Man suchte und fand neue, künstlerisch weit effektivere Aufgaben in Opernübertragungen aus dem Schloßhof von Hohenems (siehe dazu das Kapitel ›Der liebenswürdige Kontrapunkt‹, Seiten 100 bis 105).

Mit Fug und Recht kann man sagen, daß das ORF-Fernsehen für die Hohenemser Aufführungen mehr als ein Geburtshelfer war. Es spielte das ORF-Symphonieorchester; Technik, Kostüm und Maske wurden weitgehend vom ORF betreut. Nur durch solche Hilfestellung des ORF war es den Bregenzer Festspielen überhaupt möglich, diese zusätzlichen Opernproduktionen finanziell zu decken.

Ab 1980 bot dann das Festspielhaus, dessen Technik von vornherein auf Übertragungsnotwendigkeiten eingerichtet worden war, ideale Ansatzpunkte, die Zusammenarbeit weiter auszubauen. Bereits das Eröffnungskonzert des Bregenzer Festspielhauses wurde live vom ORF-Fernsehen übertragen, eine Aufführung von Beethovens NEUNTER SYMPHONIE mit dem greisen Karl Böhm am Pult. Weitere Produktionen aus dem Festspielhaus waren LUCIA DI LAMMERMOOR (1982) mit José Carreras und Katia Ricciarelli, DER FREISCHÜTZ (1983) in der Inszenierung von Otto Schenk, ein Galakonzert des ›Internationalen Wettbewerbes für Opernsänger‹ (1983) sowie 1985 I PURITANI.

Auf welche Resonanz bei den Musikfreunden viele dieser Produktionen stießen, mag als Beispiel die erste vom

Fernsehen aus dem neuen Festspielhaus übertragene Oper verdeutlichen. LUCIA DI LAMMERMOOR sahen bei der Live-Ausstrahlung (im Jahre 1982) in Österreich 326 000 Zuseher, also sechs Prozent aller Fernsehteilnehmer, was – auch an internationalen Maßstäben gemessen – einen für eine fremdsprachlich gesungene Opernproduktion sehr hohen Wert darstellt. Ebenso hoch war die künstlerische Bewertung der Produktion durch die Zuseher in Österreich mit 4,6 auf einer fünfteiligen Skala mit 5 als Höchstnote. Die genannten Zahlen erweitern sich allerdings schlagartig auf ein in mehrere Millionen gehendes TV-Publikum, wenn man die Anzahl der angeschlossenen ausländischen Fernsehstationen betrachtet. In diesem Fall waren es Belgien, Finnland, die Schweiz, Island, Irland, Norwegen und Spanien.

1984 wagte sich das Fernsehen, mit erheblich verbesserten technischen Mitteln, auch wieder auf die Bregenzer Seebühne und übertrug die erfolgreiche Inszenierung der Operette DER VOGELHÄNDLER von Carl Zeller. 1985 war es dann das international beachtete Savary-Spektakel mit Mozarts ZAUBERFLÖTE, das von der Bregenzer Seebühne als Coproduktion des ORF mit dem Bayerischen Rundfunk über die Bildschirme flimmerte. Eine besondere Schwierigkeit in diesem Fall für die Fernsehmacher: Das Geschehen via Teleoptik nahe an den Zuseher heranzubringen und dabei doch nicht den Gesamtablauf, verkleinert auf Bildschirmformat, auf den von Savary simultan eingesetzten Handlungsplätzen zu vernachlässigen.

Parallel zu diesen Großproduktionen wurde in den letzten Jahren in Hörfunk und Fernsehen die Aufbereitung der Festspiele und ihrer vielschichtigen Aspekte in journalistisch-kritischer und unterhaltsamer Form entscheidend intensiviert. So gibt es im Radio heute eigene Vorschausendungen auf alle wichtigen Premieren der Festspiele, seit 1983 jährlich während der Festspielzeit eine wöchentliche öffentliche Live-Sendung mit dem Titel ›Festspielcafé‹, dazu Kontaktsendungen wie ›Autofahrer unterwegs‹ oder ›Gruß vom Bodensee‹.

Das Fernsehen stellt sich seit 1981 jährlich mit großflächigen Kultursendungen wie ›Café Central‹ oder ›Kulturjournal‹ in Form kulturpolitischer Diskussionen rund um die Festspiele sowie mit aktuell eingefangenen Hintergrundberichten von Festspielereignissen in der Sendung ›Österreichbild‹ ein. Dokumentationen über Vergangenheit und Zukunftsaspekte der Festspiele – ›Vom Gondelhafen zum Festspielhaus‹, 1980, ›Wachablöse am Bodensee‹, 1984 – ergänzten und ergänzen diese aktuellen Sendungen.

Bregenz ist eine Festspielreise wert
Die Festspiele im Spiegel der internationalen Presse

von Gisela Linder

An wohltönendem Presse-Echo hat es den Bregenzer Festspielen nie gefehlt. Es begleitete sie schon in ihren Gründerjahren, als sie sich noch bescheiden ›Festwoche‹ nannten. Kurz: es ist so alt, zugleich so jung und lebendig wie die Spiele am und auf dem Bodensee selbst. Inzwischen ist daraus ein Welt-Echo geworden. Es reicht von der ›New York Times‹ bis zur ›Lidova Demokracie‹ in Prag, vom ›Eastern Province Herald‹ in Südafrika bis zum ›Hamburger Abendblatt‹. Zeitungen in Kanada und den USA berichten ebenso über die Bregenzer Festspiele wie Blätter in Belgien, England, Frankreich, Holland, Italien, Norwegen, Portugal, Schweden, der Türkei und anderen europäischen Ländern.

Reizvoll ist es, in alten Zeitungsbänden zu blättern und auf diese Weise nachzuerleben, wie rasant die Entwicklung war. Daß alle Bodenseeanrainer diese Festspiele ohnedies als die »ihren« betrachten, schlägt sich natürlich auch in den Medien nieder. Kultur kennt keine Grenzen.

Schon die Anfänge in Bregenz waren, gemessen an den damaligen Nachkriegsverhältnissen, ermutigend – auch pressemäßig. Das kam freilich nicht von ungefähr. Natürlich war da von Anfang an eine hohe künstlerische Leistung, garantiert schon durch die Wiener Symphoniker und das Burgtheater. Doch zugleich bewies man in Bregenz stets Fingerspitzengefühl im Umgang mit Journalisten. Bereits 1946 gab es dort einen von den Veranstaltern bestellten Presseausschuß, der geradezu generalstabsmäßig vorging. Das ist im offiziellen Abschlußbericht der ersten Festwoche verbrieft. Nicht nur die Tagespresse in ganz Vorarlberg hatte man ante festum informiert, sondern – per Fernschreiben auch die Pressestelle von Tirol. Mit einem größeren Einzugsgebiet für das Publikum war in diesem ersten Nachkriegsjahr ohnedies nicht zu rechnen. Das Reisen war damals ja noch recht beschwerlich. Vorsorglich wurden aber trotzdem die Amtliche Nachrichtenstelle in Wien und der Rundfunk angesprochen, sowie etliche freie Journalisten. Heute ist derlei eine Selbstverständlichkeit, doch damals war es wieder eine Pioniertat, ein Brückenschlag. Die wohl erste Pressestimme ist die der ›Vorarlberger Nachrichten‹ vom 16. Juli 1946.

Vom Schweizer Ufer kamen gleich Besucher herüber, samt Journalisten, vom deutschen zunächst nur französische Militärs der Besatzungsmacht. Die einheimischen Zivilisten mußten sich noch ein bißchen gedulden. Doch bereits 1948 kann Bregenz über seine Festwochen einen für die damalige Zeit beachtlichen internationalen Presse-Spiegel vorweisen. Gefeiert wird es als »la porte ouverte sur Autriche«. Hervorgehoben wird an diesem »offenen Tor« das »Privileg des entzückenden Rahmens«, das Bregenz für seine Spiele abgibt. Nachzulesen ist das in den ›Nouvelles de France‹ vom 3. August 1948, der damals in Konstanz erscheinenden Zeitung. »Österreich ... bringt den Musen den Tribut des Dankes dar in einer Welt, welche die Lebensfreude verloren zu haben scheint« lautet das Fazit des französischen Journalisten. »Bregenz ist zufrieden – Endlich einmal wieder richtiger Fremdenverkehr« überschreibt damals ›Die Wirtschaft‹ in Wien ihren Bericht. Und ›Die Neue Zeitung‹, die in München erscheint, ergänzt: »Gleichzeitig mit Salzburg hatte die Landeshauptstadt Vorarlbergs an der Dreiländerecke des Boden-

Sonderbriefmarke zum 25jährigen Bestehen der Bregenzer Festspiele.

sees ihre Festspielwochen. Sie zielten auf mehr populäre Kunstereignisse ab. Dienst am Kunden gilt hier wie dort als Leitsatz, am Kunden vorzugsweise, der die Devisen bringt.« Wie bescheiden man zu jener Zeit allerdings in dieser Hinsicht noch war, beleuchtet eine Notiz in der am deutschen Ufer erscheinenden ›Schwäbischen Zeitung‹. Sie weist auf eine Erleichterung für deutsche Besucher nach der Währungsreform hin: »Deutsche dürfen Beträge von 10 Mark bei der Einreise und Ausreise bei sich führen«.

Keineswegs nur aus wirtschaftlichen Überlegungen ist in jenen Jahren die freudige Bejahung der kühnen Festspielgründung unüberhörbar ein Bekenntnis zur Heiterkeit der Kunst, gerade weil das Leben so ernst ist im Hungerjahr 1946. Beifall findet die »kleine Hauptstadt Vorarlbergs« – nicht zuletzt im Ausland –, weil es ihr gelingt, Tausende durch die Bregenzer Festspiele zu verzaubern, zu erfreuen, und in einem aus unzähligen Kriegswunden blutenden Europa die Vergangenheit vergessen zu lassen. Aus den Zeitungen von damals spricht aber nicht nur dies und ein allgemeines Wohlwollen, sondern auch die frühe Erkenntnis, daß da am Bodensee etwas Einmaliges, Unvergleichliches entstanden ist. Und das durch den genius loci begünstigte, glückliche Zusammenspiel von Kunst und Natur, das hier allsommerlich zum Ereignis wird, ist bis heute noch immer ein Lieblingsthema der über die Bregenzer Festspiele berichtenden Journalisten aus aller Welt, das bestätigen unzählige Pressestimmen.

»Das Besondere ... war das Spiel auf dem See, eine neue Art von Naturtheater, vergleichbar einzig der Wasseroper des Seicento«, also jener weltberühmten italienischen Kunst des 17. Jahrhunderts. Das schrieb, ebenfalls schon 1948, ›Die Neue Zeitung‹. Nach zweimal Mozart hatte in jenem Jahr Johann Strauß sein Debüt auf der Seebühne mit EINE NACHT IN VENEDIG. Wiener und Schweizer Blätter überboten einander mit Schlagzeilen wie »Venedig am Bodensee«. Und nicht nur populärer Publikumsliebling, sondern auch Presseliebling ist bis auf den heutigen Tag das immer prächtigere ›Spiel auf dem See‹ geblieben. Es veranlaßt die Medien längst weltweit zu immer neuen Superlativen.

»Ein Salzburg der Operette« überschrieben die ›Düsseldorfer Nachrichten‹ 1951 ihren euphorischen Bericht über den ZIGEUNERBARON auf dem See. Doch schon einige Jahre später beugt sich die internationale Presse unisono einer neuen Erkenntnis: Bregenz hat sich auch als Schauplatz aufsehenerregender Operninszenierungen glänzend profiliert. »Die Bregenzer Festspiele haben es geschafft: Ihre jahrzehntelangen Bemühungen um die Gattung der italienischen Oper werden heute durch die Mitwirkung des Startenors Placido Domingo, aber auch durch die technischen Möglichkeiten des neuen Festspielhauses auf eine neue Stufe gehoben. Die Eröffnungspremiere mit Verdis OTHELLO wurde zu einem Ereignis, das eigentlich nicht mehr überboten werden kann.«

Das ist der allgemeine Tenor nicht nur der inländischen, sondern ebenso der ausländischen Presse im Jahr 1981, zitiert nach der ›Neuen Tiroler Zeitung‹. Und das ›Hamburger Abendblatt‹ schreibt: »Placido Domingo als ›Othello‹ ist für die Welt nicht neu. In Hamburg hat er ihn schon 1975 mit August Everding und James Levine erarbeitet. Für Österreich war sein ›Othello‹ eine Premiere. Daß er ihn nicht in Wien zum erstenmal sang, hängt damit zusammen, daß ihm die Bregenzer Festspiele die lange schon gewünschte Zusammenarbeit mit dem Regisseur Piero Faggioni ermöglichten, mit dem er in der Auffassung seiner Rolle einig ist.« Kurz: Bregenz hat auch auf dem Gebiet der Oper im Kräftespiel zwischen Wien und Salzburg durchaus Eigenständigkeit erlangt. Das läßt sich in vielen Pressestimmen nicht nur zwischen den Zeilen lesen. »This festival ... attracts more and more enthusiasts. The Vienna State Opera and the Vienna Philharmonic Orchestra (gemeint sind die Symhoniker) travel by buses between Bregenz, Salzburg and Vienna« liest man 1973 in einer südafrikanischen Zeitung.

Schon 1953 wird Bregenz als Festspielstadt vielfach in einem Atemzug mit Salzburg genannt.

Besonders in der deutschsprachigen Presse findet man auch eine Antwort darauf, warum Bregenz schließlich wieder Abstand nahm von seinen Uraufführungen deutschsprachiger Schauspiele. Sie wurden fast ausnahmslos zurückhaltend bis kritisch kommentiert. Selbst die ›Burgtheater-Weltur-aufführung‹ von Max Mells JEANNE D'ARC im Jahr des 10. Festspiel-Geburtstags machte zwar Schlagzeilen, war aber kein durchschlagender Erfolg. Freilich beeinträchtigten solche Experimente keineswegs Gelingen und Popularität der Festspiele als Ganzes: »There is no doubt about popularity of the Bregenz Festival« schreibt im Juni 1956 ›The Times‹ in London. Ein Jahrzehnt später liest man Überschriften wie »Bregenz erwartet Festspielgäste aus aller Welt«.

Interessant ist auch, wieviel Schützenhilfe nicht zuletzt die ausländische Presse der Stadt Bregenz gab, als es darum ging, das Festspielhaus zu verwirklichen. Entsprechend groß war dann der internationale Jubel bei dessen Einweihung.

Gerade wenn man die Pressestimmen über die Jahrzehnte verfolgt und zum Beispiel die des ersten mit denen des vierten Jahrzehnts vergleicht, wird augenfällig, wie sicher und siegreich die Festspiele am und auf dem Bodensee ihren individuellen Erfolgskurs steuerten, manche Klippe geschickt umschifften. Ihr internationaler Presse-Spiegel gibt ein lebendiges Bild ihrer Kontinuität, Einmaligkeit und weltläufigen Karriere. »Bregenz ist eine Festspielreise wert« schrieb eine angesehene deutsche Zeitung 1976. Am 40. Geburtstag der Festspiele ist diese Schlagzeile ebenso aktuell wie am 30.

Berühmte Solisten in Bregenz

Nathan Milstein, 1970.

Elly Ney und Ludwig Hoelscher, 1960.

Walter Schneiderhan, 1959.

Mstislav Rostropowitsch, 1976.

BREGENZER FESTSPIELE 1952
26. JULI BIS 17. AUGUST

1946 4.–11. August

»Festwochen in Österreich, Festwoche in Bregenz! Es mag manchem sonderbar erscheinen, woher unser kleines Volk den Mut nimmt, in diesen Tagen, in denen eine Welt um die Festigung ihres Gefüges ringt, sich an den Gedanken der Durchführung von Festspielen zu wagen. Findet diese Erscheinung ihre Erklärung nicht ganz in dem oft zitierten Wort von dem ›Volk der Phäaken‹ in Österreich, das leichtlebig alles Schwere hinter sich wirft, um nur den Augenblick auszuschöpfen?

...

Nur der ist wirklich arm, der sein Herz verliert. Wir haben aber unter Trümmern und Tränen unser Herz wiedergefunden, das uns mit dem großen ewigen Lächeln künstlerischer Begnadung gesegnet wurde, damals, als den Völkern das jeweilige Pfund zugeteilt worden war.

Und dieses Pfund, das zu hüten und zu mehren uns aufgetragen ist, ist nun einmal die Liebe zum Schönen, der Glaube an das Innerliche und auch das Vermögen, über allem Harm und aller Schwere unsere Seele das hören zu lassen, was uns an Fülle, Reichtum und Trost aus jener Welt zufließt, deren Priester die Großen in Musik und Dichtung sind.

...

Zur Besinnung auf die Seele ist es nie zu früh. Wir aber wissen voll erschütterter Dankbarkeit, daß in schweren Stunden die Kunst Trösterin sein kann, weil sie das Herz weit macht. Und welche Zeit bedürfte mehr der offenen Herzen als die unsere?!

Für uns hat es nie die Umhegtheit eines abgeschlossenen Entwicklungsraumes gegeben. Die Stürme, die unser Land durchtobten, die geistigen Kreise, die sich auf seinem Gebiet überschnitten, und dazu die Landschaft in ihrem lächelnden Liebreiz, ihrer Wucht und ihrer Verträumtheit haben diesen Menschen geprägt, den man als Österreicher dort geliebt hat, wo man das Leuchtende, das Herzliche und das Schöne liebte, und den man dort nie verstanden hat, wo das Raffen um materielle oder auch politische Macht als Grundgesetz des Handelns gilt.

Es gibt keinen gewaltsamen Bruch in der organischen Entwicklung der Menschheit; jeder derartige Versuch mußte in sich den Keim zum Scheitern tragen.

So ist es verständlich, daß wir, reif geworden durch bittere Erfahrungen, dort wieder Fuß fassen wollen, woher die Besinnung auf uns selbst ihre gläubigste Kraft nehmen kann – in dem Erbe unserer Väter, die den Namen der österreichischen Kultur zu dem gemacht haben, was er ist.

Es ist also letzten Endes – unsere Gäste mögen es verzeihen – ein Geschenk, das wir uns selbst machen, wenn wir uns zur Selbstbesinnung in den Bekenntnissen unserer großen Schöpfer rufen. Dieser gläubige Eifer unseres Volkes, aus der kaum bestandenen Not heraus sich aufzurichten und seinen ihm vorgeschriebenen Weg zu gehen, ist aber fürwahr ein Hoffnungsstrahl, wert, daß unsere Freunde sich mit uns freuen.

Sich mit uns freuen in dieser Landschaft, die wie kaum eine zweite geschaffen ist, an das Gute in dieser Welt glauben zu lehren.

Hier am Schwäbischen Meer beginnt Österreich, das wir wieder zu dem machen wollen, was es war: Hüter alter Kultur und Quell junger künstlerischer Kraft, der seinen Ursprung in der Ehrfurcht vor dem Bewährten hat.

Hier im schützenden Saum unserer Berge, vor der strahlenden Kulisse einer ewig schönen Szenerie ersteht nun in dieser festlichen Woche aus dem innerlichsten Bekenntnis unserer Meister ein Denkmal ewigen Menschentums und österreichischer Sehnsucht.

Festwoche in Bregenz. Sehen Sie nicht auf die schwielige, karge Hand, wo sich Ihnen ein freudiges Herz bietet. Freuen Sie sich mit uns an unserem Reichtum!«

Walter Scheiner. Auszug. Entnommen dem Vorwort zum Programm der Bregenzer Festwoche, 1946.

KONZERT AUF DEM SEE

5. und 7. August, Gondelhafen
I. Mozart-Abend
Musikalische Leitung Otmar Suitner
Inszenierung Odo Ruepp
Gesamtleitung Kurt Kaiser
Vorarlberger Rundfunkorchester
1. WOLFGANG AMADEUS MOZART
Eine kleine Nachtmusik
Choreographie Grete Wiesenthal
Tanzgruppe Grete Wiesenthal
Die Jünglinge Grete Sellier - Erika Kniza
Die Kokette Lia Werner
Die Lustige Elsa Puchwein
Die Sentimentale Vilma Kostka
2. WOLFGANG AMADEUS MOZART
Bastien und Bastienne
Deutsche Operette in einem Acte, (KV 50)
Bastien Sebastian Hauser
Bastienne Else Böttcher
Colas Odo Ruepp
Dekoration und Kostüme Maria Wanda Milliore

I. Klassischer Wiener-Tanz
Grete-Wiesenthal-Gruppe
und Solotänzer der Wiener Staatsoper
Solotänzer Lisl Temple
Toni Birkmeyer
und das Corps de ballet
Musikalische Leitung Marta Wiesenthal
1. FRANZ SCHUBERT
Romanze
Choreographie Toni Birkmeyer
2. FRANZ SCHUBERT
Himmelswiese
Choreographie Grete Wiesenthal
3. CHRISTOPH WILLIBALD GLUCK
Adagio
Choreographie Toni Birkmeyer
4. JOHANN STRAUSS (Sohn)
Tausend und eine Nacht
Choreographie Grete Wiesenthal
5. JOSEF LANNER
Hofballtänze
Choreographie Toni Birkmeyer
6. JOSEF STRAUSS
Sphärenklänge
Choreographie Grete Wiesenthal
7. JOHANN STRAUSS (Sohn)
Zwischenmusik: Rosen aus dem Süden
8. FRANZ SALMHOFER
Weintretertanz
Choreographie Grete Wiesenthal
9. JOHANN STRAUSS (Sohn)
»Fledermaus«: Das gestörte Rendezvous
Choreographie Grete Wiesenthal

7. August, Gondelhafen
II. Klassischer Wiener-Tanz
Wiederholung vom 5. August mit folgenden Änderungen:
4. JOHANN STRAUSS (Sohn)
Rosen aus dem Süden
Choreographie Grete Wiesenthal
5. JOHANN STRAUSS (Sohn)
Wiener Blut
Choreographie Grete Wiesenthal
6. JOSEF LANNER
Hofballtänze
Der kecke Tanzmeister
Choreographie Grete Wiesenthal
7. JOHANN STRAUSS (Sohn)
Zwischenmusik: Tausend und eine Nacht

THEATER

4. August
Aufführung der Vorarlberger Landesbühne
MAX MELL
Die Sieben gegen Theben
Regie und Bühnenbild Kurt Kaiser
Kostüme Margarethe Heyny
Musikalische Untermalung Fritz Stärk
Harfnerin, als Prolog Maria Car
Oedipus Heinz Hostnig
Jokaste Traute Foresti
Eteokles Karl Köll
Polyneikes Erich Aberle
Antigone Gertrud Burgstaller
Ismene Eva Orler
Kreon Friedl v. Stenitzer
Haimon Walther Reyer
Menoikeus Wolf Gruber
Haimons Waffenbruder Gerhard Landen
Der Stadtrichter Otto Bolesch
Der Feldhauptmann Robert Falzari
Der Hauptmann der Leibwache Walter Löwe
Der Hauptmann der Stadtwache Egon Reschner
Der Haushofmeister Franz Poschuster
Waffenmeister des Eteokles Josef Theiner
Der Gärtner Kurt Zips
Ein Fuhrknecht Toni Staller
Teiresias Richard Wegeler

Direktor Adolf Salzmann und Clemens Krauss, 1947.

KONZERTE

4. August, Stadtpfarrkirche
Eröffnungsgottesdienst
Feierliches Hochamt anläßlich der Eröffnung der Festwoche
Stadtpfarrchor Bregenz
Das Große Rundfunkorchester
Leitung Odo Polzer
Solisten
Margarethe Gaßner-Caspart, Sopran - Ilse Matzkait-Erdmann, Alt - Georg Schieferer-Klett, Tenor - Ernst Osterkamp, Baß
WOLFGANG AMADEUS MOZART
Messe in C-Dur, (Nr. 14, KV 317),
genannt »Krönungsmesse« für Soli, gemischten Chor und Orchester
Ave verum, (KV 618)
Laudate dominum
aus »Vesperae solennes de confessores«, (KV 339)
ODO POLZER
Tantum Ergo

6. August, Stadtpfarrkirche
Geistliches Konzert
Französische und italienische Meister
Margarethe Gaßner-Caspart, Sopran - Ilse Matzkait-Erdmann, Alt - Eugen Sardelic, Bariton - Rudolf Mayer, Violine
An der Orgel Odo Polzer

6. August, auf dem See
Konzert der Sängerknaben vom Wienerwald
Klassische Chöre
Kleine Schubertiade
Ein Sträußerl Lieder aus Österreich

8. August, Sporthalle
Konzert der Wiener Symphoniker
Dirigent Hans Swarowsky
LUDWIG VAN BEETHOVEN
Symphonie Nr. 3 Es-Dur (Eroica)
JOSEPH HAYDN
Klavierkonzert D-Dur
Solist Otmar Suitner, Klavier
LUDWIG VAN BEETHOVEN
Leonoren-Ouverture Nr. 3

9. August, Sporthalle
Konzert der Wiener Symphoniker
Dirigent und Solist: Otmar Suitner
(Programm: siehe 8. August)

10. August, Sporthalle
»Musik, wie du sie wünschst!«
Volkstümliches Konzert, veranstaltet von der »Radio-Woche«
Großes Rundfunkorchester
zahlreiche Solisten
Dirigent Hans Moltkau
Gesamtgestaltung Ludwig Standl

10. August, Thurn und Taxis-Vorhof
Serenadenabend
Mitglieder der Vereinigten Orchester der Stadt Bregenz und des Vorarlberger Rundfunks
Leitung Arnold Becke
JOSEPH HAYDN
Divertimento Es-Dur
WOLFGANG AMADEUS MOZART
Serenata notturno für zwei kleine Orchester (KV 239)
FRANZ SCHUBERT
V. Symphonie in B-Dur

11. August, Stadtpfarrkirche
Gottesdienst
Es singen die »kleinen Sänger«, Chorknaben von Saint Laurent, Paris
An der Orgel Odo Polzer

11. August, Sporthalle
Oratorienabend
Vorarlberger Oratorienvereinigung unter Mitwirkung des Großen Rundfunkorchesters
Dirigent Odo Polzer
JOSEPH HAYDN
Die vier Jahreszeiten

»PROTOKOLL der Prov. Stadtvertretung vom 8. 10. 1946, Bericht über die Festwoche:
Stadtrat Salzmann gibt einen vorläufigen Abschlußbericht über die Festwoche Bregenz 1946.
Gesamteinnahmen 146 993,93 S, Gesamtausgaben 142 341,37 S, Gewinn in bar 4652,56 S, Gewinn in Anschaffungswerten 13 000 S, somit Gesamtgewinn 17 652,56 S, vorbehaltlich eventuell noch ausständiger kleinerer Rechnungen. Vom Kulturausschuß wurde der Vorschlag gemacht, je 50 Prozent des Reingewinns an den Kriegsopferverband und die Stadt abzuliefern.«

1947 2.–10. August

SPIEL AUF DEM SEE

3. August, Strandbad
WOLFGANG AMADEUS MOZART
Die Entführung aus dem Serail
Singspiel in drei Aufzügen
Text nach Ch. Fr. Bretzner und Gottlieb Stephanie

Regie und Bühnenbild	Kurt Kaiser
Leitung	Hans Swarowsky
Chor	Singkreis der städt. Musikschule Dornbirn
Wiener Symphoniker	
Selim Bassa	Alexander Tagunoff
Konstanze	Colette Lorand
Blondchen	Ruthilde Boesch
Belmonte	Eric Marion
Pedrillo	Karl Weiser
Osmin	Fritz Ollendorff

BALLETT

2. August, Sporthalle
Ansprache zur Eröffnung der Festspielwoche
von Bürgermeister Othmar Michler
Ballettabend
Wiener Staatsopern-Ballett
Choreographie Willy Fränzl
1. Solotänzer Julia Drapal - Carl Raimund
2. Solotänzer Lisl Temple - Zwonimir Pintar - Ewald Vondrak
Musikalische Leitung Anton Paulik
Wiener Symphoniker
JOSEPH HAYDN Menuett
LUDWIG VAN BEETHOVEN Deutsche Tänze
ROBERT SCHUMANN Pas de deux
FRIEDRICH SMETANA Polka aus der Oper »Die verkaufte Braut«

4. August, Sporthalle
Ballettabend
Wiener Staatsopern-Ballett
Choreographie Willy Fränzl
Musikalische Leitung Anton Paulik
Wiener Symphoniker
CHARLES GOUNOD Pas de deux im klassischen Stil, Ballettmusik aus der Oper »Faust«
LEO DELIBES Spitzenvariationen aus »Coppelia«
AMILCARE PONCHIELLI
»Tanz der Stunden« aus der Oper »La Gioconda«

Wolfgang Amadeus Mozart, Die Entführung aus dem Serail, 1947. Strandbad. Bühnenbild von Kurt Kaiser.

Robert Schumann, Pas de deux, 1947. Sporthalle. Julia Drapal und Zwonomir Pintar.

6. August, Sporthalle
Ballettabend
Wiener Staatsopern-Ballett
Choreographie Willy Fränzl
Musikalische Leitung Anton Paulik
Wiener Symphoniker
JOSEF LANNER Schönbrunnerwalzer
ALBERT LORTZING Holzschuhtanz
RUBINSTEIN Spanischer Tanz
FRANZ SALMHOFER Schirmtanz aus dem Ballett »Die Bauernhochzeit«
JOHANN STRAUSS Der erste Versuch
JOHANN STRAUSS (Sohn)
Czárdás aus der Operette »Ritter Pázmán«
JOHANN STRAUSS (Sohn)
An der schönen blauen Donau

THEATER

1. und 11. August, Sporthalle
PIERRE AUGUSTIN CARON DE BEAUMARCHAIS
Ein toller Tag Lustspiel in drei Aufzügen
Vorarlberger Landesbühne

Regie	Kurt Kaiser
Bühnenbild und Kostüme	Margarethe Heyny
Musik	Wilhelm Stärk
Graf Almavira	Walther Reyer
Gräfin Almavira	Grita Pokorny
Figaro	Otto Bolesch
Susanne	Angela Harald
Marcelline	Steffi Thaller
Antonio	Josef Häusle
Fancette	Käthe Lentsch
Cherubin	Eva Orler
Dr. Bartolo	Franz Ludwig
Basilio	Robert Neukirch
Friedensrichter	Kurt Zips

KONZERT

3. August, Stadtpfarrkirche Herz-Jesu
Eröffnungsgottesdienst
Festgottesdienst
Herz-Jesu-Chor
Collegium musicum der Herz-Jesu-Kirche
Solistin Toni Flatscher, Sopran
An der Orgel Georg Schäfer
Dirigent Wilhelm Schosland
WOLFGANG AMADEUS MOZART Missa brevis in B-Dur für Solo, Streichorchester und Orgel
GEORG FRIEDRICH HÄNDEL Halleluja aus dem »Messias« für Chor und Orchester

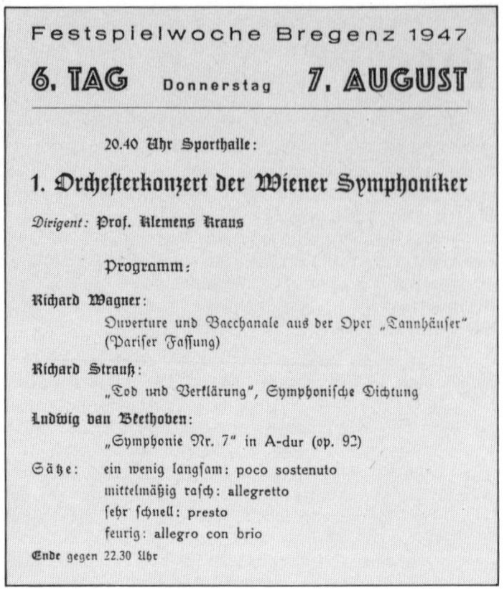

Festspielwoche Bregenz 1947
6. TAG Donnerstag 7. AUGUST

20.40 Uhr Sporthalle:

1. Orchesterkonzert der Wiener Symphoniker

Dirigent: Prof. Klemens Kraus

Programm:

Richard Wagner:
„Ouverture und Bacchanale aus der Oper „Tannhäuser" (Pariser Fassung)

Richard Strauß:
„Tod und Verklärung", Symphonische Dichtung

Ludwig van Beethoven:
„Symphonie Nr. 7" in A-dur (op. 92)

Sätze: ein wenig langsam: poco sostenuto
mittelmäßig rasch: allegretto
sehr schnell: presto
feurig: allegro con brio

Ende gegen 22.30 Uhr

7. August, Sporthalle
1. Orchesterkonzert Wiener Symphoniker
Dirigent Clemens Krauss
RICHARD WAGNER Ouvertüre und Bacchanale aus »Tannhäuser« (Pariser Fassung)
RICHARD STRAUSS Tod und Verklärung, Symphonische Dichtung
LUDWIG VAN BEETHOVEN Symphonie Nr. 7 in A-Dur (op. 92)

»Das erste Orchesterkonzert der Wiener Symphoniker unter der Leitung von Prof. Clemens *Krauss* gestaltete sich zu einem Höhepunkt der diesjährigen Festspielwoche. Der unvergeßliche Eindruck dieses Abends ist dem auf hoher Stufe stehenden Klangkörper der Wiener Symphoniker und dem berühmten Dirigenten Prof. Krauss zu danken, der das Orchester zu einer überzeugenden Leistung mitzureißen verstand. Eine volle Entfaltung aller Klangwirkungen und Effekte, besonders auch des vollen Fortissimos des Orchesters, ließ die ungünstige Akustik der Sporthalle leider nicht zu.
Hatte gleich schon zu Beginn des Konzertes das Publikum den Dirigenten mit außergewöhnlich starkem Beifall empfangen, so steigerte sich die Begeisterung am Schluß zu einer für Bregenz ungewöhnlichen Huldigung für Dirigent und Orchester, die diesen Dank vollauf verdient haben und diesen Abend zu einem einmaligen, unvergeßlichen Erlebnis werden ließen.«

Auszug. Aus VORARLBERGER NACHRICHTEN, 7. 8. 1947.

9. August, Sporthalle
2. Orchesterkonzert Wiener Symphoniker
Dirigent Hans Swarowsky
JOSEPH HAYDN Symphonie Nr. 97 in C-Dur (Londoner Symphonie Nr. 1)
MAX REGER Variationen über ein Thema von Mozart
JOHANNES BRAHMS Symphonie Nr. 2 in D-Dur (op. 73)

10. August, Sporthalle
Strauss-Konzert Wiener Symphoniker
Dirigent Hans Swarowsky
Ouvertüre zur Operette »Der Zigeunerbaron« Frühlingsstimmenwalzer - Tritsch-Tratsch-Polka - Persischer Marsch - Wein, Weib und Gesang - Intermezzo aus der Operette »Tausend und eine Nacht« - Csárdás aus der Operette »Ritter Pázmán« - Pizzicato-Polka - Leichtes Blut, Galopp - Kaiserwalzer

10. August, Sporthalle
3. Orchesterkonzert Wiener Symphoniker
Dirigent Clemens Krauss
FRANZ SCHUBERT Symphonie Nr. 8 in h-Moll (die »Unvollendete«)
RICHARD STRAUSS Don Juan, Symphonische Dichtung (op. 20)
MODEST MUSSORGSKY Bilder einer Ausstellung, für Orchester bearbeitet von Maurice Ravel
RICHARD WAGNER Vorspiel zur Oper »Die Meistersinger von Nürnberg«

1948 25. Juli – 8. August

SPIEL AUF DEM SEE

25., 31. Juli, 4. August, Strandbad
JOHANN STRAUSS (Sohn)
Eine Nacht in Venedig
Musikalische Leitung Anton Paulik
Inszenierung Karl Schmid-Bloß
Künstlerische Leitung Alfred Jerger
Bühnenbild Max Röthlisberger
Wiener Symphoniker, Wiener Staatsopern-Ballett
Einstudierung Willy Fränzl
Gemischter Chor des Bregenzer Männerchors,
Herzog von Urbino Helge Rosvaenge
Delacqua Alfred Jerger
Stefano Barbaruccio Oswald Czechowski
Giorgio Testaccio Toni Staller
Barbara Maria Matheisl
Agricola Mimi Stelzer
Annina Esther Réthy
Caramello Alexander Pichler
Pappacoda Tony Niessner
Ciboletta Hilde Längauer
Enrico Piselli Karl Vandéro
Page des Herzogs Gisela Kallenbach

BALLETT

27. Juli, 1. und 5. August, Sporthalle
Ballettabend
Wiener Staatsopern-Ballett
Choreographie Willy Fränzl
Musikalische Leitung Anton Paulik
Wiener Symphoniker
CARL MARIA VON WEBER Aufforderung zum Tanz
LUDWIG VAN BEETHOVEN Pastorale
PJOTR ILJITSCH TSCHAIKOWSKY
Klassische Variationen
FRITZ KREISLER Caprice Viennoise
PJOTR ILJITSCH TSCHAIKOWSKY Schwanensee
ZOLTAN KODÁLY Galántai Táncok
EDVARD GRIEG Norwegischer Tanz
JOHANN STRAUSS Walzer
GIUSEPPE VERDI Tarantella aus »Macht des Schicksals«
JOHANN STRAUSS Marionetten

Eröffnungsgottesdienst
25. Juli, Heldendank-Kirche »Mariahilf«
Festgottesdienst
Musikalische Leitung Johann Weishäupl
Gesellschaft der Musikfreunde Bregenz und Mitglieder des Großen Vorarlberger Funkorchesters
Sängerknaben und verstärkter Kirchenchor der Heldendank-Kirche »Mariahilf«
Solisten
Margarethe Schelling, Sopran - Elisabeth Fez, Alt
Hugo Mayer-Gänsbacher, Tenor - Ernst Sittenthaler, Baß
An der Orgel Gebhard Belz
JOSEPH HAYDN Große Messe in B-Dur (Theresien-Messe) für Soli, Chor und Orchester
GREGORIANISCHE CHORÄLE
RUDOLF WAGNER Jubilate Deo
GEORG ZOLLER Präludium und Doppelfuge aus »Großer Gott, wir loben Dich«
GREGORIANISCHER CHORAL Introitus
JOSEPH HAYDN Kyrie, Gloria
GREGORIANISCHER CHORAL Graduale
JOSEPH HAYDN Credo
RUDOLF WAGNER Offertorium
JOSEPH HAYDN Sanctus Benedictus Agnus Dei
GEORG ZOLLER Orgelausklang

KONZERTE

26. und 28. Juli, Tscharnerschlößchen
Französische Musik aus dem 18. Jahrhundert
Kammermusikvereinigung »Les Nuits de Sceaux«, Paris
Einführung Odette de Loustal
Renée-France Froment, Violine - Denyse Gouarne, Cembalo - Maria Beronita, Gesang
1. ELISABETH-CLAUDE JACQUET DE LA GUERRE Sonate Nr. 1
2. FRANÇOIS COUPERIN
Amor, gib uns Iris wieder (Aus »Amor als Arzt«)

CLAUDE GERVAISE
Arie einer Schäferin (Aus: »Die Liebschaften des Proteus«)
NICOLAS BERNIER
Apollo, die Nacht und Comus (Aus den »Nächten von Sceaux«)
3. JEAN-MARIE LECLAIR Sonate »Das Grab«
4. Kompositionen für Cembalo
JACQUES-CHAMPION CHAMBONNIERES
Sarabande
FRANÇOIS COUPERIN Kythere's Glockenspiel
CLAUDE BALBASTRE Romanze
JEAN-PHILIPPE RAMEAU Wirbelwind
Denyse Gouarne, Cembalo
5. JEAN-BAPTISTE LULLY Arie aus »Armide«
JEAN-JOSEPH MOURET Zärtliches Lied
ANDRÉ CAMPRA Daphné
6. FRANÇOIS FRANCOEUR Sonate Nr. 4 in E-Dur

29. Juli, Martinsplatz
Orchester-Serenade
Großes Vorarlberger Funkorchester
Dirigent Hans Moltkau
JOSEPH HAYDN Symphonie Nr. 13 in D-Dur
FRANZ SCHUBERT Fünf Deutsche Tänze
RICHARD STRAUSS Streichsextett aus »Capriccio« op. 85
ANTON STARK
Musik für Streichorchester und vier Bläsersoli (Uraufführung)
PJOTR ILJITSCH TSCHAIKOWSKY
Serenade für Streichorchester op. 48

3. August, Sporthalle
1. Orchesterkonzert
Wiener Symphoniker
Dirigent Karl Böhm
Solist Wolfgang Schneiderhan, Violine
LUDWIG VAN BEETHOVEN Violinkonzert in D-Dur op. 61
ANTON BRUCKNER VII. Symphonie in E-Dur

»Ludwig van Beethovens einzigem Violinkonzert in D-Dur, diesem wohl unvergleichlichen Werk innerhalb dieser Gattung, war der erste Teil des Orchesterkonzertes der Wiener Symphoniker unter Dr. Karl *Böhm* gewidmet. Solist war Professor Wolfgang *Schneiderhan,* dem sein Ruf schon vorausgeeilt war. Es soll hier nichts über sein Technisches gesagt werden. Was uns berührte, war sein Zurücktreten in das Ganze, seine Auffassung als Solist aus dem Geiste dieser Musik heraus. Jede selbstgefällige Virtuosität ausschaltend, war er nachschaffend, interpretierend am Werke.

...

Schien uns das Violinkonzert gespielt, so schien uns Bruckners SIEBENTE in E-Dur ein Bekenntnis Dr. Karl Böhms und der Symphoniker. Ein Bekenntnis, das uns zum tiefergreifenden Erlebnis wurde! Keine vollendetere Wiedergabe ließe sich denken, als sie hier aus diesem Klangkörper strömte, unter einem Dirigenten, der zu dirigieren schien, als stünde Bruckner unsichtbar neben ihm und er vollzöge nur dessen ihm zukommende Impulse. Wie er vor dem Orchester stand, seine Linke! – Fast möchte man die Worte Rilkes sprechen lassen: ›... und Demut da und dort, nicht eines Knechtes, doch eines Dienenden ...‹«

Auszug. Aus VORARLBERGER VOLKSWILLE, 7. 8. 1948.

8. August, Sporthalle
Matinee
Wiener Symphoniker
Dirigent Karl Böhm
WOLFGANG AMADEUS MOZART
Ouvertüre zur Oper »Figaros Hochzeit«
Haffner-Symphonie in D-Dur, (KV 385)
JOHANN STRAUSS
Ouvertüre zur Operette »Die Fledermaus«
Annen-Polka
Geschichten aus dem Wienerwald (Walzer)
Persischer Marsch
Tritsch-Tratsch-Polka
Kaiserwalzer

8. August, Sporthalle
2. Orchesterkonzert
Wiener Symphoniker
Dirigent Karl Böhm
PJOTR ILJITSCH TSCHAIKOWSKY
VI. Symphonie h-moll (Pathétique) (op. 74)
IGOR STRAWINSKY
Suite de »L'oiseau de feu« (Feuervogel)
LUDWIG VAN BEETHOVEN
Leonoren-Ouvertüre Nr. 3 (op. 72b)

1949 23. Juli – 6. August

SPIEL AUF DEM SEE

21., 26., 28., 30., 31. Juli, 1., 6. August, Strandbad
JOHANN STRAUSS (Sohn)
Tausendundeine Nacht

Regie	Adolf Rott
Musikalische Leitung	Anton Paulik
Bühnenbild	Max Röthlisberger
Choreographie und Einstudierung	Hedy Pfundmayr

Wiener Symphoniker
Bregenzer Männerchor und Bregenzer Damenchöre
Ballett Hedy Pfundmayr mit den Solotänzerinnen Dolores Hubert, Jutta Mogg, Erni Prosel und Solotänzer George Le Dantu

Fürst Suleiman / *Mossu, Fischer*	Helge Rosvaenge
Eddin	Tony Niessner
Mahmud Nevin	Erich Kaufmann
Der Kaimakan	Franz Bierbach
Ormuz	Franz Höbling
Leila	Esther Réthy
Wally	Hilde Längauer

THEATER

27. Juli, 1. August, Sporthalle
Wiener Burgtheater
FRANZ GRILLPARZER
Medea
Trauerspiel in fünf Aufzügen

Musik	Hans Totzauer
Regie	Adolf Rott
Kostüme und Bühnenbild	Gottfried Neumann-Spallart
Kreon	Heinz Moog
Kreusa	Maria Kramer
Jason	Fred Liewehr
Medea	Lieselotte Schreiner
Gora	Auguste Pünkösdy
Ein Herold der Amphiktyonen	Felix Steinböck
Ein Landmann	Karl Friedl
Ein Sklave	Georg Filzer

Eröffnungsgottesdienst
24. Juli, Pfarrkirche Mehrerau
Festgottesdienst
Pfarrchöre von Bregenz Herz-Jesu und Bregenz-Mehrerau
Dirigent Wilhelm Schosland
HANS LEO HASSLER Missa secunda a capella
HEINRICH ISAAK Gradulae: Venite filii
JACOBUS GALLUS Offertorium: Sicut in holocaustis
GREGORIANISCHER CHORAL
Introitus und Communio

KONZERTE

23. Juli, Forstersaal
Schneiderhan-Quartett
Wolfgang Schneiderhan, 1. Violine - Otto Strasser, 2. Violine - Ernst Moravec, Viola - Richard Kretschak, Violoncello
WOLFGANG AMADEUS MOZART Streichquartett in B-Dur
LUDWIG VAN BEETHOVEN Streichquartett in C-Dur
FRANZ SCHUBERT Streichquartett »Der Tod und das Mädchen«

25. Juli, Martinsplatz
Serenadenkonzert
Großes Vorarlberger Funkorchester
Leitung Hans Moltkau
Solist Raimund Kolbe, Violine
JOHANN SEBASTIAN BACH
Fuge a-Moll für Streichorchester, bearbeitet von Josef Hellmesberger
OSWALD LUTZ
Suite d-Moll op. 65 für Violinen und Celli
WOLFGANG AMADEUS MOZART
Konzert für Violine und Orchester Nr. 4 in D-Dur, (KV 218)

Karten=Bestellung
für die
Bregenzer Festspiele 1949

Zur Beachtung! Der Erwerb von Eintrittkarten im Vorverkauf zu sämtlichen Veranstaltungen der Bregenzer Festspiele 1949 ist nur durch dieses Bestellverfahren möglich.

Bestellscheine können bei einer beliebigen Vorverkaufsstelle des Landes abgegeben werden. Außerhalb der Verkaufsstellen erfolgt keine Annahme von Karten-Bestellungen.

Bestellte Karten müssen innerhalb von **2 Tagen** nach Abgabe der Bestellung abgeholt werden und zwar bei der auf dem Bestellschein vermerkten Vorverkaufsstelle. Nach diesem Termin werden die Karten weiterverkauft.

Die Abgabe der Karten erfolgt genau in derselben Reihenfolge, wie die Bestellungen in den Vorverkaufsstellen abgegeben werden!

Durch das namenlose, nur numerisch aufgebaute Bestellverfahren, ist jede Bevorzugung ausgeschlossen und wird eine einwandfreie, korrekte Abwicklung des Vorverkaufes **garantiert.**

Übersicht über Preise und Platzeinteilung:

1001 NACHT - SEEAUFFÜHRUNG

S 55.— Rangsitz
50.— 1. Platz
40.— 2. Platz
30.— 3. Platz
15.— Stehplatz Mitte
10.— Stehplatz Seite

Ort: **Im Strandbad**
(Neuerbaute Großtribüne)

Alle Sitzplätze sind nach Reihe und Sitz numeriert, jede Reihe ist erhöht.

MEDEA - SCHAUSPIEL (BURGTHEATER)

S 45.— Rangsitz Reihe 1 — 6
40.— 1. Platz Reihe 7 — 12
30.— 2. Platz Reihe 13 — 22
20.— 3. Platz Reihe 23 — 35
10.— Seitensitz vorne
5.— Seitensitz rückwärts
20.— Galerie Reihe 1 — 9

Ort: **Sporthalle**

Alle Sitzplätze (außer den Seitensitzen) sind nach Reihe und Sitz numeriert, Reihe 11, 16, 21, 26 und 31 sind erhöht

SYMPHONIE - KONZERT

Wiener Symphoniker unter Leitung Clemens Krauss

S 45.— 1. Platz Reihe 1 — 20
35.— 2. Platz Reihe 21 — 30
25.— 3. Pl Reihe 31 — 35
25.— Seiter...z vorne

Ort: **Sporthalle**

S 10.— Seitensitz rückwärts
25.— Galerie Reihe 1 — 9

HANS PFITZNER
Ouvertüre zu »Käthchen von Heilbronn«
CLAUDE DEBUSSY
Petite suite – Kleine Suite
NICOLAJ RIMSKIJ-KORSAKOW
Capriccio espagnol

29. Juli, Sporthalle
1. Orchesterkonzert
Wiener Symphoniker
Dirigent Clemens Krauss
FRANZ SCHUBERT VII. Symphonie in C-Dur
ALFRED UHL »Vier Capricen«
RICHARD WAGNER Ouverture zur Oper »Tannhäuser«

31. Juli, Sporthalle
Johann-Strauß-Festkonzert
JOHANN STRAUSS (Vater)
Loreley Rheinklänge, Walzer - Wiener Kreuzer, Walzer-Seufzer, Galopp
JOHANN STRAUSS (Sohn)
Waldmeister-Ouvertüre - Aurora-Ball, Polka - Bei uns z'Haus, Walzer - Eljen a magyar, Galopp - Ägyptischer Marsch - Seid umschlungen, Millionen, Walzer - Pizzikato-Polka - Vergnügungszug, Walzer - Rosen aus dem Süden, Walzer

2. August, Sporthalle
2. Orchesterkonzert
Wiener Symphoniker
Dirigent Clemens Krauss
WOLFGANG AMADEUS MOZART Symphonie in Es-Dur
RICHARD STRAUSS Suite »Der Bürger als Edelmann«
PJOTR ILJITSCH TSCHAIKOWSKY
V. Symphonie in e-Moll

3. August, Hotel Krone (Saal)
Solistenkonzert
Klavier Suzy Desaleux-Chereau
Violine François d'Albert
JOHANN SEBASTIAN BACH Sonate Nr. 2 in A-Dur
LUDWIG VAN BEETHOVEN Sonate Nr. 5 in F-Dur
PIERRE WISSMER Sonatine (österreichische Erstaufführung)
FREDERIC CHOPIN Zwei Etüden As-Dur, cis-Moll Scherzo Nr. 3
FRANZ LISZT Rhapsodie Nr. XII
CAMILLE SAINT-SAENS Havanaise
FRANCOIS d'ALBERT Suite (österreichische Erstaufführung)
MAURICE RAVEL Konzertrhapsodie »Tzigane«

1950 25. Juli – 13. August

SPIEL AUF DEM SEE

22., 23., 26., 29. Juli, 1., 5., 10., 12., 13. August, Seebühne
KARL MILLÖCKER
Gasparone

Musikalische Leitung	Anton Paulik
Regie	Karl Schmid-Bloß
Bühnenbild	Max Röthlisberger
Choreographie	Erika Hanka und Willy Fränzl

Wiener Symphoniker, Wiener-Staatsopern-Ballett mit der Primaballerina Julia Drapal und seinen Solisten
Bregenzer Festspielchor

Carlotta	Hilde Konetzni
Baboleno Nasoni	Kurt Preger
Sindulfo	Karl Dönch
Gasparone	Willi Domgraf-Fassbaender
Luigi	Richard Salaba
Benozzo	Toni Niessner
Sora	Hilda Ceska
Massaccio	Erich Kaufmann

BALLETT

25., 28. Juli, 3., 6. August, Sporthalle
Ballettabend des Wiener Staatsopernballetts
Wiener Symphoniker, Bregenzer Festspielchor
Bauernkapelle von Radio Vorarlberg
»Coppelia« oder »Das Mädchen mit den Emailaugen«
Ballett in 3 Bildern von C. Nuittier und A. Saint-Léon.
Musik von Léo Delibes

Choreographie und Inszenierung	Erika Hanka
Bühnenbilder	Rudolf Stehlik
Musikalische Leitung	Anton Paulik
Swanilda	Julia Drapal
Franz	Zwonimir Pintar
Coppelius	Carl Raimund
Coppelia	Liselotte Hauk

»Österreichische Bauernhochzeit«
Ballett mit Gesang in einem Akt von Margarete Wallmann
Musik nach alten Volksmotiven von Franz Salmhofer

Neu einstudiert	Willy Fränzl
Bühnenbild	Rudolf Stehlik
Musikalische Leitung	Anton Paulik
Bräutigam	Carl Raimund
Die Braut	Lucia Bräuer
Der Brautführer	Ewald Vondrak
Die Brautmutter	Inge Barth
Der Magere (drei Freier)	Zwonimir Pintar
Der Bucklige (drei Freier)	Herbert Juzek
Der Dicke (drei Freier)	Walter Hofer
Die falsche Braut	Alfred Meister
Dicke Köchin	Olga Fiedler

THEATER

8., 9., 11. August, Sporthalle
HENRIK IBSEN
Nora

Regie	Paul Barnay
Bühnenbild	Gustav Manker
Helmer	Hans Frank
Nora	Käthe Gold
Frau Linde	Dagny Servaes
Doktor Rank	Egon Jordan
Krogstad	Karl Skraup
Anne-Marie	Grete Bukovics
Ein Hausmädchen	Martha Wallner

KONZERTE

27. Juli, Martinsplatz
Serenade
Großes Vorarlberger Rundfunkorchester
Dirigent Hans Moltkau
Camillo Wanausek, Flöte
JOSEPH HAYDN Symphonie Nr. 13 G-Dur
WOLFGANG AMADEUS MOZART
Konzert für Flöte und Orchester D-Dur, (KV 314)
ERNST LUDWIG URAY
Eine pastorale Abendmusik für Kammerorchester
JOSEF SUK Serenade für Streicher
CARL MARIA VON WEBER Ouvertüre zu »Euryanthe«

30. Juli, Sporthalle
Festliches Opern- und Operettenkonzert
Wiener Symphoniker
Dirigent Anton Paulik
Hilde Konetzni, Sopran - Hilda Ceska, Sopran - Polly Batic, Alt - Willi Domgraf-Fassbaender, Bariton - Karl Dönch, Baß - Kurt Preger, Baß - Toni Niessner, Tenorbuffo - Erich Kaufmann, Baß
WOLFGANG AMADEUS MOZART
Die Hochzeit des Figaro, Ouvertüre
Die Hochzeit des Figaro, Rosenarie
GIOACCHINO ROSSINI
Der Barbier von Sevilla, Cavatine des Figaro
CARL MARIA VON WEBER
Freischütz, Arie der Agathe
GIUSEPPE VERDI
Aida, Ballettmusik
FRIEDRICH SMETANA
Die verkaufte Braut, Dukatenduett
ALBERT LORTZING
Der Wildschütz, Arie des Baculus
RICHARD WAGNER
Lohengrin, Vorspiel zum 3. Akt
Tannhäuser, Hallenarie
JOHANN STRAUSS (Sohn)
Fledermaus, Ouvertüre
Der Zigeunerbaron, Entrée der Saffi
Der Zigeunerbaron, Terzett 2. Akt
KARL MILLÖCKER
Der Bettelstudent, Couplet des Ollendorf
JOHANN STRAUSS (Sohn)
Eine Nacht in Venedig, Duett Ciboletta-Pappacoda
KARL MILLÖCKER
Gasparone, Lied des Gasparone 2. Akt
JOHANN STRAUSS (Sohn)
Eine Nacht in Venedig, Finale 1. Akt

2. August, Sporthalle
Orchesterkonzert
Orchestre des Cadets du Conservatoire de Paris
Dirigent Claude Delvincourt
HECTOR BERLIOZ
Römischer Carneval, Ouvertüre
CAMILLE SAINT-SAENS
Konzert für Violoncello und Orchester
ALBERT ROUSSEL
Suite in F
CLAUDE DEBUSSY
Prélude à l'après-midi d'un faune
MAURICE RAVEL
Boléro

4. August, Sporthalle
1. Orchesterkonzert
Wiener Symphoniker
Dirigent Eugen Jochum
WOLFGANG AMADEUS MOZART
Symphonie B-Dur (KV 319)
CARL MARIA VON WEBER
Ouvertüre zur romantischen Oper »Der Freischütz«
ANTON BRUCKNER
IX. Symphonie d-Moll

6. August, Stadtpfarrkirche
Feierstunden zum 200. Todestag von Johann Sebastian Bach
An der Orgel Odo Polzer
Mitwirkende Maria Weiß, Sopran
Hans Zimmert, Violine
Robert Girardi, Oboe

6. August, Sporthalle
2. Orchesterkonzert
Wiener Symphoniker
Dirigent Eugen Jochum
LUDWIG VAN BEETHOVEN
VI. Symphonie F-Dur, op. 68 »Pastorale«
RICHARD WAGNER
Vorspiel zu »Tristan und Isolde«
RICHARD STRAUSS
Till Eulenspiegels lustige Streiche, op. 28

10. August, Hotel »Krone«
Kammermusik-Abend
Michael Schmid, Violine
Rudolf Bischofsberger, Cello
Fritz Seiler, Klavier
FRANZ SCHUBERT
Trio Nr. 1 in B-Dur, op. 99
JOHANNES BRAHMS
Trio H-Dur, op. 8

13. August, Stadtpfarrkirche
Johann-Sebastian-Bach-Festaufführung
Vorarlberger Oratorienvereinigung
Solisten
Maria Weiß, Sopran - Margarethe Gaßner-Caspart, Sopran - Margarethe Schelling, Alt - Elisabeth Fez, Alt
Georg Schieferer-Klett, Tenor - Oskar Ladstätter, Baß
Willy Paffendorf, Orgel
Leitung Odo Polzer
Kantate Nr. 21 »Ich hatte viel Bekümmernis«
»Magnifikat«

SONSTIGES

30. Juli, Hotel »Krone«
Wort an die Heimat
Festlicher Abend mit Werken lebender Dichter und Komponisten
Dichtung
Natalie Beer - Eugen Andergassen - Carl Emmerich Gasser - Friedl Steinwender - Alfred Schnayder
Musik
Olga Sohm - Hans Heydrich - Fritz Seiler - das Kolbe-Quartett

Karl Millöcker, Gasparone, 1950. Seebühne. Fotomontage der Solisten mit dem Dirigenten.

1951 21. Juli – 12. August

SPIEL AUF DEM SEE

21., 22., 28., 29. Juli, 1., 4., 5., 11., 12. August, Seebühne
JOHANN STRAUSS (Sohn)
Der Zigeunerbaron

Musikalische Leitung	Anton Paulik
Inszenierung	Oskar Walleck
Bühnengestaltung	Walter von Hoesslin
Choreographie	Erika Hanka

Wiener Symphoniker
Wiener Staatsopern-Ballett
Bregenzer Festspielchor

Graf Momonay	Andreas Boehm
Conte Carnero	Alfred Jerger
Sándor Barinkay	Karl Friedrich
Kálmán Zsupán	Kurt Preger
Arsena	Ruthilde Boesch
Mirabella	Mimi Stelzer
Ottokar	Hugo Mayer-Gänsbacher
Czipra	Georgine von Milinkovic
Saffi	Esther Réthy
Pali	Erich Kaufmann

»Wie der Bregenzer ZIGEUNERBARON geschaffen worden ist, das ist von so starkem Eindruck, daß Kenner die bisherigen Seeaufführungen als überboten erachten. Das ist heuer wahrhaftig ein Theater der vier Elemente, nimmt man nur die packendste Szene, die Zigeunerhuldigung, heraus, die hier zu einem mitreißenden Aufbruch von Licht und Farbe, Musik, Gesang und Tod wird.
...
In unausschöpflicher Trunkenheit gleiten die Augen über diese unzubeschreibende Rundsicht aus Farbigkeit und Licht, während Straußens unsterbliche Musik in Gesang und Chor die Ohren umschmeichelt. Noch keines der Bregenzer Seespiele bot ein solches Panorama der magischen Reflexe, der pittoresken Volksmassen, der letzten Ausschöpfung im Zusammenspiel der Elemente. Kann er überhaupt noch überboten werden?«

Auszug. Entnommen aus: NEUE ZÜRCHER ZEITUNG, 27. 7. 1951.

BALLETT

25. Juli und 8. August, Stadthalle
GIOACCHINO ROSSINI / OTTORINO RESPIGHI
Der Zauberladen

Choreographie	Erika Hanka
Bühnenbild und Kostüme	Rudolf Stehlik
Musikalische Leitung	Anton Paulik

Wiener Symphoniker
Wiener Staatsopern-Ballett
Solisten
Eva Bernhofer - Julia Drapal - Kurt Hieß - Zwonimir Pintar
OSCAR STRAUS
Prinzessin von Tragant

Choreographie	Willy Fränzl
Bühnenbild und Kostüme	Rudolf Stehlik
Musikalische Leitung	Anton Paulik

Wiener Symphoniker

Prinzessin	Julia Drapal
Baronin Zimperlich	Inge Barth
Die Damen von Etikette	Anny Glaser, Liselotte Nordegg
Zwei Freier	Walter Hofer - Franz Klos
Prinz Kreisel	Erwin Pokorny
Kommandant der Schloßwache	Zwonimir Pintar
Zwei Kammerzofen	Olga Fiedler - Gretl Bauer
Zwei Soldaten	Kurt Hieß - Alfred Meister
Tambour	Hans Kres
Wachsoldat	Walter Rueß

THEATER

2., 3., 7. August, Stadthalle
Wiener Burgtheater
JEAN-BAPTISTE MOLIÈRE
Der eingebildete Kranke

Musik	Anton Zanetti
Regie	Herbert Waniek (erneuert von Hermann Thimig)

Choreographie	Rosalia Chladek
Musikalische Leistung	Johann Totzauer
Kostüme	Erni Kniepert
Argan	Hermann Thimig
Bélinde	Maria Eis
Angélique	Hilde Mikulicz
Louison	Johanna Matz
Béralde	Ulrich Bettac
Cléanthe	Alexander Trojan
Dr. Diafoirus	Hans Thimig
Thomas Diafoirus	Gandolf Buschbeck
Dr. Purgon	Wilhelm Schmidt
Fleurant	Karl Friedl
De Bonnefoi	Philipp Zeska
Toinette	Alma Seidler

Jean-Baptiste Molière, Der eingebildete Kranke, 1951. Hermann Thimig (Argan), Alma Seidler (Toinette).

Eröffnungsmesse
21. Juli, Herz-Jesu-Kirche
Chor der Herz-Jesu-Kirche
Dirigent Wilhelm Schosland
Solisten
Dag Söderquist, Sopran - Marianne Schosland, Alt
Eugen Elsässer, Tenor - Willy Vogler, Baß
Großes Vorarlberger Funkorchester
FRANZ SCHUBERT Messe in Es-Dur
für Chor, Soloquartett, großes Orchester zur Aufführung Proprium im Gregorianischen Choral

KONZERTE

26. Juli, Martinsplatz
Serenade
Großes Vorarlberger Funkorchester
Leitung Hans Moltkau
Solist Richard Schönhofer, Klarinette
WOLFGANG AMADEUS MOZART
Symphonie Nr. 38 in D-Dur (KV 504)
Konzert für Klarinette und Orchester in A-Dur (KV 622)
EDVARD GRIEG
Holberg-Suite im alten Stil für Streichorchester op. 40 in 5 Sätzen
FELIX MENDELSSOHN-BARTHOLDY
Ouvertüre zu »Ein Sommernachtstraum«

30. Juli, Hotel »Krone«
Abend heimischer Komponisten
Marianne Schosland - Wilhelm Schosland - Fritz Seiler
Wilhelm Stärk
Kolbe-Quartett: Raimund Kolbe - Alfons Kastl
Hans Heidrich - Theo Lang
Bläserquartett des Funkorchesters: Walter Piesch
Fritz Polacek - Erwin Schulz - Erich Kühn
ANTON FISCHER
Streichquartett g-Moll
RUDOLF MAYER
4 Lieder nach Texten von Natalie Beer für eine Altstimme und Viola
OSWALD LUTZ
Toccata h-Moll, op. 16, für Klavier
ERNEST KRÈAL
Sonate für Violine und Klavier op. 40
FERDINAND ANDERGASSEN
Quartett op. 94 für Oboe, 2 Klarinetten in B und Fagott
RUDOLF MAYER
5 Lieder für Alt und Klavier nach Texten von Morgenstern aus dem Zyklus Melancholie
WILHELM STÄRK
Sextett für Klarinette, Streichquartett und Klavier in a-Moll

Johann Strauß, Der Zigeunerbaron, 1951. Seebühne. Bühnenbildmodell.

31. Juli, Stadthalle
I. Orchesterkonzert
Wiener Symphoniker
Dirigent Giovanni di Bella
GIUSEPPE VERDI
Ouvertüre »Die Macht des Schicksals«
Andantino und Prestissimo für Streicher
Ballettmusik und Triumphmarsch aus »Aida«
Ouvertüre »Die sizilianische Vesper«
ANTONIO VIVALDI
Concerto grosso, op. 3, Nr. 11, d-Moll für 2 Violinen und Violoncello mit Streichorchester
ARCANGELO CORELLI
Suite für Streichorchester (Sarabanda - Giga - Badineria)
ALFREDO CASELLA
Preludio e Danza siciliana aus dem Ballett »La Giara«
OTTORINO RESPIGHI
»Pini di Roma«. Poema sinfonico

5. August, Stadthalle
Johann- und Josef-Strauß-Matinee
Wiener Symphoniker
Dirigent Rudolf Moralt

6. August, Hotel »Krone«
Kammermusikabend
Trio Michael Schmid, Violine
Rudolf Bischofberger, Cello
Fritz Seiler, Klavier
WOLFGANG AMADEUS MOZART
Trio Nr. 5, G-Dur
LUDWIG VAN BEETHOVEN
Trio D-Dur, op. 70, Nr. 1
JOHANNES BRAHMS
Trio C-Dur, op. 87

9. August, Stadthalle
II. Orchesterkonzert
Wiener Symphoniker
Dirigent Rudolf Moralt
Solist Váša Příhoda, Violine
CARL MARIA VON WEBER
Ouvertüre zu »Oberon«
ANTONIN DVOŘÁK
Konzert für Violine und Orchester, a-Moll, op. 53
JOHANNES BRAHMS
I. Symphonie, c-Moll, op. 68

1952 26. Juli – 17. August

SPIEL AUF DEM SEE

26., 27. Juli, 2., 3., 6., 9., 10., 16., 17. August, Seebühne
CARL ZELLER
Der Vogelhändler

Musikalische Leitung	Anton Paulik
Inszenierung	Fritz Klingenbeck
Bühnengestaltung	Ferry Windberger
Choreographie	Dia Luca

Wiener Symphoniker
Dia-Luca-Ballett, Wien
Bregenzer Festspielchor

Kurfürstin Marie	Martha Musial
Baronin Adelaide	Mimi Stelzer
Baron Weps	Fritz Krenn
Graf Stanislaus von Scharrnagel	Waldemar Kmentt
	Otto Bolesch
Süffle	Richard Eybner
Würmchen	Tony Niessner
Adam	Fred Liewehr
Die Briefchristel	Hedda Heußer
Schneck	Georg Oeggl
Jette	Charlotte Weninger
Quendel	Rudolf Wallner

OPERETTE

29. Juli, 13. August, Stadthalle
JOHANN STRAUSS
Wiener Blut

Dirigent	Anton Paulik
Inszenzierung	Leo Meinert
Choreographie	Dia Luca
Fürst Ypsheim-Gindelbach	Richard Eybner
Graf Zedlau	Fred Liewehr
Gabriele	Martha Musial
Graf Bitowski	Otto Bolesch
Franziska Cagliari	Eleonore Bauer
Kagler	Fritz Krenn
Pepi Pleininger	Hedda Heußer
Josef	Tony Niessner
Anna	Charlotte Weninger
Ein Fiakerkutscher	Georg Oeggl
Die Lory	Elisabeth Fez
Ein Kellner	Rudolf Wallner
Ein Haushofmeister	Robert Neukirch

BALLETT

3. August, Stadthalle
Tanz-Matinee
Harald Kreutzberg
Die schönsten Tänze der letzten 10 Jahre
Am Flügel Friedrich Wilckens
CARL CZERNY Vier kleine Etüden
FRIEDRICH WILCKENS Teufelsbeschwörung - Wächter des Schattenreiches
WOLFGANG AMADEUS MOZART Aus einem alten Kalender
FRIEDRICH WILCKENS Hiob hadert mit Gott
Trois morceaux characteristiques
a) ROBERT SCHUMANN Printemps
b) EDVARD GRIEG L'Amour
c) FRIEDRICH WILCKENS Souvenir
ANTONIN DVOŘÁK Zigeunerlieder
FRIEDRICH WILCKENS Sternenlied
ALFREDO CASELLA Lustige Kleinigkeiten:
a) Gymnastik um Mitternacht
b) Mittagspause
c) Ärgerliche Nachricht

THEATER

30., 31. Juli, Stadthalle
Wiener Burgtheater
WILLIAM SHAKESPEARE
Othello, der Mohr von Venedig

Regie	Berthold Viertel
Bühnenbilder und Kostüme	Teo Otto
Musik	Friedrich Wildgans
Der Doge von Venedig	Ferdinand Onno
Brabantio	Fred Hennings
Lodovico	Felix Steinböck
Othello	Ewald Balser
Cassio	Erich Auer
Jago	Werner Krauß
Rodrigo	Heinrich Schweiger
Montano	Otto Schmöle
Edelmann	Otto Kerry
Erster Senator	Eduard Volters
Zweiter Senator	Emmerich Reimers
Ein Herold	Karl Friedl
Desdemona	Hilde Mikulicz
Emilia	Maria Kramer
Bianca	Edith Mill

»Ewald *Balser* war ein ›Othello‹, wie er auf der ganzen Welt kaum übertroffen werden könnte. Die Ausstrahlung seiner machtvollen Persönlichkeit, der unvergleichliche Klang seiner Sprache, die vollkommene Verkörperung des Afrikaners machten diesen Othello zur größten schauspielerischen Leistung, die man je bei den Bregenzer Festspielen sah. Hier gibt es für die Begeisterung keinen Vorbehalt.

...

Als gewaltiger, ebenbürtiger Gegenpol spielte Werner *Krauß* den Jago. Schon in der Erscheinung das Gewöhnliche und Widerwärtige betonend, ist dieser Jago eine ekelerregende Schlange, die sich kalt und berechnend, die Dosierung des Othello eingeträufelten Giftes geradezu analytisch zergliedernd, um das Opfer windet, um heimtückisch den tödlichen Biß anzubringen. Es ist kein dämonischer Jago, der hier auf der Bühne steht, es ist ein mit jener absoluten Selbstverständlichkeit gespielter Bösewicht, die Verkörperung des Bösen an sich, wie sie nur höchste Meisterschaft erzeugen kann. Die Lasterhaftigkeit, Trivialität und Triebhaftigkeit dieses Jago mischen sich zu einem ungewöhnlichen Charakterbild.

...

Wie Krauß mit penetranter Zähigkeit Nadelstich um Nadelstich austeilt, sich über gelungene Stufen seines schurkischen Planes freut, hetzt und hetzt, das duftige Gebilde eines Taschentuches zur tödlichen Verstrickung benutzt, die einmal krankhaft erregte Phantasie des Mohren durch immer neue, ihm vorgeschwindelte Bilder der Untreue Desdemonas aufstachelt und ihm schließlich das Stichwort zur grauenvollen Tat so beiläufig und nebenher eingibt, das war wieder ein Beweis für die unerreichte Verwandlungskunst von Werner Krauß, der den Jago nicht spielt, sondern Jago in allen seinen Regungen ist. Ein Urbild brillantesten Komödiantentums.

...

Mit dieser OTHELLO-Aufführung, die man kaum auch nur annähernd so großartig auf der deutschsprachigen Bühne finden kann, haben die Bregenzer Festspiele einen künstlerischen Höhepunkt erreicht.«

Auszug. Entnommen aus:
VORARLBERGER NACHRICHTEN, 1. 8. 1952.

14., 15. August, Stadthalle
Bayerisches Staatsschauspiel München
JEAN-BAPTISTE MOLIÈRE
Der Misanthrop

Inszenierung	Kurt Horwitz
Bühnenbild und Kostüme	Teo Otto

Musik aus dem 17. Jahrhundert,
bearbeitet von Albert E. Kaiser

Leitung	Ferdinand Rexhäuser
Alceste	Ernst Ginsberg
Philinte	Gerd Brüdern
Oronte	Bernhard Wicki
Célimène	Agnes Fink
Eliante	Godela Orff
Arsinoë	Anne Kersten
Acaste	Walter Uttendörfer
Clitandre	Hans-Reinhard Müller
Basque	Carl Simon
Ein Bote des Marschall-amtes	Ernst Barthels
Dubois	Heini Göbel

Eröffnungsgottesdienst
27. Juli, Mariahilf-Kirche Vorkloster
Verstärkter Chor der Mariahilf-Kirche
Wiener Symphoniker

Dirigent	Johann Weishäupl

Solisten
Margarethe Gaßner-Caspart, Sopran - Elisabeth Fez, Alt
Waldemar Kmentt, Tenor
Ernst Sittenthaler, Baß
LUWDWIG VAN BEETHOVEN
Messe in C-Dur, op. 89
für Chor, Soloquartett und großes Orchester

KONZERTE

28. Juli, Martinsplatz
Serenade
Großes Vorarlberger Funkorchester

Leitung	Hans Moltkau
Solist	Franz Koch, Horn

WOLFGANG AMADEUS MOZART
Serenade Nr. 1 D-Dur (KV 100)
JOSEPH HAYDN
Konzert für Horn und Orchester Nr. 1 in D-dur
ANTONIN DVOŘÁK
Notturno für Streichorchester, op. 40
RICHARD STRAUSS
Serenade für Blasinstrumente, op. 7
JOHANNES BRAHMS
Akademische Festouvertüre, op. 80

1. August, Gössersaal
Konzert des Barylli-Quartetts

1. Violine	Walter Barylli
2. Violine	Otto Strasser
Viola	Rudolf Streng
Violoncello	Richard Krotschak
2. Violoncello	Nikolaus Hübner

WOLFGANG AMADEUS MOZART
Streichquarettett Es-Dur (KV 428)
MAURICE RAVEL Streichquartett F-Dur
FRANZ SCHUBERT Streichquintett C-Dur, op. 163

5. August, Stadthalle
I. Orchester-Konzert Wiener Symphoniker

Dirigent	Eugen Jochum

LUDWIG VAN BEETHOVEN
Ouvertüre zu Goethes »Egmont«
IV. Symphonie, B-Dur, op. 60
III. Symphonie, Es-Dur, op. 54 (Eroica)

7. August, Stadthalle
Konzert der Wiener Sängerknaben
Musikalische Leitung Harald Hedding
JOHANN JOSEPH FUX Ad te Domine levavi
ALESSANDRO SCARLATTI Exultate Deo
ANTON BRUCKNER Virga Jesse
GIOVANNI BATTISTA PERGOLESE
Stabat Mater »Eingangschor«
WOLFGANG AMADEUS MOZART
Laudate Dominum
WOLFGANG AMADEUS MOZART
»Geschichten aus Alt-Wien«
Komische Oper in einem Akt
FRANZ SCHUBERT Die Nacht
HARALD HEDDING Abschied
WOLFGANG AMADEUS MOZART Bandelterzett
JOSEPH DRECHSLER Brüderlein fein
JOHANN STRAUSS (Sohn) Kaiserwalzer

10. August, Stadthalle
Konzert-Matinée Wiener Symphoniker

Dirigent	Anton Paulik

Hedda Heußer, Sopran - Martha Musial, Sopran
Waldemar Kmentt, Tenor - Fritz Krenn, Baß
Fred Liewehr, Tenor - Georg Oeggl, Bariton
Bregenzer Festspielchor
FRIEDRICH SMETANA Die verkaufte Braut, Ouvertüre
RUGGIERO LEONCAVALLO Bajazzo, Prolog (Oeggl)
GIACOMO PUCCINI Bohème, Arie des Rudolf (Kmentt) - Arie der Mimi (Musial)
GUISEPPE VERDI Rigoletto, Arie der Gilda (Heußer)
WOLFGANG AMADEUS MOZART Don Giovanni, Registerarie (Krenn)
RICHARD HEUBERGER Der Opernball, Ouvertüre
JOHANN STRAUSS (Sohn) Die Fledermaus, Czárdás (Musial) - Der lustige Krieg; »Nur für Natur« (Krenn) Frühlingsstimmenwalzer (Heußer)
CARL MILLÖCKER Der Bettelstudent, Schicksalslied (Liewehr)
JOHANN STRAUSS (Sohn) Eine Nacht in Venedig, Ständchen (Festspielchor)

12. August, Stadthalle
II. Orchester-Konzert Wiener Symphoniker

Dirigent	Rudolf Moralt
Solist	Vásá Příhoda, Violine

FRANZ SCHMIDT
Variationen über ein Husarenlied
PJOTR ILJITSCH TSCHAIKOWSKY
Violinkonzert D-Dur, op. 35
CÉSAR FRANCK
Symphonie d-Moll

1953 25. Juli – 16. August

SPIEL AUF DEM SEE

25., 26. Juli, 1., 2., 4., 6., 8., 9., 12., 15., 16. August, Seebühne
FRANZ VON SUPPÉ
Boccaccio

Musikalische Leitung	Anton Paulik
Inszenierung	Adolf Rott
Bühnengestaltung	Walter von Hoesslin
Choreographie	Erika Hanka

Wiener Symphoniker, Wiener Staatsopernballett
Bregenzer Festspielchor

Giovanni Boccaccio	Hans Beirer
Pietro	Rudolf Christ
Repoletto	Franz Böheim
Scalza	Josef Knapp
Beatrice	Sonja Knittel
Lotteringhi	Josef Herrmann
Isabella	Georgine von Milinkovic
Lambertuccio	Kurt Preger
Peronella	Marta Rohs
Fiametta	Esther Réthy
Ein Kolporteur	Georg Oeggl
Leonetto	Richard Sallaba
Checcho	Erich Kaufmann

BALLETT

30. Juli, 11. August, Stadthalle
Wiener Staatsopernballett

Choreographie	Erika Hanka - Willy Fränzl
Bühnenbild und Kostüme	Rudolf Stehlik
Musikalische Leitung	Anton Paulik

Wiener Symphoniker
Solisten
Lucia Bräuer - Edeltraud Brexner - Gerlinde Dill - Lisl Temple - Willy Dirtl - Kurt Hieß - Richard Nowotny - Ewald Vondrak
WOLFGANG AMADEUS MOZART
Eine kleine Nachtmusik
ANTONÍN DVOŘÁK Slawische Tänze
PJOTR ILJITSCH TSCHAIKOWSKY
Valse de Fleurs
FRANZ LISZT II. Ungarische Rhapsodie
CARL MICHAEL ZIEHRER Faschingskinder
EMIL NIKOLAUS VON REZNICEK
Ouvertüre zu »Donna Diana«
JACQUES OFFENBACH - ANTON PAULIK
Can-Can-Szene
JOHANN STRAUSS Titus Feuerfuchs

THEATER

25., 28., 29. Juli, Stadthalle
Wiener Burgtheater
FRIEDRICH SCHILLER
Die Verschwörung des Fiesko zu Genua

Regie	Josef Gielen
Entwürfe für Bühnenbilder und Kostüme	Teo Otto
Musik	Hans Totzauer
Andreas Doria	Raoul Aslan
Gianettino Doria	Fred Hennings
Fiesko	Albin Skoda
Verrina	Ewald Balser
Bourgognino	Erich Auer
Calcagno	Stefan Skodler
Sacco	Herbert Herbe
Lomellino	Helmuth Krauß
Zenturione	Otto Kerry
Zibo	Tonio Riedl
Asserato	Eduard Volters
Romano	Helmut Janatsch
Muley Hassan	Heinz Moog
Deutscher der herzoglichen Leibwache	Michael Janisch
Aufrührerische Bürger	Karl Friedl Emmerich Reimers Otto Bolesch
Bedienter	Helmuth Randers
Leonore	Hilde Mikulicz
Julia Imperiali	Lilly Stepanek
Berta	Beatrix Degenschild
Rosa	Susi Waber
Arabella	Edith Heyduk

Eröffnungsgottesdienst
26. Juli, Stadtpfarrkirche St. Gallus
Festgottesdienst
Verstärkter Stadtpfarrchor St. Gallus
Leitung Willy Paffendorf
Solisten
Margarethe Gaßner-Caspart, Sopran - Elisabeth Fez, Alt - Karl Bollhammer, Tenor - Georg Oeggl, Baß
Wiener Symphoniker
Orgel Elgar Polzer
WILLY PAFFENDORF
Christ König-Festmesse, op. 82
für Chor, Soloquartett, Orchester und Orgel

KONZERT

31. Juli, Stadthalle
I. Orchesterkonzert
Wiener Symphoniker
Dirigent Clemens Krauss
JOHANNES BRAHMS II. Symphonie D-Dur, op. 73
RICHARD STRAUSS
Ein Heldenleben, Tondichtung für großes Orchester, op. 40

2. August, Stadthalle
Strauß-Matinee
Wiener Symphoniker
Dirigent Clemens Krauss
JOSEF STRAUSS
Mein Lebenslauf ist Lieb' und Lust, Walzer - Moulinet-Polka - Die Libelle, Polka-mazur - Jockey-Polka
JOHANN STRAUSS
Bei uns z'Haus, Walzer - Im Krapfenwaldl, Polka
Auf der Jagd, Galopp - Fledermaus-Ouvertüre
Pizzicato-Polka - Eljen a magyar, Czárdás - Rosen aus dem Süden, Walzer - Perpetuum mobile

3. August, Gössersaal
Barylli-Quartett
1. Violine Walter Barylli
2. Violine Otto Strasser
Viola Rudolf Streng
Violoncello Richard Krotschak
JOSEPH HAYDN Streichquartett G-Dur, op. 76/I
LUDWIG VAN BEETHOVEN
Streichquartett f-Moll, op. 95
FRANZ SCHUBERT Streichquartett G-Dur, op. 161

5. August, Stadthalle
II. Orchesterkonzert
Wiener Symphoniker
Dirigent Volkmar Andreae
Solist Walter Scheiderhan, Violine
LUDWIG VAN BEETHOVEN
Ouvertüre zum Ballett »Die Geschöpfe des Prometheus«
WOLFGANG AMADEUS MOZART
Violinkonzert D-Dur, (KV 218)
ANTON BRUCKNER VIII. Symphonie c-Moll

7. August, Martinsplatz
Serenade
Vorarlberger Funkorchester
Leitung Hans Moltkau
Solist Adolf Holler, Trompete
ALFRED UHL
Introduktion und Variation über eine Melodie aus dem 16. Jahrhundert »Es geht eine dunkle Wolk' herein« für Streichorchester
JOSEPH HAYDN Konzert für Trompete und Orchester
FRANZ SCHUBERT V. Symphonie, B-Dur

9. August, Stadtpfarrkirche St. Gallus
Geistliches Konzert
Stadtpfarrchor St. Gallus
Dirigent Josef Feuerstein
Solisten
Margarethe Gaßner-Caspart, Sopran - Elisabeth Fez, Alt - Karl Bollhammer, Tenor - Georg Oeggl, Baß - Piet van Egmond, Orgel - Hans Zimmert, Violine
Werke von Johann Sebastian Bach, Maria Luigi Cherubini, Gioacchino Rossini, Odo Polzer, Georges Bizet

10. August, Gössersaal
Komponistenabend
Kolbe-Quartett (Raimund Kolbe - Robert Gutmayer Hans Heidrich - Theo Lang)
Werke von Ferdinand Andergassen, Ernst Kréal, Georg Hering-Marsal, Hans Moltkau

13. August, Stadthalle
Chorkonzert
Amsterdamer Oratoriumchor
Dirigent Piet van Egmond
Solisten
Corry Bijster, Sopran - Hermann Schey, Bariton
Vorarlberger Funkorchester
PETER VAN ANROOY Piet Hein Rhapsodie
RUDOLF MENGELBERG
Missa pro Pace
Hymne Amstelredam

14. August, Stadthalle
Konzert der Wiener Sängerknaben
Musikalische Leitung Friedrich Brenn
TOMMASO LUDOVICO DA VITTORIA
Duo Seraphim
JACOBUS GALLUS Repleti sunt
GIOVANNI PIERLUIGI DE PALESTRINA
Salvator mundi
DIETRICH BUXTEHUDE
Zion hört die Wächter singen
ANTON BRUCKNER Ave Maria
FELIX MENDELSSOHN-BARTHOLDY
Soloeinlage: Duett
Oper:
JOBST BRANDT · J. STRAUSS Hans im Glück
Von unseren Reisen: Lieder aus aller Welt

15. August, Stadthalle
JOHANN SEBASTIAN BACH
Die Kunst der Fuge
Eingerichtet für die Wiedergabe auf zwei Positiven und einem Contrapositiv von Wolfgang von Karajan
Ausführende
Hans Andreae - Hedy von Karajan
Wolfgang von Karajan
Positive von Gebrüder Rieger, Schwarzach, Vorarlberg

1954 24. Juli – 15. August

SPIEL AUF DEM SEE

24., 25., 31. Juli, 1., 4., 7., 8., 11., 14. August, Seebühne
JOHANN STRAUSS (Sohn)
Die Fledermaus
Einrichtung für das Spiel auf dem See von Adolf Rott
Musikalische Leitung Anton Paulik
Inszenierung Adolf Rott
Bühnengestaltung Fritz Judtmann
Choreographie Janine Charrat
Wiener Symphoniker
Ballett Janine Charrat (Paris)
Bregenzer Festspielchor
Gabriel von Eisenstein Fred Liewehr
Rosalinde Ljuba Welitsch
Frank Alois Pernerstorfer
Prinz Orlofsky Waldemar Kmentt
Alfred Helge Rosvaenge
Dr. Falke Eberhard Wächter
Dr. Blind Richard Eybner
Adele Wilma Lipp
Ida Julia Gschnitzer
Frosch Franz Böheim

BALLETT

28. Juli, 5., 9. August, Stadthalle
Ballett Janine Charrat, Paris
Musikalische Leitung Daniel Stirn
Wiener Symphoniker
JOHANNES BRAHMS Pas de trois royal
Choreographie Yves Brieux
FREDERIC CHOPIN Ballade
Choreographie Janine Charrat
EDVARD GRIEG Concerto
Choreographie Janine Charrat
YVAN SEMENOFF Die Schlacht der Amazonen
Choreographie Janine Charrat
PJOTR ILJITSCH TSCHAIKOWSKY
Der schwarze Schwan
Choreographie Marius Petipa
J. WIENER-D. BARCLEY
Eine Fremde in Paris
Choreographie Janine Charrat

THEATER

27., 29., 30. Juli, Stadthalle
Wiener Burgtheater
WILLIAM SHAKESPEARE
Hamlet
Prinz von Dänemark
Übersetzung von A. W. Schlegel
Regie Leopold Lindtberg
Bühnenbilder und Kostüme Stefan Hlawa
Musik Hans Totzauer
Claudius Ewald Balser
Gertrude Liselotte Schreiner
Hamlet Albin Skoda
Polonius Hermann Thiming
Laertes Fred Liewehr
Ophelia Hilde Mikulicz
Horatio Felix Steinböck
Rosenkranz Helmuth Krauß
Güldenstern Tonio Riedl
Osrick Philipp Zeska
Marcellus Otto Kerry
Bernardo Walter Regelsberger
Franzisko Karl Friedl
Der Geist von Hamlets Vater Franz Herterich
Erster Schauspieler Raoul Aslan
Königin im Schauspiel Beatrix Degenschild
Lucianus Eduard Volters
Prologus Armand Ozory
Erster Totengräber Wilhelm Heim
Zweiter Totengräber Ernst Pröckl
Ein Priester Emmerich Reimers
Ein Bote Karl Nawratil
Fortinbras Stefan Skodler

12., 13., 15. August, Stadthalle
Wiener Burgtheater
GEORGE BERNARD SHAW
Der Kaiser von Amerika
Regie Ernst Lothar
Kostüme Erni Kniepert
König Magnus Raoul Aslan
Jemima Rosa Albach-Retty
Orinthia Erna Mangold
Prinzessin Alice Dolores Hubert
Proteus Alfred Neugebauer
Nicobar Fred Hennings
Boanerges Josef Meinrad
Pliny Wilhelm Schmidt
Crassus Hans Thimig
Balbus Otto Schmöle
Amanda Maria Eis
Lysistrata Helene Thimig
Sempronius Karl Friedl
Pamphilius Tonio Riedl
Mr. Vanhattan Hermann Thimig

Eröffnungsgottesdienst
25. Juli, Herz-Jesu-Kirche
Festgottesdienst
Verstärkter Chor der Herz-Jesu-Kirche
Vorarlberger Rundfunkorchester
Solisten
Toni Flatscher, Sopran - Marianne Schosland, Alt
Heinz Huggler, Tenor - Willy Vogler, Baß
Dirigent Wilhelm Schosland
ANTON BRUCKNER
Messe in D für Chor, Soli und Orchester
Das Proprium des Tages im Gregorianischen Choral, gesungen von der Knaben-Schola der Herz-Jesu-Kirche

Johann Strauß, Die Fledermaus, 1954. Baubesichtigung durch (v. l. n. r.) Waldemar Kmentt, Alois Pernerstorfer, Wilma Lipp, Anton Paulik, Ljuba Welitsch, Fred Liewehr, Eberhard Wächter.

OTTORINO RESPIGHI
Alte Tänze und Arien für Laute (I. Suite)
IGOR STRAWINSKY
Pulcinella, Suite nach der Musik von G. B. Pergolesi
PJOTR ILJITSCH TSCHAIKOWSKY Serenade für Streicher, op. 48
FELIX MENDELSSOHN-BARTHOLDY
IV. Symphonie in A-Dur, op. 90 (Italienische)

1955 21. Juli – 15. August

SPIEL AUF DEM SEE

23., 24., 30., 31. Juli, 3., 6., 7., 10., 13., 14. August, Seebühne
JOHANN STRAUSS (Sohn)
Eine Nacht in Venedig

Musikalische Leitung	Anton Paulik
Inszenierung	Adolf Rott
Bühnengestaltung	Walter von Hoesslin
Choreographie	Gustav Blank

Wiener Symphoniker
Ballett der Städtischen Oper Berlin
Bregenzer Festspielchor

Guido, Herzog von Urbino	Helge Rosvaenge
Bartholomeo Delacqua	Karl Dönch
Stefano Barbaruccio	Franz Böheim
Giorgio Testaccio	Richard Eybner
Barbara	Friederike Sailer
Agricola	Marta Rohs
Annina	Wilma Lipp Friederike Sailer
Caramello	Eberhard Wächter
Pappacoda	Fred Liewehr
Ciboletta	Emmy Loose
Enrico Piselli	Karl Terkal
Centurio	Dolores Hubert

KONZERTE

26. Juli, Martinsplatz
Serenade
Vorarlberger Funkorchester
Dirigent Hans Moltkau
JOHANN SEBASTIAN BACH
Ricercare aus dem »Musikalischen Opfer« (über ein Thema Friedrichs des Großen) für Streichorchester bearbeitet von Edwin Fischer
JOSEPH HAYDN
Divertimento Nr. III, für 8 Bläser, in Es-Dur, bearbeitet von Karl Geiringer
GIOACCHINO ROSSINI
Sonata für Streicher, bearbeitet von Casella
Allegro-Andante-Allegretto
ANTON STARK
Rondo capriccioso, für Solovioline, Klarinette und Streicher - (Solovioline: Raimund Kolbe; Klarinette: Walter Piesch)
RICHARD WAGNER Siegfried-Idyll

30. Juli, Marktplatz, Feldkirch
Bläser-Kammermusikvereinigung der Wiener Symphoniker
FRANZ DANZI
Quintett op. 56, Nr. 2 g-Moll für Flöte, Oboe, Klarinette, Horn und Fagott
WOLFGANG AMADEUS MOZART
Divertimento B-dur für 2 Oboen, 2 Hörner und 2 Fagotte
FRANZ SCHUBERT
Menuett und Finale eines Oktetts F-Dur für 2 Oboen, 2 Klarinetten, 2 Hörner, 2 Fagotte
OTTOKAR EUGEN NOVÁČEK
Sinfoniette für Flöte, Oboe, 2 Klarinetten, 2 Hörner und 2 Fagotte

2. August, Gössersaal
Kammermusikabend Konzerthausquartett
FRANZ SCHUBERT
Streichquartett Es-Dur, op. 125, I - Streichquartett a-Moll, op. 29 - Streichquartett C-Dur, op. posthumus

3. August, Stadthalle
I. Orchesterkonzert
Wiener Symphoniker
Dirigent Ferdinand Leitner
Solisten
Esther Réthy, Sopran - Marta Rohs, Alt - Helge Rosvaenge, Tenor - Alois Pernerstorfer, Baß
Bregenzer Festspielchor
LUDWIG VAN BEETHOVEN
IX. Symphonie d-Moll, op. 125

3. August, Schloß Schattenburg Feldkirch
Wiener Konzerthausquartett
JOSEPH HAYDN Streichquartett, op. 64/6, Es-Dur
WOLFGANG AMADEUS MOZART Streichquartett G-Dur, (KV 387)
CLAUDE DEBUSSY Streichquartett g-Moll

6. August, Stadthalle
II. Orchesterkonzert
Wiener Symphoniker

Dirigent	Volkmar Andreae
Solist	Friedrich Wührer, Klavier

LUIGI CHERUBINI Ouvertüre zur Oper »Anakreon«
ROBERT SCHUMANN Klavierkonzert a-Moll, op. 54
ANTON BRUCKNER VI. Symphonie A-Dur

8. August, Stadthalle
Opern-Matinee
Wiener Symphoniker

Dirigent	Hans Moltkau
Solist	Marcello Cortis, Baß

GUISEPPE VERDI
Nabucco, Ouvertüre - Rigoletto, Feile Sklaven, Arie des Rigoletto - Aida, Ballettmusik - Otello, Credo des Jago
RICHARD WAGNER Der Fliegende Holländer, Vorspiel
CARL MARIA VON WEBER Oberon, Ouvertüre
ALBERT LORTZING Zar und Zimmermann
Arie des van Bett
FRIEDRICH SMETANA Die verkaufte Braut
a) Polka, b) Furiant, c) Tanz der Komödianten
GIACCHINO ROSSINI
Der Barbier von Sevilla, Arie des Figaro - Wilhelm Tell, Ouvertüre

10. August, Stadthalle
Chor-Konzert
Straßburger Domchor
Vorarlberger Funkorchester
Dirigent Alphonse Hoch
Solisten
Wilma Lipp, Sopran - Lucie Rauh, Alt - Waldemar Kmentt, Tenor - Marcello Cortis, Baß
WOLFGANG AMADEUS MOZART
Te deum, (KV 141), Chor und Orchester
Inter natos mulierum, (KV 72), Chor und Orchester
HECTOR BERLIOZ
Die Flucht nach Ägypten aus »Das Heilands Kindheit«, deutsche Fassung von F. v. Weingartner
WOLFGANG AMADEUS MOZART Requiem

14. August, Marktplatz, Feldkirch
Serenade
Vorarlberger Funkorchester
Dirigent Bruno Amaducci

Johann Strauß, Eine Nacht in Venedig, 1955. Seebühne. Helge Rosvaenge als Herzog von Urbino.

OPER

9., 11., 12., 15. August, Theater am Kornmarkt
GIOACCHINO ROSSINI
Der Barbier von Sevilla

Musikalische Leitung	Alfredo Simonetto
Inszenierung	Marcello Cortis
Bühnenbilder	Walter von Hoesslin
Graf Almaviva	Petre Munteanu
Doktor Bartolo	Carlo Badioli

Ludwig Hoelscher, 1955.

Rosine	Giuditta Mazzoleni
Basilio	Raffaele Arié
Berta	Rina Cavallari
Figaro	Marcello Cortis
Fiorillo	Eberhard Wächter
Ein Offizier	Roland Neumann

BALLETT

25., 28. Juli, 8. August, Stadthalle
WERNER EGK
Abraxas

Musikalische Leitung	Hans Lenzer
Choreographie	Janine Charrat
Gesamtausstattung	Josef Fenneker

Wiener Symphoniker
Ballett der Städtischen Oper Berlin

Faust	Jockel Stahl
Archisposa	Liselotte Köster
Bellastriga	Ingeborg Höhnisch
Margarete	Friedel Herfurth
Helena	Ingeborg Settgast
Tiger	Rainer Köchermann
Satanas	Eric Canso
Schlange	Dorle Müller
Marbuel	Irene Salomon
König von Spanien	Peter Karwath
Hector	Hans Willing
Achill	Eric Canso
Jupiter	Gerd Heruth
Europa	Nelly Slepyan
Zwei Teufelsdiener	G. Heruth - H. Stibbe

THEATER

21., 22., 24., 27. Juli, Theater am Kornmarkt
Wiener Burgtheater
FRIEDRICH SCHILLER
Kabale und Liebe

Regie	Adolf Rott
Bühnenbilder	Fritz Judtmann
Präsident von Walter	Ewald Balser
Ferdinand	Erich Auer
Hofmarschall von Kalb	Raoul Aslan
Lady Milford	Judith Holzmeister
Wurm	Heinz Moog
Miller	Attila Hörbiger
Dessen Frau	Dagny Servaes
Luise	Käthe Gold
Sophie	Erika Berghöfer
Ein Kammerdiener des Fürsten	Hans Thimig

1., 2., 4., 5., August, Theater am Kornmarkt
Wiener Burgtheater
FERDINAND RAIMUND
Der Bauer als Millionär

Regie	Adolf Rott
Bühnenbild	Fritz Judtmann
Kostüme	Ernie Kniepert
Musikalische Leitung	Hans Totzauer

Tänze einstudiert von Dolores Hubert
Ballett der Städtischen Oper Berlin
Bregenzer Festspielchor

Lacrimosa	Dagny Servaes
Antimonia	Lilli Stepanek
Die Nacht	Elisabeth Kallina
Der Morgen	Gertrude Killinger
Der Abend	Dolores Hubert
Bustorius	Richard Eybner
Ajaxerle	Franz Böheim
Zenobius	Viktor Braun
Die Zufriedenheit	Alma Seidler
Die Jugend	Maria Kristie
Das hohe Alter	Otto Treßler
Der Neid	Eduard Volters
Der Haß	Franz Höbling
Nigowitz	Hermann Wawra
Tophan	Emmerich Reimers
Fortunatus Wurzel	Hermann Thimig
Lottchen	Erika Berghöfer
Lorenz	Ferdinand Maierhofer
Habakuk	Karl Friedl
Karl Schilf	Erich Auer
Musensohn	Helmut Janatsch
Schmeichelfeld	Wilhelm Schmidt
Afterling	Richard Eybner
Ein Schlosser	Walter Löwe
Ein Tischler	Fritz Radax

Eröffnungsgottesdienst
24. Juli, Mariahilf-Kirche
Festgottesdienst
Verstärkter Chor der Mariahilf-Kirche
Vorarlberger Funkorchester
Dirigent Johann Weishäupl
Solisten
Roswitha Engelberger, Sopran - Elisabeth Fez, Alt - Egon Holy, Tenor - Ernst Sittenthaler, Baß
FRANZ LISZT
Missa solemnis (Graner-Festmesse)
für Soli, Chor und Orchester

KONZERTE

27. Juli, Martinsplatz
Serenade
Vorarlberger Funkorchester

Dirigent	Hans Moltkau
Solistin	Emmy Loose, Sopran

WOLFGANG AMADEUS MOZART
Divertimento Nr. II, in D-Dur, (KV 251)
Arie aus »Il Re Pastore«
FRANZ SCHUBERT
Ouvertüre im italienischen Stil, C-Dur, op. 170
Hirt am Felsen - III. Symphonie in D-Dur

28. Juli, Stadthalle
I. Orchesterkonzert
Wiener Symphoniker
Dirigent Karl Böhm
JOHANNES BRAHMS
IV. Symphonie e-Moll, op. 98
LUDWIG VAN BEETHOVEN
V. Symphonie, c-Moll, op. 67

29. Juli, Stadthalle
II. Orchesterkonzert
Wiener Symphoniker

Dirigent	Volkmar Andreae
Solist	Ludwig Hoelscher, Violoncello

RICHARD WAGNER Meistersinger-Vorspiel
LUIGI BOCCHERINI Cello-Konzert B-Dur
ANTON BRUCKNER
IV. Symphonie Es-dur (»Romantische«)

31. Juli, Stadthalle
Matinee
Wiener Symphoniker
Dirigent Rudolf Moralt
JOSEPH HAYDN Symphonie Nr. 99 Es-Dur
FRANZ SCHUBERT V. Symphonie B-Dur
JOHANN STRAUSS (Sohn)
Ouvertüre »Zigeunerbaron« - Künstlerleben, Walzer
Donner und Blitz, Polka - Ägyptischer Marsch
Intermezzo aus »1001 Nacht« - Accelerationen, Walzer
Vergnügungszug, Polka - Perpetuum mobile

2. August, Festsaal der Arbeiterkammer Feldkirch
Kammerorchester-Konzert
Kammerorchester der Wiener Symphoniker

Dirigent	André van der Noot
Solist	Camillo Wanausek, Flöte

WOLFGANG AMADEUS MOZART
Streicherdivertimento D-Dur, (KV 136)
JOSEPH HAYDN
Symphonie Nr. 45 fis-Moll (Abschiedssymphonie)
WOLFGANG AMADEUS MOZART
Konzert für Flöte G-Dur, (KV 313)
Symphonia A-Dur, (KV 201)

7. August, Festsaal der Arbeiterkammer Feldkirch
Matinee
Vorarlberger Funkorchester

Dirigent	Hans Moltkau
Solist	Karl Dönch, Baß

WOLFGANG AMADEUS MOZART
»Don Giovanni«, Ouvertüre, Register-Arie
GAETANO DONIZETTI
»Regimentstochter«, Ouvertüre
GUISEPPE VERDI
»Macht des Schicksals«, Kapuziner-Predigt
CHARLES GOUNOD
Ballettmusik aus der Oper »Margarete«
OSWALD LUTZ
»Das Wunder der Madonina«, Ouvertüre
CARL LÖWE
Hochzeitslied
GIACOMO PUCCINI
»Manon Lescaut«, Intermezzo
MODEST MOUSSORGSKY
»Der Floh«
ALBERT LORTZING
»Wildschütz«, Ouvertüre - Arie des Baculus
GIACOMO MEYERBEER
»Der Prophet«, Krönungsmarsch

7. August, Pfarrkirche St. Gallus
Kirchenmusikalische Feierstunde
Arbeitsgemeinschaft der Musikerzieher Österreichs, Landesverband Vorarlberg, Abteilung Kirchenmusik
Werke für Orgel von
Frescobaldi, Johann Sebastian Bach, Max Reger, Nepomuk David
Arien und Duette von
Johann Sebastian Bach, Heinrich Schütz u. a. m.
Ausführende
Olga Hofmann, Sopran
Marianne Schosland, Alt
Regina Hiller - Walter Hofmann, Orgel

14. August, Theater am Kornmarkt
Kammermusik
Barylli-Quartett
WOLFGANG AMADEUS MOZART
Streichquartett Es-Dur, (KV 428)
ZOLTÁN KODÁLY
Streichquartett Nr. 2, op. 10
LUDWIG VAN BEETHOVEN
Streichquartett F-Dur, op. 59, Nr. 1

14. August, Schattenburg, Feldkirch
Kammermusik
Barylli-Quartett
WOLFGANG AMADEUS MOZART
Streichquartett D-Dur, (KV 499)
LUWDIG VAN BEETHOVEN
Streichquartett B-Dur, op. 18, Nr. 6
FRANZ SCHUBERT
Streichquartett d-Moll, op. posth.

1956 **19. Juli – 15. August**

SPIEL AUF DEM SEE

21., 22., 28., 29. Juli, 1., 4., 5., 8., 11., 12., 14. August, Seebühne
CARL MILLÖCKER
Der Bettelstudent

Musikalische Leitung	Anton Paulik
Inszenierung	Adolf Rott
Bühnengestaltung	Walter von Hoesslin
Choreographie	Gustav Blank

Wiener Symphoniker
Ballett der Städtischen Oper Berlin
Bregenzer Festspielchor

Palmatica Gräfin Nowalska	Hilde Roessel-Majdan
Laura	Wilma Lipp
Bronislawa	Eta Köhrer
Oberst Ollendorf	Karl Dönch
Symon Rymanowicz	Per Grundén
Jan Janicki	Arne Hendriksen
Enterich	Richard Eybner
Der Bürgermeister von Krakau	Wilhelm Schmidt

Schloß Schattenburg, Innenhof.

OPER

25., 26., 30. Juli, 2., 6. August, Theater am Kornmarkt
OTTO NICOLAI
Die lustigen Weiber von Windsor

Musikalische Leitung	Fritz Zaun
Bühnenbilder	Stefan Hlawa
Inszenierung	Werner Kelch
Choreographie	Gustav Blank

Wiener Symphoniker
Ballett der Städtischen Oper Berlin
Bregenzer Festspielchor

Sir John Falstaff	Otto Edelmann
Herr Fluth	Karl Dönch
Herr Reich	Hans Günter Nöcker
Fenton	Karl Terkal
Junker Spärlich	August Jaresch
Dr. Cajus	Robert Titze
Frau Fluth	Wilma Lipp
Frau Reich	Hilde Rössel-Majdan
Jungfer Anna Reich	Hannelore Steffek
Erster Bürger	Roland Neumann
Zweiter Bürger	Karl Kralert
Dritter Bürger	Walther Müller
Vierter Bürger	Alfred Scherhaufer

BALLETT

24., 31. Juli, 5. August, Stadthalle
PJOTR ILJITSCH TSCHAIKOWSKY
Dornröschen

Musikalische Leitung	Hans Lenzer
Inszenierung und Choreographie	Tatjana Gsovsky
Ausstattung	Jean-Pierre Ponnelle
Prinzessin Aurora	Suse Preisser
Prinz Charmant	Wolfgang Leistner
Fee Carabosse (böse Fee)	Egbert Strolka
Fee Lila (gute Fee)	Ingeborg Höhnisch
König und Königin	Ingeborg Settgast Frank Hoopmann
Catalabutte, der Zeremonienmeister	Jürgen Feindt

THEATER

19., 20., 22., 23. Juli, Theater am Kornmarkt
Welturaufführung
Wiener Burgtheater
MAX MELL
Jeanne d'Arc

Regie	Josef Gielen
Bühnenbild	Teo Otto
Johanna	Inge Langen
Heinrich VI.	Ossi Wanka
Herzog von Bedford	Ulrich Bettac
Graf Warwick	Fred Liewehr
Peter Manuel	Andreas Wolf
Bischof Cauchon	Heinz Moog
Lemaitre	Helmuth Krauss
Herr von Ligny	Hermann Thimig
Frau von Ligny	Alma Seidler
Massieu	Otto Kerry
Bruder Martin	Felix Steinböck
Junker Grey	Michael Janisch
Der Türhüter	Wilhelm Schmidt
Simon	Franz Böheim
Wachsoldaten	Karl Friedl - Viktor Braun Peter Neusser Josef Wichart Moritz Milar

9., 10., 12., 13., 15. August, Theater am Kornmarkt
Wiener Burgtheater
FRANZ GRILLPARZER
König Ottokars Glück und Ende

Regie	Adolf Rott
Bühnenbild	Fritz Judtmann
Musik	Hans Totzauer
Ottokar, König vom Böhmen	Ewald Balser
Margarete von Österreich	Liselotte Schreiner
Benesch von Dieditz	Heinz Moog
Milota	Otto Schmöle
Zawisch	Albin Skoda
Berta	Lona Dubois
Braun von Olmütz	Alfred Neugebauer
Bela, König von Ungarn	Franz Höbling
Kunigunde von Massovien	Judith Holzmeister
Rudolf von Habsburg	Attila Hörbiger
Friedrich Zollern	Philipp Zeska
Heinrich von Lichtenstein	Eduard Volters
Der alte Merenberg	Felix Steinböck
Seyfried Merenberg	Albert Rueprecht
Herbott von Füllenstein	Michael Janisch
Paltram Vatzo	Wilhelm Schmidt
Ottokar von Horneck	Fred Liewehr
Der Bürgermeister von Prag	Julius Karsten
Der Kanzler des Erzbischofs von Mainz	Otto Treßler
Ein Abgesandter der deutschen Wahlversammlung	Franz Herterich
Ein kaiserlicher Herold	Otto Kerry
Elisabeth, Margaretens Kammerfrau	Lilly Karoly
Ein Kammerfräulein Kunigundens	Erika Berghöfer
Ein Diener Ottokars	Karl Friedl

Eröffnungsgottesdienst
22. Juli, Stadtpfarrkirche St. Gallus
Festgottesdienst
Wilma Lipp, Sopran - Hilde Rössel-Majdan, Alt
Karl Terkal, Tenor - Fritz Purr, Baß
Stadtpfarrchor St. Gallus
Wiener Symphoniker

Dirigent	Gerhard Dollinger
Orgel	Elgar Polzer

WOLFGANG AMADEUS MOZART
Missa, (KV 317) (Krönungsmesse)

KONZERTE

22. Juli, Theater am Kornmarkt
Kammermusik Keller-Quartett
WOLFGANG AMADEUS MOZART
Quartett B-Dur, (KV 458)
PAUL HINDEMITH
Quartett in Es (1943) 5. Quartett
ROBERT SCHUMANN
Quartett a-Moll op. 41

23. Juli, Schloß Schattenburg Feldkirch
Kammermusik
Keller-Quartett
LUIGI BOCCHERINI
Quartett A-Dur
IGOR STRAWINSKY
3 Stücke für Streichquartett
PAUL HINDEMITH
Quartett in Es (1943) 5. Quartett
LUDWIG VAN BEETHOVEN
Quartett G-Dur op. 1812

27. Juli, Stadthalle
HECTOR BERLIOZ
Faust's Verdammung

Dirigent	Piet van Egmond

Amsterdamer Oratoriumchor
Vorarlberger Funkorchester

Margarete	Giuditta Mazzoleni
Faust	Murray Dickie
Mephisto	Paul Schöffler
Brandner	Hans Günter Nöcker

28. Juli, Schloß Schattenburg Feldkirch
Glasharfen-Konzert
Bruno Hoffmann, der Meister der Glasharfe
GEORG FRIEDRICH HAENDEL
Gavotte
JEAN-PHILIPPE RAMEAU
Rondeau »Le Tambourin«
FRANÇOIS COUPERIN
Rondeau »Le petit rien«
JOHANN SEBASTIAN BACH
Sarabande aus der Violinsonate II
Menuett I und II aus der Violinsonate IV
CHRISTOPH WILLIBALD GLUCK
Gavotte aus dem Ballett »Don Juan«
Gavotte aus »Paris und Helena«
WOLFGANG AMADEUS MOZART
Adagio in C für Harmonika, (KV 617a)
JOHANN GOTTLIEB NAUMANN
Sonate Nr. 8 für Harmonika
Sonate Nr. 5 für Harmonika
LUDWIG VAN BEETHOVEN
Romanze aus »Leonore Prohaska«
JOHANN FRIEDRICH REICHARDT
Grazioso für Harmonika
BRUNO HOFFMANN Sternschnuppen-Scherzo
WOLFGANG AMADEUS MOZART
Andantino, (KV 236)

29. Juli, Stadthalle
I. Orchesterkonzert (Matinee)
Wiener Symphoniker

Dirigent	Heinrich Hollreiser
Solist	Paul Schöffler, Baß

MODEST MUSSORGSKY
Eine Nacht auf dem Kahlen Berge
Boris Godunow, Tod des Boris
ALEXANDR BORODIN
Fürst Igor, Arie des Igor
PJOTR ILJITSCH TSCHAIKOWSKY
IV. Symphonie f-Moll, op. 36

31. Juli, Martinsplatz
Serenade
Vorarlberger Funkorchester

Dirigent	Hans Moltkau
Solist	Friedrich Wächter, Oboe

WOLFGANG AMADEUS MOZART
Symphonie F-Dur, (KV 112)
Ballettmusik aus der Pantomime »Les petits riens«
Konzert für Oboe und Orchester in C-Dur, (KV 314)
Symphonie in D-Dur, (Haffner-Symphonie) (KV 385)

2. August, Festsaal der Arbeiterkammer, Feldkirch
Orchesterkonzert
Vorarlberger Funkorchester

Dirigent	Hans Moltkau
Solist	Ludwig Hoelscher, Violoncello

ROBERT SCHUMANN (zum 100. Todestag am 29. Juli)
Manfred-Ouvertüre, op. 115
Konzert für Violoncello und Orchester in a-Moll, op. 129
LUDWIG VAN BEETHOVEN
II. Symphonie in D-Dur, op. 36

3. August, Stadthalle
II. Orchesterkonzert
Wiener Symphoniker

Dirigent	Ferdinand Leitner
Solisten	Martha Mödl, Sopran
	Otto Edelmann, Baß

Bregenzer Festspielchor
Bregenzer Männerchor
RICHARD WAGNER
»Götterdämmerung«, Siegfrieds Rheinfahrt
»Die Walküre«, Wotans Abschied und Feuerzauber
»Götterdämmerung«, Brünnhildes Schlußgesang
»Die Meistersinger von Nürnberg«, Vorspiel
Wahn-Monolog
Schluß-Ansprache des Hans Sachs und Chor

7. August, Theater am Kornmarkt
III. Orchesterkonzert
Mozart-Festkonzert
Wiener Symphoniker

Dirigent	Georg Solti
Solist	Géza Anda, Klavier

WOLFGANG AMADEUS MOZART
Ouvertüre in italienischem Stil, G-Dur
Symphonie g-Moll, (KV 183)
Klavierkonzert C-Dur, (KV 467)
Symphonie D-Dur (Prager Symphonie), (KV 504)

10. August, Festsaal der Arbeiterkammer, Feldkirch
IV. Orchesterkonzert
Wiener Symphoniker

Dirigent	Bruno Amaducci

WOLFGANG AMADEUS MOZART
Sinfonie in Es-Dur (KV 16)
Konzert für Klavier und Orchester in F-Dur, (KV 413)
Sinfonia concertante für 2 Prinzipalgeigen und Orchester in C-Dur, (KV 190)
Symphonie Nr. 41 C-Dur, (KV 551) (Jupiter-Symphonie)

1957 19. Juli – 18. August

»Für sein Drama DER GROSSE VERZICHT, das den Gegensatz zwischen den Päpsten Cölestin V. und Bonifaz VIII. schildert, wurde der deutsche Dichter Reinhold Schneider bei der Eröffnung der Bregenzer Festspiele mit dem ersten Preis des Bregenzer Internationalen Schauspielwettbewerbs ausgezeichnet. Der Preis ist mit 20000 Schilling (etwa 3200 DM) dotiert.

Für den zweiten Preis standen drei gleichwertige Werke zur Verfügung. Die Jury entschloß sich daher, den zweiten Preis von 10000 Schilling (etwa 1600 DM) zu teilen, und die Bregenzer Festspielgemeinde stiftete einen weiteren Preis von 5000 Schilling, so daß drei weitere zweite Preise in gleicher Höhe vergeben werden konnten. Sie fielen an Salahattin Batu (Türkei) für HELENA BLEIBT IN TROJA (deutsche Nachdichtung von Bernt von Heiseler), an Hans Friedrich Kühnelt (Österreich) für ES IST SPÄTER ALS DU DENKST und an Max Zweig (Israel) für SAUL.

Zu dem im vergangenen Jahr ausgeschriebenen Wettbewerb waren 479 Werke aus 25 Ländern in 15 Sprachen eingesandt worden. Aus Deutschland stammten 122 Einsendungen. Das mit dem ersten Preis gekrönte Werk wird in den Spielplan des Wiener Burgtheaters aufgenommen. Reinhold Schneider, der bei der Preisverteilung anwesend war, wurde vom Publikum stürmisch gefeiert.«

Entnommen aus: DARMSTÄDTER ECHO, 22. 7. 1957.

SPIEL AUF DEM SEE

20., 21., 24., 27., 28., 31. Juli, 3., 4., 7., 10., 11., 14., 17. August, Seebühne

ALBERT LORTZING
Zar und Zimmermann

Musikalische Leitung	Heinrich Hollreiser
Inszenierung	Adolf Rott
Bühnengestaltung	Fritz Judtmann
Choreographie	Erika Hanka

Wiener Symphoniker
Wiener Staatsopernballett
Bregenzer Festspielchor

Peter Michaelow	Eberhard Wächter
Peter Iwanow	Peter Klein
van Bett	Oskar Czerwenka
Marie	Emmy Loose
Lefort	Marjan Rus
Lord Syndham	Hans Günter Nöcker
Marquis von Chateauneuf	Karl Terkal
Witwe Brown	Hilde Rössel-Majdan

OPERETTE

26., 28., 30. Juli, 1., 5. August, Theater am Kornmarkt
RICHARD HEUBERGER
Der Opernball
Textliche Bearbeitung (unter Benützung des französischen Originals) von Oscar Fritz Schuh

Musikalische Leitung	Anton Paulik
Regie	Karlheinz Haberland
Bühnenbilder und Kostüme	Stefan Hlawa
Choreographie	Willy Fränzl

Wiener Symphoniker
Wiener Staatsopernballett
Bregenzer Festspielchor

Beaubuisson	Karl Dönch
Madame Beaubuisson	Lilly Stepanek
Henri	Friedl Loor
Paul Aubier	Eberhard Wächter
Angèle	Esther Réthy
Georges Duménil	Norbert Ecker
Marguérite	Colette Lorand
Hortense	Elfie Mayerhofer
Feodora	Luise Martini
Philippe	Fritz Grieb
Germain	Volker Krystoph

BALLETT

22., 29. Juli, 18. August, Stadthalle
Das Rondo vom Goldenen Kalb
Drei Nachtstücke von Tatjana Gsovsky

Musik	Gottfried von Einem
Musikalische Leitung	Heinrich Hollreiser
Choreographie und Inszenierung	Erika Hanka
Bühnenbilder	Stephan Hlawa

Solisten
Eva Bernhofer - Lucia Bräuer - Edeltraud Brexner Gerlinde Dill - Lisl Temple - Christl Zimmerl - Erika Zlocha - Richard Adama - Willy Dirtl - Karl Musil Richard Novotny
1. Bild: HOCHZEIT
2. Bild: SCHWARZER TAG
3. Bild: ROULETTE

Der Mohr von Venedig
Ballett von Erika Hanka

Musik	Boris Blacher
Musikalische Leitung	Heinrich Hollreiser
Inszenierung und Choreographie	Erika Hanka
Kostüme	Georges Wakhewitsch

THEATER

19., 21., 23., 25. Juli, Theater am Kornmarkt
Uraufführung
Wiener Burgtheater
HANS HÖMBERG
Die chinesische Witwe

Regie	Hans Thimig
Bühnenbild	Gottfried Neumann-Spallart
Herr Pong	Heinz Moog
Tatai	Hilde Mikulicz
	Inge Brücklmeier
Linyi	Angelika Hauff
Yatu	Dagny Servaes
Prinz Tschinys	Robert Lindner

2., 4., 8., 11. August, Theater am Kornmarkt
Wiener Burgtheater
HERMANN BAHR
Das Konzert

Regie	Ulrich Bettac
Bühnenbilder	Fritz Judtmann
Gustav Heink	Attila Hörbiger
Marie	Alma Seidler
Dr. Franz Jura	Josef Meinrad
Delfine	Inge Konradi
Eva Gerndl	Lona Dubois
Pollinger	Hermann Thimig
Frau Pollinger	Auguste Pünkösdy
Fräulein Wehner	Trude Ackermann
Fräulein Selma Meier	Elisabeth Reichmann
Miss Garden	Antonia Mittrowsky
Frau Claire Floderer	Inge Leddihn

12., 13., 15., 16., 18. August, Theater am Kornmarkt
Wiener Burgtheater
FRIEDRICH SCHILLER
Don Carlos

Regie	Josef Gielen
Bühnenbilder	Stefan Hlawa
Philipp II.	Werner Krauß
Elisabeth von Valois	Hilde Mikulicz
	Inge Langen
Don Carlos	Walther Reyer
Alexander Farnese	Volker Krystoph
Infantin Klara Eugenia	Christine Haunschmied
Herzogin von Olivarez	Vera Balser-Eberle
Marquise von Mondekar	Beatrix Degenschild
Prinzessin von Eboli	Judith Holzmeister
Gräfin Fuentes	Marianne Kopatz
Marquis von Posa	Fred Liewehr
Herzog von Alba	Stefan Skodler
Graf von Lerma	Felix Steinböck
Herzog von Feria	Karl Eidlitz
Herzog von Medina	
Sidonia	Otto Treßler
Domingo	Heinz Moog
Der Großinquisitor des Königreichs	Albin Skoda
Der Prior eines Kartäuserklosters	Hans Thimig
Page der Königin	Moritz Milar
Offizier der Leibwache	Peter Neusser

Eröffnungsgottesdienst
21. Juli, Herz-Jesu-Kirche
Festgottesdienst
Pfarrchor Herz Jesu
Wiener Symphoniker
Dirigent Wilhelm Schosland
FERDINAND ANDERGASSEN
Missa »Sursum corda« op. 97
in einer Neubearbeitung für Chor und großes Orchester
Proprium von Hermann Kronsteiner für Chor und Orchester. Uraufführung, für die Bregenzer Festspiele komponiert

KONZERTE

25. Juli, Volkshalle Feldkirch
Johann-Strauß-Konzert
Vorarlberger Funkorchester
Dirigent Anton Paulik
Solistin Elfie Mayerhofer
JOSEF STRAUSS
Aquarellen-Walzer
JOHANN STRAUSS
Im Krapfenwaldl - Dorfschwalben aus Österreich
JOSEF STRAUSS
Tage und Nacht, Polka
JOHANN UND JOSEF STRAUSS
Pizzicato-Polka
JOHANN STRAUSS
Eljen a Magyar, Csárdas - »Die Fledermaus«, Ouvertüre, Spiel' ich die Unschuld vom Lande, Mein Herr Marquis
Vergnügungszug, Polka - Frühlingsstimmenwalzer
Die Jagd, Polka - An der schönen blauen Donau, Walzer

28. Juli, Theater am Kornmarkt
Kammermusik
Elly Ney, Klavier
Ludwig Hoelscher, Violoncello
LUDWIG VAN BEETHOVEN
Sonate für Violoncello und Klavier, A-Dur op. 69
Zwölf Variationen für Violoncello und Klavier, F-Dur op. 66, über das Thema »Ein Mädchen oder Weibchen« aus der Oper »Die Zauberflöte« von Mozart
Sonate für Klavier f-Moll op. 57 (Appassionata)
Sonate für Violoncello und Klavier, C-Dur op. 102 Nr. 1
Sieben Variationen für Violoncello und Klavier, Es-Dur, über das Duett »Bei Männern, welche Liebe fühlen« aus der Oper »Die Zauberflöte« von Mozart

29. Juli, Martinsplatz
Serenade
Vorarlberger Funkorchester
Dirigent Hans Moltkau
Solist Hans Günter Nöcker, Baß
JOHANNES BRAHMS Serenade D-Dur, 1. Satz
RICHARD STRAUSS Lieder
HUGO WOLF Lieder - Italienische Serenade
EDVARD GRIEG Lieder - Holberg-Suite

4. August, Stadthalle
I. Orchesterkonzert
Wiener Symphoniker
Dirigent Joseph Keilberth

Gabriel, Eva	Teresa Stich-Randall, Sopran
Uriel	Anton Dermota, Tenor
Raphael, Adam	Walter Berry, Baß

Singverein der Gesellschaft der Musikfreunde, Wien
JOSEPH HAYDN Die Schöpfung

6. August, Stadthalle
II. Orchesterkonzert
Wiener Symphoniker
Dirigent Mario Rossi
Solisten
Teresa Stich-Randall, Sopran - Hilde Rössel-Majdan, Alt
Murray Dickie, Tenor - Hans Günter Nöcker, Baß
Singverein der Gesellschaft der Musikfreunde, Wien
GIUSEPPE VERDI Requiem

9. August, Stadthalle
III. Orchesterkonzert
Wiener Symphoniker
Dirigent Volkmar Andreae
Solist Jörg Demus, Klavier
LUDWIG VAN BEETHOVEN
Klavierkonzert Nr. 3, c-Moll, op. 37
ANTON BRUCKNER V. Symphonie B-Dur

11. August, Schloß Schattenburg Feldkirch
Kammermusik
Wiener Konzerthausquartett
JOSEPH HAYDN
Streichquartett op. 20, Nr. 4, D-Dur
FRANZ SCHUBERT
Streichquartett g-Moll, op. posthumus
LUDWIG VAN BEETHOVEN
Streichquartett op. 59, Nr. 2, e-Moll

16. August, Volkshalle Feldkirch
IV. Orchesterkonzert
Wiener Symphoniker
Dirigent Heinrich Hollreiser
JOHANNES BRAHMS
Akademische Fest-Ouvertüre, c-Moll, op. 80
LUDWIG VAN BEETHOVEN
I. Symphonie C-Dur, op. 21
ANTONÍN DVOŘÁK V. Symphonie e-Moll, op. 95

1958 18. Juli – 17. August

SPIEL AUF DEM SEE

19., 20., 23., 26. Juli, 2., 5., 7., 9., 10., 13., 16. August, Seebühne
FRIEDRICH SMETANA
Die verkaufte Braut

Musikalische Leitung	Heinrich Hollreiser
Inszenierung	Adolf Rott
Bühnengestaltung	Robert Kautsky
Choreographie	Erika Hanka

Wiener Symphoniker, Wiener Staatsopernballett
Bregenzer Festspielchor

Kruschina	Marjan Rus
Katinka	Sonja Draksler
Marie	Traute Richter
Micha	Friedrich Nidetzky
Agnes	Dagmar Hermann
Wenzel	Peter Klein
Hans	Waldemar Kmentt
Kezal	Oskar Czerwenka
Springer	Franz Böheim
Esmeralda	Franziska Wachmann
Muff	Richard Eybner

Friedrich Smetana, Die verkaufte Braut, 1958. Vierbeinige Darsteller.

OPERETTE

22., 29. Juli, 1., 4., 17. August, Theater am Kornmarkt
Anläßlich des 10. Todesjahres des Komponisten
FRANZ LEHÁR
Die lustige Witwe

Dirigent	Walter Goldschmidt
Inszenierung	Heinz Arnold
Bühnenbild	Ludwig Hornsteiner
Choreographie	Willy Fränzl

Wiener Symphoniker
Wiener Staatsopernballett
Bregenzer Festspielchor

Baron Mirko Zeta	Richard Eybner
Valencienne	Waltraud Schwind
Graf Danilo Danilowitsch	Norbert Ecker
Hanna Glawari	Franziska Wachmann
Camille de Rosillon	Waldemar Kmentt
Vicomte Cascada	Paul Späni
Raoul de St. Brioche	Engelbert Domig
Bogdanowitsch	Friedrich Nidetzky
Sylviane	Lilly Iffrig
Kromow	Franz Höbling
Olga	Waltraud Schwind
Pritschitsch	Marjan Rus
Praskowia	Lilly Stepanek
Njegus	Franz Böheim

BALLETT

27., 30. Juli, 3. August, Seebühne
ADOLPHE ADAM
Giselle

Musikalische Leitung	Michael Gielen
Neueinstudierung der Choreographie von Coralli	Gordon Hamilton
Bühnenbilder	Robert Kautsky
Kostüme	Georges Wakhewitsch
Giselle	Edeltraut Brexner
Albrecht	Richard Adama
	Willy Dirtl
Myrtha	Lucia Bräuer
	Christl Zimmerl
Hilarion	Karl Musil - Paul Vondrak
Herzog von Kurland	Richard Nowotny
Bathilde	Irene Bernhofer
Giselles Mutter	Eva Bernhofer
Wilfred	Kurt Hieß
Moyna	Inge Fiala
Zulma	Gerlinde Dill
Bauern, Pas de deux	Erika Zlocha
	Karl Musil - Paul Vondrak

31. Juli, Stadthalle
Ballettabend des Wiener Staatsopernballetts
PJOTR ILJITSCH TSCHAIKOWSKY
Nußknackersuite

Musikalische Leitung	Michael Gielen
Choreographie	Gordon Hamilton
Bühnenbilder und Kostüme	Georges Wakhewitsch

Wiener Symphoniker
Solisten
Lucia Bräuer - Edeltraut Brexner - Gerlinde Dill
Christl Zimmerl - Erika Zlocha - Wilfried Fränzl - Karl Musil - Paul Vondrak
LUDWIG MINKUS
Pas de deux **»Don Quixote«**
Musikalische Leitung Michael Gielen
Choreographie von M. Petipa, neu einstudiert von Gordon Hamilton - Christl Zimmerl - Willy Dirtl
JOSEF HELLMESBERGER und MAX SCHÖNHERR
Hotel Sacher

Musikalische Leitung	Michael Gielen
Inszenierung und Choreographie	Erika Hanka
Bühnenbilder, Kostüme	Georges Wakhewitsch

THEATER

18., 20., 21., 24. Juli, Theater am Kornmarkt
Uraufführung
Wiener Burgtheater
REINHOLD SCHNEIDER
Der große Verzicht

Regie	Josef Gielen
Bühnenbild	Teo Otto
Petrus von Murrhone	Ewald Balser
Benedetto Gaetani	Ernst Deutsch
Latinus Malabranca	Felix Steinböck
Matteo Rosso	Ulrich Bettac
Jakob Colonna	Otto Schmöle
Pedro Colonna	Andreas Wolf

Internationaler Schauspielwettbewerb, 1958
(v. l. n. r.) Reinhold Schneider, Max Zweig, Hans Friedrich Kühnelt.

Napoleon Orsini	Norbert Ecker
Hugo Sotin	Wilhelm Schmidt
Richard von Siena	Emmerich Reimers
Jacopone	Eduard Johst
Zweiter Kaplan	Otto Kerry
Ambrosius, Eremit	Hermann Thimig
Karl II., der Lahme	Heinz Woester
Ludwig	Erich Auer
Robert	Josef Anders
Kanzler des Königs	Hans Obonya
Arzt des Papstes	Richard Eybner
Karl von Valois	Stefan Skodler
Sciarra Colonna	Michael Janisch
Petrus, Graf von Caserta	Jörg Liebenfels
Violanta, Prinzessin von Palma	Inge Brücklmeier
Ein Hirte (2. Bild)	Peter Neusser
Ein Schreiber (7. Bild)	Helmuth Krauß
Ein Kaplan	Gandolf Buschbeck
Ein Prior / *Ein Wächter*	Franz Höbling
Alter Kardinal (9. Bild)	Ernst Neubauer
Ein Fischersmann	Eduard Volters
Seine Frau	Lilly Stepanek
Ein Knabe	Czejke
1. Fischer	Viktor Braun
2. Fischer / *Soldat*	Karl Friedl
Hauptmann	Peter Neusser

28., 31. Juli, 3. August, Theater am Kornmarkt
Wiener Burgtheater
FRANZ GRILLPARZER
Weh dem, der lügt

Regie	Leopold Lindtberg
Bühnenbilder	Teo Otto
Gregor	Heinz Woester
Atalus	Andreas Wolf
Leon	Peter Brogle
Kattwald	Fred Hennings
Edrita	Aglaja Schmid
Galomir	Michael Janisch
Gregors Hausverwalter	Wilhelm Schmidt
Der Schaffer Kattwalds	Norbert Ecker

11., 12., 14., 15., 17. August, Theater am Kornmarkt
Wiener Burgtheater
FRIEDRICH SCHILLER
Maria Stuart

Regie	Leopold Lindtberg
Bühnenbild	Teo Otto
Elisabeth, Königin von England	Liselotte Schreiner
Maria Stuart, Königin von Schottland	Paula Wessely
Graf von Leicester	Fred Liewehr
Graf von Shrewsbury	Heinz Moog
Baron von Burleigh	Albin Skoda
Graf von Kent	Michael Korontay
Wilhelm Davison	Otto Kerry
Amias Paulet	Otto Schmöle
Mortimer	Andreas Wolf
Graf Aubespine	Paul Pranger
Graf Bellievere	Karl Eidlitz
Okelly	Peter Neusser
Drugeon Drury	Walter Gerhardt
Melvil	Felix Steinböck
Hanna Kennedy	Vera Balser-Eberle
Margareta Kurl	Trude Ackermann
Offizier der Leibwache	Gandolf Buschbeck

Eröffnungsgottesdienst
20. Juli, Pfarrkirche Mariahilf
Festgottesdienst
Sonja Draksler, Mezzosopran - Waltraud Schwind, Alt
Paul Späni, Tenor - Engelbert Domig, Tenor
Kirchenchöre »Mariahilf und St. Gallus«, Bregenz
Vorarlberger Funkorchester
Dirigent Johann Weishäupl
JOSEPH HAYDN
Große Messe in B (Theresienmesse)
für Soli und gemischten Chor, großes Orchester

KONZERTE

20. Juli, Martinsplatz
Serenade
Vorarlberger Funkorchester
Dirigent Hans Moltkau
Solist Edmond Leloir, Horn
MICHAEL HAYDN
Divertimento Nr. 3 in F-Dur
WOLFGANG AMADEUS MOZART
Konzert für Horn und Orchester Nr. 3 in Es-Dur, (KV 447)
Serenade in D-Dur, (KV 320) »Posthornserenade«

24. Juli, Volkshalle Feldkirch
Chorkonzert
Sängervereinigung BAYER 1935, Krefeld-Uerdingen
Romantische Chormusik
Franz Schubert, Richard Trunk, Bruno Stürmer, Adolf Prümers, Walter Rein, Oswald Lutz, Hans Lang
Volksweisen

25. Juli, Theater am Kornmarkt
Chorkonzert
Chorale mixte du Conservatoire de Luxembourg
Dirigent Walter Kolneder
Solisten
Friederike Sailer, Sopran - Waltraud Schwind, Sopran
Sonja Draksler, Mezzosopran - Murray Dickie, Tenor
Engelbert Domig, Baß
Orgel Wolfgang-Karajan-Ensemble
Vorarlberger Funkorchester
MARC-ANTOINE CHARPENTIER
Te Deum
WOLFGANG AMADEUS MOZART
Vesperae de Dominica
ZOLTÁN KODÁLY
Psalmus hungaricus für Tenor, Chor und Orchester op. 13

27. Juli, Theater am Kornmarkt
Kammermusik
Elly Ney, Klavier
Ludwig Hoelscher, Violoncello
LUDWIG VAN BEETHOVEN
Sonate für Klavier und Violoncello g-Moll op. 5 Nr. 2
Zwölf Variationen für Klavier und Violoncello G-Dur über ein Thema aus dem Oratorium »Judas Maccabäus« von Händel
Sonate quasi una fantasia, cis-Moll op. 27/2 (Mondscheinsonate)
Sonate für Klavier und Violoncello D-Dur op. 102 Nr. 2
Sonate für Klavier und Violoncello F-Dur op. 5 Nr. 1

29. Juli, Volkshalle Feldkirch
Orchesterkonzert
Orgel-Ensemble Wolfgang von Karajan
Solisten
Hedy von Karajan - Wolfgang von Karajan - Oskar Peter
Vorarlberger Funkorchester
JOHANN SEBASTIAN BACH
Sonate Nr. 2 c-Moll
WOLFGANG AMADEUS MOZART
Adagio-Allegro und Adagio (f-Moll/F-Dur) »Ein Stück für ein Orgelwerk in eine Uhr« (KV 594)
Andante (F-Dur) »Für eine Walze in eine kleine Orgel« (KV 616)
Fantasie (f-Moll/As-Dur) »Ein Orgelstück für eine Uhr« (KV 608)
JOSEPH HAYDN
Orgelkonzert C-Dur
Solistin Hedy von Karajan
GEORG FRIEDRICH HÄNDEL
Orgelkonzert Nr. 8 A-Dur
Solist Oskar Peter

6. August, Stadthalle
I. Orchesterkonzert
Wiener Symphoniker
Dirigent Carlo Zecchi
HECTOR BERLIOZ
Symphonie Fantastique
FRANCESCO GEMINIANI
Concerto grosso g-Moll, op. 1/2
PJOTR ILJITSCH TSCHAIKOWSKY
»Romeo und Julia«
Phantasie-Ouvertüre nach Shakespeare

8. August, Theater am Kornmarkt
Liederabend
Anton Dermota, Tenor
Am Klavier Hilde Berger-Weyerwald
FRANZ SCHUBERT
»Die schöne Müllerin«

»Selten sind Künstler in Bregenz so enthusiastisch gefeiert worden wie das Ehepaar Dermota. Die Ovationen wurden mit Zugaben reichlich belohnt, wenn der Sänger die Lieder SEHNSUCHT, das unvergleichlich dargebotene DU BIST DIE RUH und SELIGKEIT interpretierte. Über diesen herrlichen Liederabend dürfte man ein Wort von Maria von Ebner-Eschenbach setzen: ›Ein kleines Lied, wie geht's nur an, daß man so lieb es haben kann. Was liegt darin? Erzähle! Es liegt darin ein wenig Klang, ein wenig Wohllaut und Gesang und eine ganze Seele.‹«
Auszug. Entnommen aus:
VORARLBERGER VOLKSBLATT, 11. 8. 1958.

10. August, Stadthalle
II. Orchesterkonzert
Wiener Symphoniker
Dirigent Ferdinand Leitner
Solisten
Teresa Stich-Randall, Sopran - Hilde Rössel-Majdan, Alt - Anton Dermota, Tenor - Walter Berry, Baß
Orgel Wolfgang-Karajan-Ensemble
Singverein der Gesellschaft der Musikfreunde, Wien
LUDWIG VAN BEETHOVEN
Missa solemnis

»Die Missa solemnis in Bregenz war nicht nur ein einmaliges musikalisches Ereignis, sie war ein überwältigendes Erlebnis. Wenn am Ende der Aufführung eine Pause entstand, in der die Zuhörer für eine Weile stumm verharrten, dann war es die Verneigung vor dem Werk, vor der Heiligkeit und Erhabenheit der musikalischen Schöpfung, die keinen Beifall verlangt, weil man sich vor ihr nur in stummer Ehrfurcht verbeugen kann. Der nachfolgende Applaus galt allein den Ausführenden, dem Dirigenten, den Sängern und Musikern, die durch ihr hingebungsvolles Zusammenwirken eine musikalische Leistung zustande brachten, die Bewunderung verdient.«
Auszug. Entnommen aus:
VORARLBERGER VOLKSBLATT, 11. 8. 1958.

Ludwig van Beethoven, Missa solemnis, II. Orchesterkonzert 1958. Stadthalle. (v.l.n.r.) Anton Dermota, Hilde Rössel-Majdan, Ferdinand Leitner, Teresa Stich-Randall, Walter Berry.

10. August, Schloß Schattenburg Feldkirch
Kammermusik
Barylli-Quartett
JOSEPH HAYDN
Streichquartett G-Dur, op. 77, Nr. 1
LUDWIG VAN BEETHOVEN
Streichquartett A-Dur, op. 18, Nr. 5
JOHANNES BRAHMS
Streichquartett c-Moll, op. 51, Nr. 1

12. August, Stadthalle
III. Orchesterkonzert
Wiener Symphoniker
Dirigent Heinrich Hollreiser
Solisten
Wilma Lipp, Sopran - Murray Dickie, Tenor
Walter Berry, Baß - Ludwig Hoelscher, Cello
Singverein der Gesellschaft der Musikfreunde, Wien
HEINRICH SUTERMEISTER
Cellokonzert (Österreichische Erstaufführung)
CARL ORFF
»Carmina burana«

15. August, Volkshalle Feldkirch
IV. Orchesterkonzert
Wiener Symphoniker
Dirigent Bruno Amaducci
Solisten
Teresa Stich-Randall, Sopran - Waltraud Schwind, Sopran - Waldemar Kmentt, Tenor - Marcelo Cortis, Baß
Bregenzer Festspielchor
GIACOMO-PUCCINI-FESTKONZERT
(100jähriges Geburtsjahr)
Le Villi, La Tregenda
La Bohème, 1. Akt, Arie des Rudolf - Arie der Mimi und Duett Mimi-Rudolf
Madame Butterfly - Summchor
Manon Lescaut, Intermezzo 3. Akt
Tosca, 3. Akt, »E lucevan le stelle« - Arie des Cavaradossi - Duett Tosca-Cavaradossi
Tosca, 2. Akt, Gebet der Tosca
Tosca, 1. Akt, Te Deum

1959 21. Juli – 19. August

SPIEL AUF DEM SEE

22., 25., 29. Juli, 1., 2., 5., 8., 9., 12., 15., 16., 19. August, Seebühne
JOHANN STRAUSS (Sohn)
Tausendundeine Nacht

Musikalische Leitung	Heinrich Hollreiser
Inszenierung	Adolf Rott
Bühnengestaltung	Walter von Hoesslin
Choreographie	Willy Fränzl

Wiener Symphoniker
Wiener Staatsopernballett
Bregenzer Festspielchor

Johann Strauß, Tausendundeine Nacht, 1959. Seebühne. Schlußbild.

Fürst Suleiman / *Mossu, ein Fischer*	Anton Dermota
Großwesir	Friedrich Nidetzky
Leila	Hanny Steffek
Ormuz	Franz Böheim
Eddin	Peter Klein
Wally	Eta Köhrer
Kiossim	Robert Marencke
Dunim	Alfred Pfeifle

OPER

14., 17., 18. August, Theater am Kornmarkt
Meisterwerke der italienischen Oper

Dirigent	Alfredo Simonetto
Inszenierung	Marcello Cortis
Bühnenbild	Gottfried Neumann-Spallart
Choreographie	Carl Raimund

Wiener Symphoniker
Bregenzer Festspielchor
Mitglieder des Balletts der Wiener Staatsoper
CLAUDIO MONTEVERDI
Combattimento di Tancredi e Clorinda

Erzähler	Oralia Dominguez
Clorinda	Tanz: Christl Zimmerl Gesang: Magda Piccarolo
Tancredi	Tanz: Karl Musil Gesang: Mario Carlin
Claudio Monteverdi	Mo. Alfredo Simonetto
Fürst Girolamo Mocenigo	Karl Raimund
Fürstin Carolina Mocenigo	Lisl Temple
Adelige Damen und Herren	Mitglieder des Balletts der Wiener Staatsoper und des Bregenzer Festspielchors
Pagen	
Musiker	Solisten der Wiener Symphoniker

DOMENICO CIMAROSA
Il Maestro di Capella

Kapellmeister	Marcello Cortis

GAETANO DONIZETTI
Il Campanello

Don Annibale Pistacchio	Carlo Badioli
Serafina	Oralia Dominguez
Madama Rosa	Magda Piccarolo
Enrico	Scipio Colombo
Spiridione	Mario Carlin

BALLETT

23., 26. Juli, 7. August, Stadthalle
Wiener Staatsopernballett
Medusa
Ballett von Gale M. Hoffmann
Eingerichtet von Erika Hanka

Musik	Gottfried von Einem
Musikalische Leitung	Heinrich Hollreiser
Neuinszenierung	Willy Fränzl
Choreographie	Erika Hanka
Kostüme	Georges Wakhewitsch
Medusa	Christl Zimmerl
Stheino	Gerlinde Dill
Euryale	Lucia Bräuer
Ein blinder Seemann	Karl Musil
Perseus	Willy Dirtl
Wanderer	Arnold Jandosch Kurt Hiess Ludwig Mikura Anton Kovar - Fritz Sidl Wilfried Fränzl

Don Juan
Pantomimisches Ballett von G. Angiolini in der Bearbeitung von Erika Hanka

Musik	Christoph Willibald Gluck
Musikalische Leitung	Heinrich Hollreiser
Neuinszenierung	Willy Fränzl
Choreographie	Erika Hanka
Kostüme	Erni Kniepert
Don Juan	Willy Dirtl
Der Komtur	Carl Raimund
Donna Elvira	Christl Zimmerl
Sganarelle	Arnold Jandosch
Seine beiden Gehilfen	Konstantin Zajetz Herbert Nietsch
Zerline	Lucia Bräuer
Masetto	Karl Musil
Tänzer beim Fest des Don Juan	
Aurora	Lisl Temple
Kephalos	Kurt Hiess
Satyr	Wilfried Fränzl

THEATER

21., 24., 26. Juli, Theater am Kornmarkt
Uraufführung
Wiener Burgtheater
SELAHATTIN BATU
freie Nachdichtung von Bernt v. Heiseler
Helena bleibt in Troja

Selahattin Batu, Helena bleibt in Troja, 1959 (Uraufführung). Theater am Kornmarkt. (v. l. n. r.) Autor Batu, Bernt von Heiseler, Käthe Gold als Helena und Robert Lindner als Paris.

Regie Arnulf Schröder
Bühnenbild und Kostüme Gottfried Neumann-Spallart
Agamemnon Heinz Woester
Menelaos Stefan Skodler
Achill Jürgen Wilcke
Nestor Otto Schmöle
Helena Käthe Gold
Priamos Felix Steinböck
Hekuba Vera Balser-Eberle
Paris Robert Lindner
Andromache Elisabeth Höbarth
Kassandra Eva Zilcher
Polyxena Dietlindt Haug
Danaos Peter Neusser
Chorführer Jörg Liebenfels
Chorführerin Lona Dubois

28., 30., 31. Juli, Theater am Kornmarkt
Wiener Burgtheater
FRIEDRICH SCHILLER
Die Jungfrau von Orleans
Regie Leopold Lindtberg
Bühnenbilder Stefan Hlawa
Kostüme Erni Kniepert
Karl der Siebente Andreas Wolf
Königin Isabeau Liselotte Schreiner
Agnes Sorel Elisabeth Höbarth
Philipp der Gute Helmut Janatsch
Graf Dunois Albin Skoda
La Hire Peter Neusser
Du Chatel Stefan Skodler
Erzbischof von Reims Heinz Woester
Raoul Michael Janisch
Chatillon Tonio Riedl
Talbot Ewald Balser
Lionel Fred Liewehr
Fastolf Gandolf Buschbeck
Montgomery Jörg Liebenfels
Ratsherr von Orleans Richard Riess
Ein englischer Herold Peter P. Jost
Thibaut d'Arc Hermann Thimig
Margot Lona Dubois
Louison Dietlindt Haug
Johanna Judith Holzmeister
Raimond Ernst Anders
Bertrand Robert Marencke
Ein Ritter Walter Gerhardt
Edelmann Bernd Hellmann
Köhler Fritz Horn
Köhlerweib Lilly Karoly

3., 6., 9., 10. August, Theater am Kornmarkt
JOHANN NESTROY
Der Zerrissene
Musik Kurt Heuser
Regie Rudolf Steinboeck
Bühnenbilder und Kostüme Erni Kniepert
Herr von Lips Josef Meinrad
Stifler Helmut Krauss
Sporner Heinz Winter
Wixer Erich Dörner
Madame Schleyer Alma Seidler
Gluthammer Hugo Gottschlich
Krautkopf Franz Böheim
Kathi Christiane Hörbiger
Staubmann Paul Pranger
Anton Richard Riess
Josef Walter Gerhardt
Christian Anton Duschek

Eröffnungsgottesdienst
26. Juli, Stadtpfarrkirche St. Gallus
Festgottesdienst
Wiener Symphoniker
Stadtpfarrchor St. Gallus, Bregenz
Dirigent Gerhard Dallinger
Solisten
Hanny Steffek, Sopran - Dagmar Hartl, Alt - Anton Dermota, Tenor - Friedrich Nidetzky, Baß
Orgel Elgar Polzer
JOSEPH HAYDN
Nelson-Messe
für Soli und gemischten Chor, großes Orchester

KONZERTE

27. Juli, Theater am Kornmarkt
Liederabend
Anton Dermota, Tenor
Am Klavier Hilde Berger-Weyerwald
ROBERT SCHUMANN
Dichterliebe
HUGO WOLF
Der Musikant - Anakreons Grab - Der Gärtner
Auf ein altes Bild - Nimmersatte Liebe
RICHARD STRAUSS
Freundliche Vision - All' mein Gedanken - Du meines Herzens Krönelein - Ach weh' mir unglückhaftem Mann
Ständchen

31. Juli, Volkshalle Feldkirch
I. Orchesterkonzert
Wiener Symphoniker
Dirigent Heinrich Hollreiser
Singverein der Gesellschaft der Musikfreunde, Wien
Simon, Pächter Oskar Czerwenka, Baß
Simons Tochter Hanne Hanny Steffek, Sopran
Lukas, Bauer Anton Dermota, Tenor
JOSEPH HAYDN
Die Jahreszeiten, Oratorium für Soli, Chor und Orchester

2. August, Stadthalle
II. Orchesterkonzert
Wiener Symphoniker
Dirigent Volkmar Andreae
Solisten
Teresa Stich-Randall, Sopran - Oralia Dominguez, Alt - Anton Dermota, Tenor - Oskar Czerwenka, Baß
Singverein der Gesellschaft der Musikfreunde, Wien
ANTON BRUCKNER
Große Messe f-Moll
für Soloquartett, Chor und Orchester
Te Deum

4. August, Stadthalle
III. Orchesterkonzert
Wiener Symphoniker
Dirigent Heinrich Hollreiser
Solistin Lisa Della Casa, Sopran
RICHARD STRAUSS
»Metamorphosen«, Studie für 23 Solostreicher
Vier letzte Lieder - »Sinfonia domestica«, op. 53

11. August, Theater am Kornmarkt
IV. Orchesterkonzert
Wiener Symphoniker
Dirigent Karl Böhm
WOLFGANG AMADEUS MOZART
Eine kleine Nachtmusik, (KV 225)
Symphonie C-Dur, (KV 338)
LUDWIG VAN BEETHOVEN
2. Symphonie D-Dur, op. 36

13. August, Martinsplatz
Serenade
Südwestdeutsches Kammerorchester Pforzheim
Dirigent Friedrich Tilegant
Solist Reinhold Barchet, Violine
GEORG FRIEDRICH HÄNDEL
Ouvertüre und Tänze aus der Oper Alcina
Concerto grosso, op. 6, Nr. 1, G-Dur
Concerto grosso, op. 6, Nr. 2, F-Dur
JOSEPH HAYDN
Cassatione G-Dur - Divertimento Es-Dur
FELIX MENDELSSOHN-BARTHOLDY
Violin-Konzert e-Moll

15. August, Schloß Schattenburg Feldkirch
Kammermusik
Europäisches Quartett
HANS PFITZNER
Streichquartett c-Moll, op. 50
LUDWIG VAN BEETHOVEN
Streichquartett F-Dur, op. 135
JOSEPH HAYDN
Streichquartett C-Dur, op. 76/3 (Kaiser-Quartett)

16. August, Theater am Kornmarkt
Kammermusikabend
Schubert-Matinee
Elly Ney, Klavier
Ludwig Hoelscher, Violoncello
Walter Schneiderhan, Violine
Unter Mitwirkung von Fritz Händschke, Viola und Karl Fiala, Contrabaß
FRANZ SCHUBERT
Klaviertrio Es-Dur, op. 100
Klavierphantasie C-Dur, op. 15
Klavierquintett A-Dur, op. 114 (Forellenquintett)

1959. Adolf Rott, Heinrich Hollreiser und Willy Fränzl.

Johann Strauß, Wiener Blut, 1960. Seebühne. Bei den Proben (v. l. n. r.) Gerda Scheyrer, Heinrich Hollreiser, Renate Holm, Peter Klein, Per Gundèn, Fritz Hoppe, Elfie Mayerhofer.

1960 22. Juli – 20. August

SPIEL AUF DEM SEE

23., 24., 30., 31. Juli, 3., 6., 7., 10., 13., 14., 17., 20. August, Seebühne
JOHANN STRAUSS
Wiener Blut

Musikalische Leitung	Heinrich Hollreiser
Inszenierung	Adolf Rott
Bühnengestaltung	Fritz Judtmann
Choreographie	Willy Fränzl
Wiener Symphoniker	
Wiener Staatsopernballett	
Bregenzer Festspielchor	
Fürst Ypsheim-Gindelbach	Fritz Hoppe
Graf Zedlau	Per Grundèn
Gabriele	Gerda Scheyrer
Graf Bitowsky	Robert Marencke
Franziska Cagliari	Elfie Mayerhofer
Kagler	Friedrich Nidetzky
Pepi Pleininger	Renate Holm
Josef	Peter Klein
Ein Fiakerkutscher	Hugo Gottschlich

OPER

28., 29. Juli, 1., 2. August, Theater am Kornmarkt
PETER CORNELIUS
Der Barbier von Bagdad

Dirigent	Heinrich Hollreiser
Inszenierung	Josef Gielen
Bühnenbild	Lois Egg
Wiener Symphoniker	
Bregenzer Festspielchor	
Der Kalif	
Baba Mustapha	Hans Braun
Margiana	Paul Kuen
Bostana	Friederike Sailer
Nureddin	Sonja Draksler
Abdul Hassan Ali Ebn	Anton Dermota
Bekar	Oskar Czerwenka

BALLETT

9., 16. August, Seebühne
PJOTR ILJITSCH TSCHAIKOWSKY
Schwanensee
Ballett von Marius Petipa und Lev Ivanov

Dirigent	Michael Gielen
Choreographie und Inszenierung	Dimitrije Parlic
Bühnenbilder	Fritz Judtmann
Odette, Königin der Schwäne	Edeltraut Brexner
Prinzessin, Mutter	Lisl Temple
Siegfried, Prinz	Willy Dirtl
Wolfgang, sein Lehrer	Fritz Sidl
Benno, Freund des Prinzen	Karl Musil
Rotbart, böser Geist	Carl Raimund
Odilie, seine Tochter	Edeltraut Brexner
Hofnarr	Paul Vondrak

»SCHWANENSEE, dargeboten als Ballett auf dem See, wurde ein durchschlagender Erfolg, der bedeutendste seit Bestehen der Bregenzer Festspiele. Noch niemals stand einem Ballett eine ähnlich vollkommene Tanzfläche zur Verfügung. Und ebenfalls noch niemals hat die Bregenzer Seebühne einem derart hochqualifizierten Tanzensemble dienlich sein dürfen wie dem Wiener Staatsopernballett in seiner heutigen Verfassung. Ein Beifall, wie ihn die Bregenzer Wasserbühne noch niemals erlebt hatte, zeigte, daß sich das Publikum bewußt war, einem epochalen künstlerischen Ereignis beigewohnt zu haben.«

Auszug. Entnommen aus: THURGAUER ZEITUNG, Frauenfeld, 13. 8. 1960.

THEATER

22., 25., 27. Juli, Theater am Kornmarkt
Uraufführung
Wiener Burgtheater
FRANK ZWILLINGER
Galileo Galilei

Regie	Adolf Rott
Bühnenbild	Robert Kautsky
Galileo Galilei	Attila Hörbiger
Kardinal Barberini	Heinz Woester
Papst Paul V.	Otto Treßler
Kardinal Bellarmin	Paul Pranger
Kardinal Gaetani	Franz Höbling
Kardinal Conti	Otto Kerry
Gaspare Borgia	Veit Relin
Antonio Barberini	Otto Schmöle
Laudivio Zacchia	Emmerich Reimers
Francesco Barberini	Peter P. Jost
Mario Ginetti	Stefan Skodler
Bischof von Siena	Jürgen Wilke
Monsignore Ciampoli	Wolfgang Gasser
Pater Firenzuola	Andreas Wolf
Sincero	Hellmut Janatsch
Melchior Inkhofer	Viktor Braun
Fürst Cesi	Michael Janisch
Comte de Noailles	Robert Lindner
Evangelista Torricelli	Peter Neusser
Vincenzo Viviani	Gandolf Buschbeck
Pater Caccini O. P.	Achim Benning
Gepe	Eduard Gegenbauer
Ein Minorit	Wilhelm Schmidt
Ein Karmeliter	Josef Krastel
Junge Franziskanerin	Erika Pluhar

4., 5., 8. August, Theater am Kornmarkt
Wiener Burgtheater
FERDINAND RAIMUND
Der Verschwender

Musik	Konradin Kreutzer
Musikalische Leitung	Hans Totzauer
Regie	Franz Reichert
Bühnenbildner	Kurt Hallegger
Balletteinlage im zweiten Akt: Wiener Staatsopernballett	
Choreographie	Willy Fränzl
Fee Cheristane	Sonja Sutter
Azur	Hermann Thimig
Julius von Flottwell	Fred Liewehr
Wolf	Hans Obonya
Valentin	Erich Auer
Rosa	Inge Konradi
Gründling	Emmerich Reimers
Sockel	Ferdinand Maierhofer
Chevalier Dumont	Robert Lindner
Herr von Pralling	Peter Neusser
Herr von Helm	Helmut Janatsch
Herr von Walter	Wolf Gasser
Präsident von Klugheim	Felix Steinböck
Amalie	Christiane Hörbiger
Baron Flitterstein	Tonio Riedl
Ein altes Weib	Lotte Medelsky
Ein Haushofmeister	Robert Marencke
Ein Juwelier	Richard Rieß
Ein Kellermeister	Fritz Radax

15., 18., 19. August, Theater am Kornmarkt
Wiener Burgtheater
HEINRICH VON KLEIST
Prinz Friedrich von Homburg

Regie	Adolf Rott
Bühnenbildner	Fritz Judtmann
Kostüme	Elli Rolf
Kurfürst von Brandenburg	Ewald Balser
Die Kurfürstin	Dagny Servaes
Prinzessin Natalie	Ruth Niehaus
Feldmarschall Dörfling	Otto Schmöle
Prinz von Homburg	Jürgen Wilke
Obrist Kottwitz	Hermann Thimig
Graf Hohenzollern	Erich Auer

Peter Cornelius, Der Barbier von Bagdad, 1960. Theater am Kornmarkt.

Frank Zwillinger, Galileo Galilei, 1960 (Uraufführung). Theater am Kornmarkt. Attila Hörbiger, der die Titelrolle verkörpert, mit dem Autor Frank Zwillinger.

Eröffnungsgottesdienst
24. Juli, Stadtpfarrkirche Herz-Jesu
Festgottesdienst
Herz-Jesu-Chor Bregenz
Kirchenchor Lustenau-Rheindorf
Wiener Symphoniker
Dirigent Wilhelm Schosland
ANTON BRUCKNER
Messe in e-Moll
für achtstimmigen gemischten Chor mit Bläsern

KONZERTE

26. Juli, Martinsplatz
Serenade
Münchener Kammerorchester
Dirigent Hans Stadlmair
Solisten
Georges Terebesi - Winfried Walk
GIOVANNI BATTISTA PERGOLESI
Concertino Nr. 2 in G-Dur
HEINRICH IGNAZ FRANZ BIBER
Serenade in C-Dur (mit dem Nachtwächterbaß)
ANTONIO VIVALDI
Aus den vier Jahreszeiten: Sommer
WOLFGANG AMADEUS MOZART
Serenade Nr. 6 in D-Dur für 2 kleine Orchester und Pauke (KV 239) (Serenata notturna)

Pjotr Iljitsch Tschaikowsky, Schwanensee, 1960. Seebühne.

29. Juli, Schloß Schattenburg Feldkirch
Kammermusik
Mozarteum-Quartett Salzburg
JOSEPH HAYDN
Quartett f-Moll op. 20, 5
WOLFGANG AMADEUS MOZART
Quartett C-Dur (KV 465) (Dissonanzen-Quartett)
LUDWIG VAN BEETHOVEN
Quartett a-Moll op. 132 - Assai sostenuto - Allegro

31. Juli, Theater am Kornmarkt
Kammermusik
Elly Ney, Klavier
Ludwig Hoelscher, Violoncello
JOHANNES BRAHMS
Sonate in e-Moll, op. 38 für Cello und Klavier
ROBERT SCHUMANN
Symphonische Etüden, op. 13 (Etüden in Form von Variationen) Thema: Andante
JOHANN SEBASTIAN BACH
Suite Nr. 3 in C-Dur für Violoncello Solo
FRANZ SCHUBERT
Arpeggione - Sonate für Violoncello

»Es gibt, besonders im modernen Konzertleben, wahrhaftig wenige Augenblicke, zu denen man mit Faust sagen möchte: ›Verweile doch, du bist so schön!‹ Wenn aber dieses Wort mit Berechtigung angewendet werden darf, so gewiß bei den unvergeßlichen Weihestunden kostbaren Musizierens der beiden Künstler, bei denen Kunst und Menschsein in größter Harmonie vereint sind. Die zu einem Begriff deutscher Interpretationskunst gewordene Pianistin Elly *Ney* und der Cellist Ludwig *Hoelscher* geben seit vielen Jahren ein Beispiel, wie musiziert werden soll, indem sie die Musik auf das Wesentlichste zurückführen, auf den reinen Klang und Ausdruck.

...

Im Zusammenspiel, dem jahrzehntelang erprobten, sind Elly Ney und Ludwig Hoelscher ein Instrument. Sie bedürfen kaum angedeuteter Verständigung, um ein Herz und eine Seele zu sein.

...

Nicht endenwollender Beifall und Blumen lohnten die beiden großen Künstler, die als Zugabe noch eine in süßen Tönen singende Sarabande von Gaillard spielten.«

Auszug. Entnommen aus:
VORARLBERGER NACHRICHTEN, 1. 8. 1960.

5. August, Volkshalle Feldkirch
Chorkonzert
Chor Jung-Wien
Dirigent Leo Lehner
Solisten
Renate Holm, Sopran - Friedrich Nidetzky, Baß
Klavier Heinrich Brunmüller
JOHANNES BRAHMS
Beherzigung (a cappella)
WOLFGANG AMADEUS MOZART
Sancta Maria (mit Klavierbegleitung)
HUGO WOLF
3 Michelangelo-Lieder
ANTON BRUCKNER
Ave Maria (7stimmig a cappella)
FRANZ SCHUBERT
Hirtenchor aus Rosamunde (mit Klavierbegleitung)
FRANZ KRIEG
Epigramme von J. W. Goethe (a cappella)
WOLFGANG AMADEUS MOZART
Warnung - Duett aus Zauberflöte
JOHANN STRAUSS
Auftrittslied des Zsupan aus der Operette »Der Zigeunerbaron«
OSCAR STRAUSS
Schwipslied aus der Operette »Ein Walzertraum«
JOSEF STRAUSS
Feuerfest-Polka
LEO LEHNER
Das Tänzchen
FRANZ LEHÁR
Wien, du bist das Herz der Welt
KARL KOMZAK
Badner Madln
LEO LEHNER
Wien, du bist Tausendundeine Nacht
JOHANN STRAUSS
Im Krapfenwaldl
JOSEF STRAUSS
Auf Ferienreise (Polka schnell)

7. August, Stadthalle
Johann-Strauß-Matinee
Wiener Symphoniker
Dirigent Leo Lehner
Solistin Elfie Mayerhofer, Sopran
Chor Jung-Wien
Wien-Strauß
(Nach der Melodie des Einzugsmarsches aus der Operette »Der Zigeunerbaron«)
Bei uns z'Haus (Walzer für gem. Chor)
Annenpolka (für gem. Chor)
Sphärenklänge - Rosen aus dem Süden (Solistin: Elfie Mayerhofer)
Tritsch-Tratsch (Polka schnell für gem. Chor)
Wiener Bonbons (Walzer für gem. Chor)
Sängerlust (Polka für gem. Chor)
Frühlingsstimmenwalzer (Solistin: Elfie Mayerhofer)
Mein Herr Marquis (Arie aus der Operette »Die Fledermaus«)
Im Krapfenwaldl (Polka für gem. Chor)
Vergnügungszug (Polka schnell für gem. Chor)

11. August, Stadthalle
I. Orchesterkonzert
Wiener Symphoniker
Dirigent Ferdinand Leitner
Bregenzer Festspielchor
LUDWIG VAN BEETHOVEN
»Leonore«

Ludwig van Beethoven, Leonore, 1960. Konzertante Aufführung in der Stadthalle.

Konzertante Aufführung (Urfassung des »Fidelio«)

Don Fernando	Hans Braun
Don Pizarro	Paul Schöffler
Florestan	Anton Dermota
Leonore	Hilde Zadek
Rocco	Otto von Rohr
Marzelline	Hanny Steffek
Jaquino	Alfred Pfeifle

12. August, Theater am Kornmarkt

Liederabend

Irmgard Seefried, Sopran

Am Klavier Erik Werba

ROBERT SCHUMANN

Aus den Heine-Liedern

HUGO WOLF

Aus den Mörike-Liedern - Lieder der Mignon

14. August, Stadthalle

II. Orchesterkonzert

Wiener Symphoniker

Dirigent Heinrich Hollreiser

Solisten

Hilde Rössel-Majdan, Alt - Anton Dermota, Tenor

LUDWIG VAN BEETHOVEN

8. Symphonie in F-Dur, op. 93

GUSTAV MAHLER Das Lied von der Erde

18. August, Volkshalle Feldkirch

III. Orchesterkonzert

Wiener Symphoniker

Dirigent	Pierre Dervaux
Solistin	Halina Czerny-Stefanska, Klavier

HECTOR BERLIOZ

Ouvertüre »Der römische Karneval«

FREDERIC CHOPIN Klavierkonzert Nr. I., e-Moll

PAUL DUKAS »Der Zauberlehrling«

MAURICE RAVEL »Daphins und Chloe«, 2. Suite

1961 21. Juli – 20. August

SPIEL AUF DEM SEE

22., 23., 26., 29., 30. Juli, 2., 5., 9., 12., 16., 19., 20. August, Seebühne

(Drei »Spiele auf dem See« wegen schlechten Wetters ausgefallen)

JOHANN STRAUSS

Der Zigeunerbaron

Musikalische Leitung	Walter Goldschmidt
Inszenierung	Adolf Rott
Bühnengestaltung	Fritz Judtmann
Choreographie	Willy Fränzel

Wiener Symphoniker

Wiener Staatsopernballett

Bregenzer Festspielchor

Graf Homonay	Alois Pernerstorfer
Conte Carnero	Peter Klein
Sandor Barinkay	Jean Cox
Kálmán Zsupán	Karl Dönch
Arsena	Clementine Mayer
Mirabella	Elisabeth Höngen
Ottokar	Paul Späni
Czipra	Hilde Rössel-Majdan
Saffi	Hilde Zadek
Pali	Friedrich Nidetzky

OPER

28., 31. Juli, 7., 10. August, Theater am Kornmarkt

DANIEL FRANÇOIS AUBER

Fra Diavolo
oder Das Gasthaus in Terracina

Dirigent	Bruno Amaducci
Inszenierung	Karlheinz Haberland

Wiener Symphoniker

Singverein der Gesellschaft der Musikfreunde, Wien

Fra Diavolo	Jean Cox
Lord Cockburn	Ernst Gutstein
Lady Pamela	Hilde Rössel-Majdan
Lorenzo	Murray Dickie
Matteo	Friedrich Nidetzky
Zerline	Erna-Maria Duske
Beppo	Peter Klein
Giacomo	Fritz Hoppe

BALLETT

6., 13., 15. August, Seebühne

SERGEJ PROKOFJEW

Romeo und Julia

Dirigent	Berislav Klobucar
Choreographie und Inszenierung	Dimitrije Parlic
Bühnenbild	Fritz Judtmann
Kostüme	Georges Wakhewitsch
Escalus	Robert Marencke
Graf Paris	Arnold Jandosch
Graf Capulet	Richard Riess
Romeo	Karl Musil
Mercutio	Paul Vondrak
Benvolio	Ludwig Musil
Tybalt	Willy Dirtl
Lorenzo	Carl Raimund
Balthasar	Kurt Hiess
Simson	Richard Nowotny
Gregorio	Herbert Nitsch
Abraham	Arnold Jandosch
Peter	Liselotte Wiedermann
Gräfin Capulet	Lisl Temple
Julia	Edeltraut Brexner
Julias Amme	Lucia Bräuer

Zwei Kurtisanen	Lisl Maar - Karin Wittek
Kellnerinnen	Susi Kirnbauer Ully Wührer
Pagen	Lotte Hauk - Helga Indra
Damen	Gerline Dill - Ully Wührer
und das Corps de ballet	

THEATER

21., 23., 25., 27. Juli, Theater am Kornmarkt
Uraufführung
Wiener Burgtheater
FELIX BRAUN
Orpheus

Regie	Josef Gielen
Bühnenbild	Rudolf Hoflehner
Bühnenmusik	Helmut Eder
Oiagros	Stefan Skodler
Kalliope	Alma Seidler
Orpheus	Oskar Werner
Eurydike	Annemarie Düringer
Pentheus	Jürgen Wilke
Agave	Rosemarie Gerstenberg
Teiresias	Felix Steinböck
Akleia	Elisabeth Höbarth
Älterer Holzknecht	Michael Janisch
Bacchus	Albin Skoda
Pluton	Heinz Woester
Persephone	Eva Zilcher
Minos	Robert Marencke
Rhadamanthys	Richard Riess
Aiakos	Günter Zulla
Alkestis	Inge Brücklmeier
Schatten eines Mädchens	Dietlindt Haug
Schatten einer Frau	Lotte Tobisch
Schatten eines Jünglings	Oswald Fuchs
Hermes	Andreas Wolf
Mänaden	Marianne Kopatz Inge Leddhin

Felix Braun, Orpheus, 1961. Oskar Werner (Orpheus), Annemarie Düringer (Eurydike).

1., 3., 4. August, Theater am Kornmarkt
Wiener Burgtheater
FERDINAND RAIMUND
Der Alpenkönig und der Menschenfeind
Musik von Wenzel Müller

Regie	Leopold Lindtberg
Bühnenbild	Teo Otto
Musikalische Einrichtung und Leitung	Hans Totzauer
Astragalus	Fred Liewehr
Linarius	Heinz Kreutzinger
Rappelkopf	Hermann Thimig
Sophie	Alma Seidler
Malchen	Franzi Tilden
Silberkern	Felix Steinböck
August Dorn	Fritz Lehmann
Lischen	Gusti Wolf
Habakuk	Hugo Gottschlich
Sebastian	Karl Eidlitz
Sabina	Inge Leddhin
Christian Glühwurm	Viktor Braun
Marthe	Lily Stepanek
Salchen	Friedl Jary

Felix Braun, Orpheus, 1961.
Oskar Werner in der Titelrolle.

14., 17., 18. August, Theater am Kornmarkt
Wiener Burgtheater
FRANZ GRILLPARZER
Das goldene Vlies

Musik	Paul Angerer
Regie	Leopoldt Lindtberg
Bühnenbild	Caspar Neher
Musikalische Leitung	Hans Totzauer
I. »DER GASTFREUND«	
Aietes	Heinz Moog
Medea	Heidemarie Hatheyer
Phryxus	Wolfgang Stendar
II. »DIE ARGONAUTEN«	
Aietes	Heinz Moog
Medea	Heidemarie Hatheyer
Absyrtus	Peter Broglé
Gora	Roswitha Posselt
Jason	Walther Reyer
Milo	Hans Joachim Benning
Ein Argonaute	Walter Gerhardt
III. »MEDEA«	
Kreon	Paul Hoffmann
Kreusa	Sonja Sutter
Jason	Walther Reyer
Medea	Heidemarie Hatheyer
Gora	Roswitha Posselt
Ein Herold	Karl Blühm
Eine Sklavin	Dietlindt Haug

Eröffnungsgottesdienst
23. Juli, Mariahilfkirche
Festgottesdienst
Solisten
Elisabeth Lochmann, Sopran - Hilde Rössel-Majdan, Alt
Murray Dickie, Tenor - Friedrich Nidetzky, Baß
Chor der Pfarre Mariahilf
Kirchenchor Lauterach
Wiener Symphoniker
Dirigent Albert Arbeiter
WOLFGANG AMADEUS MOZART
Missa solemnis in C-Dur (KV 337)

KONZERTE

24. Juli, Martinsplatz
Serenade
Wiener Symphoniker
Dirigent Kurt Wöss
Solist Peter Rieckhoff, Klarinette
HENRY PURCELL
Suite of dramatic music
CARL MARIA VON WEBER
2. Klarinettenkonzert, op. 74
CHRISTOPH WILLIBALD GLUCK
Ballettsuite Nr. 1
JOSEPH HAYDN
Symphonie Nr. 92 G-Dur (Oxfordsymphonie)

27. Juli, Arbeiterkammersaal Feldkirch
Liederabend
Anton Dermota, Tenor
Hilde Berger-Weyerwald, Klavier
WOLFGANG AMADEUS MOZART
Die Zufriedenheit - Abendempfindung - Das Veilchen
An Chloe - Warnung
FRANZ SCHUBERT
Fischerweise - Der Einsame - Sehnsucht
Du bist die Ruh' - Der Musensohn
ERNST KRÉAL
Glocken - Mondschale
OSWALD LUTZ
Morgengesang - Geheilter Schmerz - Nachtgesang
(Uraufführung)
JOSEPH MARX
Japanisches Regenlied - Windräder
Venezianisches Wiegenlied - Hat dich die Liebe berührt

6. August, Theater am Kornmarkt
I. Orchesterkonzert
Wiener Symphoniker
Dirigent Fritz Rieger
Solist Alfred Brendel, Klavier
WOLFGANG AMADEUS MOZART
Symphonie Nr. 31, (Pariser) D-Dur, (KV 297)
Klavierkonzert in B-dur, (KV 595)
ROBERT SCHUMANN
11. Symphonie in C-Dur

8. August, Stadthalle
II. Orchesterkonzert
Wiener Symphoniker
Dirigent Wolfgang Sawallisch
Solisten
Hanny Steffek, Sopran - Walter Berry, Baß
Singverein der Gesellschaft der Musikfreunde, Wien
JOHANNES BRAHMS
Ein deutsches Requiem, op. 45

10. August, Schloß Schattenburg Feldkirch
Kammermusik
Loewenguth-Quartett Paris
JOSEPH HAYDN
Streichquartett op. 64/5, D-Dur (Lerchenquartett)
LUDWIG VAN BEETHOVEN
Streichquartett op. 18/6, B-Dur
ROBERT SCHUMANN
Streichquartett op. 41/3, A-Dur

11. August, Stadthalle
III. Orchesterkonzert
Wiener Symphoniker
Dirigent Heinrich Hollreiser
Solisten
Hanny Steffek, Sopran - Hilde Rössel-Majdan, Alt
Anton Dermota, Tenor - Murray Dickie, Tenor - Otto Edelmann, Baß
Singverein der Gesellschaft der Musikfreunde Wien
FRANZ SCHMIDT
Das Buch mit den sieben Siegeln

13. August, Theater am Kornmarkt
Kammermusik
Loewenguth-Quartett Paris
JOSEPH HAYDN
Streichquartett op. 76/2, d-Moll (Quintenquartett)
BÉLA BARTÓK
Streichquartett Nr. 4
ROBERT SCHUMANN
Streichquartett op. 41/2, F-Dur

17. August, Volkshalle Feldkirch
IV. Orchesterkonzert
Wiener Symphoniker
Dirigent Francis Madeira
Solistin Jean Madeira, Mezzosopran
CHRISTOPH WILLIBALD GLUCK
Aus »Orpheus und Eurydike«:
»Che farò senza Euridice«
FELIX MENDELSSOHN-BARTHOLDY
Symphonie Nr. 4, A-Dur
CAMILLE SAINT-SAËNS
Aus »Samson et Dalila«:
1. »Printemps qui commence«
2. »Amour, viens aider ma faiblesse«
3. »Mon coeur s'ouvre a ta voix«
PJOTR ILJITSCH TSCHAIKOWSKY
Ouvertüre »Romeo und Julia«

1962 20. Juli – 20. August

SPIEL AUF DEM SEE

21., 22., 25., 28., 29. Juli, 1., 4., 8., 12., 18., 19. August, Seebühne
Uraufführung
ROBERT STOLZ
Trauminsel

Musikalische Leitung Robert Stolz
Inszenierung Adolf Rott
Bühnengestaltung Walter von Hoesslin
Choreographie Victor Gsovsky
Kostüme Grete Volters
Wiener Symphoniker
Wiener Staatsopernballett
Bregenzer Festspielchor
Marianella Hedy Klug
Rubio Claudio Nicolai
Donna Rosa Hetty Plümacher
Ted Leroux Jean Cox
Rodrigo Stefan Skodler
Elvira Hilde Konetzni
Inez Lydia Weiß
Capitano Fritz Hoppe
Riccardo Franz Höbling

OPER

14., 16., 17., 20. August, Theater am Kornmarkt
GIOACCHINO ROSSINI
Die Italienerin in Algier

Dirigent Vittorio Gui
Inszenierung Carlo Maestrini
Bühnenbild Gottfried Neumann-Spallart
Kostüme Grete Volters
Wiener Symphoniker
Wiener Staatsopernchor
Singverein der Gesellschaft der Musikfreunde, Wien
Mustafa Raffaele Arié
Elvira Renata Ongaro
Zulma Laura Sarti
Haly Marco Stecchi
Lindoro Juan Oncina
Isabella Oralia Dominguez
Taddeo Renato Cesari

BALLETT

5., 11., 15. August, Seebühne
PJOTR ILJITSCH TSCHAIKOWSKY
Der Nußknacker

Dirigent Franz Bauer-Theußl
Choreographie und Inszenierung Victor Gsovsky
Bühnenbild Walter von Hoesslin
Wiener Staatsopernballett
Der Präsident Fritz Sidl
seine Frau Lucia Bräuer
Klara Erika Zlocha
Franz Peter Mallek
Onkel Drosselmeyer Richard Nowotny
Mäusekönigin Lisl Temple
Blumenkönigin Christl Zimmerl
Nußknacker Paul Vondrak
Zuckerfee Edeltraud Brexner
Prinz Willy Dirtl
Grand Valse Ludwig Musil

THEATER

20., 24., 26. Juli, Theater am Kornmarkt
Wiener Burgtheater
JOHANN NESTROY
Der Talisman

Regie Rudolf Steinböck
Bühnenbild Stefan Hlawa
Titus Feuerfuchs Heinrich Schweiger
Frau von Cypressenberg Alma Seidler
Constantia Elisabeth Stemberger
Emma Helma Gauthier
Flora Baumscheer Gusti Wolf
Plutzerkern Franz Böheim
Monsieur Marquis Otto Kerry
Spund Hermann Thimig
Salome Pockerl Inge Konradi

31. Juli, 2., 3. August, Theater am Kornmarkt
Wiener Burgtheater
WILLIAM SHAKESPEARE
Was ihr wollt

Regie Josef Gielen
Bühnenbild Sepp Nordegg
Musik und musikalische Einrichtung Paul Angerer
Orsino Jürgen Wilke
Viola Annemarie Düringer
Sebastian Dieter Rupp
Olivia Anaid Iplicjian
Maria Blanche Aubry
Junker Tobias von Rülp Fred Liewehr
Junker Christoph von Bleichenwang Joachim Teege
Malvolio Boy Gobert
Fabio Peter P. Jost
Narr Heinrich Schweiger
Antonio Wolfgang Gasser
Schiffshauptmann Helmut Janatsch
Priester Josef Krastel
Valentin Fritz Lehmann
Curio Peter Kreuziger
Gerichtsdiener Hans Schellbach

7., 9., 10. August, Theater am Kornmarkt
Wiener Burgtheater
JOHANN WOLFGANG VON GOETHE
Egmont

Musik Ludwig van Beethoven
Regie Leopold Lindtberg
Bühnenbild Teo Otto
Musikalische Leitung Franz Bauer-Theußl
Wiener Symphoniker
Margarethe von Parma Liselotte Schreiner
Graf Egmont Fred Liewehr
Wilhelm von Oranien Heinz Woester
Herzog von Alba Stefan Skodler
Ferdinand Jürgen Wilke
Machiavell Andreas Wolf
Richard Otto Kerry
Gomez Karl Blühm
Silva Robert Marencke
Klärchen Martha Wallner
Ihre Mutter Alma Seidler
Brackenburg Achim Benning
Soest Peter P. Jost
Jetter Hermann Thimig
Zimmermann Wolfgang Gasser
Seifensieder Viktor Braun
Buyck Michael Janisch
Ruysum Otto Schmöle
Vansen Günther Haenel

13. August, Theater am Kornmarkt
Uraufführung
HERMANN FERDINAND SCHELL
Stunde der Entscheidung

Regie Robert Marencke
Bühnenbild Karlheinz Miltner
Adam Stefan Skodler
Eva Erika Ziha
Insula Heidi Fischer
Grace Dorit Amann
Fabian Hans Brenner
Viktor Ernst Bruderer
Bruce Hans Schellbach
Major Hopkins Frank Lester
Michael Günter Zulla
Gemeindeältester Richard Rieß
1. Matrose Richard W. Rutishauser

Eröffnungsgottesdienst
22. Juli, Stadtpfarrkirche St. Gallus
Festgottesdienst
Solisten
Hedi Klug, Sopran - Hetty Plümacher, Mezzosopran
Richard van Vrooman, Tenor - Friedrich Nidetzky, Baß
Stadtpfarrchor St. Gallus
Wiener Symphoniker
Dirigent Gerhard Dallinger
JOSEPH HAYDN
Missa in honorem St. Nicolai

KONZERTE

23. Juli, Martinsplatz
Serenade
Wiener Symphoniker
Dirigent Kurt Wöss
Solistin Hetty Plümacher, Mezzosopran
JOSEPH HAYDN
Sinfonia concertante für Oboe, Fagott, Violine und Violoncello, B-Dur, H. V. I:105
OSWALD LUTZ
5 Lieder nach Gedichten von Christian Morgenstern
WOLFGANG AMADEUS MOZART
Eine kleine Nachtmusik, (KV 525)
FRANZ SCHUBERT
Symphonie Nr. 3, D-Dur

24. Juli, Volkshalle Feldkirch
I. Orchesterkonzert
Wiener Symphoniker
Dirigent Robert Stolz
Solisten
Hedi Klug, Sopran - Hilde Konetzni, Sopran - Jean Cox, Tenor - Claudio Nicolai, Bariton
»Von Johann Strauß bis Robert Stolz«

27. Juli, Stadthalle
II. Orchesterkonzert
Wiener Symphoniker
Dirigent Ferdinand Leitner
Solist Ludwig Hoelscher, Violoncello
ANTONÍN DVOŘÁK
Slawische Tänze
Konzert für Cello und Orchester in h-Moll, op. 104
7. (2.) Symphonie in d-Moll

28. Juli, Gräflicher Palast, Hohenems
Schloßkonzert
Vorarlberger Kammerorchester
Dirigent Kurt Wöss
Solist Richard Schönhofer, Klarinette
PIETRO NARDINI
Adagio
WOLFGANG AMADEUS MOZART
Konzert für Klarinette A-Dur (KV 622)
JOSEPH HAYDN
Konzert Nr. 2 für König Ferdinand IV. von Neapel. »Lirenkonzert«. Hoboken VIIh: 2 in G-Dur
WOLFGANG AMADEUS MOZART
Serenata notturna, D-Dur (KV 239)

29. Juli, Theater am Kornmarkt
Kammermusik
Enrico Mainardi, Cello
Carlo Zecchi, Klavier
JOHANNES BRAHMS
Sonate F-Dur, op. 99
CLAUDE DEBUSSY
Prologo - Serenade et finale
FRÉDÉRIC CHOPIN
Sonate op. 65 g-Moll

30. Juli, Theater am Kornmarkt
III. Orchesterkonzert
Wiener Symphoniker
Dirigent Wolfgang Sawallisch
WOLFGANG AMADEUS MOZART
Sinfonie in Es-Dur (KV 543)
FRANK MARTIN
Petite symphonie concertante für Harfe, Cembalo und Klavier
FRANZ SCHUBERT
4. Symphonie in c-Moll

2. August, Schloß Schattenburg Feldkirch
Kammermusik
Weller-Quartett, Wien
JOSEPH HAYDN
Streichquartett op. 33/3 C-Dur (Vogelquartett)
LUDWIG VAN BEETHOVEN
Streichquartett op. 127 Es-Dur
JOHANNES BRAHMS
Streichquartett op. 51/2 a-Moll

6. August, Martinsplatz
Serenade
Bläservereinigung der Wiener Symphoniker
LUDWIG VAN BEETHOVEN
Oktett op. 103 für 2 Oboen, 2 Klarinetten, 2 Fagotte, 2 Hörner
FRANZ HASENÖHRL
Serenade für 13 Bläser
RICHARD STRAUSS
Suite B-Dur op. 4 für 2 Flöten, 2 Oboen, 2 Klarinetten, 2 Fagotte, Kontrafagott, 4 Hörner
RICHARD STRAUSS
Serenade Es-Dur, op. 7 für 2 Flöten, 2 Oboen, 2 Klarinetten, 2 Fagotte, Kontrafagott, 4 Hörner

9. August, Schloß Schattenburg Feldkirch
Kammermusik
Tatrai-Quartett
SERGEJ PROKOFJEW
II. Quartett, op. 92
BÉLA BARTÓK
II. Quartett, op. 17
FELIX MENDELSSOHN-BARTHOLDY
E-Moll-Quartett, op. 44

16. August, Arbeiterkammersaal Feldkirch
Zürcher Kammerorchester
Dirigent Edmond de Stoutz
Solistin Isolde Ahlgrimm, Cembalo
GEORG FRIEDRICH HÄNDEL
Concerto grosso in D-Dur, op. 6, Nr. 5
JOHANN SEBASTIAN BACH
Konzert in D-Dur für Cembalo und Streichorchester
JOSEPH HAYDN
Divertimento in D-Dur, op. 2, Nr. 5
HENRY PURCELL
Suite für Streichorchester »The Married Beau«

19. August, Stadthalle
IV. Orchesterkonzert
Wiener Symphoniker
Dirigent Vittorio Gui
Solisten
Ilva Ligabue, Sopran - Oralia Dominguez, Alt - Juan Oncina, Tenor - Raffaele Arie, Baß
Singverein der Gesellschaft der Musikfreunde, Wien
GUISEPPE VERDI
Requiem für Soli, Chor und Orchester

1963 18. Juli – 19. August

SPIEL AUF DEM SEE

19., 20., 24., 26., 27., 31. Juli, 2., 6., 7., 10., 15., 17., 18. August, Seebühne
(Die Vorstellungen am 17. und 18. August fielen wegen schlechten Wetters aus)
FRANZ VON SUPPÉ
Banditenstreiche
Musikbearbeitung und Neuinstrumentation von August Peter Waldenmaier
Musikalische Leitung Kurt Wöss
Inszenierung Adolf Rott
Bühnengestaltung Walter von Hoesslin
Kostüme Grete Volters
Choreographie Gustav Blank
Wiener Symphoniker
Wiener Staatsopernballett
Bregenzer Festspielchor
Babbeo Helmut Fehn
Lidia Helga Dernesch
Stella Clementine Mayer
Gaetano Claudio Nicolai
Doktor Tondolo Ferry Gruber
Spaccamonti Hugo Gottschlich
Lelio aus Aversa Willy Brokmeier
Malandrino Jean Cox
Ein junger Räuber Gertraud Eckert
Eine Räuberbraut Rotraud Hansmann

OPER

18., 22., 28. Juli, 4. August, Theater am Kornmarkt
Uraufführung
JOSEPH HAYDN
Das brennende Haus
Dirigent Robert Heger
Inszenierung Adolf Rott
Bühnenbild Ottowerner Meyer
Choreographie Gustav Blank
Kostüme Ottowerner Meyer, Grete Volters
Wiener Symphoniker
Wiener Staatsopernballett
Wiener Staatsopernchor
Hanswurst Oskar Czerwenka
Columbine Rosl Schwaiger
Leander Heinz Hoppe
Steckel Kurt Equiluz
Odoardo Claudio Nicolai
Geist von Steckels Vater Karl Terkal
Der Wirt Hugo Gottschlich
Der Pfarrer Robert Marencke

BALLETT

3., 9., 14. August, Seebühne
LÉO DELIBES
Sylvia
Dirigent Franz Bauer-Theussl
Choreographie und Inszenierung Erich Walter
Bühnenbild Walter von Hoesslin
Wiener Staatsopernballett
Diana Christl Zimmerl
Sylvia Edeltraud Brexner
Amor Erika Zlocha
Amynthas Ludwig Musil
Orion Paul Vondrak
Zauberer Richard Nowotny

THEATER

21., 23., 25. Juli, Theater am Kornmarkt
Wiener Burgtheater
Uraufführung
MAX ZWEIG
Franziskus
Inszenierung Paul Hoffmann
Regie Helmuth Schwarz
Bühnenbild Leni Bauer-Ecsy
Franziskus von Assisi Josef Meinrad
Clara, seine Schülerin Erika Pluhar
Ugone Gerhard Geisler
Elia Heinz Woester
Bernardo Michael Janisch
Silvestro Otto Kerry
Leo Achim Benning
Masseo Stefan Skodler
Benvenuto Karl Mittner
Rinieri Dieter Klein
Spoletino Josef Krastel
Grappa Philipp Zeska
Maddalena Rizzi Hella Ferstl
Gioconda Petrucci Lotte Tobisch
Benedetto Andreas Wolf

29., 30. Juli, 1. August, Theater am Kornmarkt
Wiener Burgtheater
HUGO VON HOFMANNSTHAL
Der Schwierige
Regie Ernst Lothar
Bühnenbild Otto Niedermoser
Hans Karl Bühl Robert Lindner
Crescence Adrienne Gessner
Stani Peter Weck
Helene Altenwyl Aglaja Schmid
Altenwyl Fred Hennings
Antoinette Hechingen Jane Tilden
Hechingen Hanns Krassnitzer
Neuhoff Peter P. Jost
Edine Lilly Stepanek

Franz von Suppé, Banditenstreiche, 1963. (v.l.n.r.) Claudio Nicolai (Gaetano), Jean Cox (Malandrino), Helga Dernesch (Lidia).

Nanni Angelika Hauff
Huberta Lisl Kinast
Agathe Gusti Wolf
Neugebauer Otto Kerry
Lukas Richard Eybner
Vinzenz Gandolf Buschbeck
Ein berühmter Mann Fred Liewehr
Wenzel Josef Krastel
Ein Diener Karl Eidlitz

13., 16., 19. August, Theater am Kornmarkt
Wiener Burgtheater
FRANZ GRILLPARZER
Des Meeres und der Liebe Wellen
Regie Ewald Balser
Bühnenbild Stefan Hlawa
Hero Christiane Hörbiger
Der Oberpriester Ewald Balser
Leander Wolfgang Stendar
Naukleros Wolfgang Gasser
Janthe Loni Friedl
Der Tempelwächter Otto Kerry
Heros Eltern Hella Ferstl, Viktor Braun

Eröffnungsgottesdienst
21. Juli, Herz-Jesu-Kirche
Festgottesdienst
Stadtpfarrchor Herz-Jesu, Bregenz
Pfarrchor St. Peter und Paul, Lustenau
Bläser-Oktett der Wiener Symphoniker
Dirigent Wilhelm Schosland
HANS LEO HASSLER
Missa octo vocum für achtstimmigen Doppelchor und Bläser-Oktett

KONZERTE

23. Juli, Schloß Schattenburg Feldkirch
Kammermusik
Niederländisches Streichquartett, Amsterdam
WOLFGANG AMADEUS MOZART
Streichquartett C-Dur, (KV 465)
WILHELM PIJPER
Streichquartett Nr. 5 (unvollendet)
GIUSEPPI VERDI
Streichquartett e-Moll
FRANZ SCHUBERT
Streichquartett d-Moll, op. posthum

5. August, Stadthalle
I. Orchesterkonzert
Wiener Symphoniker
Dirigent Ferdinand Leitner
Solist Irina Botschkowa, Violine
SERGEJ PROKOFJEW
Violinkonzert Nr. 1 D-Dur
ANTON BRUCKNER
9. Symphonie in d-Moll

6. August, Schloß Schattenburg Feldkirch
Kammermusik
Wiener Philharmonisches Quartett
JOSEPH HAYDN
Streichquartett op. 76/4, B-Dur
OTTORINO RESPIGHI
Quartetto dorico
JOHANNES BRAHMS
Streichquartett op. 67, B-Dur

8. August, Stadthalle
II. Orchesterkonzert
Wiener Symphoniker
Dirigent Robert Heger
Solisten
Helga Dernesch, Sopran - Jean Cox, Tenor
RICHARD WAGNER
»Rienzi«-Ouvertüre - »Tannhäuser«, Hallenarie und Duett Elisabeth-Tannhäuser - »Die Meistersinger von Nürnberg«, Vorspiel - »Siegfried«, Schmiedelieder
»Lohengrin«, Elsas Traum - »Parsifal«, Vorspiel
»Walküre«, Schlußszene 1. Akt

11. August, Theater am Kornmarkt
Liederabend
Oskar Czerwenka
Am Flügel Gustav Cerny
PETER CORNELIUS
Trauer und Trost
ANTONÍN DVOŘÁK
Zigeunerlieder
CARL LOEWE
Der heilige Franziskus - Wirtins Töchterlein
Die verfallene Mühle - Prinz Eugen - Tom der Reimer
Graf Eberstein - Die wandelnde Glocke
Odins Meeresritt

15. August, Theater am Kornmarkt
III. Orchesterkonzert
Wiener Symphoniker
Dirigent Wolfgang Sawallisch
Solisten
Elisabeth Bayer, Harfe - Camillo Wanausek, Flöte
BÉLA BARTÓK
Divertimento für Streicher
WOLFGANG AMADEUS MOZART
Konzert für Flöte und Harfe
ROBERT SCHUMANN
1. Symphonie in B-Dur

16. August, Stella Matutina Feldkirch
Zürcher Kammerorchester
Dirigent Edmond de Stoutz
Solist Gaspar Cassadò
FRANCESCO GEMINIANI
Concerto grosso in g-Moll op. 3 Nr. 2
JOSEPH HAYDN
Konzert für Cello und Streichorchester in D-Dur
ALBAN BERG
Drei Sätze aus der Lyrischen Suite
GIOVANNI BATTISTA PERGOLESI
Concertino G-Dur Nr. 2

17. August, Martinsplatz
Serenade
Zürcher Kammerorchester
Dirigent Edmond de Stoutz
Solisten
Andre Jannet, Flöte - Elemer Glanz, Violine - Herbert Scherz, Violine - Guy-Claude Burger, Cello
ANTONIO VIVALDI
Konzert für zwei Violinen, Cello und Streichorchester in d-Moll
Konzert für Flöte und Streichorchester in d-Moll (genannt: La Notte)
Konzert für Flöte und Streichorchester in g-Moll (genannt: Il Cardellino)
Konzert für Violine, Cello, Cembalo und Streichorchester in B-Dur
JOHANN SEBASTIAN BACH
Brandenburgisches Konzert Nr. 3

1964 24. Juli – 23. August

SPIEL AUF DEM SEE

25., 26., 29. Juli, 1., 2., 7., 9., 12., 16., 19., 22., 23. August, Seebühne
(Zwei »Spiele auf dem See« fielen wegen schlechten Wetters aus).
FRANZ LEHAR
Das Land des Lächelns
Musikalische Leitung Franz Bauer-Theussl
Inszenierung Wolfgang Liebeneiner
Bühnengestaltung Walter von Hoesslin
Choreographie Dimitrije Parlic
Kostüme Grete Volters
Wiener Symphoniker
Wiener Staatsopernballett
Bregenzer Festspielchor
Der Präsident Robert Marencke
Lisa Gerda Scheyrer, Marga Rudolph
Gustav Heinz Holecek, Willy Ferenz
Prinz Sou Chong Giuseppe Campora
Mi, seine Schwester Liselotte Ebnet
Tschang, sein Oheim Friedrich Nidetzky
Fu-Li Hans Rappant
Obereunuch Herbert Prikopa

OPER

14., 17., 20., 21. August, Theater am Kornmarkt
GIOACCHINO ROSSINI
Cenerentola
Dirigent Vittorio Gui
Inszenierung Carlo Piccinato
Bühnenbild Gottfried Neumann-Spallart
Kostüme Ita Maximowna
Wiener Symphoniker
Wiener Staatsopernchor
Don Ramiro Juan Oncina
Dandini Sesto Bruscantini

Franz Léhar, Land des Lächelns, 1964. Seebühne. Bühnenbildskizze von Walter von Hoesslin.

Don Magnifico Ian Wallace
Tisbe Miti Truccato-Pace
Clorinde Silvana Zanolli
Angelina Biancamaria Casoni
Alidoro Leonardo Monreale

BALLETT

5., 8., 15. August, Seebühne
PJOTR ILJITSCH TSCHAIKOWSKY
Dornröschen
Libretto Marius Petipa, Iwan Weschewolosky
Dirigent Franz Bauer-Theussl
Choreographie und Inszenierung Wazlaw Orlikowsky
Bühnenbild Walter von Hoesslin
Wiener Staatsopernballett
Wiener Symphoniker
Die Fliederfee Christl Zimmerl
Begleiter der Fliederfee Ludwig M. Musil
Die Fee des goldenen Weins Christl Wolf
Die Waldfee Dietlinde Klemisch
Die Zaubergartenfee Irmtraud Haider
Die Singvögelfee Susanne Kirnbauer
Die böse Fee Carabosse Richard Nowotny
Prinzessin Aurora Edeltraud Brexner
Prinz Désiré Paul Vondrak
Prinz von England Franz Wilhelm
Prinz von Spanien Rainer Wülfrath
Prinz von Frankreich Ludwig M. Musil
Prinz von Persien Robert Minder
Freundinnen der Prinzessin Aurora Gisela Cech, Judith Gerber, Ursula Lasser, Karin Wittek

Walter von Hoesslin und Wolfgang Liebeneiner diskutieren die Bühnenbildskizze zu Land des Lächelns, 1964.

Polonaise Karin Wittek, Rainer Wülfrath
Pas de quatre
Gold Ully Wührer
Silber Lisl Maar
Smaragd Irmtraud Haider
Rubin Gisela Cech
Die Katze Ursula Lasser
Gestiefelter Kater Peter Mallek
Der blaue Vogel Ludwig M. Musil
Prinzessin Florissa Susanne Kirnbauer
Rotkäppchen Helga Indra
Der Wolf Robert Minder
Aschenbrödel Dietlinde Klemisch
Prinz Fortuné Günther Falussy
Stiefmutter Sieglinde Zamponi
Böse Schwester Liselotte Wiedermann
Faule Schwester Liselotte Hauk
Die drei Iwans Herbert Nitsch, Gerhard Dirtl, Franz Wilhelm

THEATER

24., 27., 30. Juli, Theater am Kornmarkt
Österreichische Erstaufführung
Wiener Burgtheater
HUGO VON HOFMANNSTHAL
Das gerettete Venedig
Regie Peter Mosbacher
Bühnenbild und Kostüme Lois Egg
Musik Hans Totzauer
Senator Priuli Stefan Skodler
Senator Dolfin Josef Krastel
Kapitän Pierre Klausjürgen Wussow
Antonio Jaffier Alexander Trojan
Belvidera Erika Pluhar
Der Junge Christian Galozzi
Das Mädchen Daniela Galozzi
Bedomar Manfred Inger
Anina Lilly Karoly
Bernardo Capello Peter P. Jost
Aquilina Blanche Aubry
Orsola Angelika Hauff
Lakai der Aquilina Christian Fuchs
Elliot Hannes Schiel
Brambilla Tom Krinzinger
Cuyp Georg Filser
Geschützmeister Ernst Princz
Der Haushofmeister Michael Tellering
Tobia Rudolf Paczak
Lakai Walter Stumvoll
Ein Gerichtsvollzieher Hinz Fabricius
Ein Offizier der Sbirren Andreas Wolf
Ein Schiavon Wolfgang Gasser
Ein junges Ding Gabriele Badura
Ein Bettler Johann Neuhauser
Der Sänger Otwin Kühlhorn
Erster Gerichtsdiener Karl Mittner
Zweiter Gerichtsdiener Peter Neubauer
Ein Straßenjunge Walter Baier

31. Juli, 3., 4. August, Theater am Kornmarkt
Wiener Burgtheater
FRANZ GRILLPARZER
Ein Bruderzwist in Habsburg
Regie Kurt Horwitz, Franz Reichert
Bühnenbild Clemens Holzmeister
Rudolf II. Attila Hörbiger
Mathias Robert Lindner
Max Gerhard Geisler
Ferdinand Achim Benning
Leopold Heinz Ehrenfreund
Don Cäsar Alexander Trojan
Melchior Klesel Heinz Moog
Herzog Julius von Braunschweig Heinz Woester
Heinrich Matthes Thurn Curth A. Tichy
Graf Schlick Karl Blühm
Seyfried Breuner Viktor Braun
Oberst Wallenstein Peter P. Jost
Wolf Rumpf Hans Thimig
Ein Hauptmann Hannes Schiel
Prokop Hanns Obonya
Lukretia, seine Tochter Erika Pluhar
Kammerherr des Kaisers Josef Krastel
Kammerherr des Mathias Hintz Fabricius
Ein Arbeiter Karl Mittner

»Durch Grillparzers BRUDERZWIST IN HABSBURG wurde man erinnert, was große, von Weltgeschichte erfüllte, Geschichte erhellende Dramatik sein kann. Die Aufführung hatte ihren Höhepunkt in Attila Hörbigers Rudolf II., dem Kaiser, der sich in die Gewölbe des Hradschins verkriecht, um durch Nichthandeln, durch das Anhalten der weltgeschichtlichen Uhr den drohenden Zerfall des Reiches vor dem Dreißigjährigen Krieg aufzuhalten. Hörbiger gab diesem Rudolf die erschütternde Größe des halbblinden Propheten, er lieh ihm zugleich die Nähe und Wärme einer Gestalt des Volkstheaters, eine großartige Charakterstudie aus ferner, vergangener Zeit.«

Auszug. Entnommen aus:
HANNOVERSCHE ALLGEMEINE ZEITUNG, 15./16. 8. 1964.

6., 11., 13. August, Theater am Kornmarkt
Wiener Burgtheater
ARTHUR SCHNITZLER
Anatol
Inszenierung Ernst Lothar
Bühnenbild Lois Egg
ANATOLS GRÖSSENWAHN Epilog als Prolog
Anatol Robert Lindner
Max Wolf Albach-Retty
Baron Diebl Karl Eidlitz
Berta Käthe Gold
DIE FRAGE AN DAS SCHICKSAL
Anatol Robert Lindner
Max Wolf Albach-Retty
Cora Ingeborg Gruber
WEIHNACHTSEINKÄUFE
Anatol Robert Lindner
Gabriele Paula Wessely
EPISODE
Anatol Robert Lindner
Max Wolf Albach-Retty
Bianca Käthe Gold
ABSCHIEDSSOUPER
Anatol Robert Lindner
Max Wolf Albach-Retty
Annie Christiane Hörbiger
Ein Kellner Richard Eybner
ANATOLS HOCHZEITSMORGEN
Anatol Robert Lindner
Max Wolf Albach-Retty
Ilona Lotte Ledl
Franz Richard Eybner

Eröffnungsgottesdienst
26. Juli, Mariahilfkirche Vorkloster
Festgottesdienst
Dirigent Albert Arbeiter
Solisten
Gerda Scheyrer, Sopran - Gertraud Eckert, Alt - Alfredo Corda, Tenor - Friedrich Nidetzky, Baß
Kirchenchor der Stadtpfarre Mariahilf
Kirchenchor von St. Gebhard, Bregenz
Kirchenchor von Mehrerau, Bregenz
Kirchenchor von Lauterach
Kirchenchor von Hard
LUDWIG VAN BEETHOVEN
Messe in C-Dur, op. 86 Proprien im Gregorianischen Choral

---

28. Juli, Stella Matutina Feldkirch
Münchener Kammerorchester
Dirigent Hans Stadlmair
Solist Denis Zsigmondy
GEORG FRIEDRICH HÄNDEL
Concerto grosso op. 6 Nr. 5 in D-Dur
JOHANN PACHELBEL
Chaconne für Streichorchester in e-Moll
HELMUT EDER
Konzert für Violine und Orchester, op. 32
WOLFGANG AMADEUS MOZART
Sinfonie in A-Dur, (KV 201)

---

2. August, Stadthalle
I. Orchesterkonzert
Wiener Symphoniker
Dirigent Heinrich Hollreiser
Solisten Lisa Della Casa, Sopran; Ludwig Hoelscher, Violoncello
RICHARD STRAUSS
»Don Quixote«, op. 35
Phantastische Variationen über ein Thema ritterlichen Charakters
Mondscheinmusik und Schluß aus »Capriccio«
»Also sprach Zarathustra«, op. 30
Tondichtung für großes Orchester frei nach Friedrich Nietzsche

---

8. August, Gräflicher Palast Hohenems
Schloßkonzert
Vorarlberger Kammerorchester
Dirigent Kurt Wöss
Solist Fritz Händschke
JOHANN SEBASTIAN BACH
Brandenburgisches Konzert Nr. 5 D-Dur
GEORG PHILIPP TELEMANN
Konzert für Viola und Streichorchester
JEAN-PHILIPPE RAMEAU
2. Konzert
WOLFGANG AMADEUS MOZART
Divertimento F-Dur, (KV 138)

---

10. August, Martinsplatz
Serenade
Wiener Symphoniker
Dirigent Kurt Wöss
WOLFGANG AMADEUS MOZART
Marsch in D-Dur (KV 237)
OSWALD LUTZ
Variationen über ein Thema von Mozart, op. 85 (Uraufführung)
WOLFGANG AMADEUS MOZART
Sinfonia concertante für Oboe, Klarinette, Horn und Fagott (KV 297b = Anh. 9 Es-Dur)
LUDWIG VAN BEETHOVEN
1. Symphonie in C-Dur, op. 21

---

13. August, Schloß Schattenburg Feldkirch
Kammermusik
Soloabend Ludwig Hoelscher, Violoncello
JOHANN SEBASTIAN BACH
Suite für Violoncello Solo in C-Dur Nr. 3
MAX REGER
Suite für Violoncello allein in d-Moll, op. 131/Nr.2
JOHANN SEBASTIAN BACH
Sarabanden aus den Suiten
Nr. 1 in G-Dur — Nr. 4 in Es-Dur
Nr. 2 in d-Moll — Nr. 5 in c-Moll
JOHANN SEBASTIAN BACH
Suite für Violoncello Solo Nr. 6 in D-Dur

---

18. August, Theater am Kornmarkt
II. Orchesterkonzert
Wiener Symphoniker
Dirigent Wolfgang Sawallisch
Solisten Leo Cermak, Fagott; Richard Schönhofer, Klarinette
ANTONÍN DVOŘÁK
Symphonische Variationen
RICHARD STRAUSS
Concertino für Fagott und Klarinette
LUDWIG VAN BEETHOVEN
8. Symphonie in F-Dur, op. 93

---

20. August, Schloß Schattenburg Feldkirch
Kammermusik
Wiener Philharmonisches Quartett
WOLFGANG AMADEUS MOZART
Streichquartett in G-Dur, (KV 387)
LUDWIG VAN BEETHOVEN
Streichquartett in F-Dur, op. 135
ANTONÍN DVOŘÁK
Streichquartett Es-Dur, op. 51

---

23. August, Theater am Kornmarkt
III. Orchesterkonzert
Wiener Symphoniker
Dirigent Vittorio Gui
JOHANNES BRAHMS
Serenade in A-Dur, op. 16
Variationen über ein Thema von Haydn, op. 56
4. Symphonie in e-Moll, op. 98

1965 23. Juli – 22. August

»Im Jahre 1965, da die Republik Österreich die Zwanzig-Jahres-Feier ihres Wiedererstehens nach dem Zweiten Weltkrieg begeht, finden auch die Bregenzer Festspiele zum zwanzigsten Male statt. Dieses Zusammentreffen dokumentiert, daß die Bregenzer Festspiele und ihr stetiger Aufstieg in diesen beiden Jahrzehnten einen festen Bestandteil der Geistesgeschichte und der kulturellen Entwicklung Österreichs gebildet haben. In ganz eigenartiger, unverwechselbarer Weise hat Bregenz seinen Stil, seine Atmosphäre, seine charakteristische Prägung als Festspielstadt gewonnen und die Anerkennung als ein neues österreichisches und europäisches Kulturzentrum errungen.

...

Möge Bregenz seinen Ehrenplatz im österreichischen Kulturleben auch in Zukunft einnehmen und weiterhin zum Ansehen unserer österreichischen Heimat als eines kunstsinnigen Landes beitragen.«

Dr. *Josef Klaus*, Bundeskanzler

Auszüge. Entnommen aus: PROGRAMMHEFT 1965.

SPIEL AUF DEM SEE

24., 25., 28., 31. Juli, 1., 4., 7., 8., 13., 15., 21., 22. August, Seebühne
(Eine Vorstellung fiel wegen schlechten Wetters aus).
JOHANN STRAUSS
Eine Nacht in Venedig
Dirigent Franz Bauer-Theussl
Inszenierung Adolf Rott
Bühnengestaltung Walter von Hoesslin
Kostüme Grete Volters
Choreographie Dimitrije Parlic
Wiener Symphoniker
Wiener Staatsopernballett
Bregenzer Festspielchor
Herzog von Urbino Rudolf Christ
Delacqua Karl Dönch
Barbaruccio Friedrich Nidetzky
Testaccio Herbert Klomser
Barbara Birgit Sarata
Agricola Hilde Konetzni
Annina Gerda Scheyrer
Caramello Murray Dickie
Pappacoda Maurice Besançon
Ciboletta Elfriede Pfleger

OPER

12., 16., 17., 19. August, Theater am Kornmarkt
GIOACCHINO ROSSINI
Der Barbier von Sevilla
Dirigent Vittorio Gui
Inszenierung Carlo Piccinato
Bühnenbild und Kostüme Gottfried Neumann-Spallart
Wiener Symphoniker
Wiener Staatsopernchor
Graf Almaviva Juan Oncina
Doktor Bartolo Ian Wallace
Rosine, dessen Mündel Biancamaria Casoni
Basilio, Musikmeister Raffaele Arié
Figaro, Barbier Walter Alberti
Bertha Miti Truccato-Pace
Fiorillo Leonardo Monreale

BALLETT

11., 14., 18. August, Seebühne
Uraufführung
HELMUT EDER
Die Irrfahrten des Odysseus
Dirigent Helmut Eder
Choreographie Erich Walter
Inszenierung Erich Walter, Walter Gerhardt

Gioacchino Rossini, Der Barbier von Sevilla, 1965. Theater am Kornmarkt. Figurinen. Kostümentwürfe von Gottfried Neumann-Spallart.

Bühnenbild	Walter von Hoesslin
Kostüme	Grete Volters
Wiener Symphoniker	
Wiener Staatsopernballett	
Pallas Athene	Christl Zimmerl
Odysseus, König von Ithaka	Willy Dirtl
Penelope, seine Gemahlin	Lisl Maar
Telemach, sein Sohn	Herbert Nitsch
Helena, Königin von Sparta	Ully Wührer
Achill, König der Myrmidonen	Ludwig M. Musil
Hector	Franz Wilhem
Paris	Günther Falusy
Kassandra	Gerlinde Dill
Circe, *Nausikaa*	Lisl Maar
Teiresias	Rainer Wülfrath
Freier	Gerhard Dirtl, Günther Falusy, Franz Wilhelm

Stadthalle

Ballettabend des Wiener Staatsopernballetts

(Ausweichvorstellung anstelle des Spiels oder Balletts auf dem See, falls diese abgesagt werden müssen)

ADOLPHE ADAM

Giselle

Musikalische Leitung	Franz Bauer-Theussl
Choreographie	René Bon
Bühnenbilder	Walter von Hoesslin
Giselle	Lilly Scheuermann
Albrecht	Willy Dirtl
Myrtha, Königin der Wilis	Lisl Maar
Hilarion	Franz Wilhelm
Herzog von Curland	Robert Minder
Bathilde	Inge Hiltscher
Giselles Mutter	Gerlinde Dill
Wilfried	Herbert Nitsch
Moyna	Ully Wührer
Zulma	Irmtraud Haider
Bauern, Pas de deux	Gisela Cech, Ludwig Musil

THEATER

23., 26., 29. Juli, Theater am Kornmarkt

Uraufführung

Wiener Burgtheater

ROMAN BRANDSTAETTER

Der Tag des Zorns

Regie	Wolfgang Liebeneiner
Bühnenbild	Lois Egg
Musik	Hans Totzauer
Prior	Erich Auer
Emmanuel Blatt	Josef Meinrad
Born, SS-Sturmbannführer	Heinz Moog
Julia Chomin	Blanche Aubry
Ein Mann der Widerstandsbewegung	Achim Benning

30. Juli, 2., 3. August, Theater am Kornmarkt

Wiener Burgtheater

JOHANN NESTROY

Das Mädl aus der Vorstadt

Musikalische Einrichtung	Alexander Steinbrecher
Regie	Leopold Lindtberg
Bühnenbilder und Kostüme	Fritz Butz
Musikalische Leitung	Hans Totzauer
Kauz, ein Spekulant	Richard Eybner
Frau von Erbsenstein	Susi Nicoletti
Herr von Gigl	Ernst Anders
Schnoferl	Josef Meinrad
Knöpfel	Hans Thimig
Peppi	Lona Dubois
Madame Storch	Lilly Stepanek
Rosalie	Ulla Purr
Sabine	Ingeborg Gruber
Thekla	Johanna Matz
Dominik	Josef Wichart
Nannette	Trude Ackermann

6., 9., 10. August, Theater am Kornmarkt

Wiener Burgtheater

FRANZ GRILLPARZER

Sappho

Regie	Josef Gielen
Bühnenbild	Clemens Holzmeister
Kostüme	Ernie Kniepert
Sappho	Judith Holzmeister
Phaon	Jürgen Wilke
Eucharis	Hella Ferstl
Melitta	Helma Gautier
Rhamnes	Josef Krastel
Ein Landmann	Heinz Grohmann

Eröffnungsgottesdienst

25. Juli, Pfarrkirche St. Gallus

Festgottesdienst

Dirigent Gerhard Dallinger

Solisten

Gerda Scheyrer, Sopran - Hilde Rössel-Majdan, Alt

Karl Terkal, Tenor - Friedrich Nidetzky, Baß

Kirchenchor St. Gallus

WOLFGANG AMADEUS MOZART

Messe in C, (KV 257), »Credo-Messe«

KONZERTE

26. Juli, Gräflicher Palast Hohenems

1. Schloßkonzert

Mitglieder der Wiener Symphoniker

WOLFGANG AMADEUS MOZART

Klarinettenquintett in A-Dur (KV 581)

ANTONÍN DVOŘÁK

Streichquintett in Es-Dur op. 97

für zwei Violinen, zwei Violen und Violoncello

FRANZ SCHUBERT

Streichquintett in C-Dur op. 163

für zwei Violinen, Viola und Violoncelli

»Die Reihe der außerhalb der Landeshauptstadt veranstalteten Konzerte der Bregenzer Festspiele nahm am Montagabend mit dem ersten Schloßkonzert im Rittersaal des Gräflichen Palastes in Hohenems ihren Anfang. Seit man 1960 entdeckte, daß der Renaissancesaal des Palastes für intimere Konzertabende räumlich und akustisch besonders gut geeignet ist, zählen die Schloßkonzerte in Hohenems zu den beliebtesten Nebenveranstaltungen der Bregenzer Festspiele. Diese Konzerte, die bisher vom Vorarlberger Kammerorchester bestritten wurden, lockten stets prominente Besucher aus allen Teilen des Landes an und gestalteten sich so zu gesellschaftlichen Ereignissen. Auf Grund der großen Besucherzahl mußte man daran denken, eine zweite derartige Veranstaltung durchzuführen. Das Jubiläum der Bregenzer Festspiele, das auch die Wie-

Gioacchino Rossini, Der Barbier von Sevilla, 1965. Theater am Kornmarkt. Bühnenbildentwurf von Gottfried Neumann-Spallart.

Gioacchino Rossini, Der Barbier von Sevilla, 1965. Figurinen. Kostümentwürfe von Gottfried Neumann-Spallart.

ner Symphoniker als ständiges Bregenzer Festspielorchester mitfeiern können, gibt dem Publikum bei mehreren kleineren Konzerten Gelegenheit, Instrumentalisten des Orchesters kennenzulernen, die sich entweder als Solisten oder im Kammermusikspiel produzieren.«

Auszug. Entnommen aus:
VORARLBERGER VOLKSBLATT, 28. 7. 1965.

27. Juli, Stadthalle
I. Orchesterkonzert
Wiener Symphoniker
Dirigent Wolfgang Sawallisch
Solisten
Wolfgang Sawallisch, Klavier - Mimi Coertse, Sopran
Hilde Rössel-Majdan, Alt - Karl Terkal, Tenor - Herbert Lackner, Baß
Kirchenchöre St. Peter und Paul und der Erlöserkirche Lustenau
Chorleitung Otto Vonbank, Hubert Marte
LUDWIG VAN BEETHOVEN
Klavierkonzert Nr. 1 in C-Dur
9. Symphonie in d-Moll

29. Juli, Stella Matutina Feldkirch
Kammerorchester der Wiener Symphoniker
Dirigent Bruno Amaducci
Solisten
Viktor Görlich - Fritz Haendschke - Gottfried Hechtl
Firmin Pirker - Richard Rudolf
Walter Schneiderhan - Hermann Schober
Paul Trimmel - Prof. Camillo Wanausek
LUIGI BOCCHERINI
Madrider Nachtmusik
KARL DITTERS V. DITTERSDORF
Concertante in D für Kontrabaß, Viola und Kammerorchester
TOMMASO ALBINONI
Konzert in D-Dur für Oboe, Streicher und Continuo
ANTONIO VIVALDI
Violinkonzert in Es-Dur »Der Sturm«
ANTONIO VIVALDI
Konzert in C-Dur für 2 Trompeten, Streicher und Continuo
DOMENICO CIMAROSA
Konzert in G-Dur für 2 Flöten und Kammerorchester
GEORG FRIEDRICH HÄNDEL
Concerto grosso in G-Dur op. 6 Nr. 1 für 2 Violinen, Cello, Streicher und Continuo

2. August, Schloß Gayenhofer Bludenz
Bläservereinigung der Wiener Symphoniker
WOLFGANG AMADEUS MOZART
Divertimento Nr. 8 (KV 213)
LEO JUSTINUS KAUFFMANN
Quintett für Flöte, Oboe, Klarinette, Horn und Fagott
JACQUES IBERT
Trois pièces brèves
ANTON REICHA
Quintett in Es-Dur
EZIO CARABELLA
Suite für Flöte, Oboe, Klarinette, Horn und Fagott

3. August, Schloß Schattenburg Feldkirch
Kammermusik
Smetana-Quartett, Prag
JOSEPH HAYDN
Streichquartett in D-Dur, op. 64
LEOŠ JANÁČEK
»Intime Briefe«, Streichquartett Nr. 2
FRIEDRICH SMETANA
»Aus meinem Leben« Streichquartett e-Moll

5. August, Martinsplatz
Serenade
Wiener Symphoniker
Dirigent Kurt Wöss
Solist Wolfgang Herzer, Violoncello
WOLFGANG AMADEUS MOZART
6 Deutsche Tänze, (KV 600)
JOSEPH HAYDN
Konzert für Cello und Orchester in C-Dur
WOLFGANG AMADEUS MOZART
Colloredo-Serenade in D-Dur, (KV 203)

8. August, Stadthalle
II. Orchesterkonzert
Wiener Symphoniker
»Die Operette bei den Bregenzer Festspielen von Johann Strauß bis Robert Stolz«
Dirigent Kurt Wöss
Solisten
Elfriede Pfleger, Mezzosopran - Hilde Konetzni, Sopran
Birgit Sarata, Sporan - Hanny Steffek, Sopran - Maurice Besançon, Tenor - Rudolf Christ, Tenor - Claudio Nicolai, Tenor - Friedrich Nidetzky, Baß - Karl Terkal, Tenor
Der Bregenzer Festspielchor
Ausschnitte aus
JOHANN STRAUSS
»Die Fledermaus« - »1001 Nacht« - »Zigeunerbaron«
»Wiener Blut«
CARL ZELLER
»Der Vogelhändler«
FRANZ VON SUPPÉ
»Boccaccio« - »Banditenstreiche«
KARL MILLÖCKER
»Gasparone« - »Bettelstudent«
FRANZ LEHÁR
»Die lustige Witwe« - »Das Land des Lächelns«
ROBERT STOLZ
»Trauminsel«

14. August, Gräflicher Palast Hohenems
2. Schloßkonzert
Vorarlberger Kammerorchester
Dirigent Kurt Wöss
Solist Karl Scheit, Gitarre
GEORG FRIEDRICH HÄNDEL
Concerto grosso op. 7/7 B-Dur
AUGUSTINUS FRANZ KROPFREITER
Concertino für Gitarre und Streicher
(öffentliche Uraufführung)
WOLFGANG AMADEUS MOZART
Divertimento B-Dur, (KV 137)
ARCANGELO CORELLI
Largo – Gigue – Banderie

15. August, Theater am Kornmarkt
III. Orchesterkonzert
Wiener Symphoniker
Dirigent Heinrich Hollreiser
Solisten
Ludwig Hoelscher, Violoncello
Gert Hoelscher, Violine
JOSEPH HAYDN
Symphonie Nr. 88 in G-Dur
JOHANNES BRAHMS
Doppelkonzert für Violine und Violoncello in a-Moll, op. 102
ROBERT SCHUMANN
4. Symphonie in d-Moll, op. 120

17. August, Schloß Schattenburg Feldkirch
Kammermusik
Oktett der Wiener Symphoniker
LUDWIG VON BEETHOVEN
Septett in Es-Dur, op. 20
FRANZ SCHUBERT
Oktett in F-Dur, op. 166

20. August, Theater am Kornmarkt
Liederabend Oskar Czerwenka
Am Flügel Gustav Cerny
Lieder von Robert Schumann,
Johann Vesque von Püttlingen,
Franz Salmhofer
nach Heinrich-Heine-Gedichten

22. August, Theater am Kornmarkt
IV. Orchesterkonzert
Wiener Symphoniker
Singverein der Gesellschaft der Musikfeunde, Wien
Chorleitung Reinhold Schmid
Dirigent Vittorio Gui
Solisten
Marta Pender, Sopran - Biancamaria Casoni, Mezzosopran - Juan Oncina, Tenor - Raffaele Arié, Baß
G. CARISSIMI
»Jephte«, bearbeitet von Vittorio Gui
GIOACCHINO ROSSINI »Stabat mater«

1966 22. Juli – 21. August

SPIEL AUF DEM SEE

23., 24., 27., 30., 31. Juli, 3., 7., 9., 13., 15., 20., 21. August, Seebühne
(Vier »Spiele auf dem See« fielen wegen schlechten Wetters aus).
JACQUES OFFENBACH
Die schöne Helena
Musikalische Leitung Franz Bauer-Theussl
Inszenierung Edwin Zbonek
Bühnengestaltung Walter von Hoesslin
Choreographie Dimitrije Parlic
Kostüme Grete Volters
Wiener Symphoniker, Wiener Staatsopernballett
Bregenzer Festspielchor
Paris Robert Ilosfalvy
Menelaus Karl Dönch
Helena Gerda Scheyrer
Agamemnon Fritz Hoppe
Orestes Liselotte Ebnet
Achilles Willy Ferenz
Ajax I. Leonhard Päckl
Ajax II. Helmut Böhm
Kalchas Herbert Prikopa
Bacchis Elfriede Pfleger
Parthenis Sigrun Lücking

OPER

12., 16., 18., 19. August, Theater am Kornmarkt
GIOACCHINO ROSSINI
Der Türke in Italien

Dirigent	Vittorio Gui
Inszenierung	Carlo Piccinato
Bühnenbild und Kostüme	Gottfried Neumann-Spallart
Wiener Symphoniker	
Wiener Staatsopernchor	
Selim	Sesto Bruscantini
Donna Fiorilla	Margherita Rinaldi
Don Geronio	Carlo Badioli
Don Narciso	Pietro Bottazzo
Prosdocimo	Enzo Sordello
Zaida	Miti Truccato-Pace
Albazar	Angelo Mercuriali

BALLETT

6., 10., 14., 17. August, Seebühne
PJOTR ILJITSCH TSCHAIKOWSKY
Schwanensee

Dirigent	Franz Bauer-Theussl
Choreographie	Dimitrije Parlic
Inszenierung	Václav Kašlík
Bühnenbild	Walter von Hoesslin
Kostüme	Grete Volters
Wiener Symphoniker	
Wiener Staatsopernballett	
Odette, Königin der Schwäne	Edeltraud Brexner Ully Wührer
Königin	Inge Hiltscher
Prinz Siegfried, ihr Sohn	Karl Musil Franz Wilhelm
Erzieher des Prinzen	Konstantin Zajetz
Benno, Freund des Prinzen	Günther Falusy
Gefährtinnen des Prinzen	Gisela Cech Judith Gerber Dietlinde Klemisch Inge Kozna Elisabeth Möbius Lilly Scheuermann
Hofnarr	Gerhard Dirtl
Zwerg	Dietlinde Klemisch
Vier Zwerge	Wilhelm Füllerer Anton Hejna Heinz Heidenreich Wolfgang Kres
Rotbart	Robert Minder
Odile	Edeltraud Brexner Ully Wührer
Kleine Schwäne	Gisela Cech Judith Gerber Elisabeth Möbius Lilly Scheuermann
Große Schwäne	Inge Kozna - Ully Wührer

Jacques Offenbach, Die schöne Helena, 1966.

Gioacchino Rossini, Der Barbier von Sevilla, 1965. Vittorio Gui (Dirigent) und Carlo Piccinato (Regisseur).

Pjotr Iljitsch Tschaikowsky, Schwanensee, 1966. Edeltraud Brexner (Odette).

Spanischer Tanz	Gerlinde Dill Peter Kastelik Ferdinand Liederer Georg Ditl Helmut Reischütz
Neapolitanischer Tanz	Ursula Lasser Peter Mallek und das Corps de ballet
Mazurka	Inge Kozna Liselotte Hauk Ulrike Netz - Georg Ditl Wilhelm Hohn Helmut Reischütz
Ungarischer Tanz	Lilly Scheuermann Franz Wilhelm Sieglinde Zamponi Eva Bernhofer Ferdinand Liederer Franz Pichler
Brautwalzer	Gisela Cech Günther Falusy und das Corps de ballet
Schwäne	Corps de ballet

Stadthalle Bregenz
Ballettabend des Wiener Staatsopernballetts
(Ausweichvorstellung anstelle des Spiels oder Balletts auf dem See, falls diese abgesagt werden müssen)

ADOLPHE ADAM
Giselle

Musikalische Leitung	Franz Bauer-Theussl
Choreographie	Dimitrije Parlic
Bühnenbildner	Walter von Hoesslin
Giselle	Edeltraud Brexner Lilly Scheuermann
Albrecht	Karl Musil Franz Wilhelm
Myrtha, Königin der Wilis	Ully Wührer
Hylarion	Peter Kastelik
Herzog von Curland	Helmut Reischütz
Bathilde	Inge Hiltscher
Giselles Mutter	Liselotte Wiedermann
Wilfried	Gerhard Dirtl
Moyna	Judith Gerber
Zulma	Elisabeth Möbius
Bauern, Pas de deux	Gisela Cech Günther Falusy

THEATER

22., 26., 29. Juli, Theater am Kornmarkt
Uraufführung
Wiener Burgtheater
JULIUS HAY
Attilas Nächte

Regie	Adolf Rott
Bühnenbild und Kostüme	Fritz Butz
Attila	Heinz Moog
Reka	Liselotte Schreiner
Gudrune	Rosemarie Gerstenberg
Illek	Thomas Egg
Dengesik	Günther Heider
Ernak	Karl Mittner
Aetius	Erich Auer
Lauderich	Wolfgang Stendar
Mikolde	Sylvia Lukan
Edeko	Gerhard Geisler
Orestes	Otto Kerry
Leo	Andreas Wolf
Trigetius	Edd Stavjanik
Avienus	Stefan Skodler

28. Juli, 1., 2. August, Theater am Kornmarkt
Wiener Burgtheater
FRANZ MOLNÁR
Der Schwan

Regie	Rudolf Steinboeck
Bühnenbild	Lois Egg
Kostüme	Ernie Kniepert
Musikalische Einrichtung	Hans Totzauer
Prinzessin Beatrix	Adrienne Gessner
Symphorosa	Gusti Wolf
Hyazinth	Fred Liewehr
Alexandra	Aglaja Schmid
Georg	Günther Heider
Arsen	Heinz Ehrenfreund
Dr. Hans Agi	Erich Auer
Prinz Albert	Robert Lindner
Prinzessin Maria Dominika	Lilly Stepanek
Graf Lützen	Johannes Neuhauser
Oberst Wunderlich	Michael Janisch
Caesar	Richard Eybner
Alfred	Michael Tellering
Kammerfrau	Hedwig Pistorius

4., 5., 8. August, Theater am Kornmarkt
Wiener Burgtheater
FRANZ GRILLPARZER
Der Traum ein Leben

Regie	Walter Gerhardt
Bühnenbild	Lois Egg
Kostüme	Ursula Schöffler
Musik	Helmut Eder
Massud	Fred Liewehr
Mirza	Erika Pluhar
Rustan	Walther Reyer
Zanga	Wolfgang Gasser
Ein Derwisch	Josef Krastel
Personen des Traumes	
Der König von Samarkand	Fred Liewehr
Gülnare	Erika Pluhar
Der alte Kaleb	Josef Krastel
Karkhan	Heinz Ehrenfreund
Der Mann vom Felsen	Hanns Obonya
Ein altes Weib	Lona Dubois
Ein königlicher Kämmerer	Hintz Fabricius
Ein Kämmerling der Königin	Peter Kreuziger
Verwandte Karkhans	Robert Marencke Günther Kropp
Anführer	Georg Filser Walter Stumvoll

Eröffnungsgottesdienst
24. Juli, Stadtpfarrkirche Herz-Jesu
Festgottesdienst
Elfriede Pfleger, Mezzosopran - Hella Siegel, Alt
Leonhard Päckl, Tenor - Günther Amann, Baß
Orgel Günther Fetz
Orchester der Wiener Symphoniker
Stadtpfarrchor Herz-Jesu
Dirigent Wilhelm Schosland
ANTON BRUCKNER
Messe in D
Proprium im gregorianischen Choral
Orgelausklang: MAX REGER – Te Deum aus op. 59

Domenico Cimarosa, Die heimliche Ehe, 1967. Theater am Kornmarkt. Figurinen von Gottfried Neumann-Spallart.

KONZERTE

25. Juli, Martinsplatz
Serenade
Wiener Symphoniker
Dirigent Bruno Amaducci
JOSEPH HAYDN
Nocturno Nr. 1 in C für Seine Majestät den König von Neapel (Hob. II: 25)
ANTONÍN DVOŘÁK
Nocturno für Streicher, op. 40
CHARLES GOUNOD
Petite Symphonie in B-Dur
ALFREDO CATALANI
»Am Abend« – Intermezzo aus dem 3. Akt von »Wally«
WOLFGANG AMADEUS MOZART
Symphonie Nr. 28 in C-Dur, (KV 200)

26. Juli, Schloß Gayenhofen Bludenz
Bläservereinigung der Münchner Philharmoniker
JOSEPH HAYDN
Oktett in F-Dur
LUDWIG VAN BEETHOVEN
Sextett in Es-Dur op. 71 für 2 Klarinetten, 2 Hörner und 2 Fagotte
WOLFGANG AMADEUS MOZART
Serenade Nr. 11 in Es-Dur, (KV 375) für 2 Klarinetten, 2 Oboen, 2 Hörner und 2 Fagotte

31. Juli, Theater am Kornmarkt
I. Orchesterkonzert
Wiener Symphoniker
Dirigent Wolfgang Sawallisch
Solisten
Zlatko Topolski, Geige - Wolfgang Herzer, Cello
Jürgen Schaeftlein, Oboe - Leo Cermak, Fagott
SERGEJ PROKOFJEW
Klassische Sinfonie in D-Dur, op. 25
JOSEPH HAYDN
Sinfonia concertante in B-Dur, Hob. I: 105 für Geige, Cello, Oboe, Fagott und Orchester
FRANZ SCHUBERT
6. Symphonie in C-Dur

2. August, Volkshalle Feldkirch
Orchesterkonzert
Wiener Symphoniker
Dirigent Kurt Wöss
Solisten
Elfriede Pfleger, Mezzosopran - Andreas Wolf, Sprecher
JOHANNES BRAHMS
3. Symphonie in F-Dur, op. 90
LUDWIG VAN BEETHOVEN
Musik zu Goethes Trauerspiel »Egmont«

6. August, Gräflicher Palast Hohenems
Kammermusik
Vorarlberger Kammerorchester
Dirigent Kurt Wöss
Solisten
Walter Hofer, 1. Violine - Rita Chabot, 2. Violine
JOSEPH HAYDN
Opernsinfonie »La vera Costanza«
CARL STAMITZ
Orchester-Quartett op. 4 Nr. 4
JOHANN SEBASTIAN BACH
Konzert für 2 Violinen und Streichorchester in d-Moll
WOLFGANG AMADEUS MOZART
Divertimento F-Dur, (KV 247)
(1. Lodronische Nachtmusik)

8. August, Schloß Schattenburg Feldkirch
Kammermusik
Dvořák-Quartett, Prag
JOSEPH HAYDN
Streichquartett 76/5 in D-Dur
ERNST JEDLICZA
2. Streichquartett
ANTONÍN DVOŘÁK
Streichquartett in As-Dur Nr. 105

11. August, Theater am Kornmarkt
Lieder und Duette

Waldemar Kmentt, Tenor
Eberhard Wächter, Bariton
Am Flügel Erik Werba

I. Waldemar Kmentt – Eberhard Wächter
JOHANN SEBASTIAN BACH
Der Herr segne Euch
JOHANN CHRISTIAN BACH
Che ciascum
GIACOMO CARISSIMI
O mirate
GIOACCHINO ROSSINI
I marinai

II. Eberhard Wächter
JOHANNES BRAHMS
Fünf Lieder, op. 105
Wie Melodien zieht es
Immer leise wird mein Schlummer - Klage
Auf dem Kirchhof - Verrat

III. Waldemar Kmentt – Eberhard Wächter
BENJAMIN BRITTEN
»Abraham und Isaak«, op. 51

IV. Waldemar Kmentt – Eberhard Wächter
GIORGIO FREDERICO GHEDINI
Drei Duette:
Vox dilecti mei - Florete flores - Quae est ista
V. Waldemar Kmentt
HUGO WOLF
Vier ausgewählte Mörike-Lieder
Fußreise - Denk es, o Seele - Auf ein altes Bild
Auf einer Wanderung
VI. Waldemar Kmentt – Eberhard Wächter
ANTONÍN DVOŘÁK
Drei Duette op. 38
Möglichkeit - Der Apfel - Schmerz

13. August, Gräflicher Palast Hohenems
Cello-Abend
Ludwig Hoelscher, Violoncello
Günther Fetz, Cembalo
ANTONIO VIVALDI
Sonate für Violoncello und Cembalo in e-Moll
MAX REGER
Suite für Violoncello allein in d-Moll op. 131 Nr. 2
GIROLAMO FRESCOBALDI
Toccata D-Dur für Violoncello und Cembalo
JOHANN SEBASTIAN BACH
Suite Nr. 1 in G-Dur für Violoncello, Solo
GIUSEPPE VALENTINI
Sonate in E-Dur für Violoncello und Cembalo

14. August, Stadthalle
II. Orchesterkonzert
Wiener Symphoniker
Dirigent Jaroslav Krombholc
Solisten
Petr Messiereur, Violine - Heinz Medjimorec, Klavier
BOHUSLAV MARTINUO
Suite aus der Oper »Das Vorstadt-Theater«
JOSEF SUK
Fantasie für Violine in g-Moll, op. 24
ANTONÍN DVOŘÁK
Symphonie in D-Dur, op. 60

18. August, Schloß Schattenburg Feldkirch
Kammermusik
Die Instrumentisten, Wien
Walter Puschacher - Wilhelm Mergl
Heinrich Kottbauer - Ernst Knava - Eduard Hruza
Wolfgang Schulz - Lotte Riessberger
auf Originalinstrumenten des 18. Jahrhunderts
PHILIPP EMANUEL BACH
2. Quartett in D-Dur für Flöte, Viola, Violoncello und Hammerklavier
CARL DITTERS VON DITTERSDORF
Quartett in D-Dur für 2 Violinen, Viola und Violoncello
WOLFGANG AMADEUS MOZART
Quartett in A-Dur für Flöte, Violine, Viola und Cello, (KV 298)
JOSEPH HAYDN
Divertimento in D-Dur Nr. 113 für 2 Violinen, Viola, Cello und Baßgeige

Domenico Cimarosa, Die heimliche Ehe, 1967. Theater am Kornmarkt. Figurinen von Gottfried Neumann-Spallart.

21. August, Theater am Kornmarkt

III. Orchesterkonzert

Wiener Symphoniker

Dirigent	Vittorio Gui

Solisten Margherita Rinaldi, Sopran - Biancamaria Casoni, Mezzosopran - Enzo Tei, Tenor - Walter Kreppel, Baß

Wiener Jeunesse-Chor

GIOACCHINO ROSSINI

Petite messe solennelle für Soli, Chor und Orchester

1967 21. Juli – 20. August

SPIEL AUF DEM SEE

22., 23., 26., 28., 29. Juli, 1., 4., 6., 12., 15., 18., 19. August, Seebühne

ALBERT LORTZING

Zar und Zimmermann

Musikalische Leitung	Hans Lenzer
Inszenierung	Adolf Rott
Bühnengestaltung	Ottowerner Meyer
Choreographie	Dimitrije Parlic
Kostüme	Grete Volters

Wiener Symphoniker, Ballett des Nationaltheaters Prag

Bregenzer Festspielchor

Peter Michaelow	Raymond Wolansky
Peter Iwanow	Martin Vantin
van Bett	Oskar Czerwenka
Marie	Elisabeth Witzmann
Admiral Lefort	Scipio Colombo
Lord Syndham	Horst Kathan
Marquis von Chateauneuf	Karl Terkal
Witwe Browe	Hilde Konetzni
Ein Offizier	Wolfgang Beigel
Ein Ratsdiener	Robert Marencke

OPER

11., 14., 16., 17. August, Theater am Kornmarkt

DOMENICO CIMAROSA

Die heimliche Ehe

Dirigent	Vittorio Gui
Inszenierung	Filippo Crivelli
Bühnenbild und Kostüme	Gottfried Neumann-Spallart

Wiener Symphoniker

Geronimo	Carlo Badioli
Elisetta	Alberta Valentini
Carolina	Margherita Rinaldi
Fidalma	Rosa Laghezza
Conte Robinson	Enzo Sordello
Paolino	Pietro Bottazzo

BALLETT

5., 9., 13. August, Seebühne

NIKOLAJ RIMSKIJ-KORSAKOW

Scheherazade

ALEXANDER BORODIN

Fürst Igor

Dirigent	Franz Bauer-Theussl
Choreographie	Jiři Němeček
Inszenierung	Václav Kašlik
Bühnenbild	Ottowerner Meyer
Kostüme	Jindřiška Hirschowá

Ballett des Nationaltheaters Prag

Scheherazade

Schahriar, der König	Viktor Malcev
Schah Zeman, sein Bruder	Karel Vrtiska
Zobeide, des Königs Lieblingsfrau	Olga Skalová
Der Sklave der Zobeide	Jaromir Petřik
Der Obereunuch	Jaroslav Čejka
Odalisken	Rimma Charvatová Astrid Sturová
Sultan	K. Luksik
Scheherezade	N. Blasžičková
Henker	O. Sanda A. Jelinek

Polowetzer Tänze

Der Khan	Ota Sanda
Eine Sklavin	Vlasta Silhanová
Ein Polowetzisches Mädchen	Jiřina Knížková

BALLETT

24. Juli, 8. August, Stadthalle

LÉO DELIBES

Coppelia

Musikalische Leitung	Josef Kuchinka
Choreographie	Jiří Němeček
Bühnenbild	Oldřich Šimáček
Kostüme	Jindřiška Hirschowá

Ballett des Nationaltheaters Prag

Swanilda	Marta Drottnerova
Franz	Ota Šanda
Coppelius	Vlastimil Jilek
Spanierin	Eva Lehovcová
Hanswurst	Jaroslav Čejka
Türke	Jan Valchar
Mohr	Karel Kmoch

THEATER

21., 25., 27. Juli, Theater am Kornmarkt

Wiener Burgtheater

WILLIAM SHAKESPEARE

Wie es euch gefällt

Regie	Josef Gielen
Bühnenbild und Kostüme	Fritz Butz
Bühnenmusik	Paul Angerer
Der Herzog	Stefan Skodler
Friedrich	Gerhard Geisler
Amiens	Fred Liewehr
Jacques	Robert Lindner
Le Beau	Andreas Wolf
Charles, Friedrichs Ringer	Victor Braun
Oliver	Joachim Bissmeier
Jacques	Alexander Trojan
Orlando	Wolfgang Stendar
Adam	Hans Brand
Dennis	Günther Heider
Probstein, der Narr	Erich Aberle
Ehrn Olivarius Textdreher, ein Pfarrer	Richard Eybner
Corinnus	Paul Hörbiger
Sylvius	Klaus Behrendt
Wilhelm	Siegmund Giesecke
Eine Person, die den Hymen vorstellt	Lotte Tobisch
Rosalinde	Johanna Matz
Celia	Helma Gautier
Phöbe	Eva Kerbler
Käthchen	Hannelore Fischer

30. Juli, 2., 3. August, Theater am Kornmarkt

Wiener Burgtheater

FRANZ GRILLPARZER

Libussa

Regie	Leon Epp
Bühnenbild	Stefan Hlawa
Kostüme	Maxi Tschunko
Musik	Helmut Eder
Kascha	Liselotte Schreiner
Tetka	Lilly Stepanek
Libussa	Martha Wallner
Primislaus	Erich Auer
Domaslav	Heinz Grohmann
Lapak	Otto Kerry
Biwoy	Fritz Lehmann
Wlasta	Ella Ferstl
Dobromila	Lona Dubois
Swartka	Linda Elmer
Slawa	Zsoka Duzar
Dobra	Gertrud Helmer-Gschmeidler
Erster Spieler	Walter Stumvoll
Zweiter Spieler	Rudolf Paczak
Ein alter Bauer	Hintz Fabricius
Ein junger Bauer	Heinrich Eis
Feldarbeiter	Heinz Grohmann
Erster streitender Bauer	Georg Filser
Zweiter streitender Bauer	Max Pfeiler

Domenico Cimarosa, Die heimliche Ehe, 1967. Theater am Kornmarkt. Figurinen von Gottfried Neumann-Spallart.

Eröffnungsgottesdienst
23. Juli, Stadtpfarrkirche St. Gallus
Festgottesdienst
Elisabeth Witzmann, Sopran - Helga Wagner, Alt
Karl Terkal, Tenor - Horst Kathan, Baß
Orgel Elgar Polzer
Orchester der Wiener Symphoniker
Stadtpfarrchor St. Gallus, Bregenz
Dirigent Gerhard Dallinger
WOLFGANG AMADEUS MOZART
Krönungsmesse (KV 317)
Proprium im gregorianischen Choral

KONZERTE

25. Juli, Schloß Schattenburg Feldkirch
Cello-Abend
Ludwig Hoelscher, Violoncello
Günther Fetz, Cembalo

LUDWIG VAN BEETHOVEN
Variationen über ein Thema aus dem Oratorium »Judas Maccabäus« von G. F. Händel in G-Dur für Cembalo und Violoncello
GEORG FRIEDRICH HÄNDEL
Suite Nr. 7 in g-Moll für Cembalo
LUIGI BOCCHERINI
Sonate in A-Dur für Violoncello und Cembalo
JOHANN SEBASTIAN BACH
Suite Nr. 6 in D-Dur für Violoncello Solo
JEAN BAPTISTE BRÉVAL
Sonate in G-Dur für Violoncello und Cembalo

29. Juli, Gräflicher Palast Hohenems
Kammermusik
Kölner Kammerorchester
Orchester der Brühler Schloßkonzerte
Dirigent Helmut Müller-Brühl
Solisten
Hansjürgen Möhring, Flöte - Claude Starck, Violoncello

GEORG PHILIPP TELEMANN
Suite a-Moll »Les Plaisirs« für Flöte und Streicher
LUIGI BOCCHERINI
Serenade C-Dur für Streicher
»Aufzug der militärischen Nachtwache in Madrid«
JOSEPH HAYDN
Konzert für Violoncello und Streicher D-Dur (Kleines Cellokonzert) Hob. VII b 1
ANTONIO VIVALDI
Concerto g-Moll »La Notte« für Flöte, Streicher und Basso continuo
WOLFGANG AMADEUS MOZART
Serenata Notturna D-Dur (KV 239) für Doppelorchester und Pauken

31. Juli, Martinsplatz
Serenade
Münchener Kammerorchester
Dirigent Hans Stadlmair
Solisten
Rolf Quinque, Trompete - Dieter Sonntag, Flöte

CARL STAMITZ
Orchester-Quartett in G-Dur
HANS STADLMAIR
Konzert für Trompete in D und Streicher (Uraufführung)
ANTONIO VIVALDI
Concerto für Flautino in C-Dur, op. 44, Nr. II
JOSEPH HAYDN
Divertimento in F-Dur, op. 3, Nr. 5

4. August, Schloß Gayenhofen Bludenz
Barockensemble Adolf Scherbaum, Hamburg
Leitung Adolf Scherbaum
Solisten
Barbara Schlick, Sopran - Werner Krotzinger, 1. Violine
Max Zeidler, 2. Violone - Irmingard Seemann, Viola da Gamba - Georg Nothdorf, Kontrabaß - Adolf Scherbaum, Trompete - Günther Fetz, Cembalo

DOMENICO GABRIELLI
Konzert für Trompete und Streicher
JOHANN SEBASTIAN BACH
Sonate Nr. 2 für Viola da Gamba und Cembalo
ALLESSANDRO SCARLATTI
»Su le sponda del Tebro«, Kantate für Sopran, Trompete und Streicher
GIUSEPPE TORELLI
Konzert für Trompete und Streicher
JEAN MARIE LECLAIR
Adagio - Allegro - Largo - Allegro
JOHANN SEBASTIAN BACH
Chromatische Phantasie und Fuge für Cembalo
ALLESSANDRO SCARLATTI
Arie aus der Kantate »Endimione e Cintia« für Sopran, Trompete und Streicher

6. August, Theater am Kornmarkt
I. Orchesterkonzert
Wiener Symphoniker
Dirigent Wolfgang Sawallisch
Solist Michael Schnitzler, Violine

IGOR STRAWINSKY
Jeu de cartes, Suite für Orchester
WOLFGANG AMADEUS MOZART
Konzert für Violine und Orchester Nr. 7, D-Dur, (KV 271a)
LUDWIG VAN BEETHOVEN
Symphonie Nr. 7, A-Dur, op. 92

7. August, Theater am Kornmarkt
Solistenabend Valterij Klimow (Violine)
Am Klavier Leonid Blok
GEORG FRIEDRICH HÄNDEL
Sonate in E-Dur
LUDWIG VAN BEETHOVEN
Kreutzersonate, op. 47 in A-Dur
SERGEJ PROKOFJEW
Sonate in f-Moll, op. 1
KAROL SZYMANOWSKI
Aus der Reihe der Mythen – »Narziß«, op. 30, Nr. 2
La fontaine d'aretuse, op. 30, Nr. 1
IGOR STRAWINSKY
Russischer Tanz aus dem Ballett »Petruschka«

8. August, Schloß Schattenburg Feldkirch
Kammerchor der Brucknerkonservatoriums Linz
Leitung Helmut Eder
Solisten
Inge Neubauer, Sopran - Günther Schmidt, Tenor
Günther Ess, Bariton - Marlies Bischof, Gitarre

Geistliche Musik
WILLIAM BYRD
»Ave verum corpus«, Motette für vierstimmig gemischten Chor
HEINRICH SCHÜTZ
»Die mit Tränen säen«, Motette für vierstimmig gemischten Chor
WOLFGANG AMADEUS MOZART
»Ave verum«, Motette für vierstimmig gemischten Chor
ANTON BRUCKNER
Zwei Motetten für vier- bis siebenstimmig gemischten Chor
»Os justi« - »Christus factus est«
WALTER REIN
»Es sungen drei Engel«, Motette nach einer Weise um 1605 für vier- bis sechsstimmig gemischten Chor

Weltliche Musik
JOHN DOWLAND
»Come again« - »Awake sweet love«
»Wilt thou, unkind, thus reave me«
JOHANN SEBASTIAN BACH
»Willst Du das Herz mir schenken«
CLAUDIO MONTEVERDI
Vier Madrigale für fünfstimmig gemischten Chor
WILHELM KILLMAYER
Zwei Madrigale nach italienischen Texten
FRANZ TISCHHAUSER
»Das Nasobem«
Ein heiteres Divertimento nach Gedichten von Christian Morgenstern für vier- bis siebenstimmig gemischten Chor a cappella

10. August, Stadthalle

II. Orchesterkonzert

Wiener Symphoniker
Dirigent Wolfgang Sawallisch
Johann-Strauß-Festkonzert aus Anlaß 100 Jahre Walzer »An der schönen blauen Donau«

---

12. August, Gräflicher Palast Hohenems

Kammermusik

Wolfgang Sawallisch
Neues Wiener Streichquartett der Wiener Symphoniker
Zlatko Topolski - Tomislav Sestak - Fritz Händschke
Wolfgang Herzer - Eduard Hruza, Kontrabaß
ANTONÍN DVOŘÁK
Quintett in A-Dur, op. 81 für Klavier, zwei Violinen, Viola und Violoncello
FRANZ SCHUBERT
Quintett in A-Dur, D 667 (Forellenquintett) für Klavier, Violine, Viola, Violoncello und Kontrabaß

---

17. August, Schloß Schattenburg Feldkirch

Kammermusik

Tatrai-Quartett, Budapest
JOSEPH HAYDN
Streichquartett Nr. 1 in G-Dur, op. 76
ZOLTÁN KODÁLY
2. Streichquartett op. 10
LUDWIG VAN BEETHOVEN
Streichquartett Nr. 2 in e-Moll, op. 59

---

19. August, Rorschacherberg

Serenade

Bläservereinigung der Wiener Symphoniker
Neues Wiener Streichquartett
Solist Eduard Stocker, Baß
WOLFGANG AMADEUS MOZART
Divertimento Nr. 14 in B-Dur (KV 270) für Bläser-Quintett
FRANZ SCHUBERT
Oktett B-Dur D 803
OTTMAR SCHOECK
Notturno op. 47 für Baß und Streichquartett
LOUIS SPOHR
Grand Nonette op. 31

---

20. August, Theater am Kornmarkt

III. Orchesterkonzert

Wiener Symphoniker
Dirigent Vittorio Gui
Solisten
Ilva Ligabue, Sopran - Biancamaria Casoni, Mezzosopran - Enzo Tei, Tenor - Ugo Trama, Baß
Kirchenchöre St. Peter und Paul und Erlöserkirche Lustenau
GIUSEPPE VERDI
Messa di Requiem

OPER

23., 25., 29. Juli, 1. August, Theater am Kornmarkt
GIUSEPPE VERDI

Falstaff

Dirigent	Vittorio Gui
Inszenierung	Filippo Crivelli
Bühnenbild und Kostüme	Lorenzo Ghiglia
Choreographie	Gerlinde Dill

Wiener Symphoniker
Wiener Staatsopernballett

Sir John Falstaff	Giuseppe Taddei
Ford	Enzo Sordello
Fenton	Pietro Bottazzo
Dr. Cajus	Rinaldo Pelizzoni
Bardolf	Mario Carlin
Pistol	Alfredo Giacomotti
Mrs. Alice Ford	Margherita Rinaldi
Nannetta	Alberta Valentini
Mrs. Quickly	Oralia Dominguez
Mrs. Meg Page	Rosa Laghezza

»Taddeis Falstaff ist verschmitzt, hat entwaffnenden Charme, er läßt die Tragik seiner Situation nur ganz leise durchschimmern, ein Falstaff, der auch am Ende um Mitternacht unter der großen Eiche trotz momentaner Niederlage die Situation beherrscht, dem man kein Mitleid schuldet, denn gar zu souverän reißt er das Zepter wieder an sich. Er ist wahrhaft Herr der Lage, wenn er mit gewaltiger Stimme seinen Befehl in die Menge tönt: Ein Chor soll die Komödie beschließen! Und das ist dann die Schlußfuge, die er anstimmt: ›Tutto nel mondo è burla‹ – ›Alles ist Spaß auf Erden‹.«

Auszug. Entnommen aus: STUTTGARTER ZEITUNG, 25. 7. 1968.

BALLETT

13., 20. August, Theater am Kornmarkt

Ballettabend

Wiener Staatsopernballett
Wiener Symphoniker
Musikalische Leitung Heinz Lambrecht

PJOTR ILJITSCH TSCHAIKOWSKY

Serenade

Choreographie Georges Balanchine
Haupttänzerinnen
Ully Wührer - Lisl Maar - Gisela Cech
Haupttänzer
Paul Vondrak - Gerhard Dirtl
Solistinnen
Christine Elsinger - Theresia Karl - Irmtraud Haider
Brigitte Stanek
Tanzgruppe
Monika Bazant - Martina Depisch - Christa Dill
Susanne Fichtenbaum - Helga Gassner
Christine Gaugusch - Theresia Karl - Elisabeth Linhart
Elisabeth Lurf - Ulrike Netz - Aurelia Stari
Anneliese Steiner - Heinz Heidenreich - Wilhelm Hohn
Peter Kastelik - Gottfried Krenstetter

PAUL HINDEMITH

Die vier Temperamente

Choreographie Georges Balanchine
1. Thema
Elisabeth Linhart - Günther Falusy
2. Thema
Irmtraud Haider - Wilhelm Hohn
3. Thema
Christa Dill - Peter Kastelik
I. Melancholisch Ludwig Musil
Susanne Fichtenbaum - Helga Gassner - Theresia Karl
Elisabeth Linhart - Brigitte Stanek - Aurelia Stari
II. Sanguinisch Gisela Cech - Gerhard Dirtl
Monika Bazant - Martina Depisch - Christine Elsinger
Ulrike Netz
III. Phlegmatisch Paul Vondrak
Christa Dill - Theresia Karl - Elisabeth Linhart
Brigitte Stanek
IV. Cholerisch Lisl Maar *(Finale)*
Christine Gaugusch - Elisabeth Lurf - Aurelia Stari
Anneliese Steiner - Heinz Heidenreich

BÉLA BARTÓK

Der wunderbare Mandarin

Choreographie	Dimitrije Parlic
Bühnenbild	Karl-Heinz Miltner
Kostüme	Grete Volters
Mandarin	Karl Musil
Mädchen	Ully Wührer
3 Strolche	Gerhard Dirtl Wilhelm Hohn Ludwig Musil
Jüngling	Heinz Heidenreich
Kavalier	Gottfried Krenstetter
und das Corps de ballet	

THEATER

30. Juli, 2., 5. August, Theater am Kornmarkt
Wiener Burgtheater
JOHANN WOLFGANG VON GOETHE

Iphigenie auf Tauris

Regie	Leopold Lindtberg
Bühnenbild und Kostüme	Heinz Ludwig
Iphigenie	Judith Holzmeister
Thoas	Erich Auer
Orest	Walther Reyer
Pylades	Wolfgang Stendar
Arkas	Gerhard Geisler

1968 23. Juli – 21. August

SPIEL AUF DEM SEE

24., 27., 28., 31. Juli, 3., 4., 7., 10., 11., 14., 17., 18., 21. August, Seebühne (Drei »Spiele auf dem See« fielen wegen schlechten Wetter aus)
FRANZ LEHAR

Die lustige Witwe

Musikalische Leitung	Anton Paulik
Inszenierung	Hellmuth Matiasek
Bühnengestaltung	Max Bignens
Choreographie	Dimitrije Parlic
Kostüme	Max Bignens Grete Volters

Wiener Symphoniker, Wiener Staatsopernballett
Bregenzer Festspielchor

Baron Mirko Zeta	Helge Rosvaenge
Valencienne	Elfriede Pfleger
Graf Danilo Danilowitsch	Eberhard Wächter Claudio Nicolai
Hanna Glawari	Evelyn Lear Lotte Rysanek
Camille de Rosillon	Frans van Daalen
Vicomte Cascada	Paul Späni
Raoul de St. Brioche	Walter Kräutler
Bogdanowitsch	Friedhelm Rosendorff
Sylviane	Gertraud Eckert
Kromow	Herbert Klomser
Olga	Gudrun Gregori
Pritschitsch	Friedrich Nidetzky
Praskowia	Sona Cervena
Njegus, Kanzlist	Edo Stavjanir

Franz Léhar, Die lustige Witwe, 1968. Seebühne. Eberhard Wächter (Graf Danilo), Evelyn Lear (Hanna Glawari).

André Roussin, Die Lokomotive, 1968. Theater am Kornmarkt. Alma Seidler (Sonja), Sylvia Lukan (Isabelle).

Franz Léhar, Die lustige Witwe, 1968. Seebühne. Bühnenbildentwurf von Max Bignens.

6., 8., 9. August, Theater am Kornmarkt
Wiener Burgtheater

ANDRÉ ROUSSIN
Die Lokomotive
Aus Anlaß des 50jährigen Burgtheaterjubiläums von Kammerschauspielerin Alma Seidler

Regie	Rudolf Steinboeck
Bühnenbild	Rudolf Schneider Manns-Au
Kostüme	Ursula Schöffler
Sonja	Alma Seidler
Ernest	Philipp Zeska
Catherine	Angelika Hauff
Isabelle	Sylvia Lukan
Alexandre	Heinz K. Sonnbichler
Kostja	Manfred Inger

15., 16., 19. August, Theater am Kornmarkt
Wiener Burgtheater

FERDINAND RAIMUND
Der Barometermacher auf der Zauberinsel

Regie	Axel von Ambesser
Bühnenbild und Kostüme	Elisabeth Urbancic
Bühnenmusik	Alexander Steinbrecher
Musikalische Leitung	Hans Totzauer
Choreographie	Gerhard Senft
Wiener Symphoniker	
Fee Rosalinde	Lotte Tobisch
Lidi	Ulrike Fessl
Tutu	Manfred Inger
Zoraide	Erika Pluhar
Linda	Helma Gautier
Hassar	Edd Stavjanik
Bartholomäus Quecksilber	Fritz Grieb
Zunko	Georg Filser
Zadi	Philipp Zeska
Erster Matrose	Ernst Princz
Anführer der Zwergenarmee	Friedrich Hackl
Ein Sklave	Walter Stumvoll

Eröffnungsgottesdienst
29. Juli, Stadtpfarrkirche Herz-Jesu
Festgottesdienst

Proprium
Tagesmotetten, deutsch, vierstimmig à cappella, von Gerhard Dallinger

Solisten
Elfriede Pfleger, Mezzosopran - Gertraud Eckert, Mezzosopran - Walter Kräutler, Tenor - Friedrich Nidetzky, Baß

An der Orgel Günther Fetz
Wiener Symphoniker

Stadtpfarrchor Herz Jesu

Dirigent Wilhelm Schosland
FERDINAND ANDERGASSEN
Missa »Sursum Corda« für Chor, Soli und Orgel, op. 97

KONZERTE

25. Juli, Schloß Schattenburg Feldkirch
Koeckert-Quartett
Rudolf Koeckert - Oscar Riedl
Rudolf Joachim Koeckert - Josef Merz
JOSEPH HAYDN
Streichquartett D-dur, op. 20 Nr. 4
DIMITRI SCHOSTAKOWITSCH
Streichquartett Nr. 7, op. 108
LUDWIG VAN BEETHOVEN
Streichquartett F-dur, op. 59 Nr. 1

26. Juli, Theater am Kornmarkt
I. Orchesterkonzert
Wiener Symphoniker
Dirigent Vittorio Gui
Solistinnen
Alberta Valentini, Sopran - Oralia Dominguez, Alt
JOHANNES BRAHMS
Akademische Festouvertüre, op. 80
Schicksalslied, op. 54 - Altrhapsodie, op. 53
GIUSEPPE VERDI
Stabat Mater - Te Deum

2. August, Pfarrkirche Höchst
Kirchenmusikalisches Konzert
Wiener Symphoniker
Dirigent Franz Bauer-Theussl
Solist Alois Forer, Orgel
WOLFGANG AMADEUS MOZART
Kirchensonate Nr. 14 in C-Dur (KV 329)
GEORG FRIEDRICH HÄNDEL
Konzert in g-Moll, op. 4, Nr. 1, für Orgel und Orchester
FRANZ SCHMIDT
Präludium und Fuge in D-Dur
ANTONIO VIVALDI
Concerto in A-Dur für Orgel und Orchester
GEORG FRIEDRICH HÄNDEL
Konzert in F-Dur, op. 4, Nr. 4, mit »Halleluja-Chor« für Orgel und Orchester

3. August, Gräflicher Palast Hohenems
Kammermusikabend
Ludwig Streicher, Kontrabaß
Am Flügel Otto M. Zykan
KARL DITTER VON DITTERSDORF
Sonate in E-Dur
MAX BRUCH
Col Nidrei
PAUL HINDEMITH
Sonata
GIOVANNI BOTTESINI
Konzert in h-Moll

4. August, Theater am Kornmarkt
Solistenkonzert
Paul Badura-Skoda, Klavier
Ludwig Hoelscher, Cello
Richard Schönhofer, Klarinette
JOHANNES BRAHMS
Trio für Klarinette, Cello und Klavier in a-Moll, op. 114
OSWALD LUTZ
Sonate für Violoncello und Klavier, op. 94 (Uraufführung) Ludwig Hoelscher gewidmet
LUDWIG VAN BEETHOVEN
Trio für Pianoforte, Klarinette und Violoncello, B-Dur, op. 11

5. August, Schloß Gayenhofen Bludenz
Tibor-Quartett
Georg Tibor
Ferenc Császár
Mathilde Bolba
Agnes Merenyi
Albert Arbeiter, Klavier
Istvan Szücs, Klarinette
WOLFGANG AMADEUS MOZART
Streichquartett in G-Dur (KV 387)
JOHANNES BRAHMS
Quintett für Klarinette und Streicher in h-Moll, op. 115
OSWALD LUTZ
Streichquartett in e-Moll, op. 9
ROBERT SCHUMANN
Quintett für Klavier und Streicher in Es-Dur, op. 44

8. August, Schloß Schattenburg Feldkirch
Musica viva
Kammermusik für Gesang von Gioacchino Rossini zur Feier seines 100. Todestages
Dirigent Silvano de Francesco
Solisten
Chitose Matsumoto, Sopran
Ersilia Colonna, Mezzosopran
Gino Lo Russo-Toma, Tenor
Peter Elvins, Baß
Am Klavier Silvano de Francesco
»Das Versprechen« - »Der Vorwurf« - »Die Einladung« »Die venezianische Regatta« - »Der Tanz« - »Die Hirtin« »Die Serenade« - »Der Fischfang« - »Die Matrosen« Musique anodine (aus »Pezzi caratteristici«) - »Un Sou« »Le Sylvain« (aus »Morceaux réservés«) - »Die venezianische Regatta«, drei Lieder in venezianischem Dialekt

10. August, Gräflicher Palast Hohenems
Ungarisches Kammerorchester Budapest
Dirigent Vilmos Tatrai
Solisten István Kern
Peter Jagasits
Vilmos Tatrai
ANTONIO VIVALDI
Concerto grosso d-Moll
GREGOR WERNER
Zwei Preludien und Fugen in c-Moll und g-Moll
DOMENICO CIMAROSA
Oboenconcert in C-Dur
ANTAL CSERMÁK
»Die Vaterlandsliebe«
WOLFGANG AMADEUS MOZART
Divertimento in D-Dur (KV 251)

11. August, Theater am Kornmarkt
II. Orchesterkonzert
Wiener Symphoniker
Dirigent Wolfgang Sawallisch
Solist Milan Turkovic, Fagott

ARTHUR HONEGGER
2. Symphonie für Streicher und Trompete
CARL MARIA VON WEBER
Fagott-Konzert, op. 75
ANTON DVORAK
Symphonie Nr. 8, G-dur, op. 88 (»Die Englische«)

12. August, Martinsplatz
Serenade
Ungarisches Kammerorchester, Budapest

Dirigent	Vilmos Tatrai
Solisten	Anna Mauthner
	Vilmos Tatrai

JOSEPH HAYDN
Symphonie in e-Moll (Trauer-Symphonie) Nr. 44
BELA BARTÓK
Divertimento
WOLFGANG AMADEUS MOZART
Sinfonia Concertante

16. August, Schloß Schattenburg Feldkirch
Das Wiener Bläserquintett
Gottfried Hechtl, Flöte
Manfred Kautzky, Oboe
Alfred Rosé, Klarinette
Friedrich Gabler, Horn
Karl Dvorak, Fagott
JEAN-PHILIPPE RAMEAU
Symphonies et Dances
ANTON REICHA
Quintett, op. 91/3, D-Dur
HELMUT EDER Quintett op. 25
KURT PILSS
Serenade in G-Dur

17. August, Neues Schloß Meersburg
Kammermusik
Clara Wirz, Alt
Eduard Stocker, Baß-Bariton
Gottfried Hechtl, Flöte
Günther Fetz, Cembalo
JOHANN SEBASTIAN BACH
Italienisches Konzert F-Dur für Cembalo
GEORG FRIEDRICH HÄNDEL
Arie aus »Samson« für Alt »Return, oh God of Hosts«
JOHANN SEBASTIAN BACH
Sonate in G-Dur, für Flöte solo
JOHANN SEBASTIAN BACH
Arie aus der Kantate Nr. 8 für Baß, Flöte und Cembalo »Doch weichet, ihr tollen, vergeblichen Sorgen ...«
GEORG FRIEDRICH HÄNDEL
Rezitativ aus Arie aus »Scipione« für Alt »Generoso chi sol brama«
GEORG FRIEDRICH HÄNDEL
Zwei Fantasien aus dem Nachlaß v. Hans Georg Nägeli, für Cembalo
JOHANN SEBASTIAN BACH
Rezitativ und Arie aus der Kantate Nr. 123 für Baß, Flöte und Cembalo »Laß, oh Welt, mich aus Verachtung«
GEORG FRIEDRICH HÄNDEL
Fantasie und Carillon, aus dem Nachlaß von Hans Georg Nägeli, für Cembalo
Arie aus »Judas Maccabäus«, für Alt »Father of Haev'n«
Aus der Sonate in h-Moll, für Flöte und Cembalo

17. August, Rorschacherberg
Serenade
Kammermusikvereinigung der Wiener Symphoniker
Camillo Wanausek, Flöte
Alfred Rosé, Klarinette
Das neue Wiener Streichquartett
Petr Messiereur - Tomislav Sestak - Fritz Händschke
Wolfgang Herzer
und Eduard Hruza, Kontrabaß
JOHANN CHRISTIAN BACH
Quartett B-Dur für Flöte, Violine, Viola und Violoncello
WOLFGANG AMADEUS MOZART
Quintett A-Dur, (KV 581) für Klarinette, zwei Violinen, Viola und Violoncello
HEINRICH HOFMANN
Serenade D-Dur, op. 65 für Flöte, zwei Violinen, Viola, Violoncello und Kontrabaß

18. August, Theater am Kornmarkt
III. Orchesterkonzert
Wiener Symphoniker

Dirigent	Josef Krips
Solist	Jörg Demus, Klavier

LUDWIG VAN BEETHOVEN
Coriolan-Ouvertüre
LUDWIG VAN BEETHOVEN
Klavierkonzert Nr. 5
LUDWIG VAN BEETHOVEN
Symphonie Nr 5. c-Moll, op. 67

1969 22. Juli – 20. August

SPIEL AUF DEM SEE

23., 26., 27., 30. Juli, 2., 3., 6., 9., 10., 13., 16., 20. August, Seebühne (Zwei Vorstellungen fielen aus, drei mußten abgebrochen werden)
Erstaufführung
ROBERT STOLZ
Hochzeit am Bodensee

Musikalische Leitung	Walter Goldschmidt
Inszenierung	Adolf Rott
Bühnengestaltung	Fritz Judtmann
Choreographie	Dia Luca
Kostüme	Grete Volters

Wiener Symphoniker
Ballett des Nationaltheaters Prag
Bregenzer Festspielchor

Blümle	Friedrich Nidetzky
Franz	Kurt Huemer
Francesco	Ernst Schütz
François	Paul Späni
Gretl	Lotte Rysanek
	Mirjana Irosch
Köble	Fritz Muliar
Walpurga	Cissy Kraner
Harry Hell	Frans van Daalen
Ilonka Vorös	Dagmar Koller
Liesl	Monique Lobasa
Heide	Dolly Vellbinger
Rösli	Elfriede Pfleger
Lobmeyer	Robert Marencke

BALLETT

8., 12., 15. August, Seebühne
(Die Vorstellungen am 12. und 15. August fielen aus)
Österreichische Erstaufführung
JAN HANUS
Othello
Ballett des Nationaltheaters Prag
Wiener Symphoniker

Dirigent	Josef Kuchinka
Regie und Choreographie	Jiří Němček
Bühnenbild	Fritz Judtmann
Kostüme	Jindřiška Hirschová
Othello	Jaromír Petrik
Desdemona	Olga Skalová
Brabantio	Viktor Malcev
Jago	Pavel Zdichynec
Emilia	Vlasta Silhanová
Cassio	Otto Sanda
Bianca	Naďa Blažičková
Roderigo	Bohumil Klika
Amme	Helena Pejsková

BALLETT

31. Juli, 11. August, Theater am Kornmarkt
Ballett des Nationaltheaters Prag
Wiener Symphoniker

Musikalische Leitung	Josef Kuchinka

FREDERIC CHOPIN
Les Sylphides

Idee und Choreographie	Michael Fokin
Einstudierung	Olga Skalova
Bühnenbild	Kvétoslav Bubeník
Kostüme	Jindřiska Hirschová
Solist	Ivan Mladý, Klavier

Nocturne in As-Dur
Corps de ballet
Walzer in Ges-Dur
Mazurka in D-Dur
Mazurka in C-Dur
Prelude in As-Dur
Walzer in Cis-Moll
Walzer in Es-Dur
Corps de ballet
MILOŠ VACEK
Die Geliebte der sieben Räuber

Libretto	Vladimir Vasut
Regie und Choreographie	Jiří Blažek
Bühnenbild	Oldřich Šimaček
Kostüme	Jindřiška Hirschová
Die Geliebte	Marta Drottnerová
Student	Ladislav Tajovsky

Räuber, Soldaten, Novizinnen

WILLIAM BUKOVY
Das Gewissen

Regie und Choreographie	Jiří Němeček
Bühnenbild	Oldřich Šimaček
Kostüme	Jindřiška Hirschová
Das Gewissen	Olga Skalová
Der Flieger	Karel Vrtiska
Die Atombombe	Ludmila Houdková
Der General	Viktor Malcev

Ärzte, Mächtige, Opfer, Gesellschaft, Soldaten

OPER

22., 24., 29. Juli, 4. August, Theater am Kornmarkt
GAETANO DONIZETTI
Der Liebestrank

Dirigent	Bruno Amaducci
Inszenierung	Filippo Crivelli

Bühnenbild und Kostüme
nach den Originalentwürfen von Alessandro Sanquirico für die Uraufführung der Oper
Wiener Symphoniker
Wiener Staatsopernchor

Adina	Margherita Rinaldi
Nemorino	Luigi Alva
Belcore	Walter Alberti
Dulcamara	Giuseppe Taddei
Gianetta	Fulvia Ciano

THEATER

25., 28. Juli, 1. August, Theater am Kornmarkt
Wiener Burgtheater
TIRSO DE MOLINA
Don Gil von den grünen Hosen

Regie	Franz Reichert
Bühnenbild und Kostüme	Hanna Jordan
Musik	Paul Angerer
Choreographie	Dia Luca
Dona Juana	Sonja Sutter
Don Martin	Albert Rueprecht
Dona Ines	Helma Gautier
Don Pedro	Fred Liewehr
Dona Clara	Sylvia Lukan
Don Juan	Joachim Bissmeier
Don Diego	Philipp Zeska
Don Antonio	Thomas Egg
Celio	Heinz Grohmann
Quintana	Erich Aberle
Caramanchel	Klaus Behrendt
Ossorio	Florian Liewehr
Aguilar	Heinrich Eis
Büttel	Viktor Braun

14., 18., 19. August, Theater am Kornmarkt
Eigenproduktion
TENNESSEE WILLIAMS
Die Glasmenagerie

Regie	Leopold Lindtberg
Bühnenbild	Peter Osborn
Kostüme	Ronny Reiter
Amanda Wingfield	Käthe Gold
Tom	Michael Heltau
Laura	Lotte Marquardt
Jim O'Connor	Joachim Ansorge

Eröffnungsgottesdienst
27. Juli, Stadtpfarrkirche Herz-Jesu
Festgottesdienst
Hollands Vocaal Ensemble

Dirigent	Cor Backers
Solist	Jan Schmitz, Orgel

ALEXANDER GRETCHANINOW
Missa Festiva
Proprium: Tagesmotetten, deutsch und lateinisch
Vor und nach dem Festgottesdienst spielt Jan Schmitz Toccata und Hymne von Flor Peeters und Präludium und Fuge über Bach von Franz Liszt

KONZERTE

24. Juli, Schloß Schattenburg Feldkirch
Dimov-Quartett
Dimo Dimov, 1. Violine - Alexander Tomov, 2. Violine
Dimiter Tshilikov, Viola - Dimiter Kozev, Violoncello
CLAUDE DEBUSSY 1. Streichquartett, op. 10
ANTON WEBERN Streichquartett, op. 28
BÉLA BARTÓK Streichquartett Nr. 2, op. 17

28. Juli, Heilig-Kreuz-Kirche Bludenz
Kirchenmusikalisches Konzert
Hollands Vocaal Ensemble
Wiener Symphoniker
Dirigent Cor Backers
Solisten
Germaine Stordiau, Sopran - Elisabeth Cooymans, Alt-Mezzo - Henk Meijer, Tenor - Ruud van der Meer, Baß-Bariton - Jan Schmitz, Orgelcontinuo
ANTONIO VIVALDI Gloria
WOLFGANG AMADEUS MOZART Ergo Interest
LUDWIG VAN BEETHOVEN Elegischer Gesang
CARL PHILIPP EMANUEL BACH Magnificat

1. August, Arbeiterkammersaal Feldkirch
Johann Strauß-Ensemble, Wien
WOLFGANG AMADEUS MOZART Contretänze
JOSEPH HAYDN Hofballmenuette
LUDWIG VAN BEETHOVEN Contretänze
FRANZ SCHUBERT Deutsche Tänze
ANONYMUS Alt Wiener Tänze
JOSEF LANNER Zwei Mazurkas
JOHANN STRAUSS (Vater)
Das Leben, ein Tanz, Walzer
JOSEF STRAUSS Galopin, Polka schnell
JOHANN STRAUSS Man lebt nur einmal, Walzer
JOSEF LANNER Hans-Jörgl-Polka
JOSEF LANNER Hofballtänze, Walzer
JOHANN STRAUSS Campagner-Polka

3. August, Theater am Kornmarkt
I. Orchesterkonzert
Wiener Symphoniker
Dirigent Bruno Amaducci
Solisten
Margherita Rinaldi, Sopran - Raymond Wolansky, Bariton
Chor des Singvereins der Gesellschaft der Musikfreunde, Wien
Einstudierung Helmuth Froschauer
JOHANNES BRAHMS
Ein deutsches Requiem, op. 45

5. August, Martinsplatz
Serenade
Wührer Kammerorchester, Hamburg
Solisten
Friedrich Wührer, Violine - Werner Hansen, Violine
Fritz Poth, Viola - Johann Pachelbel, Kanon und Gigue
FRANZ SCHUBERT
Fünf Deutsche Tänze und Coda und sieben Trios
WOLFGANG AMADEUS MOZART
Divertimento in F-Dur, (KV 138)
F. PH. TELEMANN
Konzert für Viola und Streicher, G-Dur
ANTONIO VIVALDI
Concerto Grosso a-Moll, op. 38 für zwei Soloviolinen und Streicher

7. August, Theater am Kornmarkt
Solistenkonzert
Raissa Bobrinowa, Sopran
Valerij Klimow, Geige
GIUSEPPE TARTINI
Sonate in g-Moll (»Teufelstriller«)
PJOTR ILJITSCH TSCHAIKOWSKY
Meditation - Valse Scherzo
PJOTR ILJITSCH TSCHAIKOWSKY
»Ich war auf dem Feld und fand keine Gräslein«
»Der Tag bricht an«
DMITRIJ SCHOSTAKOWITSCH
Aus dem Zyklus »Spanische Lieder« - »Abschied von Granada« - »Sternchen« - »Erste Begegnung«
PJOTR ILJITSCH TSCHAIKOWSKY
Arie der Lisa aus der Oper »Pique Dame«
SERGEJ PROKOFJEW
3 Lieder aus dem Ballett »Romeo und Julia«
»Die Montagues und Capulets« - »Tanz der antillischen Mädchen« - »Masken«
VAUGHAN WILLIAMS
8 Lieder für Sopran und Violine
MICHAIL M. IPOLITOW-IWANOW
4 Gedichte von Rabindranat Tagore
»Hände schlingen sich in Hände« - »Der gelbe Vogel«
»Geh nicht weg von mir ohne Abschied zu nehmen«
»Oh mein Freund, diese Blumen«

9. August, Gräflicher Palast Hohenems
Weller-Quartett, Wien
Walter Weller, 1. Violine - Alfred Staar, 2. Violine
Robert Scheiwein, Viola - Helmut Weis, Violoncello
WOLFANG AMADEUS MOZART
Streichquartett in F-Dur, (KV 168)
ALBAN BERG Streichquartett, op. 3
LUDWIG VAN BEETHOVEN
Streichquartett in f-Moll

10. August, Theater am Kornmarkt
II. Orchesterkonzert
Wiener Symphoniker
Dirigent Jaroslav Krombholc
FRIEDRICH SMETANA »Mein Vaterland«

11. August, Schloß Schattenburg Feldkirch
Prager Streichquartett
Břetislav Novotny, 1. Violine - Karel Přibyl, 2. Violine
Lubomír Malý, Viola - Jan Sirc, Violoncello
JOSEPH HAYDN
Streichquartett C-Dur, op. 54, Nr. 2
LEOŠ JANÁČEK 1. Streichquartett
ANTONIN DVOŘÁK
Streichquartett G-Dur, op. 106

15. August, Stadthalle
III. Orchesterkonzert
Wiener Symponiker
Dirigent Josef Krips
FRANZ SCHUBERT
Symphonie Nr. 8, h-Moll (»Die Unvollendete«)
ANTON BRUCKNER 7. Symphonie, E-Dur

16. August, Neues Schloß Meersburg
Haydn-Trio, Wien
Heinz Medjimorec, Klavier - Michael Schnitzler, Violine
Walter Schulz, Cello
JOSEPH HAYDN Trio in F-Dur, Hob. XV/4
FRIEDRICH SMETANA Trio in g-Moll, op. 15
FRANZ SCHUBERT Trio in B-Dur, op. 99

17. August, Gräflicher Palast Hohenems
Die Wiener Solisten
Violinen
Günter Pichler - Lynn Blakeslee - Paul Roczek
Peter Katt - Irmgard Schuster - Ernst Kovacic
Violen
Jürgen Geise - Hatto Beyerle
Violoncelli
Wilfried Tachezi - Dankwart Gahl
Kontrabaß
Heinrich Schneikart
ANTONIO VIVALDI
Concerto grosso in d-Moll, op. 3/11 für 2 Soloviolinen, Streicher und Generalbaß
JOHANN SEBASTIAN BACH
Konzert für 2 Violinen, Streicher und Generalbaß in d-Moll, BWV 1043
FELIX MENDELSSOHN-BARTHOLDY
Streichoktett in Es-Dur, op. 20

18. August, Schloß Gutenberg Balzers/Liechtenstein
Oktett der Wiener Symphoniker
WOLFGANG AMADEUS MOZART
»Ein musikalischer Spaß« (KV 522) für 2 Violinen, Bratsche, Kontrabaß und 2 Hörner
LUDWIG SPOHR
Oktett op. 32 für Streichquartett, 1 Klarinette und 2 Hörner
FRANZ SCHUBERT
Oktett in F-Dur, op. 166 für Streichquintett, 1 Klarinette, 1 Horn, 1 Fagott

19. August, Pfarrkirche Höchst
Kirchenmusikalisches Konzert
Wiener Symphoniker
Dirigent Johannes Fuchs
Solist Siegfried Hildenbrand, Orgel
Chor der Pfarrkirche Höchst
Einstudierung Hubert Rohner
JOHANN SEBASTIAN BACH
Kantate Nr. 190 »Singet dem Herrn ein neues Lied«, Eingangs- und Schlußchor
WOLFGANG AMADEUS MOZART
Kirchensonaten Nr. 12, (KV 278) Nr. 15, (KV 336) und Nr. 14, (KV 329) für Orgel und Orchester
WOLFGANG AMADEUS MOZART
Adagio und Allegro in f-Moll, (KV 534)
JOHANN SEBASTIAN BACH
Symphonia in D-Dur für konzertierende Orgel und Orchester aus der Kantate Nr. 29
FRANTIŠEK XAVER BRIXI
Konzert für Orgel und Orchester in F-Dur
JOHANN SEBASTIAN BACH
Eingangs- und Schlußchor aus der Kantate Nr. 29, bei der Ratswahl zu Leipzig »Wir danken Dir Gott«

1970 23. Juli – 23. August

SPIEL AUF DEM SEE

24., 25., 27., 29., 31. Juli, 1., 5., 7., 8., 12., 14., 15., 19., 21., 22. August, Seebühne (Drei Vorstellungen fielen aus, zwei mußten abgebrochen werden).
JOHANN STRAUSS
Die Fledermaus

Musikalische Leitung	Henry Krips
Inszenierung	Adolf Rott
Bühnengestaltung	Walter von Hoesslin
Choreographie	Dia Luca
Kostüme	Grete Volters
Wiener Symphoniker	
Bregenzer Festspielchor	
Gabriel von Eisenstein	Harald Serafin
Rosalinde	Wilma Lipp Mirjana Irosch
Frank	Erich Kunz
Prinz Orlofsky	Kurt Huemer
Alfred	Giuseppe Zampieri
Dr. Falke	Claudio Nicolai
Dr. Blind	Friedrich Nidetzky
Adele	Renate Holm Renate Lenhart
Frosch	Fritz Muliar
Iwan	Klaus Dieter Wilke
Ida	Ulli Fessl

Johann Strauß, Die Fledermaus, 1970. Seebühne. Erich Kunz (Frank).

OPER

16., 18., 20., 23. August, Theater am Kornmarkt
VINCENZO BELLINI
Norma

Dirigent	Bruno Bartoletti
Inszenierung	Filippo Crivelli
Bühnenbild und Kostüme	Lorenzo Ghiglia
Wiener Symphoniker	
Wiener Staatsopernchor	
Severus Pollio	Aldo Bottion
Orovist	Paolo Washington
Norma	Cristina Deutekom
Adalgisa	Biancamaria Casoni
Clotilde	Yeda Valtriani
Flavius	Rinaldo Pelizzoni

4., 6., 10. August, Gräflicher Palast Hohenems
Co-Produktion mit dem ORF
JOSEPH HAYDN
Untreue lohnt sich nicht
(in deutscher Sprache)

Dirigent	Bruno Amaducci
Inszenierung	Hermann Lanske
Bühnenbild	Robert Hofer-Ach
Kostüme	Alice Schlesinger
Vespina	Hanny Steffek
Sandrina	Arleen Auger
Filippo	Ferry Gruber
Nencio	Frédéric Mayer
Nanni	Artur Korn

BALLETT

9., 16., 23. August, Theater am Kornmarkt
Ballettmatinee des Wiener Staatsopernballetts
Wiener Symphoniker
Musikalische Leitung Peter Keuschnig
ARNOLD SCHÖNBERG
»Pillar of Fire«
Libretto u. Choreographie Antony Tudor
Ausstattung Hugh Laing
Einstudierung Alex Ursuliak
Hagar Susanne Kirnbauer
Ältere Schwester Ully Wührer
Jüngere Schwester Lilly Scheuermann
Freund der Familie Michael Birkmeyer
Junger Mann v. gegenüber Paul Vondrak

RAFFAELLO DE BANFIELD
»Le Combat«
Choreographie und Inszenierung Dimitrija Parlic
Bühnenbild und Kostüme Dusan Ristic
Clorinda Gisela Cech
Tancred Paul Vondrak
Ritter Michael Birkmeyer, Gerhard Dirtl, Peter Kastelik, Ferdinand Liederer, Wilhelm Hohn, Gottfried Krenstetter

BÉLA BARTÓK
»Der wunderbare Mandarin«
Choreographie Dimitrije Parlic
Bühnenbild Karl-Heinz Miltner
Kostüme Grete Volters
Mandarin Karl Musil
Mädchen Ully Wührer
3 Strolche Gerhard Dirtl, Wilhelm Hohn, Peter Kastelik
Jüngling Ferdinand Liederer
Kavalier Gottfried Krenstetter

THEATER

3., 6., 10. August, Theater am Kornmarkt
Wiener Burgtheater
ARTHUR SCHNITZLER
Fink und Fliederbusch
Regie Rudolf Steinboek
Bühnenbild Lois Egg
Kostüme Erni Kniepert
Bei der Tageszeitung »Die Gegenwart«
Leuchter Erich Aberle
Frühbeck Wolfgang Gasser
Füllmann Fritz Lehmann
Obendorfer Albert Rueprecht
Abendstern Otto Kerry
Fliederbusch Ernst Anders
Kajetan Edd Stavjanik
Hanauschek Tom Krinzinger
Bei dem Wochenblatt »Die elegante Welt«
Leodegar Satan Fred Liewehr
Egon Toni Slama
Styx Rudolf Melichar
Wöbl Karl Bluhm
Diener Heinz Grohmann
Graf Gisbert Niederhof Alexander Trojan
Fürstin Priska Wendolin-Ratzeburg Aglaja Schmid
Doktor Kunz Curth A. Tichy
Kammerdiener Philipp Zeska
Kammerfrau Linda Ellmer

11., 13., 17. August, Theater am Kornmarkt
Eigenproduktion
GOTTHOLD EPHRAIM LESSING
Minna von Barnhelm
Inszenierung Leopold Lindtberg
Bühnenbild Peter Osborn
Kostüme Ingeborg Marcelline Bartsch
Major von Tellheim Peter Arens
Minna von Barnhelm Johanna von Koczian
Graf von Bruchsall Wolfram Mertz
Franziska Christiane Hörbiger
Just Wolfgang Groenebaum
Wirt Jöns Andersson
Paul Werner Karl-Heinz Gerdesmann
Eine Dame in Trauer Margret Ensinger
Ein Feldjäger Ludwig Marat
Riccaut de la Marlinière Walter Morath

Béla Bartók, Der wunderbare Mandarin, 1970. Theater am Kornmarkt. Karl Musil in der Hauptrolle.

Eröffnungsgottesdienst
26. Juli, Pfarrkirche St. Gallus
Festgottesdienst
Dirigent Gerhard Dallinger
Solisten
Arleen Auger, Sopran - Gertraud Eckert, Alt - Frédéric Mayer, Tenor - Artur Korn, Baß
Chor der Stadtpfarrkirche St. Gallus
Wiener Symphoniker
An der Orgel Elgar Polzer
JOSEPH HAYDN
Messe in B-Dur »Theresienmesse«,
Proprien: Introitus, Offertorium und Communio im gregorianischen Choral
Graduale: Deutscher Wechselgesang

KONZERTE

23. Juli, Theater am Kornmarkt
I. Orchesterkonzert
Wiener Symphoniker
Dirigent Josef Krips
Solist Nathan Milstein, Violine
LUDWIG VAN BEETHOVEN
Leonoren-Ouvertüre III
Violinkonzert in D-Dur, op. 61
3. Symphonie in Es-Dur, »Eroica«, op. 55

26. Juli, Theater am Kornmarkt
II. Orchesterkonzert
Wiener Symphoniker
Dirigent Josef Krips
Solist Walter Klien, Klavier
LUDWIG VAN BEETHOVEN
2. Symphonie in D-Dur, op. 36
4. Klavierkonzert in G-Dur, op. 56
5. Symphonie in c-Moll, op. 67

27. Juli, Theater am Kornmarkt
Soloabend Nathan Milstein, Violine
JOHANN SEBASTIAN BACH
Sonate Nr. 1 g-Moll BWV 1001
NICCOLO PAGANINI
3 Caprices für Violine solo, op. 1
JOHANN SEBASTIAN BACH
Sonate Nr. 3 C-Dur BWV 1005

28. Juli, Theater am Kornmarkt
III. Orchesterkonzert
Wiener Symphoniker
Dirigent Josef Krips
Solist Jörg Demus, Klavier
LUDWIG VAN BEETHOVEN
4. Symphonie in B-Dur, op. 60
3. Klavierkonzert in c-Moll, op. 37
7. Symphonie in A-Dur, op. 92

30. Juli, Theater am Kornmarkt
IV. Orchesterkonzert
Wiener Symphoniker
Dirigent Josef Krips
Solist Alfred Brendel, Klavier
LUDWIG VAN BEETHOVEN
6. Symphonie in F-Dur, »Pastorale«, op. 68
5. Klavierkonzert in Es-Dur, op. 73
8. Symphonie in F-Dur, op. 93

1. August, Pfarrkirche Höchst
Kirchenkonzert
Adolf Scherbaum, Trompete
Günther Fetz, Orgel
Kirchenchor der Pfarrkirche Höchst
Leitung Hubert Rohner
HENRY PURCELL
Trumpet Tune und Air für Trompete und Orgel
JOHN STANLEY
Voluntary op. 7 Nr. 9 für Trompete und Orgel
JACOBUS GALLUS
Motette »Preis, Lob, Dank« für achtstimmigen Doppelchor a cappella
JOHANN SEBASTIAN BACH
»Ehre und Preis« für fünfstimmigen Chor a cappella
PAVEL J. VEJVANOVSKY
Sonata g-Moll für Trompete und Orgel
JOHANN SEBASTIAN BACH
Toccata und Fuge d-Moll für Orgel BMV 565
GIUSEPPE TORELLI
Sonata con tromba e organo
PADRE MARTINI
Sonata VI in C-Dur für Orgel
GIUSEPPE JACCHINI
Conterto per tromba e organo
HERMANN SCHROEDER
Choral »Gott soll gepriesen sein« für Chor a cappella
ANTON HEILLER
Christkönigsmotette »Dem König aller Zeiten« für Chor a cappella
JEAN LANGLAIS
»Te Deum« für Orgel

2. August, Herz-Jesu-Kirche
V. Orchesterkonzert
Wiener Symphoniker
Chor der Gesellschaft der Musikfreunde Wien
Einstudierung Helmuth Froschauer
Dirigent Josef Krips
Solisten
Wilma Lipp, Sopran - Margarita Lilowa, Alt - Peter Schreier, Tenor - Walter Berry, Baß
LUDWIG VAN BEETHOVEN
Missa solemnis für 4 Solostimmen, Chor, Orchester und Orgel D-Dur, op. 123

4. August, Herz-Jesu-Kirche
VI. Orchesterkonzert
Wiener Symphoniker
Chor der Gesellschaft der Musikfreunde Wien
Einstudierung Helmuth Froschauer
Dirigent Josef Krips
Solisten
Wilma Lipp, Sopran - Margarita Lilowa, Alt - Peter Schreier, Tenor - Walter Berry, Baß
LUDWIG VAN BEETHOVEN
1. Symphonie in C-Dur, op. 21
9. Symphonie in d-Moll, op. 125, mit Schlußchor über Schillers Ode »An die Freude«

5. August, Schloß Schattenburg Feldkirch
Muzika-Quartett, Bukarest
George Hamza, 1. Violine - Constantin Costache, 2. Violine - Ludovic Lang, Bratsche - Robert Sladek, Violoncello
JOSEPH HAYDN
Quartett op. 64 Nr. 5, D-Dur
D. BUGHICI
Quartett Nr. 2
FRANZ SCHUBERT
Quartett d-Moll »Der Tod und das Mädchen« (posthum)

9. August, Martinsplatz
Serenade
ORF-Symphonieorchester
Dirigent Bruno Amaducci
Solist Ludwig Hoelscher, Violoncello
JOSEPH HAYDN
Divertimento Nr. 1 in G
Symphonie in Es-Dur Hob.: I:36
mit Violine und Violoncello obligat
Notturno in C-Dur, Hob.: II:32

10. August, St.-Laurentius-Kirche Bludenz
Ensemble Musica Antiqua, Wien
Leitung Bernhard Klebel
Solistin Rita Streich, Sopran
Helmut Ascherl, Radleier, Renaissanceposaune
Veronika Gutmann, Viola da Gamba
Wolfgang Hartl, Pommer, Dolzian
Bernhard Klebel, Pommer, Blockflöten
Hans Radbauer, Schlaginstrumente
Heide Schnitzler, Viola da Braccio
Gerald Sonneck, Viola da Gamba, Krummhorn
Gerhard Stradner, Tenorgeige, Zink, Blockflöte
Hans Tschedemnig, Renaissanceposaune
Peter Widensky, Blockflöte
»Liebeslieder der Renaissance«
Lieder aus den Niederlanden und Frankreich
Lieder aus Österreich und Deutschland
Lieder aus England
Lieder aus Italien

15. August, Neues Schloß Meersburg
Solistenkonzert
Ludwig Hoelscher, Violoncello
Karl Heinz Lautner, Klavier
LUDWIG VAN BEETHOVEN
Sonate in F-Dur, op. 5/I für Klavier und Violoncello
Sonate in C-Dur, op. 102/I für Klavier und Violoncello
Sieben Variationen in Es-Dur für Klavier und Violoncello über das Duett: »Bei Männern, welche Liebe fühlen« aus der Oper »Die Zauberflöte« von W. A. Mozart

20. August, Schloß Schattenburg Feldkirch
Juilliard String Quartett, New York
Robert Mann, Violine - Earl Carlyss, Violine
Samuel Rhodes, Viola - Claus Adam, Violoncello
LUDWIG VAN BEETHOVEN
Streichquartett G-Dur, op. 18/2
STEFAN WOLPE Streichquartett, 1969
MAURICE RAVEL Streichquartett in F-Dur

22. August, Gräflicher Palast Hohenems
Juilliard String Quartett, New York
Robert Mann, Violine - Earl Carlyss, Violine
Samuel Rhodes, Viola - Claus Adam, Violoncello
JOSEPH HAYDN Streichquartett in f-Moll, op. 55/II
ANTON WEBERN Langsamer Satz (1905)
Sechs Bagatellen für Streichquartett, op. 9
LUDWIG VAN BEETHOVEN
Streichquartett B-Dur, op. 130

22. August, Rorschacherberg
Serenade
der Kammermusikvereinigung, der Wiener Symphoniker
Michael Schnitzler, Heide Schnitzler, Violinen
Fritz Händschke, Tomislav Sestak, Violen
Wolfgang Herzer, Violoncello
Firmin Pirker, Kontrabaß - Alfred Rosé, Klarinette
Robert Freund, Horn - Milan Turkovic, Fagott
LUDWIG VAN BEETHOVEN
Streichquintett in C-Dur, op. 29, für zwei Violinen, zwei Violen und Violoncello
LUDWIG VAN BEETHOVEN
Septett in Es-Dur, op. 20, für Violine, Viola, Violoncello, Kontrabaß, Klarinette, Horn und Fagott

Eröffnung am 23. Juli 1970. Ankunft des Bundespräsidenten Franz Jonas auf dem Bregenzer Bahnhof.

1971 22. Juli – 22. August

SPIEL AUF DEM SEE

23., 24., 28., 30., 31. Juli, 4., 6., 7., 11., 13., 14., 18., 20., 21. August, Seebühne
GEORGE GERSHWIN
Porgy and Bess
(In englischer Sprache)

Musikalische Leitung	Lee Schaenen
Inszenierung	Nathaniel Merrill
Bühnengestaltung und Kostüme	Robert O'Hearn
Choreographie	Archie Savage
Chorleitung	Franz Gerstacker
Leitung der Produktion	Marcel Prawy

Wiener Symphoniker
Wiener Staatsopernchor
Ballett der Volksoper Wien

Porgy	William Warfield
Bess	Joyce Bryant Vivian Martin
Crown	James Randolph
Sporting Life	Robert Guillaume
Serena	Gwendolyn Walters Vivian Martin
Clara	Janette Moody
Maria	Debria Brown
Jake	Walker Wyatt
Mingo *Robbins*	Albert Clipper
Peter	Wilbert Gurley
Jim Frazier	Fred Hartley
Annie *Erdbeerenverkäuferin*	Vivian Martin Janette Moody
Detektiv	Lyel Joyce
Leichenbeschauer	Wolfgang Jeschek

George Gershwin, Porgy and Bess, 1971. Seebühne. William Warfield und Joyce Bryant in den Titelrollen.

OPER

22., 25., 27. Juli, 1. August, Theater am Kornmarkt
GAETANO DONIZETTI
Die Regimentstochter

Dirigent	Bruno Amaducci
Inszenierung	Filippo Crivelli
Bühnenbild und Kostüme	Franco Zeffirelli

Wiener Symphoniker
Wiener Staatsopernchor

Marchesa von Berckenfield	Rosa Laghezza
Sulpiz	Giuseppe Taddei
Tonio	Luigi Alva
Maria	Margherita Rinaldi
Herzogin von Krakentorp	Yeda Valtriani
Hortensio	Enzo Dara
Ein Notar	Rinaldo Pelizzoni
Ein Korporal	Alfredo Giacomotti
Ein Bauer	Rinaldo Pelizzoni
Tanzmeister	Eduard Djambacian

9., 11., 14. August, Hof des Gräflichen Palastes Hohenems (Co-Produktion mit dem ORF)
JOSEPH HAYDN
Der Apotheker (In deutscher Sprache)

Dirigent	Miltiades Caridis
Inszenierung	Hermann Lanske
Bühnenbild	Robert Hofer-Ach
Kostüme	Alice Schlesinger

ORF-Symphonieorchester

Sempronio	Ferry Gruber
Mengone	Manfred Schmidt
Grilletta	Bella Jasper
Volpino	Hanna Rose Wald

Die vier Tagediebe Karl Absenger - Walter Hagemann - Malte Horstmann -Hans Richter

BALLETT

5., 9. August, Theater am Kornmarkt
Ballettabend des Balletts des Staatstheaters Sofia
»Arabesque«
KRASSIMIR KURKTCHIISKI
»Diaphonische Studie und Adagio«
(Österreichische Erstaufführung)
Choreographie Jiří Něměček
Bühnenbild und Kostüme Dimitar Kirov
MAURICE RAVEL
»Daphnis und Chloe«
Pas de deux
Choreographie Bogdan Kowatscheff
MAURICE RAVEL
»Boléro«
(nur am 5. 8.)
Choreographie Vassile Marku
RODION SCHTSCHEDRIN (nach G. Bizet)
»Carmen«
(Österreichische Erstaufführung)
Choreographie Alberto Alonso
Bühnenbild und Kostüme Boris Meserer
DJMITRJ KABALEWSKJ
»Pour un corps de ballet«
(nur am 9. 8.)
(Österreichische Erstaufführung)
Choreographie Françoise Adret
Bühnenbild und Kostüme W. Jedrinsky

Gaetano Donizetti, Die Regimentstochter, 1971. Theater am Kornmarkt.

8. August, Theater am Kornmarkt
Ballettmatinee
des Balletts des Staatstheaters Sofia »Arabesque«
SERGEJ PROKOFJEW
»Repetto« (Klassische Symphonie)
Choreographie Françoise Adret
Bühnenbild und Kostüme W. Jedrinsky
LEON MINKUS
»Don Quixote«
Pas de deux
Choreographie Wahtang Tcheboukiani
ALESSANDRO CASAGRANDE
»Pinocchio«
Choreographie Jiří Němeček
Bühnenbild und Kostüme Dimitar Kirov

THEATER

2. Juli, 2., 3. August, Theater am Kornmarkt
Wiener Volkstheater
ÖDÖN VON HORVATH
Der Unbekannte aus der Seine

Inszenierung	Gustav Manker
Bühnenbild	Rudolf Schneider-Mans Au
Kostüme	Brigitte Brunmayer
Albert	Eugen Stark
Silberling	Gustav Dieffenbacher
Nicolo	Carlo Böhm
Irene	Hilde Sochor
Emil	Adolf Lukan
Ernst	Heinz Petters
Theodor	Bernhard Hall
Die Unbekannte	Kitty Speiser
Der Uhrmacher	Willi Krippner
Hausmeisterin	Maria Engelstorfer
Klara	Brigitte Swoboda
Ein Polizist	Ludwig Blaha
Der Student	Michael Herbe
Die Gattin des Ingenieurs	Renata Olárová
Die Mordkommission:	
Der Herr im Frack	Erich Margo
Der Doktor	Herbert Prodinger
Der Kommissar	Karl Krittl
Mathilde	Marianne Gerzner
Lilly	Brigitte Slezak
Lucille	Edith Picha

16., 17., 19. August, Theater am Kornmarkt
Wiener Burgtheater
ERNST LOTHAR (nach Arthur Schnitzler)
Fräulein Else

Regie	Ernst Haeusserman
Bühnenbild	Lois Egg
Kostüme	Monika von Zallinger
Dr. T., Rechtsanwalt	Attila Hörbiger
Seine Frau	Alma Seidler
Elsa, beider Tochter	Erika Pluhar
Tante Emma	Adrienne Gessner
Dr. Paul T.	Heinz Ehrenfreund
Herr von Dorsday	Paul Hoffmann
Frau Cissy Mohr	Angelika Hauff
Frau Winawer	Susi Nicoletti
Portier	Günther Bauer
Stubenmädchen im Hotel	Angelika Welzl
Stubenmädchen Dr. T.'s	Ulrike Ehrmann
Kellner	Curth A. Tichy

Eröffnungsgottesdienst
25. Juli, Klosterkirche Mehrerau
Festgottesdienst
Dirigent Gerhard Dallinger
Solisten
Ursula Farr, Sopran
Hanna Rose Wald, Alt
Frédéric Mayer, Tenor
Artur Korn, Baß
Wiener Symphoniker
Chor der Stadtpfarrkirche St. Gallus, Mitglieder des Bregenzer Festspielchores sowie anderer Chöre
An der Orgel Elgar Polzer
JOSEPH HAYDN
Nicolai-Messe in G-dur für Soli, Chor und Orchester
Proprien im gregorianischen Choral

KONZERTE

21. Juli, Martinsplatz
Konzert zum Auftakt der Bregenzer Festspiele 1971
Vorarlberger Hornensemble
Künstlerische Leitung Ernst Pichler
Schulchor des Bundesgymnasiums für Mädchen Bregenz
Künstlerische Leitung Gerhard Dallinger
Bregenzer Klarinetten-Quartett
Künstlerische Leitung Istvan Szücs
Bregenzer Männerchor
Künstlerische Leitung Gerhard Dallinger
Moderator Hans Peter Link
Vorarlberger Hornensemble
Suite für Solotrompete und Hornensemble von Ernst Pichler. Solist: Michèl Blanc, Zürich
Schulchor des Bundesgymnasiums für Mädchen Bregenz
Werke von Paul Kickstat, Michael Praetorius, Johann Sebastian Bach, Hugo Distler, Johann Stadten, Joh. Hermann Schein
Bregenzer Klarinetten-Quartett
Suite für Klarinetten-Quartett von Oswald Lutz, op. 91
Bregenzer Männerchor
Werke von Joseph Haydn, Ludwig van Beethoven, Franz Schubert
Bregenzer Klarinetten-Quartett
Aus dem Divertimento für 3 Klarinetten und Baßklarinette von Georg Tibor
Schulchor des Bundesgymnasiums für Mädchen Bregenz
Werke von Giovanni Gastoldi, Waldemar Bloch
Vorarlberger Hornensemble
Musik für Blechbläser von Lerois Ostransky
Bregenzer Männerchor
Vespergesang, Volkslied aus Rußland
Volkslieder aus Rußland, Franken, Kärnten und Tirol
Vorarlberger Hornensemble
Serenade für Klarinetten und Hörner von Ernst Pichler

27. Juli, Stadthalle Feldkirch
I. Orchesterkonzert
ORF-Symphonieorchester
Dirigent Milan Horvat
Solisten
Ursula Farr, Sopran - Frédéric Mayer, Tenor - Artur Korn, Baß
FERDINAND ANDERGASSEN
»Das Lied von der Wanderschaft«
Oratorium für Orchester, Chor und Soli
Text von Eugen Andergassen

31. Juli, Gräflicher Palast Hohenems
Kammermusik
Kurt Rapf, Klavier - Michael Schnitzler, Violine - Tomislav Sestak, Viola - Ludwig Hoelscher, Violoncello - Eduard Hruza, Kontrabaß - Istvan Szücs, Klarinette
OSWALD LUTZ
Trio für Klarinette, Violoncello und Klavier, op. 96 (Uraufführung)

Gaetano Donizetti, Die Regimentstochter, 1971. Theater am Kornmarkt. Figurinen. Kostümentwürfe von Franco Zeffirelli.

ERNST KRÉAL
Sonate für Cello und Klavier, op. 10 (Österreichische Erstaufführung)
FRANZ SCHUBERT
Klavier-Quintett in A-Dur, op. 114 (Forellenquintett)

2. August, Schloß Schattenburg Feldkirch
Ensemble Tibor Varga
JOHANN SEBASTIAN BACH
Ricercare (aus »Musikalisches Opfer«) BWV 1079
ANTON BRUCKNER
Streichquintett F-Dur
FRANZ SCHUBERT
Adagio und Rondo in A-Dur für Solovioline und Streicher
JOHANNES BRAHMS
Streichsextett B-Dur, op. 18

3. August, Pfarrkirche Höchst
Co-Produktion mit dem ORF
Kirchenkonzert
ORF-Symphonieorchester
Chor der Pfarrkirche Höchst
Einstudierung Hubert Rohner
Dirigent Helmut Eder
Solisten
Jan Schmitz, Orgel
Edita Gruberova, Sopran
JOHANN SEBASTIAN BACH
Präludium und Fuge in Es-Dur
THOMAS AUGUSTIN ARNE
Konzert für Orgel und Orchester Nr. 5 in g-Moll
HELMUT EDER
Memento für Orgelpositiv und Streichorchester, op. 57 (österreichische Erstaufführung)
WOLFGANG AMADEUS MOZART
Kirchensonate, (KV 336) in C-Dur für Orgel und Orchester
WOLFGANG AMADEUS MOZART
Regina coeli für Sopran, gemischten Chor und Orchester, (KV 127) B-Dur

7. August, Stadtsaal Bludenz
Madrigalchor Bukarest
I.
ORLANDO DI LASSO
Madonna mia cara
CLAUDE DE JEUNE
Chansons d'amour
PIERRE CERTON
La, la, la, Je ne l'ose dire
GIOVANNI PIERLUIGI DA PALESTRINA
Soave fia il morir
O. CECCHI
Margarita dai corai
SEBASTIANO FESTA
Quando ritrova
PIERRE PASSEREAU
Il est bel et bon
JOSQUIN DESPREZ
El grillo
JOHN BENNET
Weep o mine eyes
THOMAS MORLEY
Fire, fire

II.
ANONYMUS
Deux chansons bysabtines
Solist Stefan Prunteanu
ANONYMUS (arr GH. Cucu)
Katavasina
Solist Stere Eremia
SIGISMUND TODUTA
Le ciel aux belles fleurs (chanson pour 8 voix)
MARTIAN NEGREA
La petite bergère
D. POP
Suite de Oas
MYRIAM MARBÉ
Rituel pour la soif de la terre pour groupe solistique, choeur et 10 instruments de percution

7. August, Pfarrkirche Egg
Kirchenkonzert
Barbara Schlick-Eras, Sopran
Ernst Martin Eras, Oboe - Istvan Szücs, Klarinette - Leo Cermak, Fagott - Günther Fetz, Cembalo und Orgel
Werke von:
LOUIS MARCHAND
GEORG FRIEDRICH HÄNDEL
Zwei deutsche Arien
GIAN PAOLO CIMA
GIACOMO CARISSIMI
PHIL. EMANUEL BACH
JOHANN WANHAL
A. FRANZ KROPFREITER
OSWALD LUTZ

8. August, Herz-Jesu-Kirche
II. Orchesterkonzert
Wiener Symphoniker
Dirigent Josef Krips
FRANZ SCHUBERT 2. Symphonie in B-Dur
ANTON BRUCKNER 8. Symphonie in c-Moll

10. August, Theater am Kornmarkt
Solistenkonzert
William Warfield, Baß-Bariton
Norman Shetler, Klavier - Wolfgang Herzer, Cello
I. JOSEPH HAYDN
Arie des Neptun aus der Oper »Acide e Galatea«
GEORG FRIEDRICH HÄNDEL
»Dank sei Dir Herr« aus »Israel in Ägypten«
WOLFGANG AMADEUS MOZART
»Per questa bella mano«, Arie für Baß und Cello
II. FRANZ SCHUBERT
Wohin - Der Doppelgänger - Fischerweise
Der Erlkönig
III. ROBERT SCHUMANN
Du bist wie eine Blume - Belsazar - Meine Rose
Die beiden Grenadiere
IV. CAMILLE SAINT-SAËNS
L'attente - Aimons-nous - Danse macabre
V. CARL LOEWE
Kleiner Haushalt
Glockentürmers Töchterlein Hochzeitslied
VI. SPIRITUALS arrangiert von HALL JOHNSON
Po' mo'ner got a home at last
Roll Jord'n, roll - Take my mother home
My good lord done been here

12. August, Theater am Kornmarkt
III. Orchesterkonzert
Wiener Symphoniker, Wiener Staatsopernchor
Einstudierung Franz Gerstacker
Dirigent Carl Melles
Solisten
Margherita Rinaldi, Sopran - Biancamaria Casoni, Mezzosopran - Adolf Dallapozza, Tenor - Frédéric Mayer, Tenor - Enrico Fissore, Baß
ARCANGELO CORELLI
Concerto grosso Nr. 2 in F-Dur
FRANZ SCHUBERT Messe in Es-Dur

13. August, Theater am Kornmarkt
Solistenkonzert
Claudio Arrau, Klavier
LUDWIG VAN BEETHOVEN
Sonata quasi una fantasia Es-Dur, op. 120 Nr. 1
FRÉDÉRIC CHOPIN
Ballade Nr. 3, As-Dur, op. 47
Ballade Nr. 4, f-Moll, op. 52
Nocturne, H-Dur, op. 62, Nr. 1
Scherzo Nr. 1, h-Moll, op. 20
FRANZ SCHUBERT
Klaviersonate B-Dur, op. posth.

14. August, Neues Schloß Meersburg
Kammermusikvereinigung der Wiener Symphoniker
Camillo Wanausek, Flöte - Michael Schnitzler, Violine
Wolfgang Oberkogler, Violine - Fritz Händschke, Viola
Peter Roczek, Violoncello
JOHANN CHRISTIAN BACH
Quartett in D-Dur
für Flöte, Violine, Viola, und Violoncello
CARL DITTERS VON DITTERSDORF
Quartett Nr. 3 in G-Dur
für zwei Violinen und Violoncello
FRANCIS POVEY
Quintett für Flöte und Streichquartett
Variationen über ein Thema von Chr. Willibald Gluck
WOLFGANG AMADEUS MOZART
Quartett in C-Dur, (KV 285b) für Flöte

15. August, Theater am Kornmarkt
IV. Orchesterkonzert
Wiener Symphoniker
Dirigent Eugen Jochum
Solisten
Michael Schnitzler, Violine - Wolfgang Herzer, Cello
Jörg Demus, Klavier
FRANZ SCHUBERT
Musik zum Schauspiel »Rosamunde«
LUDWIG VAN BEETHOVEN
Tripelkonzert in C-Dur, op. 56
WOLFGANG AMADEUS MOZART
Symphonie Nr. 41 in D-Dur (Jupiter), (KV 551)

19. August, Schloß Schattenburg Feldkirch
Trio Italiano d'Archi
Franco Gulli, Violine - Bruno Giuranna, Viola
Giacinto Caramia, Violoncello
JOHANN SEBASTIAN BACH Triosonate c-Moll
MAX REGER Streichtrio a-Moll, op. 77b
WOLFGANG AMADEUS MOZART
Divertimento Es-Dur, (KV 563)

21. August, Rorschacherberg
Kammermusikvereinigung der Wiener Symphoniker
auf original Antonio-Stradivari-Instrumenten
aus der Sammlung Rolf Habisreutinger
Michael Schnitzler - Paul Trimmel - Gerhard Breuer
Wolfgang Oberkogler, Violinen
Fritz Händschke - Heide Schnitzler, Violen
Wolfgang Herzer - Peter Roczek, Violoncelli
JOHANNES BRAHMS
Sextett in G-Dur, op. 36,
für zwei Violinen, zwei Violen und zwei Violoncelli
FELIX MENDELSSOHN-BARTHOLDY
Oktett in Es-Dur, op. 20
für vier Violinen, zwei Violen und zwei Violoncelli

22. August, Martinsplatz
Ensemble Kontrapunkte
Dirigent Peter Keuschnig
ERNST KRENEK Pentagramm
EDUARD FRANZ RIER Burletta
LEOŠ JANÁČEK Mládí
FRANZ SCHUBERT Oktett in F-Dur, op. 166

1972 20. Juli – 20. August

SPIEL AUF DEM SEE

21., 22., 26., 28., 29. Juli, 2., 5., 12., 16., 18., 19. August, Seebühne
(Zehn Aufführungen wurden durchgeführt).
KARL MILLÖCKER
Der Bettelstudent
Musikalische Leitung Franz Bauer-Theussl
Inszenierung Paul Vasil
Bühnengestaltung Toni Businger
Choreographie Wazlav Orlikowsky
Kostüme Grete Volters
Wiener Symphoniker, Wiener Staatsopernchor
Ballett des Nationaltheaters Prag
Die Polen:
Palmatica Gräfin Nowalska Hilde Konetzni
Laura Wilma Lipp
Valorie Goodall
Bronislawa Ursula Farr
Bogumil Malachowski Hanns Bastian
Eva Elisabeth Fez
Jan Janicki Claudio Nicolai
Symon Rymanowicz Adolf Dallapozza
Horst Hoffmann
Onuphrie Gerhard Eder
Oberst Ollendorf Oskar Czerwenka
Artur Korn
Ollendorfs Offiziere
Enterich Fritz Hoppe

4., 6., 9., 13. August, Seebühne
HENRY PURCELL
Die Feenkönigin
Musikalische Leitung Leopold Hager
Inszenierung Kurt Pscherer
Bühnengestaltung und Kostüme Toni Businger
Choreographie Wazlav Orlikowsky
Wiener Symphoniker
Wiener Staatsopernchor
Ballett des Nationaltheaters Prag
Nacht / Liebesklage Elfriede Knapp
Spaziergängerin / Idyllische Liebe / Frühling Valorie Goodall
1. Elfe Krisztina Laki
2. Elfe Jean Anne Teal
Sommer / Geheimnis Tuula Nieminen
Der Herr der Vögel / Phoebus William Blankenship
Mopsa / Herbst / Die Verschwiegenheit Sigurd Björnsson
Dichter / Corydon Ernst Gutstein
Schlaf / Spaziergänger Peter Wimberger
Hymen / Winter Manfred Schenk
Oberon Frank Dietrich
Titania Ariane Calix
Puck Alexander Grill
Squenz Rudi Schippel
Zettel Otto Tausig
Schnock Karl Wittmann
Flaut Horst Eder
Schnauz Roger Murbach
Schlucker Hans Melton

OPER

20. 23., 25. Juli, Theater am Kornmarkt
VINCENZO BELLINI
Die Nachtwandlerin
Dirigent Nino Sanzogno
Inszenierung Filippo Crivelli
Bühnenbild und Kostüme
nach den Originalentwürfen für die Uraufführung der Oper von Alessandro Sanquirico
Wiener Symphoniker
Wiener Staatsopernchor
Graf Rudolf Raffaele Arié
Teresa Vera Magrini
Amina Margherita Rinaldi
Elvino Luigi Alva
Lisa Elena Zilio
Alessio Alfredo Giacomotti
Ein Notar Luigi Pontiggia

11., 13., 15. August, Hof des Gräflichen Palastes Hohenems
Co-Produktion mit dem ORF
JOSEPH HAYDN
List und Liebe
Dirigent Bruno Amaducci
Inszenierung Hermann Lanske
Bühnenbild Robert Hofer-Ach
Kostüme Alice Maria Schlesinger
ORF-Symphonieorchester
Rosina Renate Lenhart
Masino Ernst Gerold Schramm
Erminio Werner Krenn
Die Baronin Hanny Steffek
Lisetta Margareta Einarson
Ernesto Ferry Gruber
Villotto Artur Korn

BALLETT

24. Juli, 17. August, Theater am Kornmarkt
Österreichische Erstaufführung
Ballettabend des Balletts des Nationaltheaters Prag
BORIS ASSAFJEW
Die Fontäne von Bachtschissaraj
Dirigent Josef Kuchinka
Regie und Choreographie Emerich Gabzdyl
Bühnenbild und Kostüme Kvetoslav Bubeník
Graf Potocky Karel Vrtiska
Maria, seine Tochter Marta Drottnerová
Václav Vlastimil Harapes
Marias Freundinnen, Václavs Freunde, Gäste bei Potokky, Khan Girej, Nurali, Heerführer, Zarema, Sklavinnen, Haremsdienerin, ein Späher, Krieger des Khans, Haremsfrauen

THEATER

31. Juli, 1., 3. August, Theater am Kornmarkt
Eigenproduktion
PETER LUKE
Hadrian VII
Inszenierung Josef Meinrad
Bühnenbild Karlheinz Miltner
Kostüme Edith Berger
Frederick William Rolfe Josef Meinrad
Mrs. Crowe Angelika Hauff
Erster Gerichtsvollzieher / *Dr. Courtleigh, Kardinal Erzbischof von Pimlico* Gerhard Geisler
Zweiter Gerichtsvollzieher / *Dr. Talacryn* Anton Duschek
Agnes Gusti Wolf
Jeremiah Sant Herbert Stettner
Vater St. Albans, Jesuitengeneral Wolfram Mertz
Kardinal Berstein Hermann Schober
Kardinal Ragna Rolf Wanka
Rektor des St.-Andreas-Kollegs Eduard Kautzner
George Arthur Rose Ludwig Marat

10., 11., 14. August, Theater am Kornmarkt
Wiener Burgtheater
FRANZ GRILLPARZER
Ein treuer Diener seines Herrn
Einrichtung für das Burgtheater: Leopold Lindtberg
Regie Leopold Lindtberg
Bühnenbild und Kostüme Zbyněk Kolář
Einstudierung des Tanzes Nino Albonese
Musik
Ludwig van Beethoven –
3. Symphonie in Es-Dur »Eroica«
König Andreas Walther Reyer
Gertrude Sigrid Marquardt
Otto von Meran Frank Hoffmann
Bancbanus Ewald Balser
Erny Eva Rieck
Graf Simon Erich Auer
Graf Peter Thomas Egg
Hauptmann Heinz Grohmann
1. Begleiter Ottos Tom Krinzinger
2. Begleiter Ottos Günther Tischler
Ein Hauptmann Karl Blühm
Ein Befehlshaber Hannes Schiel
Ein Anführer Toni Slama
Ein königl. Kämmerer Curth A. Tichy
Ein Arzt Otto Kerry
Diener des Arztes Rudolf Paczak
Eine Kammerfrau Monika Darlies
Ernys Kammerfrau Friedl Hofman
1. Diener des Bancbanus Kunibert Gensichen
2. Diener des Bancbanus Peter Kreuziger
Ein Edelmann Frank Michael Weber
Diener der Königin Toni Slama
Ein Soldat Georg Filser

12., 16. August, Martinsplatz
Theater für Vorarlberg
Österreichische Erstaufführung
ALFRED BRUGGMANN
Don Juan oder der Herr, der zur Hölle fuhr
Musik Hugo Pfister
Inszenierung Bruno Felix
Bühnenbild und Kostüme Hanna Wartenegg
Musikalische Leitung Räto Tschupp
Ostschweizer Bläserensemble
Don Juan Malte Horstmann
Arlecchino Hans Richter
Der König / Der Komtur / Der Gast Robert Marencke
Tisbea / Donna Anna / Aminta / Rosanitta / Eine Theaterbesucherin Gertrud Gilbert
Octavio / Batricio / Ein Theaterbesucher Kurt Sternik

Eröffnungsgottesdienst
23. Juli, Pfarrkirche Herz-Jesu
Festgottesdienst
Dirigent Karl Matheisl
Solisten
Ursula Farr, Sopran - Tuula Nieminen, Alt - Werner Krenn, Tenor - Daniel Bergen, Baß
Wiener Symphoniker
Chor der Stadtpfarrkirche Herz-Jesu
An der Orgel Gebhard Wiederin
WOLFGANG AMADEUS MOZART
Missa brevis in C-Dur, (KV 220)
»Spatzenmesse« für vierstimmig gemischten Chor
DEUTSCHES PROPRIUM
(Sängerknaben der Pfarrkirche Herz-Jesu)

KONZERTE

19. Juli, Martinsplatz
Zum Auftakt der Bregenzer Festspiele 1972
Vorarlberger Hornensemble
Leitung Ernst Pichler
Gesangsverein Liederkranz Konkordia, Lustenau
Leitung Otto Vonbank
Bregenzer Klarinetten-Quartett
Istvan Szücs, Klarinette
Sepp Weger, Klarinette
Gerhard Schweinberger, Klarinette
Alfred Pircher, Baßklarinette
Moderator Hans Peter Link
Vorarlberger Hornensemble
Wilhelm Stärk: »Zum Auftakt«
Ernst Pichler: Serenade für 3 Klarinetten, Baßklarinette und Hörner
Gesangsverein Liederkranz Konkordia, Lustenau
Tanz
Hans Lang: »Dort unter der Linde«
Baldassare Donati: »Wenn wir hinausziehn'n«
Ernst Fischer: »Wanderliedchen«
Heinz Lau: »Scheint die helle Sonne«
Vorarlberger Hornensemble
Leroy Ostransky: Suite für Bläser
Bregenzer Klarinetten-Quartett
Josef Friedrich Hummel: Quartett für 4 Klarinetten in einem Satz

Gesangsverein Liederkranz Konkordia, Lustenau
Das liebe Singen
Antonin Dvorak: »Es zog manch' Lied«
Walter Schmid: »Lob des Gesanges«
Felizitas Kuckuck: »Das liebe Singen«
Bregenzer Klarinetten-Quartett
Oswald Lutz: Drei Stücke für 4 Klarinetten
Menuett - Wiegenlied - Tanz
Gesangsverein Liederkranz Konkordia, Lustenau
Liebe
Otto Jochum: »Rosenstock, Holderblüh'«
Hans Schemitsch: »Andulka«
Hans Lang: »Heißa Kathreinerle«
Bregenzer Klarinetten-Quartett
Wilhelm Stärk: Divertimento capricioso
Allegro non troppo - Allegro man non troppo
Poco allegretto - Poco andante - Andante molto
Gesangsverein Liederkranz Konkordia, Lustenau
Gemütlichkeit
Gustav Haug: »Winzerlied«
Augustin Kubizek: »In jedem vollen Glase Wein«
Augustin Kubizek: »Krambambuli«

---

22. Juli, F.-M.-Felder-Saal Schoppernau
Das Wiener Bläserquartett
Gottfried Hechtl, Flöte - Manfred Kautzky, Oboe
Alfred Rosé, Klarinette - Robert Freund, Horn
Karl Dvorák, Fagott
JOSEPH HAYDN
Divertimento für Flöte, Oboe, Klarinette, Horn und Fagott HV II/46
FRANZ DANZI
Quintett, op 86, Nr. 1, A-Dur
DARIUS MILHAUD
La Cheminée du roi René
Suite für Bläserquintett
CÄSAR BRESGEN
Salzburger Divertimento 1965, Bläserquintett
PAUL HINDEMITH
Kleine Kammermusik für 5 Bläser, op. 24, Nr. 2

---

25. Juli, Schloß Schattenburg Feldkirch
Bartók-Quartett, Budapest
Péter Komlos, 1. Violine - Sandor Devich, 2. Violine
Géza Németh, Viola - Kàroly Botvay, Violoncello
FRANZ SCHUBERT
Quartett in a-Moll
BÉLA BARTÓK
I. Quartett
LUDWIG VAN BEETHOVEN
Quartett in C-Dur, op. 59, Nr. 3

---

27. Juli, Theater am Kornmarkt
I. Orchesterkonzert
Wiener Symphoniker
Dirigent Leopold Hager
Solisten
Raffaele Arié, Baß - Gottfried Hechtl, Flöte
Elisabeth Bayer, Harfe
FRANZ SCHUBERT
3. Symphonie in D-Dur
WOLFGANG AMADEUS MOZART
Konzert für Flöte, Harfe und Orchester in C-Dur, (KV 299)
LUDWIG VAN BEETHOVEN
»In questa tomba oscura«, Konzertarie
WOLFGANG AMADEUS MOZART
»Mentre ti lascio, o, Figlia«, Konzertarie
FELIX MENDELSSOHN-BARTHOLDY
Symphonie Nr. 4, in A-Dur, op. 90 (»Italienische«)

---

29. Juli, Gräflicher Palast Hohenems
Ungarischer Madrigalchor
Dirigent Ferenc Szekeres
JOSQUIN DES PRÉS Ave vera virginitas
WILLIAM BYRD O magnum mysterium
JACOB ARCADELT Ave Maria
LUDOVICO VIADANA Exsultate iusti
ADRIANO BANCHIERI
Il Festino nella sera del giovedi grasso avanti cena
Madrigalkomödie
JACOB ARCADELT Margot
PIERRE BONNET Alors que mon coeur s'engage
FELICE GIARDINI Viva tutte le vezzose
ORLANDO DI LASSO Chi manza mia
JOHN DOWLAND Come again
ANTONIO SCANDELLI Bongiorno Madonna
ANONYMUS Si em Ilevi
BÉLA BARTÓK
Das Wandern - Traurigkeit - Unter den Garten
ZOLTÁN KODÁLY Veni, veni Emanuel - Abendlied
LAJOS BÁRDOS
Zwei ungarische Volkslieder - Ungaresca

---

3. August, Abteikirche Mehrerau
Kirchenmusikalisches Konzert
In Zusammenarbeit mit dem ORF
Studio Vorarlberg
ORF-Symphonieorchester
Vorarlberger Oratorienvereinigung
Dirigent Gerhard Dallinger
Solisten
Edita Gruberova, Sopran - Adolf Dallapozza, Tenor
Hans Strohbauer, Baß
An Orgel und Cembalo Günther Fetz
JOSEPH HAYDN Te Deum für Chor und Orchester
JOHANN SEBASTIAN BACH
Passacaglia und Fuge in c-Moll, BMV 582
WOLFGANG AMADEUS MOZART
»Exultate jubilate«, Motette für Solosopran und Orchester, (KV 165)
ANTONIO VIVALDI
Concerto grosso d-Moll op. 3/11
FRANZ SCHUBERT
Messe in G-Dur für Soli, Chor und Orchester

---

6. August, Theater am Kornmarkt
II. Orchesterkonzert
Wiener Symphoniker
Dirigent Josef Krips
Solistin Wilma Lipp, Sopran
JOHANN STRAUSS
Ouvertüre zu »Die Fledermaus«
Rosen aus dem Süden, Walzer
Im Krapfenwaldl, langsame Polka
Unter Donner und Blitz, Polka schnell
Frühlingsstimmenwalzer
Einzugsmarsch aus dem 3. Akt der Operette »Der Zigeunerbaron«
Ouvertüre zur Operette »Der Waldmeister«
Geschichten aus dem Wienerwald, Walzer
Pizzicato-Polka
Perpetuum mobile - Kaiserwalzer
Csárdás aus der Operette »Die Fledermaus«
An der schönen blauen Donau, Walzer

---

6. August, Gebhardsberg
Prokofjew-Quartett, Moskau
Lina Guberman, 1. Violine - Lyndmila Granova, 2. Violine - Galina Odinets, Viola - Kira Tsvetkova, Violoncello
DJMITRIJ SCHOSTAKOWITSCH
Quartett Nr. 7 in fis-Moll, op. 107
LUDWIG VAN BEETHOVEN
Quartett op. 59/Nr. 1 in F-Dur
ALEXANDR BORODIN
Quartett Nr. 2 in D-Dur

---

7. August, Schloß Schattenburg Feldkirch
Bläserquartett Bamberg
(Mitglieder der Bamberger Symphoniker)
Venezianische Meister
GIOVANNI GABRIELI Canzon terza
ANDREA GABRIELI Ricercar del duodecimo tuono
FLORENTIO MASCHERA Canzon Nr. 7
Musik aus dem 16. Jahrhundert
JOSQUIN DESPREZ Kanzone »La Bernardine«
SETHUS CALVISIUS
Psalm »Musiken Klang, lieblicher Gesang«
BENEDICTUS DUCIS
Choral »An Wasserflüssen Babylon«
ADAM GUMPELZHEIMER
»Seid fröhlich« aus »Lustgärtlins ander Theil«
Französische Barockmusik
FRANÇOIS COUPERIN Rondeau
JEAN-BAPTISTE LULLY Air
JEAN-FRANÇOIS DANDRIEU Rondeau
UNBEK. MEISTER Intrade
JOHANN ERNST ALTENBURG Bicinium
TILMAN SUSATO Rondo e Saltarello
JOHANN CHRISTOPH PEZEL Intrade
GIOVANNI GABRIELI Ganzon seconda
Bamberger Promenade
JAN KOETSIER
Fanfare - Altes Rathaus - Klein-Venedig
Der Domplatz, Krypta und Alte Hofhaltung
Die Altstadt
HANS CHEMIN-PETIT Capriccio
EBERHARD WERDIN Kleine Suite in vier Sätzen
JAN ZDENĚK BARTOŠ
Suite für Bläserquartett - Andante serioso - Con moto
Andante festivo - Allegro giusto
DAVID UBER Beachcombers Dance
HANS HORSCH Burlesker Tanz
JOHN PHILIP SOUSA »Semper Fidelis« - Marsch

---

7. August, Martinsplatz
Serenade
ORF-Symphonieorchester
Dirigent Helmut Eder
Solist Rolf Quinque, Trompete
MICHAEL HAYDN Notturno in F-Dur
JOSEPH HAYDN
Konzert in Es-Dur für Trompete und Orchester
MICHAEL HAYDN Sinfonia in D-Dur
JOSEPH HAYDN
Sinfonie Nr. 63 in C-Dur (»La Roxelane«)

---

8. August, Stadthalle
III. Orchesterkonzert
Wiener Symphoniker
Dirigent Josef Krips
JOSEPH HAYDN
Symphonie Nr. 94 in G-Dur »Mit dem Paukenschlag« (2. Londoner Symphonie)
RICHARD STRAUSS
»Till Eulenspiegels lustige Streiche«
FRANZ SCHUBERT 9. Symphonie in C-Dur

---

12. August, Neues Schloß Meersburg
Kammermusik
Ludwig Hoelscher, Violoncello
Karl Heinz Lautner, Klavier
JOHANNES BRAHMS
Sonate in e-Moll, op. 38 für Klavier und Violoncello
JOHANNES BRAHMS
Sonate in F-Dur, op. 99 für Klavier und Violoncello
FRANZ SCHUBERT
Sonate in a-Moll für Violoncello und Klavier
(Arpeggione-Sonate)

---

14. August, Schloß Schattenburg Feldkirch
Muzica Quartett, Bukarest
George Hamza, 1. Violine - Constantin Costache, 2. Violine - Ludovic Lang, Bratsche - Robert Sladek, Violoncello
FRANZ SCHUBERT Quartett op. 125 Nr. 1, Es-Dur
ALFRED MENDELSOHN Streichquartett Nr. 5
ANTONÍN DVOŘÁK Quartett op. 96, in F.-Dur

---

15. August, Theater am Kornmarkt
IV. Orchesterkonzert
Wiener Symphoniker
Dirigent Carlo Maria Giulini
GIOACCHINO ROSSINI Ouvertüre zu »Semiramis«
FRANZ SCHUBERT 4. Symphonie in c-Moll
JOHANNES BRAHMS
2. Symphonie in D-Dur, op. 73

---

18. August, St.-Laurentius-Kirche Bludenz
Zürcher Kammerorchester
Dirigent Edmond de Stoutz
Solistin Elaine Shaffer, Flöte
TOMMASO ALBINONI
Sonata a cinque in g-Moll, op. 2, Nr. 6
CARL PHILIPP EMMANUEL BACH
Konzert für Flöte und Streichorchester in d-Moll
JOHANN SEBASTIAN BACH
Contrapunctus I - Contrapunctus VII - Contrapunctus V
Contrapunctus IX
GIOVANNI BATISTA PERGOLESI
Concertino Nr. 1 in G-Dur

---

19. August, Rorschacherberg
Kammermusikvereinigung der Wiener Symphoniker
WOLFGANG AMADEUS MOZART
Quintett in Es-Dur, (KV 407), für Violine, zwei Violen, Horn und Violoncello
»Ein musikalischer Spaß«
(Dorfmusikantensextett) in F-Dur, (KV 522), für zwei Violinen, Viola, Violoncello und zwei Hörner
Cassation in B-Dur, (KV 99), für zwei Violinen, Viola, Violoncello, zwei Oboen und zwei Hörner

---

20. August, Theater am Kornmarkt
V. Orchesterkonzert
Kölner Kammerorchester
Dirigent Helmut Müller-Brühl
Solist Wolfgang Schneiderhan, Violine
JOHANN CHRISTOPH FRIEDRICH BACH
Symphonie in Es-Dur
WOLFGANG AMADEUS MOZART
Konzert in A-Dur, (KV 219), für Violine und Orchester
WOLFGANG AMADEUS MOZART
Adagio in E-Dur, (KV 261) für Violine und Orchester
JOSEPH HAYDN Symphonie in f-Moll, HV 1/49

1973 21. Juli – 22. August

SPIEL AUF DEM SEE

22., 25., 27., 28., 31. Juli, 1., 3., 4., 8. August, Seebühne (Am 22., 25. und 27. Juli wegen schlechten Wetters ausgefallen).
RICHARD WAGNER
Der fliegende Holländer

Musikalische Leitung	Leopold Hager
Inszenierung	Martin Eisler
Bühnengestaltung und Kostüme	Toni Businger
Wiener Symphoniker	
Bregenzer Festspielchor	
Wiener Staatsopernchor	
Daland	Peter Wimberger
Senta	Ute Vinzing
	Roberta Knie
Erik	Wilfried Badorek
Mary	Eva Gilhofer
Der Steuermann Dalands	Sigurd Björnsson
Der Holländer	Leif Roar

BALLETT

11., 12., 14., 16., 18., 21. August, Seebühne
PJOTR ILJITSCH TSCHAIKOWSKY
Schwanensee
Choreographie
Lew Iwanow - Marius Petipa - Alexander Gorsky
Künstlerische Leitung
Nikolai Bojartschikow - Heinrich Arutjunow
Dirigenten
Boris Afanassjew - Albert Motschalow
Ballett des Permer Akademischen Opern- und Ballett-Theaters, UdSSR
Wiener Symphoniker

Prinz Siegfried	Sergej Alexandrow
	Lew Assauljak
	Marat Daukajev
Die Prinzessin, seine Mutter	Elena Bistritzkaja
	Tatjana Kowalenko
Wolfgang, sein Erzieher	Juri Gastjuchin
	Vil Achmedsjanow
Narr	Cyril Schmorgoner
	Vjatscheslaw Kusowenko
	Genadji Sudakow
Odette, Königin der Schwäne	Ljuba Kunakowa
	Galina Schljapina
	Ala Lissina
Odile, Rotbarts Tochter	Ljuba Kunakowa
	Ala Lissina
Rotbart, ein böser Zauberer	Wladimir Schibarew
	Sergej Tschernjaew

OPER

13., 15., 17., 19. August, Theater am Kornmarkt
GIOACCHINO ROSSINI
Armida

Dirigent	Carlo Franci
Inszenierung	Carlo Maestrini
Bühnenbild und Kostüme	Peter Hall
Chorleitung	Helmuth Froschauer
Wiener Symphoniker	
Wiener Staatsopernchor	
Armida	Cristina Deutekom
Rinaldo	Umberto Grilli
Gernando	Vittorio Terranova
Goffredo	Redento Comacchio
Eustazio	William Mackinney
Ubaldo	Vittorio Terranova
Carlo	Redento Comacchio
Astarotte / *Idraote*	Daniel Bergen

»Cristina Deutekom hat schon einmal einen Bregenzer Abend gerettet und tut es wieder. Ihr Ruhm ist kein leerer Wahn: eine souveräne Dramatische, die klar und sauber alle technischen Schwierigkeiten meistert und ihren großen Sopran in allen Registern gleichwertig einsetzt. Unmöglich gewandet und eindeutig überschminkt, sah sie nicht gerade zauberinnenhaft-verführerisch aus, aber wenn man die Augen schloß, war ihre fulminante Stimmbandartistik ein ungetrübter Genuß.«

Auszug. Entnommen aus: SALZBURGER VOLKSBOTE, 13. 8. 1973.

12., 14., 16. August, Gräflicher Palast Hohenems
Co-Produktion mit dem ORF
JOSEPH HAYDN
Die Fischerinnen

Dirigent	Bruno Amaducci
Inszenierung	Hermann Lanske
Bühnenbild	Robert Hofer-Ach
Chorleitung	Helmuth Froschauer
Kostüme	Alice Maria Schlesinger
ORF-Symphonieorchester	
Wiener Staatsopernchor	
Eurilda	Hanna Rose Wald
Lindoro	Claudio Nicolai
Lesbina	Krisztina Laki
Nerina	Monique Lobasa
Burlotto	Rüdiger Wohlers
Frisellino	Artur Korn
Mastricco	Ernst Gutstein

BALLETT

19., 20. August, Theater am Kornmarkt
Ballett-Divertissement
Dirigenten
Boris Afanassjew - Albert Motschalow
Ballett des Permer Akademischen Opern- und Ballett-Theaters, UdSSR
Wiener Symphoniker
LUDWIG MINKUS
Grand aus dem Ballett »Paquita«
Choreographie M. Petipa
ADOLPHE ADAM
II. Akt aus dem Ballett »Giselle« in der Inszenierung von G. Coralli und J. Perrot
PJOTR ILJITSCH TSCHAIKOWSKY
»Rosenwalzer« und »Adagio« aus dem Ballett »Der Nußknacker«
Choreographie W. Vainonen
ALEXANDER A. ALJABJEW
»Die Nachtigall«
Choreographie M. Gasijew - L. Kunakowa
V. V. SHELOBINSKI
»Zigeunertanz«
Choreographie Goleisowsky
LÉO DÉLIBES
Pas de deux aus dem Ballett »Coppelia«
Choreographie A. Gorsky
CAMILLE SAINT-SAËNS
»Der sterbende Schwan«
Choreographie M. Fokin
CHARLES GOUNOD
»Die Walpurgisnacht«
Choreographie N. Kowaljow
ARAM CHATSCHATURJAN
»Der Säbeltanz«
Choreographie N. Anissimowa
A. P. TSCHUGUNOW
»Kraniche«
Choreographie G. Majorow
MICHAIL GLINKA
»Krakowiak« aus der Oper »Iwan Sussanin«
Choreographie B. Borissow

»Eine der schönsten Veranstaltungen der heurigen Bregenzer Festspiele war das Ballett-Divertissement des Balletts des Permer Staatlichen Akademischen Opern- und Ballett-Theaters am Sonntag vormittag im vollen Theater am Kornmarkt, das vom Publikum mit Begeisterung aufgenommen wurde. Schon beim Ballett auf dem See (SCHWANENSEE) fiel es auf, daß die Solisten von erster Qualität, die Koryphäen und das Corps de ballet von einer hierzulande noch nie gesehenen Disziplin und Exaktheit waren. Bei der gestrigen Matinee konnte diese Tatsache nur noch bestätigt werden.

Zum Abschluß tanzten Nadeshda Pavlowa – der aufgehende siebzehnjährige Stern des Balletts – und Lew Assauljak geradezu hinreißend den schwierigen Pas de deux aus DON QUIXOTE von Ludwig Minkus in der höchste Ansprüche stellenden Choreographie von A. Gorskij. Albert Motschalow dirigierte mit Einfühlungsgabe die ambitioniert spielenden Wiener Symphoniker.«

Auszug. Entnommen aus: VORARLBERGER NACHRICHTEN, 19./20. 8. 1973.

THEATER

21. 23., 26. Juli, Theater am Kornmarkt
Volkstheater Wien
RONALD MILLAR
Die Geschichte von Abaelard und Heloise
Österreichische Erstaufführung

Regie	Gustav Manker
Bühnenbild	Lois Egg
Kostüme	Maxi Tschunko
Peter Abaelard	Jürgen Wilke
Alain	Michael Herbe
Gerard	Helmut Lex
Robert de Montboissier	Eugen Stark
Guibert	Adolf Lukan
Gilles de Vannes	Herbert Propst
Fulbert	Joseph Hendrichs
Heloise	Kitty Speiser
Belle Alys	Renata Olárová
Ein Kunde von Belle Alys	Erich Margo
Jean	Fred Traxler
Die Äbtissin von Argenteuil	Hilde Sochor
Schwester Laura	Maria Urban
Schwester Godric	Helene Lauterböck
Alberic von Reims	Rudolf Strobl
Bernard von Clairvaux	Oskar Willner
Denise	Erna Schickel
Hubert	Herbert Prodinger
Mariella	Julia Gschnitzer
Roger	Erich Margo

30. Juli, 1., 4. August, Martinsplatz
Theater für Vorarlberg
JEAN BAPTISTE MOLIÈRE
Arzt wider Willen

Inszenierung	Bruno Felix
Bühnenbild und Kostüme	Hanna Wartenegg
Sganarelle	Kurt Sternik
Martine	Karin Mommsen
M. Robert	Ernst Hofstetter
Valère	Hans Richter
Lucas	Malte Horstmann
Géronte	Adolf Bur
Jacqueline	Andrea von Massenbach
Lucinde	Rosmarie Heisler
Léandre	Uwe Brehmer
Thibaut	Bruno Felix
Périn	Otto Brabec

7., 9., 11. August, Theater am Kornmarkt
Wiener Burgtheater
JOHANN NESTROY
Unverhofft

Musik	Adolph Müller sen.
Wiener Symphoniker	
Regie	Franz Reichert
Bühnenbild und Kostüme	Hans Kleber
Musikalische Leitung	Kurt Werner
Herr von Ledig	Otto Tausig
Walzl	Manfred Inger
Gabriele	Lotte Ledl
Falk	Hanns Obonya
Marie	Gabriele Buch
Arnold	Ernst Anders
Berg	Rudolf Melichar
Frau Schnipps	Gusti Wolf
Frau Nanni	Margarete Dux
Anton	Dieter Tressler

Johann Nestroy, Unverhofft, 1973. Theater am Kornmarkt. Otto Tausig (Herr von Ledig).

Eröffnungsgottesdienst
22. Juli, Abteikirche Mehrerau
Festgottesdienst
Dirigent Gerhard Dallinger
Solisten
Ursula Farr, Sopran - Rüdiger Wohlers, Tenor - Artur Korn, Baß
Wiener Symphoniker
Chor der Vorarlberger Oratorienvereinigung
An der Orgel Elgar Polzer
FRANZ SCHUBERT
Messe in G-Dur für Soli, Chor und Orchester
Proprium im gregorianischen Choral
(Patres der Abtei Mehrerau)

KONZERTE

21. Juli, Neues Schloß Meersburg
Kammerensemble der Wiener Symphoniker
Elisabeth Bayer, Harfe - Gottfried Hechtl, Flöte
Stefan Plott, Violine - Fritz Händschke, Bratsche
LUDWIG VAN BEETHOVEN
Serenade für Flöte, Violine und Bratsche in D-Dur, op. 25
LUDWIG SPOHR
Duo für Flöte und Harfe in Es-Dur, op. 113
MAX REGER
Serenade für Flöte, Violine und Bratsche in G-Dur, op. 141a
CLAUDE DEBUSSY
Sonate für Flöte, Bratsche und Harfe (1915)

23. Juli, St.-Martins-Kirche
Leopold Hager
und Mitglieder des Mozarteum-Orchesters, Salzburg
Bruno Steinschaden, 1. Violine
Adelheid Wünsche, 2. Violine - Oskar Hagen, Viola
Josef Schneider, Violoncello - Helmut Klöckl, Flöte
Otfried Ruprecht, Oboe - Gerhard Vetter, Englischhorn
Eduard Wimmer, Fagott
Leitung und Cembalo Leopold Hager
JOHANN SEBASTIAN BACH
Die Kunst der Fuge, BWV 1080 in der Instrumentation von Leopold Hager

23. Juli, Schloß Schattenburg Feldkirch
Spanischer Liederabend
Juan Sabaté, Tenor - Aldo Minella, Gitarre
MORALES-FUENLLANA
De Antequera sale el moro
LUYS DE NARVÁEZ Con que la lavaré
ALFONSO DE MUDARRA Isabel, perdiste la tu faxa
ENRÍQUEZ DE VALDERRÁBANO
Las tristes lágrima mías
ANONYM Din dirín, din dirín
JUAN VAZQUEZ-MIGUEL FUENLLANA
Vos me matasteis
MIGUEL DE FUENLLANA
De los álamos vengo, madre
DON LUIS DE MILÁN
Dos Pavanas - Perdida tenyo la color
Toda mi vida os amé - Falai mina amor - Triste estaba Durandarte
MANUEL GARCÍA
Déclin du Jour - Larmes d'Amour - Je t'aimerai
MANUEL DE FALLA Tus ojillos negros
JOAQUIN RODRIGO
Coplas del pastor enamorado - Romance de Durandarte
ROBERTO GERHARD Un galán y su morena
F. J. OBRADÓRS
La guitarra sin prima - Con amores la mi madre
Coplas de Curro Dulce
FEDERICO MORENO TORROBA Fandanguillo
FEDERICO GARCÍA LORCA
Los cuatro muleros - Las morillas de Jaén - Anda jaleo
Nana de Sevilla - Los pelegrinitos
Los mozos de Monleón - El café de chinitas
Sevillanas del siglo XVIII
BARRERA Y CALLEJA Adiós, Granada

24. Juli, Theater am Kornmarkt
I. Orchesterkonzert
Wiener Symphoniker
Dirigent Maxim Schostakowitsch
Solist Viktor Jeresko, Klavier
SERGEJ PROKOFJEW
Klassische Symphonie, op. 25
PJOTR ILJITSCH TSCHAIKOWSKY
Konzert für Klavier und Orchester Nr. 1 in b-Moll, op. 23
ALEXANDER BORODIN Symphonie Nr. 2 in h-Moll

27. Juli, Abteikirche Mehrerau
Kirchenmusikalisches Konzert
Luigi Toja, Orgel - Ludwig Hoelscher, Violoncello
JOHANN SEBASTIAN BACH
Passacaglia und Fuge für Orgel, BWV 582
Suite für Violoncello solo in D-Dur, Nr. 6
MAX REGER
Phantasie und Doppelfuge für Orgel, op. 139b
Suite für Violoncello allein in d-Moll, op. 131/II
Phantasie und Fuge über den Choral »Halleluja! Gott zu loben«, op. 52 Nr. 3 für Orgel

28. Juli, Pfarrkirche Schwarzenberg
Kirchenmusikalisches Konzert
Adolf Scherbaum, Trompete
Günther Fetz, Orgelpositiv
Irmingard Seemann, Violoncello und Viola da gamba
GIUSEPPE TORELLI
Sonata per Trombetta, Violoncello e Organo
JOHANN PACHELBEL
Choralpartita für Orgelpositiv über »Was Gott tut, das ist wohlgetan«
HENRY PURCELL
Suite für Trompete und Orgel
GEORG FRIEDRICH HÄNDEL
Sonate in C-Dur für Viola da gamba und Orgelpositiv
PAVEL I. VEJANOVSKY
Sonate in g-Moll für Trompete, Orgel und Basso continuo
BALDASSARE GALUPPI
Sonata I in F-Dur für Orgelpositiv
GIOVANNI BATTISTA MARTINI
Sonata pro Organo
DOMENICO GABRIELI
Concerto per Tromba, Violoncello e Organo

29. Juli, Stadthalle
II. Orchesterkonzert
Wiener Symphoniker
Dirigent Maxim Schostakowitsch
Solisten
Raissa Bobrinowa, Sopran - Valerij Klimow, Violine
DMITRIJ KABALEWSKJ
Ouvertüre zur Oper »Colas Breugnon«
PJOTR ILJITSCH TSCHAIKOWSKY
Konzert für Violine und Orchester in D-Dur, op. 35
Brief-Szene der Tatjana aus der Oper »Eugen Onegin«
DMITRIJ SCHOSTAKOWITSCH
Symphonie Nr. 5, op. 47 in d-Moll

30. Juli, Palais Liechtenstein Feldkirch
Kammertrio der Wiener Symphoniker
Gottfried Hechtl, Flöte - Milan Turkovic, Fagott
Günther Fetz, Cembalo
GEORG FRIEDRICH HÄNDEL
Sonate in a-Moll (Hallenser Sonate Nr. 1) für Flöte und Basso continuo
Prélude und Aria con variazioni in B-Dur für Cembalo
Sonate in G-Dur, op. 1, Nr. 5 für Flöte und Basso continuo
Sonate in h-Moll, op. 1, Nr. 2 für Flöte und Basso continuo
Suite Nr. 7 für Cembalo
Sonate in e-Moll, op. 1, Nr. 1 für Flöte und Basso continuo

1. August, Theater am Kornmarkt
Solistenkonzert
Leonid Kogan, Violine - Nina Kogan, Klavier
FRANZ SCHUBERT
Sonate op. 137/3 in g-Moll
LUDWIG VAN BEETHOVEN
Sonate in A-Dur
JOHANNES BRAHMS
Violinsonate op. 100 in A-Dur
Sonatensatz
4 ungarische Tänze, Nr. 9, 11, 19, 2

2. August, Theater am Kornmarkt
III. Orchesterkonzert
Wiener Symphoniker
Dirigent Leopold Hager
Solist Rudolf Buchbinder, Klavier
FRANZ SCHUBERT
Symphonie Nr. 5 in B-Dur
GOTTFRIED VON EINEM
Konzert für Klavier und Orchester, op. 20 (Alma Maria Mahler-Werfel gewidmet)
ROBERT SCHUMANN
Symphonie Nr. 4 in d-Moll, op. 120

3. August, Theater am Kornmarkt
IV. Orchesterkonzert
in Co-Produktion mit dem ORF
ORF-Symphonieorchester
Dirigent Milan Horvat
Solistin Christiane Edinger, Violine
ANTON V. WEBERN
»Im Sommerwind«, Idylle für großes Orchester
GOTTFRIED VON EINEM
Konzert für Violine und Orchester, op. 33
WITOLD LUTOSLAWSKI
Konzert für Orchester

4. August, Gräflicher Palast Hohenems
Amati-Ensemble, Berlin
Solisten
Peter Aronsky, Klavier - Rainer Koelble-Wolff, Violine
WOLFGANG AMADEUS MOZART
Divertimento in D-Dur, (KV 136)
Klavierkonzert in Es-Dur, (KV 449)
FELIX MENDELSSOHN-BARTHOLDY
Violinkonzert in d-Moll (1822)
Konzert für Violine und Klavier in d-Moll

5. August, Stadthalle
V. Orchesterkonzert
Wiener Symphoniker
Dirigent Václav Neumann
Solist Leo Čermák, Fagott
JAN DISMAS ZELENKA
Ouvertüre
WOLFGANG AMADEUS MOZART
Konzert in B-Dur für Fagott und Orchester, (KV 191)
ANTON BRUCKNER
Symphonie Nr. 6 in A-Dur

6. August, Abteikirche Mehrerau
Amati-Ensemble, Berlin
Solisten
1. Brandenburgisches Konzert
Günther Passin, 1. Oboe - Jürgen Hollerbuhl, 2. Oboe
Werner Blanke, 3. Oboe - Janos Gallay-Vigh, 1. Horn
Hans Nickl, 2. Horn
2. Brandenburgisches Konzert
Günther Passin, Oboe - Karl-Bernhard Sebon, Flöte
Helmut Schneidewind, Trompete
Rainer Koelble-Wolff, Violine
Kantate Nr. 202
Ursula Farr, Sopran - Günther Passin, Oboe
Jörn Maatz, Fagott - Roswitha Trimborn, Cembalo
JOHANN SEBASTIAN BACH
1. Brandenburgisches Konzert in F-Dur, BWV 1046
Kantate Nr. 202
»Weichet nur betrübte Schatten« für Sopran, Oboe, Fagott und Streicher
Arie »Weichet nur betrübte Schatten« - Rezitativ
Arie »Phoebus eilt mit schnellen Pferden« - Rezitativ
Arie »Wenn die Frühlingslüfte streichen« - Rezitativ
Arie »Sich üben im Lieben« - Rezitativ
Gavotte »Sehet in Zufriedenheit«
3. Brandenburgisches Konzert in G-Dur, BWV 1048
2. Brandenburgisches Konzert in F-Dur, BWV 1047

6. August, Arbeiterkammersaal Feldkirch
Prager Madrigalisten
Kammerensemble des Nationalmuseums in Prag
Künstlerischer Leiter Miroslav Venhoda
JACOB HANDL GALLUS
Drei Moralien
Lateinische Lieder der europäischen Gotik und Renaissance
FRANTIŠEK IGNÁC TUMA
Stabat Mater
CLAUDIO MONTEVERDI
Canti guerrieri e amorosi - Hor ch'el ciel e la terra
Cosi sol d'una fonte - Gira il nemico insidioso
Non haveva Febo - Amor - Vago augeloetto
ADAM MICHNA aus Otradowic
Die böhmische Flöte

10. August, Martinsplatz
Münchener Kammerorchester
Leitung Hans Stadlmair
Solist Antoine Pfister, Violine
HENRY PURCELL
The Married Beau für Streichorchester
JOSEPH HAYDN
Violinkonzert in C-Dur HOB. VIIa: 1
WOLFGANG AMADEUS MOZART
Divertimento in D-Dur, (KV 136)
BÉLA BARTÓK
Rumänische Volkstänze für Streichorchester

13. August, Palais Liechtenstein Feldkirch
Trio Stradivarius, Zürich
Harry Goldenberg, Violine - Hermann Friedrich, Viola
Jean Paul Guéneux, Violoncello

ERNST VON DOHNANYI
Serenade für Violine, Viola und Violoncello in C-Dur, op. 10
JEAN FRANÇAIX
Trio à cordes
LUDWIG VAN BEETHOVEN
Streichtrio in Es-Dur, op. 3

---

18. August, Rorschacherberg
Kammermusikvereinigung der Wiener Symphoniker
JOSEPH HAYDN
Divertimento in C-Dur, Hob. II/11 für Flöte, Oboe und Streicher
WOLFGANG AMADEUS MOZART
Konzert in Es-Dur, (KV 449) für Klavier und Streicher
FELIX MENDELSSOHN-BARTHOLDY
Oktett in Es-Dur, op. 20 für vier Violinen, zwei Violen und zwei Violoncelli

---

20. August, Schloß Schattenburg Feldkirch
Nicolai-Quartett, Wien
Erich Binder, 1. Violine - Alfons Egger, 2. Violine
Erhart Litschauer, Viola - Fritz Dolezal, Violoncello
Peter Schmidl, Klarinette - Günther Högner, Waldhorn
WOLFGANG AMADEUS MOZART
Quintett, (KV 407), für Horn und Streichquartett
LUDWIG VAN BEETHOVEN
Streichquartett, op. 18/5, in A-Dur
JOHANNES BRAHMS
Klarinetten-Quintett, op. 115, in h-Moll

---

20. August, Gräflicher Palast Hohenems,
22. August, Theater am Kornmarkt
Violin-Ensemble des Bolschoi-Theaters, Moskau
Dirigent Juli Rejentowitsch
Solisten
Tamara Sorokina, Sopran - Jurij Masurok, Bariton
Violinen:
I. B. Browzina - J. M. Rejentowitsch
S. S. Waschenzewa - N. B. Sibor - A. S. Grusenberg
E. I. Siroegin - G. S. Genkina - I. S. Targonskij
A. K. Gurfinkel - G. L. Terpogosow - S. L. Krasnow
I. A. Schaschkin - B. D. Leitman - D. B. Schindarew
P. I. Markowskij - L. J. Epstein - E. S. Meleschkin
M. Jablonskaja - A. Schtilman
Klavierbegleitung
I. K. Saitzewa - L. S. Schterbina

JOHANN SEBASTIAN BACH
Chaconne
WOLFGANG AMADEUS MOZART
»Ave verum corpus«
ALESSANDRO STRADELLA
»Pieta signore«, Arie
FRANZ SCHUBERT
Serenade
GEORG FRIEDRICH HÄNDEL
Arie - Passacaglia in g-Moll
RODION SCHTSCHEDRIN
Amoroso, cadenza fugatto, final
JOHANN SEBASTIAN BACH/
CHARLES GOUNOD
Aus einer Kammersuite
WLADIMIR A. WLASSOW
»Fontäne von Bachtschissaraj«
IGOR STRAWINSKY
Lied der Mavra aus der gleichnamigen Oper
GIACOMO PUCCINI
Zwei Arien der Cho-Cho-San aus der Oper »Madame Butterfly«
ALEXANDER GLASUNOW
Vorspiel zum 3. Akt des Balletts »Raimonda«, op. 75
NIKOLAI RIMSKY-KORSSAKOW
»Hummelflug« aus der Oper »Das Märchen vom Zaren Saltan«
SERGEJ PROKOFJEW
Triumphzug aus der symphonischen Erzählung »Peter und der Wolf«, op. 67
Walzer aus der Oper »Krieg und Frieden«
KARA KARAJEW
Zwei Fragmente aus dem Ballett »Auf dem Gewitterpfade«
»Wiegenlied« - »Tanz des Mädchens«
ROITMAN
Variationen über das 24. Capriccio in a-Moll von Niccolo Paganini

---

1974 19. Juli – 20. August

SPIEL AUF DEM SEE

20., 21., 24., 26., 27., 31. Juli, 2., 3., 7., 9., 10., 14., 16., 17. August, Seebuhne
(Eine Vorstellung mußte wegen schlechten Wetters abgebrochen werden. Zwei waren »völlig verregnet«).
GEORGES BIZET
Carmen
(in deutscher Sprache)

Dirigent	Anton Guadagno
Inszenierung	Paul Vasil
Bühnengestaltung und Kostüme	Toni Businger
Chorleitung	Helmuth Froschauer
Choreographische Betreuung	Herbert Nitsch
Wiener Symphoniker	
Bregenzer Festspielchor	
Wiener Staatsopernchor	
Zuniga	Peter Wimberger
Morales	Rudolf Katzböck Michael Gutstein
Don José	Andrej Kucharsky Anton de Ridder
Escamillo	Claudio Nicolai
Dancairo	Artur Korn
Remendado	Sigurd Björnsson
Frasquita	Marjon Lambriks
Mercedes	Eva Gilhofer
Carmen	Joann Grillo Debria Brown
Micaela	Renate Lenhart Maria Sudlik
Tanzsolisten (2. Akt)	Irmtraud Haider Ludwig M. Musil

OPER

19., 22., 25., 28. Juli, Theater am Kornmarkt
Österreichische Erstaufführung
GIUSEPPE VERDI
Il finto Stanislao
(Der falsche Stanislaus)

Dirigent	Piero Bellugi
Inszenierung	Filippo Crivelli
Bühnenbild	Gianni Quaranta
Kostüme	Dada Scaligeri
Chorleitung	Helmut Froschauer
Wiener Symphoniker	
Wiener Staatsopernchor	
Cavaliere di Belfiore	Domenico Trimarchi
Baron Kelbar	Giuseppe Taddei
Marchesa von Poggio	Margherita Rinaldi
Giulietta di Kelbar	Elena Zilio
Edoardo di Sanval	Vittorio Terranova
La Rocca	Enrico Fissore
Graf Ivrea	Toma Popescu
Delmonte	Alfred Scherhaufer

30. Juli, 1., 3. August, Gräflicher Palast Hohenems
Eigenproduktion in Co-Produktion mit dem ORF
JOSEPH HAYDN
Die Welt auf dem Monde
(in deutscher Sprache)

Dirigent	Ernst Märzendorfer
Inszenierung	Wolfgang Glück
Bühnenbild und Kostüme	Sibille Alken
Chorleitung	Helmuth Froschauer
Choreographische Betreuung	Tana Nadasdy
ORF-Symphonieorchester	
Wiener Staatsopernchor	
Ecclitico	Frédéric Mayer
Ernesto	Hans Helm
Buonafede	Ernst Gutstein
Clarice	Christiane Hampe
Flaminia	Krisztina Laki
Lisetta	Hanna Rose Fahlbusch-Wald
Cecco	Herbert Prikopa

THEATER

29., 30. Juli, 1. August, Theater am Kornmarkt
Eigenproduktion der Bregenzer Festspiele
HUGO VON HOFMANNSTHAL
Der Unbestechliche

Inszenierung	Josef Meinrad
Bühnenbild	Theo Harisch
Kostüme	Edith Berger
Die Baronin	Alma Seidler
Jaromir	Klaus Wildbolz
Anna	Maria Martina
Melanie Galattis	Johanna Thimig
Maria am Rain	Ariane Calix
Der General	Rolf Wanka
Theodor	Josef Meinrad
Hermine	Lydia Weiss
Der kleine Jaromir	Martin Rädel
Wallisch	Gerty Scott-Iversen
Milli	Frances Rädel
Der Kutscher	Siegfried Helfer
Der Gärtner	Eduard Kautzner

4., 6., 8. August, Martinsplatz
Theater für Vorarlberg
Uraufführung
LOTTE INGRISCH
Der rote Bräutigam

Inszenierung	Bruno Felix
Bühnenbild und Kostüme	Hanna Wartenegg
Tolle Krähe, Indianerhäuptling	Kurt Sternik
Tobias Gackerschwanz, Bürgermeister von St. Mux	Adolf Bur
Notburga geborene Schweinstaube, seine Frau	Karin Mommsen
Isolde Gackerschwanz, seine Tochter	Rosmarie Heisler
Kilian Nasentrost, Gemeindesekretär	Otto Brabec
Ignaz Schabelwurm, Totengräber	Helmut Kasimir
Frieda Besentier, Toilettenfrau	Herta Block
Bienchen Schnurrpuschel, Hure	Andrea von Massenbach
Mitzi Popula, Volk	Marianne Kamm

11., 13., 15. August, Theater am Kornmarkt
Eigenproduktion der Bregenzer Festspiele
AUGUST STRINDBERG
Fräulein Julie

Regie	Frank Sundström
Ausstattung	Werner Schwenke
Fräulein Julie	Ulla Jacobsson
Jean, Bedienter	Sieghardt Rupp
Christin, Köchin	Julia Gschnitzer

Eröffnungsgottesdienst
21. Juli, Stadtpfarrkirche St. Gallus
Festgottesdienst
Dirigent Wolfgang Lässer
Solisten
Marjon Lambriks, Sopran - Eva Gilhofer, Alt
Frédéric Mayer, Tenor - Artur Korn, Baß
Wiener Symphoniker
Chor der Stadtpfarrkirche St. Gallus
An der Orgel Elgar Polzer
WOLFGANG AMADEUS MOZART
Missa brevis in C-Dur Orgelsolomesse, (KV 259)
Proprium im Gregorianischen Choral

Hugo von Hofmannsthal, Der Unbestechliche, 1974. Alma Seidler (Die Baronin), Klaus Wildbolz (Jaromir).

KONZERTE

21. Juli, Pfarrkirche Bludesch
Kirchenmusikalisches Konzert
(in Zusammenarbeit mit den Bludescher Orgelkonzerten)
Kammerchor Mentlberg
Leitung Eduard Hofbauer
Solisten
Peter Bisang, Tenor - Luis Bruss, Bariton
Gotthardt Schubert, Baß
Regina Enzendhofer-Hiller, Orgel
SAMUEL SCHEIDT Passamezzo (12 Variationen)
HUGO DISTLER
Choralpassion für fünfstimmigen Chor a cappella
JOHANN SEBASTIAN BACH
Präludium und Fuge in C-Dur

22. Juli, Schloß Schattenburg Feldkirch
Mozarteum-Quartett, Salzburg
Karlheinz Franke, 1. Violine
Hermann Kienzl, 2. Violine - Alfred Letizky, Viola
Heinrich Amminger, Violoncello
Mitwirkend Gerhard Vetter, Oboe
WOLFGANG AMADEUS MOZART
Streichquartett in A-Dur, (KV 464)
Quartett in F-Dur für Oboe und Streicher, (KV 370)
Streichquartett in d-Moll, (KV 421)

23. Juli, Theater am Kornmarkt
I. Orchesterkonzert
Philharmonia Hungarica
Dirigent Bruno Amaducci
Solisten
Margherita Rinaldi, Sopran - Elena Zilio, Mezzosopran
Vittorio Terranova, Tenor
Domenico Trimarchi, Bariton - Enrico Fissore, Baß
Am Spinett Elsbeth Enes
Wiener Staatsopernchor
Leitung Helmuth Froschauer
GIACOMO PUCCINI SENIOR
»Tarquinio Collatino«, Ouvertüre
»Il Marzio Coriolano« - Rezitativ und Arie der Veturia
ANTONIO PUCCINI (Sohn Giacomos)
»Il genio«
DOMENICO PUCCINI (Sohn Antonios)
»I finti savojardi« - »Siete un pazzo da catena«
(Quartett Adele - Ernesto - Lasca - Astrolabio)
MICHELE PUCCINI (Sohn Domenicos)
»Tota pulchra es Maria« für Bariton und Streicher
GIACOMO PUCCINI (Sohn Micheles)
Preludio sinfonico
GIACOMO PUCCINI
Messa a quattro voci con orchestra

27. Juli, Pfarrkirche St. Gallus
Ensemble Musica Antiqua und Wiener Motettenchor
Leitung Bernhard Klebel
Jane Gartner, Sopran - Anthea Platt, Sopran
Emil Ogris, Alt - David Edmonds, Tenor
Heinrich Schneider, Baß
»GEISTLICHE MUSIK UM 1600«
GIOVANNI GABRIELI Gloria Canzon IV (1597)
JACOB REGNART
Lamentabatur Jacob aus »Sacrae aliquot cantiones« München 1575
ORLANDO DI LASSO
O bone Jesu aus »Magnum opus musicum«, 1604
HIERONYMUS BILDSTEIN
Maria, Frau hilf aus »Rosetum Marianum« Dillingen 1604
Francisce Christi signifer - Benedicite sacerdotes
Domini Domino aus »Orpheus Christianus« Ravensburg 1624
LUDOVICO VIADANA
Expurgate vetus fermentum aus »Cento concerti ecclesiastici«, Venedig 1602
FRANCESCO RASI
Egredimini aus der Erzbischof Marcus Sitticus von Hohenems gewidmeten Sammlung »Musiche da camera e chiesa«, 1612
GIROLAMO FRESCOBALDI Canzona
LUDOVICO VIADANA
Salve Regina aus »Cento concerti ecclesiastici«, Venedig 1602
GESUALDO DI VENOSA Ave, dulcissima mater
HANS LEO HASSLER
Cantate Domino canticum novum - Pueri concinite aus »Cantiones sacrae« Nürnberg 1591
JACOBUS GALLUS
Cantabo Domino - Benedicamus Patrem

28. Juli, Stadthalle
II. Orchesterkonzert
Wiener Symphoniker
Dirigent Ferdinand Leitner
FRANZ SCHMIDT
Vartiationen über ein Husarenlied
ANTON BRUCKNER
4. Symphonie, Es-Dur (»Romantische«)

28. Juli, Gräflicher Palast Hohenems
Wiener Motettenchor
Leitung Bernhard Klebel
Jane Gartner, Sopran - Anthea Platt, Sopran
Emil Ogris, Alt - David Edmonds, Tenor
Heinrich Schneider, Baß
»WELTLICHE MUSIK UM 1600«
MICHAEL PRAETORIUS
Pasameze-Gagliarde - La Bouree - Philou - Courante
PHILIPPE DE MONTE Lasso, che piango
JACOB REGNART
Nach meiner Lieb viel hundert Knaben trachten
FRANCISCUS REQUART Petite nymphe
SIGISMONDO D'INDIA
O fugace, o superba - Quel augellin' aus der Marcus Sitticus von Hohenems gewidmeten Sammlung »Il terzo libro de madrigali«, Venedig 1615
GESUALDO DI VENOSA Dolcissima mia vita
CESARE GUSSAGO Sonata »La leona«
GIOVANNI GABRIELI Lieta godea
ORAZIO VECCHI Saltarello
CIPRIANO DE RORE
Anchor che col partire (mit der verzierten Oberstimme nach G. B. Bovicelli, 1594)
FRANCESCO RASI
Un guardo aus der Marcus Sitticus von Hohenems gewidmeten Sammlung »Musiche da camera e chiesa«, 1612
GIULIO CACCINI Arde il mio petto misero
CLAUDIO MONTEVERDI Bel pastor
GIORGIO MAINERIO
Caro Ortolano - l'arboscello ballo Furlano
Ballo anglese - Schiarazula Marazula
PERISSONE CAMBIO E la morte di marito
GIOVANNI GASTOLDI Amor vittorioso

29. Juli, Schloß Schattenburg Feldkirch
Ensemble Musica Antiqua
Leitung Bernhard Klebel
Jardin Musical

MICHAEL PRAETORIUS
Aus der Sammlung »Terpsichore«, 1612
Pavane des Spaigne - La Rosette - Volte - La Canarie
ORLANDO DI LASSO
La nuit froide et sombre
CLAUDE LE JEUNE
O rose, reyne de fleurs - Fantasia - La bel aronde
PASSEREAU Au ioly son du sansonnet
CLEMENT JANEQUIN Le chant des oyseaux
PIERRE ATTAIGNANTS Aus »Livres de danceries«
TILMAN SUSATO
Aus der Sammlung »Danserye«
Basse danse »Le ioly boys« - Ronde »Il estoit une filette« Saltarelle
JOHANNES ECCARD Der Winter kalt
JACOB OBRECHT La tortorella
LUDWIG SENFL Laub, Gras und Blüh'
JOHANN HERMANN SCHEIN Kakanei
JOHANN STEFFEN
Der Kuckuck hat sich zu Tod gefallen
JOSQUIN DESPREZ El grillo
ORAZIO VECCHI Saltarello
LUCA MARENZIO Due rose fresche
CESARE GUSSAGO Sonata »La leona«
CLAUDIO MONTEVERDI Ecco mormorar l'onde
HANS LEO HASSLER Im kühlen Mayen

2. August, Pfarrkirche Schwarzenberg
Schnitzler-Quartett, Wien
Michael Schnitzler, 1. Violine - Heide Schnitzler, 2. Violine - Siegfried Führlinger, Viola - Walter Schulz, Violoncello
Mitwirkende Fritz Haendschke, Viola
Wilfried Rehm, Violoncello
ARNOLD SCHÖNBERG
Verklärte Nacht für Streichsextett, op. 4 nach einem Gedicht von Richard Dehmel
FRANZ SCHUBERT
Streichquintett in C-Dur, op. 163

4. August, Theater am Kornmarkt
III. Orchesterkonzert
Wiener Symphoniker
Dirigent Leopold Hager
Solisten
Sylvia Sass, Sopran - Eva Gilhofer, Alt - Sigurd Björnsson, Tenor - Ernst Gerold Schramm, Baß-Bariton - Josef Gstach, Orgel-Positiv - Madrigalchor Bukarest
Leitung Marin Constantin
ANTONIO VIVALDI
»Gloria« für Soli, Chor, 4 gemischte Stimmen und Orchester
WOLFGANG AMADEUS MOZART
Krönungsmesse in C-Dur, (KV 317)

5. August, Theater am Kornmarkt
IV. Orchesterkonzert
Ensemble Kontrapunkte
Leitung Peter Keuschnig
Solistin Roswitha Trexler, Sopran
ARNOLD SCHÖNBERG
»Pierrot Lunaire«, op. 21
1. Kammersymphonie, op. 9

5. August, Dom St. Nikolaus Feldkirch
A-capella-Konzert
Bukarester Madrigalchor
Leitung Marin Constantin
ANONYMUS
Cantus Gregorianus - Libera me
GUILLAUME DE MACHAUT
De tout suis si confertee
HANS LEO HASSLER Jungfrau, Dein schön Gestalt
ORLANDO DI LASSO Madrigal
PIERLUIGI PALESTRINA
Alma redemptoris Mater
PIERRE PLANCON Ou est vous alez mes amourettes
CLAUDIO MONTEVERDI Lasciate mi morire
THOMAS WEELKES On the plains
JOHANN SEBASTIAN BACH King of Glory
THOMAS MORLEY It was a lover and his lass
ALESSANDRO SCARLATTI Exultate Deo
ALEXANDRU PASCANU Uralte Totenklagen
FRANCISC HUBIC Das Blümelein
MARTIAN NEGREA Die Hirtin
MIHAI MOLDOVAN Flöten und Alphörner
TUDOR JARDA In dem Haus, da gegenüber
MYRIAM MARBE
Ritual für den Durst der Erde für Chor und 10 Schlaginstrumente

10. August, Gräflicher Palast Hohenems
Stuttgarter Kammerorchester
Dirigent Karl Münchinger
Solist Rudolf Werthen, Violine
JOHANN PACHELBEL
Kanon
WOLFGANG AMADEUS MOZART
Divertimento in D-Dur, (KV 136)
RICHARD STRAUSS
Streichsextett aus »Capriccio«
CHRISTOPH WILLIBALD GLUCK
Chaconne aus der Oper »Paris und Helena«
ANTONIO VIVALDI
Die Jahreszeiten
Vier Concerti grossi für Streichorchester

12. August, Theater am Kornmarkt
V. Orchesterkonzert
Wiener Symphoniker
Dirigent Václav Neumann
Solist Alexander Jenner
HELMUT EDER
Melodia-Ritmica, op. 59, Nr. 2
Österreichische Erstaufführung der Fassung für Streichorchester
WOLFGANG AMADEUS MOZART
Konzert für Klavier und Orchester, Nr. 20, d-Moll, (KV 466)
ANTONIN DVOŘÁK
8. Symphonie, G-Dur, op. 88

15. August, Gräflicher Palast Hohenems
16. August, St. Gallus-Kirche Scheidegg
Lieder und Arien des Barock
Rita Streich, Sopran - Gottfried Hechtl, Flöte
Günther Fetz, Cembalo
MARC ANTONIO CESTI
Rezitativ und Arie aus der Oper
»I casti amori d'Orontea« - »Addio Corindo!«
JOHANN CHRISTOPH PEPUSCH
Cantate »Corydon« mit obligater Flöte
JOHANN SEBASTIAN BACH
»Meine Seele, laß es gehen« - »Bist Du bei mir«

ALESSANDRO SCARLATTI
»Le violette«
»Caldo sangue«, Arie aus »Il Sedecia, Re di Gerusalemme«
Cantata »Solitudine avenne« mit obligater Flöte
Sonate in C-Dur, cantabile
Sonate in d-Moll, prestissimo
JEAN PHILIPP RAMEAU
»Air du rossignol« mit obligater Flöte
GEORG PHILIPP TELEMANN
»Das Frauenzimmer« - »Die vergessene Phillis«
»Glück«
HENRY PURCELL »Music for a while«
GEORG FRIEDRICH HÄNDEL
Cantata »Meine Seele hört im Sehen« mit obligater Flöte

»Einer der letzten Konzertabende dieses Festspielsommers am Bodensee dürfte von Inhalt und Ausführung her einer der reizendsten gewesen sein. Die Idee allein, selten gehörte ›Lieder und Arien des Barock‹ mit einem Namen zu verbinden, wie ihn die Sopranistin Rita Streich besitzt, verfehlte nicht ihre Wirkung und Anziehungskraft. Der Rittersaal des Gräflichen Renaissance-Palastes von Hohenems mit dem ihm eigenen Flair als Rahmen schuf zusätzlich Atmosphäre.

...

Kammersängerin Rita Streich machte sich selbst diesen Abend nicht leicht und schon gar nicht ihren beiden kundigen und routinierten Begleitern, dem Flötisten Gottfried Hechtl und dem Cembalisten Günther Fetz. Ihre chansonhafte, sehr freie Interpretation (nicht nur in den Rezitativen) verlangte von den Instrumentalisten ein Höchstmaß an Konzentration und gleichzeitiger Zurückhaltung, um bei aller Wahrung der Homogenität im Zusammenspiel niemals den stets vorherrschenden Eindruck wirklich dichten, intimen Musizierens zu verwischen.

...

Begeisterter Beifall für Rita Streich bei ihrem Debüt im Rahmen der Bregenzer Festspiele und für ihre beiden Begleiter.«

Auszug. Entnommen aus:
VORARLBERGER NACHRICHTEN, 17. 8. 1974.

---

18. August, Theater am Kornmarkt
VI. Orchesterkonzert
Kammerorchester der Wiener Symphoniker
Dirigent Hermann Michael
Solisten
Edith Peinemann, Violine - Fritz Haendschke, Bratsche
WOLFGANG AMADEUS MOZART
Konzert Nr. 5 für Violine und Orchester in A-Dur, (KV 219)
Konzertante Sinfonie für Violine, Viola und Orchester in Es-Dur, (KV 364)
JOSEPH HAYDN
Symphonie Nr. 85 (La Reine) in B-Dur, Hob. I/85

---

19. August, Schloß Schattenburg Feldkirch
Serenade
Von den Teilnehmern am Internationalen Kammermusikkurs für Holzbläser und Hornisten als Schlußkonzert gestaltet
Einstudierung und Leitung Robert Freund
Milan Turkovic
WOLFGANG AMADEUS MOZART
Serenade in c-Moll für 2 Oboen, 2 Klarinetten, 2 Hörner und 2 Fagotte
LUDWIG VAN BEETHOVEN
Oktett in Es-Dur, op. 103
RICHARD STRAUSS
Serenade für Bläser, op. 7 - Andante
ANTONÍN DVOŘÁK
Serenade in d-Moll für Blasinstrumente, Violoncello und Kontrabaß, op. 44

---

19. August, Martinsplatz
Serenade
Südwestdeutsches Kammerorchester Pforzheim
Leitung Paul Angerer
Solist Johannes Brüning, Violine
GEORG FRIEDRICH HÄNDEL
Concerto grosso in A-Dur, op. 6, Nr. 11
FRANZ SCHUBERT
Rondo für Violine und Streichorchester in A-Dur
PJOTR ILJITSCH TSCHAIKOWSKY
Serenade in C-Dur, op. 48

---

20. August, Theater am Kornmarkt
Soloabend
Nathan Milstein, Violine
JOHANN SEBASTIAN BACH
Partita III in E-Dur, BWV 1006
Sonate II in a-Moll BWV 1003
NICCOLÒ PAGANINI
2 Capriccen aus op. 1
Nr. 9 E-Dur (Allegretto)
Nr. 16 g-Moll (Presto)
JOHANN SEBASTIAN BACH
Partita in d-Moll II, BWV 1004

Die Bühne des vollen Theaters am Kornmarkt war am Dienstag in einen Blumenhain verwandelt worden. Diese lobenswerte Aufmerksamkeit galt einem ganz Großen in der Weltklasse der Geiger, nämlich Nathan Milstein, der mit seinem Soloabend die heurigen Bregenzer Festspiele erfolgreich beschloß.

...

Dem heuer 70 Jahre alt gewordenen Virtuosen (er ist 1904 in Odessa geboren) merkt man sein Alter nicht an, weder an seinem sympathischen Äußeren, noch an seiner Kunst, die nach wie vor imstande ist, die Zuhörer zu begeistern. Dabei hat Milstein es sich nicht leicht gemacht, sein Programm bestand aus Solowerken von Johann Sebastian Bach und Niccolo Paganini, die den Gipfel geigerischen Könnens präsentieren.

...

Nicht endenwollende Ovationen veranlaßten den Künstler am Schluß zu zwei Zugaben, dem Allegro assai und dem Largo aus der Bach-Sonate C-Dur. Der Zauber einer einzelnen Geige, von einem großen Künstler gespielt, wurde wieder offenbar.«

Auszug. Entnommen aus:
VORARLBERGER NACHRICHTEN, 22. 8. 1974.

1975 17. Juli – 18. August

SPIEL AUF DEM SEE

18., 19., 22., 23., 25., 26., 29., 30. Juli, 1. August, Seebühne
(Die Premiere fiel dem Regen zum Opfer)
JOHANN STRAUSS
Eine Nacht in Venedig

Dirigent	Heinz Wallberg
Inszenierung	Wolfgang Weber
Bühnengestaltung und Kostüme	Toni Businger
Choreographie	Wazlav Orlikowsky

Wiener Symphoniker
Bregenzer Festspielchor
Ballett des Kroatischen Nationaltheaters Zagreb

Der Herzog von Urbino	Ottavio Garaventa Wolfgang Fassler
Centurio	Christine Wilhelm
Delacqua	Karl Dönch
Barbara	Ursula Farr
Caramello	Claudio Nicolai
Annina	Mirjana Irosch
Pappacoda	Erich Kuchar
Ciboletta	Dorothea Chryst
Testaccio	Richard Zimmermann
Barbuccio	Friedrich Nidetzky
Herold	Bert Pogner

BALLETT

2., 4., 6., 8., 9. August, Seebühne
ADOLPHE ADAM
Der Korsar

Inszenierung und Choreographie	Wazlaw Orlikowsky
Bühnenbild und Kostüme	Toni Businger
Dirigent	Niksa Bareza
Chorleitung	Helmuth Froschauer

Ballett des Kroatischen Nationaltheaters Zagreb
Wiener Symphoniker
Bregenzer Festspielchor
Achmed XVII, Pascha, Frauen des Paschas, Korsaren, Sklaven, Sklavinnen, Zigeunermädchen, türkische Mädchen, Odalisken

OPER

3., 5., 7., 10. August, Theater am Kornmarkt
GAETANO DONIZETTI
Don Pasquale

Dirigent	Carlo Franci
Inszenierung	Beppe de Tomasi
Bühnenbild und Kostüme	Antonio Mastromatei
Chorleitung	Helmuth Froschauer

Wiener Symphoniker, Wiener Staatsopernchor

Don Pasquale	Giuseppe Taddei
Doktor Malatesta	Alberto Rinaldi
Ernesto	Vittorio Terranova
Norina	Daniela Mazzucato
Ein Notar	Toma Popescu

»An das DON-PASQUALE-Ensemble des 30. Festspieljahres darf man lauter goldenen Lorbeer verteilen. Es verwöhnt Auge, Ohr und Gemüt mit einem blühenden Opernspaß. Der Dirigent Carlo Franci läßt mit den Wiener Symphonikern Donizettis quellfrische Musik vibrieren, ist in schmelzende Cantilenen verliebt und bringt Chor und Ensemble in Finalsätzen lustvoll auf Siedehitze ein Temperamentsmusiker nicht aus Kalkül, sondern aus Laune, selbst noch im Orchestergraben des Kornmarkt-Theaters mit seiner vergröbernden, trockenen Akustik.

Aus dem Regisseur Beppe de Tomasi sprudeln die Einfälle nur so hervor.«

Auszug. Entnommen aus:
AUGSBURGER ALLGEMEINE, 9. 8. 1975.

13., 15., 17. August, Gräflicher Palast Hohenems
WOLFGANG AMADEUS MOZART
La finta semplice
(In deutscher Sprache)

Dirigent	Reinhard Schwarz
Inszenierung	Karlheinz Haberland
Bühnenbild	Karlheinz Miltner
Kostüme	Maria Luise Walek

Camerata Academica des Mozarteums Salzburg

Rosina	Vicki Hall
Fracasso	Walter Kräutler
Ninetta	Adele Haas
Donna Giacinta	Robin Craver
Don Polidoro	Richard van Vrooman
Don Cassandro	Ernst Gerold Schramm
Simone	Artur Korn

Hans Krendlesberger, Das Interview, Aufnahme aus dem Jahr 1975: (v. l. n. r.) Maître Leherb (Bühnenbild und Kostüme), Joana Maria Gorvin (Elaine Winters) und Regisseur Jürgen Wilke bei den Probenarbeiten. Die für 1975 vorgesehenen Aufführungen wurden wegen Erkrankung der Hauptdarstellerin auf 1976 verlegt.

Adolphe Adam, Der Korsar, 1975. Seebühne. Szenenbild.

THEATER

17., 20., 24., 27. Juli, Theater am Kornmarkt
Eigenproduktion der Bregenzer Festspiele
CARLO GOLDONI
Der Verschwender
Deutschsprachige Erstaufführung

Inszenierung	Leopold Lindtberg
Bühnenbild und Kostüme	Max Röthlisberger
Bühnenmusik	Paul Angerer
Momolo	Rudolf Buczolich
Clarice	Christiane Hörbiger
Leandro	Hubert Suschka
Ottavio	Michael Toost
Celio	Klaus Knuth
Beatrice	Dietlindt Haug
Dottore Lombardi	Klaus Behrendt
Trappola	Kurt Beck
Colombina	Helga Papouschek
Brighella	Joe Trummer
Truffaldino	Alexander Grill

28., 30. Juli, 1. August, Martinsplatz
Theater für Vorarlberg
ALFRED BRUGGMANN
Julius Didianus und die Versteigerung des Römischen Reiches
Uraufführung

Inszenierung	Bruno Felix
Bühnenbild und Kostüme	Hanna Wartenegg
Gaius Brutus	Rudolf Neumann
Cassius Tullius Scipio	Kurt Sternik
Publius Papirius Cursor	Paul Hör
Eklektus	Otto Brabec
Aemilius Laetus	Ernst Hofstetter
Commodus	Helfried Edlinger
Marcia	Rosmarie Heisler
Helvius Pertinax	Franz Michael Westen
Narcissus	Wolfgang Böck
Flavius Sulpicianus	Hans Richter
Marcellus Cato	Helfried Edlinger
Manlia Scantilla	Karin Mommsen
Didia Clara	Andrea von Massenbach
Didius Julianus	Bruno Felix
Pylades	Otto Brabec
Septimius Severus	Ernst Hofstetter
4 Soldaten des Septinius Severus	Wolfgang Böck Paul Hör Otto Brabec Franz-Michael Westen
Karsowsky	Bruno Felix
Josef Meier	Helmut Kasimir

14., 16. August, Theater am Kornmarkt
CARLO GOLDONI
Mirandolina

Inszenierung	Wolf Kabitzky
Bühnenbild	Pit Fischer
Kostüme	

Steffi Trummer und Thalia-Theater, Hamburg

Mirandolina	Johanna von Koczian
Cavaliere di Ripafratta	Olaf Bison
Ortensia	Eike Konold
Dejanira	Dagmar von Hiltl
Der Conte d'Albafiorita	Hubert T. Mittendorf
Der Marchese di Forlipopuli	Gerhard Kauffmann
Fabrizio	Volker Bogdan
Diener des Cavaliere	Michael Ton

Alfred Bruggmann, Julius Didianus und die Versteigerung des Römischen Reiches, 1975. Martinsplatz.

Carlo Goldoni, Mirandolina, 1975. Johanna von Koczian in der Titelrolle.

Eröffnungsgottesdienst
20. Juli, Stadtpfarrkirche Herz-Jesu
Festgottesdienst
Dirigent Karl Matheisl
Solisten
Ursula Farr, Sopran - Robin Craver, Alt
Wolfgang Fassler, Tenor - Artur Korn, Baß
Wiener Symphoniker
Chor der Stadtpfarrkirche Herz-Jesu
An der Orgel Walfried Kraher
WOLFGANG AMADEUS MOZART
Missa brevis in F-Dur, (KV 192)
Proprium im Gregorianischen Choral

KONZERTE

19. Juli, Stadtpfarrkirche Schruns
Kirchenmusikalisches Konzert
Leitung und Cembalo Wilfried Bergmann
Elsbeth Fehlmann, Sopran - Eycke Braun, Oboe
Gert Hoelscher, Violine - Franz Hennevogl, Violine
Elisabeth Mayer, Cembalo
Ensemble Pro Musica Sacra
Kammerchor Lindau
GIOVANNI PIERLUIGI PALESTRINA
Ricercare in F für Streicher
Kyrie und Gloria für sechsstimmigen Chor aus der Missa »Assumpta est Maria«
HEINRICH SCHÜTZ
Psalm 8 »Herr, unser Herrscher«
Geistliches Konzert für Sopran, 2 Violinen und Continuo
GIOVANNI GABRIELI
Canzona in G für Holzbläser und Streicher
HEINRICH SCHÜTZ
Psalm 96 »Cantate Domino« für achtstimmigen Doppelchor, Instrumente und Continuo
HUGO DISTLER
Psalm 92 »Es ist ein köstlich Ding«
Geistliches Konzert für Sopran und Cembalo
Psalm 98 »Singet dem Herrn ein neues Lied«
Motette für 4- bis 6stimmigen Chor
GEORG PHILIPP TELEMANN
Konzert in B-Dur für 3 Oboen, 3 Violinen und Continuo
Allegro - Largo - Allegro
JOHANN SEBASTIAN BACH
»Ich bin vergnügt in meinem Glücke«
Kantate für Sopran, Chor, Oboe, Streicher und Continuo, BWV 84
Sinfonia in D-Dur aus BWV 42 für 2 Oboen, Fagott, Streicher und Continuo
Psalm 149-150
»Singet dem Herrn ein neues Lied«
Motette für achtstimmigen Doppelchor, Streicher, Holzbläser und Continuo, BWV 225

20. Juli, Hof des Gräflichen Palastes Hohenems
Johann-Strauß-Ensemble
der Wiener Symphoniker
Leitung Peter Guth
Solistin Wilma Lipp, Sopran
FRANZ SCHUBERT
»Galopp und Ecossaisen«
JOHANN STRAUSS (Vater)
»Cachucha«, Galopp
ANONYMUS
Vier Alt-Wiener Tänze
JOSEF STRAUSS
»Tag und Nacht«, Polka schnell
JOHANN STRAUSS
Auftrittslied der Gräfin aus der Operette »Wiener Blut«
Ouvertüre zu der Operette »Das Spitzentuch der Königin«
ROBERT STOLZ
»Wien wird schön erst bei Nacht«
»Mein Liebeslied soll ein Walzer sein«
JOHANN STRAUSS
»Champagner-Polka« op. 211
ROBERT STOLZ
»Du sollst der Kaiser meiner Seele sein«
JOHANN STRAUSS
»Künstlerleben«, Walzer, op. 316

21. Juli, Theater am Kornmarkt
I. Orchesterkonzert
Wiener Symphoniker
Dirigent Heinz Wallberg
Solisten
Walter Klien, Klavier - Hans Petermandl, Klavier
THEODOR BERGER
Rondo ostinato nach einem spanischen Motiv für großes Blasorchester und Schlagwerk
LUDWIG VAN BEETHOVEN
Klavierkonzert Nr. 2 in B-Dur, op. 19
RICHARD STRAUSS
»Der Bürger als Edelmann«, Orchestersuite, op. 60

21. Juli, Schloß Schattenburg Feldkirch
Koeckert-Quartett
Rudolf Koeckert, Violine - Joachim Koeckert, Violine
Oskar Riedl, Viola - Josef Merz, Violoncello
JOSEPH HAYDN
Streichquartett in C-Dur, op. 74/I
MAURICE RAVEL
Streichquartett in F-Dur
LUDWIG VAN BEETHOVEN
Streichquartett in G-Dur, op. 18/II

23. Juli, Theater am Kornmarkt
II. Orchesterkonzert
Mozarteum-Orchester
Dirigent Leopold Hager
Solist Kurt Birsak, Klarinette
WOLFGANG AMADEUS MOZART
Sinfonie Nr. 35 in D-Dur, (KV 385) »Haffner-Sinfonie«
Konzert für Klarinette und Orchester in A-Dur, (KV 622)
Sinfonie Nr. 36 in C-Dur, (KV 425) »Linzer Sinfonie«

25. Juli, Pfarrkirche Schwarzenberg
Stuttgarter Bläserquintett
Willy Freivogel, Flöte - Sigurd Michael, Oboe
Karl Singer, Klarinette - Friedhelm Pütz, Horn
Hermann Herder, Fagott
JOSEPH HAYDN
Divertimento in B-Dur (Choral St. Antoni)
LUDWIG VAN BEETHOVEN
Adagio und Allegro für eine Spieluhr
FRANZ DANZI
Bläserquintett in g-Moll, op. 56, Nr. 2
WOLFGANG AMADEUS MOZART
Adagio, (KV 411)
BERT RUDOLF
Musik für Bläser »à la memoire de Stifter«
AUGUST KLUGHARD
Bläserquintett, op. 79

26. Juli, Rittersaal Hohenems
Komitas-Quartett, UdSSR
Awdej Gabrielian, 1. Violine
Dawid Grigorian, 2. Violine
Grigorij Markasian, Viola
Edurd Tatewosian, Violoncello
GEORG FRIEDRICH HÄNDEL
(Arrangement Aslamasian)
Passacaglia
WOLFGANG AMADEUS MOZART
Quartett in G-Dur, (KV 387)
DMITRIJ SCHOSTAKOWITSCH
Quartett Nr. 4, op. 83, in D-Dur
EDUARD MIRSOJAN
Quartett in d-Moll - Thema mit Variationen
Thema - Adagio

27. Juli, Herz-Jesu-Kirche
III. Orchesterkonzert
Wiener Symphoniker
Dirigent Eugen Jochum
ANTON BRUCKNER
Symphonie Nr. 8, in c-Moll, Fassung von 1890

28. Juli, Schloß Schattenburg Feldkirch
Pro-Arte-Quartett, Wien
Helmut Mitter, 1. Violine
Wolfgang Oberkogler, 2. Violine
Peter Ochsenhofer, Viola
Peter Roczek, Violoncello
Mitwirkend
Alois Brandhofer, Klarinette
FRANZ SCHUBERT
Streichquartett in g-Moll (Nr. 9) op. posth. DK 173
WOLFGANG AMADEUS MOZART
Klarinettenquintett in A-Dur, (KV 581)
CLAUDE DEBUSSY
Streichquartett in g-Moll, op. 10

31. Juli, Theater am Kornmarkt
Solistenkonzert
Victor Tretjakov, Violine
Am Flügel Michail Erochin
JOHANNES BRAHMS
Sonate Nr. 1 für Violine und Klavier in G-Dur, op. 78
CÉSAR FRANCK
Sonate für Violine und Klavier in A-Dur
SERGEJ PROKOFJEW
Sonate für Violine und Klavier in f-Moll, op. 80

3. August, Theater am Kornmarkt
IV. Orchesterkonzert
Kölner Kammerorchester
Dirigent Helmut Müller-Brühl
Solist Pierre Fournier, Violoncello
JOSEPH HAYDN Concertone in F-Dur
HV VII h/4 für Flöte, Oboe und Orchester
Konzert in D-Dur
HV VII b/2 für Violoncello und Orchester
Sinfonie in e-Moll, HV I/44

4. August, Schloß Schattenburg Feldkirch
Muzica Quartett
George Hamza, 1. Violine
Constantin Costache, 2. Violine
Ludovic Lang, Bratsche
Dan Cavassi, Violoncello

JOSEPH HAYDN
Streichquartett in G-Dur, op. 77, Nr. 1
MIRCEA CHIRIAC
Divertissement für Streichquartett
(1972 dem Muzica Quartett gewidmet)
JOHANNES BRAHMS
Streichquartett in c-Moll, op. 51, Nr. 1

7. August, Kirche St. Gallus Scheidegg
Solisten der Camerata academica des Mozarteums Salzburg
Carlos Villa, 1. Violine - Ingeborg Stitz, 2. Violine
Johannes Friedl, Viola - Charles Medlam, Violoncello
Jonathan Cable, Kontrabaß - Simon Dent, Oboe
Michael Höltzel, 1. Horn
Manfred Neukirchner, 2. Horn
WOLFGANG AMADEUS MOZART
Hornquintett in Es-Dur, (KV 407)
Divertimento in D-Dur, (KV 251)
Divertimento in B-Dur, (KV 287)
(Zweite Lodronische Nachtmusik)

7. August, Barocksaal Kloster Mehrerau
Konzert
anläßlich der Ehrung von Professor Ludwig Hoelscher zu seiner 20. Mitwirkung bei den Bregenzer Festspielen
Ludwig Hoelscher, Violoncello - Kurt Rapf, Klavier
LUDWIG VAN BEETHOVEN
Sonate in A-Dur, op. 69
OSWALD LUTZ Sonate
ROBERT SCHUMANN
Adagio und Allegro, op. 70
FRÉDÉRIC CHOPIN
Introduction und Polonaise, op. 3

8. August, Pfarrkirche St. Gallus
Kirchenmusikalisches Konzert
Ludwig Hoelscher, Violoncello - Kurt Rapf, Orgel
JOHANN SEBASTIAN BACH
Fantasie und Fuge in g-Moll, BWV 542
ANTONIO VIVALDI
Sonate in e-Moll für Violoncello und Orgel
GIUSEPPE VALENTINI
Sonate in E-Dur für Violoncello und Orgel
JOHANN SEBASTIAN BACH
Suite No. 3 in C-Dur für Violoncello solo
MAX REGER Toccata und Fuge op. 59
OTTORINO RESPHIGI
Adagio con variazioni
in H-Dur für Violoncello und Orgel

10. August, Theater am Kornmarkt
V. Orchesterkonzert
Wiener Symphoniker
Dirigent Dmitrij Kitaenko
Solist Stanislav Igolinski, Klavier

SERGEJ PROKOFJEW
Sinfonietta op. 5/48
PJOTR ILJITSCH TSCHAIKOWSKY
Konzert für Klavier und Orchester Nr. 1, b-Moll, op. 23
Sinfonie Nr. 1, in g-Moll, op. 13, »Winterträume«

11. August, Battlogghalle Schruns
Wiener Kammermusiker
(Mitglieder der Wiener Symphoniker)
Gerhard Breuer, 1. Violine - Peter Katt, 2. Violine
Richard Strabl, Viola - Fritz Geyerhofer, Violoncello
Werner Buchmann, Kontrabaß - Wilfried Gottwald, Klarinette - Wolfgang Kühn, Fagott - Othmar Berger, Horn

JOHANNES BRAHMS
Quintett in h-Moll für Klarinette, Violine I, Violine II, Viola und Violoncello
LUDWIG VAN BEETHOVEN
Septett in Es-Dur

11. August, Stadthalle
VI. Orchesterkonzert
ORF-Symphonieorchester
ORF-Big-Band (Einstudierung: Erich Kleinschuster)
Dirigent Milan Horvat
Solisten
Art Farmer, Flügelhorn - Hans Salomon, Alt-Saxophon - Karl Drewo, Tenor-Saxophon - Erich Kleinschuster, Posaune

MAURICE RAVEL
Rhapsodie Espagnole
ROLF LIEBERMANN
Concerto für Jazz-Band und Symphony Orchestra
FRITZ PAUER
Konzert für Jazz- und Symphonieorchester

11. August, Schloß Schattenburg Feldkirch
Internationaler Kammermusikkurs für Holzbläser und Hornisten
Konzert der Dozenten
Einstudierung Milan Turkovic
Jürg Schaeftlein, Oboe - Alfred Rosé, Klarinette
Robert Freund, Horn - Milan Turkovic, Fagott

WOLFGANG AMADEUS MOZART
Divertimento in Es-Dur
für 2 Oboen, 2 Hörner und 2 Fagotte, (KV 252)
ALFRED UHL
Eine vergnügliche Musik für 2 Oboen,
2 Klarinetten, 2 Hörner und 2 Fagotte
LUDWIG VAN BEETHOVEN
Sextett in Es-Dur, op. 71
für 2 Klarinetten, 2 Fagotte und 2 Hörner
FRANZ SCHUBERT
Menuett und Finale eines Oktetts, in F-Dur

12. August, Stadthalle
Jazz-Konzert
ORF-Big-Band
Leitung Erich Kleinschuster
Trompeten
Robert Demmer - Robert Politzer - Art Farmer
Ernst Lamprecht
Saxophone
Hans Salomon - Hans Löw - Karl Drewo - Peter Klinger
Felix Hanusik
Posaunen
Garney Hicks - Charles Baker - Willi Meerwald
Roy Deuvall
Rhythmus
Fritz Pauer, Klavier - Harry Hepl, Gitarre
Wayne Darling, Baß - Erich Bachträgl, Drums
Aus dem Programm
FRITZ PAUER
Festival Blues
ERICH KLEINSCHUSTER
Kinderzeichnung
THEO KIERDORF
Suite: To be Be Overlate Nor
ERICH KLEINSCHUSTER
Dark Butterfly
BILL DOBINS
Sambacide
PETER HERBOLZHEIMER
Sideways - Scenes - Don't speak no Modus vivendi
HANS SALOMON
Back gammon

13. August, Martinsplatz
Serenade
Kammerorchester Antonio Vivaldi
ANTONIO VIVALDI
Konzert für Streicher und Cembalo
F. XI Nr. 4 in A-Dur
Konzert für Oboe, Streicher und Cembalo
F. VII Nr. 1 in d-Moll
(Solist: Giorgio Trentin, Oboe)
Symphonie für Streicher und Cembalo in G-Dur
(Solist: Giuseppe Volpato, Violine)
Konzert für Streicher und Cembalo
F. XI Nr. 30 in D-Dur
Konzert für Fagott, Streicher und Cembalo
F. VIII Nr. 4 in C-Dur
(Solist: Oscar Trentin, Fagott)
Symphonie für Streicher und Cembalo
F. XI Nr. 40 in G-Dur

17. August, Pfarrkirche Bludesch
Kirchenmusikalisches Konzert
Achille Berruti, Orgel - Ubaldo Rosso, Querflöte
GIROLAMO FRESCOBALDI
Toccata prima - Canzona IVa
Toccata »per l'Elevazione«
Toccata »sopra i pedali dell'organo e senza«
Canzona für Orgel und eine Oberstimme (Flöte)
DOMENICO ZIPOLI
Toccata und 6 Canzonen (Integrale)
BENEDETTO MARCELLO
Sonate Ia, für Flöte und Orgel
MUZIO CLEMENTI
Fuge nach Frescobaldi
ANTONIO VIVALDI
Sonate VIa, für Flöte und Orgel
JOHANN SEBASTIAN BACH
Allegro nach Vivaldi
ARCANGELO CORELLI
Variationen über »Follia di Spagna«, für Flöte und Orgel
FRANCOIS COUPERIN LE GRAND
Offertoire sur les grands jeux

17. August, Theater am Kornmarkt
VII. Orchesterkonzert
Zürcher Kammerorchester
Dirigent Edmond de Stoutz
Solisten
Yehudi Menuhin, Violine
Nicolas Chumachenco, Violine
JOHANN SEBASTIAN BACH
Konzert für Violine, Streicher und Basso
Continuo in E-Dur, BWV 1042
Konzert für 2 Violinen, Streicher und Basso
Continuo in d-Moll, BWV 1043
Konzert für Violine, Streicher und Basso
Continuo in a-Moll, BWV 1041

»Den Bregenzer Festspielen ist es gelungen, in dieser Saison drei der bedeutendsten Geiger zu verpflichten: Igor Oistrach (im Vorprogramm), Victor Tretjakov und Yehudi Menuhin. Während die beiden Russen Sonatenabende gaben und mit effektvollen Stücken brillierten, spielte der Amerikaner Menuhin mit dem Züricher Kammerorchester unter Edmond de Stoutz drei Violinkonzerte von Johann Sebastian Bach.
...
Das Publikum fühlte das Außergewöhnliche des Abends und bedachte den großen Geiger mit einem Beifall ohnegleichen. Mit drei Zugaben aus der dritten Solosuite von Bach ließ Menuhin in jenes Metier blicken, das ihn weltberühmt gemacht hatte. Seine Interpretationen dieser ungeheuer schwierigen Bachschen Solopartiten zählten nämlich zum Gipfel dessen, was geigerische Kunst überhaupt zu bieten hat.«

Auszug. Entnommen aus:
VORARLBERGER NACHRICHTEN, 19. 8. 1975.

18. August, Theater am Kornmarkt
Bachorchester des Gewandhauses zu Leipzig
Leitung Gerhard Bosse
Solisten
Brandenburgisches Konzert Nr. 4
Thekla Waldbaur, Blockflöte
Eva Kästner, Blockflöte - Gerhard Bosse, Violine
Brandenburgisches Konzert Nr. 6
Dietmar Hallmann, Viola - Klaus Schwenke, Viola
Brandenburgisches Konzert Nr. 5
Hannes Kästner, Cembalo - Heinz Hörtzsch, Flöte
Gerhard Bosse, Violine
JOHANN SEBASTIAN BACH
Brandenburgisches Konzert Nr. 4 in G-Dur, BWV 1049
Brandenburgisches Konzert Nr. 6 in B-Dur, BWV 1051
Brandenburgisches Konzert Nr. 5 in D-Dur, BWV 1050

25. August, Theater am Kornmarkt
Soloabend
Wilhelm Kempff, Klavier
WOLFGANG AMADEUS MOZART
Sonate für Klavier B-Dur, (KV 281)
ROBERT SCHUMANN
Phantasie in C-Dur, op. 17
LUDWIG VAN BEETHOVEN
Klaviersonate in As-Dur, op. 26
Klaviersonate in E-Dur, op. 109

26. August, Theater am Kornmarkt
Liederabend
Elisabeth Schwarzkopf, Sopran
Am Klavier Brian Lamport
FRANZ SCHUBERT
Suleika I (Was bedeutet die Bewegung? op. 14, Nr. 1)
Suleika II (Ach, um deine feuchten Schwingen, op. 31)
Gretchen am Spinnrade (Meine Ruh' ist hin, op. 2)
An Sylvia (Was ist Sylvia, op. 106, Nr. 4)
ROBERT SCHUMANN
Der Nußbaum - Die Kartenlegerin
JOHANNES BRAHMS
Immer leiser wird mein Schlummer, op. 105, Nr. 2
Vergebliches Ständchen, op. 84, Nr. 4
FRANZ LISZT
Die drei Zigeuner
EDVARD GRIEG
Mit einer Wasserlilie
GUSTAV MAHLER
Sankt Antonius zu Padua (Fischpredigt)
RICHARD STRAUSS
Drei Ophelia-Lieder aus Shakespeares »Hamlet«
Wie erkenn' ich mein Irrlieb?
Guten Morgen, 's ist Sankt Valentinstag
Sie trugen ihn auf der Bahre bloß
HUGO WOLF
Kennst du das Land - Sonne der Schlummerlosen
Keine gleicht von allen Schönen Philine
Aus dem »Italienischen Liederbuch« von Paul Heyse
Du sagst mir, daß ich keine Fürstin sei
Du denkst mit einem Fädchen mich zu fangen
Schweig' einmal still
Ich hab' in Penna einen Liebsten wohnen

1976 22. Juli – 25. August

SPIEL AUF DEM SEE

23., 24., 28., 30., 31. Juli, 4., 6., 7., 11., 13., 14., 17., 18. August, Seebühne
(Die Veranstaltungen am 23. 7., 24. 7. und 11. 8. fielen aus).
JACQUES OFFENBACH
Hoffmanns Erzählungen

Dirigent	Anton Guadagno
Inszenierung	Kurt Pscherer
Bühnengestaltung und Kostüme	Toni Businger
Choreographie	Wazlav Orlikowsky

Wiener Symphoniker
Bregenzer Festspielchor
Mitglieder des Balletts der Vereinigten Bühnen Graz

Hoffmann	Anton de Ridder William Johns
Olympia, Giulietta, Antonia, Stella	Ursula Koszut Hildegard Uhrmacher
Lindorf, Coppelius, Dapertutto, Mirakel	Guillermo Sarábia Thomas Tipton
Andreas, Cochenille, Pitichinaccio, Franz	Frédéric Mayer
Niklas, Eine Stimme (Bildnis der Mutter)	Axelle Gall
Spalanzani	Peter Drahosch
Schlemihl	Friedhelm Rosendorff
Crespel	Peter Wimberger
Nathanael	Richard Lilly
Hermann	Manfred Schimpl
Lutter	Norbert Untner

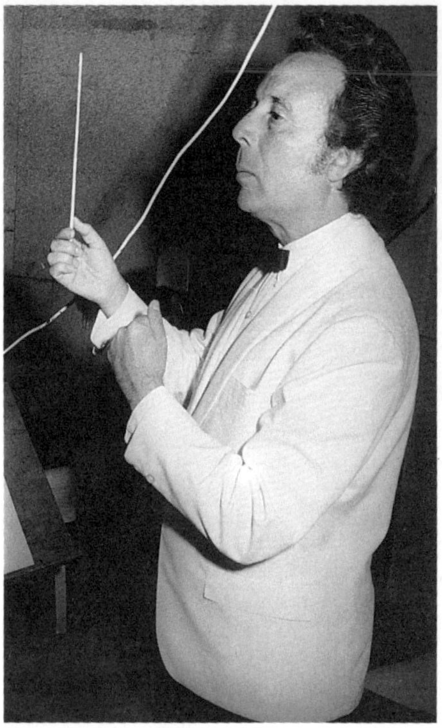
Anton Guadagno, 1976.

OPER

22., 25., 29. Juli, 1. August, Theater am Kornmarkt
Österreichische Erstaufführung
GAETANO DONIZETTI
Das Debut der Mamma Agata

Dirigent	Carlo Franci
Inszenierung	Beppe de Tomasi
Bühnenbild	Antonio Mastromattei
Kostüme	Pier Luciano Cavalotti
Chorleitung	Helmuth Froschauer

Wiener Symphoniker
Wiener Staatsopernchor

Corilla	Daniela Mazzucato
Procolo	Walter Alberti
Agata	Giuseppe Taddei
Luigia	Alberta Valentini
Dorotea	Laura Zanini
Guglielmo	Sergio Tedesco
Biscroma Strappaviscere	Federico Davia
Prospero Salsapariglia	Alfredo Giacomotti
Impresario	Leo Nucci
Theaterinspektor	Leonardo Monreale

BALLETT

18., 19. August, Theater am Kornmarkt
Ballett des Polnischen Tanztheaters Posen
TOMMASO ALBINONI
Adagio für Streicher und Orgel
Choreographie und Bühnenbild Conrad Drzewiecki

CONRAD DRZEWIECKI und EUGENIUSZ RUDNIK
Epitaph für Don Juan
Choreographie Conrad Drzewiecki
Bühnenbild Wladyslaw Wigura

21., 23., 25. Juli, 8. August, Theater am Kornmarkt
Ballett des Polnischen Tanztheaters Posen
NORBERT MATEUSZ WOZNIAK
Modus vivendi
Choreographie Conrad Drzewiecki
Bühnenbild Krzysztof Pankiewicz
MIECZYSLAW KARLOWICZ
Die ewigen Lieder
Choreographie Conrad Drzewiecki
Bühnenbild Krzysztof Pankiewicz
BÉLA BARTÓK
Der wunderbare Mandarin
Inszenierung, Choreographie und Bühnenbild
Conrad Drzewiecki

Fritz Hochwälder, Donadieu, 1976. Hohenems. Ullrich Haupt in der Titelrolle.

THEATER

2., 4., 6. August, Hof des Gräflichen Palastes Hohenems
Eigenproduktion der Bregenzer Festspiele in Co-Produktion mit dem ORF
FRITZ HOCHWÄLDER
Donadieu

Inszenierung	Wolfgang Glück
Ausstattung	Sibille Alken
Donadieu	Ullrich Haupt
Judith	Ingrid Cannonier
Berthelien	Heinz Frölich
Tiefenbach	Karl Maldek
Escambarlat	Klaus Behrendt
Lavalette	Karl-Albert Bock
Du Bosc	Sieghardt Rupp
Barbe	Gaby Banschenbach
Nicolas	Fritz Stein

9., 10., 12., 16. August, Theater am Kornmarkt
Wiener Burgtheater
FERDINAND RAIMUND
Der Verschwender

Musik	Konradin Kreutzer
Inszenierung	Leopold Lindtberg
Ausstattung	Günter Walbeck
Musikalische Leitung	Kurt Werner

Mitglieder der Wiener Symphoniker
Mitglieder des Bregenzer Festspielchores

Fee Cheristane	Sonja Sutter
Azur	Attila Hörbiger
Julius von Flottwell	Walther Reyer
Wolf	Fritz Muliar
Valentin	Josef Meinrad
Rosa	Inge Konradi
Gründling	Andreas Wolf
Sockel	Hanns Obonya
Chevalier Dumont	Alexander Trojan
Herr von Pralling	Heinz Grohmann
Herr von Helm	Ernst Princz
Herr von Walter	Otto Kerry
Präsident von Klugheim	Fred Liewehr
Amalie	Madeleine Reiser
Baron Flitterstein	Fritz von Friedl
Ein altes Weib	Alma Seidler
Ein Juwelier	Hannes Schiel
Ein Kellermeister	Walter Stumvoll
Betti	Rosmarie Morell
Ein Arzt	Heinrich Eis
Fritz	Heinz Zuber
Johann	Tom Krinzinger
Ein Diener	Georg Filser
Max	Tom Krinzinger
Thomas	Heinz Grohmann
Ein Gärtner	Hugo Gottschlich
Liese	Dorothea Parton

21. 23., 25. August, Theater am Kornmarkt
HANS KRENDLESBERGER
Das Interview
Deutschsprachige Erstaufführung des Bühnenstückes

Inszenierung	Jürgen Wilke
Bühnenbild und Kostüme	Leherb
Elaine Winters	Joana Maria Gorvin
Ina	Christine Böhm
Doris	Erni Mangold
Harald	Albert Rueprecht

Hans Krendlesberger, Das Interview, 1976. Theater am Kornmarkt. Bühnenbild von Maître Leherb.

3., 5., 7. August, Martinsplatz
Theater für Vorarlberg
Deutschsprachige Erstaufführung
CARLO GOLDONI

Der Herr im Haus

Inszenierung	Bruno Felix
Ausstattung	Hanna Wartenegg
Pancrazio	Adolf Bur
Beatrice	Karin Mommsen
Lelio	Otto Brabec
Florindo	Kurt Sternik
Geronio	Helfried Edlinger
Rosaura	Rosmarie Heisler
Eleonora	Christine Wilhelm
Ottavio	Rudolf Neumann
Fiammetta	Susanne Altweger
Trastullo	Paul Hör
Tiburzio	Ernst Hofstetter

Eröffnungsgottesdienst
25. Juli, Abteikirche des Klosters Mehrerau
Festgottesdienst
Dirigent Elgar Odo Polzer
Solisten
Ursula Koszut, Sopran - Axelle Gall, Alt
Anton de Ridder, Tenor - Peter Wimberger, Baß
An der Orgel Günther Fetz
Wiener Symphoniker
Vorarlberger Oratorienvereinigung
JOSEPH HAYDN
»Mariazeller Messe« (Missa Cellensis)
WOLFGANG AMADEUS MOZART
»Laudate Dominum«
Proprium im Gregorianischen Choral

KONZERTE

25. Juli, Pfarrkirche Bludesch
Kirchenmusikalisches Konzert
An der Orgel Rudolf Walter
ANDRÉ RAISON
Offerte »Vive le Roy«

Gaetano Donizetti, Das Debut der Mamma Agata, 1976. Theater am Kornmarkt. Bühnenbildentwurf von Antonio Mastromattei.

JAN PIETERS SWEELINCK
Variationen
»Unter der Linden grüne« - Echo-Fantasie in d-dorisch
LOUIS-NICOLAS CLÉRAMBAULT
Suite du deuxième ton - Plein jeu - Duo - Trio
Basse de Cromhorne - Flûtes - Récit de Nazard
Caprice sur les Grands Jeux
JOHANN SPETH
Partite diverse sopra l'aria detta »La Tedesca«
GEORG MUFFAT
Passecaille en rondeau
JOHANN ERASMUS KINDERMANN
Magnificat octavi toni 6 Versus
JOHANN PACHELBEL
Variationen - »Werde munter, mein Gemüte«
JOHANN SEBASTIAN BACH
Präludium, Trio, Fuge in G-Dur, BWV 541 und 528

26. Juli, Schloß Schattenburg Feldkirch
Berliner Streichquartett
Karl Suske, Violine - Klaus Peters, Violine
Karl-Heinz Dommus, Viola
Mathias Pfaender, Violoncello
Mitwirkende
Fritz Händschke, Viola - Alwin Bauer, Violoncello
ANTONÍN DVOŘÁK
Streichsextett in A-Dur, op. 48 – 1878
JOHANNES BRAHMS
Streichsextett in B-Dur, op. 18 – 1860

26. Juli, Martinsplatz
Serenade
Consortium Classicum, Berlin
Solist Gernot Schmalfuß, Oboe
JOHANN NEPOMUK HUMMEL
Parthia in Es, für 2 Oboen, 2 Klarinetten, 2 Hörner, 2 Fagotte und Kontrabaß
CARL MARIA VON WEBER
Konzert für Oboe und Bläseroktett in F-Dur
Uraufführung
FRANZ SCHUBERT
Unvollendetes Oktett in F-Dur für 2 Oboen, 2 Klarinetten, 2 Hörner, 2 Fagotte und Kontrabaß
WOLFGANG AMADEUS MOZART
Serenade in c-Moll, (KV 388 = 384a) für 2 Oboen, 2 Klarinetten, 2 Hörner, 2 Fagotte und Kontrabaß

27. Juli, Theater am Kornmarkt
I. Orchesterkonzert
Wiener Symphoniker
Dirigent Leopold Hager
Solist Mstislav Rostropowitsch, Violoncello
JOHANNES BRAHMS
Serenade für großes Orchester, in D-Dur, op. 11
SERGEJ PROKOFJEW
Symphonisches Konzert für Violoncello und Orchester (herausgegeben von M. Rostropowitsch), op. 125

27. Juli, Katholische Pfarrkirche Wasserburg
Kirchenmusikalisches Konzert
Leitung und Cembalo Wilfried Bergmann
Albrecht Ostertag, Baß - Kammerchor Lindau
Holzbläsergruppe Freiburg - Eyke Braun, Oboe
Streichergruppe München - Elisabeth Mayer, Cembalo
JOHANN ROSENMÜLLER
Sonata in A-Dur für 2 Violinen, 2 Violen und Continuo
HEINRICH SCHÜTZ
»Jubilate Deo«
Geistliches Konzert für Baß, 2 Violinen und Continuo
»Das ist je gewißlich wahr« Motette für 6stimmigen Chor
GEORG FRIEDRICH HÄNDEL
Concerto grosso in g-Moll für Oboe, Streicher und Continuo
Grave-Allegro-Sarabande Largo-Allegro
JOHANN SEBASTIAN BACH
»Ich will den Kreuzstab gerne tragen«
Kantate für Baß, Chor, Oboe, Streicher und Continuo BWV 56
»Jesu, meine Freude« - Fantasia
Choralbearbeitung für Holzbläser und Streicher nach BWV 713
Einrichtung Wilfried Bergmann
»Jesu, meine Freude« Motette für 3–5stimmigen Capell- und Favoritchor, Instrumente und Continuo BWV 227

29. Juli, Kultursaal Schruns
Consortium Classicum, Berlin
JOSEPH HAYDN
Oktett Parthia in Es für 2 Oboen, 2 Klarinetten, 2 Hörner, 2 Fagotte und Kontrabaß
FRANZ ANTON HOFFMEISTER
Echo Parthia für 2 Klarinetten, 2 Hörner und 2 Fagotte
CARL PHILIPP EMANUEL BACH
Duo für 2 Klarinetten
LUDWIG VAN BEETHOVEN
Oktett op. 103 für 2 Oboen, 2 Klarinetten, 2 Hörner, 2 Fagotte und Kontrabaß

31. Juli, Theater am Kornmarkt
Liederabend
Galina Wischnewskaja, Sopran
Mstislaw Rostropowitsch, Klavier
PJOTR ILJITSCH TSCHAIKOWSKY
»War ich nicht ein Halm auf frischem Wiesengrund«, op. 47/7
»Glaub nicht, mein Lieb«, op. 6/1 - Serenade, op. 63/6
»Warum?«, op. 28/3 - »Wenn ich das gewußt«, op. 47/1
SERGEJ RACHMANINOW
»Musik« - »Singe nicht Schönheit« - »Frühlingsgewässer«
MICHAIL GLINKA
»Zweifel« - »Nacht in Venedig«
»Ich erinnere mich an den wunderschönen Augenblick«
Mazurka

MODEST MUSSORGSKI
»Schlumm're leis' und lind« - Gopak - »Ssawischna«
SERGEJ PROKOJEW
»Grünes Wäldchen« - »Katerina«

2. August, Stadthalle
II. Orchesterkonzert
ORF-Symphonieorchester
Dirigent Leif Segerstam
Solistin Gloria Roberts, Klavier
Konzert aus Anlaß der Feier
200 Jahre Unabhängigkeit der USA
GEORGE GERSHWIN
Cuban-Ouvertüre
Konzert in F für Klavier und Orchester
Ein Amerikaner in Paris - Rhapsody in Blue

2. August, Seezentrum Hard
10. August, Kultursaal Schruns
Wiener Kammermusik
(Mitglieder der Wiener Symphoniker)
Gerhard Breuer, 1. Violine - Peter Katt, 2. Violine
Nicholas Logie, Viola - Martin Sieghart, Violoncello
Werner Buchmann, Kontrabaß
Wilfried Gottwald, Klarinette - Wolfgang Kühn, Fagott
Othmar Berger, Horn
ANTONÍN DVOŘÁK
Streichquintett, op. 77, in G-Dur
KONRADIN KREUTZER
Septett, op. 62, in Es-Dur

5. August, Stadthalle Feldkirch
III. Orchesterkonzert
Wiener Symphoniker
Dirigent Theodor Guschlbauer
Solisten
Valerij Klimow, Violine - Milan Turkovic, Fagott
WOLFGANG AMADEUS MOZART
Symphonie (Ouvertüre) in G-Dur, (KV 318)
Violinkonzert Nr. 3 in G-Dur, (KV 216)
HELMUT EDER
Konzert für Fagott und Orchester, op. 49 in vier Sätzen
LUDWIG VAN BEETHOVEN
Symphonie Nr. 4, in B-Dur, op. 60

8. August, Theater am Kornmarkt
IV. Orchesterkonzert
Wiener Symphoniker
Dirigent Dmitrij Kitaenko
Solist Alexandr Slobodjanik, Klavier

IGOR STRAWINSKY
Pulcinella Suite für Orchester, nach J. B. Pergolesi (Version 1949)
FRÉDÉRIC CHOPIN
Konzert für Klavier und Orchester Nr.1 in e-Moll, op. 11
PJOTR ILJITSCH TSCHAIKOWSKY
Symphonie Nr. 5 in e-Moll, op. 64

13. August, Pfarrkirche Andelsbuch
Kammermusik
Ellen Klein, Sopran - Kurt Rapf, Cembalo und Orgel
Janos Liebner, Viola da Gamba und Violine
Notenbüchlein der Anna Magdalena Bach, 1725
JOHANN SEBASTIAN BACH
Partita in e-Moll, BWV 830
Choral »Dir, dir Jehova, will ich singen«, BWV 299
GEORG BÖHM Menuett in G-Dur
JOHANN SEBASTIAN BACH
Choral »Gib dich zufrieden«, BWV 512
Choral »Wer nur den lieben Gott läßt walten«, BWV 691
Menuett in F-Dur, BWV Anhang 113
FRANÇOIS COUPERIN
Rondeau in B-Dur, BWV Anhang 183
JOHANN SEBASTIAN BACH
Marche in Es-Dur, BWV Anhang 127
CARL PHILIPP EMANUEL BACH
»Solo per il Cembalo« in Es-Dur, BWV Anhang 129
GOTTFRIED HEINRICH STÖLZEL
»Bist du bei mir«, BWV 508
JOHANN SEABSTIAN BACH
Recitativo »Ich habe genug« - Aria »Schlummert ein, ihr matten Augen« BWV 82 Nr. 2 und 3
Suite 2 pour le Clavecin in c-Moll, BWV 813
Preludio in C-Dur, BWV 846 Nr. 1
Musette in D-Dur, BWV Anhang 126
CARL PHILIPP EMANUEL BACH
Marche in D-Dur, BWV 122
Polonaise in g-Moll, BWV 125
JOHANN SEBASTIAN BACH
Aria »Gedenke doch mein Geist zurücke«, BWV 509
Choral »O Ewigkeit, du Donnerwort«, BWV 513

14. August, Gräflicher Palast Hohenems
Fistulatores et Tubicinatores Varsovienses
Leitung Kazimierz Piwkowski
Musik im alten Krakau
ANONYMUS
Cracovia civitas
MIKOLAJ RADOMSKI
Ballade - Magnificat
ANONYMUS
Salve sancta parens
JERZY LIBAN
Ortus de polonia (1501)
JAN VON LUBLINA
Tänze (1541)
MIKOLAJ VON KRAKAU
Salve regina
KRZYSZTOF KLABON
Drei Lieder - Szerokie sarmackie wlosci
Slawne potomstwo lechowe - Tryumfuj wierny poddany
Musik am Warschauer Hof
ADAM JARZEBSKI
Canzon quarta - Conzerto quarto
ANONYMUS
Drei Tänze - Alia chorea - Chorea polonica
Chorea sponsa

15. August, Herz-Jesu-Kirche
V. Orchesterkonzert
Wiener Symphoniker
Dirigent Ferdinand Leitner
Solisten
Hermann Prey, Bariton - Elgar Odo Polzer, Orgelpositiv
Kirchenchor Herz-Jesu
WOLFGANG AMADEUS MOZART
Maurerische Trauermusik in c-Moll, (KV 477)
JOHANN SEBASTIAN BACH
Kantate 56 »Ich will den Kreuzstab gerne tragen« (Domenica 19 post Trinitatis)
Nr. 1 Arie »Ich will den Kreuzstab gerne tragen«
Nr. 2 Rezitativ »Mein Wandel auf der Welt«
Nr. 3 Arie »Endlich wird mein Joch«
Nr. 4 »Ich stehe fertig und bereit«
Nr. 5 Choral »Komm, o Tod, du Schlafes Bruder«
JOSEPH HAYDN
Sinfonia Nr. 7 in C-Dur (»Le Midi«)
JOHANNES BRAHMS
Vier ernste Gesänge, op. 121, für tiefe Stimme mit Orchester gesetzt von Karl Maria Zwissler
»Denn es gehet dem Menschen ...« (Pred. Sal. 3)
»Ich wandte mich und sahe ...« (Pred. Sal. 4)
»O Tod, o Tod ...« (Jesus Sirach 41)
»Wenn ich mit Menschen- und Engelszungen ...« (1. Kor. 13)
RICHARD WAGNER
Vorspiel und Isoldens Liebestod aus »Tristan und Isolde«

19. August, Rittersaal Hohenems
Wilnaer Streichquartett
Androne Wajnünajte, 1. Violine
Donatas Katkus, 2. Violine - Pjatras Kunza, Bratsche
Augustinas Wasiljauskas, Violoncello
JOSEPH HAYDN
Streichquartett, op. 20/5
DMITRJ SCHOSTAKOWITSCH
Streichquartett 49/1
PJOTR ILJITSCH TSCHAIKOWSKY
Streichquartett 11/1

20. August, Theater am Kornmarkt
VI. Orchesterkonzert
Collegium Musicum Basel
Leitung Albert E. Kaiser
Solisten
Adele Hass, Sopran - Gitti Pirner, Klavier

WOLFGANG AMADEUS MOZART
Cassation in B-Dur für Orchester, (KV 99)
Klavierkonzert in C-Dur, (KV 246) »Lützow-Konzert«
»Ch'io mi scordi di te?« - »Non temer, amato bene« Rezitativ und Arie (Rondo) für Sopran, obligates Klavier und Orchester, (KV 505)
»Nehmt meinen Dank, ihr holden Gönner!«
Arie für Sopran und Orchester, (KV 383)
Symphonie in B-Dur, (KV 319)

20. August, Kirche St. Gallus Scheidegg
Kammermusik
Gustav Leonhardt, Cembalo
Frans Brüggen, Block- und Traversflöte
CHARLES FRANCIS DIEUPART
Suite in g-Moll für Blockflöte und Continuo

Jacques Offenbach, Hoffmanns Erzählungen, 1976. Seebühne. Ursula Koszut (Antonia).

JACQUES DUPHLY
Menuets und »La Pothouin« für Cembalo
GEORG PHILIPP TELEMANN
Zwei Fantasien in F-Dur und d-Moll für Blockflöte
JOHANN SEBASTIAN BACH
Sonate in d-Moll für Cembalo (Klavierfassung von Gustav Leonhardt der Violinsonate in g-Moll)
CARL PHILIPP EMANUEL BACH
Sonate in G-Dur (W. 133, 1786) für Traversflöte und Continuo
Kreis um JOHANN SEBASTIAN BACH
Sonate in e-Moll für Traversflöte und Continuo

22. August, Theater am Kornmarkt
VII. Orchesterkonzert
Camerata academica des Mozarteums, Salzburg
Dirigent Carlo Franci
Solist Paul Badura-Skoda, Klavier
GIOACCHINO ROSSINI
Sonate in C-Dur für Streichorchester
WOLFGANG AMADEUS MOZART
Konzert für Klavier und Orchester in A-Dur, (KV 414)
Symphonie Nr. 29 in A-Dur, (KV 201)

23. August, Stadthalle Feldkirch
Bulgarisches Kammerorchester
Dirigent Dina Schneidermann
Solisten
Dina Schneidermann - Emil Kamilarov, Violinen
HENRY PURCELL Suite in d-Moll
ANTONIO VIVALDI
Concerto für 2 Violinen in A-Dur
Concerto für 4 Violinen in A-Dur
BENJAMIN BRITTEN Simple Symphony op. 4
LUIGI CORTESE
Capriccio für Solovioline und Kammerorchester
PABLO DE SARASATE
»Navarra«, Danse espagnole für 2 Violinen und Kammerorchester

24. August, Theater am Kornmarkt
VIII. Orchesterkonzert
Münchener Bachorchester
Leitung Karl Richter
Solisten
Karl Richter, Cembalo - Kurt Gunter, Violine - Peter-Lukas Graf, Flöte
JOHANN SEBASTIAN BACH
Brandenburgisches Konzert Nr. 3 in G-Dur, BWV 1048
Suite Nr. 2 in h-Moll, BWV 1067, für Soloflöte und Streichorchester
Konzert für Cembalo und Streichorchester in d-Moll Nr. 1, BWV 1052
Brandenburgisches Konzert Nr. 5 in D-Dur, BWV 1050, für Flöte, Violine, Cembalo und Streichorchester

1977 21. Juli – 21. August

SPIEL AUF DEM SEE

22., 23., 27., 29., 30. Juli, 3., 5., 6., 10. August, Seebühne (Die Veranstaltung am 30. 7. fiel aus).
CARL MARIA VON WEBER
Oberon

Dirigent	Leopold Hager
Inszenierung	Hans-Peter Lehmann
Bühnengestaltung und Kostüme	Toni Businger
Choreographie	Wazlav Orlikowsky

Wiener Symphoniker, Bregenzer Festspielchor
Ballett der Vereinigten Bühnen Graz

Oberon	Heribert Steinbach
Titania	Helrun Gardow
Puck	Doris Soffel
Der Kalif von Bagdad	Helfried Edlinger
Rezia	Sabine Hass - Janice Yoes
Fatime	Rohangiz Yachmi
Babekan	Kurt Sternik
Almansor	Helmut Kasimir
Roschana	Rosmarie Heisler
Hüon von Bordeaux	William Johns Adrian van Limpt
Scherasmin	Artur Korn
Ein Meermädchen	Helrun Gardow
Abdallah	Wolfgang Böck

BALLETT

12., 13., 16., 17., 19., 20. August, Seebühne
PJOTR ILJITSCH TSCHAIKOWSKY
Dornröschen
Inszenierung
Marius Petipa - Iwan Wsewolojskij
Choreographie Marius Petipa
Künstlerische Leitung und Einstudierung
Nikolaj Bojartschikov

Dirigent	Oleg Beluntschow
Bühnenbild	Toni Businger
Kostüme	Tatjana Bruni

Ballett des Permer Akademischen Opern- und Ballett-Theaters, UdSSR
Wiener Symphoniker
Es tanzten 1. Solotänzer und -tänzerinnen, Solotänzer und -tänzerinnen des Corps de ballet und Eleven des Permer Balletts

OPER

21., 24., 28., 31. Juli, Theater am Kornmarkt
GAETANO DONIZETTI
La Favorita

Dirigent	Francesco Molinari-Pradelli
Inszenierung	Sonja Frisell
Bühnenbild und Kostüme	Carlo Savi
Choreographie	Wazlav Orlikowsky

Wiener Symphoniker, Wiener Staatsopernchor
Ballett der Vereinigten Bühnen Graz

Alfonso XI.	Walter Alberti
Leonora Gusman	Biancamaria Casoni
Fernando	Umberto Grilli
Baldassare	Mario Rinaudo
Don Gasparo	Carlo Gaifa
Ines	Alida Ferrarini

4., 6., 8. August, Hof des Gräflichen Palastes Hohenems
GEORG PHILIPP TELEMANN
Pimpinone oder die ungleiche Heirat
Co-Produktion mit dem ORF
Musikalische Leitung und Cembalo
Günther Fetz

Inszenierung	Hans-Peter Lehmann
Bühnenbild und Kostüme	Melchior Stähli

Österreichische Bachsolisten
Hans Elhorst, Oboe

Vespetta	Vicki Hall
Pimpinone	Eberhard Storz

Konzerte zwischen den Intermezzi:
TOMMASO ALBINONI
Concerto a cinque. Op. IX, Nr. 2, für Oboe, Streicher und Basso continuo
ANTONIO VIVALDI
Concerto in F-Dur für Oboe, Streicher und Basso continuo

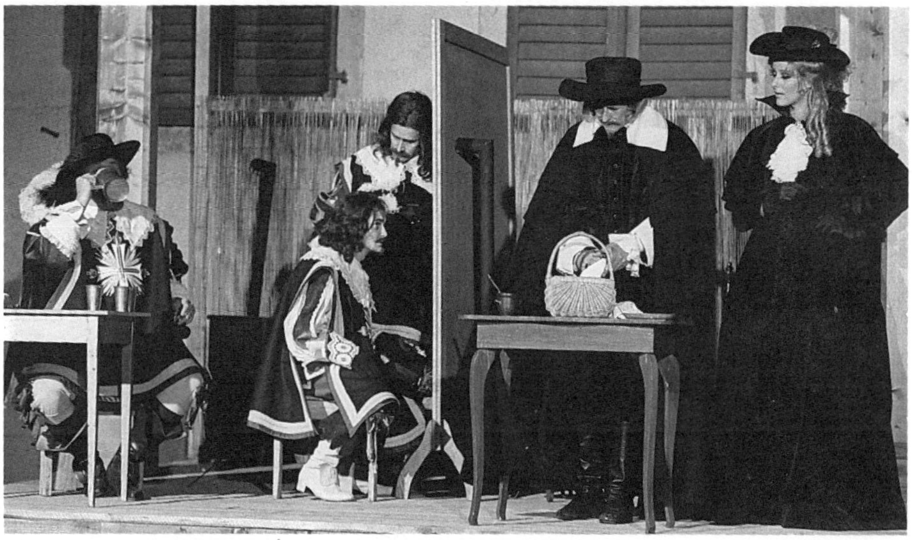

Alexandre Dumas, Die drei Musketiere, 1977. Martinsplatz.

21. August, Theater am Kornmarkt
Ballett-Divertissement
Ballett des Permer Akademischen Opern- und Ballett-Theaters, UdSSR
ALEXANDER GLASUNOW
Grand Pas aus dem Ballett »Raymonda«
Choreographie: M. Petipa
O. I. Tschentschikowa - M. F. Daukajev
ADOLPHE ADAM
Pas de deux aus dem Ballett »Der Korsar«
Choreographie: M. Petipa
S. I. Smirnova - M. F. Daukajev
PJTOR ILJITSCH TSCHAIKOWSKY
Pas de trois aus dem Ballett »Der Nußknacker«
Choreographie: W. I. Vainonen
Eleven der Permer Choreographischen Schule
ALEXANDER GLASUNOW
»Panaderos«
Choreographie: M. Petipa - I. A. Schapowalov
ADOLPHE ADAM
Pas de deux aus dem Ballett »Giselle«
Choreographie: J. Coralli und J. Perrot
G. Schljapina - K. A. Schmorgoner
GEORGES BIZET – bearbeitet von Rodion Schtschedrin »Torero«
Choreographie: M. Gasijev
G. W. Sudakow
VOLKSMUSIK
»Klumpas«
Choreographie: B. Borisov
Eleven der Permer Choreographischen Schule
PJOTR ILJITSCH TSCHAIKOWSKY
Pas de deux aus dem Ballett »Der Nußknacker«
Choreographie: W. I. Vainonen
L. N. Fominych - J. N. Petuchov
MICHAIL GLINKA
»Walzer«
Choreographie: B. Borisov
G. A. Schljapina - S. I. Smirnowa - A. E. Wyssotschin
W. A. Poluschin
PJOTR ILJITSCH TSCHAIKOWSKY
Pas de deux für Kinder
Choreographie: M. Gasijev
Eleven der Permer Choreographischen Schule
RICCARDO DRIGO
Pas de deux aus dem Ballett »Arlequinade«
Choreographie: M. Petipa
L. N. Fominych - J. N. Petuchov
NIKOLAJ RAKOW
»Die kleine Ballerina«
Choreographie: M. Gasijev
Eine Elevin der Permer Choreographischen Schule
Nadjeshda Pawlowa
und Ballettsolist W. J. Dubrowin
A. TSCHABKOWSKIJ
»Habanera«
N. N. Djatschenko - I. A. Schapowalov
LUDWIG MINKUS
Pas de deux aus dem Ballett »Don Quichotte«
Choreographie: A. Gorsky
O. I. Tschentschikowa - S. I. Smirnova
M. F. Daukajev - S. A. Alexandrow
R. I. Kusmitschewa - A. A. Lissina
O. I. Lukina - L. W. Schipulina

THEATER

2., 4., 7., 9. August, Theater am Kornmarkt
Volkstheater Wien
JOHANN NESTROY
Das Gewürzkrämer-Kleeblatt
Musik Adolf Müller
Mitglieder der Wiener Symphoniker

Inszenierung	Gustav Manker
Ausstattung	Maxi Tschunko
Musikalische Leitung	Norbert Pawlicki
Schwefel	Peter Hey
Baumöl	Rudolf Strobl
Zichori	Herbert Propst
Madame Schwefel	Renate Bernhard
Madame Baumöl	Brigitte Swoboda
Madame Zichori	Hilde Sochor
Viktor	Heinz Petters
Peter	Walter Langer
Brumm	Robert Werner
Luise	Heidi Picha
Frau Schnupf	Maria Englstorfer
Erstes Dienstmädchen	Ulrike Voith
Zweites Dienstmädchen	Rudy Bachheimer
Eine Köchin	Eugenie Weber
Chevalier Donnersturm	Erich Margo
Ein Hausmeister	Karl Krittl
Regerl	Gerti Gunsam

8., 11., 14., 16., 18. August, Martinsplatz
Theater für Vorarlberg
ALEXANDRE DUMAS
Die drei Musketiere

Inszenierung	Bruno Felix
Ausstattung	Hanna Wartenegg
Seine Majestät Ludwig XIII., König von Frankreich, Fährmann	Bruno Felix
Ihre Majestät Anna von Österreich Mutter d'Artagnan, Nachbarin	Rosmarie Heisler
Kardinal Herzog von Richelieu, 2. Mann, Felton	Rudolf Neumann
Seine Gnaden Herzog von Buckingham, Cahusac, Musketier (Bild 4)	Uwe Brehmer
Mylady von Winter, Estafena	Annemarie Lind
Lord von Winter, 1. Mann, Wirt (Bild 2), Ferenzac	Paul Hör
Treville, Vater d'Artagnan, Herr Bonacieux, Reisender	Günter Lieder
Athos, Intentant, Kommentator (Bild 10)	Helmut Kasimir
Porthos, 2. Lampenputzer	Helfried Edlinger
Aramis, Schneider	Günter Treptow
D'Artagnan, 1. Lampenputzer	Kurt Sternik

Boistracy, Boisrenard, Kanzler Séguier, Backson, Wache (Bild 21 und 22) Ernst Hofstetter
Rochefort, Wache (Bild 11)
Pfarrer, Henker, Patrick Wolfgang Böck
Jussac, Wache (Bild 11), Gardist (Bild 16), Prinzipal, Wache (Bild 21) Otto Brabec
Biscarrat, Kommentator (Bild 6 und 15), Planchet, Wirt (Bild 19), Clarick Rudolf Klamminger
Frau Bonacieux, Zofe Susanne Altweger

11., 13., 15. August, Theater am Kornmarkt
Burgtheater Wien
PIERRE CHAMBLAIN DE MARIVAUX
Das Spiel von Liebe und Zufall
Inszenierung Leopold Lindtberg
Ausstattung Toni Businger
Herr Orgon Alexander Trojan
Mario Florian Liewehr
Silvia Sylvia Manas
Dorante Dieter Witting
Lisette Helma Gautier
Harlekin Rudolf Buczolich
Ein Diener Hannes R. Zinder

Pierre Chamblain de Marivaux, Das Spiel von Liebe und Zufall, 1977. Theater am Kornmarkt. Dieter Witting (Dorante), Sylvia Manas (Silvia).

Eröffnungsgottesdienst
24. Juli, Stadtpfarrkirche St. Gallus
Festgottesdienst
Dirigent Wolfgang Lässer
Solisten
Sabine Hass, Sopran - Helrun Gardow, Alt
Heribert Steinbach, Tenor - Artur Korn, Baß
An der Orgel Elgar Odo Polzer
Wiener Symphoniker
Stadtpfarrchor St. Gallus
FRANZ SCHUBERT
Messe in B-Dur, op. 141
Proprium im Gregorianischen Choral
(Scola der Musikhauptschule Bregenz, Leitung: Gerhard Dallinger)
Zur Opferung: Alessandro Scarlatti »Exultate Domino«

KONZERTE

25. Juli, Kirche St. Gallus Scheidegg/Allgäu
Concentus musicus
Ensemble für alte Musik
Alice Harnoncourt, Peter Schoberwalter, Walter Pfeiffer, Josef de Sordi Barockviolinen
Kurt Theiner Barockviola
Nikolaus Harnoncourt Barockcello
Eduard Hruza Violone
Leopold Stastny Traversière
Jürg Schaeftlein, Paul Hailperin Barockoboen
Milan Turkovic Barockfagott
Herbert Tachezi Cembalo
HENRY PURCELL
Suite aus »The Fairy Queen«
GIOVANNI BATTISTA PERGOLESI
Concertino in f-Moll
JOHANN SEBASTIAN BACH
Konzert für Oboe, Violine, Streicher und Basso continuo, BWV 1060 in d-Moll
Ouvertüre in h-Moll, BWV 1067

25. Juli, Martinsplatz
Serenade
Ensemble di Venezia
Leitung Mario Pitzianti
Giovanni Guglielmo, Violine - Massimo Battistella, Violone - Aleardo Savelli, Bratsche - Adriano Vendramelli, Violoncello - Mario Pitzianti, Kontrabaß - Roberto Trame, Horn - Guido Fuga, Horn
TOMMASO ALBINONI Sonata a cinque in A-Dur
GIUSEPPE TARTINI Sonata a quattro in A-Dur
ANTONIO VIVALDI Sonata in d-Moll »La Follia«
WOLFGANG AMADEUS MOZART
Divertimento in D-Dur, (KV 334)

26. Juli, Theater am Kornmarkt
I. Orchesterkonzert
Wiener Symphoniker
Dirigent Kyrill Kondrashin
Solist Gerhard Oppitz, Klavier
PJOTR ILJITSCH TSCHAIKOWSKY
Musik zum Frühlingsmärchen »Schneeflöckchen« von Alexander Nikolajewitsch Ostrowsky
SERGEJ RACHMANINOW
Rhapsodie über ein Thema von Paganini, op. 43
DMITRIJ SCHOSTAKOWITSCH
Symphonie Nr. 6, op. 53

30. Juli, Rittersaal Hohenems
Camerata academica des Mozarteums Salzburg
Dirigent Ernst Märzendorfer
Solistin Sachiko Nakajime, Violine
CHRISTOPH WILLIBALD GLUCK
Ouvertüre zu Hypermnestra
ANTONIO VIVALDI
Concerto in e-Moll für Streicher und Cembalo, Fanna XI/13, Pincherle 127
GEORG FRIEDRICH HÄNDEL
Largo für 2 Hörner und Streicher in F-Dur
Concerto grosso in A-Dur, op. 6, Nr. 11 (1739)
Concerto in D-Dur für 2 Hörner und Streicher (1715)
ANTONIO VIVALDI
Concerto in F-Dur für Streicher und Cembalo, Fanna XI/2, Pincherle 292
JOHANN SEBASTIAN BACH
Konzert für Violine und Streicher in E-Dur, BWV 1042 (1720)

1. August, Herz-Jesu-Kirche
II. Orchesterkonzert
Wiener Symphoniker
Dirigent Kyrill Kondrashin
Solisten
Grigorij Zhislin, Violine - Sylvia Sass, Sopran
BORIS TSCHAIKOWSKY
Thema mit 8 Variationen
SERGEJ PROKOFJEW
Violinkonzert Nr. 2, in g-Moll, op. 63
GUSTAV MAHLER
Symphonie Nr. 4 in vier Sätzen für großes Orchester und Sopran solo

2. August, Stadthalle Feldkirch
III. Orchesterkonzert
Wiener Symphoniker
Dirigent und Solist Wolfgang Schneiderhan
WOLFGANG AMADEUS MOZART
Divertimento in D-Dur, (KV 136)
Konzert Nr. 3 in G-Dur für Violine und Orchester, (KV 216)
Konzert Nr. 5 in A-Dur für Violine und Orchester, (KV 219)
Symphonie Nr. 28 in C-Dur, (KV 200)

8. August, Theater am Kornmarkt
Carlo Bergonzi, Tenor
Am Klavier Enrico Pescina
ALESSANDRO SCARLATTI »Oh cessate di piagarmi«
GIUSEPPE VERDI »Stornello«
STEFANO DONAUDY »Oh del mio amato ben«
PAOLO FRANCESCO TOSTI
»L'alba separa dalla luce l'ombra«
GAETANO DONIZETTI »Me voglio fa 'na casa«
VINCENZO BELLINI »Vaga luna che inargenti«
GIACOMO MEYERBEER
Aus »Die Afrikanerin« - »O Paradiso«
GIOACCHINO ROSSINI »La promessa«
ARTURO BUZZI-PECCIA »Lolita«
PIETRO MASCAGNI »Serenata«
GIOACCHINO ROSSINI »La danza«
LUIGI DENZA »Occhi di fata«
STEFANO DONAUDY »Vaghissima sembianza«
GIUSEPPE VERDI
Aus »Luisa Miller« - »Quando le sere al placido ...«

10. August, Herz-Jesu-Kirche
IV. Orchesterkonzert
ORF-Symphonieorchester
Dirigent Leif Segerstam
FRANZ SCHUBERT
Symphonie Nr. 1, in D-Dur, DV 82
KRZYSTOF PENDERECKI
»Als Jakob erwachte ...« für Orchester (1974)
ANTON BRUCKNER
Symphonie Nr. 1, in c-Moll

14. August, Theater am Kornmarkt
V. Orchesterkonzert
Wiener Symphoniker
Dirigent Ferdinand Leitner
Solist Valentin Gheorghiu, Klavier
RICHARD STRAUSS
Tanzsuite nach François Couperin
LUDWIG VAN BEETHOVEN
Klavierkonzert Nr. 1, in C-Dur, op. 15
WOLFGANG AMADEUS MOZART
Symphonie Nr. 40, in g-Moll, (KV 550)

18. August, Theater am Kornmarkt
VI. Orchesterkonzert
Wiener Symphoniker
Dirigent Yuri Ahronovitch
Solist Heinrich Schiff, Violoncello
GOTTFRIED VON EINEM
Concerto für Orchester, op. 4
JOSEPH HAYDN
Konzert für Violoncello und Orchester in D-Dur, Hob. VIIb, Nr. 2
ANTONÍN DVOŘÁK
9. Symphonie in e-Moll, op. 95 - »Aus der neuen Welt«

20. August, Theater am Kornmarkt
Klavierabend
Emil Gilels
LUDWIG VAN BEETHOVEN
Sonate Nr. 16 in G-Dur, op. 31, Nr. 1
Sonate Nr. 12, in As-Dur, op. 26
Sonate Nr. 25 in G-Dur, op. 79
Sonate Nr. 26 in Es-Dur, op. 81a
Sonate Nr. 27, in e-Moll, op. 90

1978 **20. Juli – 23. August**

SPIEL AUF DEM SEE

21., 22., 26., 28., 29. Juli, 2., 4., 5., 9., 11., 12., 16., 18., 19. August, Seebühne
(Die Veranstaltung am 16. 8. fiel aus).
JOHANN STRAUSS
Tausendundeine Nacht
Dirigent Walter Goldschmidt
Inszenierung Kurt Pscherer
Bühnengestaltung und Kostüme Toni Businger
Choreographie Wazlav Orlikowsky
Wiener Symphoniker
Bregenzer Festspielchor
Ballett der Vereinigten Bühnen Graz
Fürst Suleiman Anton de Ridder
Mossu, ein Fischer William Reeder
Großwesir Helmut Berger-Tuna
Leila Hildegard Uhrmacher, Eva Bartfai
Ormuz Hans Kraemmer
Eddin Peter Lindner
Wally Celia Jeffreys
Kiossim Christian Schratt
Dunim Herbert Prikopa

Johann Strauß, Tausendundeine Nacht, 1978. Helmuth Froschauer und Kurt Pscherer bei den Proben.

Georg Friedrich Händel, Xerxes, 1978. Hohenems.

Johann Strauß, Tausendundeine Nacht, 1976. Seebühne. Hildegard Uhrmacher (Leila), Anton de Ridder (Fürst Suleiman).

Ernst Lothar/Arthur Schnitzler: Leutnant Gustl, 1978. Theater am Kornmarkt. Franz Stoss (Oberst Brunnthaler), Hans Holt (von Zindler).

OPER

20., 23., 27., 31. Juli, Theater am Kornmarkt
GIOACCHINO ROSSINI
La Cenerentola

Dirigent	Carlo Franci
Inszenierung	Filippo Crivelli
Bühnenbild und Kostüme	Carlo Savi
Wiener Symphoniker	
Wiener Staatsopernchor	
Don Ramiro	Vittorio Terranova
Dandini	Domenico Trimarchi
Don Magnifico	Giuseppe Taddei
Tisbe	Mariella Adani
Clorinda	Laura Zanini
Angelina	Biancamaria Casoni
Alidoro	Leonardo Monreale

6., 8., 10. August, Hof des Gräflichen Palastes Hohenems
GEORG FRIEDRICH HÄNDEL
Xerxes
(In deutscher Sprache)
Opernstudio des Großen Theaters Warschau (Teatr Wielki)

Musikalische Leitung	Mieczyslaw Nowakowski
Inszenierung	Wlodzimierz Golobow
Ausstattung	Liliana Jankowska
Choreographische Betreuung	Zbigniew Korycki
Orchester und Chor der Staatlichen Hochschule für Musik in Warschau	
Am Cembalo	Maria Pritulakowa
Xerxes	Wojciech Miazga
Arsamenes	Roman Krotofil
Amastris	Anna Leszczak
Romilda	Izabela Urbanska-Klosinska
Atalanta	Anna Milczarek
Ariodates	Dariusz Niemirowicz
Elviro	Wlodzimierz Polatynski

THEATER

30. Juli, 1., 3. August, Theater am Kornmarkt
Thalia-Theater, Hamburg
ANTON TSCHECHOW
Onkel Wanja

Inszenierung	Dieter Giesing
Bühnenbild	Wilfried Minks
Kostüme	Dietlind Konold
Serebrjakow	Richard Münch
Jelena Andrejewna	Nicole Heesters
Sonja	Ingrid Andree
Marja Woinizkaja	Elisabeth Goebel
Wanja	Peter Striebeck
Astrow	Boy Gobert
Ilja Iljitsch Telegin	Horst Dieter Sievers
Njanja	Fiete Krugel-Hartig
Ein Arbeiter	Lothar Rehfeldt

»Ganz großartig Sonja (Ingrid Andree), die diesen Part mit wahrer Selbstaufopferung spielt und bei aller gewollten Häßlichkeit immer wieder durchschimmern läßt, welch reiches, liebefähiges Wesen hinter dieser Maske steckt. Auch Boy Gobert, mit einem fürchterlichen Schnurrbart verunziert, weist jede Versuchung von sich, durch seine Erscheinung zu glänzen. Auch er spürbar überzeugt, daß das Leben verpfuscht ist und daß man sich ihm dennoch stellen muß. In seiner tapferen, mitunter sanft ironischen Resignation ist er der gegebene Partner für Sonja, auf die er aber kein Auge verwendet.«

Auszug. Entnommen aus: DIE WELT, 1. 8. 1978.

8., 10., 14., 15. August, Theater am Kornmarkt
Wiener Burgtheater
HENRIK IBSEN
Hedda Gabler

Inszenierung	Peter Palitzsch
Ausstattung	Karl Kneidl
Dr. Jörg Tesman	Joachim Bissmeier
Hedda	Erika Pluhar
Juliane Tesman	Hilde Wagener
Frau Elvsted	Maresa Hörbiger
Assessor Brack	Frank Hoffmann
Ejlert Lövborg	Ernst Jacobi
Berta	Lilly Stepanek

»Von der Inszenierung her eher fragwürdig, wurde die Aufführung zum Ereignis durch eine Idealbesetzung der Titelrolle. Erika *Pluhar*, mit umschatteten Augen im bleichen Gesicht eine Erscheinung reinsten Fin de siècle, verkörperte in nervöser Intensität und fortwährender innerer Zerrissenheit eine Hedda, aus deren Langeweile jene Bösartigkeit erwuchs, die im Verein mit dem Machtanspruch zerstörerische Kräfte freisetzte und gleichzeitig die innere Leere verspüren ließ. Ein Kabinettstück sublimster psychologischer Charakterdarstellung, eine Hedda Gabler, die man nicht mehr vergessen wird.«

Auszug. Entnommen aus: NEUE ZÜRCHER ZEITUNG, 11. 8. 1978.

17., 21., 23. August, Theater am Kornmarkt
Theater in der Josephstadt
Uraufführung
ERNST LOTHAR / ARTHUR SCHNITZLER
Leutnant Gustl

Inszenierung	Walter Davy
Bühnenbild	Lois Egg
Kostüme	Birgit Niessner
Oberst Brunnthaler	Franz Stoss
Oberstleutnant Freiherr von Zindler	Hans Holt
Major Nehuda	Albert Rueprecht
Hauptmann Fallsteiner	Herbert Kersten
Hauptmann Blany	Helmut Schleser
Oberleutnant Mirovic	Michael Toost
Leutnant Wilfert	Alexander Waechter
Leutnant Kopetzky	Fritz von Friedl
Leutnant von Retzl-Wartholz	Matthias Croy
Odonnanz Ebner	Karl Hellmich
Infanterist	Walter Klinger
Major Mokry	Robert Dietl
Oberleutnant	Alfred Reiterer
Doschentzky	Kitty Speiser
Anna Riedel	Rudolf Rösner
Habetswallner	Helly Servi
Frau Beierl	Heribert Aichinger
Gföllner	Karl Krittl

Lotte Ingrisch, Der Herr Floridus, 1978. Martinsplatz.

9., 12., 15. August, Martinsplatz
Theater für Vorarlberg
Uraufführung
LOTTE INGRISCH
Der Herr Floridus

Inszenierung	Bruno Felix
Ausstattung	Hanna Wartenegg
Herr Floridus, Pfarrer	Paul Hör
Fräulein Rattilie Zwickerl, Göttin des Fortschritts	Rosmarie Heisler
Der Mesner, auch in der Gestalt des Harlekin	Helfried Edlinger
Die Köchin, auch in der Gestalt der Hexe Baba	Karin Mommsen
Emil Holzbein, Polizist	Helmut Kasimir
Rosalinde Strizzi, Diebin	Elisabeth Arno
König Sternschnauz, Herr der Unterwelt	Christian Margreiter

Eröffnungsgottesdienst
23. Juli, Stadtpfarrkirche Herz-Jesu
Festgottesdienst
Dirigent Karl Matheisl
Solisten
Hildegard Uhrmacher, Sopran
Eva Bartfai, Mezzosopran - William Reeder, Tenor
Leonardo Monreale, Baß
An der Orgel Walfried Kraher
Wiener Symphoniker
Chor der Stadtpfarrkirche Herz-Jesu
Proprium:
Lieder aus dem »Gotteslob«
JOSEPH HAYDN: »Salus et Gloria«
Ordinarium:
WOLFGANG AMADEUS MOZART:
Missa in C, (KV 66) (Dominicus-Messe)

KONZERTE

21. Juli, Kirche St. Gallus Scheidegg/Allgäu
Pro cantione antiqua, London
Kevin Smith, Kontratenor
Timothy Penrose, Kontratenor - James Griffett, Tenor
Ian Partridge, Tenor - Brian Etheridge, Baß
David Thomas, Baß
WILLIAM CORNYSHE Ave Maria
ALFONSO FERRABOSCO I Vocem meam audisti
PIERLUIGI PALESTRINA Sicut cervus
ORLANDO LASSO O bone Jesu
PLAINSONG
Kyrie cum versibus: Orbis Factor
Sequentia: Nato Canunt omnia
ANONYMUS
There is no rose of such virtue
Synge we to this merry cumpane
JOSQUIN DESPREZ
Tu solus, qui facis mirabilia
JEAN DE OCKEGHEM
Introitus aus der »Missa Pro Defunctis«
JOSQUIN DESPREZ
Trauergesang auf den Tod de Ockeghems
THOMAS TALLIS
Lamentationes Jeremiae Prophetae

22. Juli, Rittersaal, Gräflicher Palast Hohenems
Brahms-Trio
Kirsti Hjort, Klavier - Conrad von der Goltz, Violine
Ludwig Hoelscher, Violoncello
JOHANNES BRAHMS
Klaviertrio in H-Dur, op. 8 (2. Fassung)
FRANZ SCHUBERT
Trio in Es-Dur, op. 100 / D 929

22. Juli, Abteikirche Mehrerau
The Camerata of the University of Maryland
Leitung Samuel Gordon
MUSICA BRITTANICA 1500–1700
Auswahl aus Werken von Heinrich VIII.
William Cornyshe - Orlando Gibbons - John Dowland
Robert Jones - Thomas Ravenscroft - John Wilbye
William Francis Pilkington - William Byrd
Henry Purcell
Weitere Werke von:
Jacob Arcadelt, Luca Marenzio, Mario Savioni, Georg Philipp Telemann, Joseph Haydn, Edward MacDovell, Felix Mendelssohn-Bartholdy, Charles v. Stanford, Charles Ives, Thomas E. Benjamin, Jean Berger, John Gerrish, Charles Ives, Juan Orrego-Salas, Samuel Barber, Gian-Carlo Menotti
Amerikanische Folk Songs und Spirituals
Great day! - Sometimes I feel like a motherless child
Joshua fit the battle of Jerico
I couln't hear nobody pray - Let us break bread together
Child of God - Oh, Freedom!

24. Juli, Theater am Kornmarkt
I. Orchesterkonzert
Wiener Symphoniker
Dirigent Leopold Hager
Solistin Edith Peinemann, Violine
WOLFGANG AMADEUS MOZART
Symphonie in D-Dur, (KV 504)
»Prager Symphonie«
WOLFGANG AMADEUS MOZART
Konzert für Violine und Orchester No. 4 in D-Dur, (KV 218)
FRANZ SCHUBERT
Symphonie No. 6 in C-Dur, D. 589

25. Juli, Theater am Kornmarkt
Solistenkonzert
Carlo Bergonzi, Tenor
Am Flügel Edoardo Müller
ALESSANDRO SCARLATTI
»Già il sole del Gange«
PAOLO FRANCESCO TOSTI
»Tormento« - »Ideale« - »L'ultima canzone«
LUDWIG VAN BEETHOVEN
»Ich liebe dich«
ROBERT SCHUMANN
Wanderlied - »Wohlauf noch getrunken«
GIUSEPPE PIETRI
»Maristella - Io conosco un giardino«
GIULIO CACCINI »Amarilli«
PIETRO ADOLFO TIRINDELLI
»O Primavera«
LIBERO BOVIO - EVEMERO NADELLA
»Chiove«
EDOUARD LALO
»Le roy d'Ys - Vainement ma bien aimée«
TOMMASO GIORDANI
»Caro mio ben«
VINCENZO DE CRESCENZO
»Rondine al nido«
JACQUES HALÉVY
»Die Jüdin - Rachel quand du Seigneur«

25. Juli, Seezentrum Hard
Wiener Kammermusiker
Roswitha Randacher, 1. Violine - Peter Katt, 2. Violine
Nicholas Logie, Viola - Marina Orlov, Violoncello
Werner Buchmann, Kontrabaß - Willfried Gottwald, Klarinette - Wolfgang Kühn, Fagott - Othmar Berger, Horn
MICHAEL HAYDN
Quintett in Es-Dur für Violine, Viola, Klarinette, Fagott und Horn
FRANZ SCHUBERT
Oktett op. 166 in F-Dur für Violinen, Viola, Violoncello, Kontrabaß, Klarinette, Fagott und Horn

30. Juli, Vaduzer Saal Vaduz
Festkonzert in Vaduz
Zugunsten des Festspielhauses
Wiener Symphoniker
Dirigent Carlo Franci
Solisten
Biancamaria Casoni, Mezzosopran - Vittorio Terranova, Tenor - Domenico Trimarchi, Bariton - Arve Tellefsen, Violine - Albert Arbeiter, Klavier
FRANZ SCHUBERT
»Die Zauberharfe«, D. 644 - Ouvertüre (Rosamunden-Musik)
HENRY PURCELL
Aus »Dido und Aenas«, Rezitativ und Arie der Dido
»Thy hand, Belinda – when I am laid in earth«
WOLFGANG AMADEUS MOZART
Aus »Così fan tutte«, Arie des Ferrando
»Un aura amorosa«
Aus »Die Hochzeit des Figaro«, Arie des Cherubin
»Voi che sapete«
MAURICE RAVEL
»Tzigane«, Rhapsodie für Violine und Orchester
GIUSEPPE VERDI
Aus »Rigoletto«, Arie des Herzogs »La donna é mobile«
GIOACCHINO ROSSINI
Aus »Der Barbier von Sevilla«, Duett Rosina Figaro »Dunque io son ...«
MANUEL DE FALLA
Aus »Der Dreispitz«, Suite
OTTORINO RESPIGHI
»Pini di Roma«

3. August, Herz-Jesu-Kirche
II. Orchesterkonzert
Wiener Symphoniker
Dirigent Eugen Jochum
FRANZ SCHUBERT
Symphonie in h-Moll, D. 759 »Die Unvollendete«
ANTON BRUCKNER Symphonie Nr. 3 in d-Moll

6. August, Theater am Kornmarkt
III. Orchesterkonzert
ORF-Symphonieorchester
Dirigent Leif Segerstam
ALBAN BERG
Drei Stücke für Orchester, op. 6
GUSTAV MAHLER
Symphonie No.1 in D-Dur »Titan«

7. August, Martinsplatz
Serenade
Kammerorchester der Wiener Symphoniker
Dirigent Kurt Brass
Solist Herbert Weiss, Flöte
WOLFGANG AMADEUS MOZART
Serenata notturna in D-Dur, (KV 239)
Konzert für Violine No. 2 in D-Dur, (KV 211)
OSWALD LUTZ
Abendmusik für Streicher, op. 71
JOSEPH HAYDN
Konzert für Flöte und Streichorchester in D-Dur

11. August, Theater am Kornmarkt
Solistenkonzert
Anneliese Rothenberger, Sopran
Am Flügel Günther Weissenborn

FRANZ SCHUBERT
Auf dem Wasser zu singen - An die Nachtigall
Nacht und Träume - Seligkeit - Gretchen am Spinnrad
HUGO WOLF
Das verlassene Mägdlein - Elfenlied - Gebet
An den Schlaf - Zitronenfalter im April
Storchenbotschaft
JOHANNES BRAHMS
Zigeunerlieder, op. 103
RICHARD STRAUSS
Die Nacht - Schlechtes Wetter - Morgen - Der Stern
Befreit

»Höhepunkt einer kaum zu überbietenden Interpretation aber waren die Lieder von Richard Strauss (Die Nacht, Schlechtes Wetter, Morgen, Der Stern, Befreit), wobei in der Registerausgeglichenheit lichthelle Strahlkraft in der Höhe und fundierte Mezzotiefe ebenso faszinierten wie die textempfindsame Deutung.

Einen wesentlichen Anteil an den Wiedergaben hatte der hervorragende Begleiter Günther Weissenborn, der in den Nuancen seines Anschlags, Kontrasten in Tempo und Dynamik und expressiver Detailgestaltung seiner langjährigen Partnerin entscheidende, mitführende Impulse verlieh.«

Auszug. Entnommen aus: SÜDKURIER, 14. 8. 1978.

Giacomo Puccini, Turandot, 1979. Bühnenbildmodell von Toni Businger.

13. August, Theater am Kornmarkt
IV. Orchesterkonzert
Wiener Symphoniker

Dirigent	Ferdinand Leitner
Solistin	Carole Reinhart, Trompete

JOSEPH HAYDN
Symphonie No. 98 in B-Dur, (Hob. I/98)
Konzert für Trompete und Orchester in Es-Dur
Symphonie No. 104 in D-Dur, (Hob. I/104)

18. August, Kirche St. Gallus Scheidegg/Allgäu
Edward Tarr Brass Ensemble
GIOVANNI GABRIELI
Vier Instrumentalwerke
Canzon 28 à 8, »La la sol la fa mi«
Canzon 1 à 4, »La Spiritata«
Canzon 2 à 4
Sonata pian e forte à 8
MATTHEW LOCKE
Fünfstimmige Stücke für die Zinken
GOFFREDO PETRASSI
Fanfare per 3 trombe in do (Deutsche Erstaufführung)
ADOLPHUS HAILSTORK
Spiritual
SIGISMUND RITTER VON NEUKOMM
Drei Aufzüge
JACQUES DANICAN-PHILIDOR
Marche de timballes
CARL PHILIPP EMANUEL BACH
Marcia - für die Arche Marcia - Prestissimo
Marcia da capo
LUDWIG VAN BEETHOVEN
Drei Equali für 4 Posaunen (1812)
HEINRICH IGNAZ FRANZ BIBER
Sonata Sancti Polycarpi

20. August, Theater am Kornmarkt
V. Orchesterkonzert
Wiener Symphoniker

Dirigent	Witold Rowicki
Solist	Andrzej Ratusinski, Klavier

JAN STEFANI - GRZEGORZ FITELBERG
3 Tänze aus der Oper »Die Krakowiter und die Bergvölker«
Polonaise - Krakowiak - Oberek
FRÉDÉRIC CHOPIN
Konzert für Klavier und Orchester No. 2 in f-Moll, op. 21
PJOTR ILJITSCH TSCHAIKOWSKY
Symphonie Nr. 6 in h-Moll, op. 74 - »Pathétique«

22. August, Theater am Kornmarkt
Solistenkonzert
Hermann Prey, Bariton
Am Flügel Geoffrey Parsons
LUDWIG VAN BEETHOVEN
An die Hoffnung, op. 94
Wonne der Wehmut, op. 83,1
Liederzyklus von A. Jeitteles, op. 98
Sechs Lieder von C. F. Gellert, op. 48
Sehnsucht, op. 83,2 - Mailied, op. 52,2
Der Kuß, op. 128 - Adelaide, op. 46
Das Blümchen Wunderhold, op. 52,8
Neue Liebe, neues Leben, op. 75,2

»Den von den Bregenzer Festspielen 1978 erstmals veranstalteten Zyklus ›Stimmen der Welt‹ beschloß nach Carlo Bergonzi und Anneliese Rothenberger Hermann Prey im vollbesetzten Kornmarkttheater mit einem Beethoven-Liederabend, bei dem er die sommerliche Schwüle mit einem unkonventionellen Programm spielend besiegte.
...

Mit seinem ungetrübt schönen Bariton, der vom gehauchten Piano bis zum kräftigen Forte eine Fülle von Nuancen anzubieten hat, gestaltete Hermann Prey die Lieder mit einer Ökonomie, die den denkenden Sänger verrät.
...

Ohne falsches Pathos, sparsam im Gebrauch der Mittel, interpretierte Hermann Prey die Texte überzeugend, treffsicher und abgerundet in der musikalischen Wortausdeutung.
...

Kein Wunder, daß das Publikum Prey und seinen ebenbürtigen Begleiter Geoffrey Parsons wahrhaft enthusiastisch feierte.«

Auszug. Entnommen aus:
VORARLBERGER NACHRICHTEN, 24. 8. 1978.

1979 19. Juli – 22. August

SPIEL AUF DEM SEE

20., 21., 25., 27., 28. Juli, 1., 3., 4., 8., 10., 11., 14., 17., 18. August, Seebühne
(Die Veranstaltung am 3. 8. fiel aus).
GIACOMO PUCCINI
Turandot

Dirigent	Anton Guadagno
Inszenierung	Jean-Claude Riber
Bühnengestaltung und Kostüme	Toni Businger

Wiener Symphoniker
Bregenzer Festspielchor
Kinderchor Weiler-Klaus
(Einstudierung: Ruth Fussenegger)
Ballett des Nationaltheaters Prag

Turandot	Radmila Bakocevic Galina Savova
Altoum	Toma Popescu
Timur	Peter Wimberger
Kalaf	Amedeo Zambon William Johns
Liù	Maria de Francesca-Cavazza Alida Ferrarini
Ping, Kanzler	Hans Helm
Pang, Marschall	Mario Guggia
Pong, Küchenmeister	Angelo Marchiandi
Ein Mandarin	Eberhard Storz
Der junge Prinz von Persien	Wolfgang Witte
Erste Stimme	Hedwig Drechsler
Zweite Stimme	Helga Scherhaufer

OPER

19., 22., 29. Juli, Theater am Kornmarkt
Meisterwerke der italienischen Oper

Dirigent	Bruno Amaducci
Inszenierung	Beppe de Tomasi
Ausstattung	Antonio Mastromattei
Choreographie	Jiří Blažek
Chorleitung	Helmuth Froschauer

Wiener Symphoniker
Am Cembalo
Anna Maria Vacchelli-Monterosso
Wiener Staatsoper
Ballett des Nationaltheaters Prag
CLAUDIO MONTEVERDI
Il combattimento di Tancredi e Clorinda

Erzähler	Biancamaria Casoni
Clorinda	Tanz: Marta Drottnerova Gesang: Mariagrazia Ferracini
Tancredi	Tanz: Vlastimil Harapes Gesang: Carlo Gaifa
Adelige Damen und Herren, Pagen	Ballett des Nationaltheaters Prag Wiener Staatsopernchor

DOMENICO CIMAROSA
Il maestro di capella

Bearbeitung	Bruno Amaducci
Der Musikmeister	Giuseppe Taddei

GAETANO DONIZETTI
Il campanello

Don Annibale Pistacchio	Giuseppe Taddei
Serafina	Mariella Devia
Madama Rosa	Biancamaria Casoni
Enrico	Leo Nucci
Spiridione	Carlo Gaifa

26., 27., 29. Juli, Hof des Gräflichen Palastes Hohenems
Renaissance-Fest
Koninklijk Ballet van Vlaanderen
Consortium antiquum

Choreographie	Jeanne Brabants
Einstudierung	Andreé Marlière
Musikalische Leitung	Jean-Pierre Biesemans
Produktionsleitung	Guido Canfijn
Dekoration und Kostüme	Mimi Peetermans

Blick vom Regiepult auf das Bühnenbild von Turandot, 1979.

»Ein Tag am Hofe von Burgund«

I.

Antonius Busnoys	Corps digne - Dieu quel Mariage
Guillaume Dufay	Vergine bella
Philippe Basiro	L'Homme armé

II.

»Toilette und Gebet der Herzöge«

Antonius Busnoys	Gratieuse
Johannes Stockem	Brunette
Gilles Binchois	Se j'eusse un seul peu d'esperanche
Johannes Turont	O Gloriosa Regina

III.

Anonymus	Weit ghy wat mynder jonghen herten deert
Guillaume Dufay	Flos Florum
Conrad Paumann	Mit ganczem Willen

IV.

»Spiel im Garten«

Guillaume Dufay	Bon jur, bon mois
Heinrich Isaac	't Meiskin was jonck
Gilles Binchois	Margarite, fleur de valeur
Anonymus	My heeft een piperken

V.

Jacob Obrecht	Ic draghe de mutse clutse
Gilles Binchois	De plus en plus
Jacob Obrecht	Waer si di han
Heinrich Isaac	Donna, di dentro dalla tua casa

VI.

»Fest und Tanz am Hof«

Jacob Obrecht	Stat ein Meiskin was junck
Anonymus	Myn morken gaf my een jonck wyff
Aus dem Tanzbuch der Margarethe von Österreich	5 Tänze La franchoise nouvelle La Dance de Ravenstein Roti boully ioyeulx La Dance de Clèves L'esperance de Bourbon
Herzog Philipp der Gütige	Alexander Sombart
Herzogin Isabella von Portugal	Karin Heyninck
Edle Damen und die Ritter vom Goldenen Vlies	Frieda Brijs Christiane Latré Marie-Jeanne Wauman Gilbert Serres Lucien Bruchon Sven Bradshaw
Der Diener, später Ritter vom Goldenen Vlies	Angelito Lozano
Dienstmagd, später Edle Dame	Christiane Meyten

»Salve Antverpia«

Pierre Phalèse	Passomezzo d'Ytalye und Reprince
Tielman Susato	Hoboeckentanz Allemande Courante Rondo Gaillarde
Jacob Florius	O amoureusich mondeken root
Pierre Phalèse	Branle Simple I, II Allemande III Saltarello »Poussinghe« Rondo und Saltarello Allemande
Pierre Phalèse - Jean Bellère	Ungaresca und Saltarello

Solisten in der Reihenfolge des Auftretens

Guillermina Coll	Rudi Van den Berghe
Christiane Meyten	Daniel Rosseel
Dominique Casanova	Takahiro Harada
Marie-Jeanne Wauman	Gilbert Serres
Roselinde De Craecker	Jean-Jacques Vidal
Christiane Latré	Lucien Bruchon
Patricia Carey	Stefan Schuller

und das Corps de ballet

THEATER

23., 24., 26. Juli, Theater am Kornmarkt
Bayerisches Staatsschauspiel, München
JEAN-BAPTISTE MOLIÈRE

Tartuffe

Inszenierung	Ingmar Bergman
Ausstattung	Charlotte Flemming
Frau Pernelle	Klaus Guth
Orgon	Walter Schmidinger
Elmire	Rita Russek
Damis	Gerd Anthoff
Marianne	Susanne Uhlen
Valère	Robert Atzorn
Cléante	Karl-Heinz Pelser
Tartuffe	Nikolaus Paryla
Dorine	Gaby Dohm
Loyal	Horst Sachtleben
Ein Abgesandter des Königs	Jürgen Arndt
Flipote	Max Mairich
Laurent	Max Mairich
Bühnenarbeiter	

»Die einzige, die ungebrochene Lebensklugheit und Lebenslust verkörpern darf, ist Gaby Dohm als schnippische Zofe Dorine. Man möchte sie zwar kaum als Hausgehilfin haben – als Darstellerin ist sie ein absolutes As.«

Auszug. Entnommen aus: SCHWÄBISCHE ZEITUNG, 25. 7. 1979.

2., 6., 9., 15. August, Theater am Kornmarkt
Wiener Burgtheater
FRANZ MOLNAR

Der Leibgardist

Inszenierung	Loek Huisman
Ausstattung	Carl Toms
Am Klavier	Erwin Kiennast
Der Schauspieler	Michael Heltau
Die Schauspielerin, seine Frau	Kitty Speiser
Der Kritiker	Valter Taub
Die Mama	Gusti Wolf
Das Stubenmädchen	Eva-Susanne Knoche
Ein Gläubiger	Otto Bolesch
Eine Logenschließerin	Bibiana Zeller

19., 21., 22. August, Theater am Kornmarkt
Theater in der Josephstadt, Wien
GOTTHOLD EPHRAIM LESSING

Nathan der Weise

Inszenierung	Paul Hoffmann
Ausstattung	Thomas Pekny
Sultan Saladin	Kurt Heintel
Sittah	Marion Degler
Nathan	Romuald Pekny
Recha	Elisabeth Danihelka
Daja	Hortense Raky
Ein junger Tempelherr	Bernhard Letizky
Ein Derwisch	Harald Harth
Der Patriarch von Jerusalem	Jochen Brockmann
Ein Klosterbruder	Alfred Böhm

8., 10., 12., 14. August, Martinsplatz
Theater für Vorarlberg
CARLO GOLDONI
Der Impressario von Smyrna
Inszenierung Bruno Felix
Ausstattung Hanna Wartenegg
Ali Kurt Sternik
Carlucchio Helfried Edlinger
Lukrezia Helene Mira
Tognina Heide Stahl
Annina Rosmarie Heisler
Pasqualino Paul Hör
Graf Lasca Stefan Lutz
Maccario Hans Jürgen
Nibio Helmut Kasimir
Mario Franz Strasser

Eröffnungsgottesdienst
22. Juli, Stadtpfarrkirche St. Gallus
Festgottesdienst
Dirigent Wolfgang Lässer
Solisten
Maria de Francesca-Cavazza, Sopran - Mariella Devia, Sopran - Biancamaria Casoni, Mezzosopran - Carlo Gaifa, Tenor - Peter Wimberger, Baß - Gerhard Dallinger, Baß
An der Orgel Elgar Polzer
Wiener Symphoniker
Chor der Stadtpfarrkirche St. Gallus
Proprium im Gregorianischen Choral
(Musikhauptschule Bregenz
Leitung: Wolfgang Schwendinger)
Ordinarium: Joseph Haydn
Feierliches Hochamt in B (»Heilig-Messe«)

KONZERTE

22. Juli, Pfarrkirche St. Gallus
Solistenkonzert
Andre Bernard, Trompete - Günther Fetz, Orgel
GEORG FRIEDRICH HÄNDEL
Suite in D-Dur für Trompete und Orgel
JOHN TRAVERS
Cornet Voluntary für Orgel
JOHANN SEBASTIAN BACH
Choral »Herzlich thut mich verlangen« für Trompete und Orgel
Passacaglia in c-Moll für Orgel
GIUSEPPE TORELLI
Konzert in D-Dur für Trompete und Orgel
ANDRÉ JOLIVET
Arioso Barocco für Trompete und Orgel
JEAN LANGLAIS
Te Deum für Orgel
GEORG PHILIPP TELEMANN
Sonate für Trompete und Orgel

24. Juli, Kursaal Scheidegg/Allgäu
Solistenkonzert
Jörg Demus, Hammerklavier
(John Broadwood, London 1802)
LUDWIG VAN BEETHOVEN
Sonate in c-Moll, op. 13 (»Sonate pathétique«) dem Fürsten Carl Lichnowsky gewidmet
Sonate in d-Moll, op. 31/2 (Sturm-Sonate)
Rondo in G-Dur, op. 51/2
Gräfin Giulietta Guicciardi ursprünglich gewidmet, sodann der Gräfin Henrietta Lichnowsky gewidmet
Sonate quasi una fantasia in cis-Moll, op. 27/2 (»Mondschein-Sonate«) der Gräfin Giulietta Guicciardi gewidmet

28. Juli, Rittersaal, Gräflicher Palast Hohenems
Consortium antiquum, Antwerpen
Leitung Jean Pierre Biesemans
Margarethe Groling, Sopran, Percussion
Michel Bouveroux, Tenor
Dolf Liegeois, Discantviola, Rebec
Luc Torremans, Pommer, Blockflöte, Krummhorn
Luc Faes, Dulzian, Pommer, Blockflöte, Krummhorn, Schalmei
René Van Laken, Pommer, Zink, Blockflöte, Krummhorn
Maria-Christina Kyperienides, Viola da gamba
Frank Liégeois, Viola da gamba
Victor Van Puijenbroeck, Laute
Leo Verheyen, Posaune
Jean-Pierre Biesemans, Positivorgel
Das Jahrhundert der Burgundischen Herzöge
Werke von: Johann Okeghem, Philippe Basiren, Jacob Obrecht, Anonymus, Nicolaas Craen, Antonius Busnoys, Heinrich Isaac, Manuskript der Margarethe von Österreich
Das Goldene Zeitalter Antwerpens
Werke von: Pierre Phalèse, Jean Bellère, Clemens non Papa, Tilman Susato, Pierre Phalèse, Jacob Floridus, Carolus Souliaert, Hubert Waelrant

30. Juli, Martinsplatz
Serenade
Kurpfälzisches Kammerorchester, Mannheim
Leitung Wolfgang Hofmann
Solist Joachim Starke, Flöte
JOHANN STAMITZ
Mannheimer Symphonie No. 3 in B-Dur
IGNAZ HOLZBAUER
Symphonie in G-Dur
CARL STAMITZ
Konzert für Flöte und Orchester in G-Dur
JOSEPH MARTIN KRAUS
Ouvertüre zum Schauspiel »Olympia«
FRANZ ANTON RÖSSLER
Symphonie in D-Dur

31. Juli, Pfarrkirche St. Gallus
I. Orchesterkonzert
Wiener Symphoniker
Wiener Staatsopernchor
Dirigent Leopold Hager
Choreinstudierung Helmuth Froschauer
Solisten
Alida Ferrarini, Sopran
Biancamaria Casoni, Mezzosopran
William Reeder, Tenor - Peter Wimberger, Baß
Anna Maria Vacchelli-Monterosso, Cembalo
GIOVANNI BATTISTA PERGOLESI
Stabat Mater
WOLFGANG AMADEUS MOZART
»Waisenhausmesse«, (KV 139/47a)

4. August, Rittersaal, Gräflicher Palast Hohenems
Madrigal Ensemble Budapest
Leitung Ferenc Szekeres
Viva la musica
Andrea Gabrieli Maria Magdalena
Heinrich Schütz Verba mea auribus percipe
Luca Marenzio O rex gloriae
Adriano Banchieri La pazzia senile »Madrigalkomödie«
Claudio Monteverdi Ecco mormorar l'onde
Lasciatemi morire
O Primavera
John Dowland Shall I me
John Wilbye Adieu sweet Amarillis
Francis Pilkington Rest sweet Nymphs
Giovanni Gastoldi Il Ballerino
Speme amorosa
Amor vittorioso
Caccia d'amore
Paul Peuerl O Musica

5. August, Theater am Kornmarkt
II. Orchesterkonzert
Wiener Symphoniker
Dirigent Zdeněk Košler
Solist Wladimir Krainjew, Klavier
MODEST MUSSORGSKIJ
»Eine Nacht auf dem kahlen Berge«
Konzertphantasie für Orchester, op. post.
SERGEJ PROKOFJEW
Konzert für Klavier und Orchester No. 3, in C-Dur, op. 26
FRIEDRICH SMETANA
»Mein Vaterland« - Vyšehrad - Die Moldau - Šárka

7. August, Theater am Kornmarkt
Solistenkonzert
Wilhelm Kempff, Klavier
LUDWIG VAN BEETHOVEN
Sonate in E-Dur, op. 109
Sonate in As-Dur, op. 110
Sonate in c-Moll, op. 111

»Wilhelm Kempff gehört nach der landläufigen Meinung des eben erwähnten Publikums längst nicht mehr zur Phalanx der besten Pianisten. Besonders die jungen Studenten und die mit hochkarätigen Platteneinspielungen bewehrten ›Kenner‹ sind eifrig bemüht, technische Mängel, Abweichungen von der Interpretationsnorm und das Fehlen grandioser Kraftentladungen aufzuspüren und nachzuweisen. Sie sind zu fein geworden, zu gebildet.
...
Sie wissen so viel, aber die Vulkane, die gebärend in Beethoven kreisten, die Sonnen, die ihm leuchteten, die Schreie, die ihm das Herz zerrissen – davon wissen sie wenig. Und auch von der Stille und Schlichtheit Beethovens wollen sie nichts wissen: denn Beethoven muß Titan sein, der große, überlegene, mit dem Schicksal ringende Titan.

Und dann kommt Kempff, der 84jährige – unpathetisch, leise, schlicht. Das gewaltig voranstürzende, stürmische Ringen und Kämpfen hat er weit hinter sich gelassen. Er führt uns durch sein still-verklärtes, himmlisches Singen in eine andere Welt.
...
Kempff tritt gleichsam aus unserer Welt hinaus, wenn er dieses Thema zu spielen beginnt. Er läßt jede gewollte Akribie vermissen, er meißelt nicht an der melodischen Linie, er setzt keine Schwerpunkte, er nützt nicht einmal alle Möglichkeiten des herrlichen Steinway aus; er breitet keinen Teppich klangsinnlicher Verzückung aus und dennoch strömt die Musik – leidenschaftslos, schlicht und gütig. Es ist eine Musik des Verweilens, des Endlosen; eine Musik des Geistes, der edle und bessere Menschen zusammenhält und den keine Zeit zerstören kann.«

Auszug. Entnommen aus:
VORARLBERGER NACHRICHTEN, 9. 8. 1979.

9. August, Kirche St. Gallus Scheidegg/Allgäu
Kammermusikvereinigung der Wiener Symphoniker
Michael Schnitzler, Violine - Peter Katt, Violine
Siegfried Führlinger, Viola - Walther Schulz, Violoncello
Alois Brandhofer, Klarinette - Robert Freund, Horn
Milan Turkovic, Fagott
Mitwirkend Johannes Auersperg, Kontrabaß
WOLFGANG AMADEUS MOZART
Quintett in A-Dur, (KV 581) für Klarinette, zwei Violinen, Viola und Violoncello
FRANZ SCHUBERT
Oktett in F-Dur, op. 116 für Streichquintett, Klarinette, Horn und Fagott

11. August, Rittersaal, Gräflicher Palast Hohenems
La Salle Quartett
Walter Levin, Violine - Henry Meyer, Violine
Peter Kamnitzer, Viola - Lee Fiser, Cello
JOSEPH HAYDN
Streichquartett op. 20/4 in D-Dur
WITOLD LUTOSLAWSKI
Quartett (1964)
JOHANNES BRAHMS
Streichquartett op. 51/2 in a-Moll

12. August, Theater am Kornmarkt
III. Orchesterkonzert
ORF-Symphonieorchester
Dirigent Leif Segerstam
Solist Ottokar Drapal, Klarinette
ALFRED UHL
Konzertante Symphonie für Klarinette und Orchester
ANTON BRUCKNER 6. Symphonie in A-Dur

13. August, Theater am Kornmarkt
IV. Orchesterkonzert
Wiener Symphoniker
Dirigent Yuri Ahronovitch
Solist Hans Kann, Klavier
ALEXANDER GLASUNOW
»Stenka Rasin«, symphonische Dichtung, op. 13
PAUL KONT
Konzert für Klavier und Orchester 1977 (Uraufführung)
ANTONÍN DVOŘÁK
Symphonie No. 6, in D-Dur, op. 60

16. August, Theater am Kornmarkt
V. Orchesterkonzert
Wiener Symphoniker
Dirigent Hans Wallat
Solistin Birgit Nilsson, Sopran
RICHARD WAGNER Ouvertüre zur Oper »Tannhäuser« - Trauermusik und Brünnhildens Schlußgesang aus »Götterdämmerung«
RICHARD STRAUSS Tanz der sieben Schleier und Salomes Schlußgesang aus »Salome«

»Das 5. Orchesterkonzert mit Birgit Nilsson und den Wiener Symphonikern im wettersicheren Theater am Kornmarkt wurde zu einem Ereignis des Klangzaubers der großen Oper.
Birgit Nilsson, die wohl immer noch bedeutendste Wagner-Sängerin unserer Tage.
...
Die stimmgewaltige schwedische Sopranistin, die heute kaum noch für Sommerfestivals zur Verfügung steht und auch nicht mehr in Bayreuth singt, war an den Bodensee gekommen, um die Bregenzer Festspielgemeinde zu erfreuen.
...
Es war ein Bregenzer Abend von Salzburger Niveau.«

Auszug. Entnommen aus: SÜDKURIER, Konstanz, 18. 8. 1979.

19. August, Seezentrum Hard
Wiener Kammermusiker
Erich Höbarth, 1. Violine - Peter Katt, 2. Violine
Heinz Koll, Viola - Andreas Pokorny, Violoncello
Werner Buchmann, Kontrabaß - Raphael Leone, Flöte
Ernst Kobau, Oboe - Wilfried Gottwald, Klarinette
Wolfgang Kühn, Fagott - Othmar Berger, Horn
JOSEPH RHEINBERGER
Nonett, op. 139 für Flöte, Oboe, Klarinette, Horn, Fagott, Violine, Viola, Violoncello, Kontrabaß in Es-Dur
JOHANNES BRAHMS
Klarinetten-Quintett in h-Moll, op. 115 für Klarinette, 2 Violinen, Viola, Violoncello

20. August, Rittersaal Gräflicher Palast Hohenems
Musica instrumentalis, Wien
Helga Knava, Pardessus de Viole
Gottfried Justh, Altviole
Karl Krumpböck, Tenor Viola da gamba
Ernst Knava, Baß Viola da gamba
Wolfgang Harrer, Großbaß Viola da gamba
Robert Wolf, Block- und Traversflöten
Helmut Ascherl, Tenor-Posaune - Heinz Wallisch, Laute
Martin Klietmann, Tenor
Musik am Hofe Kaiser Maximilians I.
Werke von: Josquin Desprez, Ludwig Senfl, Paul Hofhaimer, Hans Newsidler, Heinrich Isaac, Heinrich Finck

1980 15. Juli – 21. August

SPIEL AUF DEM SEE

19., (20.), 23., 25., 26., 30. Juli, 1., 2., 6., 8., 9., 13., 16., 17., 20. August, Seebühne, (Festspielhaus)
WOLFGANG AMADEUS MOZART
Die Entführung aus dem Serail

Dirigent	Ralf Weikert
Inszenierung	Hans-Peter Lehmann
Bühnengestaltung und Kostüme	Ekkehard Grübler
Wiener Symphoniker	
Bregenzer Festspielchor	
Selim, Bassa	Sieghardt Rupp Heinz Peters
Konstanze	Zdzislawa Donat Barbara Carter
Blonde	Janet Perry - Vicki Hall
Belmonte	Gösta Winbergh Paola Barbacini
Pedrillo	Gerhard Unger Hans Sojer
Osmin	Manfred Jungwirth Rudolf Mazzola

Giuseppe Verdi, Falstaff 1980. Regieprobe mit Giulio Chazalettes und Toni Businger.

OPER

24., 28., 31. Juli, 5., 10. August, Festspielhaus
GIUSEPPE VERDI
Falstaff
(in italienischer Sprache)

Dirigent	Oliviero De Fabritiis
Regie	Giulio Chazalettes
Bühnenbild und Kostüme	Toni Businger
Chorleitung	Helmuth Froschauer
Wiener Symphoniker	
Wiener Staatsopernchor	
Sir John Falstaff	Rolando Panerai Giuseppe Taddei
Ford	Giorgio Zancanaro
Fenton	Alberto Cupido
Dr. Cajus	Piero De Palma
Bardolph	Angelo Marchiandi
Pistol	Paolo Montarsolo
Frau Alice Ford	Margherita Rinaldi
Nanetta	Alida Ferrarini
Frau Meg Page	Rodica Mitrica
Frau Quickly	Fedora Barbieri

THEATER

22., 25., 27. Juli, Theater am Kornmarkt
Theater in der Josefstadt, Wien
ARTHUR SCHNITZLER
Der einsame Weg

Inszenierung	Klaus Maria Brandauer
Bühnenbild	Hans Hoffer
Kostüme	Peter Pabst
Professor Wegrat	Robert Dietl
Gabriele	Ursula Schult
Felix	Matthias Croy
Johanna	Mijou Kovacs
Julian Fichtner	Sieghardt Rupp
Stephan von Sala	Walter Schmidinger
Irene Herms	Susanne Almassy
Dr. Franz Reumann	Eugen Stark
Diener bei Fichtner	Karl Krittl
Diener bei Sala	Karl Hellmich
Stubenmädchen bei Wegrat	Andrea Rössner

»Der diesjährige Schauspielbeitrag wird wie bisher im intimen Theater am Kornmarkt aufgeführt. Aus Wien kam ein Ensemble des Theaters in der Josefstadt, um Schnitzlers DER EINSAME WEG zu produzieren, der im Herbst auch im eigenen Wiener Haus gespielt wird.

...

Klaus Maria Brandauer inszenierte keinen weichen atmosphärischen Schnitzler; ihm geht es darum, die Figuren hart zu strukturieren. Das Stück ist deswegen zwar wenig gefällig, gewinnt aber an Sprengkraft.

...

Die beiden eindrucksvollsten Darsteller: Walter Schmiedinger und Sieghardt Rupp.«

Auszug. Entnommen aus: SÜDDEUTSCHE ZEITUNG, 24. 7. 1980.

12., 14., 15., 18. August, Festspielhaus
Burgtheater Wien
JOHANN NESTROY
Einen Jux will er sich machen

Inszenierung	Leopold Lindtberg
Bühnenbild	Matthias Kralj
Kostüme	Elisabeth Urbancic
Mitglieder der Wiener Symphoniker	
Musikalische Leitung	Kurt Werner
Zangler	Michael Janisch
Marie	Isolde Halwax
Weinberl	Rudolf Buczolich
Christopherl	Robert Meyer
Kraps	Karl Mittner
Frau Gertrud	Lilly Stepanek
Melchior	Fritz Muliar
August Sonders	Peter Wolfsberger
Hupfer	Herbert Kucera
Madame Knorr	Lotte Ledl
Frau von Fischer	Dietlindt Haug
Fräulein von Blumenblatt	Gusti Wolf
Brunninger	Ernst Princz
Philippine	Claudia Reimisch
Lisette	Jeanette Hirschberger
Ein Hausmeister	Walter Stumvoll
Ein Lohnkutscher	Georg Filser
Ein Wächter	Rudolf Paczak
Rab	Tom Krinzinger
Erster Kellner	Heinz Zuber
Zweiter Kellner	Franz Elkins

»Gelungener Einstand des Burgtheaters im neuen Bregenzer Festspielhaus: die Leopold-Lindtberg-Inszenierung der genialen Nestroy-Posse EINEN JUX WILL ER SICH MACHEN kann sich getrost in die Tradition des Wiener Volkstheaters stellen. Rudolf Buczolich, der auch als Coupletsänger überzeugte, gestaltete seinen Weinberl souverän. Und wenn Josef Meinrad seinen Rollennachfolger nach der Vorstellung vor dem Vorhang spontan umarmte, war dies eine nicht nur nette, sondern auch berechtigte Geste.«

Auszug. Entnommen aus: SALZBURGER TAGBLATT, 20. 8. 1980.

5., 7., 9. August, Martinsplatz
Theater für Vorarlberg
TIRSO DE MOLINA
Eifersucht auf sich selbst

Inszenierung	Bruno Felix
Ausstattung	Hanna Wartenegg
Don Alfonso	Thomas Rauchenwald
Dona Magdalena	Monica Schweitzer
Don Jeronimo	Georg Jenny
Don Ramon	Wolfgang Böck
Don Luis	Stefan Lutz
Don Sebastian	Paul Hör
Dona Angela	Heilwig Pfanzelter
Pacheco	Kurt Sternik
Palmira	Helene Mira
Valdivieso	Bruno Felix

Eröffnungsfeier
17. Juli, Festspiel- und Kongreßhaus
Feierliche Eröffnung des Festspiel- und Kongreßhauses und der Bregenzer Festspiele 1980
Wiener Symphoniker
Singverein der Gesellschaft der Musikfreunde in Wien
Auswahlchor des Vorarlberger Sängerbundes
Kirchenchor der Erlöserkirche Lustenau
Dirigent Yuri Ahronovitch
Chorleitung Helmuth Froschauer
Solisten
Barbara Carter, Sopran - Zdzislawa Donat, Sopran
Julia Juon, Mezzosopran - Gerhard Unger, Tenor
Erich Knodt, Baß
An der Orgel Rudolf Scholz
GEORG FRIEDRICH HÄNDEL
Aus »Der Messias« - Halleluja
Ansprache des Präsidenten der Festspielgemeinde Med. Rat Dr. Albert Fuchs
Ansprache des Bürgermeisters der Landeshauptstadt Bregenz Dipl.Ing. Fritz Mayer
HELMUT EDER
Drei Sätze aus dem Divertimento op. 64
Introduzione - Canto - Balletto
Ansprache des Landeshauptmannes von Vorarlberg Dr. Herbert Keßler
Ansprache des Bundesministers für Unterricht und Kunst Dr. Fred Sinowatz
WOLFGANG AMADEUS MOZART
Kantate »Exultate, jubilate«
Eröffnung des Festspiel- und Kongreßhauses und der Bregenzer Festspiele 1980 durch den Herrn Bundespräsidenten Dr. Rudolf Kirchschläger
ANTON BRUCKNER
»Te Deum«

»Wer die Geschichte und Landschaft des Bodenseeraumes kennt und um den Kunstsinn der Vorarlberger weiß, der ist nicht erstaunt darüber, daß der Festspielgedanke hier als eine Reaktion auf die düsteren Jahre des Zweiten Weltkrieges so tiefe Wurzeln fassen konnte. Es war darum auch nicht die alleinige Absicht, die sommerlichen Spiele wetterunabhängig zu machen, welche den Gedanken, ein Festspielhaus zu bauen, schon früh reifen ließ. Der Wunsch nach einem effektiven Kulturzentrum des gesamten Bodenseeraumes stand zudem von allem Anfang an dem Projekt Pate.

Ideen werden nur selten von heute auf morgen verwirklicht. So war es auch bei den Plänen für ein Bregenzer Festspiel- und Kongreßhaus. Hindernisse der verschiedensten Arten mußten überwunden werden. Mit Hilfe von Bund, Land und Gemeinde und mit breiter Zustimmung der Bevölkerung kann das Werk nunmehr auch offiziell seiner Bestimmung übergeben werden.

Ich gratuliere der Landeshauptstadt Bregenz zur Verstärkung ihrer kulturellen Ausstrahlung, die sie mit dem Festspiel- und Kongreßhaus gewonnen hat.

Möge das Haus am See alle Erwartungen erfüllen!
Möge es den Künsten ein echtes Heim bieten!
Möge es eine Stätte vielfältiger Begegnungen und Kontakte werden!«

Dr. Rudolf Kirchschläger, Bundespräsident
Entnommen aus PROGRAMMHEFT 1980.

Eröffnungsgottesdienst
20. Juli, Festspiel- und Kongreßhaus
Festgottesdienst zur Eröffnung der Bregenzer Festspiele 1980 und kirchliche Weihe des Festspiel- und Kongreßhauses
Dirigent Gerhard Dallinger
Solisten
Barbara Carter, Sopran - Julia Juon, Mezzosopran
Helmut Wildhaber, Tenor - Erich Knodt, Baß
An der Orgel Bruno Oberhammer
Mitglieder der Wiener Symphoniker
Bregenzer Festspielchor
Proprium im Gregorianischen Choral
Ordinarium:
JOSEPH HAYDN
Missa in tempore belli (»Paukenmesse« in C)
Anschließend ökumenische Weihe des Hauses durch Kaplan August Paterno und den evangelischen Pfarrer Hans Jaquemar
JOSEPH HAYDN
»Te Deum« für die Kaiserin Maria Theresia

KONZERTE

18. Juli, Festspielhaus
I. Orchesterkonzert
Wiener Symphoniker
Chor der Gesellschaft der Musikfreunde in Wien
Chorleitung Helmuth Froschauer
Dirigent Karl Böhm
Solisten
Pilar Lorengar, Sopran - Hanna Schwarz, Alt
Horst Laubenthal, Tenor - Peter Wimberger, Baß
LUDWIG VAN BEETHOVEN
Symphonie No. 9 in d-Moll, op. 125

»Eine große Persönlichkeit gibt dem Auftakt der im Zeichen der Eröffnung des Festspielhauses stehenden Bregenzer Festspiele 1980 besonderen Glanz: Generalmusikdirektor Prof. Dr. Karl Böhm wird erstmals nach zwei Jahrzehnten in Bregenz wieder am Dirigentenpult stehen. Beethovens NEUNTE mit den Wiener Symphonikern unter seiner Leitung, morgen abend von der Eurovision in viele Staaten übertragen, verspricht ein außerordentliches künstlerisches Ereignis in der Geschichte der einer neuen Ära entgegengehenden Festspiele zu werden. Die VN hatten Gelegenheit, mit dem Doyen unter den größten Dirigenten unserer Zeit, einem Meister, der mit seinen Mozart-, Strauss- und Wagner-Interpretationen zukunftsweisende Maßstäbe gesetzt hat, ein Gespräch zu führen.

Nicht nur seine Art zu musizieren – auch die persönliche Begegnung mit Karl Böhm fasziniert. Über 20 Jahre sind das schon her ...? In seiner sprichwörtlich liebenswürdigen Art schüttelt er lächelnd den Kopf, als er sich an seine letzten Auftritte bei den Spielen am Bodensee erinnert: an ein Orchesterkonzert 1959. Zuvor war Karl Böhm 1955 in Bregenz zu Gast – und 1948 als Dirigent der Symphoniker mit einem denkwürdigen, Anton Bruckner gewidmeten Konzert. ›Aber wenn Sie mich fragen, warum ich so lange nicht mehr in Bregenz war, dann liegt das wahrscheinlich an der Konstellation von Festspielen, die sich halt weltweit auf die Monate Juli und August konzentrieren – und an meiner starken Bindung an die Wiener Philharmoniker, deren Ehrendirigent und Ehrenmitglied ich bin. Auch daran, daß man mich als Mozart-Dirigent eben immer wieder nach Salzburg bittet. Aber den Kontakt mit den Symphonikern habe ich trotzdem nicht verloren.‹

Mit großer Freude habe er beobachtet, daß die Symphoniker mittlerweile mit Bregenz ebenso eine Einheit bilden wie die Philharmoniker mit Salzburg.

Nach den ersten Proben für das morgige Konzert – drei Stunden lang arbeitet das 85jährige Vorbild einer ganzen Generation von Dirigenten vor unserem Gespräch mit dem ›Hausorchester‹ der Festspiele und erweckt dabei mit seiner Vitalität große Bewunderung – hat Böhm jenen guten Eindruck, der für mich nichts Neues ist: Die Symphoniker sind ein Orchester, das ›will‹, das sich in eine Arbeit wirklich hineinkniet. Und das sind eben die Voraussetzungen, um einem Werk wie Beethovens NEUNTER, das die absolute Spitze symphonischen Schaffens darstellt, gerecht werden zu können. Für den großen Meister ist vor allem das Adagio eines der größten Wunderwerke, die je geschaffen wurden. Es ist so vollendet, daß es keiner Korrektur bedarf.

Um volle Konzentration auf dieses kompositorische Glanzstück zu ermöglichen, hat Karl Böhm vor dem abschließenden Presto mit dem Schlußchor aus Schillers ›Ode an die Freude‹ eine kurze Pause vorgesehen, die dem Auftritt von Chor und Solisten dient. Böhm: ›Denn leider wird manchmal dazwischen hineinapplaudiert – und dann zerfällt die ganze Spannung.‹
...

Dem Festspielhaus stellt Karl Böhm ein gutes Zeugnis aus: Ich habe schon so viele Häuser eröffnet, und oft erwies sich dabei die Akustik als großes Problem. Vom Bregenzer Festspielhaus, das ich heute früh erstmals gesehen habe und dessen Akustik ich vorerst nur vom Pult aus beurteilen konnte, hatte ich schon nach den ersten Tönen einen sehr guten Eindruck.«
Auszug. Entnommen aus:
VORARLBERGER NACHRICHTEN, 17. 7. 1980.

26. Juli, Rittersaal Gräflicher Palast Hohenems
Sofioter Solisten
Leitung Emil Tabakow
JOSEPH HAYDN Divertimento in Es-Dur
GIOACCHINO ROSSINI Sonata in G-Dur
EMIL TABAKOW Konzert für 14 Streichinstrumente
BENJAMIN BRITTEN
Variationen über ein Thema von Frank Bridge

27. Juli, Pfarrkirche St. Gallus
Solistenkonzert bei den Bregenzer Festspielen
Kurt Rapf, Orgel - Georges Angelesco, Oboe
GEORG MUFFAT
Toccata XII (Aus dem »Apparatus musico-organisticus«)
GEORG PHILIPP TELEMANN
Sonate in g-Moll für Oboe und Orgel
JOSEPH HAYDN
Drei Flötenuhrstücke
FELIX MENDELSSOHN-BARTHOLDY
Sonate in D-Dur, op. 65 Nr. 5
KURT RAPF
Choralvorspiel »Jesu, Jesu, du bist mein«
Hymnus (1975)
WOLFGANG AMADEUS MOZART
Sonate in F-Dur für Oboe und Orgel
JOHANN SEBASTIAN BACH
Toccata und Fuge in d-Moll, BWV 565

27. Juli, Dom St. Gallen
Domkonzert
In Zusammenarbeit mit den St. Galler Domkonzerten
Mitglieder der Wiener Symphoniker
Bregenzer Festspielchor
Dirigent Gerhard Dallinger
Solisten
Barbara Carter, Sopran - Julia Juon, Mezzosopran
Helmut Wildhaber, Tenor - Erich Knodt, Baß
An der Orgel Bruno Oberhammer
JOSEPH HAYDN
Missa in tempore belli (»Paukenmesse« in C)
WOLFGANG AMADEUS MOZART
Exultate, jubilate, (KV 165)
JOSEPH HAYDN
»Te Deum« für die Kaiserin Maria Theresia

29. Juli, Festspielhaus
II. Orchesterkonzert
Wiener Symphoniker
Dirigent Horst Stein
Solist Henryk Szeryng, Violine
An der Orgel Walfried Kraher
CHRISTOPH WILLIBALD GLUCK
Ouvertüre zu »Iphigenie in Aulis«
JOHANNES BRAHMS
Konzert für Violine und Orchester in D-Dur, op. 77
RICHARD STRAUSS
»Also sprach Zarathustra«, Werk 30

2. August, Rittersaal Gräflicher Palast Hohenems
6. August, Seezentrum Hard
Wiener Kammermusiker
Erich Höbarth, 1. Violine - Peter Katt, 2. Violine
Martin Ortner, Viola - Martin Sieghardt, Violoncello
Werner Buchmann, Kontrabaß, Gitarre
Raphael Leone, Flöte - Klaus Lienbacher, Oboe
Wilfried Gottwald, Klarinette - Wolfgang Kühn, Oboe
Othmar Berger, Horn
FRANZ SCHUBERT
Quartett in G-Dur für Flöte, Gitarre, Viola und Violoncello
WOLFGANG AMADEUS MOZART
Quartett Nr. 30 für Oboe, Violine, Viola und Violoncello in F-Dur, (KV 370)
LUDWIG VAN BEETHOVEN
Septett in Es-Dur, op. 20
JOSEPH HAYDN
Quartett in G-Dur, op. 5/2 für Flöte, Violine, Viola und Violoncello
WOLFGANG AMADEUS MOZART
Quartett Nr. 30 für Oboe, Violine, Viola und Violoncello in F-Dur, (KV 370)
ANTON REICHA
Oktett op. 96 in Es-Dur für Oboe oder Flöte, Klarinette, Horn, Fagott, Streichquartett und Kontrabaß ad. libitum

Anton de Ridder und Hildegard Uhrmacher ›demonstrieren‹ für besseres Wetter, 1976.

3. August, Festspielhaus
III. Orchesterkonzert
Wiener Symphoniker
Dirigent Eugen Jochum
Solistin Veronika Jochum, Klavier
WOLFGANG AMADEUS MOZART
Konzert für Klavier und Orchester in d-Moll, (KV 466)
ANTON BRUCKNER Symphonie Nr. 7 in E-Dur

4. August, Theater am Kornmarkt
Solistenkonzert
Theo Adam, Bariton
Am Klavier Rudolf Dunckel
RICHARD STRAUSS
»Die Georgine«, op. 10
»Ich trage meine Minne«, op. 32
»Traum durch die Dämmerung«, op. 29
»Allerseelen«, op. 10
»Ach weh, mir unglückhaften Mann«, op. 21
»Herr Lenz«, op. 37
»Hans Adam war ein Erdenkloß«, op. 87, Nr. 2
»Schlechtes Wetter«, op. 69
»Bruder Liederlich«, op. 41
»Ich liebe dich«, op. 10
»Breit über mein Haupt«, op. 19
»Cäcilie«, op. 27, Nr. 2
»Heimliche Aufforderung«, op. 27
»Geduld«, op. 10
»Ach Lieb, ich muß nun scheiden«, op. 21
»Mein Herz ist stumm«, op. 19
»Ruhe, meine Seele«, op. 27, Nr. 1
»Morgen«, op. 27 - »O süßer Mai«, op. 32
»Wie sollten wir geheim sie halten«, op. 19
»Zuneigung«, op. 10

7. August, Festspielhaus
IV. Orchesterkonzert
Wiener Symphoniker
Dirigent Yuri Ahronovitch
Solist Dmitrij Sitkovetsky, Violine
HECTOR BERLIOZ »Römischer Karneval«
SERGEJ PROKOFJEW
Konzert für Violine und Orchester Nr. 2, in g-Moll, op. 63
PJOTR ILJITSCH TSCHAIKOWSKY
Symphonie Nr. 5 in e-Moll, op. 64

8. August, Theater am Kornmarkt
Solistenkonzert
Montserrat Cabellé, Sopran
Am Flügel Miguel Zanetti
ANTONIO LOTTI
»Pur dicesti o bocca bella«
GIOVANNI BATTISTA PERGOLESI
»S'e tu m'ami«
BENEDETTO MARCELLO
»Il mio bel foco« - »Nel cor più non mi sento«
ANTONIO VIVALDI
»Vieni, vieni« - »Chiare onde« - »Un certo non so che«
»Sposa son disprezzata« - »Agitata da due venti«
ENRIQUE GRANADOS
»Elegia eterna« - »La Maja y el ruiseñor«
MANUEL DE FALLA
Jota - Polo
FERNANDO OBRADORS
»Del cabello más sutil« - »El vito«
JOAQUÍN TURINA
»Farruca« - Cantares

Diese Skizze zeigt eindrucksvoll die Verbindung von Seebühne, Zuschauertribüne und Festspielhaus.

9. August, Rittersaal Gräflicher Palast Hohenems
Wiener Streichtrio
Thomas Kakuska, Violine - Tomislav Sestak, Viola
Wilfried Rehm, Violoncello
LUDWIG VAN BEETHOVEN
Trio in G-Dur, op. 9/1
HELMUT EDER
Trio, op. 28
WOLFGANG AMADEUS MOZART
Divertimento in Es-Dur, (KV 563)

10. August, Festspielhaus
V. Orchesterkonzert
ORF-Symphonieorchester
Dirigent Leif Segerstam
Solisten
Ludwig Hoelscher, Violoncello - Jan Polasek, Violoncello
ANTONIO VIVALDI
Konzert in g-Moll für zwei Violoncelli und Orchester
ENRICO MAINARDI
Konzert für zwei Violoncelli und Orchester
IGOR STRAWINSKY
»Le Sacre du Printemps« Bilder aus dem heidnischen Rußland
»L'adoration de la terre« - »Le Sacrifice«

11. August, Martinsplatz
Serenade
Kammerorchester der Wiener Symphoniker
Dirigent Hans Graf
Solist Herbert Weissberg, Flöte
WOLFGANG AMADEUS MOZART
Adagio und Fuge, (KV 546)
Konzert für Flöte und Orchester, Nr. 1 in G-Dur, (KV 313)
Symphonie Nr. 29 in A-Dur, (KV 201)

16. August, Kursaal, Scheidegg/Allgäu
Collegium aureum
Auf Originalinstrumenten
Leitung und Solist Franz-Josef Maier
JOSEPH HAYDN
Cassation in G-Dur, Hob. II/9
WOLFGANG AMADEUS MOZART
Konzert für Violine in A-Dur, (KV 219)
»Eine kleine Nachtmusik« in G-Dur, (KV 525)

17. August, Platz der Wiener Symphoniker
Widmung der Wiener Symphoniker an die Vorarlberger Bevölkerung
Matinee
CARL MARIA VON WEBER
Ouvertüre zur Oper »Der Freischütz«
FELIX MENDELSSOHN-BARTHOLDY
Notturno aus »Der Sommernachtstraum«
ALEXANDER BORODIN
»Polowetzer Tänze« aus »Fürst Igor«
JACQUES OFFENBACH
»Orpheus in der Unterwelt«
JOHANN STRAUSS
Csárdás aus »Die Fledermaus« - »Wiener Blut«

18. August, Theater am Kornmarkt
Collegium aureum
Leitung Franz-Josef Maier
Solist Hans Deinzer, Klarinette
JOHANN CHRISTIAN BACH
Symphonie in D-Dur, op. 18, Nr. 4
WOLFGANG AMADEUS MOZART
Konzert in A-Dur, KV 622 für Klarinette und Orchester
JOSEPH HAYDN Symphonie Nr. 103, in Es-Dur, »Mit dem Paukenwirbel«, Hob. 1/103

19. August, Festspielhaus
VI. Orchesterkonzert
Wiener Symphoniker
Dirigent Heinz Wallberg
Solisten
Renate Holm, Sopran - William Reeder, Tenor
Werke von: Johann Strauß, Josef Strauß, Robert Stolz

21. August, Festspielhaus
Solistenkonzert
Hermann Prey, Bariton
Am Klavier Irwin Gage
ROBERT SCHUMANN
Liederreihe op. 35

REZITATIONSABEND

15. August, Rittersaal Gräflicher Palast Hohenems
Klaus Maria Brandauer
liest Gedichte, Briefe und Geschichten von Wolfgang Amadeus Mozart, Heinrich Heine, Arthur Schnitzler, Peter Altenberg, Bert Brecht

1981 19. Juli – 23. August

SPIEL AUF DEM SEE

22., (23.), (25.), 29., 31. Juli, 1., 5., 7., (8.), 12., 14., 15., 19., 21., 22. August, Seebühne, (Festspielhaus)
LEONARD BERNSTEIN
West Side Story

Dirigent	John DeMain
Inszenierung	Wolfgang Weber
Bühnengestaltung	Robert O'Hearn
Kostümberatung	Maria-Luise Walek
Choreographie	Helge Grau

Wiener Symphoniker
Mitglieder des Balletts des Nationaltheaters Prag
Ballett der Bregenzer Festspiele
Die Jets (»Düsenjäger«, die New Yorker Gang)

Riff	Helge Grau - Steve Barton
Tony	Franz Waechter
	Kurt Schreibmayer
Action	Volker Vogel
Arab	Christoph Schobesberger
Baby John	Richard Lowe
Snowboy	Stefan Fleming
Professor	Hans-Christian Wagner
Diesel	Erich Götzinger
	und andere Jets

Die Mädchen der Jets

Graziella	Helga Blaha
Velma	Jennie Lesley
Anybodys	Isolde Halwax
	und andere Mädchen

Die Sharks (»Haie«, die puertorikanische Gang)

Bernardo	Michael Licata
Maria	Virginia Alonso
	Claudia Visca
Anita	Dagmar Koller
Chino	Leo Braune
	und andere Puertorikaner

Die Mädchen der Puertorikaner

Rosalia	Scott Louisa Preston
Consuela	Corinne Hirt
Francisca	Camilla Ueberschaer
	und andere Mädchen

Die Erwachsenen
Doc Karl Dönch
Schrank Curt Eilers
Krupke Friedrich Nidetzky
Gladhand Albert Rolant
Stimme der Vision Nobuko Nezu

OPER

21., 24., 28., 30. Juli, 3., 6. August, Festspielhaus
GIUSEPPE VERDI
Otello
(in italienischer Sprache)
Dirigent Nello Santi
Regie Piero Faggioni
Bühnenbild
Carlo Tommasi nach einer szenischen Konzeption von Piero Faggioni
Kostüme Piero Faggioni
Chorleitung Helmuth Froschauer
Wiener Symphoniker
Wiener Staatsopernchor
Bregenzer Festspielchor
Kinderchor der Musikhauptschule Bregenz
Einstudierung Wolfgang Lässer
Otello Placido Domingo
Pedro Lavirgen
Jago Silvano Carrolli
Cassio Vittorio Terranova
Rodrigo Ermanno Lorenzi
Lodovico Gianfranco Casarini
Montano Gheorghe Sara
Ein Herold Helmut Ofner-Aichfeld
Desdemona Anna Tomowa-Sintow
Emilia Laura Zannini

»Ganz schnell zurück zu diesem OTELLO (bleiben wir doch bei der originalen Schreibweise) und im speziellen zu *diesem* OTELLO: Placido Domingo in der Titelrolle ist in der Tat ein Ereignis, ist eine Reise an den Bodensee wert. Man kennt seinen künstlerischen Ernst, die Intensität und den restlosen Einsatz, mit dem er sich – weit über das bloße ›Singen‹ einer ›Partie‹ hinaus – in die Verkörperung einer Figur, eines lebendigen, liebenden, leidenden Menschen stürzt. So grandios wie an diesem Abend und in dieser Rolle aber habe ich den Künstler noch nie erlebt.

...

Fazit: Eine durchaus ernstzunehmende Festspielproduktion, die jedenfalls zu schade ist, nach sechs Aufführungen wieder weggeworfen zu werden. Vielleicht verhelfen die sparsamen Vorarlberger auch in dieser Hinsicht demnächst der Vernunft zum Siege?«

Auszug. Entnommen aus: DIE PRESSE, 23. 7. 1981.

19., 21., 22. August, Hof des Gräflichen Palastes Hohenems
Produktion mit dem ORF
JOSEPH HAYDN
Unverhofftes Begegnen
Dirigent Reinhard Schwarz
Inszenierung Wolfgang Glück
Bühnenbild und Kostüme Sibille Alken
ORF-Symphonieorchester
Am Cembalo Reinhard Schwarz
Ali John Dickie
Rezia Barbara Carter
Balkis Vicki Hall
Dardane Adele Haas
Osmin Hans Sojer
Ein falscher Derwisch Georg Tichy
Der Sultan von Ägypten Walter Fink
Ein Offizier Walter Kräutler

THEATER

17., 18., 20. August, Theater am Kornmarkt
Theater in der Josefstadt, Wien
FRANZ MOLNAR
Liliom
Inszenierung Ernst Haeusserman
Bühnenbild Günther Schneider-Siemssen
Kostüme Leo Bei
Liliom Heinz Marecek
Julie Maria Bill
Marie Dolores Schmidinger
Frau Muskat Erni Mangold
Luise Christiane Gött
Frau Hollunder Gretl Elb
Ficsur Michael Schottenberg
Der junge Hollunder Karl Hellmich
Wolf Beifeld Herbert Kucera

Leonard Bernstein, West Side Story, 1981. Seebühne. Bühnenbild von Robert O'Hearn.

Der Drechsler Peter Michl-Bernhard
Linzmann Robert Werner
Der Stadthauptmann Kurt Jaggberg
Berkovics Hans Wolfgang Pemmer
Der Polizeikonzipist Hans Thimig
Ein alter Schutzmann Walter Stumvoll
Zwei berittene Polizisten Erich Padalewski
Matthias Croy
Der Ofner Polizist Josef Loibl
Zwei Detektive Christian Futterknecht
Felix Franchy
Arzt Helmut Schleser
Dr. Reich Kurt Nachmann
Stephan Kadar Karl Krittl

28., 30. Juli, 1. August, Martinsplatz
Theater für Vorarlberg
ADOLF BÄUERLE
Die Bürger in Wien
Inszenierung Bruno Felix
Ausstattung Hanna Wartenegg
Josef Redlich Helmut Kasimir
Therese Kitty Buchhammer
Käthchen Helene Mira
Meister Staberl Kurt Sternik
Müller Paul Hör
Hans Thomas Rauchenwald
Karl Berg Franz Herzog
Ein Wachkommandant Robert Weigmüller

Eröffnungsgottesdienst
19. Juli, Stadtpfarrkirche St. Gallus
Festgottesdienst
Dirigent Wolfgang Lässer
Solisten
Nobuko Nezu, Sopran
Ursula Preier-Raunacher, Sopran
Eveline Printz, Mezzosopran
Kurt Schreibmayer, Tenor - Erich Weßner, Tenor
Gheorghe Sara, Baß
An der Orgel Elgar Polzer
Wiener Symphoniker
Chor der Stadtpfarrkirche St. Gallus
Proprium im Gregorianischen Choral
(Schola des Stadtpfarrchors St. Gallus)
Ordinarium:
JOSEPH HAYDN
Messe in B-Dur, genannt »Harmoniemesse«

KONZERTE

25. Juli, Rittersaal, Gräflicher Palast Hohenems
Weinheber und Kammermusik
Es liest Walther Reyer aus dem Buch »Kammermusik« von Josef Weinheber
Es musiziert das
Ensemble Bella musica
Leitung Michael Dittrich
Herbert Weissberg, Flöte - Michael Dittrich, Violine
Ivan Dimitrov, Violine - Georg Haselböck, Bratsche
Günter Thomasberger, Violoncello
Werner Fleischmann, Kontrabaß
WOLFGANG AMADEUS MOZART
Contretänze, (KV 609)
JOSEF WEINHEBER
Schlanke Flöte - Geige - Bratsche - Cello
WOLFGANG AMADEUS MOZART
Quartett in A für Flöte, Violone, Bratsche und Cello, (KV 298), 1. Satz, Andante
JOSEF WEINHEBER Andante - Adagio - Notturno
WOLFGANG AMADEUS MOZART
Quartett in D für Flöte, Violine, Bratsche und Cello, (KV 285), 2. Satz, Adagio, und 3. Satz, Rondeau
JOSEF WEINHEBER Presto - Allegro - Scherzo
WOLFGANG AMADEUS MOZART
Quartett in A für Flöte, Violine, Bratsche und Cello, (KV 298), 3. Satz, Rondeau
JOSEF WEINHEBER
An eine Geliebte - Geliebte mir geraubt - Kleine Fuge
Dissonanz - Vor Nacht
WOLFGANG AMADEUS MOZART
Adagio, (KV 404a)
JOSEF WEINHEBER An den Genius Franz Schuberts
FRANZ SCHUBERT Deutscher Tanz

26. Juli, Theater am Kornmarkt
Ragtime und ähnliches
Veronika Jochum spielt und erläutert
TOM TURPIN Harlem Rag (1897)
SCOTT JOPLIN Maple Leaf Rag (1899)
LOUIS MOREAU GOTTSCHALK
Bamboula-Danse de Nègres (1844/45)
SCOTT JOPLIN The Ragtime Danse (1906)
ARTIE MATTHEWS Pastime Rag (1913)
JOSEF LAMB Ragtime Nightingale (1915)
JAMES SCOTT
Don't Jazz Me Rag (I'm Music) (1921)
JACK GOTTLIEB
The Softshoe Gigolo (1968, revised 1981)
(World Premiere)
LEONARD BERNSTEIN Touches (1981)
IGOR STRAWINSKY Piano Rag-Music (1919)
STEFAN WOLPE Rag-Caprice (1927)
PAUL HINDEMITH Ragtime (1922)
CLAUDE DEBUSSY Golliwogg's Cakewalk (1908)

27. Juli, Festspielhaus
I. Orchesterkonzert
Wiener Symphoniker
Dirigent Georges Prêtre
Solist Gerhard Oppitz, Klavier
JOHANNES BRAHMS
Konzert für Klavier und Orchester Nr. 2 in B-Dur, op. 83
Symphonie Nr. 2 in D-Dur, op. 73

1. August, Rittersaal Gräflicher Palast Hohenems
Haydn-Trio Wien
Heinz Medjimorec, Klavier - Michael Schnitzler, Violine
Walther Schulz, Violoncello
JOSEPH HAYDN
Klaviertrio in e-Moll, Hob. XV/12
LUDWIG VAN BEETHOVEN
Klaviertrio in G-Dur, op. 1/2
FRANZ SCHUBERT
Klaviertrio in B-Dur, op. 99

2. August, Festspielhaus
II. Orchesterkonzert
Wiener Symphoniker
Dirigent Gennadij Roschdestwenskij
Solistin Viktoria Postnikowa, Klavier
PJOTR ILJITSCH TSCHAIKOWSKY
Konzert für Klavier und Orchester No. 2, in G-Dur, op. 44
ANTON BRUCKNER
1. Symphonie in c-Moll

4. August, Martinsplatz
Serenade
Johann-Strauß-Ensemble der Wiener Symphoniker
Leitung Peter Guth
Musikalische Einrichtung Hans Totzauer
Musik der »Dynastie Strauß«
JOHANN STRAUSS (Vater)
Cachucha - Galopp, op. 97
Wiener Kreuzer - Polka, op. 220
Das Leben ein Tanz, Walzer
JOHANN STRAUSS
Eljen a Magyar, Polka schnell, op. 332
Drollerie - Polka, op. 231
Schatz - Walzer, op. 422
Ouvertüre zu der Operette:
»Das Spitzentuch der Königin«
EDUARD STRAUSS
Unter der Enns, Polka schnell, op. 121
JOSEF STRAUSS
Die Libelle, Polka Mazurka, op. 204
Delirien - Walzer, op. 211
JOHANN STRAUSS
Champagner - Polka, op. 211
EDUARD STRAUSS
Auf und davon, Polka schnell, op. 73
JOHANN STRAUSS
Wo die Zitronen blüh'n, Walzer, op. 240

7. August, Theater am Kornmarkt
Trio Schneiderhan - Pergamenschikow Badura-Skoda
Wolfgang Schneiderhan, Violine
Paul Badura-Skoda, Klavier
Boris Pergamenschikow, Violoncello
WOLFGANG AMADEUS MOZART
Klaviertrio in E-Dur, (KV 542)
JOHANNES BRAHMS
Klaviertrio in H-Dur, op. 8
ANTONÍN DVOŘÁK
Klaviertrio in e-Moll, op. 90 »Dumky«-Trio

9. August, Rittersaal Gräflicher Palast Hohenems
Ensemble Acht Violoncellisten der Wiener Symphoniker
Wilfried Rehm
(Künstlerischer Leiter)
Peter Roczek - Kentaro Yoshii - Andreas Pokorny
Eberhard Zwölfer - Friedrich Hiller - Fritz Geyerhofer
Werner Lill
GEORG FRIEDRICH HÄNDEL
Suite in d-Moll für acht Violoncelli
JOSEPH HAYDN
Divertimento in D-Dur für drei Violoncelli
WOLFGANG AMADEUS MOZART
Sonate in B-Dur, (KV 292), für zwei Violoncelli
FRANZ LACHNER
Serenade, op. 29, in G-Dur für vier Violoncelli
KURT RAPF
Invocation für acht Violoncelli
(Dem Ensemble Acht Violoncellisten der Wiener Symphoniker gewidmet)
GEORG CHRISTIAN WAGENSEIL
Sonate a quattro in C-Dur für acht Violoncelli

10. August, Seezentrum Hard
Wiener Kammermusiker
Erich Höbarth, Violine - Peter Katt, Violine
Martin Ortner, Viola - Martin Sieghart, Violoncello
Werner Buchmann, Kontrabaß - Raphael Leone, Flöte
Klaus Lienbacher, Oboe - Wilfried Gottwald, Klarinette
Elmar Eisner, Horn - Wolfgang Kühn, Fagott

Festspielball 1981. Placido Domingo dirigiert die Wiener Symphoniker.

WOLFGANG AMADEUS MOZART
Quartett in D-Dur, (KV 285) für Flöte, Violine, Viola und Violoncello
RICHARD STRAUSS
»Till Eulenspiegels lustige Streiche«, Bearbeitung für Violine, Klarinette, Horn, Fagott und Kontrabaß von Franz Hasenöhrl
FRANZ HASENÖHRL
»Till Eulenspiegel - einmal anders«, Grotesque musicale
BOHUSLAV MARTINŮ
Nonett für Flöte, Oboe, Klarinette, Horn, Fagott, Violine, Viola, Violoncello und Kontrabaß

11. August, Festspielhaus
III. Orchesterkonzert
Wiener Symphoniker
Dirigent Anton Guadagno
Solisten
Mara Zampieri, Sopran - José Carreras, Tenor
GIOACCHINO ROSSINI
Ouvertüre zu »Wilhelm Tell«
Aus »La Pietra del Paragone«
Rezitativ und Arie des Giocondo
»O come il fosco ... Quell' alme pupille«
GIUSEPPE VERDI
Aus »Attila« - Arie der Odabella - »Allor che i forti«
Aus »La Traviata« - Rezitativ und Arie des Alfredo
»Lunghe da lei«
Aus »La Forza del Destino« - Arie der Leonore
»Pace, pace mio Dio«
VINCENZO BELLINI
Ouvertüre zu »Norma«
JULES MASSENET
Aus »Le Cid« - Arie des Rodrigo
»O souverain, o juge, o père«
GIACOMO PUCCINI
Aus »Tosca« - Arie der Tosca »Vissi d'arte«
GEORGES BIZET
Aus »Carmen« - Arie des Don José (Blumenarie)
GIACOMO PUCCINI
Aus »Manon Lescaut« - Arie der Manon Lescaut
»Sola, perduta«
CAMILLE SAINT-SAËNS
Aus »Samson und Dalila« - Bacchanale
UMBERTO GIORDANO
Aus »Andréa Chenier« - Arie des Chenier
»Un di all'azzurro spazio«

14. August, Rittersaal Gräflicher Palast Hohenems
Delos Streichquartett New York
Jan Baty, Violine - Daniel Rouslin, Violine
Barbara Westphal, Viola - Eugene Friesen, Violoncello
Pamela Mia Paul, Klavier
FRANZ SCHUBERT
Streichquartett d-Moll (Nr. 14), op. posth.
»Der Tod und das Mädchen«, DK 810 – 1824 – 26
ROBERT SCHUMANN
Klavierquintett Es-Dur, op. 44 – 1842

16. August, Festspielhaus
IV. Orchesterkonzert
ORF-Symphonieorchester
Dirigent Lothar Zagrosek
Solisten
Ernst Kovacic, Violine - Heinrich Schiff, Violoncello
Dunja Vejzovic, Mezzosopran
Siegmund Nimsgern, Baß
JOSEPH HAYDN
Symphonie in C-Dur, Hob. I/82 »L'ours« (Der Bär)
KURT RAPF
Doppelkonzert für Violine, Violoncello und Orchester (1976) (Uraufführung)
BÉLA BARTÓK »Herzog Blaubarts Burg«, op. 11

»Der aus Gmunden in Oberösterreich stammende 30jährige Cellist Heinrich Schiff, der mehrere Jahre in Bregenz lebte und an der Musikhochschule lehrte, von dort aus eine internationale Karriere als Solist begann und nun in Basel eine Professur hat, wirkte am Freitag bei den Langenargener Sommerkonzerten und am Sonntag bei den Bregenzer Festspielen mit: ein technisch brillanter, tonlich vitaler, musikalisch disziplinierter Musiker. Im Festspielkonzert bot das ORF-Symphonieorchester (Orchester des österreichischen Rundfunks, Wien) ein außergewöhnliches Programm.
...
Einen zweiten Höhepunkt des Konzerts brachte – Ehrung zu seinem 100. Geburtstag – die konzertante Aufführung von Béla Bartóks einaktiger Oper HERZOG BLAUBARTS BURG. Das einstündige, ebenfalls überaus farbig instrumentierte Werk, in seiner Stimmungsmalerei an den Symbolismus Debussys anknüpfend, ist mehr eine Ballade als eine Oper. Für Judith, die das Elternhaus und den Verlobten verläßt, um Blaubart aufzusuchen, und für die Doppelrolle des Barden, der sie führt und für Blaubart, der sie mit Küssen davon abhalten will, die verschlossenen sieben Türen zu öffnen, die das Grauen verbergen, waren zwei große Stimmen gewonnen worden: der metallische Mezzosopran der Jugoslawin Dunja Vejzovic, seit 1978 Kundry in Bayreuth, und anstelle des erkrankten Simon Estes der Baßbariton von Siegmund Nimsgern, beide im Ausdruck dem expressionistischen Stil angemessen.«

Auszug. Entnommen aus: SCHWÄBISCHE ZEITUNG, 18. 8. 1981.

17. August, Kursaal, Scheidegg/Allgäu
Gustav Leonhardt, Cembalo
JOHANN JACOB FROBERGER
Suite in D-Dur
ANTOINE FORQUERAI
Suite in c-Moll
DOMENICO SCARLATTI
Sonate K 3 - Sonate K 87 - Sonate K 172
Sonate K 192 – 193
JOHANN SEBASTIAN BACH
Sonate in G-Dur

18. August, Festspielhaus
V. Orchesterkonzert
Wiener Symphoniker, Bregenzer Festspielchor
Dirigent Dmitrij Kitaenko
Solist Stefan Elenkov, Baß
Chorleitung Gerhard Dallinger
GIUSEPPE VERDI
Ouvertüre zu »Die Macht des Schicksals«
Aus »Simone Boccanegra« - Arie des Fiesco
»Lacerato spirito«
OTTORINO RESPIGHI
»Fontane di Roma«
GIUSEPPE VERDI
Aus »Don Carlos« - Arie des Philipp
»Ella già mai m'amo«
PJOTR ILJITSCH TSCHAIKOWSKY
Fantasie-Ouvertüre »Romeo und Julia«
MODEST MUSSORGSKY
Aus »Boris Godunow« - Monolog des Boris
Aus »Boris Godunow« - »Boris Tod«

23. August, Theater am Kornmarkt
Divertimento Salzburg
Auf Instrumenten des 18. Jahrhunderts
Annegret Diedrichsen, Violine - Peter Lefor, Violine
Karl Schatz, Viola - Max Engel, Violoncello
Michael Scharfetter, Kontrabaß
Kurt Birsak, Bassett-Klarinette
Wolfgang Schlachter, Oboe
Alois Aigner, Inventionshorn
Helmut Rottensteiner, Inventionshorn
WOLFGANG AMADEUS MOZART
Divertimento in B-Dur, (KV 137), für zwei Violinen, Viola, Violoncello und Kontrabaß
Quintett in A-Dur, (KV 581), »Stadler-Quintett«, für Bassett-Klarinette, zwei Violinen, Viola, Violoncello
Divertimento in D-Dur, (KV 251) für zwei Violinen, Viola, Oboe, Violoncello, Kontrabaß und zwei Hörner

1982 21. Juli – 21. August

SPIEL AUF DEM SEE

21., 23., 24., 28., 30., 31. Juli, 4., (6.), 7., 11., 13., 14., 18., (20.), 21. August, Seebühne, (Festspielhaus)
JOHANN STRAUSS
Der Zigeunerbaron
Dirigent Erich Binder
Inszenierung und Choreographie Waclav Orlikowsky
Bühnengestaltung Pantelis Dessyllas
Kostüme Alice Maria Schlesinger
Chorleitung Helmuth Froschauer
Choreinstudierung Hansjörg Gruber, Helmuth Froschauer
Wiener Symphoniker, Bregenzer Festspielchor
Tschechoslowakisches Staatliches Lieder- und Tanzensemble Prag
Graf Peter Homonay Hans Helm
Conte Carnero Karl Dönch
Sándor Barinkay Wolfgang Fassler, Michael Pabst
Kálmán Zsupán Manfred Jungwirth
Arsena Vicki Hall
Mirabella Sonja Mottl
Ottokar Hans Sojer
Czipra Nelly Boschkowa
Saffi Sabine Hass - Júlia Kukely
Pali Helmut Ofner-Aichfeld

OPER

12., 15., 17., 19. August, Festspielhaus
GAETANO DONIZETTI
Lucia di Lammermoor (in italienischer Sprache)
Dirigent Lamberto Gardelli
Regie Beppe de Tomasi
Bühnenbild und Kostüme Maria Letizia Amadei
Chorleitung Helmuth Froschauer
Wiener Symphoniker, Chor der Volksoper Wien
Lord Enrico Ashton Leo Nucci - Hans Helm
Lucia Katia Ricciarelli, Mariella Devia
Sir Edgardo di Ravenswood José Carreras
Lord Arturo Buklav John Dickie
Raimondo Bidebent John-Paul Bogart
Alisa Waltraud Winsauer
Normanno Ermanno Lorenzi

Eröffnung der Festspiele 1982. Ansprache des österreichischen Vize-Kanzlers Prof. Dr. Fred Sinowatz.

»Belcanto. In Bregenz hat Beppe de Tomasi als Regisseur in der Szene alles unterlassen, was von den Stimmen, von der ungemein sinnlichen, vibrierenden, glühenden Musik Donizettis ablenken könnte. So kommt denn, und das erweist sich bald schon fast als Vorteil, die ganze Dramatik und Leidenschaftlichkeit dieser Musik, getragen und modelliert wie filigrane Kostbarkeiten durch Ausnahmestimmen und ein blendend disponiertes Orchester (Wiener Symphoniker unter der Leitung von Lamberto Gardelli) unverstellt wie eine Schallplattenaufnahme von höchster Qualität direkt herüber in den Zuschauerraum. Man kann getrost nach dem ersten Bild die Augen schließen, das Wesentliche dieser Aufführung geht deshalb nicht verloren – im Gegenteil!

Von zwei Stimmen vor allem lebt diese Aufführung: Mariella Devia und José Carreras.«

Auszug. Entnommen aus:
STUTTGARTER NACHRICHTEN, 19. 8. 1982.

BALLETT

26., 29. Juli, 1. August, Theater am Kornmarkt
ANTONÍN DVOŘÁK
Slawische Tänze
Tonbandaufnahme der Tschechischen Philharmonie
Dirigent Václav Talich
Regie und Choreographie Libuše Hynková
Kostüme Alena Hoblová
Bühnenbild Oldřich Šimáček
Tschechoslowakisches Staatliches Lieder- und Tanzensemble Prag
1. Reihe der »Slawischen Tänze«, op. 46
2. Reihe der »Slawischen Tänze«, op. 72

THEATER

22., 26., 29. Juli, 3. August, Festspielhaus
Wiener Burgtheater
JOHANN WOLFGANG VON GOETHE
Egmont
Regie Peter Palitzsch
Bühnenbild und Kostüme Herbert Kapplmüller
Musik Bruno Liberda
Margarete von Parma Judith Holzmeister
Graf Egmont Wolfgang Hübsch
Wilhelm von Oranien Karlheinz Hackl
Herzog von Alba Hans Falár
Ferdinand Arpad Kraupa
Machiavell Valter Taub
Richard Dieter Witting
Silva Helmut Janatsch
Gomez Peter Back-Vega
Klärchen Maresa Hörbiger
Ihre Mutter Inge Brücklmeier
Brackenburg Wolfgang Reinbacher
Soest Rudolf Melichar
Jetter Kurt Schossmann
Zimmermann Erich Aberle
Seifensieder Franz Elkins
Buyck Oswald Fuchs
Ruysum Walter Stumvoll
Vansen Otto Tausig

2., 4., 6., 8. August, Martinsplatz
Theater für Vorarlberg
GERT HOFMANN
Advokat Patelin
Inszenierung Bruno Felix
Ausstattung Hanna Wartenegg
Doktor Patelin, ein Advokat Kurt Sternik
Wilhelmine, seine Frau Helene Mira
Lämmlin, ein Schäfer Helmut Kasimir
Ein Tuchhändler Adolf Bur
Ein Richter Thomas Rauchenwald

Eröffnungsgottesdienst
25. Juli, Pfarrkirche Herz-Jesu
Festgottesdienst
Dirigent Karl Matheisl
Solisten
Vicki Hall, Sopran - Waltraud Winsauer, Mezzosopran
Hans Sojer, Tenor - Helmut Ofner-Aichfeld, Baß
An der Orgel Walfried Kraher
Wiener Symphoniker
Chor der Pfarrkirche Herz-Jesu
Proprium im Gregorianischen Choral
Ordinarium:
JOSEPH HAYDN
»Mariazeller Messe«

KONZERTE

22. Juli, Kursaal Scheidegg/Allgäu
Wiener Kammermusiker
Erich Höbarth, 1. Violine - Peter Katt, 2. Violine
Martin Ortner, Viola - Martin Sieghart, Violoncello
Werner Buchmann, Kontrabaß
Wilfried Gottwald, Klarinette - Elmar Eisner, Horn
Wolfgang Kühn, Fagott
WOLFGANG AMADEUS MOZART
Klarinettenquintett in A-Dur, (KV 581)
LUDWIG VAN BEETHOVEN
Septett in Es-Dur, op. 20

24. Juli, Rittersaal Gräflicher Palast Hohenems
Ensemble Bella musica
Leitung Michael Dittrich
Michael Dittrich, Violine - Thorwald Almássy, Violine
Georg Haselböck, Viola - Peter Siakala, Violoncello
Werner Fleischmann, Kontrabaß
Herbert Weissberg, Flöte - Raphael Leone, Flöte
Robert Freund, Horn - Alois Schlor, Horn
Alois Brandhofer, Klarinette - Marta Fábián, Cymbal
Jasko Mitsui, Cembalo
JOSEPH HAYDN
Divertimento für Flöte, Violine und Violoncello, op. 100
Fünf Contretänze, Quadrille, Menuett, Hob. IX 29 und 24
Minuetti da Ballo, Hob. IX: 4
Sechs Deutsche Tänze, Hob. IX: 12
Notturni per due Flauti e due Corni, Hob. II: D 5
Ländler aus den Jahreszeiten
Acht Zingarese, Hob. IX: 28
(Instrumentation Michael Dittrich)

25. Juli, Theater am Kornmarkt
»Operette mit Schwung und Pfiff«
Konzertvereinigung Wiener Volksopernchor a capella
Künstlerische Gesamtleitung: Walter Schmölz
Lieder aus Werken von: Carl Zeller, Johann Strauß, Vater und Sohn, Albert Lortzing, Franz Schubert, Wolfgang Amadeus Mozart, Franz Lehár, Ralph Benatzky

27. Juli, Festspielhaus
I. Orchesterkonzert
Wiener Symphoniker
Dirigent Eugen Jochum
Solist Ludwig Güttler, Trompete
JOSEPH HAYDN
Symphonie No. 98 in B-Dur (Hob. I/98)
Konzert für Trompete und Orchester No. 1 in Es-Dur (Hob. VII/e)
Symphonie No. 94 in G-Dur (Hob. I/94) (»Mit dem Paukenschlag«)

30. Juli, Pfarrkirche St. Gallus
Kirchenmusikalisches Konzert
Margrith Oberhammer-Gesierich, Sopran
Robert Wolf, Querflöte - Bruno Oberhammer, Orgel
GEORG PHILIPP TELEMANN
»Locke nur, Erde, mit schmeichelndem Reize«, Kantate für Sopran, Flöte und Basso continuo
GIROLAMO FRESCOBALDI Bergamasca
GIACOMO CARISSIMI »Domine, Deus meus«
Solomotette für Sopran und Generalbaß
JOHANN SEBASTIAN BACH
Partita in a-Moll für Flöte solo BWV 1013
Allemande - Corrente - Sarabande - Bourrée Anglais
JOSEPH HAYDN
Vier Stücke aus den Flötenuhren
PIETRO TERZIANI
»Salve Regina«, Solokantate für Sopran und konzertierende Orgel
CÉSAR FRANCK
Choral I in E-Dur für Orgel
GILBERT KLIEN
Notturno für Flöte und Orgel
WOLFGANG SAUSENG
Zwei Psalmen für Sopran, Flöte und Orgel

31. Juli, Rittersaal Gräflicher Palast Hohenems
Wiener Kammermusiker
Erich Höbarth, 1. Violine - Peter Katt, 2. Violine
Martin Ortner, Viola - Martin Sieghart, Violoncello
Werner Buchmann, Kontrabaß
Wilfried Gottwald, Klarinette - Elmar Eisner, Horn
Wolfgang Kühn, Fagott
WOLFGANG AMADEUS MOZART
Hornquintett in Es-Dur, (KV 407)
FRANZ SCHUBERT
Oktett in F-Dur, op. 166

2. August, Festspielhaus
II. Orchesterkonzert
Wiener Symphoniker
Dirigent Christoph Eschenbach
Solisten
Christian Altenburger, Violine
Heinrich Schiff, Violoncello
JOHANNES BRAHMS
Konzert für Violine, Violoncello und Orchester in a-Moll, op. 102 (»Doppelkonzert«)
GUSTAV MAHLER
Symphonie No. 1 in D-Dur

»Superlative sind eine heikle Sache; doch wo sie am Platz sind, sollte man sie verwenden. Am Montag abend ereigneten sich ganz gewiß zwei Sternstunden der heurigen Bregenzer Festspiele. Zwei großartige Instrumentalsolisten, Christian Altenburger und Heinrich Schiff, Christoph Eschenbach als meisterlicher Dirigent und die Wiener Symphoniker (ohne jegliche Ballnachwehen) in Höchstform: die Addition ergab ein Festspielkonzert mit Weltformat – die Begeisterung im sehr gut besuchten Festspielhaus war dementsprechend. Ein Bravo-Orkan dankte für die exemplarische Interpretation des Brahms-Doppelkonzertes und der ERSTEN von Gustav Mahler.«

Auszug. Entnommen aus:
VORARLBERGER NACHRICHTEN, 4. 8. 1982.

5. August, Festspielhaus
III. Orchesterkonzert
Wiener Symphoniker
Dirigent Lamberto Gardelli
Solist Piero Cappuccilli, Bariton
GIUSEPPE VERDI
»Nabucco«, Ouvertüre
RUGGIERO LEONCAVALLO
»Der Bajazzo«, Vorspiel und Prolog
GIUSEPPE VERDI
»La Traviata«, Vorspiel, 1. Akt
»Don Carlos«, »Posas Tod«
»Ein Maskenball«, Vorspiel, 1. Akt und Arie des René »Eri tu«
GIOACCHINO ROSSINI
»Die Belagerung von Korinth«, Ouvertüre
UMBERTO GIORDANO
»André Chenier«, Arie des Gérard
»Nemico della Patria«
GIUSEPPE VERDI
»Die Sizilianische Vesper«, Ouvertüre

7. August, Seezentrum Hard
Wiener Kammermusiker
Erich Höbarth, Violine - Martin Ortner, Viola
Werner Buchmann, Kontrabaß
Rudolf Spring, Klavier - Wolfgang Kühn, Fagott
Als Gast: Walter Schulz, Violoncello
WOLFGANG AMADEUS MOZART
Duo für Violine und Viola in G-Dur, (KV 423)
FRANÇOIS DEVIENNE
Quartett in C-Dur, op. 73, No. 1 für Fagott, Violine, Viola und Violoncello
FRANZ SCHUBERT
Quintett in A-Dur, op. 114 (D 667)
(»Die Forelle«) für Klavier, Violine, Viola, Violoncello und Kontrabaß

7. August, Rittersaal Gräflicher Palast Hohenems
Wiener Instrumentalsolisten
Robert Wolf, Flöte - Alois Brandhofer, Klarinette
Jan Pospichal, Violine - Johannes Flieder, Viola
Martin Sieghart, Violoncello - Eugen Jakab, Klavier
LUDWIG VAN BEETHOVEN
Serenade für Flöte, Violine und Viola, op. 25
ARNOLD SCHÖNBERG
Kammersinfonie, op. 9
in der Bearbeitung von Anton Webern für Violine, Flöte, Klarinette, Violoncello und Klavier
JOHANNES BRAHMS
Trio in a-Moll, op. 114 für Klarinette, Violoncello und Klavier

8. August, Festspielhaus
IV. Orchesterkonzert
Dresdner Philharmonie
Dirigent Herbert Kegel
Solist Walter Klien, Klavier
LUDWIG VAN BEETHOVEN
2. Ouvertüre zu »Leonore« in C-Dur, op. 72a
Konzert für Klavier und Orchester No. 3, in c-Moll, op. 37
Symphonie No. 3 in Es-Dur op. 55 (»Eroica«)

8. August, Theater am Kornmarkt
Kinderorchester
der Musikschule Mittleres Rheintal, Götzis
Leitung Alfred Mayer
Solisten
Stefan Ender, Klavier - Anita Jäger, Violine
Eva-Maria Kabas, Violine - Michael Mayer, Trompete
Werke von:
GEORG FRIEDRICH HÄNDEL
CHRISTOPH WILLIBALD GLUCK
ANTONIO VIVALDI
FERENC FARKAS
GEORG FRIEDRICH HÄNDEL
JOSEPH HAYDN
Volksmusik aus Österreich
Bearbeitung: Ivan Karpatl
Marsch, 1819 - Siebenschritt - Gibele, Gäbele

10. August, Martinsplatz
Serenade
Johann-Strauß-Ensemble der Wiener Symphoniker
Leitung Peter Guth
Musikalische Einrichtung Hans Totzauer
»Musik der Dynastie Strauß«

16. August, Festspielhaus
V. Orchesterkonzert
Wiener Symphoniker
Dirigent Gennadij Roschdestwenskij
Solistinnen
Sabine Hass, Sopran - Viktoria Postnikowa, Klavier
ALBAN BERG
»Der Wein«, Konzertarie für Sopran und Orchester
Text von Baudelaire - George
Die Seele des Weines - Der Wein der Liebenden
Der Wein des Einsamen
WOLFGANG AMADEUS MOZART
Konzert für Klavier und Orchester in D-Dur
»Krönungskonzert«, (KV 537)
FELIX MENDELSSOHN-BARTHOLDY
Symphonie No. 4 in A-Dur, op. 90 (»Die Italienische«)

REZITATIONSABENDE

28. Juli, Rittersaal Gräflicher Palast Hohenems
Dichterlesung
Wolfgang Hübsch
Geflügeltes Wort – Österreichisches von Altenberg bis Zweig

31. Juli, Festspielhaus
Wort und Musik
Junge Autoren aus Vorarlberg und der Nachbarschaft
Musikalische Umrahmung Ulrich Gabriel

9. August, Rittersaal Gräflicher Palast Hohenems
Johann Nestroy »Das is klassisch«
Eine Folge von Monologen, Couplets und Aphorismen ausgewählt und zusammengestellt von Oscar Deléglise
Heinrich Schweiger und Die Philharmonia Schrammeln (Alfons Egger, Eberhard Götz, Viktor Hink, Willi Krause, Franz Nezval)
Musikarrangements Walter Wasservogel

SONDERVERANSTALTUNGEN

25. Juli, 10. August
»Fäscht«-Spiele
Ensemble Bella Musica
Stadtmusik Bregenz - Stadtkapelle Vorkloster
Musikverein Fluh - Alphornbläser
Molo
Spiel in kleinen Grenzen der Stadtmusik Bregenz, der Stadtkapelle Vorkloster, des Musikvereins Fluh
Wiener Kammermusiker - Lochauer Knabenchor
Gruppe »Rosengarten« - Volkssänger Urs Stieger
Kindertrachtengruppe
Tschechoslowakisches Staatliches Lieder- und Tanzensemble Prag
Music-Man Batruel - Liedermacher Fritze
Folktanzgruppe John Gillard
Schauspieler (»Monte Carlo«, Einakter von Curt Franz)
Akkordeon-Club Feldkirch
Bläserensemble - Laurentius von Schnifis - Alpha C
Klassik & Jazz & ETCETERA
Jazz Quartett Andi Schreiberl - Jeff Wohlgenannt
Wiener Kammermusiker - Junior Philharmonic Orchestra of Tokyo
Liedermacher Fritze
»Operette mit Schwung und Pfiff«
Late Show - STAN GETZ QUARTETT
Stan Getz, Saxophon - Jim McNeely, Piano
Marc Johnson, Baß - Victor Lewis, Drums

»Mit einem lachenden und einem weinenden Auge hat der Wettergott auf die Bregenzer ›Fäschtspiele‹ herabgeblickt. Und dieser Betrachtungsweise möchte man sich anschließen. Das Anliegen der Festspiele, durch diesen Tag mit Theater und Musik für alle neue Publikumsschichten anzusprechen, hatte doch mindestens 2000 Schaulustige angelockt. Geschickt hatte man zwischen die publikumssicheren Renner, zu denen die Jazzgruppe Music Man Batruel und die Rockgruppe Alpha C aus dem nahen Dornbirn ebenso gehören wie die Bregenzer Stadtmusik und die Stadtmusik Vorkloster, Einlagen der Wiener Kammermusiker gestreut. Offensichtlich mit dem leisen, und durchaus ehrenwerten Hintergedanken, dem Publikum deutlich zu machen, daß Kammermusik gar nicht langweilig ist.

...

In dieser Größenordnung stellt die Gesamtveranstaltung einen ersten Versuch der Festspiele dar, den gewohnten starren Rahmen zu durchbrechen. Das Anliegen, jedem etwas zu bieten, geht naturgemäß auf Kosten der Kontinuität. War es einem gerade gelungen, sich mit den Intentionen des Liedermachers vertraut zu machen, war die Blaskapelle wieder auf dem Plan und sorgte für ein musikalisches Wechselbad. Dennoch stellt sich die Frage, ob eine Kontinuität solcher Veranstaltung wünschenswert ist. Denn wenn man zum Beispiel Alpha C zweimal in gewissen Abständen auftreten läßt, warten die Jazzfans und sind geneigt, zwischendurch ein Theaterstück zu konsumieren, das anzuschauen sie sonst kaum zu bewegen wären.«

Auszug. Entnommen aus: TIROLER TAGESZEITUNG, 30. 7. 1982.

10. August 1982
Musik und Spaß für Alle
Festspielhaus
URS STIEGER
Theater am Kornmarkt
HÖRSPIELSTUDIO
In Zusammenarbeit mit dem ORF, Studio Vorarlberg
Festspielhaus
ZAUBEREI, PUPPEN UND MUSIK
NORMANN SHETLER
»MUSIKALISCHES PUPPENKABARETT«
Arena am Gebhardsberg
ROCK-ABEND
KLAUS BACHMAYER-BAND
GERTY SEDLMAYR AND THE HUS-BAND
REINHOLD BILGERI

1983 22. Juli – 21. August

SPIEL AUF DEM SEE

23., 27., 29., 30. Juli, (3.), (5.), (6.), 9., 10., 12., 13., 14., 17., 19., 20. August, Seebühne, (Festspielhaus)
COLE PORTER
Kiss me, Kate

Dirigent	Peter Falk
Inszenierung	Kurt Pscherer
Choreographie	William Milié
Bühnenbild und Kostüme	Rolf Langenfass

Wiener Symphoniker
Bregenzer Festspielchor
Tschechoslowakisches Staatliches Tanzensemble, Prag

Fred Graham (Petruchio)	James Brookes
Harry Trevor (Baptista)	Friedrich Nidetzky
Ann Lane (Bianca)	Melanie Holliday Beate Granzow
Ralph (Inspiziert)	Ulf Fürst
Lilli Vanessi (Katharina)	Dagmar Koller
Hattie	Carole D. Alston
Paul	Eric Lee Johnson
Bill Calhoun (Lucentio)	Wolfgang Mascher
Erster Ganove	Manfred Lichtenfeld
Zweiter Ganove	Fritz Graas
Harrison Howell	Fred Liewehr
Germio	Manfred Ball
Hortensio	Frédéric Mayer
Bühnenportier	Michael Totz

Bregenzer »Fäscht«-Spiele, 1983.
Bizarre Masken von Tone Fink.

OPER

22., 24., 28. Juli, 1., 4. August, Festspielhaus
CARL MARIA VON WEBER
Der Freischütz
Dirigent Adam Fischer
Inszenierung Otto Schenk
Bühnenbild Günther Schneider-Siemssen
Kostüme Leo Bei
Chorleitung Helmuth Froschauer
Wiener Symphoniker
Chor der Volksoper Wien, Bregenzer Festspielchor
Ottokar Hans Helm
Kuno Jaroslav Stajnc
Agathe Mechthild Gessendorf
Ännchen Sona Ghazarian
Kaspar Karl Ridderbusch
Max Robert Schunk
Ein Eremit Artur Korn
Kilian Wilfried Gahmlich
Samiel Gerhard Ratz
Manfred Schimpl

BALLETT

25., 28., 31. Juli, Theater am Kornmarkt
Die schönsten Tänze aus der Tschechoslowakei
Dramaturgie Inka Vostřezová
Gustav Voborník
Künstlerischer Vorstand Inka Vostřezová
Tschechoslowakisches Staatliches Lieder- und Tanzensemble Prag
Volksinstrumentalensemble
Leitung
Miroslav Král
Julius Škoda, Tenor
Paul Farkaš, Cymbal
»Slowakisches Erntefest«
Paartanz aus dem Lachengebiet in Nordmähren
Mährische Volkslieder
in der Bearbeitung von Jan Dumek
Temperamentvoller Tanz aus der bergigen Gegend der Mittelslowakei
Vlašiko
»Schwarze Berge« - »Meine Liebe« - »Der Mohn«
»Rebellentanz«
Cymbalsolo Reihentänze
Polka
»Das Täubchen«
»Berg, Berg, Du bist hoch«
»Als ich zu Ihnen zu gehen pflegte«
»Weinlese«
»Werbung«
Csárdás
»Geigenvariationen« - »Tänze aus Groß-Kubra«

THEATER

1., 3., 5., 7. August, Martinsplatz, 2. (Rorschach), 4. (Feldkirch), 6. (Bezau), 11. (Hirschegg/Kl. Walsertal)
Theater für Vorarlberg
CARLO GOLDONI
Der Mann von Welt
Inszenierung Rudolf Kautek
Bühnenbild Georg Schmid
Kostüme Epi Schlüsselberger
Musik Harry Scheffknecht, Saxophon
Sam Kremmel, Flöte - Helmut Gassner, Schlagzeug
Momolo Friedrich Hammel
Ludro Kurt Sternik
Dottore Lombardi Bruno Felix
Eleonora Regine Weingart
Lucindo Helmut Hafner
Silvio Rolf Parton
Beatrice Susanne Altweger
Smeraldina Helene Mira
Truffaldino Wolfgang Böck
Ottavio Dirk Bender
Brighella Thomas Rauchenwald
Beccaferro Helmut Kasimir
Tagliacarne Georg Jenny

15., 16., 18., 21. August, Festspielhaus
Theater in der Josefstadt, Wien
HUGO VON HOFMANNSTHAL
Der Schwierige
Regie Ernst Haeusserman
Bühnenbild Günther Schneider-Siemssen
Kostüme Hill Reihs-Gromes
Musik Johann Strauß
Walzer, Transkriptionen von Arnold Schönberg, Alban Berg und Anton von Webern.
Gespielt von den Boston Symphony Chamber Players
Hans Karl Bühl Karlheinz Böhm
Crescence Susanne Almassy
Stani Alexander Waechter
Helene Altenwyl Mijou Kovacs
Altenwyl Kurt Heintel
Antoinette Hechingen Nicole Kunz
Hechingen Harald Harth
Neuhoff Hans Hoenicke
Edine Vilma Degischer
Nanni Sonja Jeannine
Huberta Christine Golin
Agathe Dolores Schmidinger
Neugebauer Michael A. Schottenberg
Lukas Hans Thimig
Vinzenz Stephan Paryla
Ein berühmter Mann Erik Frey
Wenzel Karl Krittl
Diener Wolfgang Litschauer

Eröffnungsgottesdienst
24. Juli, Pfarrkirche St. Gallus
Festgottesdienst
Dirigent Wolfgang Lässer
Barbara Carter, Sopran -Heide Rabal, Alt - Wilfried Gahmlich, Tenor - Hans Helm, Baß
An der Orgel Elgar Polzer
Wiener Symphoniker
Chor der Pfarrkirche St. Gallus
Proprium: Dietrich Buxtehude
Ordinarium: WOLFGANG AMADEUS MOZART
Kantate: »Alles was ihr tut« - »Missa brevis in B«

KONZERTE

24. Juli, Theater am Kornmarkt
Operette mit Paprika
Konzertvereinigung Wiener Volksopernchor
Künstlerische Gesamtleitung und Präsentation
Walter Schmölz
Klavierbegleitung Conrad Artmüller
Werke von Carl Zeller, Johann Strauß, Emmerich Kálmán
»Das heitere Herbarium« von Karl Heinrich Waggerl
Vertont von Franz Salmhofer, Satz: Franz Gerstacker
Werke von Frederick Loewe

25. Juli, Festspielhaus
Gala-Konzert
der Preisträger des Internationalen Belvedere-Wettbewerbs für Opernsänger bei den Bregenzer Festspielen
In Zusammenarbeit mit der Wiener Kammeroper
Gesamtleitung Hans Gabor
Wiener Symphoniker
Dirigent Günter Lehmann
Moderator Gerhard Tötschinger

Vorgesehene Pflichtarien für die Fächer:
Sopran - Mezzosopran - Alt - Tenor - Bariton - Baß
aus Werken von:
Adolphe Adam - Ludwig van Beethoven - Georges Bizet
Alexander Borodin - Gustave Charpentier
Gaetano Donizetti - Antonín Dvořák - Umberto Giordano - Michail Glinka - Christoph Willibald Gluck
Charles Gounod - Albert Lortzing - Pietro Mascagni
Wolfgang Amadeus Mozart - Modest Mussorgsky
Otto Nicolai - Jacques Offenbach - Giacomo Puccini
Gioacchino Rossini - Camille Saint-Saëns
Friedrich Smetana - Richard Strauß - Ambrois Thomas
Pjotr Iljitsch Tschaikowsky - Giuseppe Verdi
Richard Wagner - Carl Maria von Weber

26. Juli, Festspielhaus
I. Orchesterkonzert
Orchester der Ludwigsburger Festspiele
Süddeutscher Madrigalchor Stuttgart
Dirigent Wolfgang Gönnenwein
Solisten
Helen Donath, Sopran - Hermann Prey, Bariton
JOHANNES BRAHMS
Ein deutsches Requiem nach den Worten der Heiligen Schrift für Soli, Chor und Orchester, op. 45

26. Juli, Seezentrum Hard
Wiener Kammermusiker
Erich Höbarth, 1. Violine - Peter Katt, 2. Violine
Martin Ortner, Viola - Martin Hornstein, Violoncello
Werner Buchmann, Kontrabaß - Raphael Leone, Flöte
Klaus Lienbacher, Oboe - Wilfried Gottwald, Klarinette
Wolfgang Kühn, Fagott - Elmar Eisner, Horn
WOLFGANG AMADEUS MOZART
Duo II, (KV 424) für Violine und Viola
KURT SCHWERTSIK
Sotto Voce (Gedämpfte Unterhaltung), op. 39 für Flöte, Violine, Gitarre und Violoncello
WOLFGANG AMADEUS MOZART
(KV 138) für 2 Violinen, Viola, Violoncello und Kontrabaß
BOHUSLAV MARTINŮ
Nonett

27. Juli, Kursaal Scheidegg/Allgäu
10 Jahre Bregenzer Festspiele in Scheidegg
Meisterwerke der Romantik
Jörg Demus, Klavier
FRANZ SCHUBERT
Impromptu B-Dur, op. 142/3 »Rosamunde-Variationen«
ROBERT SCHUMANN
Phantasiestücke, op. 12 - Des Abends - Aufschwung
Warum? - In der Nacht
JOHANNES BRAHMS
Sonate in f-Moll, op. 5
Der Abend dämmert, das Mondlicht scheint, da sind zwei Herzen in Liebe vereint und halten sich selig umfangen (Sternau)
Scherzo: Allegro energico
Intermezzo: (Rückblick) Andante molto
Finale: Allegro moderato ma rubato
FRÉDÉRIC CHOPIN
Ballade No. 2 in F-Dur, op. 38
Andantino. Presto con fuoco
Ballade No. 3 in As-Dur, op. 47
CLAUDE DEBUSSY
Reflets dans l'eau
Cloches à travers les feuilles
Poissons d'or

28., 29. Juli, Rittersaal Gräflicher Palast Hohenems
Hermann Prey, Bariton - Helmut Deutsch, Klavier
Annette Prey, Sprecherin
Lieder von JOHANNES BRAHMS

30. Juli, Seebühne
Konzert des Seminarorchesters der Bundesakademie Trossingen
80 Blasorchesterdirigenten und Instrumentallehrer
Leitung Hans-Walter Berg
FRIED WALTER
Turmbläser - Trompeten-Soli mit Echo
KEES VLAK
Slowakische Tänze
KURT REHFELD
Rhapsodie über Stephen-Foster-Melodien
SERGE LANCEN
Rhapsodie über Themen aus der Bretagne
MANFRED GÄTJENS
Kreuzfahrt durchs Mittelmeer
HANS HORSCH
Quaracha - Mexikanischer Gassenhauer
JEF PENDERS
Ska-ing Jamaica - Ska Reggae für Blasorchester

2. August, Festspielhaus
II. Orchesterkonzert
Wiener Symphoniker
Dirigent Georges Prêtre

CLAUDE DEBUSSY
»La Mer«
HECTOR BERLIOZ
Symphonie fantastique, op. 14

»Es war in den fünfziger Jahren, als Herbert von Karajan die Wiener Symphoniker kraft seiner Persönlichkeit zu Leistungen hinaufkatapultiert hatte, die eines Weltklasseorchesters würdig waren: So meisterlich führte der französische Dirigent Georges Prêtre am Dienstag abend die Wiener Symphoniker, die mit Werken von Debussy und Berlioz ganz groß aufspielten. Das Publikum war fasziniert. ...

Das Orchester der Wiener Symphoniker, das diesmal in stärkster Besetzung antrat – wann gibt es schon zwei Harfen, vier Pauken, Tuben und einen Wald voller Streicher zu hören – hatte, wie schon gesagt, einen großartigen Tag und wuchs über sich selbst hinaus. Es applaudierte am Schluß ostentativ dem Dirigenten und wurde selbst noch umjubelt, als es schon das Podium verließ.«

Auszug. Entnommen aus:
VORARLBERGER NACHRICHTEN, 4. 8. 1983.

2. August, Theater am Kornmarkt
Operette mit Zuckerguß
Konzertvereinigung Wiener Volksopernchor
Künstlerische Gesamtleitung und Präsentation
Walter Schmölz
Klavierbegleitung Conrad Artmüller
Werke von Carl Zeller, Karl Millöcker, Edmund Eysler, Albert Lortzing
»Das heitere Herbarium« von Karl Heinrich Waggerl
Vertont von Franz Salmhofer, Satz: Franz Gerstacker
Werke von Franz Lehár, Ralph Benatzky

6. August, Rittersaal Gräflicher Palast Hohenems
Wort und Musik aus Wien
Zusammenstellung Fritz Lehmann, Michael Dittrich
Fritz Lehmann - Ensemble Bella Musica Wien
Leitung Michael Dittrich
Herbert Weissberg, Flöte - Michael Dittrich, Violine
Thorwald Almassy, Violine - Georg Haselböck, Viola
Peter Siakala, Violoncello
Werner Fleischmann, Kontrabaß
Als Gast Werner Hämmerle, Gitarre

WOLFGANG AMADEUS MOZART
Contretänze, (KV 609)
FELIX BRAUN
Musik
FRANZ KIESSLING
Vom Brot der Kunst
WOLFGANG AMADEUS MOZART
JOHANN SEBASTIAN BACH
Adagio und Fuge (Nach Wohlt. Klavier, 1. Teil Nr. 8) (KV 404a)
FRANZ GRILLPARZER
Als sie, zuhörend, am Klaviere saß
WOLFGANG AMADEUS MOZART
Quartett für Flöte, Violine, Viola und Violoncello D-Dur, (KV 285)
2. Satz: Adagio - 3. Satz: Rondeau
FRANZ KIESSLING
Die Geige
JOSEF WEINHEBER
An den Genius Franz Schuberts
FRANZ SCHUBERT
Deutscher Tanz
FRANZ GRILLPARZER
Ständchen
JOSEF LANNER
O, das is guat!
Neue Wiener Ländler, op. 1
JOSEF WEINHEBER
Werbung - Landpartie
JOHANN STRAUSS
Tschechen-Polka, op. 13
GEORG STRNADT
Konzert in Füzbotschen
JOHANN MAYER
Schnofler-Tanz
GEORG STRNADT
In ana Violin
JOHANN STRAUSS VATER
Cachucha-Galopp, op. 97
HANS SASSMANN
Pflastersteine
ALOIS STROHMAYER
Schöne Ida
JOHANN NESTROY
S' ist alles net wahr

7. August, Festspielhaus
III. Orchesterkonzert
Wiener Symphoniker
Dirigent Ferdinand Leitner
Solistin Mariella, Devia, Sopran
WOLFGANG AMADEUS MOZART
Symphonie No. 32, in G-Dur, (KV 318)
Konzertarien
»Ma che vi fece, o stelle ... Sperai vicino il lido«, (KV 368)
»Vorrei spiegarvi, oh Dio!«, (KV 418)
»Ah se in ciel, benigne stelle«, (KV 538)
RICHARD STRAUSS
Sinfonia Domestica, op. 53

8. August, Theater am Kornmarkt
Kinderorchester
Musikschule Mittleres Rheintal, Götzis
Leitung Alfred Mayer
Solisten
Ghislaine Fleischmann, Violine - Helmut Binder, Klavier
Kinderchor Weiler - Klaus
Einstudierung Ruth Fussenegger
Bärbel Kupitz, Sopran - Hildegard Ritter, Sopran
Inge Kreitmaier, Alt - Peter Galliard, Tenor
Heinrich Schultz, Tenor - Harald Hronek, Baß
CHRISTOPH WILLIBALD GLUCK
Ouvertüre zu »Iphigenie in Aulis«
WOLFGANG AMADEUS MOZART
Konzert für Violine und Orchester in G-Dur, (KV 216)
LUDWIG VAN BEETHOVEN
Ouvertüre zu Goethes Trauerspiel »Egmont«, op. 94
Phantasie in c-Moll für Klavier, Chor und Orchester, op. 80

8. August, Martinsplatz
Serenade
Wiener Tanzmusik des 19. Jahrhunderts
Johann-Strauß-Ensemble der Wiener Symphoniker
Leitung Peter Guth
Musikalische Einrichtung Hans Totzauer
JOHANNES BRAHMS
Ungarischer Tanz, No. 5 in g-Moll
JOSEF LANNER
Favorit-Polka, op. 201
MICHAEL PAMER
Neueste Walzer in E-Dur, für drei Violinen und Baßgeige
(aus der Idee »Die Launen«, ca. 1815)
FRANZ SCHUBERT
Ballettmusik aus Rosamunde No. 2
JOHANN STRAUSS (Vater)
Cachucha-Galopp, op. 97
JOSEF LANNER
Die Romantiker, Walzer, op. 167
JOHANN STRAUSS
Klänge aus der Raimundzeit, op. 479
JOHANN STRAUSS (Vater)
Josefstädter Tänze, Walzer, op. 23
JOHANN STRAUSS
Tritsch-Tratsch-Polka, schnell, op. 214
Ägyptischer Marsch, op. 335
Wein, Weib und Gesang, Walzer, op. 333

11. August, Festspielhaus
IV. Orchesterkonzert
Wiener Symphoniker
Dirigent Leopold Hager
Solist Wolfgang Schöne, Bariton
GUSTAV MAHLER
»Lieder eines fahrenden Gesellen«
1. Wenn mein Schatz Hochzeit macht ...
2. Ging heut' morgen übers Feld
3. Ich hab' ein glühend Messer
4. Die zwei blauen Augen ...
JOHANNES BRAHMS
Symphonie No 4 in e-Moll, op. 98

13. August, Rittersaal Gräflicher Palast Hohenems
Musik der alten und neuen Welt
Wiener Bläserkreis
Hermann Schober, Trompete
Richard Rudolf, Trompete - Ernst Hoffmann, Posaune
Johann Jeitler, Posaune - Helmut Ascherl, Posaune
Klaus Schafferer, Ophieleide
JOHANN PEZEL
Drei Intraden
GIROLAMO FRESCOBALDI
Canzon 21
MELCHIOR FRANCK
Suite in vier Sätzen: Intrada - Allemande - Gaillarde Intrada
ANDREA GABRIELI
Canzon IX
DANIEL SPEER
Sonate für vier Posaunen
TILMAN SUSATO
Suite aus »Danserye« - Allemande - Nachtanz
Hoboeckentanz - Pavane »Die Schlacht«
JEAN-BAPTISTE DE LULLY
(arrangiert von David S. Morgan)
March Tourain
JOSEPH HAYDN - JOHANNES BRAHMS
(arrangiert von David S. Morgan)
St. Antoni Choral
MULLINER BOOK
I smile to see how you devise
ANONYMUS
The House of the Rising Sun
DAVID UBER
Eventide - Flight into space
ARTHUR FRANCKENPOHL
Trombone Quartet - March - Waltz - Chorale - Finale
ART DEDRICK
Waltz for four
ELGAR HOWARTH
Suite for Brass Ensemble - March - Cantilena - March

16. August, Kursaal Scheidegg/Allgäu
10 Jahre Bregenzer Festspiele in Scheidegg
Consortium musicum, Wien
Leitung Martin Sieghart
JOSEPH HAYDN
Symphonie No. 59 in A-Dur Presto
WOLFGANG AMADEUS MOZART
Konzertante Symphonie für Violine, Viola und Orchester in Es-Dur, (KV 364)
ANTON DVOŘÁK
Serenade in E-Dur für Streichorchester, op. 22

18. August, Theater am Kornmarkt
Lieder- und Arienabend
Barbara Carter, Sopran - Helge Dorsch, Klavier
Österreich
WOLFGANG AMADEUS MOZART
Warnung
(Dichter unbekannt)
Italien
GIOACCHINO ROSSINI
La Pastorella Delle Alpi
(Alla tirolese)
Deutschland
ROBERT SCHUMANN
Mondnacht op. 39 No. 5
(Gedicht: L. von Eichendorff)
JOHANNES BRAHMS
Mein Lieb' ist ein Jäger op. 95 No. 4
(Text: Fr. Halm)
Großbritannien
6 Folksongs from the British Isles
(Arrangements: Benjamin Britten)
Hebriden
1. A Fairy's love song
Irland
2. The next market day
Schottland
3. The verdant Braes of Skreen
England
4. I know my love
England
5. The trees they grow so high
England
6. Oliver Cromwell
Rußland
TICHON D. CHRENNIKOW
»Du hast mich verlassen, Dschemi«
(Sibirisches Liebeslied, in der Originalsprache)
Deutschland
RICHARD STRAUSS
Amor
(Gedicht: Friedrich Rückert)
Ungarn/Österreich
FRANZ LISZT
»Kling' leise, mein Lied« (Text: J. Nordmann)
Paraguay
HERMINIO GIMENEZ
Vocalise
(Nach einer Weise der Guarani-Indianer)
Norwegen
EDVARD GRIEG
Hochzeitstag auf Troldhaugen (Klavier Solo)

Brasilien
HEITOR VILLA-LOBOS
Cantilena
Mudinho (Klavier Solo)
(Aus den »Bachianas Brasileiras«)
WOLFGANG AMADEUS MOZART
Ruhe sanft, mein holdes Leben
Arie der »Zaide« aus der gleichnamigen Oper
GAETANO DONIZETTI
Chacun le Sait
Arie der Marie aus der Oper »Die Regimentstochter«
O Luce di quest' Anima
Rezitativ und Cabaletta der Linda aus der Oper »Linda von Chamounix«
GIACOMO PUCCINI
Chi il bel Sogno
Canzone der Doretta aus »La Rondine« (»Die Schwalbe«)
JOHANN STRAUSS
Spiel' ich die Unschuld vom Lande
Couplet der Adele aus der Operette »Die Fledermaus«
GEORGE GERSHWIN
Summertime
(Aus »Porgy and Bess«)
LEONARD BERNSTEIN
Tonight
(Aus »West Side Story«)
OSCAR PETERSON
Toccata nach Ph. E. Bach (Klavier Solo)
HALL JOHNSON
2 Original Negro-Spirituals
Deep River - O great day!
NACIO D. BROWN
Love is where you find it

20. August, Rittersaal, Gräflicher Palast Hohenems
Wiener Instrumentalsolisten
Robert Wolf, Flöte - Heinz Wallisch, Gitarre
GEORG FRIEDRICH HÄNDEL
Sonate in a-Moll, op. 1/4
JOHN DOWLAND
Lachrimae Pavan - Fantasie
FRANCESCO MARIA VERACINI
Largo in fis-Moll (aus der Sonate op. 6/2)
JOHANN SEBASTIAN BACH
Sonate in C-Dur, BWV 1033
MAURO GIULIANI
Sonate in A-Dur, op. 85
MANUEL DE FALLA
»Omaggio« - scritto per Le Tombeau de Debussy
CLAUDE DEBUSSY
Syrinx
HEITOR VILLA-LOBOS
Prelude No. 2
WILLY BURKHARD
Serenade, op. 71/3

21. August, Festspielhaus
V. Orchesterkonzert
Wiener Symphoniker
Dirigent Gennadij Roschdestwenskij
PJOTR ILJITSCH TSCHAIKOWSKY
Aus den Suiten aus dem Ballett »Schwanensee«, op. 20
No. 1 Szene
No. 2 Walzer
No. 3 Tanz der Schwäne
No. 4 Szene: Pas d'action
No. 5 Ungarischer Tanz (Csárdás)
Aus den Suiten aus dem Ballett »Dornröschen«, op. 66a
No. 2 Adagio: Pas d'action
No. 5 Walzer
Suiten aus dem Ballett »Der Nußknacker«, op. 71a
No. 2a Marsch
No. 2b Tanz der Zuckermandelfee
No. 2c Russischer Tanz (Trepak)
No. 2e Chinesischer Tanz
Nr. 3 Blumenwalzer
Capriccio italien, op. 45

BREGENZER »FÄSCHT«-SPIELE

24. Juli, Festspielgelände, Molo
»Fäschtspieltag«
Ein Querschnitt aller Aktivitäten

28. Juni, Seebühne
Clownschiff
Schüler und Lehrer des Bundesgymnasiums Bregenz

1., 3., 4., 5., 6., 15., 18., 20., 21. Juli, Bregenz, Bludenz, Dornbirn
Probebühne Theater für Vorarlberg
KURT FRANZ
Herzweh

4., 5., 6., 7., 13., 15., 17., 19. Juli, Bregenz, Bludenz, Dornbirn, Feldkirch
FRANZ KAFKA
Ein Bericht für eine Akademie
Zum 100. Geburtstag Franz Kafkas

4., 6. Juli, Kaiserstraße Bregenz
Klangmobil
Schüler und Lehrer der Hauptschule Wolfurt bei der Endmontage des Klangmobils

6., 11., 12., 14., 18. Juni, Forstersaal
Filmmusical
»Jesus Christ Superstar« - »Carmen Jones«
»Der König und ich« - »Cabaret« - »Godspell«

7., 12., 14. Juli, Probebühne Theater für Vorarlberg
Laienspielgruppe Hard
HERWIG KAISER
Amateurtheater »Sepp«

8., 9., 10. Juli, Zelt beim Festspielhaus
Bregenzer Jazz Fäscht 83:
»Africa Today« - »From Harlem to Europe«
»Jazz Classic's – Classic Jazz«

10. Juli, Festspielhauscafé
Lesung – Texte zum Thema »Traum«
Zusammenstellung Michael Köhlmeier

11., 12. Juli, Festspielhaus
Kindliche Kreativität
Exkurs mit Richard Bösch

13. Juli, Festspielhauscafé
Autorenlesung Max von Riccabona
Mit Einführung von Anton Eisele

14. Juli, Festspielhauscafé
Symposium zur Rezeption der Bildenden Kunst in Vorarlberg

16. Juli, Musikpavillon
Beatles-Lieder
50 Schüler der Musikschule Wolfurt
Leitung John Gillard

16., 17., 20., 23. Juli, versch. Plätze in Bregenz
Zauberei
Der Magische Club Vorarlberg

16., 17., 18., 19., 20., 21. Juli, Festspielhaus und versch. Plätze in Bregenz
Clowns und Straßenkabarett

16., 20. Juli, Festspielhauscafé
Puppenvarieté
Puppentheater Götzis

16., 20., 22. Juli, Theater am Kornmarkt und Jugendzentrum Bregenz
Kabarett »Dürr & Moll«

17. Juli, Festspielhauscafé
Lesung – Texte zum Thema »Frieden«
Zusammenstellung Peter Hagenah

17. Juli, Theater am Kornmarkt
Otto Schenk – »Lächerliches«

17. Juli, Pfarrkirche St. Gallus
Kirchenmusikalisches Konzert

17., 20. Juli, Fahnenrondell Bregenz, Schendlingen
Die Werkstatt des Marionettenspielers

17., 20. Juli, Theater für Vorarlberg, Schendlingen
Marionettentheater
»Kalif Storch«

18. Juli, versch. Plätze in Bregenz
Kinderband

18., 19., 20., 21. Juli, Platz der Wiener Symphoniker
New Games

19. Juli, versch. Plätze in Bregenz
Liedermacher – Kinderchor

19. Juli, Martinskirche, 21. Juli, Mariahilfkirche, Kirche Schendlingen
Bläsergruppe

20. Juli, Platz der Wiener Symphoniker
Malaktion
Kulturverein »molo«

20., 21., 22. Juli, Theater am Kornmarkt
Workshop Reinhard Flatischler

21. Juli, Forum Interspar, Achsiedlung, Schendlingen
Streichquartett – Kinderchor

22. Juli, Theater am Kornmarkt
Liedermacher
Claudia Hainschink und Gerald Jatzek

23. Juli, Theater am Kornmarkt
Konzert des »Jess-Trios« Wien
eingerahmt von Klaviertrios von Mendelssohn und Brahms werden die jungen Vorarlberger Komponisten Gerold Heitz und Herbert Willi aufgeführt

24. Juli, Theater am Kornmarkt
»Rhyt-Mask«
Bodenseezeremonie. Eine Fink-Flatischler-Performance

24. Juli, Theater am Kornmarkt
Streichquartett
Werke von Mozart bis Chick Chorea

30. Juli, Seebühne
Konzert der Bundesakademie für musikalische Jugendbildung Trossingen

7. August
Musik und Spaß für alle
Kindertheater »Die Kiste«, der Wiener Pantomime Bartussek.
Kindernachmittag mit Peter John Waite und Künstlern der Bregenzer Festspiele

7. August, Seebühne
Rockmesse: Missa Universalis
mit Eela Craig

8. August, Seebühne
Rocktag
mit Eela Craig - Gerty Sedlmayer - Lava
Georg Nussbaumer - Franz Morak

8. August, Theater am Kornmarkt
Kinder-Orchester der Musikschule Mittleres Rheintal
Werke von Gluck, Mozart

Ausstellungen
23. Juli – 15. August, Festspiel- und Kongreßhaus
Heinz Greissing
Bäume, Simultane Landschaften und andere Bilder

SONDERVERANSTALTUNGEN

2.–8. Juli
Fest des Kindes

7., 8. Juli, Theater am Kornmarkt
»Pinocchio«, Kinder-Musical

»Das bringen wohl nur Kinder mit ihrer staunenswerten Aufnahmefähigkeit zuwege: Binnen vier Tagen wurde in Bregenz von etwa 300 Mitwirkenden ein vollständiges Musical einstudiert (und ausgestattet); an einem einzigen Tage ›saßen‹ bereits die 15 Musiknummern. Das Phänomen war am Samstag und Sonntag als Frucht der ersten ›Woche des Kindes‹ im Rahmen der Bregenzer Festspiele zu studieren; nach allerlei Workshops wurde da im Kornmarkt-Theater das Kindermusical PINOCCHIO unter großem Jubel aus der Taufe gehoben.

Festspieldirektor Dr. Alfred Wopmann hatte die Idee zu einem solchen Kinder-Festival schon lange in seinem Kopf. Denn nach seiner Überzeugung sollen die Bregenzer Festspiele nicht nur für die Touristen da sein, sondern auch für die Region, in der sie verwurzelt sind, und ganz besonders für deren Kinder, die Kulturträger von morgen. In dem renommierten Dirigenten und Musikschriftsteller Kurt Pahlen fand Wopmann den genau richtigen Verbündeten. Professor Pahlen, ein jetzt 77jähriger Feuerkopf, hat schon anderwärts in Europa ›Wochen des Kindes‹ mit viel Erfolg aufgezogen. Das Modell, das er für Bregenz maßschneiderte, konnte dank der tätigen Mitarbeit einer Vielzahl von Vorarlberger Künstlern und Pädagogen in einer Form realisiert werden, die verblüfft.

Daß in so kurzer Zeit soviel Herzlichkeit und Talent über die Rampe kam (Original-Ton Wopmann), erklärt Pahlen einleuchtend so: Wir sind hier Feinde des Perfektionismus. Nichts soll den Kindern eingedrillt werden, sondern sie sollen ganz frei herkommen und eine Woche lang spielen und schöpferisch sein. In kleinen Arbeitsgruppen wurde gesungen, musiziert, getanzt, gemalt und modelliert – ganz wozu jeder Lust hatte.«

Auszug. Entnommen aus: SCHWÄBISCHE ZEITUNG, 9. 7. 1983.

12.–17. Juli, Schloß Hofen bei Bregenz
Seminar für alte Musik
Carmina Burana des Mittelalters für Sänger und Spieler alter Instrumente
Leitung René Clemencic
unter Mitarbeit von Aldo Kremmel

13.–15. Juli
Mittelalterliches Stadtfest
13. Juli
Beginn des Festes – fröhliches Treiben
14. Juli
Mittelalterlicher Markt, Auftritte der Artisten und Gaukler
Zug der wehrhaften Bürger von der Kaiserstraße in der Oberstadt
Teilungszeremonie
Publikumsspiele und Unterhaltungen
15. Juli
Fortsetzung des Festes
Gottesdienst in der Martinskirche
Matinee mit Kirchenmusik

19. Juli, auf dem Fährschiff »Konstanz«
Dreiländertreffen – Riverboatshuffle
Stag Dance Orchestra mit Gerty Sedlmayr
Rolls Noise
Halleluja Ramblers

9. August, mobile Seebühne
Open-Air-Konzert – Lieder am See
Stefanie Werger
Gruppe STS
Fabrizio de André

Ausstellungen
7. Juli – 30. September, Remise bei Festspiel- und Kongreßhaus
Arbeiterbewegung in Vorarlberg
Von den Anfängen bis 1946

Juli – September, Künstlerhaus Palais Thurn und Taxis
Zwischen Emotion und Abbild
Österreichische Malerei 1914 bis 1945
Gezeigt werden:
Wacker, Reyl, Krcal, Sedlacek, Egger-Lienz, Gütersloh, Pauser, Nepo, Hauser, Schiele, Walde, Faistnauer, Stöhr, Silberbauer, Ploberger, Rössing, Schad, Thoms, Howanietz.

1984 20. Juli – 23. August

SPIEL AUF DEM SEE

21., 22., 25., 27., (28.), 30. Juli, 1., 3., 4., 8., (10.), (11.), 14., 15., 17., 18. August, Seebühne (Festspielhaus)
CARL ZELLER
Der Vogelhändler

Dirigent	Caspar Richter Christian Pollack
Inszenierung	Robert Herzl
Bühnenbild	Pantelis Dessylas
Kostüme	Leo Bei
Choreographie	Antal Fodor

Wiener Symphoniker
Chor der Volksoper Wien
Bregenzer Festspielchor
Ballett der Staatsoper Budapest
Stadtkapelle Bregenz-Vorkloster

Kurfürstin Marie	Joanna Borowska Gertrud Ottenthal
Baronin Adelaide	Heide Rabal
Baron Weps	Karl Dönch Hans Kraemmer
Graf Stanislaus	John Dickie
Quendel	Gerhard Peilstein
Schneck	Karl Dumphart
Adam	Adolf Dallapozza Kurt Schreibmayer Manfred Illing
Die Briefchristel	Elisabeth Kales
Süffle	Peter Branoff
Würmchen	Ossy Kolman
Kathi	Astrid Wittinghofer

Hofleute, Tiroler, Landvolk, Gesinde, Jäger

OPER

20., 24., 29. Juli, 2., 5. August, Festspielhaus
GIACOMO PUCCINI
Tosca (in italienischer Sprache)

Dirigent	Garcia Navarro
Inszenierung	Michael Hampe Willy Decker
Bühnenbild	Ezio Frigerio
Kostüme	Franca Squarciapino
Chorleitung	Helmuth Froschauer

Wiener Symphoniker
Chor der Volksoper Wien
Bregenzer Festspielchor
Kinderchor Weiler-Klaus

Floria Tosca	Mara Zampieri
Mario Cavaradossi	Giacomo Aragall Ion Buzea
Baron Scarpia	Ingvar Wixel
Cesare Angelotti	Vladimir de Kanel
Der Mesner	Rudolf Mazzola
Spoletta	Martin Finke
Sciarrone	Hans Christian
Ein Schließer	Alfred Kainz
Ein Hirt	Jürgen Worscher Marlies Zumtobel

BALLETT

16. August, Festspielhaus
Ballett-Gala
Solisten und Corps de ballet der Staatsoper Budapest
Wiener Symphoniker

Dirigent	Gyula Jármay
Klavier	István Dénes

ERNST DOHNÁNYI
»Variationen über ein Kinderlied«
Choreographie László Seregi
PJOTR ILJITSCH TSCHAIKOWSKY
Pas de deux aus dem Ballett »Schwanensee«, II. Akt
Choreographie Marius Petipa
E. HELSTED / H. S. PAULLI
Pas de deux aus dem Ballett
»Das Blumenfest in Genzano«
Choreographie Auguste Bournonville
REMBERT EGUES
Pas de deux aus dem Ballett »Marionetten«
Choreographie Alberto Mendez
Csillah Olah - Tibor Eichner
ADOLPHE ADAM / R. DRIGO
Pas de deux aus dem Ballett »Der Korsar«
Choreographie Marius Petipa
CLAUDE DEBUSSY
Pas de deux aus dem Triptychon »Nocturnes« ›Nuages‹
Choreographie Jiři Kylián
JOSEPH HAYDN
»Symphonie in D«
Ballett in einem Akt,
zusammengestellt aus Haydn-Werken
Choreographie Jiři Kylián

Adolphe Adam, Giselle, 1977. Theater am Kornmarkt.

19., 22. August, Festspielhaus
Die Probe
Rockballett in zwei Akten
Musik
Johann Sebastian Bach und Gabor Presser
Text, Choreographie, Einstudierung und Inszenierung
Antal Fodor

Choreographische Assistenz	Blanka Fajth
Bühnenbild	Robert Wegenast
Kostüme	Judit Schaffer
Solisten und Corps de ballet	der Staatsoper Budapest
Tänzer in der Rolle Jesu	Imre Dózsa
Tänzerin in der Rolle Maria-Magdalena	Nóra Szőnyi
Tänzer in der Rolle Judas	Gábor Keveházi
Chef der Verfolger	Zoltán Nagy
Der Mörder	Gábor Ménich

Die Verfolgten, Verfolger, Tänzer in der Rolle der Anhänger, die Oberpriester

THEATER

28. Juli, 1., 2., 3., 4., 5. August, Theater am Kornmarkt
Schiller-Theater, Berlin
HENRIK IBSEN
Die Frau vom Meer

Inszenierung	Thomas Schulte-Michels
Bühnenbild und Kostüme	Susanne Thaler
Dr. Wangel	Norbert Schwientek
Ellida	Sabine Sinjen
Bolette	Sibylle Canonica
Hilde	Christiane Leuchtmann
Oberlehrer Arnholm	Hermann Treusch
Lyngstrand	Gerd Silberbauer
Ballested	Klaus Mikoleit
Ein fremder Mann	Heinrich Giskes

8., 10., 12., 15., 16. August, Theater am Kornmarkt,
9. (Feldkirch), 11. (Bezau), 14. (Rorschach),
17. (Hirschegg), 18. August (Hohenems)
Theater für Vorarlberg
CARLO GOLDONI
Viel Lärm in Chiozza

Inszenierung	Helmut Wiesner
Bühnenbild und Kostüme	Carlo Tommasi
Padron Toni (Antonio)	Dieter Hofinger
Madonna Pasqua	Helga Illich
Lucietta	Marion Weidenfeld
Titta Nane (Giambattista)	Franz Robert Ceeh
Beppo (Giuseppe)	Helmut Hafner
Padron Fortunato	Bruno Felix
Madonna Libera	Elke Claudius
Orsetta (Orsolina)	Regine Weingart
Checca (Francesca)	Verena Berger
Padron Vincenzo	Thomas Rauchenwald
Toffolo (Christofolo)	Gerhard Swoboda
Isidoro	Andre Settembrini
Ein Gerichtsbote	Othmar Schrott

Adolphe Adam, Der Korsar, 1977. Theater am Kornmarkt.

Eröffnungsgottesdienst
22. Juli, Pfarrkirche Herz-Jesu
Festgottesdienst
Dirigent Karl Matheisl
Joanna Borowska, Sopran - Heide Rabal, Alt
John Dickie, Tenor - Karl Dumphart, Baß
An der Orgel Walfried Kraher
Wiener Symphoniker
Chor der Pfarrkirche Herz-Jesu
Proprium im Gregorianischen Choral
Zum Offertorium
JOSEPH HAYDN »Salus et gloria«
Zur Communio
Agnus Dei der Messe
Schlußlied
»Großer Gott wir loben dich«
Ordinarium
FRANZ SCHUBERT, Messe in B, op. 141
für Soli, Chor und Orchester

KONZERTE

26. Juli, Festspielhaus
I. Orchesterkonzert
Wiener Symphoniker
Dirigent Heinrich Hollreiser
Solist Boris Pergamenschikow, Violoncello
CARL MARIA VON WEBER
Ouvertüre zur Oper »Euryanthe«
ANTONÍN DVOŘÁK
Konzert für Violoncello und Orchester
in h-Moll, op. 104
RICHARD STRAUSS
»Ein Heldenleben«,
Tondichtung für großes Orchester, op. 40

27. Juli, Pfarrkirche St. Gallus Scheidegg/Allgäu
Salzburger Barockensemble
Werke von Johann Stadlmayr - Heinrich Schütz
Heinrich Ignaz Franz Biber - Johann Joseph Fux
Georg Philipp Telemann - Archangelo Corello
Henry Purcell

31. Juli, Festspielhaus
II. Orchesterkonzert
Wiener Symphoniker
Dirigent Hans Graf
Solistin Grace Bumbry, Sopran
FELIX MENDELSSOHN-BARTHOLDY
Musik zu Shakespeares »Ein Sommernachtstraum«, op. 61
HECTOR BERLIOZ
Nuits d'Été, op. 7
GEORGE GERSHWIN
Aus »Porgy and Bess« »Summertime«
»My man's gone now«
MAURICE RAVEL
»Pavane pour une Infante défunte«
»Rhapsodie Espagnol«
»Prélud à Nut«
»Malaqueña«
»Habanera 1895«
»Feria«

»Das sommerlich beschwingte zweite Orchesterkonzert der Bregenzer Festspiele hatte im vokalen Mittelteil einen Publikumsmagneten erster Ordnung: Grace Bumbry.
...
Es ist schwer zu sagen, was mehr bezauberte, die metallische Klarheit der sich in brennendem Glanz öffnenden Sopranhöhen oder das weiche, warme Timbre der volltönenden Altstimme. Bei Berlioz wie bei Gershwin gesellte sich zum naturhaft strömenden, gleichwohl beinahe instrumental geführten Stimmklang eine Gesangskultur, bei der sich fanatisch verinnerlichter Ausdruck und raffinierte Vortragsregie vollendet die Waage halten.«

Auszug. Entnommen aus: SCHWÄBISCHE ZEITUNG, 2. 8. 1984.

4. August, Rittersaal Gräflicher Palast Hohenems
Schloßkonzert Hohenems
Panocha Quartett
Jiří Panocha, 1. Violine - Pavel Zejfart, 2. Violine
Miroslav Sehnoutka, Bratsche
Jaroslav Kulhan, Violoncello
JOSEPH HAYDN
Streichquartett in h-Moll, op. 31, Hob. III/37
WOLFGANG AMADEUS MOZART
Streichquartett in d-Moll, (KV 421)
ANTONÍN DVOŘÁK
Streichquartett in F-Dur, op. 96

6. August, Festspielhaus
III. Orchesterkonzert
Wiener Symphoniker
Dirigent Christoph Eschenbach
Solisten
Christoph Eschenbach, Klavier - Kenneth Riegel, Tenor
Doris Soffel, Mezzosopran
WOLFGANG AMADEUS MOZART
Konzert für Klavier und Orchester No. 24
in c-Moll, (KV 491)
GUSTAV MAHLER
»Das Lied von der Erde« - eine Symphonie für eine Tenor- und eine Alt-Stimme und Orchester (nach Hans Bethkes »Die chinesische Flöte«)

7. August, Festspielhaus
Liederabend
Edita Gruberova, Sopran
Am Flügel Friedrich Haider
Lieder von:
WOLFGANG AMADEUS MOZART
HUGO WOLF
JOHANNES BRAHMS
RICHARD STRAUSS

9. August, Theater am Kornmarkt
Eberhard Wächter, Bariton
singt und rezitiert mit
Joanna Borowska, Sopran
Am Flügel Konrad Leitner
Lieder, Gedichte und Prosa aus Werken von:
Albert Lortzing, Alexander Borodin, Umberto Giordano, Gioacchino Rossini, George Bizet, Franz Lehár, Bruno Granichstaedten, Franz Lehár, Nico Dostal, Frédéric Chopin, Karol Szymanowski, Egon Friedell, Alexander Krakauer, Joseph Weinheber, Franz Böhm, Anton Krutisch, Bruno Uher, Bert Brecht, Josef Weinheber, Roman Dormanig-Roll

9. August, Rittersaal Gräflicher Palast Hohenems
Schloßkonzert
Ensemble Prisma
Leitung Horst Küblböck
Hans Gansch, Trompete - Karl Steininger, Trompete
Robert Lorenzi, Horn - Horst Küblböck, Posaune
Klaus Schafferer, Tuba
»Blech virtuos« aus Werken von:
Johann Sebastian Bach, Karl Pilss, Malcolm Arnold, Wilke Renwick, Anthony Holborne, Morley Calvert, George Gershwin

9. August, Seezentrum Hard
Wiener Kammermusiker
Erich Höbarth, 1. Violine - Peter Katt, 2. Violine
Martin Ortner, Viola - Martin Sieghart, Violoncello
Werner Buchmann, Kontrabaß
Christoph Eberle, Klarinette - Wolfgang Kühn, Fagott
Othmar Berger, Horn
CARL MARIA VON WEBER
Quintett für Klarinette und Streicher, op. 34, in B-Dur
FRANZ SCHUBERT
Oktett in F-Dur, op. 166, D 803

11. August, Rittersaal Gräflicher Palast Hohenems
Schloßkonzert
Wiener Nonett
Erich Schagerl, Violine - Jutta Puchhammer, Viola
Wolfgang Aichinger, Violoncello
Jim Rapport, Kontrabaß - Sylvie Lacroix, Flöte
Marie Wolf, Oboe - Herbert Faltynek, Klarinette
Isamu Magome, Fagott - Robert Lorenzi, Horn
JOHANN CHRISTIAN BACH
Quintett in D-Dur, op. 11/6
LUDWIG VAN BEETHOVEN
Septett in Es-Dur, op. 20
LUDWIG SPOHR
Nonett in F-Dur, op. 31
für Klarinette, Fagott und Horn

12. August, Festspielhaus
IV. Orchesterkonzert
Wiener Symphoniker
Dirigent Hiroshi Wakasugi
Solisten
Erich Höbarth, Violine - Johannes Flieder, Viola
RICHARD WAGNER
»Tristan und Isolde«, Vorspiel und Liebestod
WOLFGANG AMADEUS MOZART
Sinfonia concertante für Violine, Viola und Orchester in Es-Dur, (KV 364)
IGOR STRAWINSKY
Suite aus dem Ballett »Der Feuervogel«
(»L'oiseau de feu«), Fassung 1919

13. August, Martinsplatz
Serenade
Johann-Strauß-Ensemble der Wiener Symphoniker
Leitung Johannes Wildner
Musikalische Einrichtung Hans Totzauer
Johannes Wildner, Violine - Kurt Weidenholzer, Violine
Ferdinand Svatek, Violine - Kurt Letofsky, Viola
Peter Roczek, Cello - Firmin Pirker, Kontrabaß
Rudolf Huber, Flöte - Friedrich Wächter, Oboe
Wilfried Gottwald, Klarinette - Leo Cermak, Fagott
Ernst Mühlbacher, Horn - Hermann Rohrer, Horn
Vom Menuett zum Walzer
JOSEPH HAYDN
Fünf Hofball-Menuette
WOLFGANG AMADEUS MOZART
Contretänze, (KV 462)
LUDWIG VAN BEETHOVEN
Contretänze
ANONYMUS (ca. 1830)
Vier Tänze aus Alt-Wien
FRANZ SCHUBERT
Galopp und Ecossaisen, DV 735
JOSEPH LANNER
»Hofballtänze«, Walzer, op. 161
JOHANN STRAUSS
Ouvertüre zur Operette »Cagliostro in Wien«
JOHANN STRAUSS (Vater)
Chineser-Galopp, op. 20
JOSEPH STRAUSS
»Delirien«-Walzer, op. 212
EDUARD STRAUSS
»Unter der Enns«, Polka schnell, op. 121
JOHANN STRAUSS
»Annen-Polka«, op. 117
JOHANN STRAUSS
»Künstlerleben«, Walzer, op. 316

17. August, Rittersaal Gräflicher Palast Hohenems
Schloßkonzert
Trio Vienna
Wolfgang Schulz, Flöte - Milan Turković, Fagott
Helmut Deutsch, Klavier
»Curioso - Virtuoso«
GAETANO DONIZETTI
Trio in F-Dur für Flöte, Fagott und Klavier
1. Satz: Larghetto - 2. Satz: Allegro
JACQUES IBERT
»Carignane« für Fagott und Klavier
FRITZ KREISLER
»Schön Rosmarin« für Fagott und Klavier
FRANÇOIS BORNE
»Carmen-Fantasie«
HEITOR VILLA-LOBOS
»Bachianas Brasileiras« (No. 6) für Flöte und Fagott (Rio 1938)
1. Satz: Aria (Chôro), largo - 2. Satz: Fantasia, allegro
SCOTT JOPLIN
3 Rags für Flöte und Klavier
GEORGE GERSHWIN
3 Préludes für Klavier
NIKOLAJ RIMSKIJ-KORSAKOW
Hummelflug (arrangiert für Fagott und Klavier)
von William Waterhouse
PAUL AGRICOLE GÉNIN
Carnaval de Venice, op. 14
ALFRED PRINZ
Moments Musicaux I
»Reminiszenzen eines Opernbesuchers«

23. August, Festspielhaus
V. Orchesterkonzert
Tschechische Philharmonie
Dirigent Václav Neumann
Solist Václav Hudeček, Violine
FRIEDRICH SMETANA
Ouvertüre zur Oper »Libussa«
JAN SIBELIUS
Konzert für Violine und Orchester in d-Moll, op. 47
ANTONÍN DVOŘÁK
Symphonie No. 5 in F-Dur, op. 24

REZITATIONSABEND

27. Juli, Theater am Kornmarkt
Boy Gobert spricht
Amüsantes – Amouröses
Prosa und Lyrik zum Thema Liebe
Dichtungen von Walther von der Vogelweide
Giovanni Boccaccio - Gotthold Ephraim Lessing
Johann Wolfgang Goethe - Josef von Eichendorff
Franz Grillparzer - Heinrich Heine - Franz Molnár
Alfred Polgar - Kurt Tucholsky - François Villon
Ludwig Uhland - Detlev von Liliencron - Wilhelm Busch
Joachim Ringelnatz und vielen anderen

Wolfgang Amadeus Mozart, Die Zauberflöte, 1985. Festspielhaus. Bühnenbild von Jérôme Savary.

1985 23. Juli – 24. August

SPIEL AUF DEM SEE

24., (26.), 27., 31. Juli, 2., 3., 7., 9., 10., 13., 14., 16., 17., 19., 21., 22. August, Seebühne, (Festspielhaus)
WOLFGANG AMADEUS MOZART
Die Zauberflöte

Dirigent	Theodor Guschlbauer Wolfgang Rot
Inszenierung	Jérôme Savary
Bühne	Michel Lebois
Kostüme	Michel Dussarrat
Light-Design	Alain Poisson
Choreographie	Jean-Louis Bert
Wiener Symphoniker	
Chor der Volksoper Wien	
Bregenzer Festspielchor	
Sarastro	Erich Knodt
Tamino	John Dickie David Kuebler
Sprecher	Hans Helm
Erster Priester	Hans Helm
Zweiter Priester	Herwig Pecoraro
Königin der Nacht	Ulrike Steinsky
Pamina, ihre Tochter	Gunnel Bohman Gabriele Fontana
Erste Dame der Königin	Nancy Johnson
Zweite Dame der Königin	Karen Johnson
Dritte Dame der Königin	Claudia Rüggeberg
Papageno	Georg Tichy
Ein altes Weib - Papagena	Edith Schmid
Monostatos, ein Mohr	Wilfried Gahmlich Volker Vogel
Erster geharnischter Mann	William Ingle
Zweiter geharnischter Mann	Harrie Peeters
Erster Knabe	Thomas Auer Dietmar Jochum
Zweiter Knabe	Martin Fritsch Simon Kräutler
Dritter Knabe	Thomas Platzgummer Thomas Unterpirker

»Jérôme Savary gelang das erschütternde, staunenswerte Wunder, die ZAUBERFLÖTE zu einem Hollywood-on-Water-Superspektakel aufzumöbeln.

Von Michel Lebois hatte er sich rund um und über dem Orchestergraben eine Phantasielandschaft auf die Kunstinsel bauen lassen, wie man sie so sicher noch nicht gesehen hat. Von qualmenden Vulkangipfeln führt ein steiler Steig herab, an finsteren Höhleneingängen vorüber zu einem weiten, an harschen Felsen umgebenen Platz, über den ständig Nebel quillt und auf dessen anderer Seite sich ein lieblicher Palmenhain bis an den Himmel hinauf hinzieht.

Savary scheint von dem Ehrgeiz beflügelt, diese ›ägyptische‹ Märcheninsel im Bodensee bis in den letzten Winkel austoben zu lassen. Zur Ouvertüre treten die Heerscharen der Choristen und Statisten gegen die blutrot untergehende Sonne auf (eine der stimmungsvollsten Szenen). ...

Für die Arie der rachsüchtigen Königin der Nacht läßt er einen der Berggipfel sich teilen: Da steht sie auf einer nachtschwarzen, von Sternenbändern umglänzten Kuppel (wie sie Karl Friedrich Schinkel 1816 entworfen hat). ...

Mit weniger macht es Savary nicht. Das ist ein ständiges Qualmen und Zischen, ein Berg-tu-dich-Auf und Heilige-Halle-Erscheine und Pforten-Verschwindet. Dazwischen rennen Mohren und Sklaven herum, sind die Solisten immer unterwegs, bergauf, bergab. Ja sogar ins Wasser müssen sie springen wie Monostatos, der liebessüchtige Schwarze. Sarastro kommt von der See in einem mächtigen Fischleib, wie Jonas.

Savary erweist sich als Manager einer beeindruckenden Theatershow.«

Auszug. Entnommen aus: SÜDDEUTSCHE ZEITUNG, 26. 7. 1985.

... Savarys ZAUBERFLÖTEN-Deutung ist also aller Voraussicht nach in doppeltem Sinne einmalig. Denn auch das, was er mit seinen szenischen Mitstreitern (Bühne: Michel Lebois; Kostüme: Michel Dussarrat; Light-Design: Alain Poisson) vollbracht hat, ist wohl unwiederholbar, weil auf keinem Theater möglich: daß gleich zwei Schlangen Tamino bedrohen, eine zu Land und eine zu Wasser, beide richtige feuerspeiende Drachen; daß zum sternflammenden Auftritt der Königin der Nacht, hoch oben auf einer sich öffnenden Bergspitze, pyromanische Kunststücke gezündet werden; daß die Drei Knaben in frischluftiger Höhe per Seilbahn in einer Wolkengondel schweben; daß die Feuerprobe endlich einmal mit tatsächlichem Feuer und die Wasserprobe mit traumhaft wirklichen Fontänen aufwarten kann; daß die Strahlen der Sonne nach bestandenen Prüfungen ein gleißendes Feuerrad sind. Zu schweigen von den Tieren, den Löwen, Affen, Giraffen und drolligen Echsen, die einmal nicht tolpatschig als verkleidete Menschen wirken, sondern so richtig wie im Märchen. Und das soll im nächsten Sommer alles nicht mehr sein?

Damit aber nicht vorschnell ein falscher, einseitiger Eindruck entsteht: Savary macht Spektakel, einen wunderbaren, großen magischen Zirkus, aber man sieht und hört immer auch Mozarts ZAUBERFLÖTE, mit allen vertrauten Melodien und einem behutsam pointierten Dialog. Und dort, »wo Mensch den Menschen liebt«, wo die Herztöne des Märchens (und der Partitur) hörbar werden, da kann es auch ganz still sein auf der Szene, und nur Mozart hat das Wort ...

Jerôme Savary ist ein beinahe sensationelles Zauberstück gelungen.

Auszug. Entnommen aus:
SALZBURGER NACHRICHTEN, 26. 7. 1985.

OPER

23., 28. Juli, 1., 4., 8. August, Festspielhaus
VINCENZO BELLINI
I Puritani (in italienischer Sprache)

Dirigent	Gianfranco Masini
Inszenierung	Gilbert Deflo
Bühnenbild und Kostüme	Carlo Tommasi
Light Design	Bruno Boyer
Chorleitung	Helmuth Froschauer
Studienleitung und Korrepetition	Friedrich Haider Jeffrey Smith
Wiener Symphoniker	
Chor der Volksoper Wien	
Bregenzer Festspielchor	
Lord Gualtiero Valton	Carlo de Bosco
Sir Giorgio	Dimitri Kavrakos
Lord Arturo Talbo	Salvatore Fisichella
Sir Riccardo Forth	Giorgio Zancanaro
Sir Bruno Roberton	Yordi Ramiro
Enrichetta di Francia (Dama di Villa Forte)	Mariana Cioromila
Elvira	Edita Gruberova

BALLETT

18., 20. August, Festspielhaus
Coproduktion des Ballet National de Marseille Roland Petit mit FR3 und der Oper Monte-Carlo
Die Fledermaus
(La Chauve-Souris)
Ballett von Roland Petit
Musik von Johann Strauß
Arrangiert und orchestriert von Douglas Gamley

Bühnenbild	Giulio Coltellacci
Kostüme	Franca Squarciapino

Musik aufgenommen mit dem Orchester der Oper Marseille unter Leitung von Günter Neuhold
Ballet National de Marseille Roland Petit

Bella	Mitou Manderon
Johann	Jean-Pierre Aviotte
Ulrich	Hacène Bahiri
La Soubrette	Pascale Doye
Le Maître d'Hôtel	Thierry le Floch
Les Garçons de café	Rodolphe Cassand Ludovic Wystraete
Danseuses Can-Can	Anne-Cécile Morelle Nathalie Van Cauwenberghe Carlotta Zamparo
Csárdás	Thierry Le Floch Inès Baroux - Pascale Doye Sharon Rands Muriel Separi Nathalie Van Cauwenberghe Carlotta Zamparo
Le Commissaire de Police	Hacène Bahiri
und das	Corps de ballet

Die Stimme von Bruno Constantini

THEATER

3., 6., 7., 8., 9. August, Theater am Kornmarkt
Bayerisches Staatsschauspiel – Residenztheater
EDWARD ALBEE
Wer hat Angst vor Virginia Woolf?
Deutsch von Pinkas Braun

Inszenierung	August Everding
Bühnenbild und Kostüme	Jörg Zimmermann
Martha	Nicole Heesters
George	Martin Benrath
Putzi	Olivia Grigolli
Nick	Erich Hallhuber

»Entgegen der legendären Star-Besetzung des verfilmten Stücks mit Liz Taylor und Richard Burton zum Beispiel zeigt das weniger weltbekannte Bühnenpaar Nicole Heesters und Martin Benrath (als Martha und George mit ihrer Lebenslüge, dem imaginären Wunsch-Sohn) weitaus klarer, was so europäisch ist an diesem Albee: der Verzweiflungskampf des Intellekts mit dem Eros.
...

Benrath als George: ein sarkastischer Aufhetzer, strotzend vor sportlich genutzter Intelligenz. Mit genau dem nervösen Drive, der hinter dem bösartigen Gesellschaftsklamauk die große Verletzlichkeit verrät. Dieser George wuchtet sich derart in die Szene, daß man sich zunächst wundert, warum er vor Wut gleich eine der unzähligen Flaschen zerschlägt, wenn ihn Martha einen ›großen, dicken, fetten Versager‹ nennt.

Die Heesters gibt ihrer Rolle als Martha die attraktive Tücke eines Skorpions in Netzstrümpfen. Allein ihre angerauhte Stimme setzt den ganzen Schau- und Saufplatz unter Alkohol.«

Auszug. Entnommen aus: DIE WELT, 5. 8. 1985.

Wolfgang Amadeus Mozart, Die Zauberflöte, 1985. Festspielhaus. Bühnenbild von Jérôme Savary.

14., 17., 18., 20., 22. August, Martinsplatz,
15. (Innerbraz), 16. (Weiler/Allgäu), 19. (Hirschegg), 21. (Feldkirch), 23. (Hohenems), 24. (August (Bezau)
Theater für Vorarlberg
MACCIUS PLAUTUS
Miles Gloriosus
Deutsch von Andreas Thierfelder
Beitrag der Bregenzer Festspiele zu »Bregenz 2000«

Inszenierung	Helmut Wiesner
Bühnenbild und Kostüme	Carlo Tommasi
Pyrgopolynikes	Bruno Felix
Philokomasium	Marion Weidenfeld
Skeledrus	Klaus Zmorek
Lukrio	Thomas Rauchenwald
Palästrio	Roland Selva
Periplektomenus	Kurt Sternik
Pleusikles	Helmut Hafner
Kario	Thomas Rauchenwald
Akroteleutium	Regine Weingart
Milphidippa	Helene Mira

Eröffnungsgottesdienst
28. Juli, Pfarrkirche St. Gallus
Festgottesdienst
Dirigent Wolfgang Lässer
Solisten
Yordi Ramiro, Tenor - Harrie Peeters, Baß
An der Orgel Elgar Polzer
Mitglieder der Wiener Symphoniker
Chor der Pfarrkirche St. Gallus
Ordinarium: Giacomo Puccini, Messa di Gloria

KONZERTE

27. Juli, Rittersaal Gräflicher Palast Hohenems
Schloßkonzert
Bartók Quartett
Péter Komlós, 1. Violine - Géza Hargitai, 2. Violine
Géza Németh, Viola - László Mezö, Violoncello
JOSEPH HAYDN
Streichquartett in g-Moll, Hob. III/74 (op. 74/III)
»Reiter-Quartett«
BÉLA BARTÓK
Streichquartett Nr. 2, op. 17
LUDWIG VAN BEETHOVEN
Streichquartett in e-Moll, op. 59/2

29. Juli, Pfarrkirche St. Gallus
Kunst der Fuge
Bruno Oberhammer, Orgel
JOHANN SEBASTIAN BACH
Die Kunst der Fuge, BWV 1080

30. Juli, Festspielhaus
I. Orchesterkonzert
Wiener Symphoniker
Dirigent Garcia Navarro
Solist Horacio Gutiérrez, Klavier
HECTOR BERLIOZ
Ouvertüre »Römischer Karneval«, op. 9
SERGEJ RACHMANINOFF
Konzert für Klavier und Orchester Nr. 3 in d-Moll, op. 30
JOAQUÍN TURINA »Danzas fantásticas«
MAURICE RAVEL »Daphnis und Chloé«, Suite Nr. 2

6. August, Festspielhaus
II. Orchesterkonzert
Wiener Symphoniker
Dirigent Günter Wand
ANTON BRUCKNER (Fassung Haas 1890)
Symphonie Nr. 8 in c-Moll

2. August, Rittersaal Gräflicher Palast Hohenems
Wiener Streichtrio
Jan Pospichal, Violine (Ch. et E. Gand, 1860)
Wolfgang Klos, Viola (C. B. Ceruti, 1780)
Wilfried Rehm, Violoncello (F. Garimberti, 1925)
FRANZ SCHUBERT
Trio in B-Dur, DV 581
GOTTFRIED VON EINEM
Trio, op. 74
WOLFGANG AMADEUS MOZART
Divertimento in Es-Dur, (KV 563)

5. August, Martinsplatz
Serenade
Johann-Strauß-Ensemble
Leitung Johannes Wildner
Musikalische Einrichtung Hans Totzauer
Johannes Wildner, Violine - Kurt Weidenholzer, Violine
Wolfgang Trauner, Violine - Kurt Letofsky, Viola
Peter Roczek, Violoncello - Firmin Pirker, Baß
Rudolf Huber, Flöte - Friedrich Wächter, Oboe
Wilfried Gottwald, Klarinette - Leo Cermark, Fagott
Ernst Mühlbacher, Horn - Hermann Rohrer, Horn
Werke von Haydn bis Johann Strauß:
Josef Haydn, Wolfgang Amadeus Mozart, Ludwig van Beethoven, Franz Schubert, Joseph Lanner, Johann Strauß, Joseph Strauß, Eduard Straß, Johann Strauß

5. August, Seezentrum Hard
Wiener Kammermusiker
Erich Höbarth, 1. Violine - Peter Katt, 2. Violine
Martin Ortner, Viola - Martin Sieghart, Violoncello
Werner Buchmann, Kontrabaß
Raphael Leone, Flöte - Klaus Lienbacher, Oboe
Wilfried Gottwald, Klarinette - Elmar Eisner, Horn
LUDWIG VAN BEETHOVEN
Septett in Es-Dur, op. 20
JOSEPH LANNER
»Die Werber«
JOHANN STRAUSS (Vater)
»Sperlpolka«
»Kettenbrückenwalzer«
»Chinesengalopp«
JOHANN STRAUSS (Sohn)
»Wo die Zitronen blüh'n«

7. August, Kirche St. Gallus Scheidegg/Allgäu
Kammermusikalisches Konzert
Frans Brüggen, Traversflöte - Sigiswald Kuyken, Violine
Wieland Kuyken, Gambe - Gustav Leonhardt, Cembalo
JOHANN SEBASTIAN BACH
Triosonate in G-Dur
ClAUDE BALBASTRE
Pièces de clavecin (1759)
LOUIS GABRIEL GUILLEMAIN
Conversation galante et amusante in A-Dur
DIETRICH BUXTEHUDE
Triosonate in a-Moll für Violine, Gambe und Cembalo
GEORG PHILIPP TELEMANN
»Pariser« Quartett in h-Moll

9. August, Rittersaal Gräflicher Palast Hohenems
Quartetto di Roma
Marisa Candeloro, Klavier - Antonio Salvatore, Violine
Raoul Mancuso, Viola
Massimo Amfiteatrof, Violoncello
FELICE DE GIARDINI
Quartett in D-Dur, Nr. 4
SANDRO FUGA
Quartett, dem Quartetto di Roma gewidmet
GABRIEL URBAIN FAURÉ
Quartett Nr. 1 in c-Moll, op. 15

11. August, Festspielhaus
III. Orchesterkonzert
Wiener Symphoniker
Dirigent Hans Vonk
Solist Oleg Kagan, Violine

Vincenzo Bellini, I puritani, 1985. Festspielhaus.
Figurinen des ›Arturo‹ und der ›Elvira‹. Kostüme von Carlo Tommasi.

GABRIEL U. FAURÉ
Pelléas et Mélisande, Suite op. 80
ALBAN BERG
Konzert für Violine und Orchester
JOHANNES BRAHMS
Symphonie Nr. 1, in c-Moll, op. 68

12. August, Kulturzentrum Lauterach
Wiener Kammermusiker
verstärkt durch Bläser der Wiener Symphoniker
Dirigent Martin Sieghart
Solisten Jan Pospichal, Violine - Norbert Frühwirth, Klavier - Martin Sieghart, Harmonium
JOHANN STRAUSS
Bearbeitung ALBAN BERG
»Wein, Weib und Gesang«
für zwei Violinen, Viola, Violoncello, Klavier und Harmonium
ALBAN BERG
Kammerkonzert für Violine, Klavier und 13 Bläser
FRANZ SCHUBERT
Oktett in F-Dur, op. 166

15. August, Rittersaal Gräflicher Palast Hohenems
Schloßkonzert
Die Wiener Kammersolisten
Beatrix Dutka-Kessler, Klavier - Alfred Dutka, Oboe
Walter Sengstschmid, Cembalo
Ursula Schwertmann, Violoncello
JOHANN SEBASTIAN BACH
Sonate Nr. 6 in E-Dur für Flöte und Basso continuo
CARL PHILIPP EMANUEL BACH
Sonate in g-Moll für Oboe und Basso continuo
JOHANN CHRISTIAN BACH
Triosonate in B-Dur für Flöte, Oboe und Basso continuo
WILHELM FRIEDEMANN BACH
Duo in F-Dur für Flöte und Oboe
JOHANN CHRISTOPH FRIEDRICH BACH
Sonate in A-Dur für Cembalo
JOHANN SEBASTIAN BACH
Triosonate Nr. 3 in G-Dur für Flöte, Oboe und Basso continuo

16. August, Kulturzentrum Lauterbach
Ensemble London Baroque
Ingrid Seifert, 1. Violine - Richard Gwilt, 2. Violine
Charles Medlam, Violoncello - William Hunt, Violine
Paul Nicholson, Cembalo
ARCANGELO CORELLI
Concerto grosso in B-Dur, op. 6/5
ANTONIO VIVALDI
Concerto für Cello und Streicher in d-Moll
THOMAS AUGUSTINE ARNE
Sonate für Cembalo Nr. 2 in e-Moll
GEORG FRIEDRICH HÄNDEL
Triosonate in G-Dur, op. 5/5
JOHANN SEBASTIAN BACH
Triosonate in D (nach der Orgelsonate in C, BWV 529)
JOSEPH HAYDN
Eisenstädter Trio Nr. 5 in C
WOLFGANG AMADEUS MOZART
Drei Kirchensonaten in B-Dur, (KV 212), Es-Dur, (KV 67) und B-Dur, (KV 68)

24. August, Festspielhaus
Orchesterkonzert
Kölner Kammerorchester
Dirigent Helmut Müller-Brühl
Solisten Barbara Schlick, Sopran - Frans Brüggen, Blockflöte- Michael Schneider, Blockflöte - Helmut Hucke, Oboe - Friedemann Immer, Trompete - Rainer Kussmaul, Violine
JOHANN SEBASTIAN BACH
Ouvertüre (Suite) in D-Dur, Nr. 3, BWV 1068 für drei Trompeten, Pauken, zwei Oboen, Fagott, Streicher und Generalbaß
Kantate »Weichet nur betrübte Schatten«, BWV 202 für Sopran, Oboe, Fagott, Violine, Streicher und Generalbaß
Brandenburgisches Konzert in G-Dur, Nr. 4, BWV 1049 für zwei Blockflöten, Violine, Streicher und Generalbaß
Brandenburgisches Konzert in F-Dur, Nr. 2, BWV 1047 für Trompete, Blockflöte, Oboe, Violine, Streicher und Generalbaß

24. August, Theater am Kornmarkt
Cembalo Recital
Ton Koopman, Cembalo
JOHANN SEBASTIAN BACH
Toccata in G-Dur, BWV 916
Aus »Das wohltemperierte Klavier«, Teil II
Chromatische Fantasie und Fuge in d-Moll, BWV 903
GEORG FRIEDRICH HÄNDEL
Suite Nr. 8 in f-Moll
DOMENICO SCARLATTI Fünf Sonaten

24. August, Pfarrkirche Herz-Jesu
Musica Sacra
Deller Consort London
Lynne Dawson, Sopran - Elisabeth Priday, Sopran
Mark Deller, Counter-Tenor
Rogers Covey-Crump, Tenor
Maurice Bevan, Bariton
THOMAS TALLIS
Jam Christus astra ascenderat - Salvator Mundi
Deus tuorum militum - O nata lux - Te Lucis ante terminum
In manus tuas Domine - Jesu Salvator saeculi
HEINRICH SCHÜTZ
Ich bin ein rechter Weinstock - Das Wort ward Fleisch
Herzlich lieb hab ich Dich, o Herr
Die mit Tränen säen - Selig sind die Toten
Die Himmel erzählen die Ehre Gottes

24. August, Pfarrkirche St. Gallus
Trompeten und Orgel
Friedemann Immer, Trompete
Frieda Held - Hansjörg Packeis - Kai Immer
Günther Fetz, Orgel
GEORG FRIEDRICH HÄNDEL
Suite in D-Dur für Trompete und Orgel
Aus der Suite Nr. 8 in G-Dur für Orgel solo
FRANCESCO MANFREDINI
Concerto in D-Dur für zwei Trompeten und Orgel
DOMENICO SCARLATTI
Sonate in g-Moll, K 328 für Orgel solo
Sonate in C-Dur, K 255 für Orgel solo
JEAN JOSEPH MOURET
Suites Fanfares in D-Dur für drei Trompeten und Orgel
JOHANN SEBASTIAN BACH
Zwei Choräle für Trompete und Orgel
»Erbarm dich mein, oh Herre Gott«, BWV 721
»Jesu bleibet meine Freude«, BWV 147
Toccata und Fuge in d-Moll, BWV 565 für Orgel solo

24. August, Seebühne
Barockfeuerwerk
Kölner Kammerorchester
Dirigent Helmut Müller-Brühl
Inszenierung und Synchronisation des Feuerwerks
August Cohsmann und Helmut Müller-Brühl
Feuerwerk Nellen & Cohsmann

GEORG FRIEDRICH HÄNDEL
Music for a Royal Firework
(Feuerwerkmusik) für drei Oboen, drei Fagotte, drei Hörner, drei Trompeten, Pauken, Streicher und Generalbaß

SONDERVERANSTALTUNGEN
7. Juli–14. Juli

Fest des Kindes
13., 14. Juli, Theater am Kornmarkt
CESAR BRESGEN
Der Igel als Bräutigam
Oper nach einem Märchen von Chr. Andersen
Orchester aus Schülern und Lehrern der Vorarlberger Musikschulen und des Landeskonservatoriums
Leitung Christoph Eberle

25. Juli, Theater am Kornmarkt
In Zusammenarbeit mit dem ORF, Landesstudio Vorarlberg
Vienna Art Orchestra
Leitung Mathias Rüegg
European Tour Program '85

23. August, Festspielhaus
Austro Pop Gala
RAINHARD FENDRICH
»Wien bei Nacht«
STEFANIE WERGER
»Lust auf Liebe«

STADTFEST

Ausstellungen – Bregenz 2000

20. Juli – 29. September
Vorarlberger Landesmuseum
Das römische Brigantium

22. Juli – 29. September
Künstlerhaus Palais Thurn und Taxis
Götter und Römer
Mythos und Geschichte im Spiegel der Kunst

1986 22. Juli – 24. August

40 JAHRE BREGENZER FESTSPIELE

SPIEL AUF DEM SEE

23., 24., 25., 26., 30. Juli, 1., 2., 4., 6., 8., 9., 11., 12., 13., 15., 16., 18., 20., 22., 23. August, Seebühne/Festspielhaus
Wiederaufnahme
WOLFGANG AMADEUS MOZART
Die Zauberflöte

Dirigent	Theodor Guschlbauer Wolfgang Rot
Inszenierung	Jérôme Savary
Bühne	Michel Lebois
Kostüme	Michel Dussarrat
Choreographie	Jean-Louis Bert
Light-Design	Alain Poisson
Chorleitung	Helmuth Froschauer
Wiener Symphoniker	
Chor der Volksoper Wien	
Bregenzer Festspielchor	
Sarastro	Harald Stamm
Tamino	John Dickie - David Kuebler
Sprecher	Hans Helm
Erster Priester	Hans Helm
Zweiter Priester	Herwig Pecoraro
Königin der Nacht	Celina Lindsley Isolde Siebert
Pamina	Gunnel Bohman Elaine Woods
Erste Dame der Königin	Nancy Johnson
Zweite Dame der Königin	Klara Csordas
Dritte Dame der Königin	Claudia Rüggeberg
Pagageno	Georg Tichy
Ein altes Weib - Papagena	Edith Schmid
Monostatos, ein Mohr	Wilfried Gahmlich
Erster geharnischter Mann	Michael Pabst
Zweiter geharnischter Mann	Hans Sisa - Claudio Otelli
Erster Knabe	Markus Grabher Nina Kräutler
Zweiter Knabe	Simon Kräutler Dietmar Penz
Dritter Knabe	Matthias Lexer Wolfgang Stefanelli

OPER

22., 27., 31. Juli, 3., 7. August, Festspielhaus
GAETANO DONIZETTI
Anna Bolena
In italienischer Sprache

Dirigent	Giuseppe Patané
Inszenierung	Giancarlo del Monaco
Bühnenbild	Ferruccio Villagrossi
Kostüme	Maria-Luise Walek
Chorleitung	Helmuth Froschauer
Wiener Symphoniker	
Chor der Volksoper Wien	
Bregenzer Festspielchor	
Enrico VIII.	Jewgenij Nesterenko
Anna Bolena	Katia Ricciarelli
Giovanna Seymour	Stefania Toczyska
Lord Rochefort	Riccardo Lombardi
Lord Riccardo Percy	Francisco Araiza
Smeton	Elena Zilio
Sir Hervey	Jorge Pita

Wolfgang Amadeus Mozart, Die Zauberflöte, 1985. Festspielhaus. Inszenierung: Jérôme Savary.

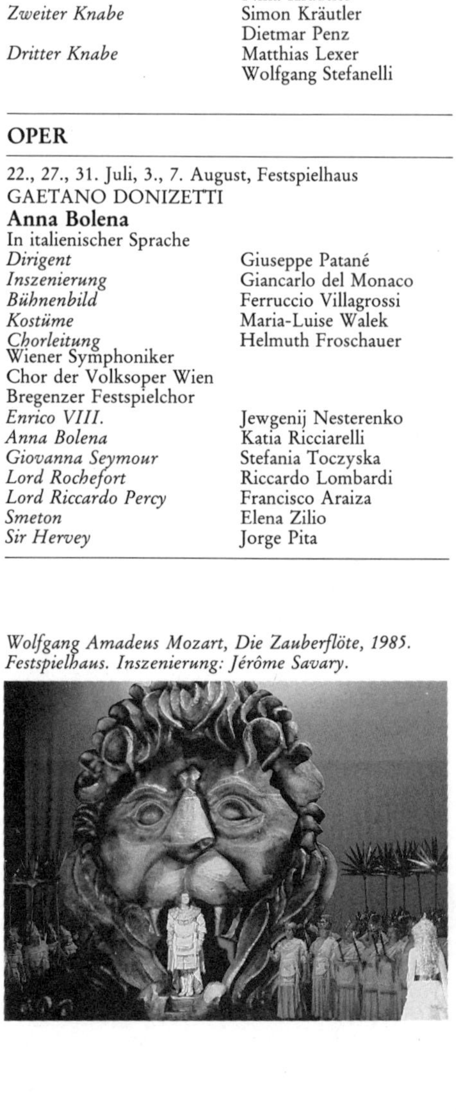

Gaetano Donizetti, Anna Bolena, 1986. Festspielhaus. Figurine ›Anna Bolena‹ von Maria-Luise Walek.

BALLETT

17. August, Festspielhaus
Solisten der Budapester Staatsoper
Ballett-Gala
Mit Ildiko Pongor - Nora Szönyi - Edit Szabadi
Marta Metzger - Katalin Volf - Katalin Hagai
Imre Dosza - Gabor Kevehazi - György Szakaly
Jeno Locsey - Sandor Erdelyj - Sandor Jezerniczky
Gabor Menich
CESARE PUGNI – *Frederic Ashton*
Pas de quatre
PAUL HINDEMITH – *Laszlo Seregi*
Pas de deux aus dem Ballett »Die Zeder«
JOHANN SEBASTIAN BACH – *Laszlo Seregi*
»Air«
TOMMASO ALBINONI – *Antal Fodor*
Pas de deux
LUDWIG MINKUS – *Marius Petipa*
Pas de deux aus dem Ballett »Don Quichotte«
BÉLA BARTÓK – *Antal Fodor*
»Der wunderbare Mandarin«

19., 21. August, Festspielhaus
Solisten und Corps de ballet der Budapester Staatsoper
Ballettabend
Solisten
Ildiko Pongar - Nora Szönyk - Edit Szabadi
Marta Metzger - Katalin Volf - Katalin Hagai
Imre Dosza - Gabor Kevehazi - György Szakaly
Jeno Locsey - Sandor Erdelyi - Sandor Jezerniczky
Gabor Menich und das Corps de ballet
JOHANN SEBASTIAN BACH – *Antal Fodor*
Violinkonzert in E-Dur
ALBERTO MENDEZ
»Seltene Vögel«
IGOR STRAWINSKY – *Maurice Béjart*
»Le sacre du printemps«

THEATER

9., 12., 13., 14., 16. August, Theater am Kornmarkt
Burgtheater Wien
FRANZ MOLNAR
Olympia

Inszenierung	Rudolf Steinboeck
Bühnenbild	Matthias Kralj
Kostüme	Leo Bei
Fürst Plata-Ettin, General	Fred Liewehr
Eugenie, seine Gattin	Susi Nicoletti
Olympia, seine Tochter	Elisabeth Augustin
Barna, Husarenrittmeister	Karlheinz Hackl
Albert	Alexander Trojan
Krehl	Rudolf Buczolich
Lina	Gusti Wolf

24., 26., 27., 29., 30. Juli, 1., 2. August Martinsplatz
Theater für Vorarlberg
JOHANN NEPOMUK NESTROY
Frühere Verhältnisse
Vorspiel:
Der Zettelträger Papp

Inszenierung	Bruno Felix - Kurt Sternik
Musikalische Leitung	Albert Arbeiter
Muffel	Kurt Sternik
Haushofmeister / *Herr Scheitermann*	Helmut Kasimir
Frau Scheitermann / *Bediente*	Heide Stahl
Peppi Amsel	Brigitte Swoboda
Zettelträger Papp	Hans Richter

ERÖFFNUNG

20. Juli
Festakt 40 Jahre Bregenzer Festspiele
1946–1986 »Vom Kiesschiff zur Seebühne«

22. Juli, Festspielhaus
Eröffnung
Wiener Symphoniker
Chor der Volksoper Wien
Bregenzer Festspielchor
Dirigent Theodor Guschlbauer
Solistin Elaine Woods, Sopran
GIOACCHINO ROSSINI
Ouvertüre zur Oper »Semiramis«
WOLFGANG AMADEUS MOZART
Szene Pamina - Drei Knaben aus »Die Zauberflöte«
Schlußchor aus der Oper »Die Zauberflöte«

27. Juli, Abteikirche Mehrerau
Eröffnungsgottesdienst
Mitglieder der Wiener Symphoniker
Vorarlberger Oratorienvereinigung
Dirigent Elgar Odo Polzer
Solisten
Isolde Siebert, Sopran - Claudia Rüggeberg, Alt
David J. Kuebler, Tenor - Hans Sisa, Baß
Orgel Helmut Binder
WOLFGANG AMADEUS MOZART
Missa Solemnis in C-Dur, (KV 337) für Solisten, Chor, Orchester und Orgel
Proprium im Gregorianischen Choral

KONZERTE

26. Juli, Rittersaal, Gräflicher Palast Hohenems
Schloßkonzert
Pro Arte Quartett Salzburg
Werke von Wolfgang Amadeus Mozart - Anton Webern
Ludwig van Beethoven

26. Juli, Theater am Kornmarkt
Vienna Art Orchestra
European Tour 1986
Künstlerische Leitung Matthias Rüegg

28. Juli, Alter Landtagssaal
Neuwirth Extrem Schrammeln
»Extremes im ¾-Takt«

29. Juli, Festspielhaus
I. Orchesterkonzert
Dirigent Jeffrey Tate
Solistin Mitsuko Uchida, Klavier
Wiener Symphoniker
WOLFGANG AMADEUS MOZART
Idomeneo Ballett-Musik
Klavierkonzert in Es-Dur Nr. 22, (KV 482)
Symphonie in C-Dur Nr. 41, (KV 551)
»Jupitersymphonie«

31. Juli, Theater am Kornmarkt
Cembalo Recital Günther Fetz
»Höhepunkte barocker Cembalomusik«
Werke von Johann Jakob Froberger - Gottlieb Muffert
Georg Friedrich Händel - Jiři Antonin Benda und Domenico Scarlatti

1. August, Kurhaus Scheidegg/Allgäu
Kammerorchester dal'Arco
Leitung Jack Martin Händler
Werke von Francesco Maria Veracini - Antonio Vivaldi
Joseph Haydn und Igor Strawinsky

1., 2. August, Kulturhaus Dornbirn
Experimentum mundi
Im Mittelpunkt des spektakulären Werkes stehen die Bewegungsabläufe und Arbeitsgeräusche von 17 Handwerksmeistern.

2. August, Rittersaal Gräflicher Palast Hohenems
Schloßkonzert
Klavierduo Uriarte / Mrongrovius
Werke von Wolfgang Amadeus Mozart - Franz Liszt
György Ligeti - Maurice Ravel - Padre Antonio Soler
Johannes Brahms

3. August, Festspielhaus
Strauß-Matinee
Dirigent Kurt Wöss
Wiener Symphoniker
Meisterwerke von Johann und Joseph Strauß

4. August, Seezentrum Hard
Wiener Kammermusiker
Werke von Wolfgang Amadeus Mozart - Hanns Eisler und Bohuslav Martinů

5. August, Festspielhaus
II. Orchesterkonzert
Dirigent Giuseppe Patané
Solistin Ute Trekel-Burckhardt, Mezzosopran
Wiener Symphoniker
ZOLTAN KODÁLY Tänze aus Galanta
LUDWIG VAN BEETHOVEN
Symphonie in F-Dur Nr. 8, op. 93
ALEXANDER VON ZEMLINSKY
Sechs Gesänge, op. 13, Maeterlinck-Lieder
OTTORINO RESPIGHI
»Pini di Roma« - Symphonische Dichtung

8. August, Alter Landtagssaal
Solistenkonzert
Maximilian Schöner, Violine - Meinhard Prinz, Flügel
Werke von Johannes Brahms, Claude Debussy und Ludwig van Beethoven

9. August, Rittersaal Gräflicher Palast Hohenems
Schloßkonzert
Mandel Quartett Budapest
»Musikalische Kostbarkeiten aus der Barockzeit«
Werke von Philibert de Lavigne - Dario Castello
Georg Philipp Telemann - Antonio Vivaldi
Michel Corette u. a.

10. August, Festspielhaus
III. Orchesterkonzert
Dirigent Yuri Ahronovitch
Solist Heinrich Schiff, Violoncello
Wiener Symphoniker
FRANZ LISZT
»Tasso« Lamento e Trionfo – Symphonische Dichtung
CHARLES CAMILLE SAINT-SAENS
Konzert für Violoncello und Orchester in a-Moll Nr. 1, op. 33
ANTONIN DVOŘÁK
Symphonie in D-Dur Nr. 6, op. 60

11. August, Martinsplatz
Serenade
Johann-Strauß-Ensemble
»Musik von Johann Strauß und seinen Zeitgenossen«
Werke von Johann Strauß (Vater) - Johann Strauß
Josef Strauß - Joseph Lanner - Josef Baier
Johannes Brahms und Jacques Offenbach

14. August, Seebühne / Festspielhaus
Falco live

16. August, Rittersaal Gräflicher Palast Hohenems
Schloßkonzert
Bläser-Ensemble Laurentius von Schnifis
»Pasticcio für Blechbläser«
Werke von Samuel Scheidt - Henry Purcell
Johann Sebastian Bach - Herbert Willi u. a.

21. August, Theater am Kornmarkt
Twilight Music
mit Kurt Schwertsik und den Wiener Kammermusikern

24. August, Festspielhaus
IV. Orchesterkonzert
Dirigent Dmitrij Kitaenko
Solist Oleg Kagan, Violine
Moskauer Philharmoniker
MODEST MOUSSORGSKY
»Eine Nacht auf dem kahlen Berge«
JOHANNES BRAHMS
Konzert für Violine und Orchester in D-Dur, op. 77
PJOTR ILJITSCH TSCHAIKOWSKY
Symphonie in e-Moll Nr. 5, op. 64

OLYMPIA -
- POUPÉE MECANIQUE -

- HISTOIRE D'OLYMPIA - MARIONNETTES . RIDEAU -
M. LEBOIS

HISTOIRE D'ANTONIA -
LE GRAND CLAVIER MOBILE -
M LEBOIS

Namenregister

Erläuterung zum Gebrauch der Register:

In den Registern – Namen- und Sachregister – sind alle auch für den wissenschaftlichen Gebrauch der Dokumentation relevanten Namen und Sachbegriffe des Textteils (Seiten 1 bis 199) erfaßt, sowie die Werktitel der Opern, Operetten, Schauspiele und abendfüllenden Ballette aus der Chronologie der Bregenzer Festspiele von 1946 bis 1986. Nachgewiesen sind ferner sämtliche Bildunterschriften (Text- und Chronikteil).

Abele, Hanns 181
Aberle, Erich 49, 78
Abt, Othmar 82
Adam, Adolphe 38, 67, 82, 83, 84, 245, 268
Adam, Theo 94
Ahnert, Dr. Wolfgang 175
Albach-Retty, Rosa 123
Albee, Edward 64, 74, 78, 129, 130, 131
Alexandra, Kaiserin von Rußland 30
Alfons, Gerd 169
Almassy, Susanne von 76
Alva, Luigi 90, 93
Amaducci, Bruno 100, 104
Ambesser, Axel von 70
Amor, Rudolf 148
Andreae, Volkmar 56
Andree, Ingrid 62, 253
Appia, Adolphe 39
Aragall, Giacomo 95
Arié, Raffaele 89
Arrabal, Fernando 188
Arrau, Claudio 56
Aslan, Raoul 74, 123
Assafjew, Boris 84
Assauljak, Lew 241
Auber, Daniele François 89
Auer, Erich 74
Auger, Arleen 104
Augustus, Caesar 25

Bach, Johann Sebastian 245, 247
Bahr, Hermann 61, 63, 74
Bakocevic, Radmila 91
Balanchines, George 82
Balser, Ewald 61, 74, 116, 207
Banfield, Raffaelo de 82
Bankhofer, Hademar 184
Bär, Ernst 74, 82, 96, 113, 127, 135, 140, 144, 148, 149, 150, 156
Barbieri, Fedora 43
Bartók, Bela 82, 94, 235, 262
Batu, Selahattin 61, 194, 212, 215
Bauer, Hannes 181
Bayer, Karl Robert Emanuel von 31
Beauchamp, Pierre 84
Beaucharuais, Hortense 30
Beaujoyeux, Balthasar de 81
Beethoven, Ludwig van 55f., 88, 89, 91, 94, 150, 153, 195, 203, 215, 219, 257, 259
Behrendt, Klaus 98, 101
Beirer, Hans 88
Beitl, Richard 148
Bellini, Vincenzo 12, 32, 43, 44, 60, 88, 90, 93, 95, 134, 147, 150, 271
Bénité, Joseph 50, 52, 75, 147
Benrath, Martin 74, 130, 131, 270
Benzer, Dr. Arnulf 54, 61, 136, 149, 152
Bergonzi, Carlo 91
Berger-Weyerwald, Hilde 153
Berlioz, Hector 56, 88
Bernadotte, Lennart Graf 133
Bernadotte, Sonja Gräfin 133, 136, 195
Bernhard, Engelbert 32
Bernstein, Leonard 94, 127, 128, 261
Berry, Walter 89, 91, 215
Bertram, Rudolf 136
Bignens, Max 232
Bildstein, Hieronymus 28
Bill, Maria 74
Birkle, Alfred 153
Birkmeyer, Toni 147
Bizet, George 93, 149
Blacher, Boris 82
Bojartschikow, Nikolai 84
Blondel, Maurice 52, 54, 146
Böheim, Franz 123
Böhm, Karl Prof. 56, 59, 94, 96, 105, 107, 114, 150, 195, 203, 259
Böhm, Karlheinz 74, 76
Bolesch, Otto 49
Borodin, Alexander 84
Böttcher, Else 53, 147
Bottion, Aldo 90
Brahms, Johannes 56, 88
Brandauer, Klaus Maria 71, 75, 258
Brandstaetter, Roman 64, 123
Bräuer, Lucia 83
Braun, Felix 62, 64, 73, 194
Braun, Willi 28, 150, 162, 177, 179
Brexner, Edeltraud 82, 223
Brogle, Peter 74
Brown, Debria 93
Bruckner, Anton 55, 56, 89
Bruggmann, Alfred 64, 75, 79, 246
Bryant, Joyce 236
Büchner, Georg 188
Bumbry, Grace 95, 268
Burton, Richard 130
Businger, Toni 18, 20, 71, 121, 122, 255, 258
Buczolich, Rudolf 74, 75, 258
Byr, Robert 31

Cabellé, Montserrat 88, 94
Calderon 35
Campora, Giuseppe 89
Capper, Samuel James 31
Cappucilli, Piero 88, 93, 95
Caridis, Miltiades 100, 104
Carreras, José 42, 88, 94, 95, 195, 263
Carrolli, Silvano 94
Carter, Barbara 91, 104
Casoni, Bianca Maria 89, 90
Cassado, Caspar 56
Castelli, Ignaz Franz von 30
Charrat, Janine 82
Chazalettes, Giulio 258
Christ, Rudolf 89
Cimarosa, Domenico 60, 228
Circe 35
Cornelius, Peter 43, 60, 89, 117, 118, 153, 217
Cortis, Marcello 60, 88
Cox, Jean 89, 92, 135, 222
Czerwenka, Oskar 60, 89, 117, 144, 153

Daalen, Frans van 92, 127
Dabonville, Kommissar 53
Dallapozza, Adolf 94
Debussy, Claude 56
Dehmel, Richard 73
Delibes, Léo 82, 195
Della Casa, Lisa 89
Dermota, Anton 43, 60, 89, 141, 151, 153, 194, 215
Dernesch, Helga 89, 222
Deuring, Karl 148f., 159
Deutekom, Cristina 43, 90, 241
Deutsch, Ernst 61f., 74
Devia, Mariella 95, 263
Dill, Gerlinde 83
Dionysos 35
Dirtl, Willy 82f.
Dohm, Gaby 63, 256
Domgraf-Fassbaender, Willi 88
Dominguez, Oralia 89
Domingo, Placido 43, 60, 88, 94, 122, 155, 197, 262
Dönch, Karl 88, 92, 113, 114
Donat, Zwislawa 91
Donath, Helen 95
Donizetti, Gaetano 12, 32, 42, 60, 65, 68, 89, 90, 131, 132, 237f., 249
Dorn, Dieter 117
Drapal, Julia 81, 202
Droste-Hülshoff, Annette von 31
Drottnerová, Marta 84
Drusus 25
Duffner, Manfred 148, 149
Dumas, Alexandre 251
Düringer, Annemarie 73, 74, 76, 77
Dussarrat, Michel 22, 189
Dvořák, Antonin 38, 118
Dyk, Peter van 82

Ebner, Johann Ritter von 32
Ecker, Norbert 108
Edelmann, Otto 60, 88
Eder, Helmut 82, 84, 195
Egk, Werner 82, 84
Einem, Gottfried von 82, 113
Elsäßer, Ernst 148
Ely, Norbert 185
Ems, Rudolf von 24, 28, 101, 104f.
Enk, Willy 152
Esterhazy, Fürst 100
Everding, August 64, 129, 130, 197
Eybner, Richard 62, 74

Faggioni, Piero 197
Felkel, Hans 179
Ferrarini, Alida 91
Fetz, Günther 100, 245
Fetz, Leopold 124
Feuchtmayer, J. M. 30
Fink, Tone 265
Fischer, Heidi 64
Fischer, Ivo 146
Fischer, O. W. 184
Fisichella, Salvatore 95
Fodor, Antal 84
Fokine, Michail 84
Foresti, Traute 49
Franci, Carlo 245
Franz I. von Österreich 32
Franz Josef I. von Österreich 30
Fränzl, Willi 51, 82, 216
Fris, Maria 82
Fritz, Wolfgang 175
Froschauer, Helmuth 155, 253
Frölich, Heinz 101
Fuchs, Albert 150
Fuchs, Karl 154
Fugger, Fürstbischof Graf 28

Gabler, Werner 179
Gabzdyl, Emerich 84
Gardelli, Lamberto 263
Gerhardt, Walter 82
Gershwin, George 10, 91, 95, 149, 236
Gessendorf, Mechthild 95
Ghazarian, Sona 95
Gielen, Josef 61, 64, 70, 74, 75
Giesing, Dieter 128
Gigli, Benjamino 42, 148
Gilbert, Robert 135, 136
Gilm, Hermann von 33
Giulini, Carlo Maria 56, 96f.
Gluck, Christoph Willibald 81, 82
Glück, Wolfgang 104
Gobert, Boy 70, 74, 253
Göstl, Franz 179
Goethe, Johann Wolfgang von 34, 64, 74, 79, 185
Gold, Käthe 61, 74, 76, 215, 246
Goldoni, Carlo 63, 74, 75
Gorvin, Joana Maria 245
Gottschlich, Hugo 123
Gray, Simon 130
Grill, Alexander 120f.
Grillparzer, Franz 61, 63, 74, 116, 149, 224
Gruber, Ferry 104
Gruberova, Edita 43, 60, 88, 91, 95, 134
Grundèn, Per 89, 216
Gsovsky, Tatjana 82
Gsovsky, Victor 82
Guadagno, Anton 248
Gui, Vittorio 55, 56, 59, 227
Gutstein, Ernst 104

Haeusserman, Ernst 71, 78
Hall, Peter 94
Hall, Vicky 104, 105
Haller, Max 52, 148
Hamilton, Gordon 82
Händel, Georg Friedrich 35, 38, 105, 253
Hanka, Erika 82
Hanuš, Jan 84
Hartmann, Professor Rudolf 53
Hass, Sabine 91
Haugk, Dietrich 123
Haupt, Ullrich 248
Hauser, Sebastian 53, 147
Hay, Julius 64
Haydn, Joseph 60, 72, 88, 89, 95, 100f., 105, 118, 195
Hebel, Johann Peter 31
Hechtl, Gottfried 245
Heesters, Johannes 128
Heesters, Nicole 62, 74, 128f., 131, 270
Heine, Heinrich 31, 118
Heinrich II. 81
Heintel, Kurt 77
Heiseler, Berndt von 61, 194, 212, 215
Held, Friedemann 151
Hellmesberger, Josef 82
Helm, Hans 104
Heltau, Michael 126
Herodot 35
Hesse, Hermann 30
Heuberger, Richard 108, 113
Heydecker, J. 32
Hindemith, Paul 82
Hinteregger, Josef 149
Hochwälder, Fritz 74, 98, 101, 248
Hoelscher, Ludwig 56, 98, 100, 198, 209, 219
Hoffmann, Frank 116
Hoffmann Gale M. 83
Hoffmann, Paul 61, 123
Hofmannsthal, Hugo von 39, 50, 74, 76, 78, 123, 184, 243
Holliday, Melanie 94
Holm, Renate 91, 156, 216
Hollreiser, Heinrich 59, 141, 153, 216
Hölscher, Ludwig 100
Holt, Hans 253
Holzmeister, Judith 63, 74
Holzmeister, Clemens 159, 162
Hömberg, Hans 61, 194
Hoppe, Fritz 135, 216
Hörbiger, Attila 63, 64, 74, 75, 217, 224
Hörbiger, Christiane 63, 74
Hörbiger, Maresa 71, 79, 185
Hörbiger, Paul 73, 78
Horus 35
Horváth, Ödön von 74
Hoesslin, Walter von 16, 39, 57, 88, 110f., 135, 141, 144, 149, 151, 166, 223
Hostnig, Heinz 49
Huber, Wolf 28
Huebmer, Dr. Hans 49
Hübsch, Wolfgang 78, 79
Huismann, Loek 126

Ibsen, Henrik 63, 74, 76, 78, 116, 125, 185
I-Kher-nefert 35
Ilosfalvy, Robert 89
Ingrisch, Lotte 64, 74, 75, 254
Irosch, Mirjana 91, 156
Isis 35

Jacobi, Ernst 116
Jacobsson, Ulla 62
Jarnek, Engelbert 149
Jerger, Alfred 60, 88
Jochum, Eugen 56, 58
Johann, Erzherzog 30f.
Jonas, Franz 236
Judtmann, Fritz 164
Jung, Henri 52, 53, 146
Jurmann, Fritz 100, 194

Kafka, Karl 149
Kaiser, Kurt 49, 51, 52f., 81, 146f., 202
Kales, Elisabeth 94
Karajan, Herbert von 89, 90, 94, 113, 114, 266
Kästner, Erich 130
Kašlik, Václav 82, 84
Kauer, Ferdinand 32
Kauffmann, Angelika 26, 28
Kautski, Robert 51
Keilberth, Joseph 58, 153
Kempff, Wilhelm 257
Kirchschläger, Dr. Rudolf 56, 150, 162, 258
Kitaenko, Dimitrij 56
Klein, Peter 118, 216
Kleist, Heinrich von 64
Klien, Gilbert 100
Klingenbeck, Fritz 149, 151f., 160
Klug, Hedi 135
Kmentt, Waldemar 60, 89, 114, 117, 209
Knie, Roberta 91
Köb, Professor Edelbert 46
Koczian, Johanna von 63, 246

Kogan, Leonid 56
Koegler, Horst 84
Koller, Dagmar 94, 107, 124, 127, 128, 135, 136
Konetzni, Hilde 60, 88, 92, 118, 135
Konradi, Inge 74
Konrad IV. 29
Korn, Artur 104
Körner, Dr. Theodor 96, 180
Korngold, Erich Wolfgang 111
Koszut, Ursula 121f., 250, 251
Kraner, Cissy 136
Krcal, Fritz 124
Krauss, Clemens 53, 56, 59, 201, 292
Krauß, Werner 62, 74, 207
Krendlesberger, Hans 74, 245, 249
Kreutzberg, Harald 82
Krips, Henry 157
Krips, Josef 56, 58, 91, 153, 157
Kruntorad, Paul 118f., 125, 126, 128f., 141, 144, 157, 188
Kühnelt, Hans Friedrich 212, 214
Kunakowa, Ljubow 84
Kuner, Paul 149
Kunz, Erich 93, 157, 234
Kylian, Jiří 84

Laban, Rudolf von 152
Laki, Krisztina 104
Landon, H. C. Robbins 104
Lang, Jack 188
Langauer, Hilde 109
Langen, Inge 61
Langenfass, Rolf 122
Lanner, Josef 81
Lanske, Hermann 104
Laßberg, Joseph Freiherr von 31
Laube, Heinrich 61
Laubenthal, Horst 94
Lear, Evelin 91, 231
Lebois, Michel 39, 171, 189, 192, 270, 274f.
Lehár, Franz 67, 107, 195, 223, 231f.
Leherb, Maitre 245, 249
Leissing, Eugen 49f., 52ff., 146, 148
Leitner, Ferdinand 56, 58, 153, 215
Lessing, Gotthold Ephraim 28, 74, 77
Levine, James 197
Liebeneiner, Wolfgang 64, 70, 123, 223
Liebermann, Rolf 61
Liebstoeckl, Hans 50
Lieger, Anton 148, 149, 158, 159
Liewehr, Fred 63, 74, 75, 78, 209
Ligabue, Ilva 89
Lilowa, Margarita 91
Linder, Gisela 196
Lindner, Robert 74, 215
Lindtberg, Leopold 70, 74, 75, 76, 78, 116, 123, 126
Lingenhöle, Walter 2, 25, 133, 146, 155
Lipp, Wilma 60, 88, 91, 92, 156, 157, 209
Longo, Martino 101
Loose, Emmy 89
Lorengar, Pila 94
Lorenz, Konrad 39
Lortzing, Albert 32, 38, 89, 115, 195
Loser, Anton 149
Lothar, Ernst 123, 253
Löwe, Walter 49, 118, 151
Lüdemann, Lutz 95, 124
Ludwig XIV 81
Ludwig, Christa 114
Luger, Heinrich 279, 284
Lukan, Sylvia 231
Luke, Peter 123

Mader, Ernst 179
Madeira, Jean 89
Mahler, Gustav 88, 95
Maikl, Georg 153
Mainardi, Enrico 56
Maldek, Karl 98, 101
Manas, Sylvia 252
Mangold, Erna 123
Mangoldt, Bürk 25
Mann, Thomas 29
Marboe, Ernst Wolfram 144, 195
Maria Theresia 101
Marivaux, Pierre Chamblain de 252
Martin, Gunther 109, 112, 117, 124
Martin, Johann 26f.
Märzendorfer, Ernst 104
Mastromattei, Antonio 249
Masurok, Juri 91
Matz, Johanna 73, 74, 76, 77
Maximilian II. von Bayern 30
Mayer, Frédéric 104
Mayerhofer, Elfie 216
Mayr, Richard 153
Medelsky, Lotte 74
Medici, Katharina von 81
Meinrad, Josef 64, 73, 74, 123, 258
Meißner, Alfred 31
Mell, Max 49f., 54, 61, 148, 194, 197
Menuhin, Yehudi 56, 247
Michelbauer, Josef 149
Michler, Egon 282
Mikulicz, Hilde 62, 74
Milliore-Stäger, Maria Wanda 48, 54, 60, 146f., 151
Millöcker, Karl 92, 113, 205
Milstein, Nathan 56, 198, 245
Miltner, Karl Heinz 163, 166
Mödl, Martha 88
Molière, Jean-Baptiste 63, 74, 188f., 206
Molina, Tirso de 138
Molnár, Franz 74, 126
Monaco, Gian-Carlo del 132
Montaigne, Michel de 64
Montfort, Hugo von 25, 28
Moog, Heinz 63, 64, 74
Mörike, Eduard 1, 31, 97
Moser, Albert 140
Moritz, Herbert 273
Mostramattei, Antonio 249
Motschalow, Albert 241
Mozart, Wolfgang Amadeus 12, 14, 22, 32, 35, 36, 48, 50, 53, 54, 60, 80, 81, 88f., 114, 138, 140, 147, 158, 171f., 192, 193, 197, 202, 259, 271
Muliar, Fritz 74, 127, 136
Müller, Dorle 85
Musil, Karl 82, 235
Musset, Alfred de 50
Müthel, Lola 53

Navarro, Garcia 59, 195
Němeček, Jiří 84
Nestroy, Johann Nepomuk 63, 64, 74, 76, 77, 123f., 241
Neumann-Spallart, Gottfried 106, 225, 228ff.
Ney, Elly 56, 198, 219
Nicolai, Claudio 89, 93, 135
Nicolai, Otto 60, 88
Nidetzky, Friedrich 92, 156
Nilsson, Birgit 91, 257
Nimsgern, Siegmund 94, 262
Nucci, Leo 88

Oberzaucher, Alfred 81
Offenbach, Jacques 38, 67, 106, 114, 121, 188f., 227, 250
O'Hearn, Robert 261
Oistrach, Igor 247
Oncina, Juan 89
Orler, Eva 49
Orlikowsky, Wazlaw 82, 84
Osiris 34, 35

Pahlen, Kurt 187
Palitzsch, Peter 71, 75, 116, 185f.
Panerei, Rolando 43, 90
Parlić, Dimitrije 82
Parsons, Geoffrey 254
Patané, Giuseppe 131f.
Paulik, Anton 51, 60, 107, 109, 111, 112, 115, 148ff., 159f., 209
Paulmichl, Leonhard 195
Pawlowa, Nadjeschda 84, 241
Pekny, Romuald 77
Penderecki, Krzysztof 141
Pernerstorfer, Alois 88, 209
Perry, Jeanette 94
Petit, Roland 84
Peymann, Klaus 117
Piccinato, Carlo 227
Pintar, Zwonomir 81, 202
Plankel, Albert 179
Platen, August Graf von 78
Plautus Maccius 26, 75
Pluhar, Erika 63, 74, 116, 125, 253
Plümacher, Hetty 135
Pobornikoff, Helga 280
Polzer, Odo 147
Preger, Kurt 113
Prêtre, George 56, 59
Prey, Hermann 60, 89, 94, 95, 105, 114, 254
Prihoda, Vasa 56
Prokofjew, Sergej 56, 82
Pscherer, Kurt 120, 128, 253
Puccini, Giacomo 12, 40f., 60, 89, 91, 150, 255
Purcell, Henry 20, 120

Raabe, Wilhelm 31
Raimund, Ferdinand 62, 64, 73, 74, 124
Reichmann, Wolfgang 130
Reinhardt, Max 39
Reinig, Maria 107
Reiter, Elsa 32
Rektenwald, Friedrich 51
Rennert, Günther 114
Respighi, Ottorino 82
Réthy, Esther 51, 60, 88, 107ff.
Reyer, Walther 49, 74, 116
Rhomberg, Günter 15, 116, 117, 150, 280
Rhomberg, Hermann 148
Rhomberg, Traudl 124
Rhomberg, Walter 117, 124, 149, 150, 158f., 160
Ricciarelli, Katia 42, 60, 88, 95, 195
Richter, Traute 89
Ridder, Anton de 93, 253, 259
Ridderbusch, Karl 95
Riegel, Kenneth 95
Rilke, Rainer Maria 31, 73, 203
Rimskij-Korsakow, Nicolai 84
Rinaldi, Margherita 90, 93
Rysanek, Lotte 91, 92
Roar, Leif 91
Rohs, Marta 88
Rousseau, Jean-Jacques 40
Rössel-Majdan, Hilde 92, 215
Rossini, Gioacchino 32, 60, 80, 82, 88f., 90, 106, 194f., 225ff.
Rostropowitsch, Mstislaw 91, 199
Rosvaenge, Helge 53, 55, 60, 88, 107, 109, 111, 209
Rothenberger, Anneliese 91, 254
Röthlisberger, Max 159
Rott, Adolf 39, 50f., 61, 64, 74, 75, 88, 107, 109ff., 127, 135, 141, 144, 149, 156f., 216
Roussin, André 231
Ruepp, Anton 147
Ruepp, Odo 54
Rupp, Sieghardt 62, 258

Salmhofer, Franz 82, 118
Salzmann, Adolf 49f., 51, 52, 54, 74, 107, 113, 146, 148, 158f., 201
Salzmann, Franz 38, 74, 150, 181, 183, 280
Salzmann, Günter 74
Salzmann, Hermann 52
Sanquirico, Alessandro 44
Sass, Silvia 91
Sautter, Josef 158
Savary, Jérôme 35, 94, 112, 115, 128f., 138, 141f., 150, 155, 172, 188ff., 193, 196, 270, 271f.
Savova, Galina 91
Sawallisch, Wolfgang 56
Schalk, Franz 55
Scheib, Prof. Wilfried 100, 104
Scheiner, Walter 50, 148, 201
Schell, Hermann Ferdinand 64
Schenk, Otto 155, 195
Scheyrer, Gerda 89, 216
Schiff, Heinrich 262
Schikaneder, Emanuel 35, 174, 192f.
Schiller, Friedrich von 61, 62, 63, 74, 150
Schirtzinger 52
Schmiedinger, Walter 258
Schmid, Aglaja 74
Schmid-Bloss, Karl 51, 159
Schmidt, Hans-Joachim 280
Schnabel, Karl 172
Schneider, Dr. Emil 55
Schneider, Erich 55, 214
Schneider, Reinhold 61, 62, 74, 144, 194, 214
Schneiderhan, Walter 198
Schneiderhan, Wolfgang 56, 203
Schnifis, Laurentius von 26f.
Schnitzler, Arthur 74f., 253
Schöffler, Paul 88
Schönberg, Arnold 82
Schöne, Wolfgang 95
Schönherr, Karl 53, 146
Schönherr, Max 82
Schreier, Peter 91
Schreiner, Liselotte 62, 74
Schröder, Arnulf 61
Schubert, Franz 56, 81, 88, 105
Schumann, Robert 202
Schuh, Oscar Fritz 53, 113
Schunk, Robert 95
Schwab, Gustav 31
Schwardtmann, Friedrich-W. 53, 54, 122, 152
Schwarz, Hanna 94
Schwarz, Reinhard 100, 104
Schwarzkopf, Elisabeth 91, 114
Schweiger, Heinrich 74
Schwenzen, Per 135
Sciutti, Graziella 114
Seidler, Alma 63, 74, 123, 206, 231, 243
Seeberger, Dr. Emil 52
Seefried, Irmgard 89, 92
Serafin, Harald 93, 156
Seregi, László 84
Seth 34
Shakespeare, William 62, 64, 73, 74, 76, 78, 120
Shaw, George Bernard 74, 123
Sinjen, Sabine 74
Sinowatz, Fred Dr. 263
Sittich, Mark Kardinal 104
Skoda, Albin 62, 74
Smetana, Friedrich 194, 213
Soffel, Doris 95
Stäger, Alf 146f.
Stecher-Konsalik, Dagmar 2, 132
Stecher, Reinhold 136
Steffek, Hanny 89, 104, 140, 141, 153
Stein, Fritz 101
Stein, Horst 58
Steinboeck, Rudolf 123
Stepanek, Lilly 113
Sternbach, Dr. Hans 53
Stewart, Ellen 188
Stich-Randall, Teresa 89, 215
Stolz, Robert 60, 92, 111, 127, 135, 137, 156, 194, 195
Stolz (Einzi) Yvonne 135, 137
Stoppard, Tom 126
Stoss, Franz 253
Strabon 25
Sträter, Lothar 134
Straus, Oscar 82
Strauß, Johann 16, 46, 56, 80, 82, 84, 88, 92f., 110, 115, 119, 132, 139, 148, 153, 157, 160, 164, 194, 197, 209, 215, 216, 234, 253
Strauss, Richard 33, 56, 89, 115, 255
Strawinsky, Igor 56
Streich, Rita 91, 245
Streicher, Ludwig 100
Strindberg, August 62, 74
Sturm, Alex 33
Suitner, Otmar 54, 95, 147
Sullivan, Arthur Seymour 38
Sultan von Marokko 33
Suppé, Franz von 57, 222
Swarowsky, Hans 56, 95

Taddei, Giuseppe 42, 60, 90, 119, 231
Tausig, Otto 241
Taylor, Elizabeth 130
Telemann, Georg Philipp 101
Temple, Lisl 147
Thimig, Hans 61, 74
Thimig, Helene 123
Thimig, Hermann 62, 74, 123, 206
Tiberius 25
Tichy, Georg 192
Tizian, Karl 33, 136, 150, 180
Tomasi, Beppe de 245, 263
Tommasi, Carlo 171, 271
Tomowa-Sintow, Anna 94, 155
Toms, Carl 126
Toscanini, Arturo 89
Traíline, Hélène 82
Tretjakow, Victor 247
Tschaikowsky, Pjotr Iljitsch 56, 80, 81, 82, 194, 218, 227
Tschechow, Anton 62, 74, 128f.

Tschentschikowa, Olga 84
Tudor, Anton 82

Uhrmacher, Hildegard 253, 259
Ulysses 35
Unterpertinger, Pater 29

Vasil, Paul 71
Vejzovich, Dunja 94, 262
Verdi, Giuseppe 42, 43, 56, 60, 89, 155, 171, 197, 258
Villagrossi, Ferruccio 68
Vinzig, Ute 91

Wachter, Dr. Julius 52, 54, 75, 137, 146, 148f., 180
Wächter, Eberhard 89, 117, 119, 209, 231
Wagner, Renate 88
Wagner, Richard 18, 56, 149
Waldburg-Zeil, Franz Josef Graf von 104, 195
Waldheim, Dr. Kurt 134
Walek, Marie-Luise 132, 273
Wallek, Oskar 108, 151
Wallmann, Margarethe 82
Walser, Martin 34
Walter, Erich 82
Warfield, William 91, 236
Weber, Carl Maria von 32, 150
Weck, Peter 74, 184
Wedekind, Frank 130
Wegeler, Richard 49
Wegricht, Prof. Herbert 124
Weisenborn, Günther 255
Weiss, Ferdinand 148
Weiss, Gebhard 31
Welitsch, Ljuba 88, 209
Werba, Erik 92
Werner, Oskar 64, 73
Wessely, Paula 62, 74, 158
Wiener, Hugo 136
Wiesenthal, Grete 81
Wildbolz, Klaus 243
Wilhelm I. von Württemberg 30
Wilke, Jürgen 75, 76f., 245
Williams, Tennessee 74, 76, 126
Wimberger, Peter 94
Winbergh, Gösta 94
Windberger, Ferry 186
Wipper, Franz 154
Wischnewskaja, Galina 91
Witting, Dieter 252
Woester, Heinz 74
Wolansky, Raymond 91
Wolf, Gusti 63
Wood, Peter 126
Wopmann, Alfred 34, 35, 38, 74, 84, 144, 150, 175, 280
Wrangel, Carl Gustav 30

Zabrodsky, Emil 155
Zadek, Hilde 89
Zampieri, Giuseppe 157
Zampieri, Mara 94, 95
Zancanaro, Giorgio 95
Zeffirelli, Franco 65, 238
Zehender, Mathäus 26
Zeller, Carl 94, 139, 151, 186, 196
Zimmerl, Christl 82, 83
Zilk, Dr. Helmut 124
Zips, Kurt 49
Zweig, Max 61, 123, 214
Zweig, Stefan 97, 123
Zwillinger, Frank 64, 75, 125, 194, 217

›Abraxas‹ 82, 85, 210
›Advokat Patelin‹ 263
Akustik 36, 37, 95, 107, 111, 167, 169, 186
›Almrausch und Edelweiß‹ 32
Amphitheater 34
›Anna Bolena‹ 12, 68, 131, 132, 272f.
›Anatol‹ 224
›Anno neun und dreizehn‹ 31
Arbeitsmarkteffekt 183
›Armida‹ 241
›Arzt wider Willen‹ 241
›Attilas Nächte‹ 64, 227

Ballet National de Marseille 84
Ballett 81ff., 152
Ballett des Kroatischen Nationaltheaters 84
Ballett des Permer Akademischen Theaters 84
Ballett des Prager Nationaltheaters 82, 84
Ballett der Staatsoper Budapest 84
›Ballett-Gala‹ 268, 272
›Banditenstreiche‹ 89, 222
Barylli-Quartett 100
›Bastien und Bastienne‹ 48, 50, 52, 54, 60, 81, 95, 140, 147, 158, 201
Bataillonsmusik Lindau 32
Bayerischer Rundfunk 196
Bayerisches Staatsschauspiel 75, 78
Bayreuther Festspiele 88
Beatles-Lieder 267
Belcanto-Oper 131
Beleuchtung 36ff.
Berliner Schillerbühne 75, 78
Birnau 27
›Boccaccio‹ 39, 57, 109, 110, 112, 207
Bodenseebarock 27
Bodenseeschiffahrt 32
›Boléro‹ 236
Bolschoi-Theater 91
Bregenzer Festwoche 49, 95
Brigantinum 25
Bühnentechnik 37, 169ff.
Burgenland 101
Burgtheater 49, 61, 64, 74, 75, 116, 122f., 141, 185, 212

Cäcilienverein 32
Café Central 195
›Campanello‹ 90
Canale Grande 35
›Carmen‹ 39, 40, 91, 93, 149, 155, 243
›Carmen‹ (Ballett) 236
Casino Bregenz 46, 273
›Cenerentola‹ 90, 156, 195, 223, 253
Chitonen 39
Choreographie 39, 81ff.
Clownschiff 267
›Combattimento di Tancredi e Clorinda‹ 215, 255
Comédie Française 122
›Coppelia‹ 82, 84, 204, 229
›Cosi fan tutte‹ 114

›Dantons Tod‹ 113
›Daphnis und Chloe‹ 236
›Das brennende Haus‹ 60, 100, 104, 118, 195, 222
›Das Debut der Mamma Agata‹ 89, 248
›Das Donauweibchen‹ 32
›Das gerettete Venedig‹ 223
›Das Gewissen‹ 233
›Das Gewürzkrämer-Kleeblatt‹ 74, 251
›Das goldene Vlies‹ 74, 220
›Das Interview‹ 248f.
›Das Konzert‹ 61, 63, 212
›Das Land des Lächelns‹ 67, 167, 223
›Das Lied von der Erde‹ 88
›Das Mädl aus der Vorstadt‹ 74, 76, 225
›Das Rondo vom Goldenen Kalb‹ 82, 212
›Das Spiel von Liebe und Zufall‹ 252
Davos 29
Dekoration 38f., 172ff.
Delos 34
Delphi 34
Delta-Stereophonie 36, 170, 175ff.
›Der Alpenkönig und der Menschenfeind‹ 32, 73, 74, 220
›Der Apotheker‹ 101, 236

›Der Barbier von Bagdad‹ 43, 60, 89, 117, 118, 153, 217
›Der Barbier von Berriac‹ 50
›Der Barbier von Sevilla‹ 60, 88, 90, 156, 194f., 209, 224f.
›Der Barometermacher auf der Zauberinsel‹ 74, 232
›Der Bauer als Millionär‹ 62, 74, 210
›Der Bettelstudent‹ 113, 118, 122, 210, 239
›Der eingebildete Kranke‹ 205, 206
›Der einsame Weg‹ 75, 258
›Der fliegende Holländer‹ 18, 38, 60, 91, 109, 149, 164, 166, 214, 241
›Der Freischütz‹ 32, 95, 150, 155, 195, 265
›Der große Verzicht‹ 61, 62, 74, 144, 194, 212f.
›Der gute Gerhard‹ 28
›Der Herr Floridus‹ 64, 254
›Der Herr im Haus‹ 249
›Der Igel als Bräutigam‹ 272
›Der Impressario von Smyrna‹ 257
›Der Kaiser von Amerika‹ 123, 208
›Der Kaufmann von Venedig‹ 32
›Der Korsar‹ 38, 66, 84, 245, 268
›Der Leibgardist‹ 126, 256
›Der Liebestrank‹ 65, 90, 131, 233
›Der Mann von Welt‹ 265
›Der Mann von La Mancha‹ 123, 124, 127
›Der Marsch nach Hause‹ 31
›Der Misanthrop‹ 207
›Der Mohr von Venedig‹ 82, 212
›Der Nußknacker‹ 221
›Der Opernball‹ 108, 109, 113, 212
›Der Pariser Taugenichts‹ 27
›Der Prinz von Homburg‹ 64
›Der rote Bräutigam‹ 64, 243
›Der Schwan‹ 227
›Der Schwierige‹ 76, 78, 184, 222, 265
›Der Tag des Zorns‹ 123, 225
›Der Talisman‹ 63f., 74, 221
›Der Traum ein Leben‹ 74, 227
›Der Türke in Italien‹ 90, 106, 195, 227
›Der Unbekannte aus der Seine‹ 237
›Der Unbestechliche‹ 123, 243
›Der Verschwender‹ 64, 73f., 123, 124, 217, 246, 248
›Der Vogelhändler‹ 94, 114, 133f., 139, 151, 160, 175, 186, 196, 206, 268
›Der Wildschütz‹ 115
›Der wunde Fleck‹ 31
›Der wunderbare Mandarin‹ 82, 231, 235, 248
›Der Zauberberg‹ 29
›Der Zauberladen‹ 82, 205
›Der Zerrissene‹ 63, 74, 123, 216
›Der Zigeunerbaron‹ 46, 89, 92, 94, 98, 107f., 110, 114f., 139, 151, 156, 166, 197, 205, 206, 219, 263
›Des Meeres und der Liebe Wellen‹ 74, 222
Deuring-Tribüne 50, 148, 159
›Diaphonische Studie und Adagioe 236
›Dichterliebe‹ 118, 153
›Die Bürger in Wien‹ 261
›Die chinesische Witwe‹ 61, 194, 212
›Die drei Musketiere‹ 251
›Die Entführung aus dem Serail‹ 14, 32, 48, 94, 122, 158, 202, 258
›Die ewigen Lieder‹ 248
›Die Feenkönigin‹ 20, 120, 122, 239
›Die Fischerin‹ 34
›Die Fischerin‹ 72, 101
›Die Fledermaus‹ 39, 84, 93, 107, 110, 112, 119, 132, 153, 156, 157, 208, 209, 234, 270
›Die Fontäne von Bachtschissaraj‹ 84, 239
›Die Frau vom Meer‹ 78, 268
›Die Geliebte der sieben Räuber‹ 233
›Die Geschichte von Abaelard und Heloise‹ 241
›Die Glasmenagerie‹ 76, 126, 233
›Die heimliche Ehe‹ 90, 156, 228, 229f.
›Die Italienerin in Algier‹ 195, 221
›Die Irrfahrten des Odysseus‹ 39, 82, 84, 195, 224
›Die Jahreszeiten‹ 88
›Die Jungfrau von Orleans‹ 32, 62, 216
›Die kindliche Liebe macht Helden‹ 28
›Die Lokomotive‹ 231f.

›Die lustigen Weiber von Windsor‹ 60, 88, 115, 140, 211
›Die lustige Witwe‹ 119, 195, 213, 231f.
›Die Nachtwandlerin‹ 44, 93, 141, 239
›Die Plaudertasche‹ 32
›Die Prinzessin von Tragant‹ 82
›Die Probe‹ 84, 268
›Die Regimentstochter‹ 65, 236f.
›Die schöne Helena‹ 67, 106, 114, 226
›Die schönsten Tänze aus der Tschechoslowakei‹ 265
›Die Schöpfung‹ 88, 153
›Die Schwärmer‹ 125
›Die Sieben gegen Theben‹ 49, 54, 148, 201
›Die Stunde der Entscheidung‹ 64, 221
›Die verkaufte Braut‹ 89, 117, 144, 194, 213
›Die Verschwörung des Fiesko zu Genua‹ 207
›Die vier Temperamente‹ 82, 231
›Die Welt auf dem Monde‹ 72, 101, 104, 243
›Die Zauberflöte‹ 12, 22, 32, 35, 36, 38, 39, 94, 109, 112, 115, 126, 134, 138, 142, 147, 150, 155, 165, 169ff., 173, 190, 192ff., 196, 270, 272
›Donadieu‹ 101, 248
›Don Carlos‹ 61, 64, 213
›Don Gil von den grünen Hosen‹ 138, 233
›Don Giovanni‹ 113
›Don Juan‹ 32, 82, 215
›Don Juan oder der Herr, der zur Hölle fuhr‹ 239
›Don Pasquale‹ 131, 245
Don Pasquale-Ensemble 245
›Don Quixote‹ 213, 237
Dornbirn 33
›Dornröschen‹ 82, 84, 211, 223, 251
Dyonisien 34

›Egmont‹ 64, 75, 78, 79, 185, 221, 263
›Eifersucht auf sich selbst‹ 258
›Ein Bruderzwist in Habsburg‹ 74, 224
›Ein deutsches Requiem‹ 56, 88, 95
›Eine kleine Nachtmusik‹ 54, 81, 147, 201
›Eine Nacht in Venedig‹ 16, 38, 39, 53, 80, 88, 92, 107, 111, 115, 119, 141, 144, 148, 153f., 158, 197, 203, 209, 224, 245
›Einen Jux will er sich machen‹ 74, 124, 258
›Eine Spazierfahrt in der Luft‹ 30
›Ein Sommernachtstraum‹ 120
›Ein toller Tag‹ 202
›Ein treuer Diener seines Herrn‹ 74, 116, 239
Elektroakustik 175f.
›El Major encanto amor‹ 35
Emblem (neuer Entwurf) 284
Epidaurus 34
›Epitaph für Don Juan‹ 248
›Erde‹ 53, 54, 146
›Erinnerungen‹ 31
›Eroica‹ 55, 56
Esterháza (Schloß) 100
›Experimentum mundi‹ 273

›Falstaff‹ 42, 43, 60, 90, 119, 155, 231, 258
›Fäschtspiele‹ 264, 267, 269
›Fausts Verdammung‹ 88, 212
Feldkirch 29, 33
Festspielbezirk 273
Festspielchor 56, 154f.
Festspielgemeinde 123, 146ff., 159f., 212
Festspielhaus 56, 60, 74, 75, 81, 90, 94f., 158ff., 169f., 177ff.
Feuerwerk 35, 38, 144, 166f.
›Feuerwerksmusik‹ 35, 38
›Fidelio‹ 153
›Figaros Hochzeit‹ 32
›Fink und Fliederbusch‹ 235
›Finto Stanislao‹ 90
Forster-Saal 53
›Fra Diavolo‹ 219
›Franziskus‹ 61, 123, 222
›Fräulein Else‹ 237
›Fräulein Julie‹ 62, 243
Freilichttheater 34ff.
Fremdenverkehr 181ff.

›Frühere Verhältnisse‹ 273
Funkmikrofone 36
›Fürst Igor‹ 229

›Galileo Galilei‹ 64, 75, 125, 194, 217
›Gasparone‹ 88, 92, 113, 160, 204
Gebhardsberg 30, 158
›Giselle‹ 82 f., 213, 225, 227, 268
Glarus 30
Gondelhafen 48, 53, 96, 158
›Götterdämmerung‹ 88
Graubünden 30
Grand Magic Circus 188 ff.
Guckkastenbühne 38, 60, 110

›Hadrian VII.‹ 123, 239
›Hamlet‹ 62, 75, 208
›Hedda Gabler‹ 63, 116, 125, 185, 202, 253
›Helena bleibt in Troja‹ 61, 194, 212, 215
›Herzog Blaubarts Burg‹ 94
›Hochzeit am Bodensee‹ 92, 127, 136, 195, 233
›Hoffmanns Erzählungen‹ 91, 121, 248 f.
Hohenems 225, 245
Hohenems, Gräflicher Palast 60, 100 ff., 141, 195
›Hotel Sacher‹ 82, 213

›Il campanello‹ 90, 95, 215, 255
›Il combattimento di Tancredi e Clorinda‹ 255
›Il finto Stanislao‹ 91, 243
›Il Maestro di Capella‹ 90, 215, 255
›Iphigenie auf Tauris‹ 231
›I puritani‹ 12, 43, 60, 88, 95, 134, 150, 195, 270

›Jeanne d'Arc‹ 61, 194, 197, 211
›Jedermann‹ 39, 50, 113, 116, 123
Jesuiten 29
›Julius Didianus und die Versteigerung des Römischen Reiches 64, 79, 246

›Kabale und Liebe‹ 63, 210
Kaschur 173
Kinderband 267
›Kiss me, Kate‹ 39, 94, 120, 122, 128, 175, 264
›Kirschen aus Rom‹ 61
Klangmobil 267
Kölner Kammerorchester 100
›König für eine Nacht‹ 38
›König Ottokars Glück und Ende‹ 74, 211
Konstanz 27 f., 97
Kornmarkttheater 28, 32 f., 54, 56, 75, 82, 88 f., 100, 109, 115 f., 119, 123, 130, 141, 150, 194, 225 ff.
Kostüme 39
›Krönungsmesse‹ 147
Kultur- und Sportwoche 146

La Boheme 155
›Lady Gloster‹ 31
›La Favorita‹ 90, 251
›La Fête de Juin‹ 39
›La finta semplice‹ 245
Landesmuseum 33
Landestheater 50, 64
›La Serva Patrona‹ 156
Lautverstärker 60
›Le Combat‹ 82, 235
›Leonore‹ 89, 219
›Leonoren-Ouvertüren‹ 56, 89
›Les Sylphides‹ 84, 233
›Leutnant Gustl‹ 253
›Libussa‹ 74, 229
Lichtrhythmus 40
›Lieder eines fahrenden Gesellen‹ 95
Liederkranz Bregenz 33
›Lied von der Erde‹ 95
Lightdesign 40, 174
›Liliom‹ 261
Lindau 30, 32, 118
›List und Liebe‹ 101, 239
›Lucia di Lammermoor‹ 42, 60, 95, 131, 195, 263
Luzern 27

Mainau 133
Margarethenkapf 29
›Maria Stuart‹ 61, 62, 74, 214
›Maria Stuarda‹ 131
Marionettenbühne 100, 267
Martinsplatz 75
›Medea‹ 63, 74, 75, 149, 204
›Medusa‹ 83, 215
Meersburg 31, 100
Mehrerau 28
Mercure (Hotel) 273
›Miles Gloriosus‹ 26, 75, 271
›Minna von Barnhelm‹ 235
Minnesänger 25
›Mirandolina‹ 63, 246
Mirantisches Flötlein 27
›Missa solemnis‹ 88, 91, 215
›Modus vivendi‹ 248
Musical 91

›Nathan der Weise‹ 77, 256
Nebeleffekte 36, 174
Nesseldohle 33
›Neunte‹ Symphonie (van Beethoven) 56, 88, 94, 150, 195
Nibelungenlied 104
›Nora‹ 204
›Norma‹ 43, 89, 90, 234
›Nußknackersuite‹ 82, 213, 221
Nymphenburg 33

›Oberon‹ 91, 251
›Olympia‹ 273
›Onkel Wanja‹ 62, 75, 128, 129, 253
ORF 194 ff.
ORF-Fernsehen 195
ORF-Landesstudio 101
ORF-Symphonieorchester 100, 195
›Orpheus‹ 62, 64, 73, 194, 220
Osiris-Mysterien 35
›Österreichische Bauernhochzeit‹ 82, 204
Österreichische Länderbühne 54
›Otello‹ 155 f., 197, 261
›Othello‹ (Ballett) 84, 233
›Othello, der Mohr von Venedig‹ 43, 60, 84, 155 f., 171, 206, 233

Pergamon 34
Pfänder 30, 34, 118
Pfannenberg 31
Pfarrkirche Herz-Jesu 56
›Pillar of fire‹ 82, 235
›Pimpinone‹ 101, 251
›Pinocchio‹ 187, 267
›Pinochio‹ Ballett 237
Platz der Wiener Symphoniker 96
Polnisches Tanztheater Posen 84
›Polowetzer Tänze‹ 82, 229
›Porgy and Bess‹ 10, 60, 91, 141, 149, 166, 236
›Pour un corps de ballet‹ 236
Prager Ballett 122
›Prinzessin von Tragant‹ 205
›Prinz Friedrich von Homburg‹ 64, 217
Puppenvarieté 267
Pyrotechnik 36, 166, 169 f., 174

Radio Vorarlberg 194
Rathaus (in der Oberstadt) 32
Reichenau 28
›Renaissance-Fest‹ 255
›Repetto‹ 237
›Requiem‹ (Verdi) 56, 89
Richtungshören 36
Rokoko-Singspiel 100
›Romeo und Julia‹ 82, 166, 219
Rorschacherberg 100
Rusalka 38

Salzburger Festspiele 140, 151
›Sappho‹ 225
Schattenburg 100
Schauspielwettbewerb 61
›Scheherazade‹ 84, 229
Schlachthaustheater 29, 32 f.
Schloß Schattenburg 211
Schönbrunn 33
Schubertiade 60, 105
›Schwanensee‹ 38, 80, 81, 82, 84, 194, 217 f., 227, 241
›Schwarzgelb‹ 31
Schwerdtbergische Schauspielergesellschaft 32
Seeanlagen 33
Seebühnen 34 ff., 126, 158 ff., 260
Seebühnen-Technik 163 ff.
Seenachtfeste 33
›Serenade‹ 82, 231
›Showboat‹ 38
›Siebente‹ (Bruckner) 56
Singverein Musikfreunde Wien 56
›Slawische Tänze‹ 263
Sonderbriefmarke 197
Sporthalle 49 ff., 53, 56, 75, 82, 95, 114, 147, 158
Staatsopernballett 81 f.
Staatstheater Sofia 84
Städtische Oper Berlin 82
Stadtmusik 33
Stadtpfarrkirche St. Gallus 147
Stella Matutina 29
St. Gallen 27 f., 133
St. Katharinental 27
Strandbad 48
›Stunde der Entscheidung‹ 221
›Sylvia‹ 82, 195, 222
›Syrakus‹ 34

›Tag des Zorns‹ 64
›Talisman‹ 14
›Tancred‹ 32
Tanz-Matinee Harald Kreutzberg 206
›Tartuffe‹ 63, 256
›Tausendundeine Nacht‹ 38, 39, 88, 89, 107, 121, 140 f., 148, 153, 160, 204, 215, 252 f.
Telescan (Verfolgeranlage) 36
Thalia-Theater Hamburg 75
Theaterdekoration 172 f.
Theater für Vorarlberg 33, 75, 151 f.
Theater in der Josefstadt 75, 78, 141
Theaterzettel-Archiv 28
›Titus Feuerfuchs‹ 82
›Tosca‹ 12, 60, 150, 155, 268
›Trauer und Trost‹ 118
›Travesties‹ 126
›Trauminsel‹ 60, 89, 111, 135 f., 156, 194, 221
›Turandot‹ 39, 41, 60, 91, 255

›Undine‹ 38
›Untreue lohnt sich nicht‹ 101, 104, 234
›Unverhofft‹ 74, 241
›Unverhofftes Begegnen‹ 101, 261

Verkehrsverein 32
›VICOMTE VON LETORIÈRES‹ 32
›Viel Lärm in Chiozza‹ 268
Vorarlberg 31 ff., 55 f.
Vorarlberger
 Bahn 32
 Kammerorchester 100
 Landesbühne 49, 53, 151
 Landesmuseum 25
 Nachrichten 96
 Rundfunkorchester 54
 Trachten 136

›Was ihr wollt‹ 64, 76, 123, 221
›Wassermusik‹ 35
Wassertheater 34 ff., 81, 174
Wassertrionfo 81
›Weh dem, der lügt‹ 61, 74, 214
Weingarten 27 f.
Weltchronik 24, 29, 101
›Wer hat Angst vor Virgina Woolf?‹ 64, 78, 128, 129, 130, 270
›West Side Story‹ 39, 94, 127, 128, 194, 260 f.
›Wie es euch gefällt‹ 73, 78, 229
›Wiener Blut‹ 39, 89, 107, 118, 164, 166, 194, 206, 216 f.
Wiener Philharmoniker 55, 107
Wiener Staatsoper 89, 107, 118, 141, 146
Wiener Symphoniker 49, 56, 74, 95 ff., 131 f., 147, 159, 194
Wiener Volksoper 94, 111, 113, 127
Wolfurt, Schloß 52, 146

›Xerxes‹ 105, 253

›Zar und Zimmermann‹ 32, 38, 89, 91, 117 f., 144, 166, 195, 212, 229
Zauberei 267
›Zigeunerlieder‹ 118

Bildnachweis

Archiv der Bregenzer Festspiele 6, 12, 13, 14, 22–23, 36, 37, 42, 43, 44–45, 47, 50, 51, 54, 56, 59, 65, 68–69, 71, 76, 77, 85, 86, 92, 105, 106, 107, 109, 110, 112, 116, 119, 126, 128, 129, 132, 137, 138, 139, 145, 147, 148, 149, 150, 157, 159, 160, 161, 162, 164, 165, 166, 167, 183, 184, 186, 187, 197, 198, 201, 203, 206, 211, 213, 215, 219, 220, 222, 225, 227, 228, 229, 230, 232, 235, 236, 238, 246, 250, 252, 253, 254, 256, 258, 259, 260, 264, 271, 273

Archiv der Bregenzer Festspiele/Foto Gächter, Hohenems 104

Archiv der Bregenzer Festspiele/Foto Hütter 42, 73, 78, 82, 94, 106, 127, 231, 234

Archiv der Bregenzer Festspiele/Foto Lauck 202

Archiv der Bregenzer Festspiele/Foto Risch-Lau 67, 75, 83, 84

Archiv der Bregenzer Festspiele/Elisabeth Hausmann 185, 241

Archiv der Bregenzer Festspiele/Pressebild Heinz Finke 43, 62, 70, 110, 215

Archiv der Bregenzer Festspiele/O. Spang 51, 58, 59, 62, 63, 70, 83, 92, 93, 108, 113, 117, 153, 161, 168, 171, 180, 198, 206, 209, 214, 215, 216, 217, 223, 237, 245, 248, 262

Archiv der Bregenzer Festspiele/Alf Stäger 62, 70, 73, 90, 209

Archiv Kurt Kaiser 53

Archiv der Landeshauptstadt Bregenz 24, 26, 27, 28, 29, 30, 33, 52, 55, 59, 136, 152, 154, 161

Bild & News 43, 121

Manfred Bockelmann 1, 2–3, 4–5, 7, 8–9, 43, 102–103, 142, 189, 190, 193

Casinos Austria 46

Deutsche Presse-Agentur 137

Festspielleitung Bayreuth 58

Foto Winsauer 98–99, 171, 173

Peter Freithofer 243

Walter Gnaiger 10–11, 18–19, 20–21, 41, 42, 43, 58, 59, 63, 65, 66, 70, 71, 72, 77, 79, 80, 89, 91, 93, 101, 105, 120, 123, 125, 128, 139, 143, 150, 155, 187, 191, 195, 199, 217, 218, 245, 248, 249, 251, 253, 255, 259, 261, 263, 268

Heinz Lauterbach 96

ORF, Wien 195

Österreichische Nationalbibliothek 16–17, 57

Pressefoto Reinhard Ströhle 108

Privatbesitz Dr. Walter Lingenhöle 200

Privatbesitz Walter Rhomberg 148, 158, 205

Winfried Rabanus 93

Salzburger Festspiele 140, 141

Daniel Sandner 59

Fritjof Schultz-Friese 38

Alois Sporeni 40

Alf Stäger 48, 58, 60, 87, 92, 135, 151, 246, 282

Friedrich Wächter 97

Maria-Luise Walek 132, 273

Rudolf Zündel 64, 87, 124, 129, 130, 131

Wenn kein Bildnachweis angegeben ist, erhielten wir die Bilder entweder aus Privatbesitz oder es war trotz umfangreicher Recherchen kein Rechteinhaber festzustellen.

Herausgeber, Interviewer, Beiträger und Mitarbeiter

Mag. Gerd Alfons wurde 1950 in der Wiener Neustadt geboren: Von 1969 bis 1978 besuchte er die Wirtschaftsuniversität in Wien, wo er Betriebswirtschaft studierte. In Bayreuth und Wien sammelte er erste praktische Theatererfahrungen. Von 1978 bis 1983 war er technischer Leiter am Stadttheater Klagenfurt, seit 1983 ist er technischer Leiter im Festspiel- und Kongreßhaus Bregenz.

Hademar Bankhofer, Jahrgang 1941, studierte Jura, Germanistik und Publizistik in Wien. Seit 1976 arbeitet er als freier Schriftsteller. Er ist Autor von bisher 35 Büchern, vorwiegend Sachbücher zum Thema Lebenshilfe und Gesundheit. Bekannt ist er u. a. auch durch seine regelmäßigen Fernsehsendungen in Österreich und in Deutschland. Er erhielt mehrfach internationale Auszeichnungen für seine schriftstellerische Arbeit. Er lebt in Klosterneuburg.

Dr. Arnulf Benzer, 1910 in Bregenz geboren, studierte in Wien, Marburg und Innsbruck Geschichte und Germanistik. Er war langjähriger Vorstand des Kulturreferates im Amt der Vorarlberger Landesregierung und Vorsitzender des Programmausschusses der Festspielgemeinde Bregenz. Schrieb u. a. in den Programmschriften der Festspiele und beschäftigt sich mit kulturellen und kulturpolitischen Fragen der Region. Er ist Schriftleiter der landeskundlichen Zeitschrift »Montfort.«

Dipl.-Ing. Willi Braun, Jahrgang 1914, ist eine der markanten Persönlichkeiten in der vielfältigen Baugeschichte von Bregenz. 1955 wurde das »Theater am Kornmarkt«, 1980 das »Festspiel- und Kongreßhaus« eröffnet – beides große Theaterbauten aus dem Atelier von Willi Braun. Es ist nicht oft der Fall, daß ein Architekt gleich zwei Jahrhundertbauten in seiner Heimatstadt errichtet. Willi Braun hat sich nicht nur in Vorarlberg, sondern weit über das Land hinaus und besonders auch im benachbarten Liechtenstein als führender Architekt einen Namen gemacht.

Norbert Ely wurde 1941 in Berlin geboren. Er studierte in Frankfurt Philosophie, Geschichte und Musikwissenschaft. Mitte der sechziger Jahre begann er seine journalistische Laufbahn, die ihn schließlich als Musikkritiker und Wissenschaftsredakteur an den »Wiesbadener Kurier« führte. 1971 erhielt er den Berliner Theodor-Wolff-Preis für Kultur. Seit 1975 arbeitet er als freier Musikpublizist. Zu seinen Buchpublikationen zählen u. a. »Regie heute – Musiktheater in unserer Zeit« und »Berlinische Dramaturgie«.

Dipl.-Ing. Wolfgang Fritz wurde 1944 in Wien geboren. Am Radiotechnischen Institut in Wien studierte er Radiotechnik und Elektronik und arbeitete während seines Studiums als Tonmeistergehilfe an der Volksoper in Wien, wo er dann zum Leiter der Abteilung Akustik/Technik berufen wurde. 1970 ging er als Leiter der Abteilung Akustik/Tontechnik nach Bregenz. Seit 1981 steht er der Abteilung Akustik und Tontechnik der Wiener Staatsoper vor und ist dort Cheftonmeister. Für die Bregenzer Festspiele ist er weiterhin als Planungsingenieur für die elektroakustischen Anlagen der Seebühne zuständig und als Konsulent für planungstechnische und künstlerische Belange.

Dipl.-Ing. Fritz Jurmann, 1942 in Wien geboren, ist seit 1968 Musikredakteur im ORF-Landesstudio Vorarlberg, seit 1984 Leiter der dortigen Musikabteilung. Er ist ausgebildeter Musiker und Musikjournalist und seit 1960 verfaßt er regelmäßig Kritiken über das Musikleben in Vorarlberg (auch Bregenzer Festspiele) für die Vorarlberger Tagespresse und Beiträge für Musikfachzeitschriften.

Dr. Paul Kruntorad, Jahrgang 1935, lebt als freier Schriftsteller und ständiger Mitarbeiter diverser deutschsprachiger Zeitungen, Zeitschriften und Rundfunkstationen in Wien. Er studierte Psychologie und Slavistik an der Universität Wien. Er war u. a. Gründungsherausgeber und Redakteur von »Literatur und Kritik« und Konsulent des Residenz-Verlages.

Dr. Gisela Linder, geb. 1932 in Ravensburg, promovierte an der Universität München bei Prof. Kutscher. Heute arbeitet sie als Feuilleton-Redakteurin im Bereich Theater-Literatur und Kunst-Kritik bei der »Schwäbischen Zeitung«. Mit mehreren Buchveröffentlichungen, vor allem über die bildende Kunst, z. B. in der Reihe »Kunst am See« des Robert Gessler Verlages, machte sie sich einen Namen.

Dr. Walter Lingenhöle, 1925 in Bregenz geboren, ist in allen kulturellen Kreisen Vorarlbergs als Kenner des Landes, seiner Literatur und Geschichte, geschätzt. Die von ihm betexteten Bände »Vorarlberg« und »Der junge Rhein« sowie das von ihm übersetzte und edierte »Wieder im Walgau« von Norman Douglas gelten als Spitzenpublikationen in der heimischen Literatur. Außerdem betreut Walter Lingenhöle seit fünfzehn Jahren die F.-M.-Felder-Gesamtausgabe als Verleger. Mit den Festspielen von Anfang an verbunden, war er über zwanzig Jahre Mitglied des Programmausschusses. Nachdem er das Studium der Germanistik und Geschichte an den Universitäten Innsbruck und Bern abgeschlossen hatte, verbrachte er zunächst ein Jahr an der Fordham University in New York und bereiste anschließend die USA und Kanada. Er war als Lehrer zunächst im Privatgymnasium der Zisterzienser in Bregenz-Mehrau tätig, seit 23 Jahren unterrichtet er am Wagner-Kolleg in Bregenz europäische Geschichte in englischer Sprache. Er ist einer der Initiatoren des Franz-Michael-Felder-Vereins, der heute größten Kulturvereinigung Vorarlbergs.

Walter Löwe, geboren 1918 in Wien (noch in der Monarchie). Pflichtschulen, Handelsschule, Schauspielstudium (abgeschlossen), Handelsakademie (nicht abgeschlossen). Erste Engagements: 1936 Bauernbühne und 1937 Operettentheater. 1938 Buchhalter. 1939–1945 Arbeits- und Wehrdienst. Leiter einer Wehrmachtsbühne. 1943 und 1945 u. a. 15 Bunte Abende in Bludenz. Ab Juni 1945 Angestellter im Wohnungsamt der Stadt Bludenz. Ab November 1945 (Gründung) bis 1962 Schauspieler und ab 1948 auch Verwalter am Vorarlberger Landestheater. Erwähnenswerte Rollen: Notar Staubmann in ›DER ZERRISSENE‹ (1946), Melchior in ›EINEN JUX WILL ER SICH MACHEN‹ (1948 und 1958), Plutzerkern in ›TALISMAN‹ (1955), Knieriem in ›LUMPAZIVAGABUNDUS‹ (1952 und 1962) u. a. m. 1946 (Gründung) bis 1961 Mitwirkender bei den Bregenzer Festspielen in kleineren Rollen, Statistenführer, Regieassistent, Leiter des Ordnungsdienstes, PR-Mann; Leiter des Kartenbüros und oft auch ›Mitarbeiter ohne Portefeuille‹. 1947 und 1948 Gründer, Autor und Mitwirkender des Festspiel-Cabaretts ›Der Spiegel‹. 1962–1964 Verwaltungsdirektor am Salzburger Landestheater. 1964–1983 Direktor des Kartenbüros der Salzburger Festspiele. Viele gute Freunde in Vorarlberg gewonnen. Dem Schicksal und Vorarlberg für 20 Jahre (1943–1962) sehr dankbar.

Dr. Lutz Lüdemann wurde 1938 in Warstein/Sauerland geboren. Er studierte an den Universitäten Tübingen und Wien Germanistik und Theaterwissenschaften. Er promovierte über das Thema »Der Chor im mittelalterlichen Drama«. An der Hochschule für Musik und darstellende Kunst belegte er Gesang und Operndarstellung. 1965 war er Leiter des Büros des »Internationalen Musikzentrums Wien« und ging 1966 zum WDR Köln. Dort war er Assistent des Hauptabteilungsleiters Musik und später Redakteur und Produzent. Seit 1977 ist er Generaldirektor der Wiener Symphoniker. Seit zwei Jahren hat er einen Lehrauftrag für Musikmanagement an der Uni Wien.

Prof. Gunther Martin, geboren 1928 in Rodaun (Niederösterreich), lebt als freier Schriftsteller und Übersetzer in Wien und Salzburg. Er ist Autor von kulturhistorischen Sachbüchern und Biographien (»Das silberne Vlies«, »Als Victorianer in Wien« u. a.) und Herausgeber verschiedener Anthologien. Er war lange als Theater- und Kunstkritiker tätig und als Mitarbeiter beim Rundfunk.

Mag. Karl Heinz Miltner wurde 1925 in Wien geboren. Von 1946 bis 1953 studierte er an der Technischen Hochschule und an der Akademie der bildenden Künste in Wien und machte dort sein Diplom. Er arbeitete als Bühnenbildner in Baden bei Wien, Linz, Bregenz und wieder in Wien. Seit 1982 ist er technischer Koordinator der Bregenzer Festspiele.

Alfred Oberzaucher, Tanzhistoriker, Jahrgang 1948, lebt in Wien. Von 1976 bis 1982 war er Redakteur der Zeitung »Tanzblätter«. Seit 1972 ist er Korrespondent des deutschen Ballettjahrbuches. Er arbeitet u. a. mit an der »International Encyclopedia of Dance« und an »Pipers Enzyklopädie des Musiktheaters«. Er ist Autor von Programmheften für die Wiener Staatsoper und die Wiener Festwochen und schreibt Beiträge für internationale Fachzeitschriften. Dramaturgische Mitarbeit an der »Hommage à Fanny Elßler« an der Wiener Staatsoper sowie beim ORF.

Dipl.-Ing. Günter Rhomberg wurde 1938 in Bregenz geboren. Nach dem Studium an der Technischen Hochschule und der Universität Graz machte er sein Diplom als Ingenieur für Bauingenieurwesen. 1975 wurde er zum Geschäftsführer eines führenden Textilunternehmens bestellt. Seit 1980 ist er Vorsitzender der Geschäftsführung. Günter Rhomberg ist Präsident der Bregenzer Festspiele.

Kommerzialrat Walter Rhomberg wurde 1911 in Bregenz geboren, wo er seit 1938 als selbständiger Bauunternehmer tätig ist. Von 1955 bis 1980 war er Mitglied der Vorarlberger Handelskammer Feldkirch und im Vorstand der österreichischen Bundeswirtschaftskammer in Wien. Bei den Bregenzer Festspielen bekleidete er folgende Positionen: 1949 bis 1964 Baureferent und Programmausschuß, 1963 bis 1968 war er Festspielpräsident, 1950 bis 1974 Hauptausschußmitglied. 1970 wurde ihm der Ehrenring der Wiener Symphoniker, der »Brucknerring«, verliehen. Seit 1974 ist er Ehrenmitglied und Ehrenträger der Bregenzer Festspiele.

Dipl.-Kfm. Franz Salzmann wurde 1942 in Bregenz geboren. Nach der Matura machte er sein Diplom an der Hochschule für Welthandel in Wien. Danach war er sechs Jahre in der BRD in der Elektro- und Energiebranche (Bereich Marketing/Vertrieb) tätig. Anschließend arbeitete er als Geschäftsführer einer Stahlhandelsgesellschaft in Vorarlberg. Franz Salzmann ist seit 1982 kaufmännischer Direktor der Bregenzer Festspiele.

Dr. Günter Salzmann, Jahrgang 1940, ist Gymnasialprofessor und lebt heute in Bregenz. Er war viele Jahre Mitglied des Programmausschusses der Bregenzer Festspiele. Daneben ist er Mitglied des Vorarlberger Autorenverbandes. Neben Kritiken schreibt er Feuilletons, Reiseerzählungen, Kurzgeschichten und Lyrik. Als Theaterkritiker und Kulturjournalist beschäftigt er sich seit Jahren mit den Bregenzer Festspielen.

Hans-Joachim Schmidt wurde 1927 in Meldorf/Holstein geboren. Nachdem er bei verschiedenen Tageszeitungen volontierte, absolvierte er eine Buchhändler-Ausbildung. Ab 1962 war er bei verschiedenen Verlagen als Werbeleiter und Redakteur tätig. Seit 1966 arbeitet er als Antiquar. Freiberuflich übernimmt er seit 1977 in immer stärkerem Maße redaktionelle Arbeiten für verschiedene Verlage.

Mag. Karl Schnabel, geboren 1955 in Wien, studierte zunächst vier Semester Chemie und dann in der Bühnenbildklasse der Akademie der bildenden Künste in Wien bei Professor Egg. 1978 machte er sein Diplom. Fünf Jahre arbeitete er zunächst als freiberuflicher Bühnenbildner, bis er als technischer Assistent zu den Bregenzer Festspielen ging, wo er seit 1985 Ausstattungsleiter der Festspiele ist.

Dr. Erich Schneider wurde 1911 in Wien geboren. Nach dem Studium der Germanistik, *Musikwissenschaft* und Geschichte promovierte er an der Universität Wien. Seit 1937 lebte er in Bregenz. Er ist Professor und Verfasser zahlreicher musikhistorischer Publikationen über Vorarlberg und den Bodenseeraum. Außerdem ist er als Musikkritiker und Leiter des Vorarlberger Volksliedarchivs tätig. Dr. Erich Schneider ist Träger des Österreichischen Ehrenkreuzes für Wissenschaft und Kunst Erster Klasse‹.

Friedrich-W. Schwardtmann wurde 1954 in Köln geboren. Nachdem er eine kaufmännische Ausbildung abgeschlossen hatte, widmete er sich dem Schauspielstudium an der Folkwang-Schule in Essen. Von 1975 bis 1980 hatte er ein Engagement an den Vereinigten Städtischen Bühnen Krefeld-Mönchengladbach. Seit 1980 ist er Mitglied des Ensembles des Theaters in der Josefstadt. Er gastierte schon bei den Festspielen von Bad Gandersheim, Feuchtwangen, Forchtenstein und Salzburg. Zu seinem Repertoire gehören u. a. die Rolle des Bleichenwang in »Was ihr wollt« und des Edgar Wibeau in »Die neuen Leiden des jungen W«. Seine erste Regie führte er im Schauspielhaus Graz mit »Noises off«.

Dagmar Stecher-Konsalik, geschäftsführende Gesellschafterin der Verlage Hestia, Diana, Neff. Nach Fremdsprachenstudium im Ausland erste Volontariate im Verlagswesen; später Direktionsassistentin im Hestia Verlag. Nach dem plötzlichen Tod des Verlagsinhabers Anton Schupp Übernahme des Verlags – gemeinsam mit ihrem Vater – und gleichzeitig Geschäftsleitung. Hinzukauf der Verlage Diana, Zürich (1983) und Neff, Wien (1985). Mitherausgeberin der Festspieldokumentation »Bühne der Welt – Glanzvolles Salzburg«. Lebt in Possenhofen am Starnberger See.

Dipl.-Kfm. Reinhold G. Stecher studierte Betriebswirtschaft und war bis Ende 1983 in führenden Positionen des deutschen Verlagswesens tätig. Seitdem wirkt er freiberuflich als Verlagsberater und literarischer Agent. Sein Beruf (Marketingexperte) und seine Hobbies (Geschichte und Musik) haben in bisher über 15 Büchern ihren Niederschlag gefunden. Reinhold G. Stecher war auch Mitherausgeber des Dokumentationsbandes über die Salzburger Festspiele.

Dr. Lothar Sträter wurde 1928 in Wuppertal geboren. Nach dem Studium der Germanistik, Theaterwissenschaft und Philosophie in Hamburg und Wien arbeitet er heute als Kulturkorrespondent deutscher und Schweizer Zeitungen und Rundfunkanstalten für Österreich und Osteuropa. Er lebt heute in Wien. Seit 1957 berichtet er über die Bregenzer Festspiele.

Georg Tichy, geboren 1944 in Wien, studierte am Konservatorium der Stadt Wien Gesang. Nach dem ersten öffentlichen Auftritt im Großen Musikvereinssaal mit Orchesterliedern von Gustav Mahler machte er eine beachtliche Karriere. Gastspiele in ganz Europa folgten. Georg Tichy ist Preisträger von internationalen Gesangswettbewerben in Griechenland, Italien und der CSSR. Auch bei vielen TV-Produktionen wirkte er mit. Zuletzt war er mit großem Erfolg bei den Bregenzer Festspielen tätig.

Dr. Renate Wagner, geboren 1946 in Wien, ist Schriftstellerin (u. a. Verfasserin von Biographien über Arthur Schnitzler und Ferdinand Raimund) und als Kulturkritikerin für den Österreichischen Rundfunk und mehrere österreichische Zeitungen tätig. Seit 1972 betreut sie für die »Vorarlberger Nachrichten« das Ressort der Kulturberichterstattung aus Wien. Den Bregenzer Festspielen ist sie seit 1968 durch regelmäßige Besuche verbunden.

Dr. Alfred Wopmann, geb. 1936 in Wels, promovierte nach dem Studium der Psychologie, Philosophie und Anthropologie an der Universität Wien. Parallel dazu studierte er von 1954 an am Konservatorium und der Musikakademie in Wien Violine. Während und nach der Studienzeit war er in allen großen Orchestern Österreichs als Geiger tätig. 1959 kam er zum Staatsopernorchester und hatte dadurch ersten Kontakt zur Bühne. 1967 wurde er ständiger Regieassistent an der Staatsoper Wien und später Spielleiter für Neuinszenierungen. Nachdem er als Assistent von Visconti, Ponelle u. a. arbeitete, ist er seit 1972 als selbständiger Regisseur tätig. Alfred Wopmann ist seit 1983 künstlerischer Direktor der Bregenzer Festspiele.

Rainer Maria Rilke, ›Bodensee‹,
aus: Rainer Maria Rilke, Sämtliche Werke, Bd. 1, S. 121.
© Insel Verlag, Frankfurt/M., 1955.
Veröffentlicht mit freundlicher Genehmigung des Verlages.

Die auf Seite 12 abgebildeten Festspielplakate wurden von Reinhold Luger, Dornbirn, entworfen.

Die Chronologie von 1946 bis 1986 erarbeitete Hans-Joachim Schmidt, Feldkirch.
Alle Angaben wurden sorgfältigst erforscht, es mußten jedoch Lücken bleiben, da in einzelnen Fällen die Originalunterlagen nicht archiviert werden konnten.

Inhaltsverzeichnis

15 *Günter Rhomberg:*
Der Einfall und der Einklang
25 *Walter Lingenhöle:*
Vom Minnesänger zum Festival –
Kleiner vorarlbergischer Musenspiegel
34 *Alfred Wopmann:*
Theater in der Natur –
Freilichtbühne auf dem Bodensee
42 Berühmte Stimmen in Bregenz I
49 *Walter Löwe:*
Brot durch Spiele
52 Maurice Blondel
53 Kurt Kaiser
55 *Erich Schneider:*
Verweile doch, du bist so schön –
Musikalische Höhepunkte in der Geschichte
der Bregenzer Festspiele
58 Berühmte Dirigenten in Bregenz
61 *Arnulf Benzer:*
Die gesamte Welt des Geistes –
Sprechstücke als Uraufführungen in Bregenz
62 Berühmte Schauspieler in Bregenz I
70 Berühmte Regisseure in Bregenz
74 *Günter Salzmann:*
Verschwender, Menschenfeinde und Päpste –
Vierzig Jahre Schauspiel in Bregenz
76 Berühmte Schauspieler in Bregenz II
81 *Alfred Oberzaucher:*
Einklang von Geographie und Choreographie –
Ballett in Bregenz
88 *Renate Wagner:*
Das Glück kommt vom Sänger
92 Berühmte Stimmen in Bregenz II
95 *Lutz Lüdemann:*
Die Wiener Symphoniker in Bregenz
100 *Fritz Jurmann:*
Der liebenswürdige Kontrapunkt –
Aufführungen in Hohenems.
Geschichte und Aufgabe
107 Esther Réthy
110 Walter von Hoesslin
113 Karl Dönch
116 Frank Hoffmann
117 Oskar Czerwenka
119 Eberhard Wächter
120 Kurt Pscherer
123 Josef Meinrad
125 Erika Pluhar
126 Michael Heltau
127 Dagmar Koller
128 Nicole Heesters
130 Martin Benrath
131 Giuseppe Patané
133 Sonja Gräfin Bernadotte
134 Kurt Waldheim
135 Yvonne (Einzi) Stolz
140 Albert Moser
144 Ernst Wolfram Marboe

Das Festspielpräsidium (v. l. n. r.): Karl Schobel, Günter Rhomberg, Egon Michler.

146 *Walter Lingenhöle:*
Es lächelt der See, er ladet zum Spiele –
Anfang, Aufbau, Kontinuität. Die Festspielgemeinde
151 Fritz Klingenbeck
153 Anton Dermota
154 Franz Wipper
155 Oper in Vollendung – Placido Domingo
156 Harald Serafin
157 Erich Kunz
158 *Walter Rhomberg:*
Der Ruf, der nie verhallte –
Die Bregenzer Seebühnen und das Festspielhaus
163 *Karl Heinz Miltner:*
Vermittler zwischen Traum und Realität –
Die Technik der Seebühne
169 *Gerd Alfons:*
Das Publikum verzaubern – Dimensionen und Aufgaben der Bühnentechnik in Bregenz
172 *Karl Schnabel:*
Konkurrenz zur Natur. Aspekte der Ausstattung – am Vergleich zwischen Theaterinnen- und Theateraußendekoration
175 *Wolfgang Fritz:*
Beschallungsqualität – ein hörbarer Begriff.
Elektroakustische Pionierarbeit in Bregenz
177 *Willi Braun:*
Festlich und funktionsgerecht –
Geschichte und Bau des Festspielhauses
181 *Franz Salzmann:*
Kunstschöpfung ist Wertschöpfung.
Die Bregenzer Festspiele als Faktor für Fremdenverkehr und Wirtschaft
184 *Hademar Bankhofer:*
Bregenz – ein Paradies für Schauspieler!
Peter Weck erinnert sich
185 »Bregenz ist unbelastet von Tradition«
Maresa Hörbiger im Gespräch mit Norbert Ely
188 *Paul Kruntorad:*
Die Entfesselung der Phantasie.
Jérôme Savarys Theater der Befreiung
192 *Georg Tichy:*
Effekte und Erscheinungen –
DIE ZAUBERFLÖTE auf der Seebühne
aus der Sicht eines Darstellers
194 *Fritz Jurmann:*
Die Festspiele in Rundfunk und Fernsehen –
Dokumentation einer Wechselbeziehung
196 *Gisela Linder:*
Bregenz ist eine Festspielreise wert –
Die Festspiele im Spiegel der internationalen Presse
198 Berühmte Solisten in Bregenz
200 Chronologie der Bregenzer Festspiele 1946–1986
276 Namenregister
278 Sachregister
279 Bildnachweis
280 Herausgeber, Interviewer, Beiträger und Mitarbeiter
284 Impressum

Der Festspielbezirk: Vordergrund links Hotel Mercure, rechts Casino, im Hintergrund Festspielhaus und Seebühne.

Für Unterstützung und Förderung bei den Arbeiten an diesem Buch haben die Herausgeber dem Präsidenten der Bregenzer Festspiele, Dipl.-Ing. Günter Rhomberg, den Festspieldirektoren Dipl.-Kfm. Franz Salzmann und Dr. Alfred Wopmann, Frau Helga Pobornikoff und zahlreichen Mitarbeitern der Festspiele zu danken.

Auch die Interviewpartner haben viel Zeit aufgewendet, um zu der Realisation dieses Buches beizutragen.

Bregenzer Festspiele

Das neue Emblem der Bregenzer Festspiele, entworfen von Reinhold Luger.

Printed in Germany
© 1986 by Hestia Verlag GmbH, Bayreuth
ISBN 3–7770–0310–7

Dieses Buch wurde gedruckt auf 170 g/qm, holzfrei, weiß, glänzend, Kunstdruck, Ikonofix 100 g/qm, holzfrei, gelblichweiß, Werkdruck, 1,5fach Volumen
Schrift: Garamond der Firma Linotype
Satz, Druck und Bindung: Graphischer Großbetrieb Friedrich Pustet, Regensburg
Lithos: Reprografik, Bayreuth
Einband: Regentleinen, Fa. Ernstmeier
Umschlaggestaltung: Atelier Ingrid Schütz, München
Layout und Grafik: Bruno Schachtner, Dachau
Autographenvorsatz/Autographennachsatz: Gästebuch Kommerzialrat Walter Rhomberg und Weinhaus Meßmer, Lochau
Lektorat: Dr. Claudia Savelsberg
Herstellung: Dieter Sachs
Redaktionsschluß: 30. Juni 1986

„1001 Nacht"
1959

„lass sich die Menschen recht verstehn –
dann wär' die Welt so schön –
so wunderschön"

Bregenz 1959

Oskar [illegible]
Helga Roth

Vittorio [illegible]

Gerti Haesslin
Gerlinde Dill

> Eybner <
Sept. 60
Melchior

Heinrich Schweiger
1. August 1962
gute Salami.

Lotte Ledl

Nehmen Sie auch noch gütigst
nach so langer Zeit meinen innigsten Dank
für Ihre so lieben Wünsche zu meinem Geburtstag entgegen. – Auch von meiner Frau liebe Grüße.

Orig. Zeichnung v. Melchior Frommel.

Ein Wiedersehen in Bregenz wäre schon sehr schön. – Noch alles
Liebe für Sie und Ihre Lieben Ihr
ergebener Richard Eybner.

Bad Aussee 1961.